Die BLV ENZYKLOPÄDIE *der* PFERDE

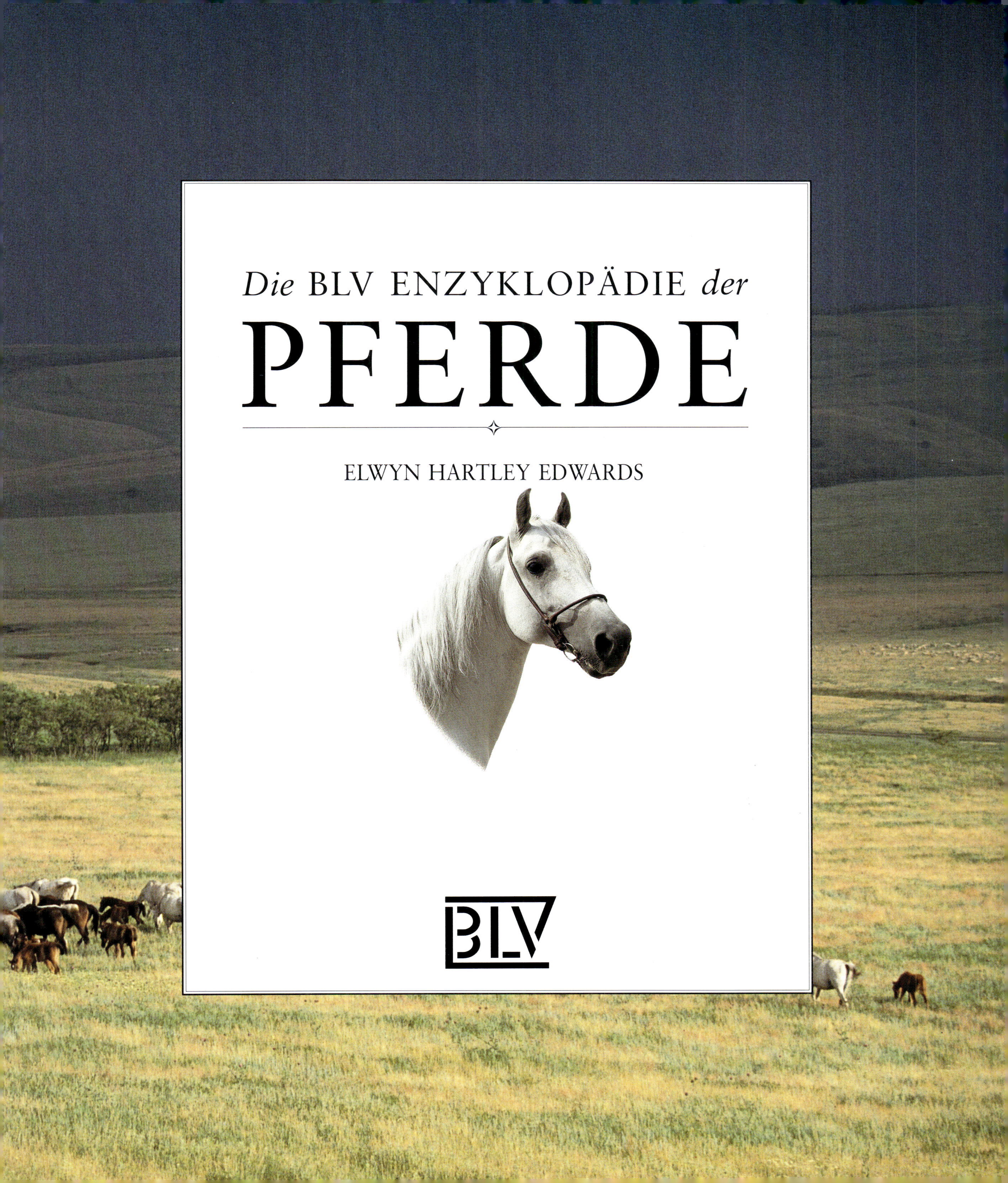

Die BLV ENZYKLOPÄDIE *der*

PFERDE

ELWYN HARTLEY EDWARDS

BLV

DK

EIN DORLING KINDERSLEY BUCH

Die Deutsche Bibliothek
CIP-Einheitsaufnahme

Die **BLV-Enzyklopädie der Pferde** / Elwyn Hartley Edwards. [Fotos: Bob Langrish ; Kit Houghton. Übers. aus dem Engl.: Susanne Müller]. – 2. Aufl. – München ; Wien ; Zürich : BLV, 1996
Einheitssacht.: The encyclopedia of the horse <dt.>
ISBN 3-405-14568-6
NE: Edwards, Elwyn Hartley; Langrish, Bob; Müller, Susanne [Übers.]; Pferde; EST

Titel der englischen Originalausgabe:
The ENCYCLOPEDIA of the HORSE

Erschienen 1994 bei
Dorling Kindersley Limited
9 Henrietta Street, London WC2E8PS

Zweite Auflage

BLV Verlagsgesellschaft mbH
München Wien Zürich
80797 München

Deutschsprachige Ausgabe:

Übersetzung aus dem Englischen:
Susanne Müller

Herstellung: Peter Rudolph
Einbandgestaltung: Sander & Krause, München

Titelbild und Rückseite ol, ml, ul: Kit Houghton, The Bridgeman Art Library, London: Rückseite or, Michael Holford: Rückseite mm, Silvestris Fotoservice: Rückseite mr

DTP: Satz + Layout Fruth GmbH, München
Druck und Bindung: Arnoldo Mondadori, Verona

Printed in Italy · ISBN 3-405-14568-6

INHALT

Die Rassen sind in kursiver Schrift aufgeführt

EINFÜHRUNG 6

TEIL 1
DIE GESCHICHTE DES PFERDES 8

DER WEG ZUM PFERD 10
ESEL, HALBESEL UND ZEBRAS 16
Das Asiatische Wildpferd 18
DER TARPAN 20
DIE VIER GRUNDFORMEN 22
DAS MODERNE PFERD 24

TEIL 2
FRÜHE NUTZUNG 26

DOMESTIKATION 28
STREITWAGEN UND REITERVÖLKER 32
DAS PERSISCHE REICH 34
Kaspisches Pony 36
DAS ALTE GRIECHENLAND 38
ALEXANDER & BUZEPHALUS 40
Pindos & Skyros-Pony 42
DAS RÖMISCHE REICH 44
Mérens-Pony 46 ✦ *Friese* 48
Noriker 50 ✦ *Haflinger & Avelignese* 52
CHINA – HINTER DER MAUER 54
TIGERSCHECKEN 56

TEIL 3
DER EINFLUSS DES ORIENTS 58

DIE WÜSTENPFERDE DES ORIENTS 60
DIE ISLAMISCHEN INVASIONEN 62
Araber 64 ✦ *Berber* 66
VERTEIDIGER DES GLAUBENS 68
EL CID & BABIECA 70
DIE MONGOLEN 72
Achal-Tekkiner 74
Shagya Araber & Gidran Araber 76
Anglo-Araber 78 ✦ *Don-Pferd* 80
Kabardiner & Karabacher 82
Karabaier 84
Budjonny 86 ✦ *Lokaier & Tersker* 88

TEIL 4
DIE KLASSISCHE REITKUNST 90

DER PANZERREITER 92
Percheron 94
DIE RENAISSANCE 96
DIE AKADEMISCHE REITKULTUR 98
DER ZIRKUS 100
DIE SPANISCHE REITSCHULE 102
Sorraia-Pony 104 ✦ *Andalusier & Lusitano* 106
Alter-Real 108 ✦ *Lipizzaner* 110
Frederiksborger & Knabstrupper 112

TEIL 5
DIE GROSSEN GESTÜTE 114

GESTÜTE IN GROSSBRITANNIEN, IRLAND & AMERIKA 116
Englisches Vollblut 118 ✦ *Shales Horse* 120
DER AUFSTIEG DER WARMBLÜTER 122
Groninger & Gelderländer 124
Holländisches Warmblut 126
WESTEUROPÄISCHE GESTÜTE 128
Selle Français 130
Französischer Traber 132
Einsiedler & Freiberger 134
MITTELEUROPÄISCHE GESTÜTE 136
Trakehner 138 ✦ *Holsteiner* 140
Hannoveraner 142
Belgisches & Bayerisches Warmblut 144
Rheinländer & Württemberger 146
Dänisches & Schwedisches Warmblut 148
OSTEUROPÄISCHE GESTÜTE 150
Wielkopolski 152 ✦ *Nonius & Furioso* 154
Tschechisches Warmblut 156
ORIENTALISCHE GESTÜTE 158
Kathiawari 160 ✦ *Marwari* 162
Indischer Halbblüter 164

GESTÜT BÁBOLNA, UNGARN

TEIL 6
Der Einfluss des Ponys 166

Die neun englischen Ponyrassen 168
Fell- & Dales-Pony 170 ✦ *Dartmoor- & Exmoor-Pony* 172 ✦ *New-Forest-Pony* 174
Shetland- & Highland-Pony 176
Connemara-Pony 178
Welsh-Pony Sektionen A & B 180
Welsh-Pony Sektionen C & D 182
Europäische Ponyrassen 184
Landais & Pottiok 186 ✦ *Bardigiano* 188
Gotland-Pony & Fjordpferd 190
Huzule & Konik 192 ✦ *Islandpony* 194
Asien und der Orient 196
Baschkir 198 ✦ *Indian Country-Bred* 200
Sumba- & Timor-Pony 202
Sandalwood & Batak 204
Java- & Padang-Pony 206
Australisches Pony 208
Hokkaido, Kiso & Kagoshima 210

Fjordpferd

TEIL 7
Amerika 212

Die Konquistadoren 214
Mustang & Galiceno 216
Criollo & Peruanischer Paso 218
Die Indianer Amerikas 220
Palomino & Pinto 222 ✦ *Appaloosa* 224
Der amerikanische Cowboy 226
Quarter Horse 228 ✦ *Morgan Horse* 230
American Saddlebred 232
Missouri Fox Trotter 234
Tennessee Walking Horse 236
Kentucky Horse Park 238
Colorado Ranger Horse & Pony of the Americas 240 ✦ *Falabella & Amerikanisches Shetland-Pony* 242
Chincoteague 244

Shire Horses beim Pflügen

TEIL 8
Das Arbeitspferd 246

Das Pferd in der Industrie 248
Innerstädtischer Transport 250
Kanalpferde 252
Das Pferd in der Landwirtschaft 254
Maremma & Murgese 256
Italienisches Kaltblut 258
Camargue-Pferd 260 ✦ *Ardenner* 262
Boulonnais 264 ✦ *Bretone* 266
Cob Normand 268
Poitevin & Baudet de Poitou 270
Brabanter 272
Jütländer & Schleswiger 274
Wladimirer Kaltblut & Russisches Kaltblut 276
Muraközer Pferd 278
Døle-Pferd & Døle-Traber 280
Nordschwedisches Arbeitspferd & Finnisches Pferd 282
Clydesdale 284 ✦ *Shire Horse* 286
Suffolk Punch 288
Australisches Stockhorse & Brumby 290
Kommunikationswege 292
Das goldene Zeitalter der Kutsche 294
Fahren als Freizeitbeschäftigung 296
The Royal Mews 300
Königliches Wagenpferd 302
Cleveland Bay 304 ✦ *Oldenburger* 306
Berittene Polizei 308
Polizeipferd 310

TEIL 9
Das Pferd im Krieg 312

Das Pferd im Krieg 314
Napoleon & Marengo 318
Wellington & Copenhagen 320
Die zwei Weltkriege 322
Das Armeepferd heute 324
Kavalleriepferde 326 ✦ *Maultier* 328

TEIL 10
Das Sportpferd 330

Flachrennen 332
Hindernisrennen 334
Trabrennen 336
American Standardbred 338
Orlow-Traber 340 ✦ *Russischer Traber* 342
Caprilli & der leichte Sitz 344
Springreiten 346
Sardinisches & Salerner Pferd 348
Dressurreiten 350
Vielseitigkeit 352
Fahrsport 354
Distanzreiten 356
Rocky Mountain Pony 358
Polo & Buskaschi 360
Polo-Pony 362
Pig-Sticking & Tent-Pegging 364
Spiele im Galopp 366
Rodeo 368
Jagdreiten 370
Hunter 372 ✦ *Irish Draught* 374
Pferdeschauen 376
Hackney & Hackney-Pony 378
Hack 380
Riding Pony & Poney Français de Selle 382
Cob 384

Glossar 386
Register 390
Danksagung 396

Polo-Pony mit Spieler

Einleitung

Pferd und Mensch

Diese Enzyklopädie zeigt die Rolle des Pferdes in der Weltgeschichte. In einer gelungenen Kombination von Wort und Bild werden die großen Ereignisse dargestellt, die den unerbittlichen Fortschritt der Zivilisation zeigen – Ereignisse, die nur durch die Verbindung von Pferd und Mensch möglich waren. Unausweichlich geht es dabei häufig um Kriege und Eroberungen, aber wenn man so will, kann man sie auch als Gegenpol sehen zur konstruktiven Nutzung des Pferdes in Landwirtschaft, Transport und Industrie und heute erfreulicherweise als Sport- und Freizeitpartner. Obwohl es kaum möglich ist, dem Pferd das zu vergelten, was es für den Menschen leistet, so ist doch die Entstehung der modernen Pferde- und Ponyrassen der Verdienst des Menschen. Sein rastloser Ehrgeiz und die Fähigkeit, die natürliche Ordnung zu ändern und zu verbessern, so wie z. B. bestimmte Bedürfnisse effektiver zu erfüllen, tritt nirgendwo deutlicher hervor als in seiner Beziehung zum Pferd. Durch selektive Zucht und verbesserte Haltungsmethoden sind außerordentliche Fortschritte in den Zuchten der Welt gemacht worden, was Größe, Schnelligkeit und Körperbau der Pferde angeht. Die Fotos und Bilder in dieser Enzyklopädie kommen aus der ganzen Welt. Sie zeigen den überall vorhandenen und alles beherrschenden Einfluß des Menschen und ganz besonders die bemerkenswerte Anpassungsfähigkeit von »Gottes edelstem Geschöpf«.

Elwyn Hartley Edwards, Chwilog, 1994

Ausschnitt aus »*Mares and Foals in a Landscape*« von George Stubbs (1724–1806)

»Wie lese ich dieses Buch?«

Dieses Buch ist in 10 historisch-chronologische Kapitel gegliedert, in denen der Einsatz des Pferdes in der entsprechenden Zeitepoche genau erläutert und beschrieben wird. In Wort und Bild werden die 60 Mio. Jahre Entwicklungsgeschichte vom kleinen Urwaldbewohner zu den verschiedenen hochentwickelten Rassen des 20. Jahrhunderts gezeigt. In die geschichtliche Darstellung wird die Schilderung der jeweils relevanten Rassen eingeflochten. Es gibt aber auch einige Seiten, wo lediglich berühmte Reiter und ihre Pferde oder für die Pferdezucht bedeutende Orte vorgestellt werden.

Geschichte
Die Entwicklung und der Einsatz des Pferdes wird von der Evolution von Equus *bis in unsere Zeit verfolgt.*

Rassen
In dieser Enzyklopädie werden mehr als 150 Rassen vorgestellt. Anhand der großen Abbildung werden die besonderen körperlichen Merkmale aufgezeigt.

Besonderheiten
Interessante Orte, berühmte Pferde und ihre Reiter werden entsprechend ihrer geschichtlichen Bedeutung vorgestellt.

Das Pferd in seiner Umgebung
Die kleineren Abbildungen zeigen das Pferd oder manchmal auch verwandte Rassen im Einsatz, bei der Arbeit, im Sport oder in ihrer natürlichen Umgebung.

Abbildung eines typischen Vertreters der Rasse
Das große Ganzfoto zeigt ein erwachsenes Pferd der jeweiligen Rasse. Zur weiteren Information werden die besonderen Merkmale seines Exterieurs herausgestellt.

Grössesymbol
Das Größesymbol zeigt die Größe der vorgestellten Pferderasse in Relation zu einem Menschen von 1,80 m.

Ursprünge
Eine Landkarte zeigt das Heimatland oder -gebiet der jeweiligen Rasse oder nur ein bestimmtes Gestüt oder eine Stadt. Wenn zwei Rassen aus ein- und demselben Land vorgestellt werden, gibt es nur eine Landkarte. Für Typen und Schläge gibt es keine Landkarte. Im Text unterhalb werden die Ursprünge erläutert.

Legende
- Heimat
- Großstadt
- Stadt, in der die Rasse entstand
- Gestüt

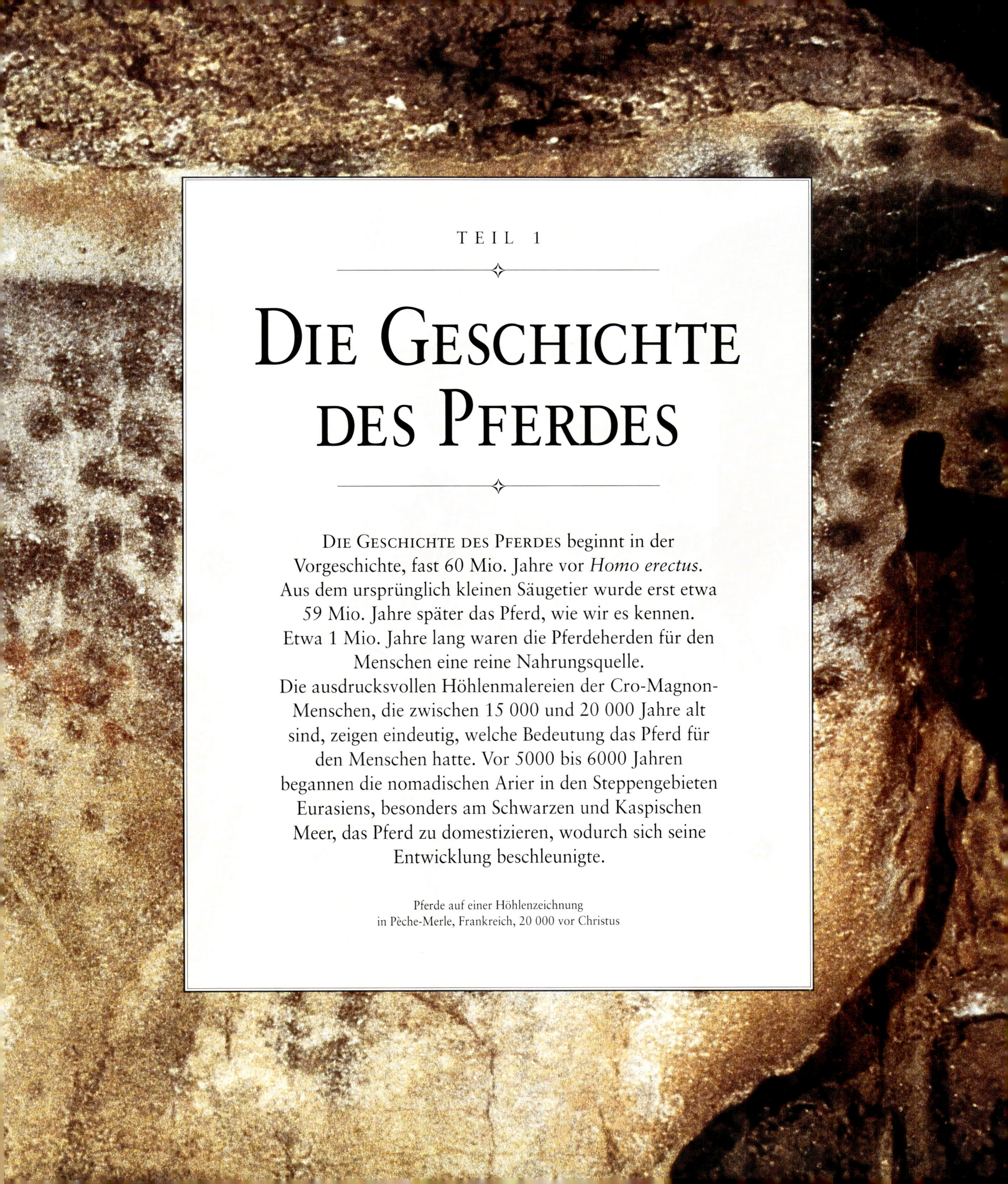

TEIL 1

Die Geschichte des Pferdes

Die Geschichte des Pferdes beginnt in der Vorgeschichte, fast 60 Mio. Jahre vor *Homo erectus.* Aus dem ursprünglich kleinen Säugetier wurde erst etwa 59 Mio. Jahre später das Pferd, wie wir es kennen. Etwa 1 Mio. Jahre lang waren die Pferdeherden für den Menschen eine reine Nahrungsquelle. Die ausdrucksvollen Höhlenmalereien der Cro-Magnon-Menschen, die zwischen 15 000 und 20 000 Jahre alt sind, zeigen eindeutig, welche Bedeutung das Pferd für den Menschen hatte. Vor 5000 bis 6000 Jahren begannen die nomadischen Arier in den Steppengebieten Eurasiens, besonders am Schwarzen und Kaspischen Meer, das Pferd zu domestizieren, wodurch sich seine Entwicklung beschleunigte.

Pferde auf einer Höhlenzeichnung in Pèche-Merle, Frankreich, 20 000 vor Christus

Charles Darwin (1809–1882)

Der Weg zum Pferd

Die Vorstellung, daß sich Tiere und auch der Mensch über Millionen von Jahren entwickelt haben und nur die überlebten, die in der Lage waren, sich veränderten Lebensbedingungen anzupassen, wurde zuerst von zwei britischen Naturforschern im 19. Jahrhundert geäußert – Charles Darwin (1809–1882) und Alfred Russel Wallace (1823–1913). Darwin beschrieb die Evolution nach dem Grundsatz, daß nur »der Stärkste überlebt«, in seinem 1859 erschienenen Buch »The Origin of the Species by Means of Natural Selection« (Über den Ursprung der Arten durch natürliche Zuchtwahl). Bis dahin hatte man allgemein angenommen, daß sich das Leben nicht änderte, Menschen als Menschen und Pferde als Pferde geschaffen worden wären – das ist die fundamentale und starre Haltung der christlichen Religionen, die auf der Schöpfungsgeschichte im Ersten Buch Moses der Bibel basiert.

Der Fund von Eohippus

Dank der Funde von Fossilien kann die Evolution der *Equiden* vom Eozän vor etwa 60 Mio. Jahren bis zum Zeitpunkt der Domestikation ca. 4000 vor Christus genau verfolgt werden. Das kleine Tier, von dem unser modernes Pferd demnach abstammt, wurde von den Wissenschaftlern *Eohippus* genannt, was »Pferd der Morgenröte« bedeutet. Wie jedes andere Lebewesen auch, war es einer ständigen Evolution unterworfen. Sein direkter Vorfahr gehörte zur ausgestorbenen Ordnung der Kondylarthren, die vor etwa 75 Mio. Jahren lebten und die Vorfahren aller Huftiere waren.

Im Jahre 1867 fand man ein nahezu vollständiges Skelett von *Eohippus* in eolithischen Felsformationen in Wyoming. Dieser und weitere Funde in Nachbarstaaten ermöglichten es, die Entwicklungsgeschichte der Spezies Pferd nachzuvollziehen. Es wurden jedoch auch schon 30 Jahre zuvor in Europa Überreste gefunden, die aber fälschlicherweise der Gattung *Hyrax* zugeordnet wurden, einem kaninchenähnlichen Säugetier, das *Hyracotherium* genannt wurde. Diese wissenschaftliche Bezeichnung ist auch heute noch in Gebrauch.

Das aussagefähigste Skelett eines *Eohippus* wurde 1931 im Big Horn Bassin in Wyoming/USA gefunden und von Paläontologen am California Institute of Technology meisterhaft rekonstruiert. Zusammen mit den umfassenden Erkenntnissen anhand anderer Funde kann diese Rekonstruktion als akkurate Darstellung des Skeletts des Pferdes der Morgenröte gelten. Dank dieses Fundgutes ist es den Wissenschaftlern möglich, die wahrscheinliche Entstehung von *Eohippus* herzuleiten.

Merkmale

Die Kondylarthren, von denen *Eohippus* sowie alle anderen Huftiere abstammen, besaßen an jedem Fuß 5 Zehen mit kräftigen, dicken Hornnägeln. *Eohippus* hatte einen runden Rücken. 15 Mio. Jahre später besaß er 4 Zehen an den Vorderbeinen und 3 an den Hinterbeinen jeweils mit dickhornigen Nägeln. Hinter den Zehen befand sich ein Ballen, wie etwa bei einer Hundepfote. Beim heutigen Pferd findet man ihn noch als Köte, einer kleinen Hornschwiele am Fesselkopf. Der breite Ballen, der das Gewicht

Das Pferd der Morgenröte

Hierbei handelt es sich um eine Rekonstruktion von Eohippus, *dem Pferd der Morgenröte, von dem die Entwicklung des Pferdes in der Neuen Welt hergeleitet werden kann. Die durchschnittliche Größe dieses Tieres war etwa die eines Hundes oder Fuchses.*

LANDSCHAFT IM EOZÄN
So haben die Erde und ihre Bewohner im Zeitalter des Eozän wahrscheinlich ausgesehen, d.h. vor 60 Mio. Jahren und zu Beginn der Evolution von Equus caballus.

des Tieres verteilte, und der mit Zehen versehene Fuß haben es dem Tier wohl erleichtert, sich auf weichem Boden, wie man ihn in einem Biotop wie z.B. den tropischen Regenwäldern und den sumpfigen Randgebieten um Weiher und Tümpel findet, fortzubewegen.

Die Augen des *Eohippus* saßen eng beieinander, so daß die seitliche Sicht nicht so gut war. Das änderte sich erst sehr viel später, als ein umfassendes Gesichtsfeld Teil seines Schutzsystems für das Leben in offener Landschaft wurde. Anders als unsere heutigen Pferde, hatte *Eohippus* niedrigkronige Zähne wie z.B. Schweine und Affen. Sie waren ideal für den Verzehr der weichen, saftigen Blätter von kleinen Sträuchern. Fachleute glauben, daß das Fell wahrscheinlich ähnlich wie beim Damwild helle Punkte oder Flecken hatte, was für eine gute Tarnung im Wald sorgte, d.h., das Tier schützte sich, indem es sich verbarg.

Aufgrund dieser Merkmale sind die Wissenschaftler zu der Ansicht gelangt, daß tropische, dschungelähnliche Biotope die Heimat des *Eohippus* waren. Diese Annahme wird noch dadurch untermauert, daß man bei Überresten von *Eohippus* auch Überreste von Affen fand.

Das Exemplar, das man am California Institute of Technology rekonstruierte, hatte eine Schulterhöhe von fast 35 cm und mag ein Lebendgewicht von ca. 5,5 kg gehabt haben. Jedoch können die Zahlen nicht als allgemein gültig für diese Art angesehen werden, denn es gab zahlreiche Variationen in Größe und Wuchs je nach Individuum und Lebensraum. Das kleinste Exemplar hatte vielleicht gerade einmal eine Schulterhöhe von 25 cm, und die größten waren doppelt so groß. In Europa mag es sogar noch größere Varianten gegeben haben.

Von den verschiedenen Varianten des *Eohippus*, die nach Westen oder nach Osten über die vor der Eiszeit zwischen Amerika, Europa und Asien existierenden Landbrücken wanderten, nimmt man an, daß sie vor ca. 35 bis 40 Mio. Jahren im jüngeren Eozän ausstarben. Der Evolutionsprozeß zu Equus scheint in der Alten Welt hier beendet zu sein, obwohl es sein kann, daß damals existierende Stämme bis vor 7 Mio. Jahren überlebt hatten. Auf dem amerikanischen Kontinent jedoch ging die Entwicklung weiter, wenn auch schrittweise und mit langen Zeiträumen, in denen kaum eine Änderung wahrnehmbar war.

MESOHIPPUS

Der nächste bedeutende Entwicklungsschritt fand im jüngeren und mittleren Oligozän statt: *Mesohippus*, mit 45 cm deutlich größer als *Eohippus*. Er hatte zwar noch den gewölbten Rücken, aber die Beine waren proportional gesehen länger, und an den Vorderfüßen besaß er nur noch 3 Zehen. Es gab auch schon Ansätze von Prämolaren oder Schneidezähnen, die den Verzehr verschiedener Sorten von Blättern ermöglichten.

Die Unterschiede im Körperbau kann man als Anpassung an veränderte Lebensbedingungen ansehen. Die körperlichen Veränderungen, die *Mesohippus* zeigt, deuten auf einen Lebensraum, wo der dichte Urwald langsam in bewaldete Gebiete mit Gestrüpp, wie kleinen Büschen und Sträuchern, überging. Nach dem Verschwinden des vierten Zehens wurde der mittlere der drei Zehen am meisten belastet, was auch auf eine allmähliche Änderung der Bodenverhältnisse hinweist. Aufgrund des zurückgehenden nassen Urwald-Lebensraums wird der Boden zwar immer noch weich, aber doch wesentlich fester als zuvor gewesen sein und somit besser geeignet für die neue Fußform.

VOR 60 MIO. JAHREN
Die Entstehung der Spezies Pferd kann zurückgeführt werden auf ein kleines Tier, das vor 60 Mio. Jahren lebte und als Eohippus *bekannt ist. Auf dem amerikanischen Kontinent vollzog sich die Evolution entsprechend dem sich ändernden Lebensraum. Die Entwicklungsstufen erreichten vor 6 Mio. Jahren ihren Höhepunkt:* Pliohippus, *der Einhufer-Prototyp von* Equus.

GRÖSSE
35 cm

EOHIPPUS
So sah Eohippus *wahrscheinlich aus. Er war für das Überleben als Laubfresser in Waldgebieten gerüstet.*

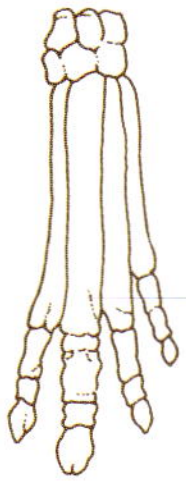

4-ZEHIG
Der Vorderfuß hatte 4 Zehen oder Finger und einen Ballen.

SCHÄDEL
Niedrigkronige Molaren weisen auf Laubfresser hin.

GRÖSSE
45 cm

MESOHIPPUS
Im Oligozän vor 35 bis 40 Mio. Jahren entwickelte sich aus Eohippus *der größere, 3-zehige* Mesohippus.

3-ZEHIG
Der mittlere Zeh war am stärksten betont.

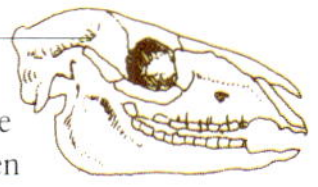

SCHÄDEL
Es gibt Ansätze von Prämolaren oder Schneidezähnen.

4-ZEHIG	3-ZEHIG
LAUBFRESSER	

Die zunehmende Länge der Gliedmaßen führte zu raumgreifenderen, freieren Bewegungen und mehr Schnelligkeit, während der größere Schädel mit weiter auseinanderstehenden Augen ein erweitertes Gesichtsfeld ergab. All diese Faktoren deuten auf eine Änderung im Verteidigungssystem, d.h. das Hauptaugenmerk ging langsam von Tarnung und Verstecken über auf ein System der Gefahrenerkennung und Flucht. Obwohl sich nicht beweisen läßt, daß sich auch das gefleckte Haarkleid änderte, kann man davon ausgehen, daß die Streifen und Flecken langsam zurückgingen, denn die Tarnung war nicht mehr so wichtig.

Weitere Anpassungen

Zwischen dem Ende des Oligozäns und dem Altmiozän, d.h. einem Zeitraum von etwa 15 Mio. Jahren, fanden weiterhin allmähliche Änderungen des Klimas, der Landschaft und der Vegetation statt. Der Urwald ging über in gemäßigte Waldzonen und dann in baumlose Ebenen mit hartem Boden, wo kurzes, hartes Gras wuchs, das aber nichtsdestotrotz nahrhaft war. Diese Umwelteinflüsse beeinflußten in besonderem Maße die Entwicklung der Tiere, an deren Ende *Equus* stand. Die physischen Änderungen versetzten die Tiere in die Lage, Nahrung zu verwerten, die ihnen mehr Energie lieferte und das Größenwachstum positiv beeinflußte, ihnen aber auch bessere Fluchtmöglichkeiten vor ihren natürlichen Feinden gab.

Im Zeitraum von etwa 5 Mio. Jahren, ungeachtet einer unvermeidbaren Überschneidung, entwickelte sich *Miohippus* aus *Mesohippus,* und dann im jungen Miozän erschien *Parahippus.* Beide waren größer und zeigten deutliche Fortschritte in Körperbau und Gebiß. Der runde, gewölbte Rücken, ein Kennzeichen der frühen Formen von *Equus,* war verschwunden, und der neue Körperbau mit noch längeren Gliedmaßen machte das Tier schneller.

Merychippus

Im mittleren und späten Miozän, vor etwa 25 bis 20 Mio. Jahren, gab es die Gattung des *Merychippus.* Hierbei handelt es sich noch nicht um einen Prototyp von *Equus,* aber um ein wichtiges Glied in der Hauptlinie der Evolution. Merychippus erreichte eine Schulterhöhe von 90 cm und mehr. Das Tier besaß noch drei Zehen, aber es lief auf der Mittelzehe, und die beiden Seitenzehen waren schon reduziert. Der Hals war länger, so daß das Tier vom Boden fressen und seinen Kopf hochnehmen konnte, um weiter sehen zu können. Die Augen und auch die Kopfform waren so verändert, daß das Tier ein wesentlich größeres Gesichtsfeld hatte. Stärkere, hochkronige, mit Zement bedeckte Zähne hatten sich entwickelt, so daß es harte Gräser zermalmen konnte. Außerdem wurden die Verteidigungsmechanismen vervollständigt durch ausgeprägte Sinneswahrnehmungen, ein Merkmal, das auch noch auf unsere heutigen Pferde zutrifft, die von Natur aus sensibel und wachsam sind.

Neben dieser Hauptlinie der Evolution des Pferdes gab es auch einige Nebenformen, die aber nicht so weit entwickelt waren und entsprechend den unerbittlichen Gesetzen vom Überleben in der Natur mit der Zeit wieder ausstarben. Der riesige *Megahippus* ist wohl gegen Ende des Miozäns ausgestorben, während andere dreizehige Vertreter verschiedenster Entwicklungsformen und -stufen in Teilen Europas und Asiens bis vor etwa 7 Mio. Jahren existierten.

Pliohippus

Im mittleren Pleistozän, also vor etwa 6 Mio. Jahren, trat *Pliohippus,* der Prototyp für *Equus,* auf. *Pliohippus* hatte im großen und ganzen die Proportionen unseres heutigen Pferdes und als erster die kräftigen Bänder des Einhufers. Man kann von einer Größe von etwa 1,22 m Schulterhöhe ausgehen.

Grösse
60 cm oder größer

Grösse
90 cm

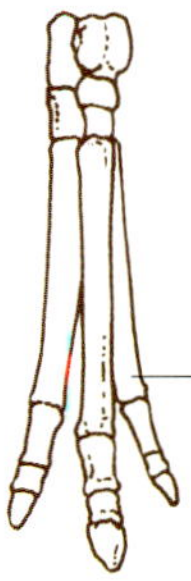

Miohippus
Miohippus, *eine etwas weiter entwickelte Form (Extremitäten und Zahnbau betreffend) von* Mesohippus *trat im späten Oligozän vor 30 Mio. Jahren auf.*

3-Zehig
Die Seitenzehen stehen immer noch deutlich vor.

Schädel
Die Schneidezähne bilden sich immer mehr aus.

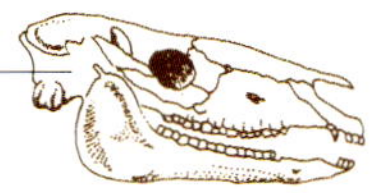

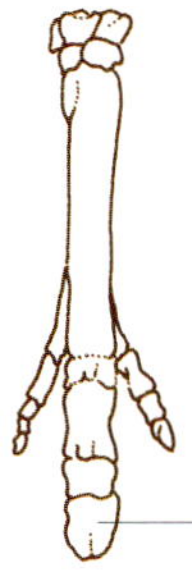

Merychippus
Merychippus, *die Pferdeform des mittleren und späten Miozäns, war größer als die Vorläufer und von der äußeren Erscheinung her eher als Pferd zu erkennen.*

3-Zehig
Das Gewicht lastete vermehrt auf dem mittleren Zeh.

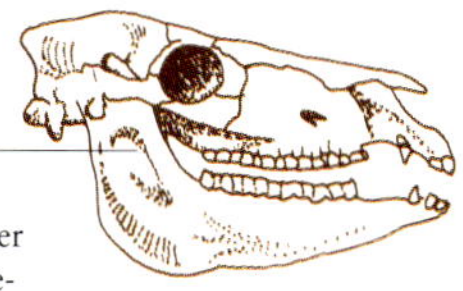

Schädel
Die für einen Grasfresser erforderlichen Schneidezähne sind nun deutlich ausgebildet.

3-Zehig

Laubfresser — Grasfresser

Nach etwa 5 Mio. Jahren, in der zweiten Hälfte der Eiszeit, entstand aus *Pliohippus* das »richtige« Pferd. Dieses Pferd wird von den Wissenschaftlern *Equus caballus* genannt, ausgehend von dem Wort »caballine«, was »von oder zu den Pferden gehörend« bedeutet. (Das lateinische »*fons caballinus*« z.B. bezieht sich auf die Quelle Hippokrene, die in der griechischen Mythologie durch den Hufschlag des geflügelten Pferdes Pegasus entstand und zum Dichten anregt, daher »Quelle der Inspiration«.)

Pliohippus begründete ebenfalls die Untergattungen Zebra, Hausesel, Onager und Halbesel (siehe Seiten 16–17). Das erste richtige Pferd glich in seiner Grundstruktur dem heutigen Pferd, besaß jedoch nicht dessen Größe, die langen Gliedmaßen und die gesamte Symmetrie – Ergebnis einer jahrhundertelangen künstlichen Zuchtauslese durch den Menschen.

URSPRÜNGE

Im Eozän, am Anfang der Evolutionsgeschichte des Pferdes war Nordamerika, wie wir es kennen, durch Landbrücken mit dem europäischen Festland und Asien verbunden. Das blieb so bis zum Ende der Eiszeit, ca. 9000 vor Christus. Bis zu diesem Zeitpunkt gab es etwa 1 Mio. Jahre lang ständige Wanderbewegungen der Spezies Equus in die sogenannte Alte Welt. Durch den Rückgang des Packeises verschwanden jedoch die Landbrücken, wodurch der amerikanische Kontinent isoliert wurde. In der Alten Welt gab es zu dieser Zeit vier verwandte Formen von Equus. Aus bis heute unbekannten Gründen starb das Pferd in Amerika vor etwa 8000 Jahren aus.

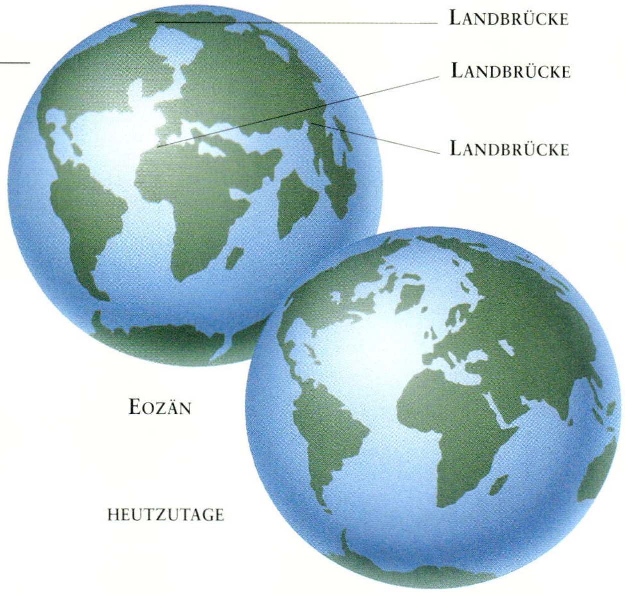

GRÖSSE
1,22 m

PLIOHIPPUS
Pliohippus *erschien im jüngeren und mittleren Pliozän. Er war das erste einhufige »Pferd« und der direkte Vorfahr von* Equus.

EINZEHIG
Ein einziger (der mittlere) Zeh trägt nun das Körpergewicht.

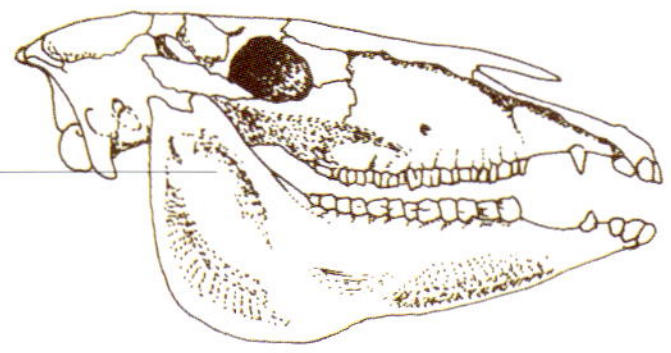

SCHÄDEL
Die Entwicklung des Grasfresser-Gebisses ist abgeschlossen.

EINZEHER
GRASFRESSER

WILDE URSPRUNGSFORMEN

Von Nordamerika aus wanderten *Equus caballus* und verwandte *Equiden* über die noch bestehenden Landbrücken nach Asien, Südamerika, Europa und schließlich nach Afrika. Diese aufeinanderfolgenden Wanderungen begannen vor etwa 1 Mio. Jahren und endeten gegen Ende der Eiszeit, etwa 9000 vor Christus. In dieser Zeit verschwand die Landbrücke über die Beringstraße durch den Rückgang bzw. das Schmelzen der Gletscherschicht und isolierte so den amerikanischen Kontinent. Etwa 8000 Jahre später war hier das Pferd, ebenso wie Faultier und Mastodon, total ausgestorben. Die Ursachen hierfür sind auch heute noch ungeklärt. Erst mit der Ankunft der spanischen Konquistadoren im 16. Jahrhundert (siehe Seiten 214–215) kamen wieder Pferde nach Amerika. Hernán Cortés (1485–1547) landete 1519 in Mexiko mit 16 Pferden.

Man ist sich einig, daß es nach dem Rückgang des Packeises vier miteinander verwandte Formen von *Equus* gab, die sich wie folgt verteilt hatten: Pferde in Europa und Westasien, Esel und Zebras im Norden und Süden Afrikas und Onager im Mittleren Osten.

WILDVORFAHREN DES PFERDES

Es gibt eine ganze Menge Forschungsmaterial von Paläontologen über die Evolution des Pferdes von *Eohippus* bis *Equus*, und im großen und ganzen ist man sich einig bei den hauptsächlichen Erkenntnissen. Die Wissenschaftler haben ebenfalls viel getan, um sowohl die

Das Waldpferd
Das Waldpferd gehört zu den drei Wildvorfahren und hat vor einer Million Jahren in den nassen, morastigen Gebieten Europas gelebt.

Grösse
1,42–1,52 m

Poitevin
Der derbe Poitevin mit seinen großen Hufen und dem dichten Kötenbehang kann als das moderne Gegenstück zum Waldpferd angesehen werden.

direkten Vorfahren des Hauspferdes als auch die wilden Ursprungsformen, die auf *Equus* folgten, herauszufinden. Und hier scheiden sich auch die Geister. Einige der Probleme und nicht wenige Verwechslungen sind durch die Wissenschaftler verursacht worden, die verschiedene Bezeichnungen für wahrscheinlich ein- und dasselbe Tier einführten und gelegentlich durch besonders unterschiedliche Meinungen zu bestimmten Themen.

Doch heutzutage findet die Theorie zunehmend Unterstützung, die da sagt, daß das moderne Pferd von drei Wildformen abstammt, von denen eine bis zum heutigen Tage überlebt hat.

Zweifellos gab es mehrere Varianten der Gattung *Equus* in der Eiszeit und Nacheiszeit. Die Unterschiede zwischen ihnen verstärkten sich noch durch unterschiedliche Lebensbedingungen. Dank verspäteter Einsicht und weiterer Nachforschungen scheint es nun berechtigt, die Entstehung des Hauspferdes von drei Wildvorfahren herzuleiten:

a) dem Waldpferd
b) dem Asiatischen Wildpferd oder Przewalski-Pferd (siehe Seiten 18–19) und
c) dem leichteren und eleganteren Tarpan (siehe Seiten 20–21), den Prof. J. Cossar Ewart aus Edinburgh als »Plateaupferd« und Prof. J. U. Duerst aus Bern als »Wüstenpferd« bezeichnete.

Einfach gesehen, lassen sich die Kaltblutrassen von heute vom Waldpferd herleiten mit einigen Einkreuzungen des groben Przewalski-Pferdes und später den Änderungen der Umweltbedingungen zusammen mit den züchterischen Interventionen durch den Menschen. Die Population des heutigen Warmblutpferdes kann auf den Tarpan und das Przewalski-Pferd, ihre Kreuzungen und weitere Abkömmlinge zurückgeführt werden.

Das Waldpferd

Man ist sich größtenteils einig, daß das Waldpferd (auch als *Equus caballus silvaticus* oder Eiszeitpferd bekannt, da es in dieser Ära lebte) bis in die Nacheiszeit in Form von *Equus caballus germanicus* überlebte. Es hatte eine Größe von ca. 1,52 m und wog etwa 545 kg. Trotz seiner stämmigen Beine und des schweren Körpers war es nicht so mächtig wie das moderne Kaltblut-Zugpferd. Sein Körper war bedeckt von dickem, groben Haar; Mähne und Schweif waren sehr dicht. Die großen, breiten Hufe waren ideal für den morastigen Boden. Das Fell war wahrscheinlich geäpfelt in Rot- oder Schwarztönen, wie es charakteristisch ist für Tiere, die in feuchten Waldgebieten leben. Diese

Das Asiatische Wildpferd
Das einzige in seiner ursprünglichen Form überlebende Mitglied des Trios der Wildvorfahren ist das Asiatische Wildpferd oder Przewalski-Pferd der Steppen Zentralasiens, das 1879 von General Nikolai Przewalski entdeckt wurde.

Lebensbedingungen fand man in den bewaldeten sumpfartigen Gebieten, die es im Norden Europas während den zwischeneiszeitlichen Wärmeperioden gab. Man kann davon ausgehen, daß ein schwerer Pferdetyp (wenn nicht in bezug auf seine Größe, so doch, was die Proportionen betrifft) vor langer Zeit etwa zu Beginn des Pleistozäns, also vor etwa 1 Million Jahren existierte. Überreste eines schweren, langsamen Tieres, das eine Variante des Waldpferdes gewesen sein könnte, wurden in Skandinavien gefunden und auf ein Alter von 10 000 Jahren datiert, während andere Funde im Nord-Westen Deutschlands, die lediglich auf 3000 Jahre geschätzt werden, eine bemerkenswerte Ähnlichkeit mit dem massigen Schwedischen Kaltblut unserer Tage und einigen anderen derberen Kaltblutrassen haben.

Das Asiatische Wildpferd

Das Asiatische Wildpferd ist das einzige echte Wildpferd, das auch heute noch existiert. Sein wissenschaftlicher Name ist »*Equus caballus przewalski przewalski Poljakow*«. In der Mongolei ist es als Taki bekannt, während die Kirgisen es Kertag nennen. Entdeckt oder wiederentdeckt wurde es im Jahre 1879 in den Steppengebieten Zentralasiens von dem russischen Forschungsreisenden Nikolai Mikhailovitch Przewalski (1839–1888). Der Zoologe J.S. Poljakow katalogisierte es 1881.

DER TARPAN

Der Tarpan überlebte wahrscheinlich in seiner ursprünglichen Form bis ins 19. Jahrhundert, als es noch wilde Herden in den Steppengebieten Osteuropas gab. Sein Einfluß auf die leichten Pferderassen ist groß.

Der Tarpan

Die frühen Hinweise und Informationen über den leichter gebauten Tarpan der Steppen im Süden Rußlands sind außerordentlich verwirrend und widersprüchlich, hauptsächlich, weil man ihn für ein Wildpferd hielt. Der Tarpan war tatsächlich einmal ein primitives Wildpferd, das in Osteuropa und den Steppengebieten der Ukraine lebte. Als im 18. Jahrhundert jedoch die ersten wissenschaftlichen Studien stattfanden, hatte sich das Wildpferd schon mit Hauspferden gepaart. Der wissenschaftliche Name des Tarpans lautet »*Equus caballus gmelini Antonius*«. Der deutsch-russische Wissenschaftler J.F. Gmelin lebte im 18. Jahrhundert, und Otto Antonius, der den Tarpan katalogisierte und ihm seinen wissenschaftlichen Namen gab, war ein bekannter Zoologe und bis ins 20. Jahrhundert tätig.

Der letzte wilde Tarpan, eine Stute, starb in Askania Nova (nördlich der Krim, in der Ukraine) im Jahre 1880, aber es gibt eine »rekonstruierte« Herde mit Rückzüchtungen aus Pferden mit Tarpan-Blut, die halbwild in den Waldreservaten von Popielno und Bialowieza in Polen lebt.

Das Tundrenpferd

Die Existenz eines weiteren, von den Hippologen größtenteils unbeachteten Wildpferdes, dem Tundrenpferd, ist nachgewiesen. Überreste von Pferden und Mammuts wurden im Yana-Tal im Nordosten Sibiriens gefunden. Es gibt Berichte aus dem Jahre 1964, daß Gruppen weißer Wildpferde in diesem Gebiet gesehen wurden. Wissenschaftler meinen, daß das einheimische kleine Yakut-Pony ein direkter Nachfahr des Tundrenpferds sein könnte, obwohl man das größere Yakut-Pony für einen Abkömmling des Przewalski-Pferdes hält. Im allgemeinen geht man davon aus, daß das Tundrenpferd wenig oder gar keinen Einfluß auf die späteren Hauspferde und -ponys hatte.

DAS TUNDRENPFERD

Das Tundrenpferd ist die vierte Wildpferdeform, aber es hatte keinen Einfluß auf die weitere Entwicklung des Pferdes. Es war beheimatet am bzw. hinter dem nördlichen Polarkreis.

GRÖSSE
1,22–1,32 m

DER YAKUT

Das Yakut-Pony lebt in derselben Gegend wie das ausgestorbene Tundrenpferd, von dem es abstammen soll. Es kann sogar unter härtesten klimatischen Bedingungen überleben.

Somalischer Wildesel

Esel, Halbesel und Zebras

Der bekannte Grau- oder Hausesel, die zwei Unterarten des Halbesels (asiatische und afrikanische Halbesel) und die Zebras gehören allesamt zur Gattung *Equus*. Jedoch im Gegensatz zum Pferd, das in Amerika lebte und nach Asien wanderte, bevor die Landbrücke über dem Nordpazifik verschwand, erschienen Esel und Zebras nur in der Alten Welt. Sie unterscheiden sich von Pferden durch besondere körperliche Merkmale. Sowohl in Ägypten als auch in Mesopotamien stand der Esel zwischen 4000 und 3000 vor Christus im Dienste des Menschen. Zur selben Zeit begann die Domestikation des Pferdes in Eurasien. Die libyschen Volksstämme z.B., die westlich des Nildeltas lebten, besaßen 3400 vor Christus große Eselherden. Zu jener Zeit wurden in Ur in Mesopotamien Esel zusammen mit ihrem Besitzer königlichen Bluts begraben.

Der Hausesel

Der Hausesel *(Equus asinus)* stammt aus Nordafrika. Inzwischen ist er in der gesamten bewohnten Welt zuhause. Dennoch kommt er nach wie vor in heißen, trockenen Ländern am besten zurecht. Sein wichtigster Wildvorfahr ist der nubische Wildesel *(Equus africanus)*, der heute ausgestorben ist. Die englische Bezeichnung »donkey« gibt es erst seit dem 18. Jahrhundert. Sie setzt sich wahrscheinlich zusammen aus *»dun«* (der Fellfarbe Falbe, obwohl das nicht die Grundfarbe aller Esel ist) und *»kin«*, was »klein« bedeutet. »Jack« nennt man in England den Eselhengst und »jennet« die Eselstute. Die durchschnittliche Größe liegt bei 1,02 m Widerristhöhe, aber es gibt z.B. in Sizilien und Indien auch Zwergesel, die nur 61 cm groß sind. Andererseits kann ein andalusischer Eselhengst die Größe von 1,52 m erreichen. Esel gibt es in den Fellfarben schwarz, weiß und allen Schattierungen von Grau, ebenso sind auch Teilfärbungen bekannt. Außer dem Aalstrich auf dem Rücken hat der Esel noch das sogenannte »Schulterkreuz«, das im rechten Winkel zum Aalstrich über den Widerrist läuft. Im Gegensatz zum Pferd hat er keine Kastanien an den Hinterbeinen. Der Esel hat 5 Lendenwirbel, wohingegen das Pferd 6 hat. Seine Ohren sind unverhältnismäßig lang, er hat eine kurze Stehmähne und keine Stirnlocke. Die Hufe sind klein und eng. Der fransige Schweif ähnelt eher einem Kuhschwanz. Der flache Widerrist ist tiefer als die Kruppe. Esel haben eine Tragezeit von ca. 12 Monaten (370 Tage) im Gegensatz zum Pferd, das eine Tragezeit von etwas mehr als 11 Monaten hat. Zu guter Letzt ist da noch das charakteristische »Iahen« des Esels, das nichts gemein hat mit dem Wiehern eines Pferdes.

Der Halbesel der Bibel

Der Onager (Equus hemionus onager), *der Halbesel aus biblischen Zeiten, ist immer noch im ganzen Mittleren Osten und Asien anzutreffen.*

Halbesel (Hemioniden)

Der Persische Wildesel (der »Wildesel« aus der Bibel) wird auch oft als Onager *(Equus hemionus onager)* oder »Hemionid« bezeichnet, wie der zoologische Fachausdruck für Halbesel lautet. Wie auch immer, diese Bezeichnung ist ungeschickt, denn es hört sich an, als ob es um eine Kreuzung zwischen einem Esel und einem anderen Tier handelt. Gemeint ist aber, daß es sich um ein Tier handelt, daß das Wesen und einige Merkmale von beiden, Pferd und Esel, hat, wenngleich es auch eigene charakteristische Merkmale besitzt. Das bemerkenswerteste Merkmal ist wahrscheinlich die Länge des Unterschenkelknochens, der viel länger ist als bei irgendeiner anderen Art der Gattung *Equus*.

Die Untergattung *Hemionus* ist beheimatet in Westasien, besonders in der Mongolei, in Indien

Dschiggetai

Der Mongolische Halbesel (Equus hemionus hemionus) *oder* Dschiggetai, *wie er in seiner Heimat genannt wird, lebt in den Wüstengebieten Zentralasiens. Er hat gewisse Ähnlichkeiten mit* Equus asinus.

und im Mittleren Osten. Typische Vertreter sind der Turkmenische Halbesel oder Kulan *(Equus hemionus kulan)* und der Dschiggetai *(Equus hemionus hemionus)*, was »langohrig« bedeutet.

Der Kulan lebt in den Wüstengebieten Zentralasiens. Zwar besitzt er einige offensichtliche Gemeinsamkeiten mit der Gruppe *Asinus*, aber es gibt auch bestimmte Unterschiede: Er hat kein Schulterkreuz, wohl aber einen dunklen Ring um den Fesselkopf. Seine Ohren sind kleiner, seine Hufe sehr hart und Pferdehufen durchaus ähnlich. Seine Stimme ähnelt ebenfalls eher einem Pferd als einem Esel. Die Nüstern des Kulan sind perfekt angepaßt an die dünne Luft in seiner Heimat. Sie sind größer als beim Pferd oder Hausesel, wodurch er mit jedem Atemzug mehr Luft aufnehmen kann. Je nach Jahreszeit hat er eine andere Fellfarbe: grau-weiß im Winter und sandrot im Sommer, wobei der untere Bereich

Khur

Der sehr schnelle und ausdauernde Indische Wildesel oder Khur (Equus hemionus khur) *lebt in kleiner Zahl in der Wüstengegend Rann von Kutch in Indien. Seine Zeichnung, besonders der schwarze Aalstrich, ist sehr charakteristisch.*

etwas heller ist. Die Größe liegt bei 1,22 bis 1,32 m. Am bemerkenswertesten an diesem Tier ist jedoch seine Schnelligkeit. R.C. Andrews, der den Kulan in der Wüste Gobi von 1922 bis 1925 erforschte, berichtet, daß dieses Tier eine Geschwindigkeit von 56–64 km/h an den Tag legte, wenn man es mit einem Auto verfolgte. Das bedeutet, daß es schneller ist als sein natürlicher Feind, der Wüstenwolf, und mit 64 km/h sogar schneller als ein Rennpferd. Ein Hengst lief einmal über 26 km ein Durchschnittstempo von 48 km/h und wurde erst nach 47 km überholt.

Die tibetanische Unterart Kiang *(Equus hemionus kiang)* ähnelt dem Kulan, hat sich aber an ihren Lebensraum, die hochgelegenen Täler des Himalaya, angepaßt. Der Persische Wildesel oder Onager *(Equus hemionus onager)* ist in seiner Wildform wahrscheinlich ausgestorben, aber es existieren noch einige Exemplare in Zoos und Reservaten. Er ist der älteste bekannte Vertreter der Unterart, und es gibt zahlreiche Nachweise über die frühe Nutzung vor dem Streitwagen (siehe Seiten 32–33). Der Khur oder Indische Wildesel *(Equus hemionus khur)* existiert wahrscheinlich immer noch im Rann von Kutch in Nordwest-Indien.

Zebras

Zebras gibt es überall im Süden Afrikas, aber nur drei Arten und ein paar Unterarten haben überlebt. Die Unterschiede zwischen den drei Arten liegen in den Streifen bzw. anderen körperlichen Merkmalen. Das Grevy-Zebra ist mit etwa 1,37 m das größte der Gruppe und auch das hübscheste. Es spaltete sich als erster von dem ersten einhufigen Pferd, dem *Pliohippus* (siehe Seiten 13–14), ab und wird in die Untergattung *Dolichohippus* eingeteilt, während die anderen Zebras, die enger verwandt sind mit Pferden und Eseln, zur Untergattung *Hippotigris* zählen. Das Bergzebra *»Equus (hippotigris) zebra«* gehört ebenso zu dieser Gruppe wie das Burchell-Zebra *»Equus (hippotigris) burchelli«*, das rundliche, kleine Tier, das man am häufigsten in Gefangenschaft antrifft.

Zebras werden im allgemeinen als gestreifte Pferde betrachtet, obwohl die frühen Pferdeformen wahrscheinlich alle (bis zu *Equus*) zum Schutz gestreift waren. (Ein amerikanischer

Bergzebra

Das Bergzebra (Equus [hippotigris] zebra) *gehört zu den drei überlebenden Arten, die es im Süden Afrikas gibt. Sie unterscheiden sich voneinander durch unterschiedliche Fellstreifung.*

Experte, D.P. Willoughby, vertritt die etwas umstrittene Theorie, daß die »fossilen« Pferde, die in Los Angeles gefunden wurden, in Wirklichkeit Zebras waren.) Vor etwa 30 000 Jahren gab es Dutzende von Arten in Europa, Afrika, Asien und Nordamerika. Heutzutage gibt es nur noch im Süden Afrikas Zebras, und nur drei Arten haben überlebt. Das Steppenzebra *(Equus quagga)*, eine halbgestreifte Variante, starb im 19. Jahrhundert aus.

Grevy-Zebra

Das ist ein großartiges Exemplar eines Grevy-Zebras. Mit einer Größe von 1,37 m ist es das größte der Zebras, und es ist auch das hübscheste.

DAS ASIATISCHE WILDPFERD

DAS ASIATISCHE WILDPFERD *(Equus caballus przewalskii przewalskii)*, auch Przewalski-Pferd genannt, ist die einzige der drei wilden Ursprungsformen, die in der ursprünglichen Form überlebt haben. Dieses Pferd stellt das Bindeglied zwischen den frühesten Pferdeformen und den heutigen Rassen dar. In prähistorischen Zeiten lebte das Asiatische Wildpferd in den europäischen und zentralasiatischen Steppen, östlich des 40. Längengrades, der die Grenze zwischen seinem Lebensraum und dem des Tarpans (siehe Seiten 20–21) darstellte. Heute leben Przewalski-Pferde in einigen Zoos, und es ist geplant, ausgewählte Gruppen wieder in die »Wildnis« zu entlassen.

ZURÜCK IN DER MONGOLEI
Gruppen von Asiatischen Wildpferden, die in Zoos geboren wurden, sind kürzlich in ihre angestammte Heimat, die Mongolei, entlassen worden.

ENTDECKUNG

Es liegt ein Hauch von Abenteuer und Romantik über der Entdeckung oder korrekter, der Wieder-Entdeckung des Asiatischen Wildpferdes. Der Zoologe J.S. Poljakow benannte die Rasse nach dem Forschungsreisenden Nikolai Mikailowich Przewalski, einem General des russischen Kaiserreichs. 1879 traf Przewalski in der Gegend von Tachin Schah (den Bergen der Gelben Pferde) am Rande der Wüste Gobi auf wilde Herden dieser mongolischen Pferde. Von dieser Gegend aus begannen 600 Jahre zuvor Dschingis Khan und seine mongolischen Horden ihre gewaltsamen Angriffe auf die zivilisierte Welt jener Zeit (siehe Seiten 72–73). Przewalski bekam den Balg eines Pferdes, das von einheimischen Jägern erlegt worden war. Die Kirgisen bejagten dieses Pferd, das sie Taki nannten, bis an den Rand der Ausrottung. Poljakow stützte seine erste wissenschaftliche Beschreibung dieses Wildpferdes auf eben diesen Balg. Nikolai Przewalski war weder Naturwissenschaftler noch Zoologe. Er war ein erfahrener militärischer Landvermesser, ein Kartograph und ein geachteter Geheimagent des zaristischen Rußlands. Wie die Briten war auch er an Kundschafterreisen in das wilde, unwirtliche Terrain Zentralasiens beteiligt. Die Briten waren von der Idee besessen, daß Rußland die Invasion Indiens (dem wichtigsten Teil des Britischen Empire) über das Pamir-Gebirge durch Afghanistan plane. Vom Kaukasus-Gebirge im Westen bis nach Tibet und China im Osten bemühten sich die beiden Supermächte, ein Gleichgewicht im Kräfteverhältnis der einheimischen Herrscher zu schaffen, während sie diese Gebiete im Hinblick auf eventuelle zukünftige militärische Operationen kartographierten.

Przewalski arbeitete in der Mongolei und später auch in Tibet. Die Entdeckung des Asiatischen Wildpferdes wird ihm allein zugeschrie-

KOPF
Der Kopf ist lang und schwer mit konvexer Nasenlinie und hochliegenden Augen.

MÄHNE
Das Przewalski-Pferd hat eine etwa 20 cm lange Stehmähne, die sehr hart ist. Es besitzt nur wenig oder gar keinen Schopf.

URSPRÜNGE

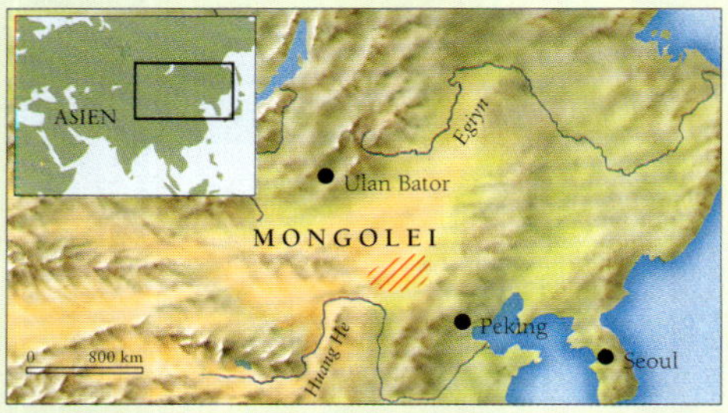

In prähistorischen Zeiten war das Asiatische Wildpferd in den Steppen Europas und Zentralasiens östlich des 40. Längengrades zuhause. Ab dem 19. Jahrhundert kam es jedoch nur noch in der heutigen Mongolei, hauptsächlich in und in der Nähe der Wüste Gobi bzw. ihren westlichen Ausläufern vor. General Nikolai Przewalski, dem die Entdeckung zu verdanken ist, traf 1879 auf Herden in der Gegend der Tachin Schah Berge.

ben, aber in Wirklichkeit gab es schon viele Jahre zuvor Berichte über die Existenz der Pferdeherden. Der englische Naturforscher, General Hamilton Smith, erhielt 1814 detaillierte Beschreibungen des Wildpferdes und veröffentlichte seine Erkenntnisse in einer der führenden naturgeschichtlichen Zeitschriften jener Zeit, »Jardine's Naturalist's Library«.

Im Jahre 1889 fielen russischen Naturforschern vier Wildpferde in Gaschun im Westen der Dsungarei am Rande der Wüste Gobi in die Hände. Ein Jahr später wurden ein Hengst und zwei Stuten gefangen und auf das Gut von Friedrich von Falz-Fein gebracht, einem Großgrundbesitzer in Askania Nova in der Ukraine. In den folgenden 12 Monaten organisierte der Tiersammler Carl Hagenbeck eine große Expedition, denn der Herzog von Bedford hatte ihn beauftragt, für ihn einige Exemplare zu besorgen. Mit Hilfe der Kirgisen fing man 17 junge Hengste und 15 junge Stuten. Diese Pferde gaben den Zoologen die Möglichkeit, sie im Detail zu studieren und bald herauszufinden, daß es sich dabei um Tiere mit einzigartigen Merkmalen handelte.

DAS TEMPERAMENT DER WILDPFERDE
Diese Asiatischen Wildpferde wurden in Gefangenschaft geboren, aber sie haben ihre aggressive Natur behalten.

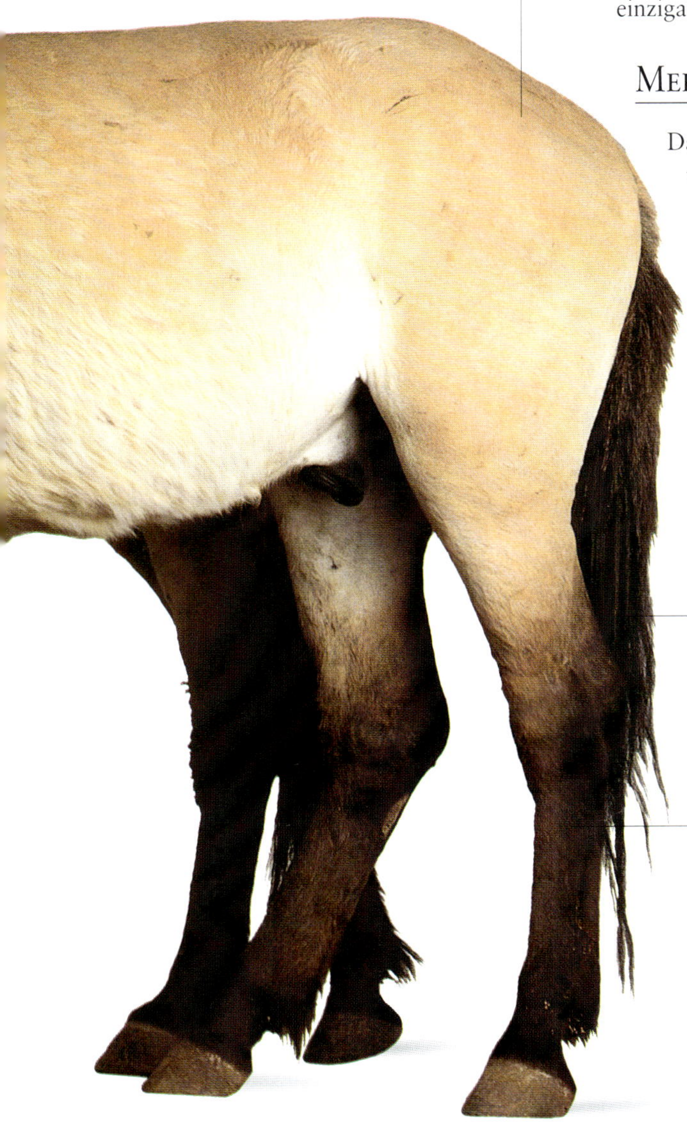

HINTERHAND
Die Hinterhand hat Ähnlichkeit mit der von Mitgliedern der Untergattung Asinus, obwohl das Asiatische Wildpferd eine Unterart von Equus caballus *ist.*

SCHWEIF
Wie die Mähne, so hat auch der Schweif hartes, schwarzes Haar.

GLIEDMASSEN
Die untere Hälfte ist schwarz, manchmal mit »Zebrastreifen«.

GRÖSSE
1,32 m

MERKMALE

Das Asiatische Wildpferd unterscheidet sich von seinen domestizierten Nachfahren dadurch, daß es 66 Chromosomen (stäbchenartige Strukturen im Zellkern, die für die Weitergabe von Erbinformationen verantwortlich sind) und nicht 64 Chromosomen besitzt. Es besitzt aber auch noch andere besondere Merkmale. Es ist aggressiv und ungestüm in der Wildnis, und es zieht umher, im Winter in den Norden und im Frühjahr zurück in den Süden.

Die durchschnittliche Größe des Asiatischen Wildpferdes liegt bei 1,32 m. Es ist ein Falbe mit schwarzen Beinen, oft gestreift wie beim Zebra, und schwarzer Mähne und Schweif. Der Unterbauch ist heller, und auf dem Rücken hat es einen ausgeprägten Aalstrich, oft auch ein Schulterkreuz. Besonders die Mähne ist »primitiv« – eine etwa 20 cm lange Stehmähne – während die Mähne des Hauspferdes weich zu einer Seite fällt, wenn man sie wachsen läßt. Das Haar ist sehr hart, und es gibt nur wenig oder gar keinen Schopf. Wie beim Maultier (siehe Seiten 328–329) oder Esel sind die Haare im oberen Bereich des Schweifes kurz, in der unteren Hälfte sind sie jedoch lang und grob. Der Kopf des Pferdes ist lang und schwer mit gerader oder eher konvexer Nasenlinie und hoch, fast schon in der

GEBOREN IM ZOO
Eine Wildpferdstute und ihr Fohlen. Die Pferde wurden vor dem Aussterben gerettet, indem sie in zahlreichen zoologischen Gärten in Europa gehalten werden.

Nähe der Ohren sitzenden Augen. Um Augen und Maul herum ist das Fell heller als am übrigen Körper. Das Pferd hat einen geraden Rücken, wie z.B. Onager, Zebra und Kulan (siehe Seiten 16–17), mit denen es oft verwechselt wird, und keinen erkennbaren Widerrist. Obwohl das Przewalski-Pferd offensichtlich der asinen Gruppe der *Equiden* ähnelt, ist es eindeutig eine Unterart von *Equus caballus*. Seine Ähnlichkeit mit der asinen Gruppe zeigt nur, daß beide dieselben Wurzeln haben.

Junger Tarpan

Der Tarpan

Ein Jahrhundert lang sorgte der Tarpan *(Equus caballus gmelini Antonius)* für Verwirrung. Das beruht hauptsächlich auf den widersprüchlichen Ansichten einiger bedeutender Wissenschaftler. »Tarpan« (was wörtlich »wildes Pferd« bedeutet) war nämlich die Bezeichnung, die Naturforscher sowohl dem osteuropäischen Wildpferd (heute bekannt als Tarpan) als auch dem Asiatischen Wildpferd (siehe Seiten 18–19) gaben – eine verständliche Verwirrung. Aber die maßgebenden Wissenschaftler erkennen den Tarpan neben dem Asiatischen Wildpferd als Wildpferd und als einen der ursprünglichen Pferdetypen der Nacheiszeit (siehe Seiten 16–17) an. Der Tarpan ist allgemein dem modernen Hauspferd *(Equus caballus)* näherstehender als das Asiatische Wildpferd *(Equus caballus przewalskii przewalskii* Poljakow).

Der ursprüngliche Tarpan

Zweifellos wurde der Tarpan in seiner ursprünglichen, unverfälschten Form gegen Ende des 18. Jahrhunderts bis an den Rand der Ausrottung bejagt, aber es gab unzählige Pferde mit Tarpan-Abstammung. Diese Pferde waren das Ergebnis der Paarungen zwischen wilden Hengsten und Hauspferdstuten. Diese Stuten waren wiederum eng mit den Wildpferden verwandt.

Die einzige Beschreibung eines ursprünglichen Tarpans ist die Zeichnung des Künstlers Borisow, der eine (lebende) Jährlingsstute malte. Dieses 1841 veröffentlichte Bild war der Ausgangspunkt für weitere Illustrationen, besonders denen von Friedrich Specht in »Brehm's Tierleben«, erschienen 1896. Borisow's Bild zeigt ein dünnbeiniges Tier mit einem viel feineren Kopf als das Asiatische Wildpferd, aber ausgeprägter konvexer Nasenlinie. Vom Gesamteindruck her handelt es sich um ein Pferd, das sich unter trockenen, steppenartigen Bedingungen entwickelt hatte.

Helmut Otto Antonius, Direktor des Zoologischen Gartens von Schönbrunn in Wien, gab dem Tarpan seine taxonomische Bezeichnung: *Equus caballus gmelini Antonius*. Er benannte ihn nach S.G. Gmelin, einem Naturforscher, der 1768 vier wilde Exemplare in der Nähe von Bobrowsk in Rußland fing. Gmelin beschrieb diese Pferde als mausfarben mit auffallenden schwarzen Tupfen und »unverhältnismäßig« dicken Köpfen, wahrscheinlich in bezug auf die ausgeprägte, konvexe Nasenlinie der Pferde, wie sie von Borisow gemalt worden war. Er berichtete, daß die Ohren manchmal so lang wie bei Eseln wären und »herunterhängen« würden, was bedeuten könnte, daß diese Tiere Hängeohren hatten.

Helmut Otto Antonius gehörte zu den scharfsinnigsten und begabtesten Wissenschaftlern seiner Zeit. Im Jahre 1922 schrieb er, daß der Tarpan »eine echte Wildpferdform sei und von daher von größter Bedeutung in Zusammenhang mit der Erforschung der Ursprünge des Hauspferdes«. Antonius unterteilte die Pferde in zwei Gruppen: zum einen in die vom Przewalski-Pferd abstammenden Pferde und zum anderen in die Nachfahren des Tarpans. Dem Przewalski-Pferd schrieb er das heutige Mongolische Pony und die Ponys von Tibet zu, wozu auch die besonders großköpfigen Ponys, wie das Spiti (siehe Seiten 200–201) und das Bhutan Pony (beide verwandt mit den tibetischen Ponys) gehören. Zu dieser Gruppe gehören auch die Ponys der himalayischen Vorgebirge und das Manipur von Assam, die Ponys von Indochina und Indonesien (siehe Seiten 202–207) und die kaum bekannten japanischen Ponys, wie

Künstlerische Impressionen
Dieses Bild von Tarpan-Stuten und Fohlen von Friedrich Specht stammt aus dem späten 19. Jahrhundert. Es basiert auf der einzigen bekannten Zeichnung eines lebenden Tarpans, die ein Künstler namens Borisow anfertigte und 1841 veröffentlichte.

Hokkaido, Kiso und Kagoshima, die einstigen wilden Pferde des südlichen Kyushu (siehe Seiten 210–211).

Einfluss

Während er dem Asiatischen Wildpferd den prägenden Einfluß auf einige Steppenrassen Osteuropas und West-Asiens zuschrieb (wie z.B. dem russischen Baschkir, siehe Seiten 198 bis 199), hielt Antonius das Gebiet von den Karpaten bis nach Turkistan und auch die Ukraine, die Heimat der harten Koniks und Huzulenponys (siehe Seiten 192–193), für das Einflußgebiet des Tarpans. Koniks und Huzulen sind eng verwandt mit dem Tarpan, und auf die eine oder andere Weise waren sie die Basis für den »edlen« Trakehner (siehe Seiten 138–139). Zu dem Bereich des Tarpans zählen auch die Steppengebiete (äußerst wichtig für die Entwicklung des Pferdes und der Reiterei) um das Kaspische und Schwarze Meer sowie Kirgisien, Kasachstan und West-Turkistan.

Von dort erstreckt es sich bis ins iranische Plateau, der Heimat der persischen Pferde vom ausgeprägt arabischen Typ, die auch mit den Turkmenen und den anderen »Wüstenpferden« Zentralasiens verwandt sind. Daher ist es also nicht zu weit hergeholt, den Tarpan als einen ganz frühen Vorfahren des Arabers (siehe Seiten 64–65) zu sehen. Mehrere Wissenschaftler unterstützen diese Theorie und halten den Tarpan für die Basis der Kampfwagenpferde des östlichen Mittelmeerraums. Dann könnte man auch eine Verbindung mit dem Kaspischen Pony im Iran sehen (siehe Seiten 36–37).

Nachfahren des Tarpans

Der Einfluß des Tarpans erstreckt sich über die ganze Ukraine. Huzule und Konik gelten beide als Nachfahren dieses primitiven Wildpferdes. Sie sind die Basis der rückgezüchteten polnischen Tarpan-Herden.

Betrachten wir wieder Europa, so ist der Einfluß des Tarpans auf die Evolution des Spanischen Pferdes nachgewiesen, denn die züchterische Basis, die Sorraia-Ponys (siehe Seiten 104 bis 105), stammt vom Tarpan ab.

Der moderne Tarpan

Der moderne, rückgezüchtete Tarpan entstand durch den Einsatz ausgewählter Koniks und Huzulenponys, so daß er dem ursprünglichen wilden Tarpan gleicht. Der Tarpan ist meist um 1,32 m groß und Maus- oder Braunfalbe mit deutlichem Aalstrich und Zebrastreifen an den Beinen, die gelegentlich auch als Streifen auf dem Körper erscheinen. Im Winter wird das Fell weiß (ein Merkmal von Wildtieren), und das Haar ist von drahtiger Beschaffenheit, so wie das des Rot- oder Rehwildes.

Der Tarpan ist das ideale Beispiel »primitiver« Lebenskraft. Er ist extrem hart, zäh und unabhängig bis zur Wildheit. Für seine Größe verfügt er über eine ungeheure Kraft und ist sehr ausdauernd und widerstandsfähig.

Der moderne Tarpan

Der heutige Tarpan ist wahrscheinlich die genaue Nachbildung der ursprünglichen Wildform. Er hat die seltene, dem Reh- oder Rotwild ähnliche falbe Fellfarbe und den geraden Rücken des Esels. Er ist selten krank, Wunden heilen schnell, Verfohlen ist unbekannt, und die Fruchtbarkeitsrate ist höher als bei den Haustieren.

Die vier Grundformen

Es bestehen keine Zweifel an der Existenz oder der wilden Herkunft des Asiatischen Wildpferdes und des Tarpans (siehe Seiten 18–21). Ebenso gibt es genügend Beweise für die Existenz des Waldpferdes (siehe Seiten 14–15). Die Theorie von vier weiteren Unterformen sieht man am besten als eine spätere Erweiterung der Theorie der drei Urpferdetypen an, wobei diese vier Formen oder Typen durch Kreuzungen der ursprünglich drei Pferdetypen und ihrer Abkömmlinge entstanden. Die als gegeben vorausgesetzte Existenz von zwei Pony- und zwei Pferdeformen kurz vor der Domestikation, die wahrscheinlich in Eurasien vor 5000 bis 6000 Jahren stattfand, kann als weiteres Glied in der Evolutionskette und als mögliche Erklärung der nacheiszeitlichen Entwicklung des Pferdes angesehen werden.

Die Vertreter der Theorie

J.G. Speed aus Edinburgh, E. Skorkowski aus Krakau, F. Ebhardt aus Stuttgart und die portugiesische Autorität R. d'Andrade, allesamt führende Kapazitäten auf dem Gebiet der Vorgeschichte des Pferdes, waren die ersten Vertreter der Theorie, daß es nach der Eiszeit vier verschiedene Pferdetypen gab.

50 Jahre nach Ewart (siehe Seiten 14–15) und mit den Vorteilen verbesserter Technologie hat die Speed-Gruppe die von ihr klassifizierten nacheiszeitlichen Pferde jedoch lediglich in Typen eingeteilt und nicht in Spezies. Es wäre auch undenkbar gewesen, daß sie besonders oder durch Rückschlüsse die Existenz weiterer Unterarten oder -typen neben den geschilderten ausgeschlossen hätten. Das Asiatische Wildpferd und der Tarpan haben sowohl in der anerkannten Form als auch als Mischform existiert, während das etwas nebulöse Waldpferd seine Entwicklung fortsetzte, wie es die im Nordwesten Deutschlands und in Skandinavien gefundenen Überreste zeigten.

Die Pony-Typen

Die Speed-Gruppe geht davon aus, daß zum Zeitpunkt der Domestikation vier Typen existierten und diese großen Einfluß auf die folgenden Hauspferde ausübten. Pony-Typ 1 war im Nord-Westen Europas beheimatet. Genau genommen handelte es sich dabei um das keltische oder Plateau-Pony Ewart's, von dem angenommen wird, daß es hauptsächlich aus dem Tarpan hervorging. Es hatte ein Stockmaß von durchschnittlich 1,22 bis 1,27 m und war braun oder dunkelbraun.

Speed und seine Kollegen stellten ein weiteres Merkmal der nacheiszeitlichen Pferde fest – Unempfindlichkeit gegenüber den Unbilden der Witterung. Der Pony-Typ 1 war unempfindlich gegenüber Nässe; er war regelrecht wasserfest, ein Merkmal seiner nächsten Verwandten, der Exmoor-Ponys (siehe Seiten 172–173) und bestimmten Schlägen des Isländers (siehe Seiten 194–195).

Bei einer Größe von 1,42 bis 1,47 m war Pony-Typ 2 größer. Er lebte im Norden Eurasiens und

Grösse
1,22–1,27 m

Pony-Typ 1
Pony-Typ 1 hat wahrscheinlich im Nordwesten Europas gelebt und entwickelte große Widerstandskräfte gegen Nässe und Kälte. Das moderne Gegenstück ist das Exmoor-Pony.

Exmoor-Pony

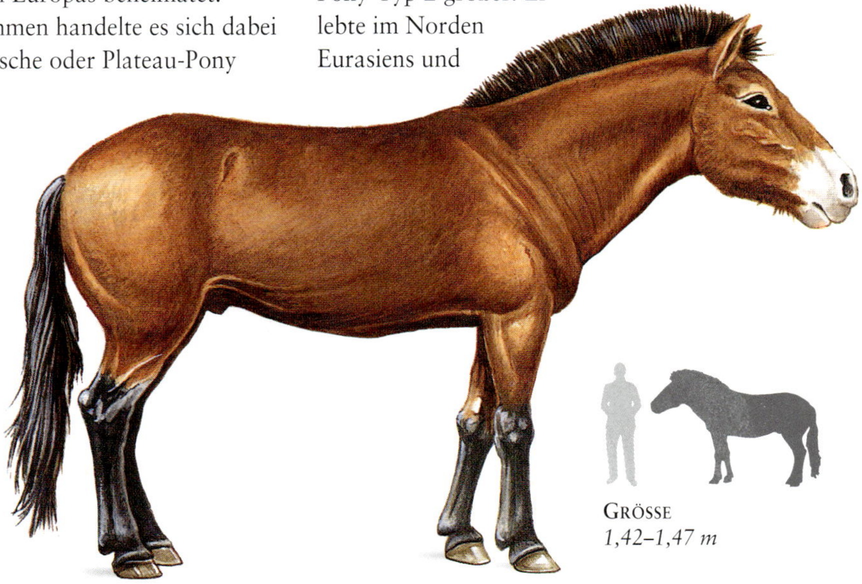

Grösse
1,42–1,47 m

Pony-Typ 2
Pony-Typ 2 war größer als Typ 1. Er ähnelte dem Asiatischen Wildpferd, war unempfindlich gegenüber Kälte und lebte im Norden Eurasiens. Sein modernes Gegenstück ist das Highland-Pony und das Fjordpferd.

Fjordpferd

war unempfindlich gegenüber Kälte und Frost. Er war stärker gebaut als Typ 1, derb und hatte einen großen Kopf mit konvexer Nasenlinie. Sein Trab war besser als der Galopp. Die Fellfarbe war Falbe mit gelbem Einschlag, und das Pony hatte einen ausgeprägten Aalstrich. Tatsächlich sah es dem Asiatischen Wildpferd ähnlich. Es besaß jedoch nicht die gleiche Anzahl Chromosomen, d.h. die stäbchenartigen Strukturen, die die Erbinformationen weitergeben. Im Gegensatz zum Asiatischen Wildpferd mit 66 Chromosomen hatte Pony-Typ 2 nur 64, so wie das moderne Hauspferd. Das Highland-Pony und das Fjordpferd ähneln dem Pony-Typ 2 am meisten, vielleicht auch noch die alte Rasse des Norikers aus dem Voralpenland (siehe Seiten 176–177, 190–191 und 50–51), obwohl der Noriker ebenso vom primitiven Waldpferd beeinflußt wurde.

DIE PFERDE-TYPEN

Bis dahin haben Speed und Mitarbeiter die schon bekannten Theorien lediglich verfeinert. Dann allerdings fügten sie ein neues Element von großer Bedeutung hinzu – die als gegeben vorausgesetzte Existenz der »Wüstenpferde«, die die Evolution der meisten modernen Rassen und Schläge ermöglichte. Typ 3 war zweifellos ein Pferd, und zwar ein Wüstenpferd, denn aufgrund seiner Lebensbedingungen war es besonders widerstandsfähig gegen Hitze und Trockenheit. Die hagere Erscheinung ohne jeglichen Fettansatz, die dünne Haut und das sehr dünne Fell machten es ihm möglich, der Hitze zu trotzen und lange Zeit ohne Wasser auszukommen. Es sah unscheinbar aus und hatte eine Größe von etwa 1,50 m. Der Körper war lang und schmal mit geringer Rippenwölbung. Hals und Ohren waren lang. Die Hufe waren breit und flach, eine Antwort auf den weichen Sandboden. Mähnen- und Schweifhaar waren spärlich, so wie man es von einem von Sehnen und Muskeln gekennzeichneten Tier ohne überflüssiges Fett erwartet. Es lebte in Zentralasien, wanderte aber nach Westen bis nach Spanien. Von unseren heutigen Rassen sind es wohl das lehmfarbene Sorraia-Pony aus Portugal bzw. Spanien (siehe Seiten 104–105), das vermutlich vom Tarpan abstammt, und der elegante Achal-Tekkiner (siehe Seiten 74–75) aus der turkmenischen Wüste.

Über die Herkunft von Typ 3 kann man nur Vermutungen anstellen. Natürlich gibt es den Einfluß des Tarpans und wohl auch des Asiatischen Wildpferdes (wenn auch weniger stark) durch laufende Kreuzungen ihrer Nachzucht, über die nichts bekannt ist. Tatsache ist, daß die Umweltbedingungen von größter Bedeutung bei der Festlegung von Typ und besonderen Merkmalen sind, wenn auch über große Zeiträume.

Schließlich gibt es noch Typ 4, ein Pferd, was die Proportionen angeht, aber von kleiner Statur. Es war nicht größer als 1,22 m und hatte einen feinen Knochenbau, aber nichts von der Derbheit von Typ 3. Der Kopf war fein mit gerader Nasenlinie, gelegentlich aber auch konkav. Mähne, Schweif und Fell waren fein und seidig. Die Kruppe war flach und auf einer Höhe mit dem Widerrist. Der Schweif war hoch angesetzt. Die Heimat von Typ 4 war Westasien und ebenso wie Typ 3 war er hitzeunempfindlich. Auch hier läßt sich nichts Genaues über die Herkunft sagen, aber es lebte mit Sicherheit zu jener Zeit in jener Gegend – das sind durch die Analyse von Überresten und spätere Funde von Werkzeugen und Geräten bewiesene Fakten.

Die allgemeine Erscheinung ist ein kleines Pferd mit deutlichem Einfluß des Tarpans bzw. ähnlichen Pferden, das durch das Leben in trockener Hitze geprägt wurde. Es ist schon schwieriger, irgendeine Ähnlichkeit mit dem Asiatischen Wildpferd zu erkennen. Dieser Typ wird, wenn auch nur vermutetermaßen, als Prototyp des Arabers angesehen. Das Kaspische Pony (siehe Seiten 36–37) kommt ihm von unseren heutigen Pferden noch am nächsten.

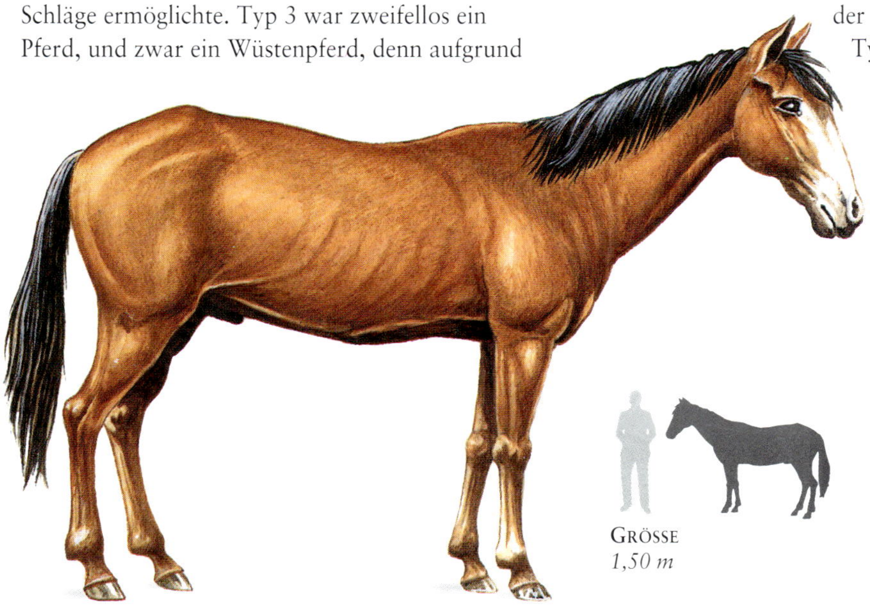

GRÖSSE
1,50 m

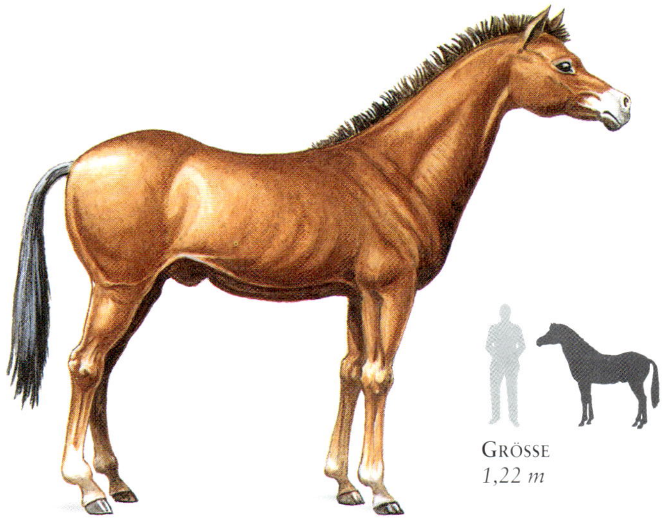

GRÖSSE
1,22 m

PFERDE-TYP 3
Pferde-Typ 3 war ein Wüstenpferd und lebte in Zentralasien. Er war widerstandsfähig gegenüber Hitze und Trockenheit. Er kann vom Tarpan beeinflußt sein. Der Achal-Tekkiner ist das moderne Gegenstück.

ACHAL-TEKKINER

PFERDE-TYP 4
Pferde-Typ 4 war ein zierliches, feinknochiges Wüstenpferd, das auch der Hitze trotzte. Es lebte in Westasien. Der Einfluß des Tarpans ist deutlich. Das Kaspische Pony ist sein modernes Gegenstück.

KASPISCHES PONY

Gregor Mendel

Das moderne Pferd

Die Evolution des Pferdes erstreckte sich über einen Zeitraum von 60 Mio. Jahren, und wie bei allen anderen Lebewesen auch wurde seine Entwicklung zum größten Teil durch eine natürliche Auslese bestimmt, d.h., daß der Stärkste überlebt hat oder genauer gesagt, haben diejenigen überlebt, die sich am besten an geänderte Bedingungen anpassen konnten. Von gleicher Bedeutung waren die unausweichlichen Auswirkungen der Umwelt. Die Domestikation des Pferdes bedeutete einen Eingriff in diese natürliche Auslese. Von nun an beschleunigte sich die Entwicklung des Pferdes, seiner Rassen und Schläge enorm. Das moderne Pferd ist das Produkt einer natürlichen Zuchtauslese durch den Menschen, die hauptsächlich von den Fortschritten in der Land- und Vorratswirtschaft bestimmt wurde, die zu Mengen an Futtermitteln führte, und zum anderen von den laufend verbesserten Methoden der Haltung.

Einteilung

Grundsätzlich unterscheidet man die heutige Spezies Pferd in leichte Pferde, d.h. die als Reit- oder Fahrpferde eingesetzt werden, und schwere Pferde, d.h. die Rassen für den Einsatz in der Landwirtschaft. Die erstgenannten Pferde sind bei weitem in der Überzahl. Beim leichten Pferd unterscheidet man noch einmal zwischen Pferd und Pony. Der Begriff »Pony« ist relativ jung; er entstand im 17. Jahrhundert aus dem französischen Begriff »poulenet« und bedeutet Fohlen. Als Pony gilt, vielleicht ganz willkürlich, jede Rasse und jeder Typ unter 1,48 m. In Wirklichkeit liegt der Unterschied zwischen Pferden und Ponys hauptsächlich in den Proportionen. Beim Vollblüter (siehe Seiten 118–119) z.B. ist durch die langen Beine die Strecke zwischen Widerrist und Boden wesentlich länger als der Körper. Im Gegensatz dazu verfügt das Pony über mehr Rumpftiefe und kürzere Beine in Relation zur Größe. Eine weitere Unterscheidung, die oft zu Mißverständnissen führt, ist die Unterteilung in »heiß-« oder »voll-«, »kalt-« und »warmblütige« Pferde. Der Araber (siehe Seiten 64–65) und der wahrscheinlich nicht so hochentwickelte Berber (siehe Seiten 66–67) werden als heißblütig bezeichnet, genau wie ihr direkter Nachfahre, der Vollblüter. Die englische Bezeichnung »thoroughbred« (= durchgezüchtet) weist daraufhin, daß hier eine einzigartige Reinzucht, wie sie bei keiner anderen Rasse dieser Welt zu finden ist, vorliegt. »Kaltblüter« werden die schweren Zugpferde Europas genannt. Pferde, die von kalt- und heißblütigen Pferden abstammen, werden Warmblut genannt.

Heiß- und warmblütige Pferde haben meist lange Gliedmaßen; sie sind lang in den Proportionen, und der Körper ist schmal. Ein Kaltblüter wiederum hat eine wesentlich tiefere Brust und kürzere, kräftigere Beine als ein Warmblüter gleicher Schulterhöhe. Ihre Hufe sind im Verhältnis zur Länge des Kopfes sehr breit. Heutzutage versteht man unter einer Rasse die Pferde, die im entsprechenden Stutbuch eingetragen sind. Das sind Zuchtpferde, die über so lange Zeit selektiv gezüchtet worden sind, daß sie die Produktion von Nachzucht garantieren können, die in Bezug auf Größe, Gebäude, Gangwerk und eventuell auch Farbe einheitlich ist. Unter einem Pferdetyp versteht man Pferde, die keine eigene Rasse bilden können, da sie ein festgelegtes Kriterium nicht erfüllen und daher nicht in einem anerkannten Stutbuch eingetragen werden. Bekannte Beispiele sind Polo-Ponys, Hunter, Hacks und Cobs (siehe Seiten 362–363, 372–373, 380–381 und 384–385).

Vererbungslehre

Einen wesentlichen Beitrag zum Verständis der Evolution leistete der österreichische Mönch Gregor Mendel (1822–1884).

Schweres Pferd

Die Proportionen und der breite, kompakte Körperbau des schweren Kaltblutpferdes bilden den Kontrast zum Vollblutpferd. Dieses Pferd kann bei langsamer Geschwindigkeit große Kraft entwickeln.

Leichtes Pferd

Die Linien des Vollbluts sind gekennzeichnet durch die Länge der Gliedmaßen und die Proportionen im allgemeinen. Der Körper ist schmal, und die Schultern sind sehr schräg.

Pony

Die Körperlänge mißt mehr als das Stockmaß (Widerrist), und die Rumpftiefe entspricht der Länge der Gliedmaßen. Die Länge des Kopfes entspricht der Länge der Schultern, die wiederum der Rückenlänge entspricht.

EXTERIEUR DES PFERDES
Das Exterieur des Pferdes setzt sich zusammen aus den äußeren Merkmalen, die das Gebäude ergeben. Die Proportionen der einzelnen Körperteile zueinander sollten symmetrisch sein.

Er ist verantwortlich für die Mendelschen Gesetze, die Grundlagen der modernen Vererbungslehre. Zusammengefaßt besagt seine Lehre, daß jede der Millionen Zellen, die die Körperstruktur eines Lebewesens bilden, ein Paar Gene enthält, und zwar je eines von jedem Elternteil. Durch diese Gene werden bestimmte Merkmale an die Nachzucht weitergegeben, aber nicht in gleichem Maße. Eines der beiden Gene ist dominant und eins ist rezessiv. Das dominante Gen setzt sich in dem neuen Lebewesen durch. Mit Grundkenntnissen der Farbvererbung kann ein Züchter z.B. die Fellfarbe eines ungeborenen Fohlens vorhersagen. Es ist bekannt, daß Weiß, also die Schimmelfarbe, gegenüber allen anderen Farben dominant ist. Die Rangfolge der anderen Farben ist: Braun, Dunkelbraun, Rappe und Fuchs. Braun ist also dominant über alle anderen Farben, wohingegen die Fuchsfarbe immer rezessiv ist. Das bedeutet, daß aus der Paarung zweier Füchse immer ein fuchsfarbenes Fohlen fällt. Wird ein Fuchs mit einem andersfarbigen Pferd gekreuzt, ist ein fuchsfarbenes Fohlen weniger wahrscheinlich. Nach diesem einfachen genetischen Prinzip kann es möglich sein, daß auch körperliche oder seelische Merkmale und Eigenschaften, wie Spring- oder Galoppiervermögen, bei sorgfältig ausgesuchten Blutlinien vererbt werden.

Die Zucht auf der Grundlage von Abstammungs- und Leistungsnachweisen sowie der Leistungen der Nachzucht beider Elterntiere, die sogenannte genotypische Zucht, stellt die praktische Anwendung der genetischen Theorie dar. Sowohl die Zucht des Vollblut-Rennpferdes als auch des europäischen Warmblut-Sportpferdes geschieht nach diesem Prinzip.

FELLFARBEN

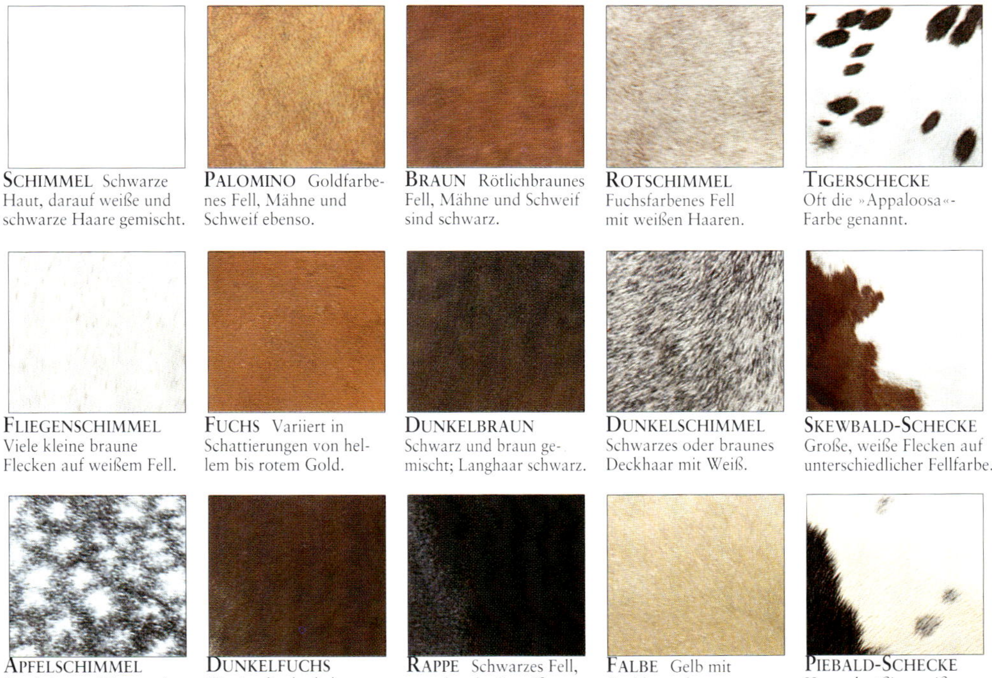

SCHIMMEL Schwarze Haut, darauf weiße und schwarze Haare gemischt.

PALOMINO Goldfarbenes Fell, Mähne und Schweif ebenso.

BRAUN Rötlichbraunes Fell, Mähne und Schweif sind schwarz.

ROTSCHIMMEL Fuchsfarbenes Fell mit weißen Haaren.

TIGERSCHECKE Oft die »Appaloosa«-Farbe genannt.

FLIEGENSCHIMMEL Viele kleine braune Flecken auf weißem Fell.

FUCHS Variiert in Schattierungen von hellem bis rotem Gold.

DUNKELBRAUN Schwarz und braun gemischt; Langhaar schwarz.

DUNKELSCHIMMEL Schwarzes oder braunes Deckhaar mit Weiß.

SKEWBALD-SCHECKE Große, weiße Flecken auf unterschiedlicher Fellfarbe.

APFELSCHIMMEL Dunkelgraue Ringe auf weißem Fell.

DUNKELFUCHS Dies ist die dunkelste Fuchsfarbe.

RAPPE Schwarzes Fell, manchmal mit weißen Abzeichen.

FALBE Gelb mit dunklem oder mausgrauem Einschlag.

PIEBALD-SCHECKE Unregelmäßige weiße oder schwarze Flecken.

TEIL 2

FRÜHE NUTZUNG

DIE DOMESTIKATION DES PFERDES änderte das Leben des Menschen vollkommen. Im wesentlichen gab ihm das Pferd eine bislang unvorstellbare Mobilität. Sein Leben war bis dato notgedrungenerweise in ruhigen Bahnen verlaufen und von alltäglichen Dingen bestimmt worden, wie etwa dem ständigen Bedarf an Wasser. Der Einsatz von Pferdekraft ersetzte die menschliche Arbeitskraft, die z.B. zum Transport der Besitztümer eines Menschen erforderlich war, und sie vergrößerte das Gebiet der erreichbaren Weidegründe enorm. Außerdem ermöglichten die Pferdeherden, die an sich schon alle Bedürfnisse befriedigen konnten (Milch, Fleisch, Felle, ja sogar Dung als Brennmittel für das Feuer) das Entstehen von Kulturen, die weitreichenden Einfluß auf die Geschichte der Menschheit nahmen.

Ausschnitt einer Ernteszene im Grab des Menna, Ägypten, ca. 1415 vor Christus.

Wildpferde

Domestikation

Von allen Haustieren wurde das Pferd zuletzt gezähmt. Das lag vielleicht an seiner Größe oder aber an seinem unberechenbaren, nervösen Temperament, was es wohl schwierig machte, es zu fangen und zu zähmen, wohingegen es aber mit Sicherheit gejagt wurde. Der Hund, das erste Haustier, wurde um oder vor 12 000 vor Christus gezähmt und war als Fleischfresser ein natürlicher Jagdgefährte des Menschen. Schafe, die in bestimmten Gegenden schon etwa 9000 vor Christus in Herden gehalten wurden, waren geeignet für die Hirten, die das Nomadenleben aufgegeben hatten, um in Siedlungen zu leben. Bis 7000 vor Christus waren auch Ziegen, Schweine und Geflügel gezähmt und wurden als Haustiere gehalten. Geflügel diente Opferzwecken, und es gibt sogar Theorien, daß die Tiere ursprünglich aus diesem Grunde gezähmt worden waren und nicht ihrer Eier oder ihres Fleischs wegen.

Die Jagd auf Pferde

Vor der Domestikation waren die Wildpferdeherden eine bequeme Nahrungsquelle für die primitiven Menschen gegen Ende der Eiszeit, etwa 10 000 vor Christus. Zu den beliebtesten Methoden, diese Tiere zu töten, zählte, sie entweder in eine natürliche Sackgasse zu treiben, wo sie erstochen wurden, oder sie über eine Felsklippe zu jagen, was am einfachsten war.

Riesige Knochenansammlungen an bestimmten Stellen, wie z.B. in Solutré oder Lascaux in Frankreich, zeigen ebenso wie die Höhlenmalereien in Spanien (ca. 13 000 vor Christus), daß der Mensch mit der Natur des Pferdes vertraut war, lange bevor es domestiziert war. Sinn dieser Malereien war es, anderen nomadischen Jägern das Vorhandensein von Pferden mitzuteilen, obwohl sie auch eine Art spirituelle Bedeutung gehabt haben können.

In manchen Gegenden, wie z.B. den Flußtälern von Euphrat und Tigris im Irak, begann man etwa 9000 vor Christus mit der Kultivierung von Getreide. Als sich dieser landwirtschaftliche Lebensstil verbreitete, verbreitete es sich auch, Tiere hinter Einzäunungen oder zumindest auf begrenzter oder halboffener Fläche zu halten. In dieser Situation hatte es keinen Vorteil, eine Pferdeherde zu besitzen, selbst wenn es möglich gewesen wäre. Die Tiere, die die Siedler schon besaßen, lieferten ihnen Nahrung und Produkte wie Häute und Milch. Obendrein waren sie auch wesentlich umgänglicher als Pferde. Rinder konnten als Zug- und Packtiere eingesetzt werden.

Die Domestikation des Pferdes

Es ist unmöglich, das genaue Datum der Domestikation des Pferdes festzulegen, aber es gibt zahlreiche Hinweise, daß die ersten Pferde vor etwa 5000 bis 6000 Jahren in Eurasien gezähmt wurden, also etwa zum Ende des neolithischen Zeitalters. Man geht davon aus, daß es hauptsächlich die nomadischen Stämme der Arier waren, die indo-europäische Sprachen sprachen und über die Steppen am Kaspischen und Schwarzen Meer zogen. Es ist jedoch möglich, daß zur selben Zeit auch in anderen Gegenden Eurasiens Pferde domestiziert wurden. Zu jener Zeit (4000 bis 3000 vor Christus) war es bei den Ariern schon üblich, Tiere zu hüten.

Das Schlachten von Pferden

Große Ansammlungen von Knochen wurden unterhalb der Felsen von Solutré in Frankreich gefunden. Diese Darstellung eines Künstlers aus dem 19. Jahrhundert zeigt seine Vorstellungen, ist aber etwas weit hergeholt.

Höhlenmitteilung

Diese Wandmalerei aus Lascaux in Frankreich ist wahrscheinlich 15 000 Jahre alt. Solche Malereien sollten wahrscheinlich anderen Menschen mitteilen, daß es in der betreffenden Gegend Pferde gab.

Zu Anfang hat das sicher lediglich bedeutet, wilden oder halbwilden Schaf-, Ziegen- oder sogar Rentierherden zu folgen. Rentiere wären dazu ideal gewesen, denn sie wandern nicht, sondern ziehen einfach nur dahin, wo sie ihre Nahrung, das »Rentier-Moos«, finden.

Es ist möglich, daß Rentiere die Vorgänger des Hauspferdes waren. Erstens lebten die großen Rentierherden in dem Gebiet von der großen chinesischen Mauer bis in die hintere Mongolei, wo nacheinander alle Reiterkulturen entstanden. Erst später wanderten die Rentiere weiter nach Norden in Richtung Arktis ab. Zweitens beherrschten die Hüter der Rentierherden ja schon das Konzept der Domestikation – 2000 Jahre, bevor das Pferd domestiziert wurde. Es ist z.B. bekannt, daß Rentiere um 5000 vor Christus in Nordeuropa Schlitten zogen. Studien aus dem 19. Jahrhundert belegen, daß sie ebenfalls gezüchtet und geritten wurden. Daher müßte es also eine Kleinigkeit gewesen sein, von der Haltung von Rentieren auf Pferde umzusteigen, als diese in den rauhen Steppengebieten immer zahlreicher geworden waren. Pferde hatten mehr Vorteile. Sie folgten keinen festen Wanderbewegungen und konnten gehalten werden, wo immer es den Nomaden gefiel. Sie waren auch besser für das Leben in der kalten, rauhen Steppe als Rentiere und andere kleinere Tiere geeignet, denn sie konnten mit ihren Hufen nach Futter scharren, das unter dem Schnee lag.

Es ist auch interessant zu wissen, daß sich das Sattelzeug der Rentier-Völker, die es heute noch gibt, wie z.B. die Uryanchai in Sibirien, seit Jahrtausenden nicht geändert hat und eine bemerkenswerte Ähnlichkeit mit dem der ersten Reiterkulturen hat.

Unter Berücksichtigung all dieser Faktoren ist es möglich, daß die ersten Steppennomaden

DIE MONGOLEI HEUTE
Es ist wahrscheinlich, daß die frühen Vorfahren dieses mongolischen Reiters unserer Tage Rentier-Hirten waren, bevor sie Pferde hielten und ritten.

RENTIER-KULTUR
Rentiere in Lappland ernähren sich auch heute hauptsächlich von einer Art Flechte, bekannt als »Rentier-Moos«. Steppennomaden waren die ersten Hirten der »nomadisierenden« Rentiere.

EIN SCHATZ AUS DEM ALTAI
Dieses schöne Kopfstück war wunderbar erhalten, als es aus den Pazyryk-Grabhügeln im Altai-Gebirge in Westsibirien ausgegraben wurde. Es ist dekoriert mit verschiedenen Darstellungen von Rentieren.

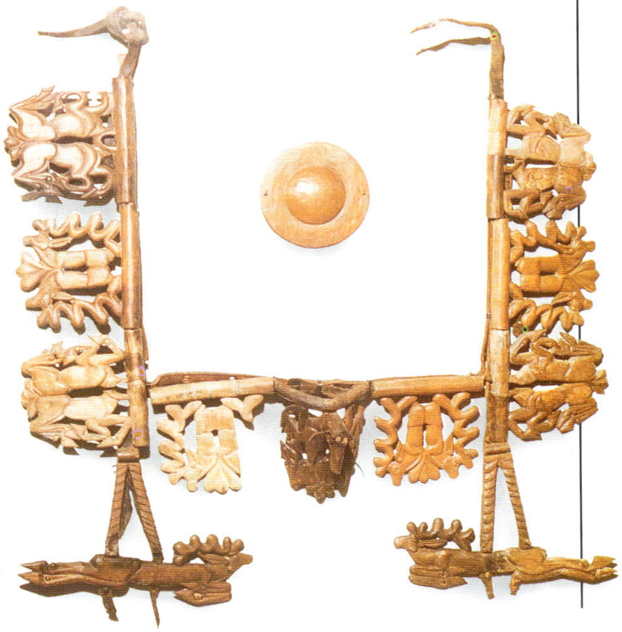

Rentiere hüteten, einspannten und ritten, bevor sie das Pferd domestizierten.

DIE GRABSTÄTTEN VON PAZYRYK

Eine andere mögliche Verbindung zwischen der Domestikation des Rentiers und des Pferdes ergab sich 1929 durch die Entdeckung der tiefgefrorenen Gräber in Pazyryk, hoch oben im Altai-Gebirge in Westsibirien. Diese von Dr. S.I. Rudenko ausgegrabenen Grabstätten zählen zu den bedeutendsten Entdeckungen des 20. Jahrhunderts. Sie gehörten den Skythen, einem der ersten und bedeutendsten Reitervölker, und beweisen, daß dieses Volk schon vor 3000 vor Christus Pferde hielt.

Der Inhalt der Gräber wurde durch das Eis in genau dem Zustand gehalten, in dem er vor 3000 Jahren begraben worden war. Darunter befanden sich Pferde mit Gesichtsmasken. Einige dieser Gesichtsmasken mit Geweih gaben dem Pferdekopf das Aussehen eines Rentiers. Diese Masken und einige andere mit Rentiermotiven dekorierte Gegenstände könnten bedeuten, daß die wilden Krieger der Steppe vor den Pferden Rentiere hüteten.

RENTIER-MASKE
Diese Gesichtsmaske wurde von einem der in den Gräbern von Pazyryk begrabenen Pferden getragen. Der Kopf des Pferdes glich damit dem eines Rentiers. Bedeutete das einen Blick zurück auf eine frühere Kultur – ein Erinnerungsstück an die Zeit, als noch Rentiere gehütet wurden?

UNTERSCHIEDLICHE THEORIEN

Es gibt Experten, die die Theorie, daß Rentiere die Vorgänger des Pferdes waren, als unhaltbar betrachten. Eine andere Theorie besagt, daß Rinder und ihr Einsatz als Zugtiere den Menschen zur Domestikation des Pferdes inspirierten.

Eine weitere Theorie besagt, daß Onager, die überall in Mesopotamien vor dem Kampfwagen gingen, die Vorgänger des Pferdes waren. Es gab in dieser Gegend jedoch keine Pferde, bevor es zum Kontakt mit den Pferde haltenden und reitenden Nomaden der Steppen im Nord-Osten kam, die eindeutig schon mit der Domestikation des Pferdes begonnen hatten. Es ist sicherlich richtig, daß der Onager mit seinem schwierigen Temperament schnell vom Pferd abgelöst wurde, nachdem dieser Kontakt entstanden war. Laut Strabo, einem griechischen Geographen, wurde das Pferd für eine kurze Zeit mit einem ebensolchen Nasenring geregelt wie der sumerische Onager im 3. Jahrtausend vor Christus.

QUALITÄTSPFERDE
Auf diesem Fragment aus einem ägyptischen Relief aus dem Jahre 1360 vor Christus sieht man eine hochentwickelte Gebißform und jochähnliche Geschirrpolster. Die guten Pferde stehen im arabischen Typ.

Andere Wissenschaftler lehnen die Rentier-Theorie ab, da die Haltung eines ruhigen Wandertieres etwas ganz anderes sei als die des nervöseren, nicht wandernden Pferdes. Aber das sind die Ansichten moderner Gelehrter mit wenig oder gar keiner praktischen Erfahrung im Umgang mit Tieren. Die frühen, primitiven, tier-orientierten Gesellschaften gingen ganz intuitiv mit Tieren und der natürlichen Umgebung um und waren erstaunlich anpassungsfähig. Ein Volk, das an den Umgang mit Rentieren gewöhnt war, wird nur wenig Probleme damit gehabt haben, sich auf das vielseitigere Pferd umzustellen. Es gibt zuviele Gemeinsamkeiten zwischen den Hirten von Rentieren und den Haltern von Pferden, als daß diese rein zufällig sein könnten.

DIE STANDARTE VON UR
Die große Standarte von Ur wird auf ca. 2500 vor Christus datiert. Zu jener Zeit wurden die scheibenrädrigen Streitwagen der Sumerer von Onagern gezogen und nicht von Pferden. Der Speer scheint die gebräuchlichste Waffe gewesen zu sein.

Die ersten domestizierten Herden

In den ersten Hauspferdeherden gab es wohl keine Hengste, da diese aufgrund ihres Temperaments die Herden gestört hätten. Paarungen hat man vorgenommen, indem rossige Stuten aus der Herde genommen und von wilden Hengsten gedeckt worden sind. Auch heute noch verfährt man nach dieser Methode in den Teilen der Welt, wo es wilde und halbwilde Pferde gibt. Die Junghengste dienten als Fleischlieferanten, oder sie wurden kastriert, ein Verfahren, das ihren Aggressionstrieb bremste und sie anderweitig einsetzbar machte. Die jungen Stuten waren wesentlich umgänglicher, und mit der Zeit wurden sie zu Mutterstuten und Milchlieferanten.

Reiten

Die Idee, ein Pferd zu reiten, war wahrscheinlich reiner Zufall. Vielleicht hat jemand, der eine Herde hütete, sich überlegt, daß vier Beine besser sind als zwei, und hat sich einfach mal so auf eine ruhige, ältere Stute geschwungen – ohne zu wissen, daß er der erste Reiter in der Geschichte sein würde. Auf dem Pferderücken ließ sich die Herde viel einfacher hüten. Auf einem galoppierenden Pferd läßt sich eine Herde besser zusammenhalten, und eventuell ausbrechende Pferde lassen sich besser ablenken, als wenn man zu Fuß unterwegs ist. Ein berittener Mann kann auch eine Herde führen, wenn er zwei weitere Treiber hat, die die Flanken der Herde zusammenhalten und Nachzügler treiben. Wenn ein Stamm erst einmal gelernt hatte, seine Pferde zum Reiten, Tragen von Lasten oder Ziehen eines Schlittens einzusetzen, war er viel beweglicher und schneller und konnte wesentlich größere Weidegebiete nutzen.

SATTELDECKE
Diese Satteldecke der Skythen aus Pazyryk ist kunstvoll verziert mit einem Muster aus Tieren und Fabelwesen. Am unteren Rand ist die Decke makabrerweise mit menschlichen Skalps verziert.

SKYTHISCHE KUNSTGEGENSTÄNDE
Diese Figur ist Teil eines Filz-Wandbehangs, der in den gefrorenen Gräbern von Pazyryk gefunden wurde und aus dem 5. oder 4. Jahrhundert vor Christus stammt. Der Reiter scheint aus dem 18. Jahrhundert zu sein!

Die Verbreitung des Pferdes

Es ist nachweisbar, daß sich das Hauspferd von den hochgelegenen Steppengebieten Zentralasiens in Richtung Westen nach Zentral- und Westeuropa, bis hinter den Kaukasus und nach Süden und Osten bis nach Arabien und China verbreitete.

Die kommenden 4000 Jahre lang war das Pferd das schnellste und effektivste Transport- und Kommunikationsmittel. Sein Einsatz ermöglichte den Beginn und die Ausweitung der Zivilisation.

Streitwagen & Reitervölker

Ein syrischer Streitwagen

Ob das Pferd zuerst vor beräderte Fahrzeuge gespannt oder geritten wurde, ist umstritten. Die Antwort ist, daß es wohl von der Bodenbeschaffenheit abhing. In der flachen, offenen Landschaft von Syrien, Ägypten und den Tälern des Irak war es wesentlich praktischer, das Pferd anzuspannen. Die kleinen Pferde waren keine bequemen Reittiere, aber zwei Pferde vor einem leichten Streitwagen konnten zwei oder gar drei Personen transportieren. In den bergigen Gegenden war es einfacher zu reiten, auch wenn die Pferde recht klein waren. Man weiß, daß es schon früh Räder gab, lange bevor Sattel und Steigbügel erfunden wurden, und sie benutzt wurden, bevor die allgemeine Domestikation stattfand. Bei Ausgrabungen in den Tälern von Euphrat und Tigris im heutigen Irak wurden Scheibenräder in sumerischen Gräbern gefunden, die auf 3500 vor Christus datiert werden.

Reitervölker

Im dritten und zweiten Jahrtausend vor Christus hatten die nomadischen Völker der Steppen Verbände in der Nähe der Pferdeherden gebildet, die sie hüteten und wahrscheinlich auch geritten haben. Als die Herden wuchsen, brauchten sie

Angriff mit dem Streitwagen
Durch die Beherrschung des Streitwagens bekamen Kriege ein neues Gesicht. Auf diesem Streitwagen sieht man den ägyptischen König Sethos I (Seti), der von 1318 bis 1304 vor Christus regierte, beim Sieg über die Libyer in Karnak.

auch größere Weidegebiete. Die Nomaden benötigten auch andere Waren, wie Eisen und Salz, die sie nur in Siedlungsgemeinschaften erwerben konnten. Was sie durch normalen Handel nicht bekamen, holten sie sich mit Gewalt. Ihre Ansprüche wuchsen ständig, bis etwa 3000 vor Christus die Kassiter und Elamiten, reitende, nomadische Völkerstämme aus dem Nordosten des heutigen Irans, den Nordwesten Persiens eroberten. Etwa zur selben Zeit eroberten ihre Zeitgenossen, die Hethiter, ein nomadisches Reitervolk unterschiedlichster Herkunft, das eine indo-europäische Sprache sprach, auf ihren zähen, lebhaften Ponys Kleinasien, d.h. das heute zur Türkei gehörende Anatolien. Und auch anderswo führten nomadische Krieger bewaffnete Raubzüge durch die damals bekannte Welt.

Metallgebisse
Zwischen 1300 und 1200 vor Christus erschienen die ersten Metallgebisse, die zuerst immer aus Bronze waren. Davor wurden Gebisse aus Hartholz, Knochen oder Horn gefertigt.

Die ersten Streitwagen

Die Entwicklung der Streitwagen und anderer Räderfahrzeuge stellte einen Wendepunkt in der Verbindung von Mensch und Pferd dar. Ein Wagen erhöhte die Mobilität des Menschen in jeder Beziehung und gab besonders der Kriegsführung eine neue Dimension, denn Operationen konnten nun über eine breitere Front durchgeführt werden als mit Fußsoldaten. Es war auch möglich, Pferde einzuspannen, die fürs Reiten zu klein gewesen wären, und koordinierte Bewegungen von großen Menschengruppen wurden vereinfacht. Nicht zu vergessen, daß der Streitwagen es möglich machte, die reichen Talländer im Mittleren Osten entlang Euphrat und Tigris zu nutzen. Zuerst hatten die Streitwagen massive Scheibenräder, aber um 2500 vor Christus waren es in Mesopotamien meist Speichenräder. Um 1600 vor Christus besaßen die Ägypter hochentwickelte Streitwagen, und um 1300 vor Christus hatte China seine Streitwagen perfektioniert.

Invasionen mit dem Streitwagen

Der Streitwagen war bald weit verbreitet, und sein Siegeszug ging weiter. Die Arier verließen Zentralasien, um Persien und Indien zu überrennen, während die Kelten sich in ganz Europa ausbreiteten. Oberägypten erlebte etwa 2000 vor Christus Invasion und Besetzung

Truppen-Transporter
Dieses Relief im Nordpalast in Nineveh zeigt einen elamitischen Truppen-Transporter aus der Zeit zwischen 645 und 635 vor Christus. Das Fahrzeug wurde von gut genährten Onagern gezogen, und die Räder hatten viele Speichen.

durch ein anderes nomadisches Volk, die Hyksos, die bis 1542 vor Christus blieben.

Sie waren es, die das Rad, den Streitwagen und ein neues taktisches Konzept in Ägypten einführten.

Die Hethiter vergrößerten ihr Königreich in Kleinasien langsam bis nach Nordsyrien und eroberten 1595 vor Christus die Stadt Babylon, was sie zu Ägyptens ehrfurchterregendsten und aggressivsten Feinden machte.

Die Konflikte zwischen Ägyptern und Hethitern hielten mit Unterbrechungen jahrhundertelang an. Sie wurden schließlich 1286 vor Christus beendet, als die Hethiter den ägyptischen König Ramzes I im syrischen Kadesch schlugen – mit einer Streitmacht von 3500 Kampfwagen und 17 000 Soldaten. Das war die größte Streitwagenschlacht der Antike – das Pendant zu den Panzerschlachten im Zweiten Weltkrieg (die mehr oder weniger in denselben Gebieten stattfanden).

Der Streitwagen der Hethiter war mit drei Männern besetzt: dem Fahrer, einem Schildträger und entweder einem Speerwerfer oder einem Bogenschützen. Die Pferde wurden mit Gebissen gefahren, die auf den Unterkiefer wirkten; Metallgebisse, die auf die Gebisse aus Hartholz, Knochen oder Horn folgten, gab

KADESCH

In Berichten über die Schlacht von Kadesch (1286 vor Christus), in der die Hethiter den ägyptischen König Ramzes I mit einer Streitmacht von 3500 Kampfwagen schlugen, werden die hethitischen Streitwagen die ersten Male erwähnt. 300 Jahre zuvor hatten die Hyksos die Kriegsführung mit Streitwagen bei den Ägyptern eingeführt.

es etwa seit 1300 bis 1200 vor Christus. Das Joch, das so erfolgreich bei Ochsen verwendet worden war, wurde umgeändert als Geschirr für den Streitwagen, wo zwei Pferde an eine Mittelstange gespannt wurden mit jeweils einem weiteren Pferd, einem »Ausleger«, an ihrer Seite.

Die Hethiter waren auch das erste Volk, das ein Handbuch über Pferdetraining erstellte. Es wurde um 1360 vor Christus von Kikkuli, dem Mittanier, geschrieben und befürwortet das Füttern von Getreide, Luzerne und gehäckseltem Stroh auf bemerkenswert moderne Weise. Noch interessanter ist, daß er einen Zusammenhang sieht zwischen Fütterung und systematischer Bewegung, die dazu dienen sollte, Kondition und Ausdauer zu maximieren. Nach 1190 vor Christus war das Reich der Hethiter am Ende, aber bis dahin war der Streitwagen in der zivilisierten Welt fest verankert, und das blieb auch so für die nächsten Jahrhunderte.

SPÄTERE REICHE

Den Hethitern folgten die Reiche der kriegerischen Babylonier, Ägypter und Assyrer. All diese Völker praktizierten eine Art von selektiver Zucht, um Größe und Leistung ihrer Pferde zu verbessern. Die Kunst der Assyrer aus dem 9. Jahrhundert vor Christus und später ermöglicht einen genauen Einblick in die Praktiken jener Zeit und stellt ein regelrechtes Reservoir an wertvollen Informationen über dieses Reich dar. Die assyrische Kunst zeigt starke, qualitätsvolle Pferde in guter Kondition mit Mähnen und Schweifen, die so extravagant geschoren waren wie das Haar der Krieger selbst. Ursprünglich fuhren die Assyrer einmal im Streitwagen, und ihre Könige und Generäle jagten vom Streitwagen aus. Als sich das Reich der Hethiter später nach Norden in gebirgige Gegenden ausdehnte, wo der Streitwagen unpraktisch und sperrig war, stieg die Zahl der berittenen Krieger. Aus der Zeit von Tiglath-Pileser III (747–727 vor Christus) gibt es Hunderte von Flachreliefs, auf denen geschickte Reiter auf temperamentvollen Hengsten gezeigt werden. Dennoch blieb der Streitwagen für mindestens weitere 700 Jahre auf der ganzen Welt ein wichtiges Transportmittel und spielte eine große Rolle in den Armeen und sozialen Strukturen der Griechen und Römer.

PFERDEHALTUNG

Dieses Relief assyrischer Pferde stammt etwa aus der Zeit von 883 bis 859 vor Christus. Es zeigt eine Szene, die sich kaum geändert haben mag in der Geschichte der Pferdehaltung.

ASSYRISCHE KAVALLERIE

Die ersten assyrischen Bogenschützen ritten neben einem Kameraden, der die Zügel des Pferdes hielt, während der Schütze seine Pfeile abschoß. Relief aus dem Palast von Nimrod, etwa 865 bis 860 vor Christus.

Mithras, der Lichtgott

Das Persische Reich

Im 6. Jahrhundert vor Christus hatten die Perser den Assyrern die Herrschaft entrissen und waren die herrschende Macht im Orient. Großen Anteil an ihrem Erfolg hatte das Nisanische Pferd, das Superpferd der Antike, das auch schon den Babyloniern und Assyrern zur Herrschaft verholfen hatte. Die Pferde verbrachten den Sommer auf den kühlen, fetten Weiden in den Vorgebirgen im Nordwesten des Iran, in der Gegend der Stadt Hamadan im alten Medien, einer für die Pferdezucht idealen Gegend. Unter Cyrus II dem Großen (589 bis 529 vor Christus) besetzten die persischen Armeen diese Gebiete und übernahmen bald auch die Kontrolle über die Große Seidenstraße, die Handelsroute von der chinesischen Pazifikküste bis nach Alexandria am Mittelmeer.

Im 3. Jahrhundert vor Christus erstreckte sich das Reich der Perser von Ägypten bis nach Kleinasien und von Indien bis zu den Griechischen Inseln.

Das Nisanische Pferd

Das Nisanische Pferd erwies sich als große Stütze der persischen Armee unter Cyrus dem Großen, von dem der griechische Historiker Herodotus (ca. 484 bis 430 ? vor Christus) schrieb: »Die gepanzerten persischen Soldaten und ihre todbringenden Streitwagen waren unbesiegbar und kein Mensch wagte es, ihnen entgegenzutreten.«

Die genaue Herkunft des Nisanischen Pferdes ist unbekannt: Sowohl der Tarpan der Steppe (siehe Seiten 20–21) als auch die kleinen, feiner gebauten als Pferdeform 4 bekannten Pferde (siehe Seiten 22–23) lebten in dieser Region. Kreuzungen mit dem Asiatischen Wildpferd (siehe Seiten 18–19) sind auch möglich gewesen. Das Nisanische Pferd entstand aus diesem Schmelztiegel verschiedener Pferdestämme und -schläge. Dieses mit 1,52 m deutlich größere Pferd als seine Vorgänger war sorgfältig gezüchtet, gut gefüttert und in guter Kondition. Es war sehr kraftvoll und brauchte ein scharfes Gebiß, damit es von den Persern, die auf gepolsterten Satteldecken ohne Steigbügel saßen, beherrscht werden konnte.

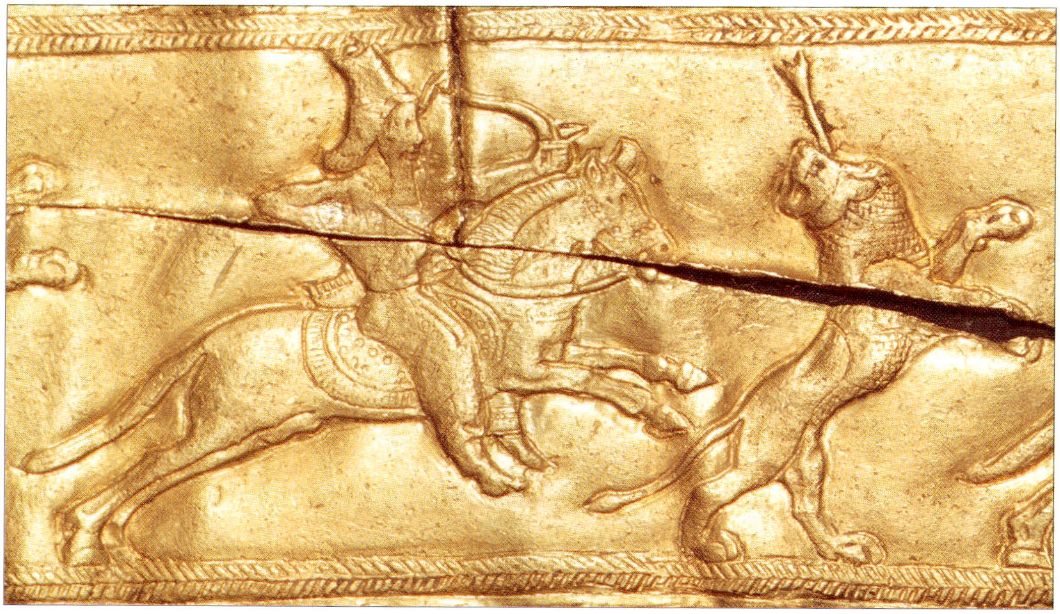

Bogenschütze zu Pferd

Dieses persische Goldrelief auf einer Säbelscheide (ca. 5. bis 3. Jahrhundert vor Christus) aus dem Schatz von Oxus zeigt einen reitenden Bogenschützen bei der Löwenjagd. Das Pferd wurde nur mit Schenkelhilfen gelenkt.

Die Rolle des Pferdes

Bei den Persern galten Pferde als Statussymbol, und nur die Aristokraten konnten Pferde besitzen. Die Pferde wurden eingesetzt auf Jagden, organisierten Pferderennen über Distanzen von 11 km und ab dem 6. Jahrhundert vor Christus bei einer frühen Form des Polospiels.

Streitwagen aus Gold

Dieses detailgetreue, goldene Modell eines persischen Streitwagens (ca. 5. bis 4. Jahrhundert vor Christus) zeigt deutlich, wie die vier Zugpferde vor die zwei Stangen mittels eines erweiterten Jochs gespannt wurden.

Pferde waren auch Tribut: Die medische Provinz oder Satrapie stellte dem persischen König Weideland für 50 000 Pferde zur Verfügung. Die Armenier gaben ihm 20 000 Fohlen pro Jahr, und die Zilizianer schenkten ihm für jeden Tag des Jahres ein weißes Pferd. Schimmel spielten überhaupt eine große Rolle in der Religion und den damit verbundenen Opferzeremonien. Von Mithras, dem Gott des Lichts und »Herrn der großen Weidegebiete«, glaubte man, daß er einen von vier Schimmeln gezogenen Streitwagen fuhr und die Schimmel mit Gold beschlagen und mit Ambrosia gefüttert würden. Mithras zu Ehren wurden Schimmel geopfert.

Auch für die Kommunikation war das Pferd von immenser Bedeutung. Die Perser waren die ersten, die ein Kommunikationssystem aufbauten, das aus Posten bestand, die einen Tagesritt voneinander entfernt waren. Ein ähnliches System wurde 1800 Jahre später von den Mongolen (siehe Seiten 72–73) betrieben.

Die Mongolen hatten jedoch den Vorteil von Sattel und Steigbügeln, was das Reiten wesentlich bequemer machte. Da die Perser keine Steigbügel hatten, war der Trab sehr unbequem, so daß die Kuriere wahrscheinlich im Kanter oder Galopp geritten sind. Vielleicht haben sie auch töltende oder paßgehende Pferde geritten, da durch das gleichseitig-gleichzeitige Auf- bzw. Abfußen in diesen Gangarten der Reiter nicht so durchgerüttelt wird.

DER PARTHISCHE SCHUSS

Eine Bogenschützen-Amazone (ca. 500 vor Christus) zeigt den »parthischen Schuß«, der gewöhnlich aus dem Galopp über die Kruppe des Pferdes abgegeben wurde. Die Parther setzten diesen Schuß besonders effektvoll auf der Scheinflucht ein, wenn sie den Rückzug vortäuschten.

SKYTHEN UND PARTHER – PLÜNDERNDE BOGENSCHÜTZEN ZU PFERD

Mehr als 300 Jahre lang waren die Perser die größte Macht in der antiken Welt, aber wie in allen anderen Reichen davor und danach gab es in den gewöhnlich gut geschützten Randgebieten einige irritierende »Faktoren«. In diesem Fall waren es die plündernden nomadischen Reiter, die kontinuierlich die Grenzen im Norden störten. Ihre Anführer waren die Skythen und die Parther, die wiederum ein Stammeszweig der Skythen waren. Sie waren ausgezeichnete Reiter und Bogenschützen.

Die skythischen Stämme der russischen Steppen, über die wir so viel durch die Ausgrabung der Grabhügel von Pazyryk (siehe Seiten 30–31) wissen, erreichten nie einen nationalen Zusammenhalt. Aber die Parther, denen die englische Sprache den Begriff »parthischen Schuß«, d.h. den Schuß nach hinten über die Kruppe des galoppierenden Pferdes (auch figurativ: das letzte (böse) Wort), verdankt, errichteten im 3. Jahrhundert vor Christus ein Königreich im Iran, von wo aus sie in den nächsten Jahrhunderten ihre Nachbarn auf Plünderzügen ausraubten. Obwohl sie die Römer bei Karrhai im heutigen Irak geschlagen hatten, waren die nomadischen Krieger mehr oder weniger nur Störenfriede und Unruhestifter, denn sie errangen nie einen dauerhaften Sieg im Sinne einer Eroberung. Diese kriegerischen Gesellschaften waren der Prototyp für die Hunnen Attila's im 5. Jahrhundert und die Mongolen unter Dschingis Khan im 12. Jahrhundert, jene grausamen, wilden Reiter, die das ruhige, beständige Leben der rationalen Welt in Schutt und Asche legten.

Zwischen 336 und 323 vor Christus wurde die Herrschaft der persischen Könige durch den größten Helden der Antike, Alexander von Mazedonien (siehe Seiten 40–41), beendet. Es entstanden die beiden großen klassischen Zivilisationen der Griechen und Römer, deren Einfluß über die ganze Welt reichte und bis zum heutigen Tage noch spürbar ist.

SKYTHISCHE GRABMÄLER

Dies ist ein Ausschnitt eines bunten persischen Teppichs aus dem 5. Jahrhundert vor Christus, der bei den Ausgrabungen in den tiefgefrorenen Gräbern der Skythen in Pazyryk im Jahre 1929 entdeckt wurde. Die Gräber lieferten wunderbare Beweisstücke für eine Reiterkultur, die wahrscheinlich über 3000 Jahre lang existiert hatte.

KASPISCHES PONY

DAS KASPISCHE PONY ist wohl die faszinierendste alte Pferderasse der Welt. Es stellt ein äußerst wichtiges Bindeglied zwischen den frühen Formen von *Equus* und dem heißblütigen »Wüsten«- oder »Plateau«-Pferd her, von dem unser heutiges leichtes Pferd abstammt. Die Wissenschaftler Ebhardt, Speed, Skorkowski und d'Andrade teilten die vor der Domestikation existierenden Pferde in vier Typen ein (siehe Seiten 22–23). Das Kaspische Pony entspricht in geradezu idealer Weise dem Pferde-Typ 4. Die Wissenschaftler hatten praktisch das Kaspische Pony genau beschrieben, und zwar ein halbes Jahrhundert bevor diese Miniaturpferde 1965 an der Küste des Kaspischen Meeres von einer Reisenden aus Amerika, Frau Louise L. Firouz, wiederentdeckt wurden.

STREITWAGEN-PFERDE

Man nimmt an, daß die auf diesem zylindrischen Siegel (etwa 548 bis 486 vor Christus) dargestellten Miniaturpferde vor dem Streitwagen von Darius dem Großen Vorläufer des heutigen Kaspischen Ponys sind.

GESCHICHTE

Die Entdeckung des Kaspischen Ponys, einer sehr alten Rasse, war von immenser wissenschaftlicher und historischer Bedeutung. Seit 1965 sind viele Forschungen durchgeführt worden, die ergaben, daß die Vorfahren des Kaspischen Ponys die Vorläufer (vor etwa 3000 Jahren) des Arabers waren (siehe Seiten 64–65), obwohl diese Aussage noch nicht endgültig bewiesen ist. Das Kaspische Pony ist sicher die älteste noch existierende Pferderasse, abgesehen vom Asiatischen Wildpferd (siehe Seiten 18–19). Obwohl eine direkte Herkunft von den Pferden des Altertums unwahrscheinlich ist, so unterscheidet sich dieses kleine Pferd von den anderen modernen Rassen durch mehrere einzigartige körperliche Merkmale, wie z.B. eine andere Form des Schulterblattes. Die Scheitelbeine im Kopf sind so angesetzt, daß die Stirn gewölbt erscheint. Außerdem hat es einen zusätzlichen Molar im Oberkiefer.

Die zahlreichen Kunstwerke aus dem Alten Ägypten und Mesopotamien, u.a. Reliefs, sind weitere Beweise für die Existenz eines kleinen, eleganten Pferdes mit arabischem Aussehen. Viel später, etwa 500 vor Christus, wurden ähnliche Miniaturpferde auf dem berühmten, dreisprachigen Siegel des persischen Königs, Darius dem Großen (522–486 vor Christus), dargestellt.

Das Siegel zeigt zwei dieser Pferde vor dem königlichen Wagen, von wo aus Darius Pfeile auf einen angreifenden Löwen abschießt. Der Löwe ist so groß, daß die Pferde wie Zwerge wirken. Die Griechen berichteten ebenfalls von der Existenz einer

GEZOGEN IN GROSSBRITANNIEN

Der Körperbau dieser Kaspischen Ponys ist sehr verbessert worden durch die gute Haltung und Pflege und eine Umgebung, die angenehmer ist als ihre ursprüngliche Heimat.

GRÖSSE
1,02–1,22 m

Miniaturpferderasse in Teilen des alten Medien, der Gegend um das Kaspische Meer. Auch in mesolithischen Höhlenüberresten in der Nähe von Kermanschah (auf halbem Wege zwischen Bagdad und Teheran) wurden Knochen gefunden, die von Pferden des kaspischen Typs stammen. Obwohl die Nachfahren dieser Pferde schon seit langer Zeit aus der Gegend verschwunden sind, scheint es, als ob zu einer Zeit (vor etwa 1000 Jahren) einige Stämme aus dem Gebiet um Kermanschah vertrieben worden sind und mit ihren Miniaturpferden bis an den Nordrand des Elburs-Gebirges zogen, das wiederum am Kaspischen Meer liegt.

Die fortwährende Existenz dieser alten Pferderasse wurde erst bekannt, als die amerikanische Reisende, Mrs. Louise L. Firouz, einen lebhaften, schnellen Pony-Typ entdeckte, der sich deutlich von den einheimischen Tieren unterschied. Die Ponys waren zur Arbeit in den engen Gassen von Amol am Kaspischen Meer eingesetzt. Sie kaufte mehrere davon und legte damit den Grundstock für ein Gestüt, das daraufhin in Norouzabad aufgebaut wurde. Zehn Jahre später wurden ein Hengst und sieben Stuten nach Großbritannien exportiert, der Grundstock für das Kaspische Gestüt Großbritanniens. Heute werden Kaspische Ponys sogar in Nord- und Südamerika, Australien und Neuseeland gezüchtet.

MERKMALE

Das moderne Kaspische Pony wird aufgrund seiner Größe und vielleicht auch der Einfachheit halber als »Pony« bezeichnet. Es handelt sich jedoch um ein Pferd, wenn auch in Miniaturform, mit allen Merkmalen und den Proportionen eines Pferdes. Sein unverkennbarer Kopf ist kurz und mit feiner, dünner Haut bedeckt, was dem Pony das trockene, dünnhäutige Aussehen gibt, das man allgemeinhin mit dem Araber und anderen Wüstenrassen verbindet. Das Maul ist klein und spitz; die Nüstern sind weit geöffnet. Die Augen sind groß und die Ohren sehr kurz. Der Zuchtstandard im *International Caspian Stud Book* (Int. Kaspisches Stutbuch) schreibt vor, daß die Ohren nicht länger als 11 cm sein dürfen. Die Hufe sind klein und sehr hart und brauchen selbst auf äußerst steinigem Boden keinen Beschlag. Der Körper ist schlank und schmal, was das Kaspische Pony zum idealen Reitpony für Kinder macht.
Der hochangesetzte Schweif wird hoch getragen, ähnlich wie beim Araber! Mit 1,02 bis 1,22 m ist das moderne Kaspische Pony größer als seine frühen Vorfahren. Die am häufigsten vertretenen Fellfarben sind Brauner, Schimmel und Fuchs, gelegentlich Rappe und cremefarben. Aufgrund der schrägen Schultern und des Widerrists sind die Bewegungen lang, flach, frei und schnell, so daß die Gänge »fließend« wirken. Das Kaspische Pony kann in jeder Gangart, bis auf den vollen Galopp, mit einem Großpferd mithalten. Außerdem scheint es ein natürliches Springtalent zu sein, und obwohl die Ponys sehr temperamentvoll sind, können sogar Kinder mit ihnen umgehen. Vielleicht weil seine Vorfahren schon vor dem Streitwagen gingen, läßt sich das Kaspische Pony gut einspannen.
Die Ponys, die außerhalb ihrer angestammten Heimat gezüchtet wurden, haben nur noch wenig Ähnlichkeit mit den Ponys von Amol oder den auf dem Siegel des Darius dargestellten Ponys. Selektive Zucht, bessere Haltungsbedingungen und qualitätsvolles Futter haben das Exterieur entscheidend beeinflußt.

Die große Bedeutung liegt jedoch in der Erhaltung der Gene, was eine einzigartige Verbindung zu den frühen Entwicklungsstufen der Spezies bedeutet. Die Entdeckung des Kaspischen Ponys ist von ebenso fundamentaler Bedeutung für die Erforschung der Evolution des Pferdes wie die Entdeckung des Asiatischen Wildpferdes (oder Przewalski-Pferdes) und des Tarpans (siehe Seiten 20–21).

URSPRÜNGE

Die Rasse wurde erst 1965 entdeckt, als die amerikanische Reisende, Mrs. Louise L. Firouz, einen besonderen Typ von Miniaturpferd in Amol an der Küste des Kaspischen Meeres entdeckte. Die Griechen hatten Pferde in dieser Gegend schon 2500 Jahre zuvor gefunden. Es gibt noch mehr Hinweise in den mesolithischen Höhlen bei Kermanschah, zwischen Bagdad und Teheran. Vor etwa 1000 Jahren kamen sie von dort ans Kaspische Meer.

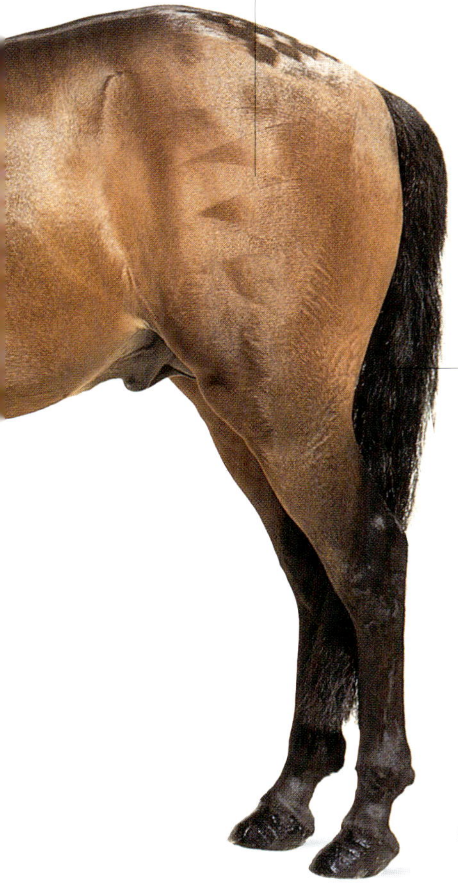

HINTERHAND
Die Hinterhand ist stark und gut proportioniert. Die Linie von der Hüfte zum Sprunggelenk ist unerwartet lang.

SCHWEIF
Mähne und Schweif sind üppig und fließend. Der Schweif ist hoch angesetzt und wird während der Bewegung hoch getragen.

FAHRPFERDE
Das moderne Kaspische Pony ist mutig und sehr schnell mit langen, flachen Bewegungen. Es eignet sich hervorragend für die Teilnahme an den Fahrturnieren unserer Tage.

Das alte Griechenland

Xenophon

Zwischen dem 8. und 7. Jahrhundert vor Christus, als die ersten städtischen Zivilisationen in Griechenland und Rom errichtet wurden, und dem 4. Jahrhundert nach Christus, als das Römische Reich schließlich unter dem Ansturm »barbarischer« (d.h. nicht-griechischer und nicht-römischer) Reiter zerbrach, erlebten diese beiden Zivilisationen ihre Blütezeit. Mehr als jede andere Zivilisation haben sie einen dauerhaften Einfluß auf die Angelegenheiten des Menschen ausgeübt. Es gab sie mehr als 1000 Jahre lang, und als sie gegangen waren, begann für die Welt das frühe Mittelalter. Aber Glanz und Glorie von Griechenland und Rom waren unzerstörbar. Elemente dieser klassischen Kulturen überlebten und inspirierten zukünftige Generationen – bis in unsere Zeit. Sie überliefern der Welt die Vorteile eines rationalen Ordnungssystems und einer demokratischen Regierungsform.

Vom Streitwagenheer zur Kavallerie

Das Zeitalter des Klassischen Griechenlands soll um 480 bis 479 vor Christus begonnen haben, nachdem die ersten persischen Invasionen zurückgeschlagen worden waren. Zu jener Zeit war die Beziehung zwischen Griechen und Pferd etwa 1500 Jahre alt. Die Anfänge lagen um 2000 vor Christus. Es gibt z.B. Grabstätten mit eingeschnitzten Streitwagen, die von dem griechischen Volksstamm der Mykenen aus der Zeit zwischen 1550 und 1500 vor Christus stammen, und es gibt mit Pferden verzierte Vasen, die noch älter sind.

Einer der ersten Berichte über den Einsatz von Pferden im Kampf findet man in Homer's Ilias (geschrieben um etwa 800 vor Christus). Dort erfahren wir, daß die Homer'schen Helden von zwei Pferden gezogenen Streitwagen aus kämpften, die sie verließen, um vom Boden aus mit Schwertern und Speeren zu kämpfen. Zu jener Zeit waren die griechischen Pferde viel zu klein zum Reiten, selbst wenn die legendären Helden es in Erwägung gezogen hätten. Die von Männern niederen Rangs gefahrenen Streitwagen wurden an den Rand des Schlachtfeldes gebracht, bis sie wieder benötigt wurden.

Speerwurf-Training

Griechische Reiter nehmen am Speerwurf-Training teil. Die schnelle Speer-Attacke war eine der hauptsächlichen Kavallerie-Taktiken.

Vor dem Kampf

Die Dekoration dieser Vase zeigt einen schwer bewaffneten und gepanzerten Hopliten (Fußsoldaten), bevor er in seinem Streitwagen zum Schlachtfeld gebracht wird.

Als die Griechen 400 Jahre später die Perser vertreiben wollten, mußten sie berittene Truppen einsetzen, da Griechenland zu bergig ist für Streitwagen. Diese berittenen Soldaten kamen aus den oberen Schichten, die als einzige berechtigt waren, Pferde zu besitzen, und zu deren Erziehung auch die Ausbildung im Reiten gehörte.

Der Kavallerie-Kommandeur

Was die Reitkunst angeht, waren weder die Griechen noch die Römer mit den frühen Skythen oder später den Hunnen oder Mongolen vergleichbar, aber beide waren nur dank des Pferdes in der Lage, ihr Reich zu vergrößern und zu halten. Die Griechen waren keine besseren Pferdeleute als ihre Vorgänger, die Assyrer und Perser, aber ihnen ist ein Vermächtnis für die Reitkunst zu verdanken: einer ihrer fähigsten Generäle (ca. 430 bis 356 vor Christus) war Xenophon, ein außergewöhnlicher Soldat, Historiker und Philosoph. Sein großartiges Werk »Der Kavallerie-Kommandeur« macht deutlich, wie sehr den Griechen die Bedeutung der Kavallerie bewußt war. Berittene Soldaten wurden als Kundschafter vor den Haupttruppen eingesetzt und um den Feind bei jeder sich bietenden Gelegenheit anzugreifen. Eine der Haupttechniken der Kavallerie war es jedoch, an der Frontlinie der feindlichen Truppen entlangzufahren und Speere in die Fußtruppen zu werfen. Obgleich Alexander der Große berittene Ulane und Speerwerfer auf seinen indischen Feldzügen einsetzte, waren es letztere, die besonders effektiv waren. Jeder Soldat trug zusätzlich zu seiner persönlichen Waffe, dem Schwert, zwei Speere. Wenn er keinen Speer mehr hatte, konnte er sich Nachschub von Kamelen, die außerhalb des Schlachtfeldes angebunden waren, oder von den Streitwagen holen.

PFERDE UND DIE GÖTTER

Seit frühesten Zeiten spielten Pferde eine große Rolle im griechischen Leben und waren von besonderer Bedeutung in der griechischen Mythologie. Ares, der Gott des Krieges, soll in einem von den üblichen vier weißen Pferden, dem Symbol größter Reinheit, gezogenen Streitwagen vor der aufgehenden Sonne über den Horizont gefahren sein. Demeter, die Göttin der Frauen, der Heirat und des Ackerbaus, wurde mit dem Kopf einer schwarzen Stute dargestellt, und die Priesterinnen ihres Tempels wurden Fohlen genannt.

Besonders verehrt im Hauptzuchtgebiet Thessalien wurde der Gott Poseidon. Er war nicht nur der Gott des Meeres, sondern ihm wurde auch die Erschaffung des Pferdes zugeschrieben, und er galt als »die Verkörperung aller Pferde, als ihr Gott und Herr«. Gelegentlich wurde ihm zu Ehren ein weißes Pferd (im alten Griechenland von enormem Wert) geopfert. Diese Opferpferde wurden immer ertränkt, als Ehrerweisung an Poseidon's eigenes Element, statt mit dem Messer getötet. Auf Rhodos z.B. wurde ein weißes Pferd mit einem brennenden Streitwagen ins Meer getrieben; ein Ritual, um die Sonne nach den Wintermonaten wieder zum Leben zu erwecken.

DER TEMPEL DER DEMETER
Dieser Pferdekopf stammt aus einem Tempel der Göttin Demeter. Ihr Sinnbild war der Kopf einer schwarzen Stute, und ihre Priesterinnen wurden als Fohlen bezeichnet.

KUNST DER ANTIKE
Diese lebensgroße Bronze eines Pferdes mit seinem Jockey befindet sich im Nationalen Archäologischen Museum in Athen, eines der edelsten Kunstwerke des alten Griechenlands.

TAGESANBRUCH
Der Sonnengott Helios steigt bei Tagesanbruch aus dem Meer empor in einem goldenen, von seinen geflügelten Pferden gezogenen Streitwagen. Die ins Meer hinabtauchenden Knaben verkörpern die untergehenden Sterne.

SPORT

Streitwagenrennen waren mehr als 1500 Jahre lang ein Volkssport in Griechenland. Ziel eines jeden Pferdezüchters oder -besitzers war ein Sieg bei den Olympischen Spielen. Die ersten Streitwagenrennen (mit vier Pferden) wurden auf der 25. Olympiade im Jahre 680 vor Christus veranstaltet; Rennen mit zweispännigen Streitwagen gab es erst nach 408 vor Christus. Es gab schon 648 vor Christus Pferderennen unter dem Reiter, aber sie waren noch die nächsten 300 Jahre lang nicht so beliebt wie die Streitwagenrennen.

PFERDEZUCHT

Griechenland ist nie sehr geeignet für die Pferdezucht gewesen, denn es hat wenig zu bieten in bezug auf Bodenstruktur und Klima. Daher mußten sich die Pferdezüchter im alten Griechenland auf Importe verlassen. Sie kreuzten die einheimischen Pferde, hauptsächlich aus Thessalonien, mit Pferden aus Ferghana im Osten, wodurch die Pferde einen arabischen Einschlag bekamen. Um größere Pferde zu erhalten, wurden skythische und persische Pferde eingesetzt. Philipp von Mazedonien importierte 20 000 skythische Stuten, und sein Sohn Alexander verlangte einen Tribut von 50 000 persischen Pferden. Aber es ist unwahrscheinlich, daß die griechischen Pferde größer als 1,47 m waren, was zu jener Zeit nicht ungewöhnlich war.

Alexander & Buzephalus

Die Partnerschaft, die ein Reich erschuf

Alexander

Eine sehr lebendige römische Bronzestatuette von Alexander aus dem 2. Jahrhundert.

Alexander der Grosse (356–323 v. Chr.), Sohn des Philipp von Mazedonien, war der herausragende militärische Führer seiner Zeit, der das griechische Reich bis nach Ägypten und im Osten bis an die Grenzen nach Indien vergrößerte. Er war auch verantwortlich für die weltweite Verbreitung der griechischen Kultur. Aber trotz all seiner herausragenden Leistungen ist es unmöglich, an ihn zu denken, ohne gleichzeitig auch an das außergewöhnliche Pferd zu denken, das ihn in seinen größten Schlachten zum Sieg trug. Das Pferd hieß Buzephalus, was soviel wie »Ochsenkopf« bedeutet und sich wohl auf die breite Stirn und das leicht konkave Profil bezieht, was sowohl Merkmale des orientalischen Pferdes wie auch einer bestimmten thessalonischen Linie sind. Er wird als »aus bester thessalonischer Zucht« beschrieben, ein Rappe mit einem Stern auf der Stirn und von beträchtlicher Größe im Verhältnis zu seinen Zeitgenossen. Ein griechischer Schreiber berichtet, daß er auch ein Fischauge gehabt haben soll. Alexander's Vater kaufte Buzephalus im Jahre 343 vor Christus für den Gegenwert von 10 000 Englischen Pfund. Als man ihn jedoch aus dem Stall holte, war er sehr ungebärdig und ließ niemanden aufsitzen. Alexander, ein aufgeweckter Zwölfjähriger, der schon an Schlachten teilgenommen hatte, behauptete, er würde ihn reiten. Als er sah, daß das Pferd vor seinem eigenen Schatten und dem der Männer, die auf ihn zugehen wollten, Angst hatte, drehte Alexander ihn um, so daß er in die Sonne guckte und sprang auf seinen Rücken. Nachdem er ihn geklopft und ihm gut zugeredet hatte, galoppierte er ein paarmal hin und her, bevor er wieder zu seinem Vater ritt. »Du mußt Dir ein Königreich suchen, mein Sohn, das groß genug für Dich ist«, sagte sein Vater. Seitdem gestattete Buzephalus es seinem Pfleger, ihn ohne Sattel zu reiten, wenn er aber komplett gezäumt und gesattelt war, durfte nur Alexander ihn reiten, und er ging sogar in die Knie, damit dieser leichter aufsteigen konnte. Alexander ritt Buzephalus zum letzten Mal im Jahre 327 vor Christus, als er den indischen König Porus am Fluß Hydaspes schlug. Buzephalus war 30 Jahre alt und erlag noch am selben Tage seinen Verletzungen. Er wurde mit allen militärischen Ehren begraben, und Alexander gründete ihm zu Ehren an diesem Ort die Stadt Bukephala (das heutige Jalapur).

Die Schlacht von Issus

Der persische Herrscher Darius flieht vor der griechischen Kavallerie unter Führung von Alexander und Buzephalus in der Schlacht von Issus (333 vor Christus). Darius' Niederlage war entscheidend, und die Perser erlitten schwere Verluste.

Eine Büste von Alexander

Diese Büste von Alexander gilt als die naturgetreueste. Dem Bildhauer ist es gelungen, etwas vom Charakter des Menschen einzufangen, dessen Errungenschaften den Verlauf der Weltgeschichte bestimmten.

Der heroische Grieche

Diese heroische Bronzestatue von Alexander und seinem Pferd Buzephalus versinnbildlicht die Partnerschaft, die zwischen den beiden existiert haben muß. Mensch und Pferd waren fast gleichaltrig, und beide starben mit Anfang Dreißig.

PINDOS & SKYROS PONY

GRIECHENLAND HAT WENIG zu bieten als Pferdezuchtland. Im alten Griechenland gab es mehrere Pferderassen, aber aufgrund des armen Bodens, der spärlichen Vegetation und des rauhen Klimas waren die Pferde meist ziemlich klein. Zur Zeit des griechischen Historikers Xenophon (430–355 vor Christus) stützte sich die griechische Pferdezucht auf Pferde aus den Nachbarländern, die sie zur Veredelung ihrer bodenständigen Rassen einsetzten, z.B. Pferde orientalischen Typs aus Ferghana oder skythische Pferde, um der Nachzucht mehr Größe zu geben.

GUTES ARBEITSPFERD

Beim Pindos-Pony erkennt man vielleicht nicht, was Oppian mit »bemerkenswert hübsch, mutig und ausdauernd« meinte, aber es ist ein gutes Allround-Arbeitspferd.

DAS PINDOS-PONY

Die traditionellen Pferdezuchtgebiete des alten Griechenlands lagen im Tiefland von Thessalien und Epirus. Seit Jahrhunderten ist das die Heimat des Pindos (auch als Thessalonisches Pferd bekannt). Es gibt kaum Zweifel, daß diese Rasse ein direkter Nachfahr des alten Thessalonischen Pferdes ist, das der griechische Poet Oppian (um 211 nach Chr.) als »bemerkenswert hübsch, mutig und ausdauernd« beschrieb, obwohl es wahrscheinlich von den alten peloponnesischen, arkadischen, epidaurischen und anderen längst vergessenen Stämmen geprägt wurde.

Heutzutage wird das trittsichere Pindos-Pony als Packtier in den Bergen, zu leichter Arbeit auf kleinen Höfen und in der Forstwirtschaft eingesetzt. Es eignet sich auch gut als Reit- und Fahrpony. Pindos-Stuten werden oft zur Zucht von Maultieren eingesetzt (siehe Seiten 328–329).

Das Pindos-Pony ist etwa 1,32 m groß. Es ist zäh und ausdauernd und kann mit minimaler Futterration auskommen. Der Schweif ist hochangesetzt, was auf Pferde-Typ 4 (siehe Seiten 22–23) in seinen Vorfahren deutet, aber die Hinterhand ist oft schwach mit wenig ausgeprägten Unterschenkeln. Die Hufe sind meist eng und neigen zum Zwanghuf, ein typisches Merkmal für Pferde aus trockenen, heißen Ländern,

PENEIA-PONY

Dieses derbe Peneia-Pony zählt zum besseren Typ. Es ist anspruchslos in der Haltung, denn es braucht nur minimales Futter, und kann vielseitig eingesetzt werden. Durch die selektive Zucht gibt es Ponys von bis zu 1,42 m Stockmaß.

RUMPF
Der Rumpf ist schmal mit geringer Muskelentwicklung am Hals, obwohl der Widerrist gut ausgeprägt ist.

KOPF
Der Kopf ist oft recht grob. Die Augen erscheinen klein und schmal, wodurch das Pony einen sturen Eindruck macht.

GLIEDMASSEN
Die Beine sind schlank mit kleinen Gelenken. Dieses Exemplar hier hat eingeschnürte Vorderfußwurzelgelenke. Die Hufe sind schwarz.

PINDOS-PONY

GRÖSSE DES PINDOS-PONYS
1,32 m

aber sie sind sehr hart und müssen nur selten beschlagen werden.

Das Pindos-Pony ist bekannt für seine Ausdauer, aber auch für seine Sturheit.

Das Peneia-Pony aus der Provinz Eleia auf dem Peleponnes ist mit den zahlenmäßig stärker vertretenen Pindos-Pony verwandt. Es hat dieselben Aufgaben und ist ebenso hart und anspruchslos in der Haltung. Die Größe dieser Rasse variiert stark: Die kleinsten Ponys sind um 1,02 m groß, während die größten Exemplare 1,42 m messen können – vielleicht dank selektiver Zucht und besserer Haltungsbedingungen.

DAS SKYROS-PFERD

Auf der Insel Skyros gibt es seit dem Altertum Ponys, aber es ist nicht nachgewiesen, wie sie dorthin gekommen sind. Früher einmal lebten die Ponys wild in den Bergen und wurden hereingeholt, um beim Korndreschen zu helfen.

Das moderne Pony (die skyrischen Züchter bestehen auf der Bezeichnung Skyros-Pferd) ist immer noch ein Arbeitspferd, aber es wird auch anderweitig eingesetzt, u.a. zum Reiten.

Die Proportionen des Skyros-Pferdes ähneln denen der Pferde der Statuen und Friese im alten Griechenland. Daher besteht möglicherweise eine Verbindung zum alten Thessalonischen Pferd. Man nimmt an, daß es auf Vorfahren vom Pferde-Typ 4 (siehe Seiten 22–23) zurückgeht, während Fell und die allgemeine Erscheinung auf eine starke Verbindung zum Tarpan (siehe Seiten 20–21) schließen lassen.

Vom Skyros-Pferd sagt man, es sei gutmütig und könne gut springen. Weitere Merkmale sind Ausdauer und die Eignung als Gewichtsträger. Es hat jedoch steile Schultern und wenig Hinterhand, und es steht meist kuhhessig. Der Aalstrich auf dem Rücken und die »Zebrastreifen« an den Beinen weisen auf prähistorische Vorfahren. Die Hufe müssen laut Verband zur Erhaltung der Rasse schwarz sein. Meist liegt die Größe bei 1,12 m, aber es gelingt den Züchtern auch, Ponys von 1,22 m und mehr zu produzieren.

URSPRÜNGE

Die traditionellen Pferdezuchtgebiete Griechenlands befanden sich in Thessalonien und Epirus. Das ist die Heimat des modernen Pindos, der auch als Thessalonisches Pferd bekannt ist. Peneia in der Provinz Eleia auf dem Peleponnes ist die Heimat des Peneia-Ponys, während das Skyros-Pferd von der Insel Skyros im Ägäischen Meer kommt. Die schlechte Bodenqualität und das heiße Klima garantieren die Fähigkeit dieser Tiere, mit minimalem Futter auszukommen, aber die Ponys bleiben dadurch auch kleiner und neigen zu Gebäudemängeln.

GRÖSSE DES SKYROS-PFERDES
1,12 m

HINTERHAND
Die Hinterhand wirkt schwach. Der Rücken ist lang, und dem Pony scheint »eine Rippe zu fehlen«.

KOPF
Der Kopf ist heute trockener als früher. Ein besonderes Merkmal sind die weit auseinanderstehenden Ohren und die breite Stirn.

RUMPF
Der Körper des verbesserten Skyros-Pferdes ist kompakt, und die Vorhand ist in Ordnung.

SKYROS-PFERD

EIN GESPANN VOR DEM PFLUG
Skyros-Pferde werden eingesetzt beim Pflügen des ausgelaugten Bodens. Es gibt inzwischen einen Verband zur Erhaltung der Rasse und zur Verbesserung der Qualität dieser Ponys.

Das Römische Reich

Kaiser Caligula

Die Römer beschäftigten sich nur widerstrebend mit Pferden, obwohl Wagenrennen ein beliebter Sport und Pferde überall im Einsatz waren. Im militärischen Bereich zogen sie es vor, sich auf eine schlagkräftige Seemacht und die undurchdringbaren Schutzschilde ihrer hervorragenden Legionäre zu verlassen. Ihre Kavallerie, die die Fußsoldaten unterstützte, aber unter dem zentralen Kommando der Legion stand, bestand größtenteils aus Söldnern aus anderen Ländern. Nichtsdestotrotz waren sie ein lebhaftes, praktisch veranlagtes Volk mit einem Talent für rationales Denken und Handeln. Sie schufen eine weitreichende Zuchtpolitik und produzierten Pferde für eine ganze Palette von Einsatzmöglichkeiten. Viele der Rassen, die später in Europa entstanden, haben ihren Ursprung in den Pferdeschlägen, die sich im Römischen Reich bis zum 3. Jahrhundert nach Christus entwickelt hatten.

Pferde für jeden Zweck

Die römischen Züchter produzierten Pferde für jeden Zweck, vom Zirkuspferd bis zum Pack- und Zugpferd. Zu den spezialisierten Pferdetypen gehörten *»venaticus«*, das Jagdpferd, *»celer equus«*, das Rennpferd, *»bellator equus«*, das Kriegspferd, *»itinerarius«* und *»manuus«*, die Zug- und Wagenpferde und das stolze und vielgepriesene Paradepferd *»cantherius«*. Wenn die siegreichen Cäsaren und ihre Generäle im Triumph nach Rom zurückkehrten, taten sie dies entweder in einem von 10 Pferden gezogenen Triumphwagen oder sie ritten heroisch auf einem schnaubenden *»cantherius«*, der »sein gezügeltes Feuer aus den Nüstern versprühte« und stolz und erhaben dahertrabte, was Xenophon so gut kannte (siehe Seiten 38–39). Später war diese Art zu traben Bestandteil der klassischen Reiterei der Renaissance (siehe Seiten 96–99), im 18. Jahrhundert wurde sie *Passage* genannt.

Verständlicherweise waren besonders Paßgänger oder Tölter *(gradarius oder ambulator)* bei den Römern beliebt, denn sogar sie benutzten keine Steigbügel bis zum 5. Jahrhundert, als ihr Reich dem Ende entgegenging. Das trabende Pferd, bekannt als *»succusator«*, *»concussator«* oder bezeichnenderweise *»cruciator«* war weniger beliebt.

Rennen und Zirkus

Der Streitwagen war dem Adel vorbehalten, aber ebenso wie bei den Griechen waren Wagenrennen ein Volkssport, bei dem es zu wahren Begeisterungsstürmen in den Amphitheatern Roms kam. Auf typisch pragmatische Weise wurden Wagenrennen in Rom als ein politisches Werkzeug angesehen. Sie waren ein Mittel zur Zerstreuung und Ablenkung eines aufrührerischen und möglicherweise rebellierenden Pöbel. Ursprünglich gab es vier Wagengruppen unterschiedlicher Farbe – grün, rot, blau

Rennquadriga

Dieses Relief zeigt ein Wagenrennen für Quadrigas in der römischen Arena von Campana. Der Sieger passiert gleich den Zielpfosten.

Zwei-Pferde-Biga

Der von zwei Pferden gezogene Wagen dieser Bronze (1.–2. Jahrhundert) wird Biga genannt. Das zweite Pferd fehlt, aber die Art der Anspannung über ein Joch an eine Mittelstange ist gut erkennbar.

RENNFARBEN

Römische Wagenlenker trugen Schutzkleidung und Rennfarben. Diese Figuren stehen neben Pferden orientalischen Typs, die kaum größer als 1,37 m gewesen sein könnten.

und weiß (für Frühling, Sommer, Herbst und Winter).

Jedes Rennen wurde von einer politischen Splitterpartei unterstützt und die Rivalitäten waren enorm, so daß der Tag oft mit häßlichen Straßenkrawallen endete.

Das Pferd war nicht nur wichtiger Bestandteil der Triumphe der siegreichen Generäle, sondern es spielte auch eine große Rolle im römischen Zirkus, wo viele Zirkusnummern mit Pferden ihren Ursprung haben. Gladiatorenkämpfe auf dem Pferderücken, d.h. Männer zu Pferd kämpften gegen alle möglichen Tiere (vom Stier bis zum Elefanten), waren ein beliebter Zeitvertreib. Auch die

Griechen hatten vom Pferderücken aus gegen Stiere gekämpft. Vor diesem Hintergrund entstanden die Stierkämpfe in Spanien und Portugal. Das gilt womöglich auch für einige amerikanische Western- und Rodeodisziplinen, die zum Teil iberischer Tradition entstammen.

DIE ARMEE

Die römische Armee verließ sich stark auf die hervorragenden Fußsoldaten der Legionen. Aber die römischen Generäle wußten durch ihre Ausbildung und die Tradition der Legionen, daß beides vonnöten war: eine zuverlässige Kavallerie und ein Bestand an geeigneten, leichten Zugtieren zum Transport der militärischen Versorgungsgüter.

Nach den Punischen Kriegen (264 bis 149 v. Chr.) wurde Iberien zum Zentrum der Zucht von Kavallerieremonten, und die berittenen Truppen nahmen an Bedeutung zu. Die ersten Legionen bestanden aus 3000 Fußsoldaten, die von 300 meist ungeordneten Reitern unterstützt wurden. Im 3. Jahrhundert stellten die berittenen Soldaten schon ein Drittel der Armee. Die Bedeutung der Kavallerie läßt sich daran ermessen, daß die römische Eroberung Britanniens im Jahre 54 vor Christus erst dann beginnen konnte, als die berittenen Truppen zur Unterstützung von Julius Cäsar's Legionen eingetroffen waren. Schon ein Jahr zuvor hatte er versucht, Britannien zu erobern, aber erfolglos, weil seine Kavallerie nicht rechtzeitig eingetroffen war.

Es sollte jedoch noch bis zu den Reformen von Kaiser Galliensis (206–268) dauern, daß die römische Kavallerie als separate Kommandostruktur organisiert und mit maximaler Wirkung eingesetzt wurde. Unter Diokletian (284–305) und Constantin (311–337) wurde die Rolle der Kavallerie weiter ausgebaut, und die berittenen Truppen wurden unterteilt in *»clibanarii«* (leichte Kavallerie) und *»catafracti«* (schwere Reiter). Letztere wandten die Schock-Technik der Lanze an, die sie entweder unter dem Arm trugen oder mit beiden Händen hielten.

DER FALL DES RÖMISCHEN REICHS

Im Jahre 376 wurde das Römische Reich trotz seiner mächtigen Kavallerie von den reitenden, hunnischen Bogenschützen zerschlagen. Sie ritten mit Steigbügeln und Sattel, um ihren tödlichen Pfeilhagel abzuschießen.

378 kämpften die römischen Legionen gegen die Goten und die Hunnen in Adrianopel. Unerschütterlich bis zum Ende starben sie dort, wo sie standen, unter dem Angriff gewaltiger Reiterscharen. Diese Schlacht markierte den Beginn schwerer Kavallerie in Europa und beendete die Unbesiegbarkeit Roms. 418 plünderten Alarich's Goten die Stadt Rom, und im Jahre 451 erlebte Rom die letzte Schlacht gegen Attila, den Hunnen, auf den Katalaunischen Feldern (genau unterhalb von Mailand). 20 Jahre später gab es kein Römisches Reich mehr.

RÖMISCHE KAVALLERIE

Dieser Grabstein zeigt ein Mitglied der thrakischen Hilfstruppe der römischen Kavallerie, bewaffnet mit einem Speer und einem Pallasch. (Fund in Gloucester, England).

MÉRENS-PONY

DAS BERGPONY, das zwischen Roussillon und Katalonien am Ostrand der Pyrenäen zwischen Frankreich und Spanien lebt, wird manchmal auch Arièegeois genannt, aber es ist wesentlich bekannter als Mérens-Pony. Den Namen Arièegeois bekam es nach dem Fluß Ariège, der in der Gegend fließt. Obwohl die moderne Welt vielleicht kaum etwas weiß von der Existenz dieser Rasse, ist es erwiesen, daß es sich um eine uralte Rasse handelt. Während z.B. einige der Schnitzereien und Wandmalereien des Cro-Magnon-Menschen in Niaux im Ariège das Camargue-Pferd zeigen, ist auf anderen ebenso sicher das Mérens-Pony im Winterfell mit dem typischen »Bart« zu erkennen. Julius Cäsar kannte dieses Pony so gut, daß er es in seinen »*Kommentaren zum Gallischen Krieg*« genau beschrieb.

MÄHNE
Das Haar von Mähne und Schweif ist kräftig und borstig.

FELL
Das wasserdichte Fell ist immer schwarz. Im Winter ist es besonders dicht und bekommt einen rotbraunen Schimmer. Weiße Abzeichen sind sehr selten.

KOPF
Der Kopf ist feinknochig mit weit auseinanderliegenden Augen, flacher Stirn und einem ausdrucksvollen Gesicht. Im Winter hat das Pony einen dichten »Bart« am Unterkiefer.

HINTERGRUND

Das Mérens-Pony führt mit großer Sicherheit orientalisches Blut, und es ist sehr wahrscheinlich, daß es einmal mit den schweren Packstuten der römischen Legionen gekreuzt wurde, um ihm mehr Substanz zu geben. Reingezogene Exemplare gibt es nicht mehr in den unteren Bereichen des Départements Ariège, denn es gab sehr viele Kreuzungen der bodenständigen Ponys mit schweren Kaltblutrassen wie dem Percheron und dem Bretonen (siehe Seiten 94–95 und 266–267). Daher besitzen diese Nachkommen nicht mehr als die schwarze Farbe, die noch an die alten Vorfahren erinnert.

Vertreter des alten Rassetypus findet man jedoch noch in den Hochtälern an der spanischen Grenze vor Andorra. Seine Heimat sind im wesentlichen einige schwer zugängliche Dörfer, wie Perles, Castelet, Savignac, Vaychis und Orgeix. (Der Name Orgeix ist vielen Springsportfans geläufig, denn einer der Größten im französischen Springsport war Chevalier d'Orgeix.) 1947 wurde zur Erhaltung der Rasse das Stutbuch eingerichtet, aber Verdrängungskreuzungen zum Zwecke der Veredelung kommen häufig vor. So wurden z.B. 1971 Araber als Veredler eingesetzt.

PONYS IN TARBES
Das Mérens-Pony wird selektiv auf dem französischen Staatsgestüt von Tarbes gezüchtet, wo auch Gespanne im Geschirr vorgestellt werden. Außerdem werden die Ponys auch immer noch in ihrer Heimat eingesetzt. Das frühere Packpferd kann sämtliche Arbeiten auf den hochgelegenen Höfen verrichten.

GRÖSSE
1,35–1,50 m

EBENBILDER DER FELL-PONYS
Die schwarzen Mérens-Ponys, hier in ihrer Bergheimat, sehen den Fell-Ponys aus Cumbria im Nordwesten Englands sehr ähnlich.

Kurioserweise gibt es kleine Parallelen zwischen den Ponys der Pyrenäen und denen der Penninen in Großbritannien. In den Penninen gibt es mit einer unvermeidlichen Überlappung Dales-Ponys auf der einen Seite der Berge und Fell-Ponys auf der anderen. Ähnlich ist es in den spanischen Grenzgebieten: Auf der westlichen Seite gibt es die kleinen Pottiok-Ponys im Baskenland, und auf der französischen Seite gibt es das Landais-Pony, dessen Heimat sich bis in die Ebenen von Chalosse am Fluß Adour erstreckt. Die geographische Ähnlichkeit wird am deutlichsten in der Heimat des Mérens-Ponys, denn die *»soulanes«* oder felsigen Berge (= fells) sind denen in Cumbria sehr ähnlich, und die schwarzen Mérens-Ponys kann man schon fast als genaue Kopien der englischen Fell-Ponys (siehe Seiten 170–171) betrachten.

MERKMALE

Im Handbuch des »Syndicat des Eleveurs de Chevaux de l'Ariège« wird das Pony als 1,35 bis 1,50 m groß beschrieben, obwohl es die größeren Exemplare nur in den tiefer gelegenen, futterreicheren Talgebieten gibt. Die Rasse ist schwarz, und im Winter hat das Fell einen rostbraunen Schimmer. Weiße Abzeichen sind äußerst selten. Mähne und Schweif sind dick und hart. Der Rücken ist ziemlich lang, so wie es sich für ein Packpferd gehört. Die Ponys neigen zur kuhhessigen Stellung. Das ist aber nicht besonders ungewöhnlich für Bergrassen und scheint ihrer Trittsicherheit keinen Abbruch zu tun. Das Mérens-Pony hat fast immer ausgezeichnete Hufe. Es ist hart und kann gut mit Futter von geringer Qualität oder minimaler Futterration ohne Hafer oder sonstiges Kraftfutter auskommen. Es kommt bestens mit hartem Winterwetter zurecht, und es ist so trittsicher, daß ihm Schnee und Eis auf den unebenen Bergpfaden nichts ausmachen. Hitze verträgt es jedoch nicht so gut, so daß es im Sommer einen Unterstand haben muß, um sich vor der Mittagssonne schützen zu können.

SPRUNGGELENKE
Die Ponys neigen zur Kuhhessigkeit, wie viele Gebirgsrassen. Das scheint jedoch ihre Einsatzfähigkeit in keinster Weise einzuschränken.

GLIEDMASSEN
Die Beine sind kurz mit kurzen Röhr- und Schienbeinen. Die Gelenke sind hart.

HUFE
Die Hufe sind hart und gesund. Die Ponys sind flink und trittsicher. Sie haben einen geringen Fesselbehang.

VERSCHIEDENE EINSATZGEBIETE

Mérens-Wallache werden auf den hochgelegenen Höfen eingesetzt zum Pflügen, Eggen und Säen auf so schiefen Hängen, daß es kein Trecker oder irgendein anderes Pferd schaffen würde. Unter dem Packsattel gehen die Ponys nicht mehr so häufig, aber Pferdeschlitten werden immer noch zum Transport jeglicher Lasten benutzt. Obendrein ist es auch noch ein flottes Reitpony. In der Vergangenheit spielte diese Rasse eine große Rolle bei der Schmuggelei. Wie im Nordosten Englands bis ins 19. Jahrhundert, so gab es Schmuggelei entlang der spanischen Grenze, wobei es sich dabei durchaus um eine anerkannte und etablierte Tätigkeit handelte. Die Schmuggler im Nordosten Englands benutzten den Cleveland Bay (siehe Seiten 304–305), und in den Pyrenäen wurden das clevere Mérens-Pony oder Maultiere von katalanischen Eselhengsten und Mérens-Stuten eingesetzt. Es ist nicht unmöglich, daß immer noch mit denselben Mitteln über die Berge geschmuggelt wird.

URSPRÜNGE

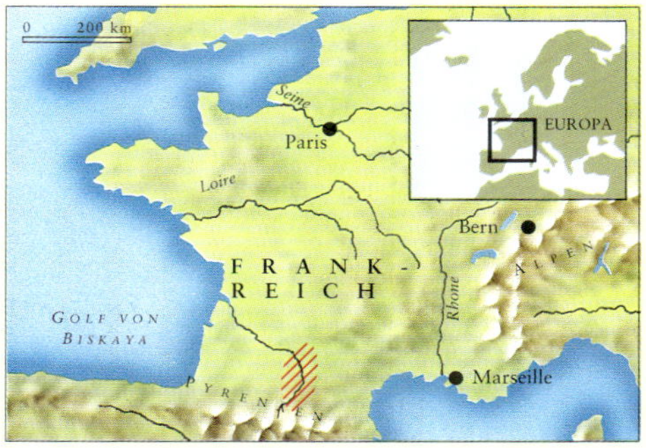

Das Mérens-Pony oder Ariègeois ist ein Bergpony vom Ostrand der Pyrenäen zwischen Roussillon und Katalonien. Das Klima in den Bergen ist rauh, und die Verfügbarkeit von gutem Futter ist begrenzt. So sind die Ponys sehr hart und absolut wetterunempfindlich geworden. Die unebenen, steilen Bergpfade, die im Winter mit Schnee und Eis bedeckt sind, garantieren eine extreme Trittsicherheit.

FRIESE

JEDER KENNT DIE FRIESISCHEN RINDER, die in Friesland vor der Nordküste der Niederlande gezüchtet werden. Die Friesenpferde sind wahrscheinlich weniger bekannt, obwohl sie in ihrer Heimat glühend verehrt werden. Die schwarzen Friesen, eine vom prähistorischen Waldpferd (siehe Seiten 14–15) abstammende Kaltblutrasse, nimmt einen bedeutenden Platz in der Entwicklung der Equiden in Europa ein und hat sogar einige englische Rassen beeinflußt, wie etwa Fell- und Dales-Pony und Shire (siehe Seiten 170–171 und 286–287).

OBERLINIE
Die Oberlinie des Friesen unterstützt seine beeindruckende Kopfhaltung.

HUFE
Die dunklen, harten Hufe sind äußerst gesund und gut geformt. Der Behang ist charakteristisch für die Rasse.

GESCHICHTE

Der römische Historiker Tacitus (55–120 nach Christus) berichtete schon von der Existenz des Friesenpferdes. Er erkannte das Alter dieser Rasse und ihre Bedeutung als kraftvolles Allround-Gebrauchspferd an, berichtete aber von der ausgesprochenen Häßlichkeit des Pferdes. Bis zur Zeit, als es die friesischen Ritter und ihre deutschen Nachbarn in den Kreuzzügen trug, also 1000 Jahre später, hatte sich sein Aussehen positiv verändert, aber es bewahrte all seine Vorzüge wie Ausdauer, Genügsamkeit, Kraft und Gelehrigkeit. Die Rasse wurde weiter veredelt durch orientalisches Blut, d.h. Wüstenpferde, mit denen die Pferde im Laufe der Kreuzzüge in Kontakt kamen. Später zu Zeiten der spanischen Besetzung der Niederlande während des 80jährigen Krieges (1568–1648) gab es Kreuzungen mit dem bekannten Andalusier (siehe Seiten 106–107).

Obwohl der relativ kleine Friese eine beeindruckende Oberlinie besaß, hatte er nicht dieselbe Klasse wie der Andalusier oder das nur für diesen Zweck gezüchtete Kriegspferd aus der Lombardei. Dennoch war er jahrhundertelang das beste schwere Kriegspferd Europas. In der Haltung war er am billigsten. In den letzten Jahrhunderten hat er seine Vielseitigkeit im Geschirr, unter dem Sattel und bei jeglicher Feldarbeit unter Beweis gestellt. Es ist nicht verwunderlich, daß die Nachfrage nach diesem Pferd sehr groß war – nicht nur als Veredler in den benachbarten Zuchtgebieten, sondern auch als Grundstock einer Zucht. Das Haupt- und Landgestüt Marbach, das deutsche Staatsgestüt, von dem der Württemberger stammt (siehe Seiten 146–147), setzte im 17. Jahrhundert Friesen ein. Zu jener Zeit begann auch die Zucht des Oldenburgers (siehe Seiten 306–307) in dem Gebiet zwischen holländischer Grenze und Weser. Der Oldenburger begründet sich auf dem Friesen.

Aufgrund der geographischen Lage waren die

FRIESISCHE IDYLLE
Diese kräftige Friesenstute ist ein gutes Exemplar ihrer Rasse, und auch ihr Fohlen zeigt viel Typ. Friesen sind günstig in der Haltung.

Friesländer sowohl hervorragende Seefahrer als auch Bauern. Durch den Seehandel mit Rindern, Schwertern, Stoffen und Pferden gelangte die Rasse auch in fernere Länder.

Das Dølepferd (siehe Seiten 280–281) aus Norwegen stammt direkt vom Friesen ab. Auch Großbritannien hat dieser Rasse viel zu verdanken. Die Friesländer und ihre Pferde versorgten die römischen Legionen in Großbritannien mit berittenen Hilfstruppen. Die römischen Siedlungen blieben noch lange bestehen, nachdem die Römer gegangen waren, Einfluß nahmen die Friesen auf die Entstehung der Dales- und Fell-Ponys (siehe Seiten 170–171) und der »Old English Black« aus den Midlands. Diese ehemalige Rasse lieferte die Pferde für die Gardetruppen von König Charles II (1660–1685). Ohne Zweifel ist der Friese der Vorfahre des Shire Horse (siehe Seiten 286–287).

Dennoch starb der Friese trotz seiner Bedeutung im frühen 20. Jahrhundert beinahe aus. 1879 wurde das Stutbuch geöffnet, aber die Popularität der »trabenden Rassen« (der Trab mit hoher Knieaktion ist eine Spezialität des Friesen) führte zu Kreuzungen, die zwar mehr Schnelligkeit brachten, aber auf Kosten des erforderlichen Typs gingen. 1913 gab es nur noch drei Friesenhengste in Friesland. Der Fortbestand der Rasse war gesichert, als Fahrzeug- und Benzinknappheit im Zweiten Weltkrieg die niederländischen Bauern dazu zwang, wieder Pferde einzusetzen. Ein neuer Verband wurde gegründet, und 1954 durfte er sich »königlicher Verband« nennen.

DAS HARRODS-GESPANN
Dieser friesische Viererzug gehört Harrods, England's berühmtesten Kaufhaus, und wird für Lieferungen und Werbemaßnahmen eingesetzt. Auf dem Bock sitzt George Bowman von der englischen Fahr-Equipe.

FRIESEN HEUTE

Heutzutage sind die Friesen immer Rappen mit einer Größe von etwa 1,52 m. Sie können bei wenig Futter schwere Arbeiten verrichten, ohne ihre Kondition oder ihren Arbeitswillen zu verlieren. Die Arbeitsfreude ist ein typischer Charakterzug dieses liebenswerten Pferdes. Friesen werden zur Feldarbeit eingesetzt, gehen im Geschirr (oft vor dem traditionellen friesischen Gig) und werden aufgrund ihrer Gehfreude und ihres Temperaments als Dressurpferde hochgeschätzt. Außerdem hält man sie geeignet für Kreuzungen mit Vollblütern (siehe Seiten 118–119) zur Zucht von Sportpferden. In früheren Zeiten zogen sie die Leichenwagen, während sie heutzutage noch als Zirkuspferde gefragt sind. Seit 1986 wird der Lieferwagen von Harrods, dem angesehenen Londoner Kaufhaus, von Friesen gezogen.

HINTERHAND
Die Kruppe ist abfallend mit relativ tief angesetztem Schweif. Die Hinterbeine sind kurz, sehr kräftig und stark.

SCHWEIF
Mähne und Schweif sind voll und üppig.

RUMPF
Der gut gebaute Körper ist kompakt. Die Schultern und der runde Widerrist sind kräftig und ideal für ein Fahrpferd.

GLIEDMASSEN
Die Beine sind kurz und kräftig mit großen, klaren Gelenken.

GRÖSSE
1,52 m

URSPRÜNGE

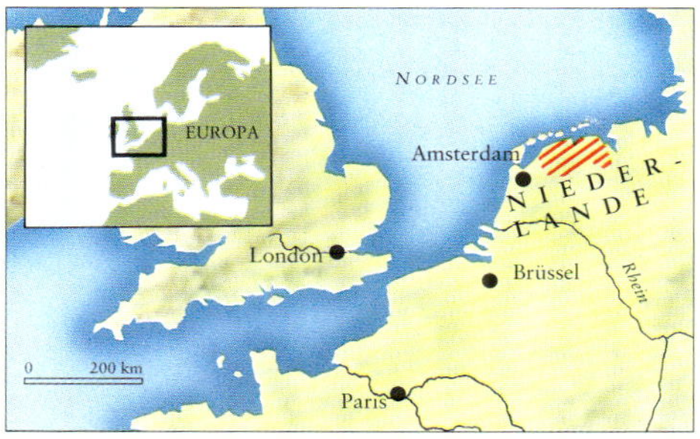

Das traditionelle Zuchtgebiet des Friesen ist Friesland im Norden der Niederlande. Die Zucht außerhalb des angestammten Zuchtgebietes ist nicht sehr groß, aber der Einfluß des Friesen auf andere Zuchten dafür um so mehr. Der Oldenburger begründet sich zum größten Teil auf dem Friesen, und in Großbritannien sind es Dales- und Fell-Ponys sowie Shire Horses, die früher einmal vom Friesen beeinflußt wurden.

NORIKER

MEHR ALS 50 % des Pferdebestands in Österreich sind Noriker. Wie viele alte europäische Rassen ist er Änderungen und Verbesserungen unterworfen gewesen, um sich geänderten Umständen und Verhältnissen anpassen zu können. Er hat viele Einkreuzungen überstanden, ohne seinen eigenen Charakter zu verlieren, so daß man nun nach fast 2000 Jahren von einer unverwechselbaren, eigenständigen Rasse sprechen kann, die in großer Zahl überlebt und immer noch eine sinnvolle Aufgabe hat.

FARBE
Das ist eine besondere Noriker-Farbe – Dunkelfuchs mit flachsfarbener Mähne und Schweif.

WIDERRIST
Der ausgeprägte Widerrist und die gute Schulterlage geben dem Noriker seine Trabaktion.

ANFÄNGE

Der Name Noriker ist abgeleitet von Noricum, einer Vasallenprovinz des Römischen Kaiserreichs, die in etwa dem heutigen Österreich entsprach. Die Provinz war gut mit Bergpfaden und den für das römische Reich typischen Straßen versehen, was einen großen Bedarf an Zug- und Packpferden bedeutete. Außerdem grenzte Noricum im Süden an die Ländereien der Venetianer, einem als gute Pferdezüchter bekannten Volk, das in dieser Gegend mit Sicherheit seit dem 9. Jahrhundert beheimatet war. Hier war später auch das Haflinger Pony (siehe Seiten 52–53) beheimatet, wodurch sich eine natürliche Verbindung zwischen den beiden Rassen ergibt.

Der Noriker verdankt seine Entstehung dem römischen Pragmatismus. Obwohl die Römer keine großartigen Reiter waren, waren sie tüchtige Pferdezüchter und bauten in jedem Teil ihres riesigen Reiches Gestüte zur Produktion zweckorientierter Pferde auf. Zu den Ahnen des Norikers gehörte wahrscheinlich das schwere Kriegspferd aus Juvavum (in der Nähe von Salzburg), das sowohl als Zug- wie auch als Packpferd eingesetzt wurde.

DAS MITTELALTER

Bis zum Mittelalter hatte sich ein kleineres, schweres Pferd entwickelt, das kompakt und trittsicher und daher für die harte Arbeit in bergiger Gegend geeignet war. Die besten Pferde kamen aus dem Raum des Großglockners. Seit etwa 1565 übernahmen die Klöster, die oft eine große Bedeutung in der Pferdezucht hatten, die Kontrolle über die Zucht, und die typischen Merkmale des Norikers wurden festgelegt und verbessert.

TIGERSCHECK-NORIKER
Eine Herde Noriker grast auf einer Bergweide in Österreich. Im Vordergrund steht ein Tigerschecke. Die Linie der Tigerschecken wurde früher nach der Gegend, wo sie hauptsächlich gezüchtet wurden, Pinzgauer-Noriker genannt.

GRÖSSE
1,63–1,73 m

WALDARBEITER

Der Noriker ist anpassungsfähig, flink und sehr stark. Er ist ein williges Arbeitspferd und ideal für Rückearbeiten im Wald.

Unter dem Erzbischof von Salzburg begann die systematische Zucht. Das Salzburger Stutbuch wurde eingeführt, neue Gestüte aufgebaut und Zuchtstandards festgelegt. Durch Einkreuzung fremden Blutes (Neapolitaner, Burgunder und Spanier) nahm die Rasse an Größe zu. Im 18. Jahrhundert hatte sich durch die Einkreuzung spanischer Tigerschecken (siehe Seiten 56–57) eine Tigerscheck-Linie etabliert, besonders im Distrikt Pinzgau, was zur Bezeichnung Pinzgauer-Noriker führte. Aber erst 1903, als es 450 eingetragene Hengste und über 1000 Stuten gab, wurde ein eigenes Stutbuch, das Pinzgauer Stutbuch, für diese Tigerschecken eingerichtet.

DER MODERNE NORIKER

Heute versteht man unter Noriker auch den Pinzgauer, und es gibt vier anerkannte Schläge. Kärntner, Steirer, Tiroler und Süddeutsches Kaltblut. Es gibt auch verschiedene Farbschläge, wie z.B. Apfelschimmel und Schecken, Apfelschimmel mit schwarzem Kopf, Dunkelbraune und die verschiedenen Fuchsschattierungen.

Noriker müssen strengen Zuchtstandards entsprechen und werden leistungsgeprüft. Sie sind bekannt für ihre Härte, Gesundheit und ihr träges Temperament. Die Rassestandards werden streng durchgesetzt, wozu die Besichtigung und Leistungsprüfung von Hengsten und Stuten gehört.

URSPRÜNGE

Der Noriker zählt zu den ältesten Rassen Europas. Seinen Namen hat er von der römischen Provinz Noricum, dem heutigen Österreich. Zu Anfang der Geschichte des Norikers war Juvavum (in der Nähe des heutigen Salzburg) ein anerkanntes Zuchtzentrum, und viel später im 16. Jahrhundert nahmen die Klöster im Salzburger Raum großen Einfluß auf die Entwicklung der Zucht. Der Tigerscheck-Noriker stammt aus Lungau im Pinzgau.

HINTERHAND
Die Hinterhand ist stark und symmetrisch mit gut angesetztem Schweif, aber nicht zu schwer. Die Gesamterscheinung ist kompakt.

HINTERGLIEDMASSEN
Die Hinterbeine sind geprägt von starken Unterschenkeln, aber korrekt und mit gut angesetzten Sprunggelenken.

RUMPF
Kennzeichnend ist die enorme Gurtentiefe, die oft größer ist als die Linie vom Ellbogen zum Boden.

UNTERSCHENKEL
Die Hufe sind gut und gesund, und die Gelenke sind groß und klar.

SCHWARZWÄLDER FUCHS

Ein ganz typischer Stamm des Norikers (in der traditionellen Dunkelfuchs-Farbe) wird auf dem württembergischen Gestüt Marbach gepflegt, einem der ältesten Staatsgestüte in Deutschland. Die Pferde werden in der Forstwirtschaft eingesetzt und allgemein als Schwarzwälder Fuchs bezeichnet.

Haflinger & Aveligneser

Der Haflinger aus dem österreichischen Südtirol und der Avelignese, sein italienisches Gegenstück, gehören zu den attraktivsten Ponys der Welt. Obwohl sie als Kaltblüter gelten, basieren sie stark auf orientalischem Blut. Beide Rassen haben denselben Stammvater, den Araber El Bedavi. Es ist auch möglich, daß ihre entfernten Vorfahren, die von den Ostgoten in den Tälern Tirols zurückgelassenen Pferde, orientalisches Blut führten. Eine andere Möglichkeit ist, daß eine Verbindung zu einem noch älteren europäischen Pferdetyp oder zu dem Alpen-Kaltblut des Altertums besteht.

Schlittenfahrt

Der Haflinger geht ausgezeichnet und sehr zuverlässig im Geschirr, mit sehr geschmeidigen Bewegungen. Er wird zu allen leichten Arbeiten in der Landwirtschaft eingesetzt, oft bei schwierigen Bodenverhältnissen, und kann auch geritten werden.

Der Haflinger

Die Heimat der Haflinger ist das Dorf Hafling in den Etschtaler Alpen. Das bedeutendste Gestüt befindet sich in Jenesien. Österreich verlor den Distrikt Hafling nach dem 1. Weltkrieg, und die Zucht wurde in dem österreichischen Teil Tirols neu organisiert. Es gab einige Einkreuzungen mit Huzulen, Bosniaken und Konik-Ponys (siehe Seiten 192–193) und den kleineren Norikern (siehe Seiten 50–51).

Die blutkonstante Familie des vererbungsstarken Stammhengstes El Bedavi hat schon fast biblischen Charakter. Der Hengst wurde im 19. Jahrhundert von einer österreichischen Kommission aus Arabien importiert. Vier der fünf Hauptlinien der Rasse können auf die Söhne, Enkel und Urenkel seines Urenkels, dem Halbblutaraber El Bedavi XXII aus dem österreichisch-ungarischen Gestüt in Radautz zurückgeführt werden. Die 5. Linie geht zurück auf 40 Willi, dem Urenkel des Hengstes Hafling von 249 Folie, einem El Bedavi XXII-Sohn. Solch eine konstante Blutführung und das Leben in der Bergwelt haben einen einheitlichen Typ von unverwechselbarer Erscheinung hervorgebracht.

Der Haflinger ist immer entweder Palomino oder Fuchs mit flachsfarbener Mähne und Schweif. Er ist bis 1,48 m groß und kräftig gebaut. Die Beine sind gesund und trocken, die Schultern schräg und die Hufe ausgezeichnet, obwohl der Rücken etwas lang ist, was man oft bei Tragtieren hat. Der Haflinger ist ein außerordentlich gesundes Pony und von Natur aus für die Arbeit an den steilen Berghängen geeignet, wobei er aber seine langen, außerordentlich freien Bewegungen beibehält.

Das Bergklima und die Aufzucht der Jungpferde auf den Bergweiden (den sog. Almen)

Mähne
Flachsfarbene Mähne und Schweif sind ein typisches Kennzeichen des Haflingers.

Gurtentiefe
Das Pony besitzt viel Gurtentiefe und hat eine gute Schulter. Daher ist der Schritt lang und raumgreifend.

Gliedmassen
Die Beine sind bemuskelt, aber nicht schwer. Die Röhrbeine sind kurz und die Hufe hart und widerstandsfähig.

Haflinger

fördern die Härte der Rasse, und die dünnere Luft stärkt Herz und Lungen.

Die Pferde werden erst mit vier Jahren zur Arbeit herangezogen, und sie bleiben fit und aktiv bis ins hohe Alter von 40 Jahren.

Der Haflinger ist gelehrig und genügsam und gedeiht auch bei kargem Futter. Er kann schwere Arbeit unter den schwierigen Bedingungen im Gebirge leisten. Die Rasse wird zu vielen verschiedenen Arbeiten in der Landwirtschaft, als Zug- und Packpferd herangezogen. Heute ist der Haflinger in vielen Teilen der Welt beliebt als Fahr- und Reitpony und wird zu Arbeiten in Wald und Forst eingesetzt. Es gibt ein angesehenes Haflinger-Gestüt in Großbritannien, das von der Herzogin von Devonshire in Chatsworth in der Grafschaft Derbyshire gegründet wurde. Eine Reihe Haflinger wurde auf indische Armeegestüte exportiert, um sie in der Zucht von Packpferden für die Gebirge in Jammu und Kaschmir einzusetzen. Sie haben aber die auf den Gestüten in den Ebenen herrschende Hitze nicht gut vertragen.

DER AVELIGNESE

Die italienische Version des Haflingers ist der etwas größere Avelignese, der ein Stockmaß von bis zu 1,50 m erreicht. Er hat denselben züchterischen Hintergrund wie der Haflinger. Ein gemeinsamer Vorfahr ist El Bedavi. Der Avelignese wird gewissenhaft gezüchtet, besonders in Bozen, der Toskana und Venetien. Der Avelignese ist ein Gebirgspferd, das sowohl als Zug- wie auch als Last- oder Packpferd eingesetzt wird und ein unerläßlicher Partner auf den Höfen ist, wo andere Pferde nur beschwerlich arbeiten könnten. Im Gegensatz zum Haflinger wird der Avelignese nicht mit dem Edelweißbrand gebrannt, d.h. einem Edelweiß mit dem Buchstaben H in der Mitte.

RÜCKEN
Der breite Rücken mit flachem Widerrist macht den Avelignese gut geeignet als Lastpferd. Er ist von kräftigerer Statur als der Haflinger.

KOPF
Wie bei seinem Cousin, dem österreichischen Haflinger, zeigt der wache, hübsche Kopf des Avelignese deutlich den arabischen Einfluß.

HALS
Der kräftige, kurze Hals ist schön angesetzt an den für ein Zugpferd typischen Schultern, auf die ein Kummet gut paßt. Man bekommt den Eindruck großer Kraft.

VORHAND
Die Brust ist breit und stark bemuskelt. Die Vorderbeine stehen nicht zu eng beieinander. Die Beine sind kurz, aber nicht schwer.

GLIEDMASSEN
Die Beine sind kurz mit guten Röhrbeinen und Hufen. Das Pferd hat ein wenig Fesselbehang, aber das Haar ist nicht grob.

AVELIGNESE

GRÖSSE DES HAFLINGERS
Bis zu 1,48 m

GRÖSSE DES AVELIGNESE
Bis zu 1,50 m

URSPRÜNGE

Der Haflinger ist ein Gebirgspony und stammt aus den Etschtaler Alpen in Südtirol. Die größere Version des Haflingers ist der italienische Avelignese, der in den Bergen Nord-, Mittel- und Süditaliens gezüchtet wird. Beide gelten als Kaltblüter, führen aber einen ziemlich hohen Prozentsatz an orientalischem Blut. Dem Gebirgsklima verdanken die Ponys ihre körperliche Härte. Beide Rassen haben keine Probleme mit steilen Bergpfaden, denn sie sind extrem trittsicher.

Die Chinesische Mauer

China – Hinter der Mauer

China's Beitrag zur Weltkultur ist allgemein anerkannt, aber seine Bedeutung für die Entwicklung des Pferdes wird weniger gewürdigt. Von Natur aus waren die Chinesen nie ein pferdebezogenes Volk. Sie waren gezwungen, berittene Truppen einzusetzen, den Bau von Straßen zu forcieren, um schnelle Transportwege zu bekommen, und sogar sich auf Zuchtprogramme einzulassen, nur wegen der Bedrohung durch plündernde Nomaden, die ihre Grenzen störten und gewöhnlich einen demütigenden Tribut für dubiose Zusagen keiner weiteren Aggressionen forderten.

Die Große Mauer, die teilweise schon seit dem 4. Jahrhundert vor Christus existiert, wurde als Schutz vor den asiatischen Hunnen gebaut, die eine ständige Bedrohung für die Stabilität des Kaiserreichs darstellten. Zwischen 259 und 210 vor Christus wurde die Mauer mit einer Gesamtlänge von 2253 km fertiggestellt.

Chinesische Innovationen

In China fand die Reiterei bis ins 3. Jahrhundert vor Christus keine Anhänger, d.h. etwa 400 Jahre, nachdem im Nahen Osten schon viel schlagkräftige Kavallerie aufgebaut worden war. Aber die Chinesen waren ebenso wie die Römer ein praktisch veranlagtes Volk, das die Fähigkeit besaß zu organisieren und zu regieren – das war bei den nomadischen Völkern nicht der Fall.

Alle Fortschritte in der Anspannung von Pferden an Wagen mit Rädern kommen aus China. Die Chinesen erfanden das Hintergeschirr, das um die Unterschenkel liegt und dem Pferd die Möglichkeit gibt, eine gewisse Bremskraft auf die Last auszuüben. Die Chinesen erfanden ebenfalls das Brustblattgeschirr und danach das Kummet, womit das Pferd seine Zugkraft am effektivsten einsetzen kann. Schon um 1300 vor Christus gab es in China hochentwickelte Wagen mit Rädern, oftmals weiterentwickelt als die Wagen anderswo. Die Chinesen sind auch verantworlich für den von einem Pferd gezogenen Wagen mit Seitenstangen. Sie führten die Praxis des Tandemfahrens ein, wo zwei Pferde voreinander eingespannt werden, damit es auf zweispurigen Straßen schneller und bequemer zugeht.

Unter Ch'in (221–206 vor Christus), der die Schriftarten und Gewichts- und Maßeinheiten standardisierte, wurden Achsbreiten z.B. in Schmal- und Breitspur im Verhältnis zur Straßenbreite eingeteilt.

Pferd und Wagen

Auf diesem vorzüglichen Bild aus dem 17. Jahrhundert sieht man gut die Details des reich verzierten Wagens und der Ausrüstung des Ponys. Die Chinesen waren für viele Weiterentwicklungen der Wagen und Geschirre verantwortlich, wobei das hier gezeigte einfache Brustblattgeschirr nur ein Beispiel ist.

DURCHGEHENDE PFERDE
Dieser Reiberdruck aus einem Grab aus der Han-Dynastie zeigt möglicherweise die Art des Ablebens des Grabbewohners. Die leichtfüßigen, edlen Pferde sind eindeutig außer Kontrolle geraten.

Manche Straßen waren breit genug für drei Wagen nebeneinander, und folglich gab es auch eine Möglichkeit, langsame Verkehrsteilnehmer zu überholen, eine Art Überholspur.

DIE HIMMELSPFERDE

Bis zum 3. Jahrhundert vor Christus hatten sich die Chinesen auf Wagen-Infanterie verlassen, um die Angriffe der berittenen Nomaden abzuwehren. Aber sie waren natürlich kein Gegner für die schnellen Reiter, die es gewohnt waren, bei schwierigsten Bodenverhältnissen zu operieren.

Ab der Mitte des 2. Jahrhunderts vor Christus unternahmen die Chinesen unter Kaiser Wu Ti (141–87 vor Christus) große Anstrengungen, einen exklusiven Pferdetyp zu bekommen, um dann auch weiter züchten zu können, der die berittenen Truppen in die Lage versetzt, die nomadischen Reiter zu überrennen und auszumanövrieren.

Nach den entschlossenen Versuchen der Hunnen, tief in chinesisches Gebiet vorzudringen, schickte Wu Ti Gesandte nach Baktrien, um dort Zuchtmaterial der goldenen Pferde von Samarkand zu kaufen. Bei diesen Pferden handelte es sich um Nachfahren der kräftigen Nisanischen Pferde Alexander's (siehe Seiten 38–39). Die als Himmelspferde bekannten Tiere wurden auch die »blutschwitzende« Rasse von Ili, denn viele von ihnen waren Tigerschecken, zu deren Kennzeichen das »Blutschwitzen« gehört. Dieser Effekt wird eigentlich durch einen subkutanen, d.h. unter der Haut sitzenden Parasiten hervorgerufen, der bei warmem Wetter minimale Blutungen verursacht. Schweiß mit Blut ergibt die rosafarbene Paste.

Die Chinesen erwarben Pferde im oberen Gebiet des Flusses Syr-Darja (dem antiken Jaxartes) in Turkistan und in den Tienschan-Bergen in Ferghana, beides Gegenden, die seit der Antike mit Pferdezucht zu tun haben. Die verwandten Ili- und Ferghana-Pferde sind die möglichen Urahnen des modernen Achal-Tekkiners (siehe Seiten 74–75), einem goldenen Pferd mit einem besonderen metallenen Glanz, und seines nahen Verwandten, dem Turkmener. Bei beiden handelt es sich natürlich um Wüstenpferde mit überaus großer Ausdauer.

GEFÄHRLICHE HANDELSMISSIONEN

Zwischen 138 und 126 vor Christus wurden bis zu 10 Handelsmissionen in diese Gebiete und in die westlichen Staaten von Aorsi, Taynan, Yueh-chi und Parthien gesandt, um Pferde im Tausch gegen chinesische Seide, Jade und Korallen zu erwerben. Alles ging gut, bis eine Gruppe Gesandter vom Herrscher von Ferghana hingerichtet wurde. Als Vergeltung schickte Wu Ti im Jahre 104 vor Christus eine Armee auf die 4827 km lange Strecke, die ihn von den Himmelspferden trennte, um sich die Pferde mit Gewalt zu holen. Das war ein kostspieliges Unterfangen, aber im Endeffekt »erwarb« China 3000 Zuchtpferde, und nun verlor man keine Zeit mehr und richtete Gestüte ein.

Bis zur Zeit der Tang-Dynastie im 7. Jahrhundert waren Gestüte für mehr als eine Dreiviertel Million Pferde auf den nördlichen Steppen mit den kalkhaltigen Böden entstanden.

Durch Wu Ti's Raubzüge hinter der Mauer und die Bildung einer schlagkräftigen Kavallerie vergrößerte sich China's Einflußgebiet bis nach Zentralasien, und Handelswege innerhalb und außerhalb Chinas wurden erschlossen. Die Chinesen übten weitreichenden Einfluß aus, der bis zum Fall des Mandschu im Jahre 1912 anhielt, bevor es zum Angriff kam – nicht der nordischen Reiter, sondern der modernen Welt.

ELEGANTES PARADEPFERD
Dieses wunderbare Exemplar eines lasierten Keramikpferdes aus der Tang-Dynastie (618–906) ist prächtig herausgeputzt für eine Schlacht oder eine Parade. Der Sattel ist nach mongolischem Vorbild gebaut worden, aber der dekorative Schweifriemen ist chinesischen Ursprungs.

Altai-Pony

Tigerschecken

Die Fellfärbung des Tigerschecken ist wahrscheinlich als eine Art Tarnung entstanden und in prähistorischen Zeiten zum ersten Mal aufgetreten. Die frühesten Nachweise der Existenz dieser Fellfarbe bieten die Höhlenmalereien in Lascaux und Pèche-Merlen in Frankreich. Beide Male sind es tragende Stuten, die die Tigerscheck-Färbung zeigen. Auf den Malereien in Lascaux ist die Grundfarbe ein Rot- oder Hellbraun mit dunklen, symmetrischen Punkten, während die Stuten in Pèche-Merle ein lohfarbenes Fell haben. Die Malereien stammen aus der Zeit um 18 000 vor Christus, und die Pferde sind wahrscheinlich die entfernten Vorfahren unserer heutigen Tigerschecken. Es gibt zahlreiche anerkannte Tigerscheckfärbungen (siehe Seiten 224–225), aber die meisten haben die weiße Sklera ums Auge, ähnlich wie der Mensch, und die gesprenkelte Haut um Maul und Genitalien sowie die typischen gestreiften Hufe.

Pferde in der frühen Kunst

Neben den Höhlenmalereien gibt es etwa seit 1000 vor Christus in Europa Darstellungen von Tigerschecken. In den Gräbern von Skythen und Kelten – aus den Steppen kommende Reiter, die im 2. Jahrtausend vor Christus in Europa eindrangen – gefundene Kunstgegenstände zeigen, daß ihnen der Tigerschecke bekannt war. Zu den Funden in einer Grabstatt in Hallstatt in Österreich, die im 19. Jahrhundert ausgegraben wurden, gehört ein Schwert aus der Zeit um etwa 800 vor Christus, dessen Scheide mit vier Reitern auf Tigerschecken verziert ist. Ein etruskisches Grabmal aus derselben Zeit in Italien zeigt ebenfalls das Bild eines Tigerschecken. (Die Etrusker waren etwa 150 Jahre zuvor per Schiff aus Kleinasien gekommen.)

Die Pferde von Ferghana

Ferghana im Südwesten der ehemaligen Sowjetunion war in der Antike berühmt für seine außergewöhnlichen Pferde. Es bleibt eine Mutmaßung, in welchem Maße diese Pferde Blut der Wüstenpferde führten, aber es existiert unbestreitbar eine Verbindung. Aufeinanderfolgende Wogen von »barbarischen«, nomadischen Steppenreitern – Kassiten, Hyksos, Achäer und andere – hatten seit mehr als 2000 Jahren vor Christus engen Kontakt mit Ferghana. Ferghana und Ili waren die Hauptquellen für die von den Chinesen so geschätzten Himmelspferde (siehe Seiten 54–55), die sowohl ihrer ungewöhnlichen Musterung wie auch ihrer körperlichen Qualitäten wegen geschätzt wurden. Der Tigerschecke Rakush, das Kriegspferd des persischen Helden Rustam, war ziemlich sicher aus Ferghana, und die Perser behaupteten, daß er der Ahnherr aller Tigerschecklinien sei – eine mutmaßliche Behauptung, denn Rustam erschien erst gegen 400 vor Christus auf der Bildfläche. Die Heldentaten von Rustam und Rakush werden in dem Epos »*Shah Nameh*« von Firdausi genau geschildert. Tigerschecken wurden häufig in den wunderbaren Miniaturen und anderen Kunstformen der Perser und Moguln bis zum 15. Jahrhundert und später dargestellt.

Höhlenmalerei

Diese Höhlenmalerei aus Pèche-Merle im Südwesten Frankreichs wurde um 20 000 vor Christus angefertigt. Man erkennt deutlich die Tigerscheckmusterung.

Tigerscheck-Stämme und -Rassen

Wandteppiche und Manuskripte aus der Zeit bis zum 8. Jahrhundert zeigen die Existenz der Tigerschecken von Konstantinopel im Osten bis nach Spanien im Westen. Später erscheinen diese auffällig gefärbten Pferde häufiger in England, Dänemark und ganz Skandinavien.

Im 16. Jahrhundert gewannen die Tigerschecken immer mehr an Bedeutung und waren z.B. in Österreich hochgeachtet, das wie Spanien zu jener Zeit ein Teil des habsburgischen Kaiserreichs war. Eine große Anzahl Spanischer Pferde wurde importiert, und auf der Basis jener Pferde in Kombination mit den Genen der früheren nomadischen Einkreuzungen entstanden die europäischen Tigerscheck-Stämme. Bis zum Ende des 18. Jahrhunderts spielte das Spanische Pferd eine vorherrschende Rolle in Europa.

Zu den Bildern von Künstlern wie Hamilton und Ridinger gehören auch Studien des Spani-

Tigerschecken

Diese Tigerschecken wurden im Grab des Menena gefunden, eines Beamten von Thutmose IV, ca. 1415 vor Christus. Es handelte sich wahrscheinlich um seine Lieblingspferde, und deshalb sollten sie ihn auf seiner Reise in die Welt des Geistes begleiten.

Schabrackentiger

Auf dem Bild »Pferde durchqueren einen Fluß« des chinesischen Künstlers Chao Meng-Fu (1254–1322) sieht man ein ausgezeichnetes Exemplar eines Schabrackentigers (das Pferd in der Mitte).

RUSTAM UND RAKUSH

Die Abenteuer des persischen Helden Rustam und seines Tigerschecken, dem Kriegspferd Rakush, werden in Firdausi's Buch »Shah Nameh« erzählt. Dieses Bild aus dem Jahre 1486 zeigt Rakush, wie er seinem Herrn hilft, einen Drachen zu töten.

schen Gestüts in Lipizza und der Spanischen Reitschule in Wien (siehe Seiten 102–103), daß ein buntes bzw. ein Tigerschecken-Gen relativ häufig beim Spanischen Pferd vorkam. Der Tigerschecke trat in so unterschiedlichen Rassen wie dem Knabstrupper (siehe Seiten 112–113), dem Noriker-Pinzgauer (siehe Seiten 50–51), dem Gotland-Pony (siehe Seiten 190–191) und einem bestimmten Stamm des Welsh Mountain Ponys (siehe Seiten 180–181) auf. Sehr gute Tigerschecken gab es auch in ganz Polen.

Es ist möglich, daß es eine Tigerscheck-Linie beim Araber gab, denn auf einigen frühen ägyptischen Kunstgegenständen sind Tigerschecken arabischen Aussehens erkennbar. Beim modernen Araber oder seinem Abkömmling, dem Vollblüter, gibt es jedoch keine Schecken oder Tigerschecken, obwohl es Nachweise gibt, daß es bei importierten Arabern im 18. Jahrhundert ungewöhnliche Farbmuster gab. Das berühmteste Beispiel ist Lady Oxford's »Bloody-Shouldered Arabian« (= blutschultriger Araber). Es gibt scheinbar keine Verbindung zwischen diesem Pferd oder seinen Vorfahren Bloody Buttocks und Bay Bloody Buttocks und The Tetrarch, dem einzigen bekannten Tigerscheck-Vollblüter. Der 1911 geborene The Tetrarch war ein Vertreter der Herod-Linie des Stammvaters Byerley Turk (siehe Seiten 118–119). Er wurde von Peter Willett in seinem Buch »*The Thoroughbred*« (= Das Vollblut) als eine Art »elefantengrau mit weißen und kalkfarbenen Flecken unterschiedlicher Form und Größe« beschrieben. Seine ausgezeichnete Tochter, Mumtaz Mahal, war nicht so auffallend gezeichnet, hatte aber doch eine leichte Tigerscheckfärbung. Es gibt auch Hinweise darauf, daß es ein »buntes« Gen in den von Graf Stanislas Potocki auf seinem Anwesen in Polen im frühen 19. Jahrhundert gezüchteten Pferden gab.

Der Appaloosa, die Tigerscheck-Rasse in Amerika (siehe Seiten 224–225), stammt von den Pferden ab, die die Spanier im 16. Jahrhundert (siehe Seiten 214–215) mitgebracht hatten. Der Appaloosa wurde am Fluß Palouse gezüchtet, von dem er seinen Namen erhalten hat. Zu den alten, landestypischen Namen für Tigerschecken gehören »*tigre*« in Europa, »*blagdon*« in Großbritannien und Wales sowie »*chubarry*«, eine Bezeichnung, die stark an die Zigeuner erinnert, wo Schecken immer noch besonders beliebt sind.

HOHE SCHULE

Johann Ridinger's Reiter aus dem 18. Jahrhundert sitzt auf einem gut geschulten Tigerschecken, der mit großer Wahrscheinlichkeit aus einem der spanischen Tigerscheck-Stämme kommt, die zu jener Zeit stark verbreitet waren.

DER »BLUTSCHULTRIGE« ARABER

Dieses Bild von John Wootton zeigt Lord Oxford's »blutschultrigen« Araber, einen Schimmel mit dunkelroten Flecken. Man nimmt an, daß diese Fellzeichnung durch einen Unfall der Mutterstute während der Trächtigkeit entstanden ist.

TEIL 3

Der Einfluss des Orients

Die Verbreitung des Islam durch die Eroberungen im 7. und 8. Jahrhundert löste eine Reihe von Ereignissen aus, die den Aufstieg Europas aus dem frühen Mittelalter in die Renaissance und die Wiedergeburt des Humanismus einleiteten. Im Gegensatz zu späteren Eroberungen, die keine nachhaltigen Auswirkungen hatten, wie z.B. die der Mongolen, hinterließ der Islam der Welt ein reiches Erbe in Form seiner prächtigen Architektur und seinem Verständnis für die Künste und Wissenschaften und ihre Ausführung. Der Islam hinterließ auch die unvergleichlichen Pferde, die das alles ermöglicht hatten.

Ein Ausschnitt aus »*Arab Horsemen*« (Arabische Reiter) von Adolf Schreyer (1828–1899)

DIE WÜSTENPFERDE DES ORIENTS

ARABISCHER REITER

ÜBER DIE JAHRTAUSENDE ist eine große Vielzahl von verwandten Pferderassen, -schlägen und -typen entstanden. Obwohl sich die Pferde alle in Größe, Körperbau, Farbe und Charakter unterscheiden, ist doch ein bestimmtes Schema in der Entwicklung dieser Spezies vom Zeitpunkt der Domestikation vor etwa 6000 Jahren bis in unsere Zeit erkennbar. Die Entwicklung dieser großen Vielfalt an unterschiedlichen Pferden beruhte auf drei Faktoren: der Umwelt; menschlichen Interventionen in Form von Kreuzungen verschiedener Stämme, und der frühzeitigen Existenz fest etablierter Rassen, die eine bemerkenswerte Vererbungskraft besaßen (d.h. die Fähigkeit, Charakter und Typ konsequent an die Nachkommen weiterzugeben). In diesem Punkt sind die orientalischen Pferde unübertroffen; sie sind die Gründerrassen, die Basis aller Rassen der Welt.

VORFAHREN AUS DER WÜSTE

Diese Pferde kamen aus den Ländern des Mittleren Osten und verbreiteten sich bis nach Zentralasien. Geographische Abgeschiedenheit und die Lebensbedingungen in der Wüste gewährleisteten eine beispiellose Reinheit der Rassen und eine beständige Vererbungskraft, eine der größten »Waffen« eines Pferdezüchters.

Heute sind diese orientalischen Vorfahren unserer Pferde bekannt als Araber, aber im England des 18. Jahrhunderts, den Gründerjahren des Vollbüters (siehe Seiten 118–119), unterschied man verwirrenderweise zwischen Syrern, Türken und Berbern. Türken und Syrer waren entweder identisch mit dem Araber (siehe Seiten 64–65) oder es waren Varianten, die aber aus demselben Wüstenstamm kamen. Der Berber (siehe Seiten 66–67), die andere Hälfte des orientalischen Einflusses, unterschied sich jedoch deutlich von ihnen.

DER BERBER

Der Berber, das Pferd aus Nordafrika, das von den Berbern im 8. Jahrhundert in großer Zahl nach Europa gebracht wurde, hatte wenig oder gar nichts gemein mit Aussehen und Wesen des Arabers. Trotz der unvermeidlichen Kreuzungen mit dem Araber behielt der Berber seine dominante Vererbungskraft. Obwohl der Einfluß des Berbers nicht so anerkannt ist wie der des Arabers, prägte er dennoch die Rassen Europas und Amerikas. Der Berber hat sich in seinem wichtigsten Nachkommen, dem Spanischen Pferd des 16. und 17. Jahrhunderts, verewigt. Bis ins 18. Jahrhundert galt das Spanische Pferd als Nummer eins in Europa.

TRADITIONELLE PRACHT
Diese farbenprächtigen Reiter mit den vollen Kriegsinsignien gehören zum Volk der Fulani aus der Republik Kamerun. Ihre Pferde sind Berber.

MAROKKANISCHER BERBER
Das Bild von Mario Fortuny (1808–1874) zeigt eine Gruppe Marokkaner und ein Pferd, das eindeutig ein Berber ohne jegliches Araberblut ist. Das Sattelzeug ist traditionell marokkanisch, und die Sporen sind auffallend lang.

ARABER-TYP
Dieser Ausschnitt aus einem Ölgemälde von J.F. Herring Senior (1795–1865) zeigt einen Hengst arabischen Typs. Offenbar hat er sich durch unbedachtes Auflegen der reich verzierten Decke erschreckt und sucht nun die Flucht.

Die europäischen Warmblutrassen stammen vom Spanischen Pferd ab, z.B. Lipizzaner (siehe Seiten 110–111), Friese (siehe Seiten 48–49), Frederiksborger (siehe Seiten 112–113), Irish Draught (siehe Seiten 374–375), Cleveland Bay (siehe Seiten 304–305), Kladruber (siehe Seite 156), Connemara (siehe Seiten 178 bis 179), Highland Pony (siehe Seiten 176–177) und Welsh Cob (siehe Seiten 180–181). Der Berber wie auch sein »Ableger«, das Spanische Pferd, spielten eine große Rolle bei der Entwicklung des Englischen Vollbluts (siehe Seiten 118–119), wenn auch erst an 2. Stelle nach dem Araber.

DER ARABER

Es gibt keine eindeutige Erklärung für die Ursprünge des Berbers oder des Arabers, aber es gibt Nachweise, daß es auf der arabischen Halbinsel mindestens 2500 Jahre vor Christus eine Rasse mit eindeutig arabischen Merkmalen gab. Die Beduinenstämme der Wüste, die für immer mit dem Araber verbunden sind, verfolgen diese Verbindung zurück bis 3000 vor Christus zu der Stute Baz und dem Hengst Hoshaba. Die Stute Baz wurde von Baz, dem Ururenkel Noah's im Yemen gefangen.

Die Beduinen verfolgten gewissenhaft die Reinheit der Blutlinien und praktizierten wohlüberlegte Inzucht, wodurch die wünschenswertesten Eigenschaften bei den Nachkommen gefestigt wurden. Durch das Fehlen äußerer Einflüsse war es ihnen möglich, eine Rasse zu schaffen, die unverwechselbar ist in Erscheinung, Typ und Bewegung. Die harten Lebensbedingungen und das strenge Leben der Nomaden förderten seine Stärken, wie Körperbau und Konstitution sowie Gesundheit und Ausdauer, worin ihm allenfalls der Berber das Wasser reichen kann. Wahrscheinlich war auch das Nisanische Pferd der Perser im 6. Jahrhundert (siehe Seiten 34–35) trotz seines Ramskopfes vom Araber beeinflußt. Die baktrischen Pferde (weiter östlich in der Nähe des heutigen Afghanistan beheimatet) und die von den Chinesen so verehrten »Himmelspferde« (siehe Seiten 54–55) sind wohl ebenfalls vom Wüstenpferd geprägt worden.

Nachdem der Araber erst einmal nach Europa gekommen war, wurde er zur Veredelung und Verbesserung vieler bodenständiger Rassen und Schläge eingesetzt. Er hat den größten Anteil an der Entstehung des Englischen Vollbluts. Zu jener Zeit führten die meisten heimischen Rassen in Großbritannien, Irland und auf dem europäischen Kontinent schon orientalisches Blut. Fast jede Rasse hat orientalische Ahnen – vom Trakehner bis zum Percheron, Haflinger und Französischen Traber, die amerikanischen Rassen und selbst die kleinen, aktiven Ponys aus Indonesien.

DAS VOLLBLUT
Das Englische Vollblut war das Endprodukt, das nach dem Import von Arabern und Berbern nach England im 18. Jahrhundert entstand. Bei dem Pferd handelt es sich um Orlando, den Derby-Sieger von 1844, gemalt von J.F. Herring Senior.

Byzantinische Kavallerie

Die islamischen Invasionen

Arabische Kavallerie

Die islamischen Eroberungen des 7. und 8. Jahrhunderts und die daraus resultierende 700jährige Besetzung der iberischen Halbinsel waren ebenso bedeutend für die Entwicklung der Zivilisation wie der Einfluß des klassischen Griechenlands oder Roms. Der stark von der Überlegenheit der Wüstenpferde abhängige Islam dehnte seine Oberhoheit bis an die Große Mauer in China aus und umklammerte um ein Haar Europa. Niemals zuvor hatte es die Besetzung eines so großen Gebietes gegeben, die soviel kulturelle Reichtümer auf die besiegten Völker übertrug, noch hatte es je eine Eroberung aus angeblich höheren Motiven gegeben. Man sagte, daß der Islam »von Malaysia bis Marokko« nur dem arabischen Pferd zu verdanken sei. Es ist nicht übertrieben, daß ihm auch die meisten Pferderassen der Welt zu verdanken sind.

Kamelhirten und -reiter

Jahrhundertelang konnte man die Araber kaum als enthusiastische Reiter bezeichnen, so daß man erklären muß, wie es dazu kam, daß sie eine große Kavallerie aufbauen und erhalten konnten, die ihnen ihre weitreichenden Eroberungen ermöglichte.

In früheren Jahrhunderten waren arabische Stammesangehörige Kamelhirten und -reiter. Sie hatten schon unter Alexander (siehe Seiten 40–41) in dieser Eigenschaft gedient und wurden auch von den Römern zur Versorgung von Nachschubeinheiten eingesetzt. Welche Aufgabe sie auch immer hatten, nie waren sie mehr als Hilfstruppen der Streitmacht.

Der Prophet Mohammed

Bis zum 4. Jahrhundert hatten sich die arabischen Stammesangehörigen jedoch zu einer pferdeorientierten Gesellschaft entwickelt. Es sollte aber bis zum 6. Jahrhundert dauern, daß durch den Einfluß des charismatischen Propheten Mohammed (570–632) die Pferdezucht und der Besitz von Pferden gefördert wurde. Das war der Anstoß für die islamische Expansion, und es beeinflußte auch die zukünftige Entwicklung des Pferdes. Wo auch immer ihre Eroberungen die muslimischen Reiter hinführten, kamen ihre Pferde unweigerlich in Kontakt mit den einheimischen Pferden, wodurch sie Generationen von Pferden ihren Stempel aufdrückten, was bis heute zu erkennen ist.

Der Prophet Mohammed, der Begründer der islamischen Religion, war gleichermaßen ein Träumer wie ein Pragmatiker. Er sah die Vereinigung der Stämme in religiöser Bruderschaft und dem »Jihad« verschrieben als seine Mission an. Der Jihad, der Heilige Krieg, hatte nicht so sehr materielle Beweggründe, obwohl das kein unwillkommener Anreiz war,

Vor Medina

Dieses Bild aus dem Topkapi-Museum in Istanbul zeigt den Propheten auf einem sehr edlen Esel begleitet von einem Würdenträger, wie er die muslimischen Streitkräfte davon überzeugt, dem Angriff der Ungläubigen Mekkas in Medina zu begegnen anstatt eine Schlacht in Ohod zu riskieren.

Arabische Pferde des 19. Jahrhunderts

Dieses Gemälde des Franzosen Francois Hippolyte Lalaise (1812–1884) zeigt einen Araber mit zwei Pferden. Obwohl es im romantischen Stil des 19. Jahrhunderts gemalt wurde, ist es doch sehr genau in der Darstellung von Details.

Krieger des Islam
Dieses Gemälde von Paul Dominique Phillipoteaux zeigt einen arabischen Krieger in einer Stadt. Obwohl es sich um ein sehr gutes Bild handelt, läßt sich nicht sagen, ob es sich bei den Pferden um Araber, Berber oder eine andere spezielle Rasse handelt.

sondern sein Ziel war die Verbreitung des Islam.

Dieser Krieg sollte die Seelen bekehren und alle Menschen dazu bringen, Allah als den einzig wahren Gott anzubeten. Da er eine Armee berittener Soldaten brauchte, die diese einzigartigen Pferde effektiv einsetzte, um die Bekehrung zu Allah durchzusetzen, verankerte er die Pflege und Haltung der Pferde im Koran, der heiligen Schrift des Islam. »Wer ein Pferd für den Triumph des Glaubens füttert«, sagte der Prophet, »gibt Allah ein wunderbares Darlehen.«

Im Islam wird das Pferd »der größte Segen« genannt und bringt »Glück auf die Erde, reiche Beute und ewigen Lohn«. Pferdehaltung als Grundsatz des Glaubens, das war gewissermaßen eine Wiederbelebung des alten arabischen Glaubens, der die Anbetung des Pferdes in Form der Götzenbilder Ya'uk und Ya'bub erlaubt hatte. (Im Gegensatz dazu verbietet der Islam jegliche Form des Götzendienstes. Daher gibt es keine Bilder, die uns das Leben in Arabien veranschaulichen könnten.) Mohammed's Lehren wurden streng von seinen Anhängern überwacht, für die der Tod als Krieger bei der Verteidigung des Glaubens den sicheren Zugang zu den immerwährenden Freuden im Paradies bedeutete.

Das islamische Reich

Nach dem Tode Mohammed's im Jahre 632 verließen die muslimischen Armeen die Wüstengebiete des Mittleren Orients und trugen ihre Standarte in einer Reihe von Eroberungszügen nach Osten und Westen, zu Anfang unter der Führung vom Nachfolger des Propheten, Abubekr.

Ein Jahrzehnt später war das byzantinische Reich größtenteils islamisiert, und die Armeen des Propheten kontrollierten so bedeutende Gebiete wie Syrien, Palästina, Mesopotamien und Armenien. Im Jahre 643 hatten sie dann ganz Nordafrika besetzt. 644 war das Tal des Indus im heutigen Pakistan erobert, und 694 waren sie die Herrscher von Zentralasien, einem Gebiet umgeben von Khorasan, Bokhara, Samarkand und Ferghana.

Die maurischen Glaubensanhänger überquerten 711 die Straße von Gibraltar und gelangten nach Spanien, wo sie Roderich, den letzten westgotischen König schlugen. Nachdem sie die gesamte iberische Halbinsel unterworfen hatten, drangen sie über die Pyrenäen bis nach Gallien vor. Im Jahre 732, also 100 Jahre nach dem Tode Mohammed's, wurden sie in Poitiers aufgehalten und von Karl dem Großen und seinen schwer gepanzerten fränkischen Rittern besiegt. So wie die katalaunischen Felder der Wendepunkt für das Reich der Römer und auch der Hunnen waren, so bedeutete diese Schlacht den endgültigen Sieg über die Mauren. Sie wurden zurückgedrängt auf die iberische Halbinsel, und obwohl sie dort für weitere 700 Jahre blieben, drangen sie niemals weiter nach Europa vor.

Aufstieg in den Himmel
Der Prophet Mohammed steigt in den Himmel auf mit einem Heiligenschein aus Feuer auf dem Rücken einer Kreatur mit Pferdefüßen. Das Bild symbolisiert die Verkörperung von Mensch und Tier und die universelle Überlegenheit Allah's als dem einzig wahren Gott.

Araber

Der Araber wird als »Urquell« aller Pferderassen der Welt betrachtet. Aufgrund seiner genetischen Reinheit verfügt er über eine große Vererbungskraft und gibt seinen einzigartigen Charakter zuverlässig an seine Nachkommen weiter. Er wirkt als Veredler und Verbesserer und hat eine entscheidende Rolle bei der Entstehung fast jeder anerkannten Rasse gespielt. Am größten jedoch ist sein Beitrag zur Entstehung des Englischen Vollbluts (siehe Seiten 118–119) gewesen. Wenn auch größer und schneller als der Araber, so kann der Englische Vollblüter nicht mit ihm mithalten in punkto Stamina, Gesundheit, Intelligenz und Schönheit.

Janow Podlaski
Diese Araberstuten stehen auf einer Weide auf dem Gestüt Janow Podlaski in Polen, einem Gestüt, das zu einem Refugium für die besten Blutlinien der Welt wurde.

Mähne
Mähne und Schweif sind fein und seidig.

Augen
Große, leuchtende Augen in einem wunderschönen Kopf.

Maul
Das Maul ist sehr klein und spitz und hat große, weit geöffnete Nüstern.

Gliedmassen
Die Beine sind lang, schlank, hart und trocken. Die Sehnen sind deutlich zu sehen.

Legende und Geschichte

Die Beduinenstämme Arabiens haben nur wenig niedergeschrieben und die Abstammung ihrer Pferde mündlich überliefert. Der arabische Historiker El Kelbi war der erste, der versuchte, die Geschichte und die Abstammungen des arabischen Pferdes festzuhalten. Er begann im Jahre 786 AD, die Entwicklung des Arabers bis um 3000 vor Christus zurückzuverfolgen. Sein Werk, wenn auch manchmal eher romantisch verklärt als sachlich, unterstreicht das Alter dieser Pferderasse. Später teilte der Emir Abd-El-Kader (1808–1883) in seiner Korrespondenz mit dem Franzosen, General Melchior Daumas (1803–1871), die Rasse in vier Epochen ein: Adam bis Ismael, Ismael bis Salomon, Salomon bis zum Propheten Mohammed und die Zeit nach dem Propheten. Von diesem Emir gibt es auch eine poetische Schilderung der Schaffung des Arabers, die keinerlei Verbindung mit der Evolutionstheorie hat:

Als Gott das Pferd erschaffen wollte, sagte er zum Südwind: »Verdichte dich. Ich will aus dir ein neues Wesen schaffen.« Und der Wind verdichtete sich. Der Erzengel Gabriel erschien augenblicklich, nahm sich eine Handvoll von diesem Stoff und zeigte ihn Gott, der einen Braunen oder einen Fuchs mit den Worten schuf: »Ich nenne dich Pferd. Du bist ein Araber, und ich gebe dir die kastanienbraune Farbe der Ameise. Das Glück sei gebunden an deinen Schopf, der zwischen deine Augen reicht. Du sollst König über alle anderen Tiere sein. Der Mensch soll dir folgen, wohin du auch gehen magst. Du sollst sowohl zum Angriff als auch zum Rückzug geeignet sein. Reichtümer sollen auf deinem Rücken liegen und Glück soll sich durch deine Fürsprache einstellen.« Dann gab Gott dem Pferd das Zeichen für Ruhm und Glück, ein weißes Mal auf die Mitte der Stirn.

Die vier von Abd-el-Kader genannten Epochen sind jedoch realistischer. Die erste ist vielleicht nicht ganz so interessant, obwohl Ismael, der verstoßene Sohn Abrahams und der erste Vorfahr der Wüstenbeduinen eine reale Person war, die das Pferd als Reittier nutzte. Nach dem Tode Ismaels zerstreuten sich die Beduinenstämme, und die Geschichte des Araberpferdes nahm unter der Herrschaft König Salomons ihren Verlauf. Unter totaler Nichtbeachtung des israelitischen Gesetzes, das die Pferdehaltung als Götzendienst ansah und daher verbot, gab Salomon der Pferdezucht Aufschwung, indem er nicht weniger als 1200 Reitpferde und 40 000 Wagenpferde in den königlichen Ställen beherbergte. Zu guter Letzt ist da noch der

Einfluß des Propheten Mohammed (siehe Seiten 66–67) und des Islam, die für die Verbreitung der Rasse in der ganzen Alten Welt sorgten.

ARABER-GESTÜTE

Ebenso wie einige Privatgestüte gaben die europäischen Staatsgestüte des 18. und 19. Jahrhunderts, wie Marbach in Deutschland, Janow Podlaski in Polen, Babolna in Ungarn und die franz. Gestüte in Pompadour, Pau, Tarbes und Gelos, der Entwicklung des arabischen Pferdes Aufschwung. Die Familie Potocki züchtete herausragende Araber auf ihrem berühmten Gestüt Antoniny, was auch die lange Verbindung Polens mit diesen Pferden zeigt. Diese Araber beeinflußten die Zucht weltweit. In Großbritannien gründeten Wilfrid und Anne Scawen Blunt das Gestüt Crabbet Park, nachdem sie von 1878 bis 1879 Arabien bereist hatten, als die Degeneration der Rasse schon sichtbar geworden war. Später kauften sie die Reste der einstmals berühmtesten Araberherde der Welt, die Abbas Pasha I gehört hatte. Crabbet-Araber bildeten den Grundstock für die Araberzucht nicht nur in Großbritannien, sondern auch in den USA, Australien und Südafrika.

HENGST DER LEIBWACHE
Dieser australische Araberhengst war ein Geschenk an den indischen Präsidenten und wird bei der Leibwache des Präsidenten in Delhi eingesetzt.

GEBÄUDE

Die Erscheinung des Arabers ist einzigartig unter den Pferderassen. Es wäre jedoch falsch, die von manchen Araber-Enthusiasten vertretene Meinung anzunehmen, daß es »nur einen wahren Typ des reinen Arabers« gibt – es gibt Unterschiede im Detail, Nuancen eines einheitlichen Typs. Das herausragendste Merkmal neben der Oberlinie ist der kurze, sehr feine, trockene Kopf mit deutlich sichtbarer Äderung. Im Profil ist der Kopf konkav gewölbt oder »geknickt«. Die Stirn ist konvex, sie hat einen schildförmigen Buckel, »*jibbah*« genannt. Das Maul ist so klein, daß es in eine hohle Hand passen würde, während die Nüstern sehr groß sind und weit geöffnet werden können. Die Augen sind außerordentlich groß und ausdrucksvoll. Ein anerkannter Fachmann, der verstorbene R.S. Summerhays, schrieb, daß beim Araber »die Fellfarbe dunkel und kräftig sein sollte, die Stuten seelenvoll und der Hengst wachsam und würdevoll«. Die Ohren sind klein, sehr beweglich und nach innen gebogen. Die Ganaschen sind so rund, daß eine Faust Platz hätte. Ein weiteres besonderes Merkmal ist die »*mitbah*«, die Stelle, wo der Hals am Kopf angesetzt ist. Durch die große Ganaschenfreiheit kann der Kopf frei in alle Richtungen bewegt werden.

Araber haben 17 Rippen, 5 Lenden- und 16 Schweifwirbel, während andere Pferderassen die Kombination 18-6-18 haben. Diese Anordnung führt zu der typischen Form von Rücken und Kruppe und dem hochgetragenen Schweif. Der Gang wird als »schwebend« bezeichnet, so als ob das Pferd über unsichtbare Federn liefe. Auch wenn es Pferde mit einer Größe von mehr als 1,52 m gibt, ist der Araber meist nur um 1,50 m groß. Ungeachtet der Größe spricht man immer von einem Pferd, nicht von einem Pony.

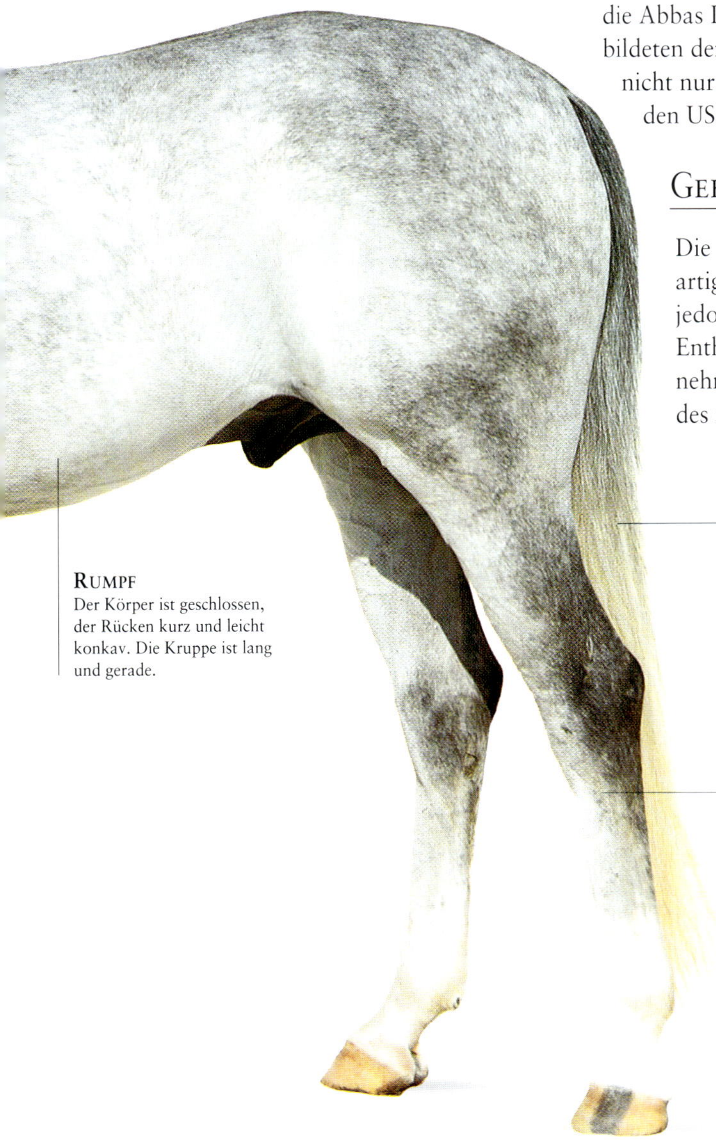

RUMPF
Der Körper ist geschlossen, der Rücken kurz und leicht konkav. Die Kruppe ist lang und gerade.

SCHWEIF
Der Schweif wird nie frisiert oder verzogen. In der Bewegung wird er hoch getragen und fällt in schönem Bogen.

HINTERHAND
Die Gebäudemängel sind durch sorgfältige Zuchtauslese im letzten Jahrhundert größtenteils ausgemerzt worden.

GRÖSSE
1,50 m

URSPRÜNGE

Die Herkunft des Arabers ist unklar, aber es gibt Nachweise, daß es schon um 2500 vor Christus Araber auf der arabischen Halbinsel in Reinform gab. Durch die islamischen Eroberungen im 7. Jahrhundert nach Christus wurde das Blut weit verbreitet. Im 18. und 19. Jahrhundert etablierte sich der Araber auf den Staatsgestüten Europas und Privatgestüten in Großbritannien. Von dort aus beeinflußte er die Pferdezucht weltweit.

BERBER

ALLTAGSSZENE IN ALGERIEN
Der Berber ist nicht schön, aber er ist eine der härtesten und ausdauerndsten Rassen der Welt. Dieses Bild ist typisch für Algerien.

DER NORDAFRIKANISCHE BERBER ist die zweite Gründerrasse. Er ist wie sein besser bekannter Nachbar, der Araber (siehe Seiten 64–65), ein Wüstenpferd, aber sie unterscheiden sich deutlich voneinander in Aussehen und Charakter. Einer Theorie zufolge hat der Berber in einer Gruppe von Wildpferden in einer fruchtbaren Küstenregion die verheerenden Auswirkungen der Eiszeit überlebt. Wenn das stimmt, dann kann man davon ausgehen, daß diese Rasse älter ist als der Araber. Die genaue Abstammung bleibt jedoch strittig, und da es keine Aufzeichnungen gibt, wird es wahrscheinlich auch so bleiben.

BERBER UND ARABER

Während der islamischen Eroberungszüge im 7. und 8. Jahrhundert (siehe Seiten 62–63) wurden Berber vermutlich mit Arabern gekreuzt, so daß der heutige Berber sicherlich einen Teil Araberblut führt. Erstaunlicherweise zeigt sich beim Berber nur wenig von der Vererbungskraft des Arabers, denn der lange, konvexe Kopf, die abfallende Kruppe und der tiefangesetzte Schweif deuten auf eine starke, eigene Erbmasse. Der Berber hat eine gewisse Ähnlichkeit mit Pferdetyp 3 (siehe Seiten 22–23) aus der Zeit vor der Domestikation, von dem man annimmt, daß er wie der Berber äußerst unempfindlich gegenüber Hitze und Trockenheit und ebenso leicht gebaut und hart war.

KOPF
Gewöhnlich ist das Profil gerade oder sogar konvex, im Gegensatz zum Araber. Die gebogenen Ohren dieses Pferdes sind nicht typisch für die Rasse.

HALS
Der Hals ist rund, und der Widerrist ist oft sehr ausgeprägt.

SCHULTERN
Die Schultern sind flach und meist ziemlich steil.

GLIEDMASSEN
Die Beine sind schlank und sehr hart. Manche Pferde haben eine schmale Brust, so daß sie zeheneng stehen.

DER EINFLUSS DES BERBERS

Die nordafrikanischen Berber waren ein wichtiger Bestandteil der muslimischen Armeen, die im 8. Jahrhundert Spanien eroberten. Der Berber spielte mit Sicherheit eine bedeutende Rolle bei der Entstehung des spanischen Pferdes, dessen moderne Version der Andalusier ist (siehe Seiten 106–107), und wahrscheinlich auch bei der Entstehung des Vollbluts (siehe Seiten 118–119). Pferde aus Nordafrika, Berber, Barb oder Barbary genannt, wurden schon vor Beginn der Herrschaft der Plantagenets

NORDAFRIKANISCHE REITER
Die Berber-Reiter sitzen im hohen nordafrikanischen Sattel, der sich seit den Tagen der Mameluken-Türken kaum verändert hat, und meist benutzen sie ein scharfes Ringgebiß (ähnlich einem Steigergebiß), das schon jene Krieger bevorzugten.

für die königlichen Gestüte von England importiert.

Roan Barbary, das Lieblingspferd von Richard II (1377–1399), war eines von vielen Pferden dieser Herkunft auf den königlichen Gestüten. Berberblut, zusammen mit dem der spanischen Eselstute, zumindest einer Cousine 1. Grades, war das vorherrschende Element in den königlichen »Rennpferden«, die die züchterische Grundlage für die ersten Vollblüter waren.

Es gibt ausreichend Hinweise, daß das Connemara Pony Irlands (siehe Seiten 178–179) ebenfalls Berberblut führt, das Blut »jener schnellen Pferde, die aus Tunesien kommen«, wie der Experte des 16. Jahrhunderts, Thomas Blundeville, schrieb. Es herrscht noch mehr Klarheit darüber, welchen Einfluß der Berber auf die französischen Pferde nahm. Der französische Limousin, zu seiner Zeit als Militärpferd gezüchtet, basierte auf Berberpferden, die von den muslimischen Kriegern nach Frankreich gebracht worden waren. Die Moslems wurden in der Schlacht von Poitiers im Jahre 732 (siehe Seiten 68–69) geschlagen, aber danach wurden Berberpferde zur Veredelung der fränkischen Pferde eingesetzt, da man festgestellt hatte, daß diese viel zu langsam waren, um den geschlagenen Feind verfolgen zu können.

Es ist auch möglich, daß der Berber bei der Entstehung der berühmten weißen Camarguepferde (siehe Seiten 260–261) eine Rolle gespielt hat, denn hier besteht eine große Ähnlichkeit, während man den Berber auch deutlich in den Rassen und Schlägen in Nord- und Südamerika erkennen kann. Die verschiedenen Mustang Societies in Nordamerika, die sich die Erhaltung der wilden Pferdeherden zur Aufgabe gemacht haben, betonen immer das »spanische Berberblut«, wie sie es nennen. Eine Organisation namens »Spanish Mustang Registry« beschreibt einen »primitiven« Berbertyp, den sie für den nordafrikanischen Berber hält.

DER MODERNE BERBER

Der heutige Berber, immer noch häufig in Algerien, Marokko und Tunesien vertreten, ist das traditionelle Reitpferd der berühmten Spahi-Kavallerie, die seit jeher mit Berberhengsten beritten ist. Durch den arabischen Einfluß ist der Berber meist Schimmel, obwohl seine ursprüngliche Farbe braun oder schwarz ist. Er ist 1,47 bis 1,57 m groß und wird wegen seiner unglaublichen Härte sehr geschätzt. Er ist sehr ausdauernd und kann mit wenig Futter auskommen. Über kurze Strecken ist der lebhafte Berber sehr schnell.

URSPRÜNGE

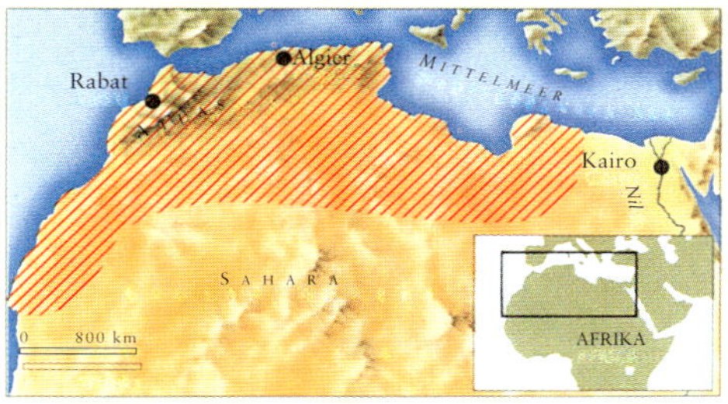

Der Berber kommt aus den fruchtbaren Küstenregionen Nordafrikas, wozu auch Marokko und nördlicher gelegene Gebiete Algeriens und Libyens gehören. Er kommt aber auch weiter südlich in Nigeria und Kamerun vor. Wie Araber und Achal-Tekkiner ist auch der Berber ein »Wüstenpferd«, hart, dünnhäutig und unempfindlich gegenüber Hitze. Er besitzt aber weder die Schönheit noch die Bewegungen des Arabers.

HINTERHAND
Die Hinterhand dieses Pferdes ist runder als üblich, normalerweise ist die Kruppe abfallend mit tief angesetztem Schweif.

HINTERHAND
Hier ist die Hinterhand rund. Meist jedoch ist die Kruppe abgeschlagen und der Schweif tief angesetzt.

HUFE
Wie die anderen Wüstenpferde hat der Berber oft enge Hufe, manchmal sogar Zwangshufe, aber sie sind äußerst hart.

GRÖSSE
1,47–1,57 m

EIN FULANI-PFERD
Diesem Pferd aus dem Besitz eines hochrangigen Angehörigen des Fulani-Stammes in der Republik Kamerun kann man seine Berber-Abstammung ansehen. Es trägt traditionelles Sattelzeug. Das kunstvolle Zaumzeug ist Handarbeit und wird oft mit wertvollen Steinen und Gold verziert.

KARL DER GROSSE

VERTEIDIGER DES GLAUBENS

DIE MAURISCHEN INVASIONEN des 7. und 8. Jahrhunderts hatten tiefgreifende Auswirkungen auf die Welt. Die islamische Kultur wirkte als wiederbelebende Kraft und erstreckte sich von Nordafrika bis nach Spanien, wo sie das Herz eines im tiefen Mittelalter versunkenen Europas traf, dessen eigenes kulturelles Erbe darniederlag. Die Ausdehnung des islamischen Reiches trieb das Christentum zu einer Erneuerung seines Glaubens, die so mächtig war, daß es dem Islam entgegentreten und schließlich sogar die muslimischen Armeen aufhalten konnte. Die Niederlage der Mauren in der Schlacht von Poitiers im Jahre 732 gilt als entscheidend. Es war auch der Beginn der westlichen Vorstellung von Rittertum, wobei der Ritter zu Pferd der Inbegriff der höchsten Ideale jener Zeit war und als Verkörperung von Ordnung, Aufrichtigkeit und moralischem Anstand galt.

DIE MAURISCHEN REITER

Daß der Islam im Zeitraum von nur 100 Jahren so erfolgreich war, hat er nur den großen Einheiten schneller, leichter Kavallerie zu verdanken. Die einzige Hoffnung des christlichen Europas, den fremden Invasionen an seinen Grenzen entgegenzutreten und somit den Untergang des Christentums zu verhindern, war ein Reiterheer, das der maurischen Kavallerie mehr als nur ebenbürtig war. Diese Aufgabe stellte sich Karl Martell, der erste Minister des fränkischen Königs und bekannt als »der Hammer des Christentums«.

Als die Mauren 711 nach Spanien kamen, war das fränkische Königreich Gallien immer noch so schlecht ausgerüstet, daß es kaum mehr als ein Scheinwiderstand bei einem direkten Angriff gewesen wäre. Die Macht und der nationale Zusammenhalt Galliens hatten seit dem Fall des römischen Reichs im 5. Jahrhundert ständig abgenommen, und seine berittenen Truppen existierten praktisch nicht. Der letzte merowingische König Galliens mußte in einem Ochsenwagen reisen, und als die Franken 539 und 552 gegen die Goten in Italien kämpften, setzten sie ihre Infanterie ein, und nur der König und seine Leibwache waren beritten.

MARTELL'S ARMEE

In der Erkenntnis, daß die Mauren ohne beträchtliche Unterstützung durch die Kavallerie nicht zu schlagen waren, begab sich Martell an die Neuorganisation der fränkischen Armee. Er legte den Schwerpunkt auf schwere Kavallerie – im Gegensatz zur maurischen Armee. Hauptaugenmerk seines Konzepts waren große Einheiten disziplinierter Panzerreiter. Diese Männer schlossen die Reihen und bildeten eine undurchdringbare, stählerne Mauer, die die Kraft des muslimischen Angriffs regelrecht absorbierte. Danach konnte ein zielstrebiger Angriff von Martell's Armee jegliche Konzentration leicht bewaffneter Reiter durch Gewicht und Stoßkraft zerschlagen.

Um Ritter für seine Truppen zu bekommen, versprach Martell ihnen Land als Gegenleistung für militärische Dienste. Diese Methode wurde ein dominanter Faktor im politischen und sozialen System des Mittelalters. Auch Martell's Art und Weise des Einsatzes schwerer Kavallerie wurde weitgehend übernommen.

Dadurch wurde die Zucht eines Pferdes ge-

AUF IN DEN KAMPF
Dieses Fresko aus der Kapelle der Tempelritter in Cressac zeigt die Schlacht von Brocquel aus dem Jahre 1163. Der Sattel umgab den Reiter, um ihm mehr Halt und Sicherheit zu geben. Die gestreckten Beine sind typisch für diese Zeit. Wenn die Größenverhältnisse der hier dargestellten Reiter und Pferde stimmen, kann das Pferd nicht größer als 1,42 m gewesen sein.

STEIGBÜGEL UND SPOREN
Diese Form des Steigbügels aus dem 10. Jahrhundert blieb die nächsten 500 Jahre fast unverändert in Gebrauch. Die Europäer benutzten 732 in der Schlacht von Poitiers zum ersten Mal Steigbügel. Dieser in Frankreich gefundene Sporn stammt aus dem 10. bis 11. Jahrhundert.

STEIGBÜGEL

SPOREN

SCHACHMATT
Diese Schachfigur in Form eines mittelalterlichen Reiters stammt aus dem Schatz von Saint Denis von Karl dem Großen. Sie wurde im 11. Jahrhundert in Italien aus Elfenbein gefertigt. Die Ausrüstung des Ritters besteht deutlich erkennbar aus Helm, Schild, Schwert, Kettenpanzer und Steigbügeln.

fördert, das groß genug war, einen gepanzerten Reiter zu tragen, und über genügend Ausdauer und Mut verfügte. Sofort einzusetzen war eine Kreuzung zwischen dem behäbigen Waldpferdetyp Europas und den heißblütigen Pferden des Orients, die durch die arabischen Invasionen ins Land gekommen waren. Die Pferde in Martell's Kavallerie ähnelten wahrscheinlich mehr einem derben, weniger lebhaften Typ unseres heutigen Friesen (siehe Seiten 48–49) oder vielleicht sogar dem Percheron (siehe Seiten 94–95). Die Pferde sind nicht viel größer als 1,52 m gewesen.

DIE UNTERSCHIEDLICHEN ARTEN VON KAVALLERIE

Die Schlacht von Poitiers (732) war u.a. auch ein Aufeinanderprallen konträrer Methoden der Reiterei. Die muslimische Art, als Vorläufer der leichten Kavallerie, brauchte kleine, zähe, wendige Pferde, die nicht größer als 1,42 m waren, und Reiter, die mit kurzen Steigbügeln zu Pferd saßen. In dieser Haltung konnte ein Bogenschütze in den Bügeln stehend seine Waffe am effektivsten einsetzen, ähnlich einem Polospieler, der den Ball schlägt. Dieser Sitz machte es dem Reiter auch einfacher, sein Gewicht angesichts eines Schwerthiebes nach hinten zu verlagern. Nur ganz selten, wenn überhaupt, setzten die muslimischen Reiter die Taktik eines Nahkampfes »Knie-an-Knie« ein.

Die fränkischen Ritter waren langsamer, wogen aber zweimal so viel wie ihre Kontrahenten. Sie kämpften als kompakte Einheit, statt in loser Formation wie die muslimischen Reiter. Die Reiter saßen mit nach vorn gestreckten Beinen tief im Sattel, abgestützt am Hinterzwiesel des Sattels und den Steigbügeln. Bei dieser Gelegenheit wurde der Steigbügel praktisch zum ersten Mal in großem Maße von europäischer Kavallerie (siehe Seiten 92–93) eingesetzt. Im Verlaufe der Schlacht prallten die maurischen Attacken regelrecht an der stählernen Wand ab, und als die Ritter zum Gegenangriff übergingen, schlugen sie die maurische Kavallerie schnell zu Boden, obwohl ihre Pferde weder schnell noch fit genug waren, um den geschlagenen Feind zu verfolgen.

Martell's Enkelsohn, Karl der Große (742–814), führte das Konzept der schweren Kavallerie weiter bzw. baute es aus, als er die Mauren aus Nordspanien vertrieb und die Einheit Mitteleuropas herstellte. Als Verfechter des christlichen Glaubens und mächtigster Herrscher Europas zu jener Zeit gründete er im Jahre 800 das Heilige Römische Reich. Mehr als jeder andere war er verantwortlich für die romantische Vorstellung vom christlichen Ritter.

KAISER DES GLAUBENS
In dieser Illustration von Vincent de Beauvais aus dem 14. Jahrhundert sieht man Karl den Großen mit dem Reichsapfel in der Hand. Karl der Große, der im Jahre 800 das Heilige Römische Kaiserreich gründete, vertrat die Idee vom christlichen Ritter und baute die schwere Kavallerie aus.

MUSLIM GEGEN CHRIST
Karl der Große, der Heilige Römische Kaiser, verteidigte das christliche Europa gegen die muslimischen Eindringlinge. In dieser Illustration aus »Les Grandes Chroniques de la France« (1375–1379) stehen er und seine Armee den muslimischen Streitkräften gegenüber, die als gräßliche Teufel mit heidnischen Flachtrommeln dargestellt sind.

DIE KREUZZÜGE

Zweihundert Jahre nach Gründung des Heiligen Römischen Reiches befanden sich die Rittter des Christentums wieder einmal in der Offensive mit Männern wie El Cid (siehe Seiten 70–71), der die Reconquista anführte und die Mauren von der iberischen Halbinsel vertrieb. El Cid eroberte 1094 Valencia zurück. Im folgenden Jahr auf der Synode von Clermont rief Papst Urban II die christlichen Mächte auf, sich zu einem Kreuzzug zu vereinigen und das Heilige Land von den »Ungläubigen« zu befreien – den Seldschuken-Türken, die Palästina seit einem Vierteljahrhundert besetzt hatten. Gottfried von Bouillon führte 1097 den ersten Kreuzzug nach Kleinasien, und Jerusalem fiel 1101 an die Kreuzritter. Danach war es, wenn auch etwas prekär, den Orden der Tempelritter, der Hospitaliter und dem Deutschritterorden unterstellt.

So wie die Teilnahme am »*Jihad*« bzw. dem Heiligen Krieg eine wichtige Glaubenshandlung für den gottesfürchtigen Muslim war, so waren die Kreuzzüge zumindest theoretisch eine Pflicht für den christlichen Ritter, denn sie wurden durchgeführt im Dienste Gottes und des eigenen Lehnsherrn. Tausende Männer zogen gen Osten und erduldeten die Entbehrungen einer solchen »Reise« als eine Art Pilgerfahrt.

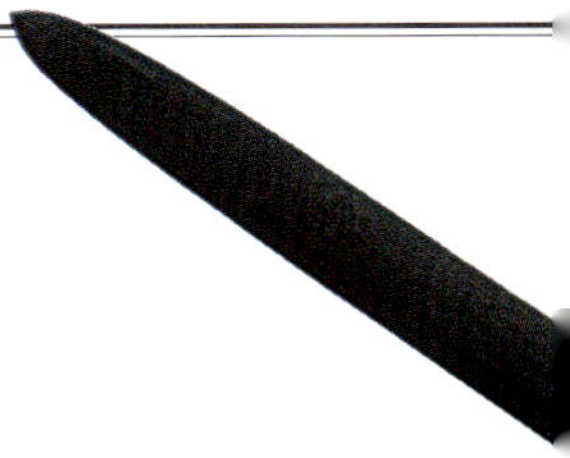

EL CID & BABIECA

Der Geist der spanischen Reconquista

IN MEMORIAM
Dieser Gedenkstein für Babieca, der 30 Jahre lang das Streitroß El Cid's war, steht auf dem Gelände des ehemaligen Klosters von San Pedro de Cardena im spanischen Burgos.

FÜHREND UNTER DEN HELDEN des Christentums war Ruy oder Rodrigo Diaz, der Anführer der spanischen *Reconquista,* der Bewegung, die die 700 Jahre dauernde Besetzung der iberischen Halbinsel durch die Mauren (siehe Seiten 62 bis 63) beendete. Ruy Diaz, von Freund und Feind nur *»El Cid«,* der Herr, oder *»El Campeador«,* der Krieger, genannt, wurde um 1040 in Vivar in der Nähe von Burgos in Kastilien geboren. Der unbarmherzige, professionelle Soldat ging als legendärer Held, der sein Land rettete, in die Geschichte ein. Seine Heldentaten werden in dem Epos *»Poema del Cid«* aus dem 12. Jahrhundert und der jüngeren *»Cronica Particular del Cid«* (1512) gefeiert, die uns über den Mann und sein weißes Pferd Babieca, das er 30 Jahre lang ritt, erzählen. Der Schimmel war ein Geschenk von El Cid's Paten, einem als Peyre Pringos oder dicker Pete bekannten Priester. Der dicke Pete konnte dem jungen Mann die besten Junghengste zur Auswahl stellen, denn die spanischen Klöster, wie z.B. das der Kartäusermönche in Jerez de la Frontera, beschäftigten sich traditionsgemäß mit der Pferdezucht. Der Junge suchte sich ein besonders einfaches, schlecht entwickeltes Tier aus, woraufhin der entsetzte Priester *»Babieca!«* (Dummkopf!) rief. Unter diesem Namen sollte das Pferd berühmt werden. Babieca, das ideale Kriegspferd schlechthin, war nach heutiger Erkenntnis ein Andalusier (siehe Seiten 106–107) und wahrscheinlich nicht größer als 1,52 m. Er war durchlässig, wendig und voller *»brio escondido«,* dem versteckten Metall, das Feuer und Mut gab. El Cid starb 1099 in Valencia, das sich im Belagerungszustand befand. Da er wußte, daß die Nachricht von seinem Tode die Moral seiner Truppen sinken lassen würde und den Feind ermutigen könnte, gab er seinen letzten Befehl. Wie befohlen, wurde sein Leichnam auf Babieca's Sattel befestigt, sein Schild an der richtigen Stelle fixiert und in voller Rüstung mit erhobenem Schwert in seiner leblosen Hand befestigt, führte er um 12 Uhr Mitternacht seine schweigenden Reiter aus der Stadt heraus in Richtung des Lagers der Mauren. Die Ritter waren alle weiß gekleidet und trugen weiße Banner. Es wird berichtet, daß El Cid's weißes Gesicht durch das geöffnete Visier seines Helms schauerlich leuchtete. Die gespenstische Erscheinung auf dem weißen Pferd galoppierte ruhig vor dem schweigenden Heer. Dieser Anblick ließ die Mauren unter Schreien, daß El Cid von den Toten auferstanden sei, fliehen. Die Spanier verfolgten sie ohne Gnade. El Cid wurde im Kloster von San Pedro de Cardena in der Nähe von Burgos begraben, aber später wurde sein Leichnam in die Kathedrale von Burgos gebracht. Babieca wurde nie wieder geritten. Er starb zwei Jahre später im Alter von 40 Jahren.

REKONQUISTA
Dieser Teil eines Standbildes im Kloster von San Pedro de Cardena erinnert an El Cid, den spanischen Nationalhelden. Die typische Kampfhaltung versinnbildlicht die Philosophie von Ruy Diaz, dem Krieger: »Du siehst, wie Dein Pferd schwitzt, und Dein Schwert ist voller Blut – so besiegt man Mauren auf dem Schlachtfeld.«

Die letzte Schlacht

Der leblose Körper des El Cid, an Babieca's Sattel festgebunden, führt 1099 seine Truppen aus Valencia heraus in die letzte siegreiche Schlacht gegen die Mauren. »Er gewann die Schlacht, nachdem er sein Leben ausgehaucht hatte.« Babieca wurde nie wieder von jemandem geritten.

Der Krieger

Diese Statue von El Cid (Ruy Diaz) steht in Burgos. In der Kathedrale von Burgos befinden sich seine sterblichen Überreste. Die Statue symbolisiert einen erbarmungslosen »Unabhängigen«, der einen christlichen Ritterorden gründete, um den Glauben zu schützen und Spanien zu befreien. Seine Heldentaten im Kampf gegen die maurischen Unterdrücker machten ihn zum umjubelten Helden seiner Landsleute.

DIE MONGOLEN

MONGOLISCHER BOGENSCHÜTZE

DAS MONGOLISCHE Reich dauerte von 1206 bis 1405. Die Ausdehnung dieses Reichs war der letzte und schrecklichste Angriff nomadischer Barbaren auf die zivilisierte Welt. Auf seinem Höhepunkt war es das flächenmäßig größte Reich der Welt. Es erstreckte sich von Java und Korea im Osten bis nach Polen im Westen. Im Norden wurde es begrenzt durch den Nördlichen Polarkreis, während die Türkei und Persien die südlichen Grenzen waren. Es wurde geschaffen von der erbarmungslosesten Reitermacht, die es je gab: den brillant geführten Reiterhorden Dschingis Khans (ca. 1167–1227) und seiner Nachfolger. Der furchtlose und einfallsreiche Krieger Dschingis Khan war ein Kavallerie-Kommandeur, dessen Genie in der Geschichte der Kriegsführung noch nicht überboten worden ist.

DSCHINGIS KHAN

Der als Temujin geborene Dschingis Khan gehörte einem der primitiven, nomadischen, mongolisch-sprechenden Stämme an, die in der rauhen Wüste Gobi in der Mongolei lebten. Im Alter von 13 Jahren war er bereits König, und bis zum Jahre 1206 hatte er sämtliche mongolischen Stämme unterworfen und vereint. Er besaß eine solche Stärke und Macht, daß er sein Siegel mit einem kurzen Satz unanfechtbarer, größter Sicherheit prägen ließ: »Gott im Himmel, der Kha Khan, die Macht Gottes, auf der Erde.«

DAS SCHLACHTFELD
Diese Miniatur aus dem 16. Jahrhundert zeigt Dschingis Khan in einer Schlacht im Jahre 1201. Die Bögen und Köcher mit Pfeilen waren Hauptbestandteil der persönlichen Waffen der mongolischen Krieger, aber im Nahkampf setzten sie auch Schwert, Lanze und Streitkolben ein.

Da die Mongolen kein besonders großes Volk waren, verstärkte Dschingis Khan seine Armeen mit türkischen Stammesangehörigen. Seine Eroberungen waren gewaltsam und fast immer vollkommen zerstörerisch. Auf nomadische Art und Weise nahm er sich, was er wollte, und zerstörte, was er im Moment nicht brauchen konnte, einschließlich ganzer Bevölkerungen und einige der größten Städte der Antike.

Dschingis Khan verwaltete sein Reich mit einer seltenen, aber außerordentlichen Geschicklichkeit, größtenteils vom Sattel seines Pferdes aus. Er schuf die *Yassa,* einen Kodex bemerkenswert gerechter Gesetze, auf dessen Grundlage er nicht weniger als 50 Völker regierte. Er errichtete auch ein fortschrittliches Kommunikationssystem, das *Yam*. Dabei handelte es sich um ein Netz von Meldereitern, die Nachrichten auf hunderten von Routen, viele Tausend Kilometer lang in jede Richtung verbreiteten. Das *Yam* bestand fast zwei Jahrhunderte.

DER PERFEKTE KRIEGER
Hier wird Dschingis Khan in seinem späteren Leben dargestellt, prächtig gekleidet auf einem kunstvollen Thron. Zum Zeitpunkt seines Todes erstreckte sich das mongolische Kaiserreich von China bis an die Ufer der Donau.

DIE MONGOLISCHEN HORDEN

Die mongolischen Armeen bestanden nur aus Reitern – selbst die 10 000 Mann starke Besatzungstruppe unter dem Oberbefehlshaber der Artillerie stützte sich auf das Pferd. Die »Horden«, eine von den Mongolen gewählte Bezeichnung, waren straff organisierte Formationen nach einem dem modernen Generalstab entsprechenden System, das strikte Disziplin verlangte.

Die Männer waren ungeheuer ausdauernd und selbstsicher. Sie lebten außerhalb des Landes, aber ohne die Unterstützung irgendwelcher Versorgungseinheiten. Sie ernährten sich von Trockenfleisch, das sie unter den Sattel oder sogar in die Sitzfläche ihrer Hosen legten, um es weicher zu machen. Zusätzlich gab es solche Delikatessen wie Butter aus Stutenmilch, die sie in ihrer Kleidung bei sich trugen.

Die Mongolen legten ihre Kleidung nur ab,

wenn sie ersetzt werden mußte. Schon als Babys wurden sie durch tägliches Eintauchen in eiskaltes Wasser abgehärtet, und so hatten sie von Kind an etwas gegen Wasser als Reinigungsmittel und zogen Fett vor, das außerdem noch den Vorteil hatte, vor Kälte zu schützen.

Es hieß, man könne eine mongolische Armee auf eine Entfernung von 30 km riechen, wenn der Wind aus der richtigen Richtung kommt.

Jeder Reiter hatte bis zu fünf Pferde, die er entsprechend wechselte, und hinter der Haupttruppe kam eine große Herde mit Remonten. Diese Herde gab den *»tumans«* mehr Mobilität, und häufig legten sie mehr als 124 km am Tag zurück. Die Pferde lieferten auch frisches Fleisch, und die Stuten gaben Milch. Auf den langen Märschen konnten sich die Männer ernähren, indem sie Blut aus der Halsvene ihrer Pferde ließen, es in der Hitze trockneten und anschließend wie Blutwurst aßen.

Eine weitere wichtige Funktion der Versorgungsherden war, daß sie den Eindruck erweckten, daß es sich um ein riesiges Feindesheer handelte. Diesen Eindruck verstärkte man oft noch, indem man Attrappen auf die Pferde setzte. So läßt sich auch erklären, warum die Truppen immer für so riesig gehalten wurden. In Wirklichkeit nämlich umfaßte die größte mongolische Armee nicht mehr als etwa 230 000 Mann.

TAMERLAN
Tamerlan (1370–1405), der letzte der mongolischen Nomaden und ein direkter Nachfahr Dschingis Khans, war ein noch grausamerer Krieger. Als Zeichen seines Sieges im persischen Isfahan hinterließ er eine Pyramide aus 70 000 menschlichen Schädeln.

TAKTIKEN UND TRAINING

Im Kampf hatten die Mongolen eine stark aufeinander abgestimmte Methode der Kriegsführung perfektioniert, die allen Kampftechniken ihrer Gegner weit überlegen war. Sie waren die Meister im schnellen Einkreisen, genannt *»tulughama«*, und des vorgetäuschten Rückzugs: Die Armee zog sich für vielleicht zwei Tage zurück, um dann auf frischen Pferden zurückzukehren und den Feind heftig an seinen ausgeschwärmten Linien anzugreifen.

Die Horden trainierten, wenn sie sich nicht auf irgendwelchen Kriegszügen befanden. Höhepunkt war dabei die Große Jagd, die in einem Halbkreis von 160 km Länge über jegliches Gelände durchgeführt wurde. Das Wild wurde vor den Kriegern hergetrieben, bis der Kreis geschlossen wurde. Jedes Lebewesen innerhalb des Kreises wurde abgeschlachtet.

TAMERLAN

Das mongolische Kaiserreich bestand nur 200 Jahre, denn wie sagte schon der zeitgenössische chinesische General Yeh-lu T'su T'su: »Das Reich wurde auf dem Pferderücken erobert, aber man kann nicht vom Pferderücken aus regieren.« Der letzte mongolische Herrscher war Timur oder Tamerlan (1370–1405), der wegen seines Hinkens als Timur-i-Leng oder Timur der Lahme bekannt wurde.

ACHAL-TEKKINER

DIE GESCHICHTE DES PFERDES, besonders wenn es um die Ursprünge der einzelnen Rassen geht, hat unweigerlich auch etwas Obskures, Widersprüchliches und sogar Mystisches an sich. Der Achal-Tekkiner, ein in den Oasen Turkmenistans lebendes Wüstenpferd, vereint alles großzügig in sich. So wie der Iomud, ein verwandter Schlag, der den in den Gräbern von Pazyryk gefundenen Pferden (siehe Seiten 30–31) stark ähnelt, ist auch der Achal-Tekkiner eng mit dem Turkmenen verwandt. Es ist möglich, daß Achal-Tekkiner und Turkmene nicht mehr als Varianten einer alten Rasse sind und in aneinandergrenzenden Gebieten leben.

URSPRÜNGE

Die Ursprünge des Achal-Tekkiners sind teilweise geheimnisumwittert. Mindestens 1000 Jahre vor Christus schon waren die in Aschkhabad (auch heute noch ein Zentrum der Achal-Tekkiner-Zucht) gezüchteten Pferde so wie auch heute als Rennpferde berühmt. 500 Jahre später ritt die 30 000 Mann starke baktrische Garde von König Darius von Persien (522–486 vor Christus) Pferde dieses Typs in Turkmenistan und den Nachbarländern. Nach der offiziellen russischen Version ist der Achal-Tekkiner reinrassig, was aber schwer zu beweisen ist. Es wird auch behauptet, der Achal-Tekkiner sei ebenso alt wie der Araber (siehe Seiten 64–65). Ob das nun stimmt oder nicht, die Rasse entspricht jedenfalls genau dem Pferde-Typ 3 (siehe Seiten 22–23) und hat gewisse Ähnlichkeiten mit dem Renntyp des Arabers, dem

EIN TYPISCHER VERTRETER DER RASSE
Das ist ein gutes und sehr typisches Exemplar eines Achal-Tekkiners. Das Pferd zeigt alle typischen Rasse- sowie die einzigartigen Gebäudemerkmale dieses ungewöhnlichen Wüstenpferdes.

Muniqui. Es stellt sich die Frage, ob der Muniqui-Araber die Wüstenpferde aus Turkmenistan beeinflußte oder umgekehrt. Sicher ist, daß es sich beim Achal-Tekkiner um eine einzigartige Pferderasse handelt, die ebenso ausdauernd und hitzeunempfindlich ist wie der Araber. Der Achal-Tekkiner kann große Strecken bei minimaler Wasserration zurücklegen.

URSPRÜNGE

Die Heimat des Achal-Tekkiners sind die Oasen Turkmenistans im Norden des Iran östlich vom Kaspischen Meer. Das Gestüt Komsomol in Aschkabad gehört zu den Hauptzuchtzentren, aber der Achal-Tekkiner wird auch in Lugow in Kasachstan, in Gubden in Dagestan und in kleinem Rahmen auf dem Tersker-Gestüt im Norden des Kaukasus gezüchtet. Außerdem wurde er auf verschiedenen Kolchosen in Turkmenistan gezüchtet.

MERKMALE

Nach westlichem Standard ist der Achal-Tekkiner nicht perfekt, eine in der Rassebeschreibung anerkannte Tatsache.

Bei einer durchschnittlichen Größe von 1,57 m hat der Achal-Tekkiner oft einen langen Rücken und neigt zu einer gespaltenen Kruppe. Auch die von westlichen Reitern geliebten ausgeprägten Unterschenkel kann er nicht aufweisen. Die Rippen sind flach, aber die Muskulatur ist ungewöhnlich gut entwickelt, und der Kopf und der lange Hals tragen zum interessanten Erscheinungsbild des Pferdes bei. Die Haut ist äußerst dünn und das Fell sehr fein, typische Merkmale eines Wüstenpferdes. Das Fell der Braunen, Füchse oder Falben hat oft einen metallenen Goldschimmer. Ein besonderes Kennzeichen der Rasse, das im Westen allerdings nicht gerade geschätzt wird, ist die hohe Kopfhaltung – über der Reiterhand. Dieses »über dem Gebiß-Gehen« verringert den reiterlichen Einfluß.

Kruppe
Die Kruppe ist muskulös, aber der Rücken ist oft zu lang.

Hinterhand
Die Schenkel sind lang, aber die Pferde stehen hinten oft säbelbeinig.

Das Böse abwehren
Ein turkmenisches Mädchen zeigt stolz ihren Achal-Tekkiner. Das reich verzierte und mit Halbedelsteinen bestückte Zaumzeug soll das Böse abwehren.

Rennen sind Tradition bei den Turkmenen. Bis vor kurzem waren ihre Schützlinge angebunden und mit dicken Filzdecken eingedeckt, um sie vor den kalten Wüstennächten und der glühenden Mittagssonne zu schützen und damit sie kein überflüssiges Fett ansetzen. Um ihre Kondition zu erhalten, bekommen die Pferde proteinreiches, ballaststoffarmes Futter. Traditionsgemäß besteht das Futter aus getrockneter Luzerne (wenn vorhanden), Pellets aus Hammelfett, Eiern und Gerste und Quatlame, einem speziellen Trockenkeks. Durch Einkreuzungen von Vollblütern wurde der Achal-Tekkiner ein besseres Rennpferd. Dadurch wurde aber auch seine extreme Hitzeunempfindlichkeit verringert. Diese Zuchtmaßnahmen sind nun geändert worden, und die Züchter sind zu den reinen Linien zurückgekehrt.

Sportpferde

Der Achal-Tekkiner ist bekannt für seine Ausdauer über lange Strecken unter schwierigen klimatischen Bedingungen, mehr als für seine Rennleistungen (die nicht mit denen des Vollblüters vergleichbar sind). Der berühmteste Ausdauertest war der im Jahre 1935 mit Achal-Tekkinern und Iomud-Pferden durchgeführte Ritt von Aschkabad nach Moskau. Die Strecke war 4128 km lang, davon 960 km durch die Wüste, wo es kaum Wasser gab. Die Pferde mußten die meiste Zeit ohne Wasser auskommen. Nach 84 Tagen war der Ritt beendet. Diese Meisterleistung ist bisher nicht wiederholt worden.

In den Ländern der ehemaligen UdSSR werden die Achal-Tekkiner für eine Vielzahl von Turniersportdisziplinen eingesetzt, wie z.B. Springen, Distanzreiten und Dressur. Der Dressur-Olympiasieger von Rom 1960, der Hengst Absent, war Achal-Tekkiner und Sohn eines bekannten Hochsprungspezialisten. Man muß davon ausgehen, daß Ausnahmen die Regel bestätigen, denn um gewinnen zu können, muß er mit der entsprechenden Kopfhaltung gegangen sein, d.h. das Maul tiefer als die Reiterhand.

In den letzten Jahren gab es immer häufiger Teilnehmer aus den ehemaligen russischen Republiken auf den internationalen Turnierplätzen, obwohl noch lange kein beständiges Niveau erreicht worden ist. Unausweichlich hatten die Kontakte mit ausländischen Teams und reiterlichem Gedankengut hinter dem Eisernen Vorhang großen Einfluß auf die Zucht von Sportpferden. Um auf derartigen Turnieren mit Aussicht auf Erfolg teilnehmen zu können, mußten die Pferde die anerkannten Anforderungen der Prüfungen erfüllen, und das hat offensichtlich Auswirkungen auf die Zuchtpolitik. Daher wird sogar der sehr individuelle Achal-Tekkiner weiterentwickelt, um neue Kriterien zu erfüllen und sich langsam dem Exterieur des europäischen Turnierpferdes anzunähern.

Achal-Tekkiner-Herde
Diese Achal-Tekkiner-Stuten und ihre Fohlen befinden sich im Wasser einer Oase in Turkmenistan. Es sind alle Fellfarben vertreten, und alle haben den goldenen Schimmer im Fell.

Grösse
1,57 m

Shagya-Araber & Gidran-Araber

Ungarn ist schon seit langem für seine Araber bekannt. Läge es geographisch nicht so zentral in Europa und wäre es nicht aufeinanderfolgenden Kriegen, Invasionen, Revolutionen und Verschiebungen der politischen Grenzen ausgesetzt gewesen, die ständig das Langzeitmanagement der großen Gestüte unterbrachen, so wäre Ungarn vielleicht zu einem der größten Zentren der Araberzucht der Welt geworden. Shagya- und Gidran-Araber wurden beide aus dem Vollblutaraber entwickelt. Beide Rassen entstanden im 19. Jahrhundert in Bábolna bzw. Mezöhegyes.

Halbblut-Turnierpferde

Der moderne Zuchttrend geht, angeführt von Gestüt Mezöhegyes, in Richtung des Halbblutpferdes oder Warmblüters für den Turniersport, wie z.B. diese Pferde auf der Hortobagyi-Puszta. Die Pferde basieren auf Nonius oder Furioso, aber auch Shagya- und Gidran-Araber werden eingesetzt.

Bábolna

Das 1769 gegründete Bábolna war ursprünglich gedacht gewesen als Dependance für Mezöhegyes, dem größten Gestüt Ungarns. Bábolna verfolgte dieselbe Zuchtpolitik und produzierte sowohl gute Kavalleriepferde wie auch einen schwereren Typ für die Artillerie. Die Zuchtpolitik änderte sich jedoch 1816, und der Schwerpunkt lag fortan auf importierten Vollblutarabern mit »Wüsten-«Abstammung; reinblütigen, auf dem Gestüt gezogenen Vollblutarabern,

Doppelrolle

Der auffallende, sehr schöne Shagya-Araber aus Bábolna ist hauptsächlich ein ausgezeichnetes Reitpferd, aber er gewöhnt sich auch schnell um und geht gut im Geschirr.

den Nachkommen der importierten Pferde; und Halbblutarabern, sog. »Part-Breds«, die auch als »arabische Rennpferde« bezeichnet wurden. Diese Part-Breds waren die Nachkommen von Vollblutaraberhengsten und Stuten, die ungarisches, spanisches oder Vollblut führten und größtmögliche arabische Merkmale aufwiesen.

Der Shagya-Araber

Der Shagya-Araber entstand in Bábolna. Er wird heute in der Tschechischen Republik, Österreich, Rumänien, den Ländern des ehemaligen Jugoslawien, Polen, Deutschland und Ungarn gezüchtet. Stammvater war Shagya, ein Araber aus der Kehilan/Siglavy-Linie, der 1830 geboren worden war. Er wurde 1836 zusammen mit 7 anderen Hengsten und 5 Stuten für Bábolna gekauft. Shagya war mit 1,58 m groß für einen Araber und soll crèmefarben gewesen sein, ein weiteres ungewöhnliches Merkmal für einen Araber. Bis 1842 stand er auf Bábolna und wurde Vater einer Reihe von erfolgreichen Söhnen, die den Fortbestand der Shagya-Dynastie gesichert haben. Ihre direkten Nachfahren stehen heute auf Gestüten in ganz Europa und auch in Bábolna.

Der Shagya-Araber weist alle Merkmale eines reinblütigen Vollblutarabers auf und kann sogar mehr Typ und Qualität haben als mancher moderne Vollblutaraber. Er ist selten unter 1,52 m groß und hat gewöhnlich mehr Knochenstärke und Substanz als der Vollblutaraber, der heute auf den Schauen Mode ist. Der Shagya ist hauptsächlich ein praktisches Pferd und wird sowohl geritten als auch gefahren. In der Vergangenheit war der Shagya das Pferd der ungarischen Husaren (siehe Seiten 314–315), das Schönheitsideal der leichten Kavallerie, und als solches erwies er sich als schnelles, ausdauerndes und sehr zähes Kavalleriepferd.

Der Gidran-Araber

Der Gidran-Araber ist genauso bedeutend wie die anderen auf Mezöhegyes entstandenen Rassen, und man kann ihn als die ungarische Version des Anglo-Arabers betrachten. Er geht zurück auf den arabischen Fuchshengst Gidran Senior, der aus dem führenden Stamm des Siglavy stammt und 1816 aus Arabien importiert wurde. Ihm wurde Arrogante, eine Stute spanischer Blutführung zugeführt, und 1820 wurde ihr Fohlen Gidran II gebo-

Grösse des Shagya-Arabers
1,52 m

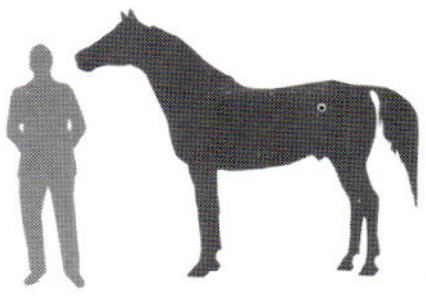

Shagya-Araber

ren. Gidran II wurde der Stammvater der Rasse.

Zuerst deckte er Stuten unterschiedlicher Rassen oder gar der Landrassen. Dann wurden vermehrt Englische Vollblüter eingesetzt, gefolgt von Arabern, um den Typ zu festigen.

Der moderne Gidran-Araber ist um 1,63 m groß und fast immer ein Fuchs. Er ist großrahmiger als der Araber, hat aber einen ähnlich feinen, eleganten Kopf und hochangesetzten Schweif. Das System, kleine Stutenherden zusammen mit einem Hengst auf der Weide zu halten, bringt harte, zähe Pferde. Der korrekt gebaute Gidran-Araber mit seinem guten Fundament und Galoppiervermögen könnte auch auf den besten Jagden in England bestehen. Er geht oft im Turniersport, der schwerere Typ ist ein gutes Fahrpferd.

Gidran Senior wurde als »sehr ungestüm« beschrieben. Diesen Ruf haben seine Nachkommen geerbt; etwas beschönigend ausgedrückt sind sie »temperamentvoll« und »übermütig«.

KOPF
Der Kopf des schwereren, großrahmigen Typs des Gidran-Arabers zeigt wenig vom Adel des Arabers.

HALS
Die Winkelung von Kopf und Hals ergibt die außergewöhnliche Kopfhaltung.

GLIEDMASSEN
Die Pferde haben oft mehr Röhrbein und eine bessere Hinterhand als viele der modernen Schau-Araber.

GIDRAN-ARABER

GRÖSSE DES GIDRAN-ARABERS
1,63 m

URSPRÜNGE

Das ungarische Staatsgestüt Mezőhegyes liegt im Südosten der ungarischen Hochebene. Es ist das älteste der Staatsgestüte. Das 1785 gegründete Gestüt ist verantwortlich für die Entstehung des Gidran-Arabers. Der Gidran wird auch in Sütveny, Rumänien und Bulgarien gezüchtet. Die berühmteste ungarische Rasse ist der Shagya-Araber, ein Produkt des Gestüts Bábolna, dem zweitältesten Gestüt des Landes. Der Shagya-Araber wird heute auch in der Tschechischen Republik, Slowakien, Österreich, Polen, Deutschland und Rußland gezüchtet und ist weltweit bekannt.

ANGLO-ARABER

DER ANGLO-ARABER entstand aus der Fusion von zwei hervorragenden Pferderassen: dem Vollblüter (siehe Seiten 118–119), dem besten Rennpferd der Welt, und seinem Vorfahren, dem Araber (siehe Seiten 64–65). Seine Wiege stand in Großbritannien, wo im 18. und 19. Jahrhundert der Vollblüter entstand. Heute wird er natürlich in vielen anderen Ländern gezüchtet, vor allem in Frankreich, das sich seit mehr als 150 Jahren auf die Zucht harter, vielseitiger Anglo-Araber spezialisiert hat. Sowohl Großbritannien als auch Frankreich erkennen diese Kreuzung als Rasse an, aber es gibt unterschiedliche Anforderungen für die Eintragung in das entsprechende Stutbuch.

DRESSUR
Der ideale Anglo-Araber hat das Temperament, die Intelligenz und den Körperbau eines international erfolgreichen Dressurpferdes. Gebäude und Haltung dieses Anglo-Arabers sind beispielhaft.

ANGLO-ARABER IN GROSSBRITANNIEN

In Großbritannien gelten die Kreuzungen zwischen Vollbluthengst und Araberstute oder umgekehrt sowie die nachfolgenden Rückkreuzungen als Anglo-Araber. Das sind die beiden einzigen Rassen im Pedigree, und um ins Stutbuch eingetragen werden zu können, muß das Pferd mindestens 12,5 % Araberblut führen.

In Großbritannien werden einige sehr gute Anglo-Araber gezüchtet, aber verglichen mit der großen, gut organisierten Anglo-Araber-Zucht in Frankreich ist die englische Zucht eher unbedeutend. Der Züchter in Großbritannien oder anderswo paart im allgemeinen einen Araberhengst mit einer Vollblutstute, wenn die Wahrscheinlichkeit besteht, daß die Nachkommen größer als die Eltern werden. Bei der umgekehrten Kombination, d.h. der Paarung eines Vollbluthengstes mit einer Araberstute, geht man davon aus, daß die Nachkommen kleiner werden, was bedeuten würde, daß sie einen geringeren Wert als Reinzüchtungen der jeweiligen Rasse hätten.

ANGLO-ARABER IN FRANKREICH

Die großen Zuchtstätten für den französischen Anglo-Araber sind Pompadour, Tarbes, Pau und Gelos. Obwohl die Franzosen mehr Permutationen erlauben, ist die Voraussetzung für die Eintragung ins Stutbuch immer noch mindestens 25 % Araberblut und reine Anglo-Araber, Araber oder Vollblüter als Vorfahren.

Der französische Anglo-Araber verdankt seine Bedeutung der Förderung durch die lange bestehenden Staatsgestüte. Seit ihrer Gründung im 17. Jahrhundert durch Colbert, einem Minister von Ludwig XIV, sind die Staatsgestüte von größter Bedeutung für die Pferdezucht. Zuerst belieferten sie die königlichen Ställe, aber seit Napoleon Bonaparte, d.h. seit dem Ende des 18. Jahrhunderts stellten die Staatsgestüte die Kavallerie-Remonten für seine Feldzüge. Zuchtpolitik war die Kreuzung von Wüsten-

URSPRÜNGE

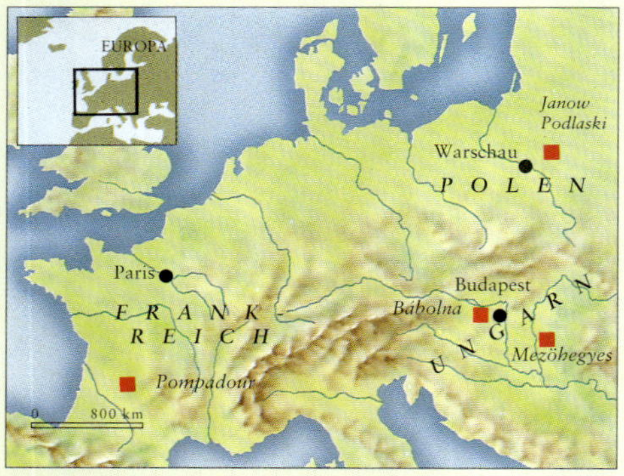

Der Anglo-Araber wird in ganz Europa und anderen Ländern gezüchtet, wo es möglich ist, Vollblüter mit Arabern zu kreuzen. Frankreich ist führend in der Anglo-Araberzucht durch seine Staatsgestüte in Pau, Tarbes und Pompadour im Südwesten des Landes. Sehr gute Pferde werden auch in Ungarn auf den Gestüten Bábolna und Mezöhegyes gezogen. Die Pferde vom Gestüt Janow Podlaski in Polen sind wegen ihrer Leistungen weltberühmt.

HUFE
Die Hufe sind kräftig und ausgesprochen gesund. Es kommt selten einmal zu einer Erkrankung.

arabern, hauptsächlich aus Syrien und Tunesien, mit einheimischen Stuten.

ZUCHT UND SELEKTION

1830 wurden etwas unüberlegt Vollblüter in der französischen Zucht eingesetzt. 1836 begann die systematische Zucht auf dem Gestüt Pompadour in Frankreich. Die Zucht basierte auf den beiden Araberhengsten Massoud und Aslan (aus der Türkei) und drei Vollblut-Stammstuten: Dair, Common Mare und Selim Mare.

Ein strenges System der Zuchtauswahl, basierend auf Leistung, Ausdauer und Gebäude, gehörte damals wie heute zur Zuchtpolitik. Außerdem wurde ein auf die Rasse abgestimmtes Rennsystem entwickelt, um ein weiteres Mittel zur leistungsorientierten Selektion zu haben. Es gibt jedes Jahr mehr als 30 Rennen sowie Spring- und Vielseitigkeitsprüfungen für Anglo-Araber. Einige der Vielseitigkeitsprüfungen finden auf dem wunderbaren Hügelgelände von Pau statt. Theoretisch müßte die Kreuzung von Araber und dem verwandten Vollblut das ideale Reitpferd bringen, das für die modernen Disziplinen Springen, Dressur und Vielseitigkeit geeignet ist. Der Vollblüter steht für Größe, verbessertes Format und Gänge, während der Araber für ein ausgeglichenes Temperament, gesunde Beine und körperliche Verfassung, Intelligenz und unübertroffene Ausdauer und Stehvermögen sorgt.

MERKMALE

Der moderne Anglo-Araber aus Frankreich ist vielleicht nicht so elegant wie sein englisches Pendant, aber er ist ein hartes, zähes, äußerst vielseitiges Pferd, das sich in den olympischen Disziplinen bestens bewährt hat. Die Pferde aus Pompadour sind gewöhnlich größer und muskulöser, aber alle französischen Pferde sind Sportlertypen mit großem Springvermögen und bemerkenswert korrekten Gängen. In ihrer Erscheinung haben sie viel mehr Ähnlichkeit mit Vollblütern als mit Arabern mit ihrem eher geraden, als konkaven Kopf, dem längeren Hals (Hinweis auf größere Schnelligkeit), ausgeprägtem Widerrist und den sehr schrägen, starken Schultern. Sie haben jedoch meist mehr Rahmen als der Vollblüter, und die Kruppe ist länger und gerader. Es ist offensichtlich, daß der Anglo-Araber nicht so schnell ist wie ein Vollblüter, aber er hat wesentlich mehr Springvermögen. Dank seines Temperaments und seiner Gänge ist er auch ein gutes Dressurpferd.

Die besten französischen Anglo-Araber besitzen zwischen 25 und 45 % Araberblut. Viele der olympischen und internationalen Medaillen Frankreichs wurden von solchen Pferden gewonnen.

OBERLINIE
Die Oberlinie ähnelt immer mehr der des Vollblüters mit schräger Schulter für gutes Galoppiervermögen und lange, raumgreifende Bewegungen.

KOPF
Man sieht dem Kopf das arabische Blut an, aber die Nasenlinie ist gerader. In Gesamteindruck und Erscheinung ähnelt der Anglo-Araber mehr dem Vollblüter.

GLIEDMASSEN
Die Beine sind lang und schlank mit gut bemuskeltem Unterarm, kurzen Röhren und gutem Röhrbeinumfang. Die Gelenke sind kräftig, flach und gut geformt und nicht im geringsten dick. Die Stellung von Fessel und Huf sind nahezu ideal.

GRÖSSE
1,63–1,70 m

VIELSEITIGKEIT
Französische Anglo-Araber sind Turnierpferde der Spitzenklasse. Dieses Pferd geht gerade ganz vertrauensvoll über ein Hindernis der Geländestrecke in Tarbes. Tarbes zählt zu den bedeutendsten Anglo-Araber-Gestüten.

Don-Pferd

Das Don-Pferd ist eine der bekanntesten russischen Rassen. Es wurde berühmt als Reitpferd der Kosaken, jenen ungeordneten Formationen von Freibeutern, die 1812 die Truppen Napoleon's auf ihrem langen Rückzug von Moskau vertrieben.
Die Rasse entstand im 18. und 19. Jahrhundert, und die Pferde lebten in Herden auf den Steppeweiden am Don. Ihre Vorfahren waren die Pferde der Nomadenstämme. Schon frühzeitig gab es Einkreuzungen: die unattraktiven, aber sehr harten monogolischen Nagai; die Pferde aus dem Norden des Iran, d.h. die persischen Araber; und die Turkmenen, eng mit dem Achal-Tekkiner (siehe Seiten 74–75) verwandte Wüstenpferde. Der Karabacher, ein Gebirgspferd aus dem Karabach-Gebirge in Aserbaidschan (siehe Seiten 82–83), nahm besonders großen Einfluß auf die Rasse.

Geschichte

Im 18. Jahrhundert wurde eine große Zahl dieser hauptsächlich goldfalben Pferde auf den Steppen des Don freigelassen. Das Don-Pferd wurde ständig veredelt und in punkto Größe verbessert durch die Einkreuzung von Orlow-Trabern (siehe Seiten 340–341), Strelitz-Arabern (siehe Seiten 78–79), wobei es sich eigentlich um Anglo-Araber handelte, und Vollblütern (siehe Seiten 118–119). Seit Beginn des 20. Jahrhunderts gab es keine Einkreuzung fremden Blutes mehr, und das Don-Pferd hatte einen relativ eindeutigen Rassetyp entwickelt. Es wurde eingesetzt als anspruchsloses, leichtfuttriges Kavalleriepferd, das auch im Geschirr ging.

Das moderne Don-Pferd

Was ein exzellentes Exterieur angeht (ein Zuchtziel der russischen Züchter), so ist der Don, wie so viele andere russische Pferde auch, weit vom Ideal entfernt. Er ist jedoch äußerst zäh, kommt mit der kleinsten Futterration aus, kann das ganze Jahr über draußen gehalten werden und paßt sich gut den ungünstigsten Verhältnissen an. Aus diesen Gründen wird der Don gern zur Verbesserung der heimischen Pferde in den Gegenden eingesetzt, wo Pferdeherden Tradition und Alltag zugleich sind. Das Don-Pferd prägte auch einige der Rassen, die auf den staatlichen Gestüten entwickelt wurden, besonders den Budjonny (siehe Seiten 86–87), der ursprünglich nur als Kavalleriepferd gezüchtet wurde, heute aber mehr und mehr als spezialisiertes Reitpferd dient. Der Budjonny wird auf Gestüt Budjonny gezüchtet, wo es auch einige der besten Don-Pferde gibt. Züchterische Grundlage des Budjonny ist die Kreuzung von ausgewählten Don-Stuten und Vollblütern. Die Nachkommen wurden Anglo-Dons genannt, und es wurde wohlüberlegte Inzucht betrieben, um den Grundstock für die Zucht des Budjonny zu entwickeln.

Hals
Der mittellange Hals ist gut am ausgeprägten Widerrist angesetzt.

Kaltbrand
Dieses Pferd hat einen Kaltbrand. Der Kaltbrand wird weltweit immer gebräuchlicher als dauerhafte Kennzeichnung.

Schultern
Die Schultern sind besonders kurz und ziemlich gerade.

Gliedmassen
Die Beine sind meist gerade, aber gelegentlich sind die Gelenke zu groß.

Ukrainisches Pferd
Diese Rasse entstand nach dem 2. Weltkrieg aus der Kreuzung von Nonius-, Furioso- und Gidran-Stuten mit Vollblut-, Trakehner- und Hannoveraner-Hengsten. Wie beim Don-Pferd werden die Zwei- und Dreijährigen leistungsgeprüft.

Die russischen Züchter machen enormen Gebrauch von Leistungsprüfungen. Das Don-Pferd wird nicht nur als Zwei- und Dreijähriger auf der Rennbahn geprüft, sondern auch auf langen Distanzritten. Auf der Rennbahn ist der Don nicht besonders beeindruckend, aber er leistet Hervorragendes über große Distanzen. Eine Standardprüfung unter dem Sattel ist ein Ritt von 275 km, die in 24 Stunden zurückgelegt werden muß.

Merkmale

Im Zuchtstandard wird der Don als »relativ massig« bei einer Größe von 1,60 bis 1,68 m beschrieben, aber massig ist wahrscheinlich eine falsche Bezeichnung oder eine Fehlinterpretation. Eine bessere Beschreibung wäre »mit viel Substanz« zumindest in bezug auf den Rumpf, der laut Zuchtstandard etwa einen Umfang von 1,93 m und eine Länge von 1,65 m haben soll. Die am häufigsten vertretenen Farben sind Fuchs und Schwarzbraun, oft mit einem goldenen Schimmer im Fell, in Erinnerung an die Vorfahren, die Turkmenen und Karabacher. Die besten Don-Pferde sind meist ganz annehmbare Pferde, obwohl sie oft nicht den Anforderungen des Zuchtstandards genügen. Das Don-Pferd ist nicht selten hochbeinig, und die peinlich genau und ehrlich aufgeführten Gebäudemängel würden jeden Durchschnittszüchter im Westen abschrecken. Zu den Mängeln gehört ein flacher Widerrist mit steiler, kurzer Schulter, Rückbiegigkeit (eine Biegung nach innen unterhalb des Vorderfußwurzelgelenks), oft Faßbeine und steile Fesselung. Der Schweif ist oft zu tief angesetzt. Ein kurzes, enges Genick erschwert die richtige Stellung.

Es ist nicht erstaunlich, daß aufgrund dieser Mängel die Bewegungsqualität zu wünschen übrig läßt. Die Bewegungen werden als »manchmal etwas gebunden und hart« beschrieben. Die Gänge gelten als regelmäßig, aber »weder elegant oder elastisch noch besonders weich«. Trotzdem gibt es das Don-Pferd schon seit langer Zeit, und es hat seinen Wert als ausdauerndes, ruhiges und genügsames Arbeitspferd bewiesen.

Quadriga

Die vier Pferde werden vermutlich nebeneinander vor diese Don-Quadriga gespannt. Die beiden Außenpferde werden nach außen ausgebunden, und sie galoppieren, während die beiden mittleren Pferde traben.

Kruppe
Die Kruppe ist oft ziemlich gerade.

Schweif
Mähnen- und Schweifhaar sind gewöhnlich kurz und dünn.

Hinterhand
Die Unterschenkel sind manchmal wenig ausgeprägt, und die Hintergliedmaßen sind säbelbeinig gestellt.

Rumpf
Die Rippenpartie ist gewöhnlich groß und gut gerundet. Der Rücken ist gerade und breit. Die Gurtentiefe kann von Pferd zu Pferd verschieden sein.

Hufe
Die Fesselung ist oft steil, aber die Hufe sind gesund, und es gibt keine Hufprobleme. Die Hufe sind äußerst widerstandsfähig.

Größe
1,60–1,68 m

Ursprünge

Das Don-Pferd ist benannt nach seiner Heimat, den Steppegebieten am Don. Dort lebte die Rasse in Herden, und ihr Lebensraum prägte sie in bezug auf Härte, die Fähigkeit, sich extremen klimatischen Bedingungen anzupassen und unter ihnen zu überleben, und seine Kraft, große Leistungen bei minimalem Futter zu erbringen. Das Zuchtgebiet des Don befand sich in der Nähe des Zuchtgebiets des Karabacher-Pferdes in Aserbaidschan.

KABARDINER & KARABACHER

KABARDINER UND KARABACHER sind beide Gebirgspferde. Der Kabardiner ist die einheimische Rasse des nördlichen Kaukasus, während das Ursprungsgebiet des Karabachers ein bißchen weiter südlich im Karabacher Bergland zwischen den Flüssen Araks und Kura in Aserbaidschan liegt. Folglich sind die beiden Rassen sozusagen Nachbarn. Sie stammen ab von den Steppenpferden mongolischen Typs mit »primitiven« Ahnen (siehe Seiten 16–17), aber aufgrund der geographischen Lage zwischen Schwarzem und Kaspischem Meer waren sie dem Einfluß orientalischer Pferde aus den Nachbarländern Türkei, Irak, Kurdistan und Iran ausgesetzt. Die charakteristischen Merkmale dieser Rassen resultieren jedoch ebenso aus den Umweltbedingungen wie aus dem Einfluß der Einkreuzungen der Pferde aus dem Süden.

GEBIRGSPFERD
Der Kabardiner gilt als edelste Gebirgsrasse der ganzen ehemaligen UdSSR. Er ist zu bemerkenswerten Ausdauerleistungen in schwierigem Gelände und bei schlechtem Wetter fähig.

DER KABARDINER

Seit dem 16. Jahrhundert gilt der Kabardiner als eigenständige Rasse. Im 17. Jahrhundert wurde er in den an den Kaukasus grenzenden Ländern und darüber hinaus bekannt, und er galt im gesamten Bereich der ehemaligen UdSSR als edelstes Gebirgspferd. Die Pferde haben die bemerkenswerte Fähigkeit, über steile Gebirgspfade zu gehen, Flüsse zu durchqueren und durch tiefen Schnee zu gehen. Auch ihr Orientierungssinn ist außerordentlich gut, so daß sie ihren Weg auch im Dunkeln oder im dichten Bergnebel finden. Die Rasse ist von Natur aus hart und kann ungeheure Ausdauerleistungen vollbringen, wie viele andere Pferde Asiens auch. Während eines Rittes in den Jahren 1935–1936 auf einer Route rund um den Kaukasus legten die Kabardiner bei schlechtem Wetter 3000 km in 37 Tagen zurück. Diese Leistung ist bisher von keiner anderen Rasse erbracht worden.

Der Kabardiner ist kräftig gebaut und untersetzt mit kurzen, starken Gliedmaßen. Wie bei vielen Gebirgspferden ist die Hinterhand oft säbelbeinig gestellt. Der lange Kopf ist oft ramsnasig und erinnert an das Asiatische Wildpferd (siehe Seiten 18–19). Die Gänge sind energisch und hoch, wie es für ein Gebirgspferd typisch ist, das sich seinen Weg in unwegsamem Gelände suchen muß. Der Kabardiner ist daher kein schnelles Galoppierpferd. Der Schritt ist ausgeglichen und kadenziert, Trab und Galopp sind leicht und geschmeidig. Wie viele andere Rassen Asiens geht der Kabardiner auch Paß. (Es heißt, daß alle Pferde mongolischer Herkunft den Paßgang von Dschingis Khan's Lieblingspferd geerbt hätten.) Die Rasse ist wegen ihres ruhigen Temperaments und Gehorsams recht beliebt. Die Pferde sind zwischen 1,52 und 1,57 groß und meist braun oder schwarz.

Während der russischen Revolution im Jahre 1917 gab es große Verluste bei den Kabardinern. In den 20er Jahren begann man auf den Gestüten Kabardin-Balkar und Karachew-Tscherkess, die Rasse wieder aufzubauen und weiter zu verbessern. Das Ergebnis war ein kräftigerer Typ, der für Arbeiten in der Landwirtschaft und als Armee-Remonte geeignet war. Die besten Kabardiner gibt es auf den Gestüten Malo-Karachew und Malkin.

URSPRÜNGE

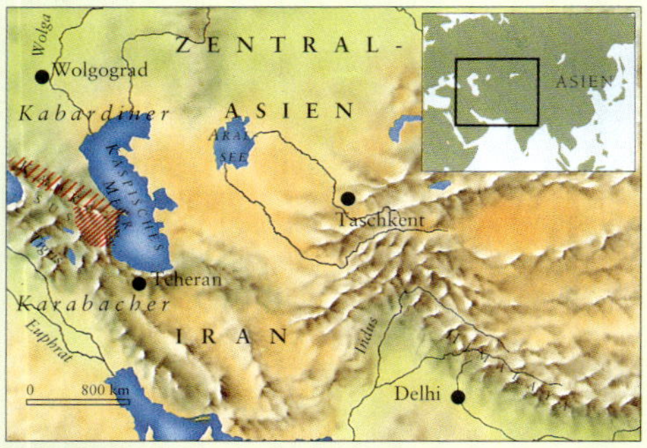

Kabardiner und Karabacher sind Nachbarn. Sie stammen beide aus dem Gebirge, wodurch sie auch im schwierigen Gelände so trittsicher sind. Der Kabardiner ist die Rasse des nördlichen Kaukasus, und die besten Kabardiner werden auf den Gestüten Malo-Karachew und Malkin gezüchtet. Der Karabacher stammt aus dem Hochland zwischen den Flüssen Araks und Kura in Aserbaidschan. Beide Rassen wurden von orientalischen Pferden aus den Nachbarländern beeinflußt.

RUMPF
Der Körper ist sicherlich kräftig genug, wenn auch nicht gerade schön, und wie die meisten Gebirgspferde hat er oft Säbelbeine.

KABARDINER

GRÖSSE DES KABARDINERS
1,52–1,57 m

Dort leben sie das ganze Jahr über im Freien; im Sommer auf den höher gelegenen Weiden und im Winter im Vorgebirge. Mit zwei Jahren werden sie auf der Rennbahn leistungsgeprüft, aber sie sind nicht so schnell wie die speziellen Rennpferderassen. Sie sind jedoch gut geeignet für andere Disziplinen.

Der Kabardiner wurde durch die starke Zufuhr persischen, arabischen und turkmenischen Bluts edler und größer. Es wurden auch Kreuzungen mit dem benachbarten Karabacher vorgenommen. Einige Stuten wurden Vollbluthengsten (siehe Seiten 118–119) zugeführt, was den schnelleren und größeren Anglo-Kabardiner brachte, wovon die besten Exemplare zwischen 25 und 75 % Vollblut führen.

DER KARABACHER

Der Karabacher ist ein gutes Beispiel für ein leichtes Reitpferd. Die Rasse ist stark geprägt vom Araber (siehe Seiten 64–65) und mit ihm verwandten Wüstenpferden. Der Achal-Tekkiner (siehe Seiten 74–75), von dem der Karabacher seine auffällige Fellfarbe geerbt hat, hatte ebenfalls prägenden Einfluß auf die Rasse. Der Karabacher ist etwa 1,42 m groß. Egal ob Fuchs, Brauner oder Falbe, das Fell hat fast immer den typischen goldenen Schimmer. Karabacher werden auf der Rennbahn geprüft. Die besten Pferde kommen vom Gestüt Akdam. Ein ähnliches Pferd ist der Deliboz, der eigentlich als ein Schlag des Karabachers betrachtet werden kann. Kabardiner und Karabacher können beide als typische Vertreter eines guten Gebirgspferdes angesehen werden. Pferde, die für die Arbeit im Gebirge gezogen werden, zeigen oft Gebäudemängel in der Hinterhand oder Kruppe, die bei einem normalen Pferd nicht akzeptiert würden, wie z.B. säbelbeinige oder kuhhessige Stellung. Bei einem Gebirgspferd scheint es sich dabei aber um ein notwendiges Übel zu handeln.

KARABACHER

GRÖSSE DES KARABACHERS
1,42 m

DAS GEBIRGSPFERD AUS KIRGISIEN
Weiter im Osten der Republik Kirgisien, der Heimat des Ferghana-Pferdes aus der Antike, haben die kirgisischen Stammesmitglieder ihr eigenes Gebirgspferd geschaffen. In den 50er Jahren ist der Nova Kirgise, eine neue, edlere Rasse, entstanden.

KARABAIER

DER KARABAIER ist eine der ältesten und vielseitigsten Rassen Zentralasiens. Er kommt hauptsächlich in Usbekistan vor, einer in der Antike für seine Pferde berühmten Gegend, die häufig in Berichten über militärische Unternehmungen in vorchristlicher Zeit erwähnt wird. Geographisch gesehen liegt Usbekistan in einem Netz von alten Handelsrouten. Mit Sicherheit seit der Zeit der Persier (siehe Seiten 34–35) etwa 600 vor Christus zogen berittene Krieger und nomadische Horden durch diese rauhe Landschaft. Folglich sind die Landrassen stark vom Araber (siehe Seiten 64–65), Turkmenen und verwandten Wüstenpferden aus den Nachbarländern beeinflußt worden.

KARABAIER-HERDEN

Die Karabaier-Herden werden je nach Jahreszeit auf den Bergweiden bzw. auf den Grasgebieten am Fuße der Berge gehalten. Im Winter werden sie zusätzlich mit Luzerne, Heu und Getreide gefüttert.

MERKMALE

Genetisch ist der Karabaier das Produkt der Kreuzung südlicher, orientalischer Rassen mit den dickleibigeren Steppenpferden »primitiven« Typs (siehe Seiten 22–23). Das Ergebnis ist ein kleines, schnelles Reitpferd von etwa 1,52 m Größe. Die Rasse ist gröber und nicht so anmutig wie der Araber, hat aber ansonsten viel ähnliche Merkmale. Vor allen Dingen hat der Karabaier meist nicht den typischen Hechtkopf des Arabers. Der Kopf ist gerade und trocken, so wie es für ein Wüstenpferd typisch ist, d.h. der Kopf ist fleischlos und die Adern sind deutlich unter der dünnen Haut zu sehen. Die Pferde stehen häufig kuhhessig oder säbelbeinig, aber die Beine sind außerordentlich stark mit genügend Röhrbeinumfang. Der von den Behörden in der ehemaligen UdSSR festgelegte Zuchtstandard verlangt ein Röhrbein von 19,6 cm bei Hengsten und 18,8 cm bei Stuten.

Der Karabaier ist ein sehr gesundes Pferd und hat selten mit Lahmheiten zu tun. Seine Ausdauer ist überdurchschnittlich. Außerdem ist er sehr mutig, eine Eigenschaft, die die Rasse, die fast ausschließlich in dem wilden Kokpar-Spiel eingesetzt wird, unbedingt haben muß. Kokpar ist die usbekische Version von Buschkaschi (siehe Seiten 360–361). Dieses Reiterspiel kann durchaus gefährlich sein; es wird im allgemeinen fast ohne Regeln gespielt, und Unfälle sind an der Tagesordnung.

BEIM KOKPAR-SPIEL

Der Karabaier ist eine der zähesten Rassen Zentralasiens. Er ist sehr gefragt als Reittier beim traditionellen Reiterspiel »Kokpar«, wo seine Stärke liegt. Der Karabaier geht auch im Geschirr.

KRUPPE

Kruppe und Hinterbeine dieses wendigen, schnellen Pferdes gehören zu den besten, die man bei einer zentralasiatischen Pferderasse finden kann.

HINTERGLIEDMASSEN

Die Hinterbeine haben eine beträchtliche Länge vom Hüfthöcker bis zum Sprunggelenk und stehen im richtigen Verhältnis zum leichten Körper.

Einsatz und Lebensraum

Der Karabaier wird sowohl im Geschirr wie auch unter dem Sattel eingesetzt. Früher einmal hat es vermutlich drei unterschiedliche Typen gegeben: ein spritziges Reitpferd, ein ruhigeres, schwereres Reit- und Fahrpferd und ein Arbeitspferd mit langem Rücken, das aufgrund seines Körperbaus auch als Packpferd eingesetzt werden konnte. Auch heute wird der Karabaier für beide Zwecke genutzt, aber er ist sehr verbessert worden, was Qualität und Gebäude angeht. Das ist größtenteils der Zuchtpolitik der Gestüte in Dschizal bei Samarkand und in Avangard zu verdanken. Die besten Pferde der Rasse findet man auf diesen Gestüten, wo auch Hengste zur Verbesserung der Rasse aufgestellt sind.

Die vorherrschenden Fellfarben sind braun, weiß und fuchsfarben. Gelegentlich gibt es auch Falben und ein ausdrucksloses Palominofarben, was für eine von Steppenpferden abstammende Rasse nicht erstaunlich ist. Erstaunlicher ist schon, daß es gelegentlich Rappen und Piebald-Schecken gibt.

Der Karabaier wird in Herden gehalten, mal auf Bergweiden, mal im Tal. Die Pferde bekommen Luzerne und Heu, bei schlechtem Wetter gibt es sogar Getreide. In der Regel werden die jungen Pferde im Alter zwischen 18 Monaten und 2 Jahren eingeritten und als Zwei- und Dreijährige dann auf der Rennbahn geprüft.

Karabaier gehen auf den Rennbahnen in Taschkent an den Start und erbringen gute Leistungen in den Rennen für einheimische Pferde. Karabaier-Stuten wurden mit Vollbluthengsten gepaart, um schnellere Pferde für die internationalen Reitsportdisziplinen zu erzeugen. Flachrennen sind jedoch nicht unbedingt die Stärke des reinrassigen Karabaiers, daher gibt es kombinierte Prüfungen, wo die Pferde geritten und gefahren werden, so daß man ein besseres Bild davon erhält, was das einzelne Pferd in bezug auf Vielseitigkeit, Temperament und Stehvermögen zu bieten hat.

Mehr als 50 % der Bevölkerung Usbekistans, den hauptsächlichen Züchtern des Karabaiers, sind wahrscheinlich immer noch Nomaden, trotz aller Bemühungen der Bürokratie der ehemaligen UdSSR, sie auf Kolchosen seßhaft zu machen. Sie leben auf den Busch- und Wüstensteppen, aber es gibt genügend Futter für ihre Pferde-, Schaf- und Ziegenherden. Das Gras der Steppen Zentralasiens ist tatsächlich sehr nahrhaft für die Pferde, und es gibt sogar Federgras und Wiesenschwingel. Wie bei den Nachbarn, den Turkmenen und Kasachen, wird das Pferd in der usbekischen Gesellschaft hoch geachtet. Für die nomadischen Usbeken ist das Pferd das Sinnbild für Schönheit, und wie von den Arabern so sagt man auch von den Usbeken, daß sie ihre Pferde mehr lieben als ihre Frauen.

Ursprünge

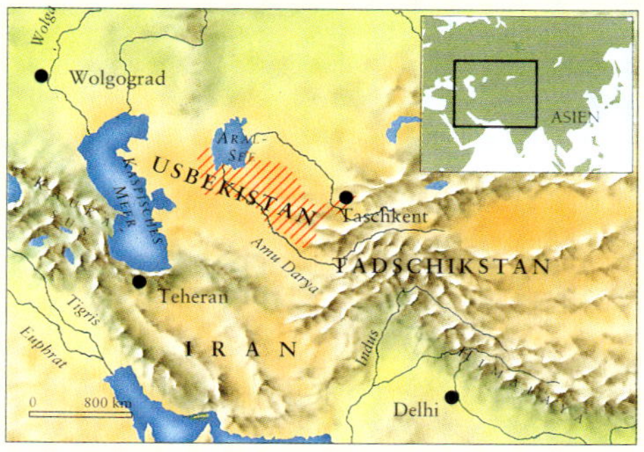

Den Karabaier, eine Pferderasse Zentralasiens, findet man in beträchtlicher Zahl in Usbekistan und dem nördlichen Teil Tadschikistans. Das Gestüt Dschisak in Samarkand ist das Zuchtzentrum der Rasse. Die Lage Usbekistans im Zentrum eines Netzes alter Handelswege führte dazu, daß die einheimischen Pferde dem Einfluß einer Reihe von Pferden orientalischen Typs wie Turkmenen, Achal-Tekkiner und verwandten Rassen ausgesetzt waren.

Körper
Der Widerrist ist ziemlich flach, aber die Rippen sind wohlgerundet. Rücken und Lenden sind kurz und muskulös. Der Gesamteindruck ist zäh und drahtig.

Kopf
Der feine Kopf hat eher ein gerades Profil als das typische Profil des Arabers. Der gerade Hals ist mittellang.

Schultern
Die Schultern sind durchschnittlich lang, schräg und gut angesetzt an der breiten, aber ziemlich flachen Brust. Die Pferde sind daher sowohl zum Reiten wie zum Fahren geeignet.

Beine
Die Beine sind stark und fein gebaut mit guten, harten Gelenken. Das Hufhorn ist außergewöhnlich hart. Im Durchschnitt haben Hengste ein Röhrbein von 19,6 cm.

Grösse
1,52 m

BUDJONNY

DER BUDJONNY ist benannt nach Marschall Budjonny, einem der berühmtesten Kommandeure der bolschewikischen Kavallerie im russischen Bürgerkrieg (1918–1920). Der Budjonny ist ein russisches Warmblutpferd und entstand aus der Kreuzung heimischer Stuten mit Vollbluthengsten. Von allen auf Gestüten gezüchteten Rassen Rußlands ist diese besonders interessant, da sie das Produkt der umfassenden Kreuzungen ist, die seit den 1917 nach der Russischen Revolution auf den Staatsgestüten eingeführten Zuchtprogrammen durchgeführt werden. Der Budjonny wird heute in der Ukraine und in der kasachischen und kirgisischen Republik im Süden der ehemaligen UdSSR gezüchtet.

HALS
Der Hals ist ziemlich lang und gerade. Er paßt gut zum leichten Körperbau und dem feinen, trockenen Kopf.

KOPF
Der schmal zulaufende Kopf wirkt intelligent und wachsam.

SELEKTIVE ZUCHT

Zu Beginn der 20er Jahre begann man in der Region von Rostow mit der selektiven Zucht auf den späteren »Budjonny und Ersten Kavallerie Gestüten der Armee«. Zuchtziel war ein ausdauerndes Kavalleriepferd, um die durch den Zweiten Weltkrieg und seine Folgen erlittenen enormen Verluste auszugleichen. Pferde von diesen Gestüten stellten einen Großteil der russischen Kavellerieeinheiten, die während des ganzen Zweiten Weltkrieges kämpften und danach noch ein paar Jahre behalten wurden.

Der erste Schritt zur Entstehung dieser neuen Rasse war die Kreuzung ausgewählter Don- (siehe Seiten 80–81) und Chernomor-Stuten mit Vollbluthengsten (siehe Seiten 118–119). Der Chernomor ist ein dem Don-Pferd ähnliches Kosakenpferd, nur kleiner, leichter und temperamentvoller. Er wurde ursprünglich in der Gegend um Krasnodar nördlich des Kaukasus-Gebirges gezüchtet. Er stammt ab von den Pferden der Zaporo-Kosaken, die im 18. Jahrhundert am Nordufer des Flusses Kuban siedelten. Eine Zeitlang setzten die Züchter kirgisische und kasachische Pferde (siehe Seiten 82–83 und 198–199) ein, aber die Nachkommen erbten entweder die schlimmsten Gebäudemängel dieser Steppenpferde oder sie verloren deren Härte. Später wurde der Budjonny selbst zur Verbesserung der beiden Rassen eingesetzt.

Das Ergebnis der ersten Kreuzungen wurde als Anglo-Don bekannt. Die besten dieser Pferde

DER MODERNE TYP
Der moderne Budjonny führt mehr Vollblut als früher, was ihn zu einem besseren Turnierpferd macht. Er soll gut springen können und ein gutes Vielseitigkeitspferd mit genügend Speed sein.

GRÖSSE
1,63 m

DRESSUR

Der Budjonny ist bekannt für sein ausgeglichenes Temperament und die regelmäßigen, ausgeglichenen Bewegungen – zwei wichtige Merkmale eines Dressurpferdes.

waren eingezogen. Der Grundstock für die Budjonny-Zucht wurde sorgfältig aus ihren Nachkommen ausgewählt.

Besonders die Zuchtstuten wurden gut umsorgt. Sie standen auf den besten Weiden, und im Winter kamen sie in den Stall und wurden reichlich gefüttert. Von Anfang an wurden die jungen Pferde im Alter zwischen zwei und vier Jahren sowohl auf der Rennbahn als auch bei der Kavallerie leistungsgeprüft. Von den 657 zur Typfestigung und Konsolidierung eingesetzten Stuten waren 359 Anglo-Dons, 261 Kreuzungen von Anglo-Dons und Chernomor-Pferden und 37 waren Anglo-Chernomor-Pferde. Diese Stuten wurden mit Anglo-Don-Hengsten gepaart. Danach wurden Stuten mit zu wenig Vollblutausdruck wieder mit Vollblütern gepaart. 1949 wurde die Rasse offiziell anerkannt.

In der ersten Zeit kannte man drei Budjonny-Typen: »schwer«, «orientalisch« und »mittel«. Später führte die Nachfrage nach vielseitigen Turnierpferden dazu, daß nur noch ein einziger Typ gezüchtet wurde, der mehr Vollblut führte als seine Vorgänger. Der moderne Budjonny hat ein gutes Röhrbein, ist kräftig und hat viel Vollblutausdruck. Die Größe liegt meist um 1,63 m. Etwa 80 % der Pferde sind Füchse mit goldenem Schimmer, einem Erbe von Don und Chernomor. Gelegentlich treten Gebäudefehler wie zehenweite Stellung der Vorderbeine und die steile Stellung der Hinterbeine auf, die noch von den erfolglosen Einkreuzungen von kasachischen und kirgisischen Pferden herrühren. Aber es handelt sich dennoch meist um einen guten Reitpferdetyp mit einem eleganten, qualitätsvollen Kopf. Die Pferde sind extrem ausdauernd, und man sagt ihnen ein ruhiges, ausgeglichenes Wesen nach.

RUMPF
Der Körper ist gut gebaut und proportioniert. Die Gurtentiefe ist beträchtlich.

HINTERGLIEDMASSEN
Die von den frühen Kreuzungen mit kasachischen Pferden geerbte steile Hinterhand kommt heute nicht mehr vor.

GLIEDMASSEN
Die Beine sind schlank und gerade mit kleinen Hufen und ein wenig seidigem Fesselbehang.

SPORT

Der Budjonny ist bekannt als gutes Distanz- und Dressurpferd, aber er ist auch erfolgreich in Steeplechase-Rennen und Vielseitigkeitsprüfungen. Er ist ein schnelles Pferd, wenn auch nicht vergleichbar mit dem Vollblüter.

Zweijährige Pferde werden über eine Strecke von 1200 m auf Schnelligkeit geprüft, wobei ihre Durchschnittszeit bei 1 Minute und 16 Sekunden liegt. Die Dreijährigen gehen über 2400 m und erreichen dabei durchschnittlich 2 Minuten und 38 Sekunden. Das große Rennen von Pardubice in der ehemaligen Tschechoslowakei wurde einmal von einem Budjonny gewonnen. Jedes Jahr stehen auf der Starterliste dieses schrecklichen Rennens einige Budjonnys. Es ist überliefert, daß ein Hengst namens Zanos 309 km in 24 Stunden mit nur einer Pause von 4 Stunden und 1800 km in 15 Tagen mit Begleitpferd zurücklegte.

URSPRÜNGE

Um 1920 wurde in der Region Rostow ein Pilot-Zuchtprojekt für das Budjonny-Pferd begonnen. Heute wird der Budjonny im Süden der ehemaligen UdSSR gezüchtet, wie z.B. der Ukraine und am Schwarzen Meer, aber auch weiter im Osten in den benachbarten Republiken Kasachstan und Kirgisien. Ein Vorteil bei der Entstehung der Rasse war die Verfügbarkeit der Don- und Chernomor-Pferde (Kosakenpferd).

Lokaier & Tersker

Die ehemalige UdSSR besteht aus großen Waldgebieten, Steppelandschaften und hohen, abgelegenen Gebirgen, wo das Klima rauh ist und sich das Leben seit Jahrhunderten nicht geändert hat. Zu Beginn des 20. Jahrhunderts förderten die Sowjets die Zucht der einheimischen, an die Umgebung und Lebensumstände angepaßten Pferde und verbesserten sie anschließend durch Einkreuzungen und selektive Zucht, wobei Leistungsprüfungen als ein Bewertungsmittel galten. Rassestandards mit detaillierten Körpermaßen wurden festgelegt. Als Zuchtpferde kamen nur die in Frage, die dem jeweiligen Standard am nächsten kamen.

Der Lokaier

Der Lokaier ist ein Gebirgspferd aus Tadschikistan in den westlichen Ausläufern des Pamirs südlich des Tienschan-Gebirgssystems. Die Rasse wurde im 16. Jahrhundert von den Lokaiern entwickelt, einem verwandten Stamm der Usbeken, als diese von den Ufern des Aral-Sees nach Osten zogen. Urspünglich handelte es sich um eine Mischung zentralasiatischer Blutströme, später wurde der Lokaier hauptsächlich vom Iomud (Persien) und dem Karabaier (siehe Seiten 84–85) geprägt, der großen Rasse Usbekistans und ein wahrlich orientalisches Pferd mit arabischen und turkmenischen Vorfahren. In jüngerer Zeit gab es Kreuzungen mit Tersker, Araber und Vollbluthengsten (siehe Seiten 64–65 und 118–119).

Hals
Der Hals des Lokaiers ist kurz und gerade und paßt zum einfachen Kopf mit geradem Profil.

Kopf
Der schöne Kopf erinnert an den Araber. Das ausdrucksvolle Gesicht spiegelt die Intelligenz und den Sanftmut des Terskers wider.

Lokaier

Grösse des Lokaiers
1,52 m

Ursprünge

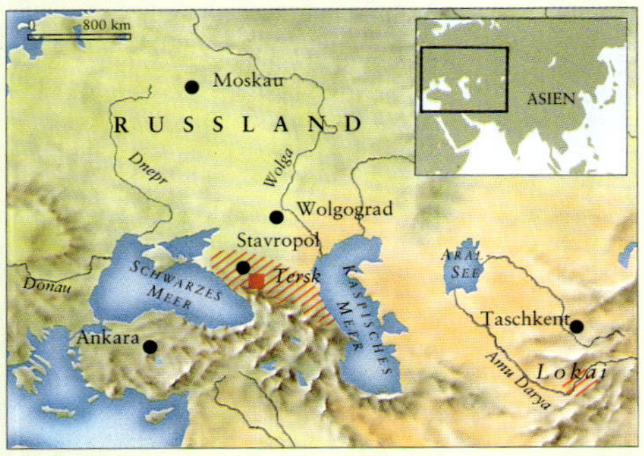

Der Lokaier gehört zu den Gebirgsrassen Asiens. Er wird in Tadschikistan in den westlichen Ausläufern des Pamir-Gebirges gezüchtet. Die Rasse wurde im 16. Jahrhundert vom Stamm der Lokaier entwickelt. Wie es bei russischen und asiatischen Rassen üblich ist, wird der Lokaier leistungsgeprüft, und zwar auf den Rennbahnen von Taschkent und Duschanbe. Der Tersker wurde zwischen 1921 und 1950 auf den Gestüten Tersk und Stawropol im Norden des Kaukasus entwickelt. Er wird auch heute noch dort gezüchtet.

Zäher Alleskönner
Der Lokaier hat verschiedenste Einsatzgebiete. Er ist ein Transportmittel in dem steilen Gebirgsland, er läuft Rennen und wird in dem Spiel Kokpar eingesetzt. Oft dient er auch als Packpferd.

Bei der Ernte

Der Tersker ist ein gutes Turnierpferd für die Reitsportdisziplinen wie Springen, Dressur und Vielseitigkeit. Er kann aber auch genauso gut bei der Ernte eingesetzt werden.

Das Ergebnis ist ein leichtes, drahtiges, zähes Pferd mit sehr harten Hufen. Die Gliedmaßen sind oft fehlgestellt, besonders im Sprunggelenk und der zehenweiten Vorhand. Dennoch trägt der Lokaier einen Reiter den ganzen Tag lang über eine Strecke von 80 km über Bergpfade mit einem Durchschnittstempo von 8–9,5 km/h. Er läuft Rennen, geht als Packpferd und ist besonders geeignet für das traditionelle Spiel Kokpar, dem Kampf um einen Ziegenkadaver (siehe Buschkaschi, Seiten 360 bis 361). Die Herden werden ganzjährig draußen gehalten und ziehen im Frühjahr hoch in die Berge. Die Stuten werden nach alter nomadischer Tradition gemolken.

Der Tersker

Der Tersker entstand in den Jahren 1921 bis 1950 auf den Gestüten Tersk und Stawropol im Norden des Kaukasus, als sich das sowjetische Landwirtschaftsministerium darum bemühte, den Pferdebestand wieder aufzubauen. Die neue Rasse sollte den Strelitz-Araber ersetzen, der zu Anfang der 20er Jahre praktisch verschwunden war. Nur zwei Hengste, beide Silberschimmel, und ein paar Stuten gab es noch. Diese Pferde wurden 1925 nach Tersk geschickt, wo sie die züchterische Basis für das neue Projekt bildeten. Es wurde kein Versuch gemacht, den Original-Strelitz-Araber zu erhalten, da man die übriggebliebenen Exemplare für zu stark ingezogen hielt. Es wurden jedoch drei reinblütige Araberhengste und eine Anzahl von Kreuzungsstuten eingeführt: Araber/Don-Pferd (siehe Seiten 80–81), Strelitz-Araber/Kabardiner und ein paar ungarische Gidran-Araber (siehe Seiten 76–77). Die Zucht des Tersker Pferdes war unglaublich erfolgreich, und die Rasse ist wohl noch schöner als ihr Vorgänger, der Strelitz-Araber, und wird hochgeachtet. Die Erscheinung des Terskers ist stark vom Araber geprägt. Die Pferde haben besonders leichtfüßige, elegante Bewegungen. Es sind gute Dressurpferde mit sauberen, ausgeprägten Gängen, ausgezeichnete Springpferde und mutige Vielseitigkeitspferde. Sie bestreiten erfolgreich Rennen gegen Araber. Aufgrund ihrer Schönheit, ihrer Intelligenz und ihres Sanftmutes sind sie auch in der Zirkuswelt beliebt, die eine große Rolle in der russischen Kultur spielt.

Fell
Die häufigsten Fellfarben sind Schimmel, Brauner oder Fuchs mit Goldschimmer. Manchmal ist das Fell so gewellt wie beim Baschkir.

Rumpf
Der Rücken ist kurz, der Leib kompakt und die Rippen gut gerundet. Fast alle Tersker sind Schimmel, oft mit einem silbrigen Schimmer.

Schweif
Der Schweif wird hoch getragen, wie beim Araber. Mähne und Schweif sind meist dünn und kurz, und das Haar ist sehr fein.

Hintergliedmassen
Die Hinterbeine sind nicht ideal, aber sie sind stark und drahtig.

Beine
Die Beine sind klar, und entsprechend dem Rassestandard beträgt der Röhrbeinumfang 19,4 cm unterhalb des Sprunggelenks. Die Hufe sind schön rund.

Tersk

Grösse des Terskers
1,52 m

TEIL 4

DIE KLASSISCHE REITKUNST

DER KLASSIZISMUS DER REITKUNST kommt aus dem Griechenland Xenophon's (430–355 vor Christus) und seiner Zeitgenossen. Sie waren jedoch nicht die Erfinder, sondern nur die Erben einer langwährenden reiterlichen Tradition. Später erweiterten die Ritter des Mittelalters die Methoden und Richtlinien der Reiterei, und in der Renaissance wurde das Reiten zu einer Kunstform erhoben, die durchaus vergleichbar war mit dem Studium der Künste und Wissenschaften, eine notwendige Fertigkeit des Adels im 16. Jahrhundert. Die Reitkunst wurde von einer Reihe von Meistern in Vollendung betrieben, angefangen von den Meistern in Neapel bis zum Höhepunkt in der Person des Franzosen Francois Robichon de la Guérinière. Unter ihm wurde die Reitkunst eine Geisteswissenschaft, und er ist bekannt als »Vater der klassischen Reitkunst«.

»*Die Kapriole*«, ein Stich von Crispin de Pas aus Antoine de Pluvinel's »*Manège Royal*«, 1624

DER PANZERREITER

KOPFPANZER, CA. 1600 BIS 1700

IM 16. JAHRHUNDERT waren der schwer gepanzerte, mittelalterliche Ritter und sein schweres, ebenso geschütztes Pferd durch den Einsatz von Schießpulver und Feuerwaffen ein Anachronismus auf den Schlachtfeldern Europas geworden. Obwohl der Ritter von den Schlachtfeldern verschwunden war, blieb vieles seiner Reittechnik erhalten und inspirierte zum Teil das Entstehen der »Schulreiterei«. Viele Ausrüstungsgegenstände des Ritters, wie z.B. den Sattel und das Kandarengebiß mit den langen Anzügen, übernahm der Reiter der Renaissance, so wie auch die Art und Weise, auf dem Pferd zu sitzen. Die Ausbildungsmethoden und einige der Lektionen oder Bewegungen, die das Kriegspferd auf dem Schlachtfeld ausführen mußte, wurden von den Gentlemen-Reitern übernommen und verfeinert, die ihre Reitkünste in den barocken Reithallen der Epoche zeigten.

GESCHICKLICHKEIT IM KAMPF

Der mittelalterliche Ritter übte sich von jungen Jahren an im Umgang mit Waffen, und ohne Zweifel war er ein fähiger, ja sogar perfekter Reiter. Das Reiten während einer Schlacht erforderte viel Geschick, denn damit eine Hand für die Waffe frei war, mußte er die Zügel in einer Hand führen, während er sein Schild auf dem Vorderarm trug. Das bedeutete, daß er seine Schenkel ganz gezielt einsetzen mußte, sowohl um das Pferd vorwärtszutreiben als auch um die Zügelhilfen zu verstärken.

Angesichts eines Angriffs der Kavallerie oder bei dem Versuch von Fußsoldaten, Reiter und Pferd zu verstümmeln oder zu stürzen, war der Ritter darauf angewiesen, daß sein Pferd gehorsam war und an den Hilfen stand. Reiterliches Können war daher ein großer Vorteil.

Es gibt wenig schriftliche Informationen über die Reiterei im Mittelalter, so daß uns nur übrig bleibt, anzunehmen, daß die Ritterschaft geübter war im Umgang mit Lanze, Schwert und Streitkolben als mit dem Füller.

Sicherlich waren die Ritterpferde im Rückwärtsrichten ausgebildet. Es ist auch sehr wahrscheinlich, daß sie gelernt hatten, auszuschlagen, wenn sie von hinten bedroht wurden. Die Levade, eine Figur aus der Hohen Schule, d.h. ein halbes Steigen, ist möglicherweise als heilsame Abschreckung eingesetzt worden, und wenn man das Pferd mit Hilfe langer, scharfer Sporen dazu bringen konnte, von dieser Bewegung aus einen Satz nach vorn zu machen, so konnte das sicherlich die Fußsoldaten »zerstreuen«, die einem gerade im Weg standen. Die Fähigkeit, eine Pirouette, d.h. eine Drehung auf der Hinterhand auszuführen, war ebenso nützlich auf dem Schlachtfeld, da man so das Schwert praktisch rundherum einsetzen konnte.

DIE SCHULE ÜBER DER ERDE UND DAS KRIEGSPFERD

Es existiert die Meinung, daß das Steigen und Ausschlagen sowie die Sprünge der Hohen Schule, die auch als Schulen über der Erde bekannt sind und heute noch in der Spanischen Reitschule in Wien (siehe Seiten 102–103) und vom Cadre Noir in Saumur gezeigt werden, direkt mit den Bewegungen verbunden sind, die der mittelalterliche Ritter mit seinem Pferd für den Einsatz in einer Schlacht trainierte. In welchem Ausmaß der Ritter die Ausführung dieser Schulen übte, ist nicht geklärt.

SIEGEREHRUNG
Auf dieser Buchmalerei aus der Manessischen Liederhandschrift aus dem 14. Jahrhundert empfängt Herzog Heinrich IV von Schlesien-Breslau, der Gewinner des Ritterturniers, den Siegerkranz.

LANZEN-ANGRIFF
Dieser Ausschnitt aus dem Teppich von Bayeux zeigt den Angriff normannischer Ritter auf die Schildermauer von König Harold's Housecarles in der Schlacht von Hastings. Interessanterweise halten die Ritter ihre Lanze mit dem Handrücken nach oben, ganz wie im alten Griechenland oder Rom.

SCHNELLIGKEIT UND KRAFT
Dieses Gemälde der Schlacht von San Romano (Paolo Uccello, 1397–1475) zeigt, wie wirksam die riesigen, unhandlichen Lanzen waren, wenn sie mit Wucht eingesetzt wurden. Durch die nach vorn gestemmten Beine hatte der Reiter einen sicheren Halt. Das ausschlagende Pferd führt eindeutig eine Form der klassischen Croupade aus.

HUFEISEN

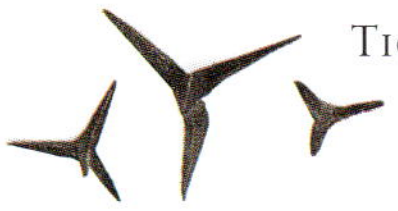

TIC-TACKS

DIE ERSTEN HUFEISEN
Diese Form des Hufeisens wurde zwischen 1066 und etwa 1550 benutzt. Die »Tic-Tacks« wurden den feindlichen Pferden vor die Füße geworfen, um sie zu verstümmeln.

Was man in der Winterreitschule in Wien zu sehen bekommt, kann man wohl am besten als höchste Verfeinerung eines mittelalterlichen Ideals ansehen, das wenig Bezug zur Realität hatte. Es ist wesentlich wahrscheinlicher, daß die Hohen Schulen über der Erde (d.h. jene, zu denen auch *Piaffe* und *Passage* gehören) entwickelt wurden, wenn auch nur teilweise, aus den »Paradegängen« des alten Griechenland (wie von Xenophon beschrieben) und aus den spezielleren Bewegungen aus dem byzantinischen Zirkus (siehe Seiten 100–101).

DER MITTELALTERLICHE SATTEL

Sättel aus gepolsterten Kissen wurden schon früh in der Geschichte von den Reitervölkern der Steppen benutzt, obwohl der Steigbügel in Asien wahrscheinlich nicht vor dem 4. Jahrhundert nach Christus bzw. in Europa erst weitere 400 Jahre später benutzt wurde. Die ersten auf einem Holzrahmen gebauten Sättel (heute als Sattelbaum bezeichnet) gab es wohl zu Beginn der christlichen Zeitrechnung, eingeführt von den Sarmaten, einem Nomadenvolk iranischen Ursprungs. Mit diesem Sattel konnten die Sarmaten als einziges Steppenvolk eine schwere Kavallerie bewaffnen und mit Lanzen als Schocktaktik beim Angriff einsetzen. Trotz fehlender Steigbügel gab dieser Sattel mit seinem tiefen Sitz dem Reiter eine gewisse Sicherheit und Halt, denn er konnte sich im Augenblick des Zusammenpralls mit dem Feind gegen den hohen Hinterzwiesel stemmen.

In den Grundzügen blieb diese bootähnliche Form der ersten Sättel bis ins hohe Mittelalter und später bestehen, und bis auf die zusätzlichen Steigbügel war auch der Sattel der Renaissance diesem Sattel größtenteils ähnlich. In den ersten Jahren der klassischen Reiterei saßen die Reiter genauso wie die mittelalterlichen Ritter, mit langem, nach vorne in den Steigbügel gestemmten Bein und gegen den Hinterzwiesel gestützten Oberkörper. Sie benutzten auch die mittelalterlichen langen, scharfen Sporen und die Kandarengebisse mit den langen Anzügen, die der Reiterhand eine starke Einwirkung gaben.

Leicht geändert und stromlinienförmiger gemacht, wurde aus dem Sattel des Mittelalters der *»Selle royale«* des 17. Jahrhunderts, der auch heute noch von der Spanischen Reitschule, dem Cadre Noir und den Schulen der iberischen Halbinsel benutzt wird.

SATTEL

SATTEL
Dieses Sattelmodell war in Gebrauch von der Zeit der frühen Sarmaten bis ins 18. Jahrhundert. Durch das nach vorn gestemmte Bein war der Einsatz von Sporen erforderlich.

SPORN

Percheron

Das angestammte Zuchtgebiet des Percheron, einem der elegantesten Kaltblüter, ist die Perche, eine hügelige Landschaft in der Normandie. Dem größten Einfluß auf diese Rasse hatte der Araber (siehe Seiten 64–65). Die Trabaktion ist raumgreifend und schwungvoll. Ein Experte des 19. Jahrhunderts nannte den Percheron einmal »einen Araber, der durch Klima und die Arbeit, die er seit Jahrhunderten verrichtet, dick geworden ist«.

Der arabische Einfluss

Percheron-Fans sagen, daß die Vorfahren dieses Pferdes die fränkischen Ritter Karl Martells in der Schlacht von Poitiers im Jahre 732 trugen, als diese die angreifenden Mauren schlugen. Daraufhin standen den französischen Züchtern maurische Berber und Araber mit ihren Veredlerqualitäten zur Verfügung. Die Zucht stand auch weiterhin unter diesem Einfluß, als Robert Graf von Rotrou nach dem 1. Kreuzzug (1096–1099) orientalische Pferde importierte. Bis 1760 stellte das königliche Gestüt in Le Pin den Percheron-Züchtern arabische Hengste zur Verfügung. Zwei herausragende arabische Kreuzungen waren Godolphin und Gallipoly; Gallipoly ist der Vater des berühmtesten Percheron-Hengstes, Jean le Blanc, der 1830 in Mauvres-Sur-Huisne geboren wurde.

Vielseitig und beliebt

Über Jahre hat der Percheron dem Menschen gedient als Militärpferd, Kutschpferd, Zugpferd der Bauern, Geschützpferd und sogar Reitpferd. Während seiner ganzen Zuchtgeschichte haben die Percheron-Züchter immer sorgfältig darauf geachtet, den Anforderungen des Marktes gerecht zu werden. Bis zum Ende des 19. Jahrhunderts z.B. hatte man die Zucht des Percheron-Zuchtpferdes, das eine Größe von ca. 1,57 m hatte, aufgegeben, da es von leichteren und schnelleren Cleveland und Yorkshire Coach Horse-Kreuzungen (siehe Seiten 304–305) ersetzt worden war, und man begann, ein schweres Zugpferd zu favorisieren. Daß diese Züchter dazu in der Lage

Kopf
Der Kopf ist gefällig mit breiter, viereckiger Stirn, geradem Profil und großen, beweglichen Ohren. Der Hals ist lang, mit gut gewölbter Oberlinie.

Widerrist
Der Widerrist ist ausgeprägter als bei den meisten anderen Kaltblutrassen, wodurch die Schulter wesentlich schräger ist und die Gänge länger und freier sind.

Schultern
Die Länge der Schultern von der Schulterspitze bis zum Widerrist ist für Kaltblutpferde ungewöhnlich. Daher sind die Gänge raumgreifend und schwungvoll.

Arbeitspferd
Eine reingezogene australische Percheron-Stute hält den inoffiziellen Weltrekord von 1545 kg über die vorgeschriebenen 4,57 m. Das größte Pferd der Welt war der amerikanische Percheron, Dr. Le Gear, der 2,13 m groß war.

Grösse
1,68 m durchschnittlich

ELEGANZ

Dieser Percheron ist ein besonders elegantes Exemplar und wäre ein idealer Verstärkerhengst, um schwere Reitpferde zu produzieren. Die Rappfarbe ist beim Percheron erlaubt.

waren, ist ihrer züchterischen Fähigkeit, ihrem Scharfsinn und dem arabischen Blut zu verdanken, das zur Entstehung verschiedener regional unterschiedlicher Typen beitrug.

Dank der großen Vererbungskraft dieser Rasse war es durch wohlüberlegte Einkreuzungen möglich, verschiedene Typen einer soliden Basis innerhalb relativ kurzer Zeit zu entwickeln. Die Zucht erlebte ihre Blüte zwischen 1880 und 1920, als Percherons nach Süd- und Nordamerika, Australien und Südafrika exportiert wurden. Die USA wurden der Hauptabsatzmarkt. Schätzungen zufolge wurden in den 80er Jahren des 19. Jahrhunderts 5000 Hengste und 2500 Stuten importiert. Bis 1910 waren die Eintragungen auf die bemerkenswerte Zahl von 31 900 gestiegen.

URSPRÜNGE

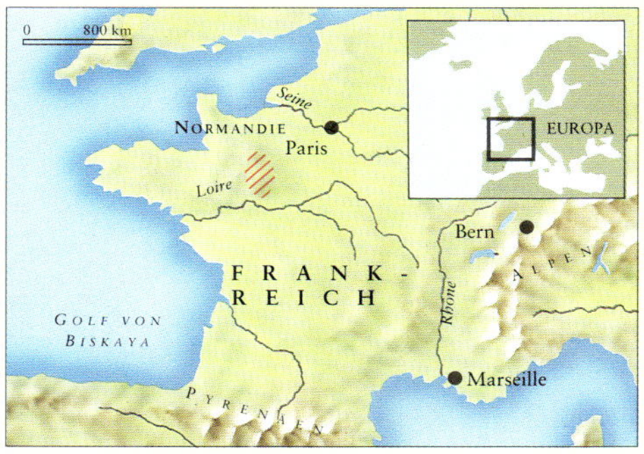

Seit Jahrhunderten wird der Percheron in der Gegend gezüchtet, der er seinen Namen verdankt – Le Perche in der Normandie. Der fruchtbare Boden der Normandie ist besonders reich an Kalzium. Die guten Weiden trugen zur Prägung dieser Rasse bei, aber der größte Tribut ist den erfahrenen, großartigen Züchtern zu zollen. Der Percheron wird heute noch intensiv in den USA gezüchtet, auch in Australien, Südafrika und Südamerika.

Der Percheron mit seinem orientalischen Hintergrund hatte gegenüber vielen anderen Kaltblutrassen den Vorteil, daß er sich leicht an unterschiedliche Klimaverhältnisse anpaßt und die ideale Basis für Kreuzungen ist. Auf den rauhen Falkland-Inseln wird er mit Criollos (siehe Seiten 218–219) gekreuzt, um harte »Saumpferde« zu produzieren, während man in Australien unter gegenteiligen klimatischen Bedingungen Verdrängungskreuzungen vornimmt.

KÖRPER
Der Körper ist breit, mit tiefer Brust. Die häufigsten Farben sind Apfelschimmel und Rappen, hier und da akzeptiert der Zuchtverband aber auch Braune, Füchse und Stichelhaarige.

GLIEDMASSEN
Die Beine sind lang und kräftig. Der Röhrbeinumfang kann über 25 cm betragen.

HUFE
Die Hufe sind hart und aus dunklem Horn. Das Pferd hat wenig Fesselbehang.

REITPFERD

Das ehemalige Kriegspferd kann auch unter dem Sattel bewegt werden. Der Kopf des vorderen Pferdes läßt deutlich den Einfluß des Arabers erkennen.

Federico Grisone

Die Renaissance

In Europa fand die Renaissance, was wörtlich »Wiedergeburt« bedeutet, zwischen dem 15. und 16. Jahrhundert statt. In dieser Zeit lebte das Interesse an der klassischen Welt wieder auf. Was die Reiterei angeht, so bedeutete die Rückbesinnung auf die klassische Lehre die Wiederentdeckung der Werke des griechischen Generals und Historikers Xenophon, auf die man sich regelrecht stürzte und mit Enthusiasmus studierte.

Das Reiten in der Reitbahn oder »Manège«, was im Zeitalter des Barock eine prächtige Reithalle war, war notwendiger Bestandteil der Erziehung des Gentleman in der Renaissance. Es wurde nicht mehr als Training für den Krieg angesehen, sondern stellte eine Kunstform für sich dar, der man sich umfassend widmen mußte. Das war die Geburt der klassischen Reitkunst, deren Zentrum Neapel in Italien war, wo die Schulreiterei schon seit dem 12. Jahrhundert Tradition war.

Der byzantinische Einfluss

Im Jahre 1134, als Neapel schon 600 Jahre zu Byzanz (dem östlichen Teil des römischen Reiches) gehörte, wurde dort eine Reitakademie nach byzantinischen Grundsätzen gegründet. Wie die Griechen, so waren auch die Römer und die Byzantiner mit den Lektionen vertraut, die einen hohen Grad an Versammlung verlangten, wie z.B. Piaffe und Passage. Die Byzantiner hatten jedoch den Vorteil von Sattel, Steigbügel und dem äußerst scharfen Hebelstangengebiß, mit dem das Pferd so zusammengestellt werden konnte, daß es die Hauptlast seines Gewichts auf den Hanken trug.

Zwischen dem 13. und 15. Jahrhundert hatten verschiedene byzantinisch beeinflußte Autoren in Neapel Bücher über die Haltung, das Reiten und die Ausbildung von Pferden veröffentlicht. Somit war der Grundstein für ein Zentrum der klassischen Reiterei schon gelegt gewesen, als der neapolitanische Edelmann Federico Grisone 1532 die später als die erste große Reitschule der Welt geltende Institution eröffnete. Diese Schule nahm großen Einfluß auf die Entwicklung der Schulreiterei in Europa.

Parthenon-Fries

Diese griechischen Reiter der panathenäischen Prozession reiten ohne Sattel. Sie sitzen ganz natürlich und locker auf ihren temperamentvollen Pferden, die sie aber eindeutig unter Kontrolle haben.

Gebisse und Sporen

Grisone, dessen Ideen scheinbar auf der Kombination der Lehren Xenophons mit der Praxis der byzantinischen Schule basierten, gilt heute als der erste klassische Meister. Er und Cesare Fiaschi (beinahe Zeitgenossen), der 1534 eine Schule in Ferrara eröffnete, hatten meist mit den Überbleibseln einer vergangenen Ära zu kämpfen – schweren, gewöhnlichen Pferden, die überhaupt nicht oder nur wenig gymnastiziert waren. Um diesen Nachteil zu umgehen, bestanden beide Meister darauf, das Pferdemaul weich und empfindlich zu machen, indem sie ausgesprochen scharfe Gebisse benutzten. Diese Gebisse waren teilweise so scharf, daß sie selbst beim abgestumpftesten Kriegspferd eine Reaktion hervorrufen konnten. Das Maul wurde weich gemacht, indem das Pferd zuerst einmal mit Kappzaum ausgebildet wurde, dessen Nasenriemen mit Stiften oder sogar Spikes versehen war, um die Einwirkung zu erhöhen. Erst wenn das Pferd auf den Nasenriemen reagierte, wurde die Einwirkung langsam auf das Gebiß verlagert, das dann aber ganz weich

Cesare Fiaschi

Trotz des Einsatzes scharfer Gebisse versuchten sowohl Cesare Fiaschi als auch Federico Grisone ein weiches Maul in einem durchlässigen Pferd zu bekommen.

Scharfes Hebelstangengebiss

Dieses Hebelstangengebiß stammt aus dem 16. Jahrhundert. Zu jener Zeit legte man viel Wert auf die mechanische Wirkung scharfer Gebisse.

eingesetzt wurde. Die erforderliche Kopfhaltung wurde mehr durch die Drohung des Hebelstangengebisses erreicht als durch seinen tatsächlichen Einsatz im Maul.

In Zusammenwirkung mit scharfen Sporen und zeitweiliger Unterstützung eines Helfers vom Boden aus konnte das Pferd mit einem solchen Gebiß ausreichend versammelt werden, um die Lektionen der Manège, die ein hohes Maß an Gleichgewicht erforderten, ausführen zu können. Unter kräftigem Einsatz von Gerte und Sporen führte das Pferd schließlich die Sprünge der Hohen Schule aus.

Überzeugung und Korrektur

Es wurde viel Wert darauf gelegt, den Widerstand des Pferdes durch »Korrektur« zu brechen. Im Gegensatz dazu wurde es durch »Loben« belohnt, was aber oft lediglich bedeutete, daß es für eine kurze Zeit keine Bestrafung gab.

Grisone's Buch *»Gli Ordini di Cavalcare«* (Die Regeln der Reitkunst) enthält manch schreckliche Kur für das widerspenstige Pferd. Zum Beispiel konnte man einen »Kleber« (d.h. ein Pferd, das nicht allein vorwärts gehen will) davon überzeugen, seines Weges zu gehen, indem man ihm brennendes Stroh, eine Katze oder einen lebenden Igel unter den Schweif band. Das Problem wurde möglicherweise auch gelöst, indem ein paar Männer mit einer Reihe von inquisitorischen, stacheligen Gegenständen von hinten auf das Pferd zugingen. Das von Papst Julius III anerkannte Buch war ein Bestseller, und es gab 8 Neuauflagen in der Zeit von 1550 bis 1600.

Trotz dieser harten Methoden erreichten die frühen Meister der Reitkunst bemerkenswerte Ergebnisse. Sie schätzten taktreine Bewegungen im Gleichgewicht. Fiaschi z.B. setzte Musik als Hilfsmittel bei der Ausbildung seiner Pferde ein, denn er meinte, »ohne Taktschlag und Maß« ließe sich nichts erreichen.

Diese ersten Bemühungen und der Wunsch, die Schulreiterei voranzutreiben, führte zum Einsatz leichterer, durchlässigerer Pferde. Zwischen 1504 und 1713 befand sich Neapel unter spanischer Herrschaft, und seit Mitte des 16. Jahrhunderts wurde das überragende edle spanische Pferd vermehrt eingesetzt.

DAS AUSGEBILDETE PFERD

Dieses Fresko von Andrea Mantegna (1431–1506) aus dem Palazzo Ducale in Mantua zeigt eindeutig ein geschultes Pferd mit der klassischen Kopfhaltung. Die dekorativen Anhänger am Vorderzeug sind die Vorläufer der Rosetten einer späteren Ära.

WILLIAM CAVENDISH

DIE AKADEMISCHE REITKULTUR

DIE SPÄTEN MEISTER der italienischen Schulen standen immer noch stark unter dem Einfluß der byzantinischen Methoden, entwickelten aber die Lehren ihrer Vorgänger weiter, wobei sie die brutaleren Methoden etwas abschwächten. Der berühmteste dieser späten Meister war Grisone's Schüler, Giovanni Baptista Pignatelli, bekannt als der »dritte Mann« der neapolitanischen Schule. Er stellte die Verbindung zwischen den Gewaltmethoden der italienischen Schulen und dem natürlicheren und humaneren System der Franzosen dar. Er formulierte die ersten, fortschrittlichen Ausbildungsanweisungen für das Reiten in der »*Manège*« bzw. die Schulreiterei, und es war einem seiner vielen ausgezeichneten Schüler, Saloman La Broue, dem Autor von »*La Cavalerie Françoys*« (erschienen 1593), zu verdanken, daß zum Ende des 16. Jahrhunderts die französische Schule mit königlicher Förderung den größten Einfluß auf die klassische Reiterei in Europa nahm.

DER FRANZÖSISCHE HOF

Zu Anfang des 16. Jahrhunderts war die Stellung des Reitlehrers zur zwingenden Notwendigkeit an den führenden Höfen Europas geworden. Das traf besonders auf Frankreich zu. Der Reitlehrer war eine fast ebenso angesehene Stellung wie die großen Staatsämter und wurde gewöhnlich mit hochkultivierten Männern aus dem Adel besetzt.

ANTOINE DE PLUVINEL

Antoine de Pluvinel de Baume (1555–1620), Soldat, Diplomat und Reitschüler, der als der führende französische Meister gilt, entsprach genau diesen Voraussetzungen. Er war der Reitlehrer von König Ludwig XIII und Autor eines der einflußreichsten Bücher des 17. Jahrhunderts *(L'Instruction du Roy en l'Exercise de Monter à Cheval)*, das nach seinem Tode mit wunderbaren Illustrationen von Crispin de Pas im Jahre 1625 veröffentlicht wurde.

Pluvinel führte ein System gymnastizierender Lektionen ein, um die Losgelassenheit und Wendigkeit des Pferdes zu fördern, und legte die Gewaltmaßnahmen ab, die im vorigen Jahrhundert an der Tagesordnung gewesen waren. Ihm wird allgemein die Erfindung der Pilaren zugeschrieben, zwischen denen das Pferd die Grundelemente der Versammlung und auch die Levade, die erste der Schulen über der Erde, erlernt. Es ist jedoch nicht unwahrscheinlich, daß Pignatelli, mit dem der junge Pluvinel in Neapel arbeitete, auch Pilaren einsetzte, die immer noch in der Spanischen Reitschule und beim Cadre Noir zu sehen sind.

DAS REITHAUS IN BRIGHTON
John Nash hatte das prachtvolle Reithaus als Teil des Royal Pavilion in Brighton im 18. Jahrhundert für den englischen Prinzregenten (dem späteren George IV) entworfen. Der Prinzregent war ein begeisterter und begabter Reiter.

WILLIAM CAVENDISH

Obwohl Großbritannien großen Anteil an der allgemeinen Entwicklung des Pferdes und des Reitsports hatte, hatte es wenig zu tun mit den Fortschritten der akademischen Reitkunst, abgesehen von dem einzigen englischen Meister, Wiliam Cavendish, Duke of Newcastle (1592–1676).

Newcastle war ein inkompetenter Kavalleriekommandeur während des Englischen Bürgerkriegs, aber nichtsdestotrotz zählt er zu den großen Meistern der Reitkunst. 1658, während seines Exils in Antwerpen veröffentlichte er auf Französisch sein Buch »*Méthode et Invention Nouvelle de Dresser Les Chevaux*«. Nach seiner Rückkehr nach England nach der Restauration im Jahre 1660 veröffentlichte er 1667 eine erweiterte Fassung. Beide Bücher erhielten die Anerkennung des größten Meisters von allen, François Robichon, Sieur de la Guérinière (1688–1751). Für Guérinière waren Newcastle und La Broue die beiden Autoren, deren Werke bis in seine Zeit gültig geblieben waren.

DIE BIBEL DER REITKUNST
Diese Illustrationen aus Guérinière's 1733 erschienener »Ecole de Cavalerie« zeigen den tiefen, ausbalancierten Sitz jener Zeit. In beiden Fällen gehen die Pferde leicht am Zügel und werden mit fast durchhängendem Zügel geritten. In dem Buch geht es um die Lehren des Meisters.

Kandare aus dem 18. Jahrhundert
Dieses Kandarengebiß aus dem 18. Jahrhundert wurde nach einem Modell von Pignatelli angefertigt. Das Mundstück hat in der Mitte einen Spatel, der auf der Zunge liegt. Die losen »Spieler« an den Seiten des Mundstücks sollen das Pferd dazu anregen, auf dem Gebiß zu kauen und den Unterkiefer durch den Druck auf die Laden zu entspannen.

Der klassische Sitz
Dieser französische »Selle à Piquer« *aus dem 18. Jahrhundert ist dem* Selle Royale *sehr ähnlich. Die klassischen Schulen unserer Tage benutzen dasselbe Modell, aber die Bügelriemen liegen weiter hinten.*

Guérinière

Als königlicher Oberstallmeister von Ludwig XIV in der Zeit von 1730 bis 1751 war Guérinière königlicher Reitlehrer und Direktor der Royal Manège in den Tuilerien. Er formulierte, verfeinerte und erweiterte die Richtlinien der Reitkunst als Geisteswissenschaft und behauptete, daß ohne Theorie jegliche Praxis sinnlos sei. Er setzte Lektionen ein, um Losgelassenheit und Gleichgewicht zu steigern. So führte er z.B. die Lektion auf zwei Hufschlägen, das Schulterherein, ein, den fliegenden Galoppwechsel usw. Von gleicher Bedeutung ist, daß er den klassischen Sitz definierte und lehrte, der im wesentlichen auch heute noch Gültigkeit hat, ob für die Schulreiterei oder fürs Gelände. Seine ausdrücklichen Ziele, d.h. das Pferd ruhig, gelöst und gehorsam zu machen, so daß es angenehm und bequem in allen Gangarten zu reiten ist, bleiben unangetastet.

1733 veröffentlichte Guérinière sein Buch *»Ecole de Cavalerie«*. Es wurde schnell zur Bibel der Reiterei und wurde von der Spanischen Reitschule in Wien (siehe Seiten 102–103) als Heilige Schrift betrachtet. Bis heute widmet sich die Spanische Reitschule der Bewahrung von Guérinière's Prinzipien in Reinform.

Die klassischen Schulen

Guérinière ist verantwortlich für die Formen der klassischen Reitkunst, wie sie von der Spanischen Reitschule in Wien und dem berühmten französischen Cadre Noir in Saumur praktiziert werden. Im Gegensatz zur Spanischen Reitschule war der Cadre Noir eine Kavallerieschule. Der Cadre Noir entwickelte sich laufend weiter, und es mangelte nie an Innovationen. Hier kam es zu einer Kombination der klassischen Grundlagen mit anderen Formen des Turnierreitens, und da u.a. hochgezüchtete Pferde wie Anglo-Araber oder Vollblüter eingesetzt wurden, hatte der Cadre Noir auch eine liberalere Einstellung.

Die dritte Form der klassischen Reitkunst findet man auf der iberischen Halbinsel, der Heimat des Spanischen Pferdes, das den Grundstein für die akademische Reitkunst bildete, aber nicht die Vollendung war. Die spanische Reitkunst ist meist weniger anerkannt und geachtet, aber ihre Bedeutung durch die Kombination klassischer Reitkunst mit praktischer Anwendung (z.B. beim Rinderhüten) ist nicht zu leugnen.

Die lange reiterliche Tradition gipfelte in dem Genie Pedro José de Alcantara Antonio Luis de Meneses, dem 4. Marquis von Marialva (1713–1799). Unweigerlich beeinflußt von Guérinière ist er verantwortlich für den einzigartigen iberischen Klassizismus der Reitkunst, der wie sonst nirgendwo die vollkommene Durchlässigkeit des Pferdes im Gleichgewicht manifestiert.

Der »Ziegensprung«
Ein Pferd des Cadre Noir zeigt die Capriole *(den Sprung der Ziege) an der Hand. Die Lektion der Spanischen Reitschule weicht nur geringfügig ab.*

DER GEIST DES ZIRKUS
Im 19. Jahrhundert wurde die römische Quadriga im Zirkus wieder eingeführt.

DER ZIRKUS

Ein Konservatorium der Reitkunst

DER ZIRKUS mit seiner Betonung auf Schaunummern mit Pferden spielte eine große Rolle im gesellschaftlichen Leben in Griechenland und Rom. Jahrhundertelang waren Pferdenummern die Hauptattraktion, und es gab seit jeher starke Verbindungen zur hohen Reitkunst. Die Entstehung des modernen Zirkus ist dem Engländer Philip Astley (1742–1814), einem ehemaligen Sergeant-Major, zu verdanken, der seinen ersten Zirkus, Astley's Amphitheater, in der Nähe des heutigen Bahnhofs Waterloo Station eröffnete. 1769 baute er eine runde Arena umzäunt von überdachten Tribünen, denn er hatte festgestellt, daß man aufgrund der Fliehkraft viel besser auf einem Pferderücken stehen konnte, wenn das Pferd auf einem kleinen Zirkel galoppierte. Seine Arena hatte einen Durchmesser von 13 m, was inzwischen der Standarddurchmesser einer Zirkusarena geworden ist. Zu den Pferdeschaunummern nahm Astley noch Seiltänzer, Jongleure, Akrobaten, Hunde und Clowns ins Programm. Die Bezeichnung Zirkus (aus dem Lateinischen für »Kreis«) existiert allerdings erst seit 1782, als Charles Hughes, ein ehemaliger Zirkusreiter von Astley, seinen eigenen »Royal Circus« (= Königlicher Zirkus) eröffnete. Die Unterhaltungsform Zirkus wurde nach Astley's Tod von seinem Partner, dem Venetianer Antonio Franconi, in dessen riesigen Pariser Zirkussen weiter verbreitet. Franconi entwickelte alle möglichen Tierkunststücke, aber die Darbietungen der Hohen Schule blieben Publikumsattraktion und Hauptbestandteil des Programms. Sowohl Francois Baucher (1796–1873), das Genie der französischen Schule, als auch der Engländer James Fillis, der spätere Hauptreitmeister der Kavallerieschule in St. Petersburg, zeigten ihre Kunst in der Zirkusarena. Zum Programm gehörte auch das Kunstreiten, das es inzwischen seit mehr als 2000 Jahren gibt. Das Voltigieren unserer Tage entstand aus dieser Form des Reitens. Ein anderes Beispiel ist die »Ungarische Post«, wobei ein Reiter mit je einem Fuß auf dem Rücken von zwei Pferden stehend durch die Manege galoppiert. Zirkuspferde lassen sich in drei große Gruppen einteilen: die weit ausgebildeten Pferde der Hohen Schule, meist Vollblüter, aber gelegentlich auch Araber und Lipizzaner; die Pferde für die Freiheitsdressur, meist Araber, da diese nicht so lang im Rücken sind wie Vollblüter und daher weniger Platz in der Manege beanspruchen; und die Voltigierpferde, oftmals Friesen oder eine andere im Kaltbluttyp stehende Rasse. Um welches Pferd auch immer es sich handelt, es muß ein ruhiges Wesen und einen breiten, flachen Rücken haben und gleichmäßig und taktrein galoppieren können.

REITKUNST
Die Hohe Schule war ein Bestandteil der riesigen Pariser Zirkusse von Antonio Franconi, dem venetianischen Impresario, der ehemals der Partner von Philip Astley war.

PLAKATWERBUNG

Zirkusplakate waren oft von beträchtlicher künstlerischer Qualität. Die verschiedenen Nummern wurden sehr farbig, informativ und mit großer Liebe zum Detail dargestellt. Sie zogen nicht nur das Publikum an, sondern sie stellten auch einen wertvollen Überblick über das reiterliche Repertoire des Zirkus dar.

VIRTUOSITÄT OHNE GRENZEN

Diese Zirkusnummern, ausgeführt von Artisten des »Grand Circus Royal« aus London, zeigten den hohen Grad reiterlichen Könnens. Bei den Pferden handelt es sich um die traditionellen Zirkuspferde mit ihren breiten Rücken und gleichmäßigen Bewegungen.

Kapriole

Die Spanische Reitschule

Die Spanische Reitschule in Wien ist die älteste Reitakademie der Welt. Sie wurde 1572 als Nebenstelle des Habsburger Hofs eingerichtet mit dem Ziel, den Adel in der Reitkunst zu unterweisen. Benannt wurde sie nach den Spanischen Pferden, die zu Anfang eingesetzt wurden, und bis zum heutigen Tage werden nur Lipizzaner (siehe Seiten 110–111) eingesetzt. Die Rasse geht zurück auf die Spanischen Pferde, die im Jahre 1580 am Hofgestüt in Lipizza importiert wurden. Heute werden sie speziell für die Spanische Reitschule im Gestüt Piber bei Wien gezüchtet. Bis 1729, als die Winter-Reithalle, die heutige Reitschule, von Kaiser Karl VI in Auftrag gegeben wurde, wurde die Reitschule in einer Holzhalle in der Nähe des kaiserlichen Palastes betrieben.

Unterrichtsstunde

Dieser Stich aus dem 18. Jhdt. von J. E. Ridinger zeigt ein Pferd, das am langen Zügel im langsamen, erhabenen Trab, genannt Passage, geschult wird.

Geschichte

Die Winter-Reithalle war von Josef Emmanuel Fischer von Erlach als Teil der Hofburg konzipiert und im Jahre 1735 fertiggestellt worden, als das riesige österreichisch-ungarische Kaiserreich auf dem Höhepunkt seiner Macht und seines Einflusses war. Als einzige unter den zahlreichen Hofreitschulen in Europa überstand die Spanische Reitschule den Zerfall des maroden österreichisch-ungarischen Kaiserreichs im Jahre 1918. Heute unterhält die Republik Österreich die Reitschule als kulturelle Einrichtung, und sie ist während der Trainingsstunden und für zwei Gala-Vorstellungen pro Woche für das Publikum geöffnet. Außerdem geht die Reitschule von Zeit zu Zeit auf Tournee und gibt Vorstellungen in allen Ländern der Welt.

Ausbildung

Die Ausbildungszeit für einen Reiter beträgt zwischen 4 und 6 Jahren. Erst danach gilt er als fähig, ein ausgebildetes Pferd zu reiten. Weitere 2 bis 4 Jahre vergehen, bevor er selbst ein Pferd bis zu diesem Niveau ausbilden kann.

Jeden Herbst werden 8 bis 10 junge Hengste im Alter von 3½ Jahren vom Gestüt Piber in die Hofreitschule gebracht. Nach einer gewissen Zeit, in der sich die jungen Pferde an ihre neue Umgebung und an regelmäßige Arbeit gewöhnen können, widmet man sich im ersten Jahr der Grundausbildung, dem Vorwärtsreiten, um das natürliche Gleichgewicht unter dem Reiter zu verbessern. Im 2. Jahr, genannt »niedere« oder »Kampagne-Schule«, werden fortgeschrittene, gymnastizierende Lektionen eingeführt, die zu verstärkter Versammlung führen. Dazu gehört das Absenken der Kruppe, vermehrte Tätigkeit der Hinterhand, Verkürzung des Rahmens, Erhöhung der Vorhand und eine verbesserte Kopf- und Halshaltung – kurz gesagt, die Kraft des Pferdes wird komprimiert.

Am Ende dieser Ausbildungsstufe ist das

Barock in Perfektion

Reiter der Spanischen Reitschule in Wien reiten eine elegante Quadrille in der prachtvollen Winter-Reithalle in der Hofburg. An der kurzen Seite hängt ein Porträt des Gründers der Schule, dem Heiligen Römischen Kaiser Karl VI (1685–1740).

Pferd in der Lage, die schwierigen Lektionen der Hohen Schule, wie Piaffe und Passage, zu erlernen – und seine Eignung für die schwierigsten Lektionen der Schule über der Erde – die Sprünge in der Luft – kann eingeschätzt werden.

Im 3. und 4. Jahr lernen die Hengste die schwierigen Lektionen der Hohen Schule, wozu z.B. der fliegende Galoppwechsel und schließlich der fliegende Galoppwechsel à tempi gehört. Diese Lektion ist es vor allem, die einem den Eindruck vermittelt, daß die Pferde zu der Musik, die die Aufführungen begleitet, »tanzen«. Die Pferde lernen außerdem, die wunderschöne Pirouette flüssig auszuführen sowie *Piaffe* und *Passage* (Spanischer Tritt) mit verbesserter Taktreinheit. Die Piaffe ist ein erhabener, stark versammelter Trab, fast auf der Stelle tretend. Bei der Passage handelt es sich um dieselben langsamen, rhythmischen Bewegungen, aber das Pferd tritt dabei majestätisch vorwärts.

Besonders begabte Pferde werden nun ausgewählt für die klassischen Schulsprünge, die als »Schule über der Erde« bekannt sind. Sie werden als Höhepunkt der klassischen Reitkunst betrachtet und gelten als Beweis höchster Versammlung. Sie werden zuerst einmal an der Hand erlernt, d.h. am langen Zügel an der Hand des Ausbilders. Erst wenn das Pferd in der Lage ist, die Sprünge ohne Reitergewicht korrekt auszuführen, werden sie auch unter dem Reiter ausgeführt.

DER TRADITIONELLE GRUSS

Ein Quartett von Schulreitern zieht den Zweispitz zum traditionellen Gruß bei der Aufstellung vor der Hofburg in Wien. Sie tragen die Schuluniform, und die Hengste tragen goldbesetzte Zaumzeuge.

PIROUETTE

Dieses Bild von Baron Reis d'Eisenburg, Rittmeister am Habsburger Hof, zeigt eine halbe Pirouette nach links im versammelten Galopp.

Im 17. Jahrhundert kannte man 7 Sprünge, wovon einige nicht mehr als unvollständige oder vorbereitende Lektionen waren. Heute werden nur die drei Hauptsprünge ausgeführt. Das sind *Levade, Courbette* und die in die Luft schnellende *Capriole* (der Ziegensprung, aus dem ital. Wort *capra* = Ziege).

Bei der *Levade,* der Grundlage für die anderen Sprünge, wird die Vorhand bei gleichzeitiger starker Hankenbiegung gehoben. Die Sprunggelenke befinden sich nur noch 20 bis 25 cm über dem Boden, während die Vorderbeine angewinkelt gehalten werden. Die Levade geht über in die *Courbette.* Aus der ersteren Haltung wird das Pferd ermuntert, auf der Hinterhand nach vorne zu springen, wobei es aber die Vorderbeine angewinkelt läßt. Die höchste Vollendung beider Lektionen ist die *Capriole,* wobei das Pferd mit allen vier Beinen deutlich vom Boden abspringt. Die Hinterbeine schlagen kräftig aus, während der Körper regelrecht in der Luft zu hängen scheint.

Manche Lektionen der Hohen Schule sind Bestandteil des modernen Grand Prix im Dressurreiten, aber die Sprünge spielen keine Rolle im Dressursport.

Nur weiße Lipizzaner gehen in die Reitschule, doch traditionsgemäß geht auch immer ein Brauner mit. Nach den genetischen Gesetzen werden gelegentlich auch braune Lipizzaner geboren, aber das sind Ausnahmen, die nicht in der Zucht eingesetzt werden und züchterisch nie eine Rolle gespielt haben.

ÖFFENTLICHE VORFÜHRUNGEN

Bei den öffentlichen Auftritten tragen die Hengste schwarzes Zaumzeug mit goldenen Schnallen, aber ohne den üblichen Kehlriemen, und den traditionellen weißen Wildleder-Sattel, den *»Selle Royale«* der klassischen Reitkunst. Die Reiter, die allesamt Österreicher sind, tragen einen tabakbraunen Frack, einen Zweispitz, Wildlederreithosen und hohe schwarze Stiefel. Sie führen eine lange, unverzierte Birkengerte, von der sie auch Gebrauch machen, die aber auch als Symbol für die Demut des Reiters gilt. Traditionsgemäß nehmen sie ihren Zweispitz beim Ein- und Hinausreiten zum Gruß vor dem Porträt von Karl VI ab, das an einer kurzen Seite der wunderschönen barocken Halle mit ihren Galerien hängt.

Die elegante Schulquadrille, der berühmte *Pas de Deux* und andere Teile des Schulprogramms finden mit sorgfältig ausgewählter Musikbegleitung statt, wie z.B. Bizet, Chopin, Mozart und Boccherini. Wenn die tanzenden weißen Pferde unter ihren fast unbeweglichen Reitern die Halle im Licht der glitzernden Kronleuchter betreten, kann der Betrachter die seltene Schönheit »der Reitkunst in ihrer reinsten Form und höchster Vollendung« erleben.

VOR DEM TRAINING

Jeden Tag werden die Lipizzanerhengste der Spanischen Reitschule von ihren Ställen über den Hof der Stallburg zum Training in die Winterreitschule geführt.

SORRAIA-PONY

DAS SORRAIA-PONY und sein naher Verwandter, der Garrano, gelten als bodenständige Rassen der Iberischen Halbinsel, und es ist durchaus möglich, daß ihre Ahnen die ersten domestizierten Pferde Europas waren. Beide haben direkt zur Entwicklung des Spanischen Pferdes beigetragen, das wiederum seit dem 16. Jahrhundert prägenden Einfluß auf die Entwicklung der Pferderassen Europas und Amerikas nahm. Das zeigt die Bedeutung dieser alten Rassen. Zweifellos hat der Mensch das Sorraia- und am meisten das Garrano-Pony durch die Einkreuzung arabischen Blutes veredelt.

SPANISCHES PFERD EN MINIATURE
Das veredelte, moderne Sorraia-Pony ist ein Spanisches Pferd im Miniaturformat. Die typische Falbfarbe ist charakteristisch für seine »primitive« Herkunft.

EINFLÜSSE

Beide Rassen haben wohl gemeinsame primitive Ahnen, hauptsächlich den Tarpan (siehe Seiten 20–21) und möglicherweise auch das Asiatische Wildpferd (siehe Seiten 18–19). Zur Zeit ihrer Domestikation wurden die bodenständigen Pferde über das ganze Land verteilt, wobei sich Gruppen auf die Gebiete konzentrierten, wo es Wasser und ausreichendes Weideland gab und die besten klimatischen Bedingungen. Unterschiede in Typ und Größe ergaben sich durch die verschiedenen Lebensbedingungen und die Vorherrschaft bestimmter Stämme.

Diese »Primitivpferde« der iberischen Halbinsel sind auch von den Pferden Nordafrikas beeinflußt worden, denn bis kurz vor der letzten Eiszeit vor Tausenden von Jahren existierte die Landbrücke zwischen Spanien und Afrika. Das war die genetische Basis für die Entstehung der iberischen Pferderassen, die als Andalusier, Lusitano und Alter-Real (siehe Seiten 106–109) bekannt sind, obwohl es sich eigentlich nur um verschiedene Zweige ein- und desselben Stamms handelt.

Die Geschichte Iberiens, lange bevor es von 1212 bis 1402 in die Königreiche von Leon und Kastilien, Portugal, Navarra, Aragon und Granada aufgeteilt war, war eine fortwährende Saga von Invasion und Besetzung. Karthager, Vandalen und Westgoten sowie ihre Pferde zogen in und manchmal durch das Gebiet, das so viel Bedeutung bei der Entwicklung der Pferderassen erlangte. Die Vandalen, die sich in Andalusien niedergelassen hatten, zogen nach Afrika und überließen das, was von den Westgoten übrig war, den Mauren, den Anhängern des Islam aus Algerien, Marokko und Tunesien.

Der Einfluß der Mauren war für die Bewohner Spaniens, Menschen wie Pferde, von entscheidender Bedeutung. Während der Invasion von 711 bis 712 kamen mehr als 25 000 Mann und ihre Pferde, hauptsächlich Berber aus Nordafrika (siehe Seiten 66–67), nach Spanien, und ihr Reich begann erst 1212 zu zerfallen, als ihre Truppen bei Las Navas de Tolosa von vereinten Truppen der Könige von Aragon und Kastilien geschlagen wurden. Granada, der letzte maurische Staat, fiel erst 1492.

Bis zum heutigen Tage kann man die unauslöschliche Prägung durch das maurische Reich in der Kunst, der Architektur und den Menschen und ihren Pferden erkennen.

HALS
Der kräftige Hals zeigt eindeutig die spanische Herkunft.

GLIEDMASSEN
Die kurzen Beine tragen einen kräftigen Rumpf, der tief und kompakt ist.

URSPRÜNGE

Die Sorraia-Ponys und ihre Nachbarn, die verwandten Garranos oder Minho, sind auf der Pyrenäen-Halbinsel beheimatet. Ursprünglich kam das Sorraia-Pony aus den Ebenen zwischen den Flüssen Sor und Raia (in Portugal und Spanien), während der Garrano weiter im Norden in den reichen portugiesischen Tälern von Garrano do Minho und Traz des Montes seine Heimat hat. Das Sorraia-Pony ist sehr kälte- und hitzeunempfindlich.

Berber und viele Araber (siehe Seiten 64–65) reiner Wüstenabstammung kamen nach Spanien. Einer der Kalifen von Cordoba hielt beispielsweise nicht weniger als 2000 Araberpferde in seinen Stallungen am Fluß Guadalquivir. Dennoch hat es generell den Anschein, als ob die Evolution des Iberischen Pferdes auf ständigen Kreuzungen zwischen den heimischen Pferden und den Berbern Nordafrikas basierte.

ROTFALB
Eine andere Variante der »primitiven« Fellfarben zeigen diese temperamentvollen Sorraia-Stuten und Fohlen. Diese Ponys sind ein gutes Beispiel für den verbesserten Typ.

SORRAIA UND GARRANO

Das Sorraia-Pony stellt das Bindeglied zwischen den bodenständigen Rassen aus vorgeschichtlicher Zeit und den heutigen Rassen der Pyrenäenhalbinsel dar. Erst in jüngster Zeit wurde seine Heimat festgelegt auf das Gebiet zwischen den Flüssen Sor und Raia (die durch beide Länder, Spanien und Portugal, fließen), und der Name der Rasse ist eine Zusammensetzung der beiden Flußnamen.

Die Heimat des Garranos oder Minho sind die fruchtbaren Bergtäler von Garranos do Minho und Traz dos Montes nördlich des Flusses Sor in Portugal. Es gibt keinen Zweifel am Alter der Rasse, aber durch fortlaufenden Einsatz arabischen Blutes durch das portugiesische Landwirtschaftsministerium ist ein Pony entstanden, das stark und hart ist, aber im Aussehen seinen »primitiven« Ahnen wenig ähnelt. Es ist ein qualitätsvolles Pony mit einem kleinen, hübschen Kopf, der wohl aufgrund der Einkreuzungen von Arabern ein konkaves Profil hat.

Obwohl das Sorraia-Pony deutlich den verbessernden Einfluß des Menschen erkennen läßt, so hat es doch viele charakteristische Merkmale seiner frühen Vorfahren behalten. Viele Ponys sehen dem Tarpan, zumindest was Gebäude, Fellfarbe und -struktur angeht, äußerst ähnlich. Vor etwa 50 Jahren war diese Ähnlichkeit sogar noch größer. Die Schulter war steil, der Rücken gerade und der Schweif tief angesetzt an einer abfallenden Kruppe. Der große Kopf hatte ein konvexes Profil.

Das moderne Sorraia-Pony ist wesentlich hübscher, und bei einer Größe von 1,20 bis 1,30 m ist es eigentlich mehr ein iberisches Pferd wie ein Lusitano oder Andalusier im Miniaturformat.

Wie seine Vorfahren ist es sehr unempfindlich gegen Hitze und Kälte und kommt gut auf ärmeren Böden und mit wenig Futter zurecht. Die »rehwild-graue« Fellfarbe gibt es noch sowie auch die typische Farbe der Primitivpferde, der falbe Farbton, und ein schmutziges Palomino-Gelb. Dunkle Punkte, Aalstrich auf dem Rücken und gestreifte Beine (Zebrastreifen) sind nicht ungewöhnlich bei dieser Rasse. Mähne und Schweif sind schwarz, und auch die langen, hochangesetzten Ohren haben schwarze Tupfen.

Jahrhundertelang wurde das Sorraia-Pony von den einheimischen »Cowboys« für eine Vielzahl leichter Arbeiten in der Landwirtschaft eingesetzt. Mit der Mechanisierung ging der Ponybestand zurück, und nur den Bemühungen von Dr. Ruy d'Andrade und seinem Sohn Fernando ist es zu verdanken, daß die Rasse erhalten geblieben ist. Sie hielten eine kleine Sorraia-Herde unter den natürlichen Lebensbedingungen, was die Erhaltung und Verbesserung der Rasse förderte.

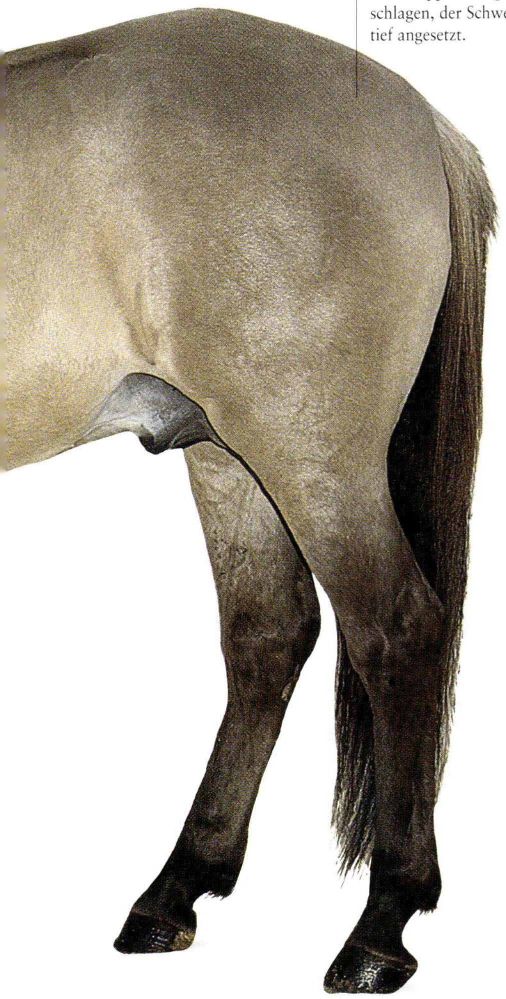

HINTERHAND
Die Kruppe ist abgeschlagen, der Schweif ist tief angesetzt.

GRÖSSE
1,22–1,32 m

DAS ASTURCON-PONY
Das Asturcon-Pony aus Nordspanien komplettiert das Trio der iberischen Ponys. Es ist eine alte Rasse, die gewisse Gemeinsamkeiten mit Dartmoor- und Exmoor-Ponys hat. Die Zucht wird gefördert von einem örtlichen Tierschutzverein.

Andalusier & Lusitano

In der Bedeutung für die Entwicklung der Spezies Pferd kommt das Spanische Pferd direkt nach dem Araber (siehe Seiten 64–65) und dessen eigenem Hauptvorfahr, dem Berber (siehe Seiten 66–67). Über 300 Jahre bis zum Ende des 18. Jahrhunderts währte sein Einfluß auf die europäischen und amerikanischen Rassen, aber auch die Vererbungskraft dieses »edelsten Pferdes der Welt«, als das es bis zum heutigen Tage gilt, war groß.

Fahr-Champions
Andalusier gehen ebenso gut im Geschirr wie unter dem Sattel. Dieser Andalusier-Viererzug aus Spanien nimmt am Grand Prix in Windsor teil.

Die Typen des Iberischen Pferdes

Trotz seiner Dominanz ist oft nicht ganz klar, was man unter einem Spanischen Pferd versteht. Das liegt zum großen Teil auch daran, daß es soviele Namen für ein- und dieselbe Rasse in Spanien und Portugal gibt. Viele Namen sind abgeleitet von der geographischen Lage, in der die Pferde gezüchtet werden. Somit kann es so unterschiedliche Bezeichnungen wie Spanisches Pferd, Kartäuser, Lusitano, Alter-Real, Peninsular, Zapatero, Andalusier usw. für Pferde geben, die alle derselben Rasse angehören, selbst unter Berücksichtigung gewisser regionaler Unterschiede und Nuancen im Typ. Es wäre also wesentlich befriedigender und auch genauer, all diese Pferde »Iberisches Pferd« zu nennen.

Mähne
Das volle Mähnen- und Schweifhaar wird kaum frisiert.

Hals
Der kurze, kräftige Hals wird erhaben getragen und trägt zum natürlichen Gleichgewicht des Pferdes bei.

Andalusier

Ursprünge

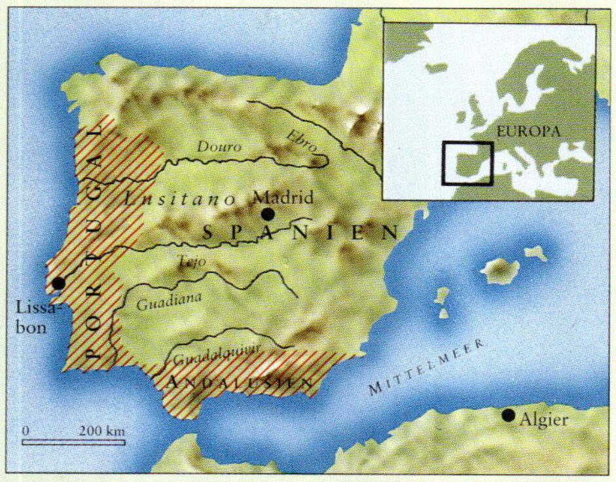

Die Zucht des Andalusiers konzentriert sich immer noch auf die Provinz Andalusien in Südspanien und besonders Jerez de la Frontera an der Küste, wo die Kartäusermönche den Andalusier rein züchteten. Der Lusitano, die portugiesische Version des Andalusiers, wird in Portugal gezüchtet. Hitze und Trockenheit kennzeichnen die Lebensbedingungen, die beide Rassen geprägt haben. Daher haben die widerstandsfähigen Pferde harte Hufe, ein dünnes Fell und die typische Mähne.

Der Andalusier

Der Name »Andalusier« ist ebenfalls verwirrend. Heute versteht man unter Andalusien die Gegend um Sevilla, Cordoba und Granada im Süden Spaniens, aber jahrhundertelang wurde fast die gesamte Halbinsel als »*Andalus*« bezeichnet. Wenn auch in anderen Ländern der Name Andalusier noch in Gebrauch ist, hat der spanische Zuchtverband im Jahre 1912 diesen Namen durch »*Pura raza espanola*« ersetzt, was »Pferd reiner spanischer Herkunft« bedeutet.

Das 1476 gegründete Kartäuserkloster von Jerez de la Frontera im heutigen Andalusien ist noch Zentrum der Zucht des Andalusiers.

Diesen Mönchen ist die Erhaltung der reinen

Grösse des Andalusiers
1,57 m

andalusischen Blutlinien zu verdanken. Sie lehnten Einkreuzungen des schweren Neapolitaners konsequent ab, obwohl sie damit gegen einen königlichen Erlaß handelten.

MERKMALE

Der Andalusier wird selten größer als 1,57 m, aber er ist ein Pferd mit enormer Ausstrahlung und erhabenen, eindrucksvollen Gängen. Das Profil ist konvex, und die Augen sind mandelförmig. Durch das natürliche Gleichgewicht, die ziemlich abfallende Kruppe und dem hohen Grad der möglichen Hankenbiegung geht das Pferd von Natur aus versammelt. Der Körperbau prädestiniert die Rasse nicht fürs Galoppieren, aber die Gänge sind außerordentlich weich und geschmeidig. Obwohl sie sehr viel Mut und Temperament besitzen, sind die Pferde gleichbleibend fromm und gelehrig. Sie werden immer noch im Stierkampf eingesetzt und eignen sich besonders für die Hohe Schule (siehe Seiten 102–103), obwohl die hohe, runde Aktion seiner Gänge im modernen Dressursport nicht sehr erwünscht ist.

DER LUSITANO

Der Lusitano ist die portugiesische Version des Iberischen Pferdes. Lusitano (von Lusitania, dem alten lateinischen Namen für Portugal) ist jedoch erst seit 1966 sein offizieller Name. Der Lusitano ist prädestiniert für den Stierkampf, der in Portugal als eine Kunstform betrachtet wird, bei der der Stier nicht in der Arena getötet wird. Lusitano und Andalusier haben denselben genetischen Hintergrund und Charakter, obwohl es geringe Unterschiede im Gebäude gibt, z.B. ist die Kruppe des Lusitanos abfallender und der Schweif tiefer angesetzt, auch das Profil ist konvexer. Bei beiden Rassen gibt es alle Schattierungen von Schimmel und Braun sowie die seltene, auffällige Maulbeerfarbe. Auch Mähne und Schweif sind bei beiden besonders üppig und voll.

GRÖSSE DES LUSITANO
1,57 m

WIDERRIST
Der Widerrist ist selten besonders ausgeprägt, aber er paßt zu den Schultern und betont Rücken und Lenden.

KOPF
Das Profil ist leicht konvex, und die Augen stehen weit auseinander.

SCHULTERN
In Relation zum Oberarmknochen sind die Schultern etwas gerade, was die erhabene Aktion fördert.

LUSITANO

LUSITANOS BEI DER ARBEIT
Die Lusitano-Zucht ist eng verbunden mit der Zucht der Kampfstiere. Ihre Wendigkeit, Intelligenz und Mut machen sie zum idealen Reitpferd der Campinos, die die Herden hüten.

ALTER-REAL

DER ALTER-REAL hat turbulentere Zeiten hinter sich als manch andere iberische Rasse und auch mehr fehlgeschlagene Kreuzungsversuche. Daß die Rasse überlebt hat, ist der Wiedereinführung andalusischen Bluts (siehe Seiten 106–107) zu verdanken, auf dessen Grundlage die Zucht des Alter-Real aufgebaut wurde, als im Jahre 1748 300 andalusische Stuten aus dem spanischen Jerez de la Frontera importiert wurden. Obwohl der Alter-Real zweifellos ein iberisches Pferd ist, hat er seine Individualität unter den iberischen Rassen behalten. Er ist besonders geeignet für die Hohe Schule und wurde ursprünglich auch nur für diesen Zweck genutzt. Heute findet man den klassischen Alter-Real in den Vorstellungen der Portugiesischen Schule der Reitkunst.

HALS
Der Hals ist muskulös und ziemlich kurz. In der Bewegung geht das Pferd in natürlicher Aufrichtung.

KOPF
Das Profil ist typisch für ein Pferd der iberischen Halbinsel.

DER ALTER-REAL

Die Rasse ist nach dem kleinen Städtchen Alter do Chao in der portugiesischen Provinz Alentejo benannt, wo 1748 auf dem königlichen Gestüt Vila de Portel die Zucht begonnen wurde. *Real* ist das portugiesische Wort für »königlich«. Aufgabe des Gestüts war es, die königlichen Ställe in Lissabon mit Pferden zu versorgen, die für die klassische Reiterei geeignet waren, sowie mit qualitätsvollen Kutschpferden für den Hof. Boden und Bewuchs in Alter waren günstig für die Aufzucht erstklassiger Pferde, und das Gestüt züchtete viele Jahre lang einen besonders edlen Typ Pferd.

Alter und seine Pferde waren auch berühmt durch die Verbindung zu Portugal's bedeutendstem Hofstallmeister, dem Marquis von Marialva (1713–1799), dem de la Guérinière von Portugal (siehe Seiten 98–99).

Das Gestüt erlitt große Verluste während des Krieges von 1804–1814, als die meisten Pferde von den französischen Truppen vertrieben wurden. 1834 wurde das Gestüt per königlichem Erlaß geschlossen. Danach wurde versucht, die Rasse durch Einkreuzungen von hannoverschem, normannischem und englischem Blut zu beleben, und es gab das Experiment, die Rasse zu »arabisieren«. Keiner dieser Kreuzungsversuche war erfolgreich, und die Einführung von Araberblut war besonders verheerend. Die Rasse erholte sich erst, als gegen Ende des 19. Jahrhunderts Rückkreuzungen auf den Andalusier vorgenommen wurden.

Zu jener Zeit griff man zurück auf Stuten

FESTGELEGTER TYP
Nach den Wandlungen von mehr als zwei Jahrhunderten ist der Alter-Real wieder einmal fest verankert in seinem Heimatland und hat einen eigenen festgelegten Rassetypus erreicht. In Portugal ist es üblich, daß die freilaufenden Stuten Halsglocken tragen.

GRÖSSE
1,52–1,63 m

reinster andalusischer Blutlinien, den von der Familie Zapata gezogenen Zapateros. Nach dem Ende der Monarchie in Portugal zu Beginn des 20. Jahrhunderts wären die Rasse und das Gestüt ganz verschwunden, hätte nicht einer der größten Hippologen Portugals, Dr. Ruy d'Andrade, die Initiative ergriffen. Es gelang ihm, einen kleinen Kern an Alter-Real-Pferden zu retten, und er betrieb eine Linienzucht mit nur zwei guten Hengsten. 1932 wurde die Zucht der Alter-Reals an das Landwirtschaftsministerium übergeben. Heute spielt die kleine Herde eine bedeutende Rolle im kulturellen Erbe des Landes.

Die Alter-Real-Pferde werden für die Hohe Schule ausgebildet, und man sagt, daß die heutigen Pferde den Pferden aus dem 18. Jahrhundert wieder ähnlich sehen. Die Rasse unterscheidet sich von anderen iberischen Pferden besonders im Rücken und der Länge von Fessel und Röhrbein. Ein Experte, Signor Leather de Macedo, schrieb 1971, daß der Oberarm kürzer als das Röhrbein sei und die Brust besonders breit und tief – mehr als beim Lusitano oder dem Andalusier. Die Aktion der Gänge ist auffallend mit bemerkenswerter Kniebiegung, was für ein Pferd, das nach den barocken Regeln der klassischen Reiterei geritten wird, kein Nachteil ist.

Die am häufigsten vertretene und anerkannte Farbe des Alter-Real ist braun oder dunkelbraun, obwohl de Macedo schrieb, daß Füchse, Braune und auch Pintos vorkämen. Diese Farben kommen heute nicht mehr vor, und man hält die Pferde auch nicht für »unberechenbar oder sogar aggressiv«, wie de Macedo sie schilderte.

URSPRÜNGE

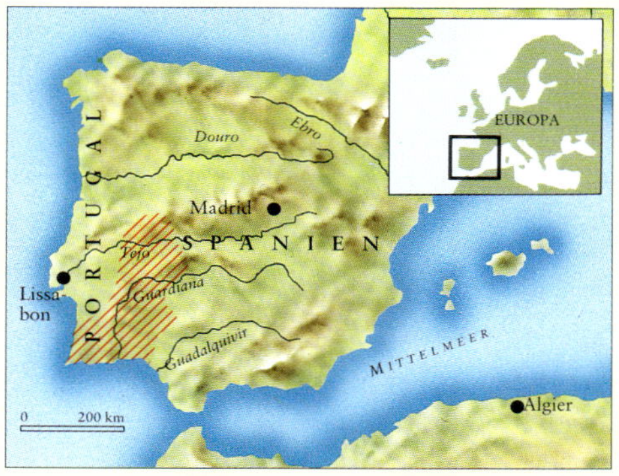

Die portugiesische Rasse Alter-Real wurde vom Hause Braganza im Jahre 1748 begründet, um Pferde für die Marställe in Lissabon liefern zu können. Die Rasse ist benannt nach der Stadt Alter do Chao in der südlichen Provinz Alentejo. Diese Gegend ist bekannt für die mineralhaltigen Böden und für das nahrhafte Grasland. Diese beiden Faktoren haben großen Einfluß auf die Qualität der Pferde.

HINTERHAND
Charakteristisch sind die abfallende Kruppe und der tiefangesetzte Schweif.

SPRUNGGELENKE
Die Gelenkverbindung der kräftigen und gut angesetzten Sprunggelenke ist beispielhaft.

ANDERE PFERDERASSEN IBERIENS

Spanien hat große Bestände an qualitätsvollen Arabern, die in der internationalen Araberwelt sehr gefragt sind. Auch Vollblüter (siehe Seiten 118–119) werden oft bei der Zucht von Turnierpferden eingesetzt.

Der Andalusier bringt in Anpaarung mit Arabern, Anglo-Arabern und Vollblütern elegante Pferde mit guten Bewegungen. Die Pferde haben das freundliche Wesen des Andalusiers und etwas von der Kraft und Wendigkeit. Besonders in Verbindung mit Vollblut oder Anglo-Arabern haben die Pferde eine schrägere Schulter und längere, flachere Bewegungen.

HISPANO-ARABER
Die Kreuzung von Spanischen Pferden mit Arabern (oder Anglo-Arabern) bringt einen sehr eleganten Reitpferdetyp. Der arabische Einfluß ist unverkennbar, besonders am Kopf. Dieser arabische Einschlag in Kombination mit der Substanz und dem kräftigen Rücken und der Hinterhand ist charakteristisch für die Spanischen Pferde.

LIPIZZANER

LIPIZZANER IM GESCHIRR

Der Lipizzaner war ursprünglich ein Reit- und Fahrpferd, und er wird auch heute noch in ganz Europa gerne angespannt. Dieses Paßgespann wurde in Lipizza fotografiert, wo die Rasse seit über 400 Jahren gezüchtet wird.

LIPIZZANER und Spanische Hofreitschule in Wien gehören so unweigerlich zusammen, daß man sich keins ohne das andere vorstellen kann. Dabei werden die weißen Pferde (und die wenigen Braunen, Rappen und Füchse auch) im gesamten ehemaligen Österreichisch-Ungarischen Kaiserreich gezüchtet, nicht nur im Gestüt der Spanischen Reitschule im österreichischen Piber. Trotz der Konflikte im ehemaligen Jugoslawien wird die Rasse weiterhin in Lipizza (Lipica) in Slowenien, der ursprünglichen Heimat, gezüchtet. Lipizza in der rauhen Kalkstein-Wildnis des Karst gab der Rasse Namen und Charakter.

DAS GESTÜT IN LIPIZZA

Das Gestüt in Lipizza gehörte zum österreichischen Kaiserreich, als es im Jahre 1580 von Erzherzog Karl II gegründet wurde, um den herzoglichen Stall in Graz und den Marstall in Wien mit ausreichend großen Pferden zu versorgen. Die Spanische Reitschule (Spanisch, da von Beginn an Spanische Pferde eingesetzt wurden) war 8 Jahre zuvor in einer Reithalle aus Holz neben dem Kaiserlichen Palast (siehe Seiten 102–103) errichtet worden.

Neun spanische Hengste und 24 Stuten der Rasse, die bis ins 18. Jahrhundert die Szene beherrschten, wurden von der iberischen Halbinsel nach Lipizza importiert. Auch im 18. Jahrhundert wurden Pferde in Spanien gekauft, aber als es immer schwieriger wurde, Pferde von altem Schlag zu bekommen, wurden Pferde aus Italien (Neapolitaner aus Polesina und Neapel), Deutschland und dem Königlichen Gestüt Frederiksborg in Dänemark eingeführt. All diese Pferde waren jedoch spanischen Ursprungs. Im 19. Jahrhundert gab es dann den starken arabischen Einfluß durch den Schimmel Siglavy, der 1816 als Sechsjähriger nach Lipizza kam. (Gelegentlich wurde versucht, Vollblüter einzukreuzen, aber diese Versuche waren nicht von Erfolg gekrönt.)

URSPRÜNGE

Zu Anfang wurde der Lipizzaner auf dem Gestüt Lipizza (Slowenien) auf dem rauhen Karst gezüchtet. Der Kalksandstein des Karstgebirges hat den Lipizzaner entscheidend geprägt, denn er führt zu starken Knochen und harten Hufen sowie Gesundheit und Langlebigkeit der Pferde. Seit 1920 wird der Lipizzaner für die Spanische Reitschule auf dem Gestüt Piber in Österreich gezüchtet, aber auch im gesamten Bereich des ehemaligen Österreichisch-Ungarischen Kaiserreichs.

BLUTLINIEN

Es gibt sechs Stammväter, deren Nachkommen heute noch in der Spanischen Reitschule in Wien zu sehen sind. Pluto, ein 1765 geborener Schimmel reiner spanischer Abstammung, der vom königlich-dänischen Hofgestüt erworben wurde; Conversano, ein 1767 geborener neapolitanischer Rapphengst; Favory, ein 1779 im Gestüt Kladrub geborener Falbe; Neapolitano, ein 1790 geborener, brauner Neapolitaner aus Polesina; Siglavy, der 1810 geborene Araber und der 1819 geborene Maestoso, ein Schimmel aus Mezöhegyes, dem bedeutendsten ungarischen Gestüt. Maestoso stammte von einem Neapolitaner-Hengst aus einer spanischen Stute. Von den ursprünglich 23 Stutenlinien sind noch 14 in Piber vertreten, wo seit 1920 die Pferde für die Spanische Reitschule gezüchtet werden, mit Ausnahme des 2. Weltkriegs, wo die Pferde nach Hostau umgezogen waren.

MERKMALE

Weiße Pferde sind seit jeher das Zuchtziel in Lipizza, da sie als am besten geeignet für das ehrwürdige Kaiserhaus erschienen. Bis zum 18. Jahrhundert gab es auch andere Farben. Das von George Hamilton 1727 gemalte Bild von Zuchtstuten in Lipizza zeigt Fellfarben von Schwarz, Braun, Falbe und Cremefarben bis hin zum auffälligen Tigerschecken, während man besonders auf den Stichen von Ridinger Schecken (Piebald und Skewbald) sieht. Moderne Lipizzaner aus Piber sind Schimmel, obwohl sie schwarz oder schwarzbraun geboren werden. Gelegentlich gibt es auch Braune, die aber nicht zur Zucht eingesetzt werden. Es ist jedoch Tradition, daß immer ein brauner Lipizzaner in der Spanischen Reitschule steht.

Der Lipizzaner aus Piber ist ein kleines Pferd von selten mehr als 1,52 m, aber der Lipizzaner im Kutschpferd-Typ kann bis zu 1,65 m groß sein. Schon bevor Piber im Jahre 1920 gegründet wurde und auch danach war das Zuchtziel der barocke Typ eines geschlossenen Pferdes mit kräftigen Beinen, gut bemuskelter Hinterhand und Halsung und oft mit der Ramsnase seiner spanischen Vorfahren. Am wichtigsten jedoch ist sein Temperament, das den intelligenten Lipizzaner so gelehrig und gefügig für die Schullektionen macht, ohne daß er seine Ausstrahlung verliert.

Der felsige Boden des Karst hat den Lipizzaner ganz besonders geprägt, und nur unter ähnlichen Bedingungen blüht die Rasse auf. (In Laxenburg z.B., wo das Klima milder ist, sank die Geburtenrate dramatisch, und es gab viele Todesfälle.) Der Karst produziert spätreife Pferde, aber mit hoher Lebenserwartung. Viele der Lipizzaner in Wien gehen noch anspruchsvolle Lektionen, wenn sie schon weit über 20 Jahre alt sind, und erreichen ein Lebensalter von über 30 Jahren.

LIPIZZANER IN EUROPA

Auch auf den Staatsgestüten in Ungarn, Rumänien und der früheren Tschechoslowakei werden Lipizzaner gezogen. Alle Gestüte haben sich der Erhaltung der 6 Hengstlinien verschrieben, auf denen die Rasse aufgebaut wurde, obwohl das ungarische Gestüt Szilvasvard auch die Linie des Incitato und seine eigene Hengstlinie, die des Tulipan, pflegt. Es gibt jedoch Unterschiede im Typ, obwohl sie alle Lipizzaner sind, und der Lipizzaner aus Piber ist keineswegs vorherrschend. Alle Lipizzaner werden geritten, aber außer dem Lipizzaner aus Piber sind viele auch ausgezeichnete Kutschpferde. Manch ein Lipizzaner wird aber auch immer noch zu Arbeiten in der Landwirtschaft herangezogen.

SCHULTERN
Die Schultern passen gleichermaßen zu einem Reit- oder Kutschpferd und zum kurzen Hals und dem meist flachen Widerrist.

KOPF
Der nette Kopf ist gut angesetzt, und manchmal ist der arabische Einfluß erkennbar, aber meist sieht man die spanische Abstammung.

GLIEDMASSEN
Die kräftigen Beine mit kurzen Röhrbeinen, gutem Röhrbeinumfang und außerordentlich harten, gut geformten Hufen sind Merkmale der Rasse. Die Fesselung ist schräg.

GRÖSSE
1,52 m

LIPIZZANER IN PIBER
Piber liefert die Lipizzaner-Hengste für die Spanische Reitschule in Wien. Hier werden Zuchtstuten und Fohlen vom Stall zur Weide gebracht. Die Stuten in Piber werden sowohl geritten als auch gefahren.

FREDERIKSBORGER & KNABSTRUPPER

DER FREDERIKSBORGER stammt aus dem Königlichen Gestüt Frederiksborg, das 1562 vom dänischen König Frederik II gegründet wurde. Aufgabe des Gestüts war, Kavalleriepferde zu züchten, die sowohl für die Reitakademie, als Paradepferd und bei den verschiedenen Zeremonien am Hofe eingesetzt werden konnten. Der Knabstrupper stammt aus der Zeit der Napoleonischen Kriege, als die spanischen Soldaten in Dänemark stationiert waren. Einige ihrer Pferde waren Tigerschecken – ein Farbmuster, das in den frühen spanischen Linien oft vorkam.

IN AKTION
Der attraktive Frederiksborger ist kein schnelles Pferd, aber er verfügt über freie, energische Bewegungen bei guter Kopfhaltung.

DER FREDERIKSBORGER

Der Grundstock auf Gestüt Frederiksborg bestand aus Spanischen Pferden, die auf der Pyrenäenhalbinsel oder in Zentral- und Osteuropa gekauft worden waren. Später wurden neapolitanische Pferde importiert, und im 19. Jahrhundert wurden englische Halbbluthengste eingekreuzt, die meist Norfolk Roadster-Blut führten (siehe Seiten 120–121). Auch orientalische Pferde, meist Araber (siehe Seiten 64–65), wurden als Veredler eingesetzt.

STARKE FAHRPFERDE
Der moderne Frederiksborger wird größtenteils als starkes, williges Kutschpferd mit charakteristischem Erscheinungsbild und hoher Knieaktion gezüchtet.

Pferde aus dem Königlichen Gestüt Frederiksborg wurden wiederum zur Veredelung anderer Rassen eingesetzt. Der Jütländer in Dänemark (siehe Seiten 274–275) z.B. wurde vom Frederiksborger beeinflußt und verdankt ihm seine energischen Gänge. Einer der berühmtesten Exporte des dänischen Hofgestüts war der 1765 geborene Schimmelhengst Pluto. Er wurde Stammvater einer Lipizzaner-Linie, die auch heute noch existiert und seinen Namen trägt (siehe Seiten 110–111).

Die Original-Frederiksborger waren sehr gefragt in Europa. Es waren meist Füchse; die Größe betrug so um 1,63 m. Die eleganten und temperamentvollen Pferde zeigten eine energische, ziemlich hohe Trabaktion, was dem Reiter die gewünschte »heroische« Erscheinung gab. Wie ihre spanischen Vorfahren besaßen sie ein äußerst ausgeglichenes Wesen.

Die Beliebtheit der Rasse war auch ihr Untergang. Viele Pferde, auch vom Zuchtbestand, wurden ins Ausland verkauft, was dazu führte, daß sorgfältig aufgebaute Blutlinien »versiegten«, so daß das Königliche Gestüt 1839 geschlossen werden mußte. Der Frederiksborger wurde weiterhin auf Privatgestüten in Dänemark gezüchtet, aber diese Gestüte züchteten mehr und mehr ein Pferd für die Kutsche und leichte Zugarbeiten und nicht das charakteristische Reitpferd. Zu jener Zeit war die Fuchsfarbe fest verankert, und die meisten Pferde waren etwas größer als 1,63 m.

In jüngster Zeit wurden Stuten vom Frede-

SCHULTERN
Die typischen, eleganten Kutschpferdeschultern passen zur hohen Kopfhaltung und der auffälligen Knieaktion. Der Widerrist ist flach und der Rücken etwas lang.

GLIEDMASSEN
Die Beine sind gut proportioniert, und die Gelenke sind von guter Größe.

FREDERIKSBORGER

GRÖSSE DES FREDERIKSBORGERS
1,63 m

riksborger-Typ mit Vollblütern (siehe Seiten 118 bis 119) und Trakehnern (siehe Seiten 138–139) gekreuzt, woraus das Dänische Warmblut entstand (siehe Seiten 148–149). Es gibt immer noch Frederiksborger in Dänemark, aber der alte Typ ist nur noch selten anzutreffen.

DER KNABSTRUPPER

Diese Rasse geht auf eine Stammstute spanischer Herkunft zurück, die Stute Flaebehoppen (»Flaebe's Pferd«). Ein spanischer Offizier kaufte sie von einem Metzger namens Flaebe und verkaufte sie dann weiter an den Richter Lunn, der sie auf seinem Gut Knabstrupp zur Zucht einsetzte. Sie war bekannt für ihre Schnelligkeit und Ausdauer. Nachdem sie 1808 einem Frederiksborger-Hengst zugeführt worden war, wurde sie Begründerin einer Tigerschecklinie. Ihr Enkel Mikkel gilt als Stempelhengst.

Knabstrupper sind hauptsächlich weiß mit braunen oder schwarzen Tupfen an Kopf, Körper und Beinen. Der alte Typ war kräftig mit einem eher groben Kopf. Durch seine Schultern und den kurzen, kräftigen Hals ist er gut geeignet für die Arbeit im Geschirr. Durch Kreuzungen allein der Tigerscheck-Farbe wegen ohne Rücksicht auf Gebäude und Konstitution hat sich die Qualität der Rasse sehr verschlechtert, aber Knabstrupper waren sehr beliebt als Zirkuspferde und ideal für Voltigiernummern. Wie beim Frederiksborger ist der alte Typ selten geworden. Der moderne Knabstrupper sieht eher aus wie ein qualitätsvoller Appaloosa (siehe Seiten 224–225).

DER ALTE TYP

Der alte Typ des Knabstruppers war stärker und schwerer gebaut als das Pferd, das heute vermehrt gezüchtet wird. Dieser alte Typ war sehr begehrt als Zirkuspferd.

HALS
Der Hals ist kräftig und sehr gut bemuskelt, aber oft zu kurz. Der Kopf ist besonders gut angesetzt und hübsch.

LENDEN
Die Lenden sind stark und breit, ohne daß das Pferd im Rücken zu lang ist. Der Widerrist ist nicht sehr ausgeprägt.

RÖHRBEINE
Das Pferd hat genügend Rahmen, die Röhrbeine sind kurz genug, und die Vorderfußwurzelgelenke sind groß und flach.

KNABSTRUPPER

GRÖSSE DES KNABSTRUPPERS
1,57 m

URSPRÜNGE

Sowohl der Frederiksborger als auch der Knabstrupper stammen aus Dänemark. Der Frederiksborger kommt vom Königlichen Gestüt Frederiksborg und der Knabstrupper vom Gut Knabstrupp. Keine der beiden Rassen ist in großer Zahl außerhalb Dänemarks gezüchtet worden, obwohl der Frederiksborger im 19. Jahrhundert in alle europäischen Länder exportiert wurde. In dieser Zeit war der Knabstrupper ein sehr gefragtes Zirkuspferd – sein breiter Rücken machte ihn ideal für Voltigiernummern. Der Frederiksborger diente als Veredler für Dänemark's Arbeitspferd.

TEIL 5

DIE GROSSEN GESTÜTE

DIE ERSTEN GROSSEN GESTÜTE in Europa entstanden wahrscheinlich vor dem 12. Jahrhundert. Auf diesen Gestüten wurden Pferde für die Marställe sowie für das Militär gezüchtet. Sie erreichten ihren Zenit in den architektonisch wunderschön gestalteten Anlagen des 18. und 19. Jahrhunderts. Viele dieser Gestüte gibt es auch heute noch, prachtvolle Beispiele der Architektur jener Zeit und wichtige Zuchtstätten qualitätsvoller Sport- und Freizeitpferde. Es ist nicht verwunderlich, daß die multinationale, finanzkräftige Vollblutzucht über ausgezeichnete eigene Zuchtstätten in den großen Rennsportländern der Welt verfügt. Manche sind Staatsgestüte, aber die meisten, darunter auch die berühmtesten, befinden sich in Privatbesitz.

»Das Gestüt Festetics in Fenekpußta am Balaton-See, Ungarn« von Emil Adam, 1884.

JÄHRLINGE IN TULLY, IRLAND

GESTÜTE IN GROSSBRITANNIEN, IRLAND & AMERIKA

VOLLBLUTRENNEN und folglich auch die Vollblutzucht werden in den meisten Ländern der Welt betrieben. Zu den führenden Ländern mit traditionellen Vollblut-Zuchtgebieten und hochentwickelter Rennsport-Industrie gehören Großbritannien, Irland, Frankreich und die USA. In diesen Ländern findet man die Mehrzahl der Gestüte in der Nähe der großen Rennbahnen, z. B. Newmarket und Lambourn in England, Longchamps und Chantilly in Frankreich, The Curragh in Irland und das legendäre »Blue Grass«-Land Kentucky in den USA. Ausgezeichnete Vollblüter werden auch in Australien und Neuseeland gezüchtet, und das Gestüt Dormello in Italien spielt ebenso eine wichtige Rolle. Dormello's großer Ribot ist aus der amerikanischen Zuchtgeschichte nicht mehr wegzudenken (siehe Seiten 332–333).

ENGLAND UND IRLAND

Sowohl in England als auch in Irland gibt es Nationalgestüte, obwohl die allermeisten Gestüte in Privatbesitz sind. Englands Nationalgestüt wurde der Nation von dem exzentrischen Colonel William Hall-Walker (später Lord Wavertree) im Jahre 1915 geschenkt, als er das Gestüt Tully (The Curragh, Irland) samt Pferdebestand der englischen Regierung anbot.

Das herausragendste Pferd, das zwischen den beiden Weltkriegen gezüchtet wurde, ist Blandford, der Vater von vier Derbysiegern: Trigo (geboren 1929), Blenheim (geboren 1930), Windsor Lad (geboren 1934) und Bahram (geboren 1935). Zu den Spitzenpferden, die das Nationalgestüt hervorbrachte, zählen auch die klassischen Sieger Royal Lancer (St. Leger 1922), Big Game (2000 Guineas, Oaks und St. Leger 1942) und Chamossaire (St. Leger 1945). Bis zum Jahre 1943, als die irische Regierung dort ihr eigenes Nationalgestüt einrichtete, war Tully das englische Nationalgestüt. Das englische Nationalgestüt zog nun um nach Gillingham in Dorset auf das Gestüt Sandley Stud. Nach dem Zweiten Weltkrieg wurden weitere 240 Hektar Land von West Grinstead in Sussex gepachtet.

Der Wendepunkt in der Geschichte des englischen Nationalgestüts kam 1963, als die Verwaltung vom Landwirtschaftsministerium an das Horse Race Betting Levy Board übergeben wurde.

Es wurde zum eigenständigen Unternehmen und konzentrierte sich auf die Hengsthaltung, die Zuchtstuten wurden abgegeben. Kurz darauf

DIE HEIMAT DER CHAMPIONS

Das englische Nationalgestüt auf der ehemaligen Bunbury-Farm in unmittelbarer Nähe von Newmarket spiegelt die erklärte Zuchtpolitik wider: »Das hohe Niveau des Englischen Vollbluts zu erhalten, wodurch es weltweit Ruhm erlangte.«

Auktion
Vier große Vollblut-Auktionen werden jedes Jahr auf der Rennbahn von Keeneland, dem Zentrum im Blue-Grass-Country Kentucky veranstaltet. Die Käufer kommen aus der ganzen Welt.

bekam man vom Jockey Club einen langfristigen Pachtvertrag für die 200 Hektar große Bunbury Farm in Newmarket angeboten, und das heutige Nationalgestüt wurde auf diesem Gelände errichtet.

Die ersten beiden Hengste, die in Newmarket aufgestellt wurden, waren Never Say Die und Tudor Melody. Der in den USA gezogene Never Say Die hatte 1954 das Derby und das St. Leger gewonnen und wurde dem Gestüt von seinem Besitzer Robert Sterling Clarke geschenkt. Tudor Melody war ein noch erfolgreicherer Vererber, seine Nachkommen aus den ersten drei Jahrgängen gewannen 88 Rennen. 1968 und 1970 führte er die Liste der Väter der Zweijährigen an. 10 Jahre später standen auf dem Nationalgestüt u. a. der große Mill Reef, Grundy und Blakeney. Mill Reef war Champion-Deckhengst in England und Irland und führte auch in Europa die Listen an. Zu seinen Nachkommen gehören Shirley Heights, der Sieger im Englischen und Irischen Sweeps Derby; Acamas, Sieger im Französischen Derby; und Slip Anchor, der 1985 das Epsom Derby gewann.

In Irland hat die Irish National Stud Company die Politik vorangetrieben, den Züchtern Spitzenhengste zu sehr günstigen Bedingungen zur Verfügung zu stellen. Zum Hengstbestand gehören immer bedeutende Vererber: Hengste wie Preciptic, Vimy, Panaslipper, Miralgo, Tulyar, Eudaemon und Sallust waren in Tully aufgestellt.

Kentucky

Trotz der Auswirkungen der Rezession in den 90er Jahren ist die amerikanische Vollblutindustrie mit ihrem Hauptsitz Kentucky immer noch die größte und wahrscheinlich einflußreichste Vollblutzucht auf der ganzen Welt. Seit etwa 200 Jahren hat man sich im Blue Grass Country (die Gegend um die Stadt Lexington in Kentucky) der Pferdezucht verschrieben.

Die vielleicht opulenteste, prächtigste und bedeutendste Farm in Kentucky ist wohl Calumet gewesen. Das Gestüt wurde 1928 von der Familie Wright gegründet, die ein Vermögen mit einem Backpulver namens Calumet verdient haben. (»Calumet« wird die indianische Friedenspfeife genannt.) Heute ist es geschlossen, aber seine Erfolge sind kaum wiederholbar. Calumet war die Heimat von Bull Lea, der bis 1953 fünfmal Champion-Deckhengst war. Er ist u. a. der Vater von Citation, dem ersten »Vollblut-Millionär«. Citation gewann 1 085 760 Dollar. 1948 gewann er die Dreifache Krone in Amerika. Secretariat und Seattle Slew, beides »Blue-Grass-Pferde«, wiederholten diesen Rekord 1973 bzw. 1977. Achtmal gewann ein Pferd vom Gestüt Calumet das Kentucky Derby. Das Gestüt gewann 32 Titel, u. a. »Pferd des Jahres«, »Bester Zweijähriger« und »Bester Dreijähriger«. Von 1932 bis 1975 gewannen Calumet-Pferde 21 863 076 Dollar – ein Rekord in der Geschichte des Rennsports.

Die Heimat von Bull Lea
Eins der typischen weißen Gebäude auf Calumet, einstmals das bedeutendste Gestüt im Blue-Grass-Country von Kentucky. Die Siegerliste von Calumet ist wohl kaum noch zu übertreffen.

Im Herzen von Kentucky
Die Straßen um Lexington im Herzen des Blue-Grass-Country sind gesäumt von den feudalsten Gestüten der Welt. Meilenweit sieht man die typischen Umzäunungen der Paddocks.

Englisches Vollblut

Ein Trainingsgalopp
Rennpferde in Lambourn, einem der großen Trainingszentren in Großbritannien, bei der Morgenarbeit. Die Pferde laufen auf All-Wetter-Bahnen, und im Winter tragen sie sogenannte Nieren- oder Kreuzdecken.

Das Vollblut entstand in England im 17. und 18. Jahrhundert – aufgrund der Begeisterung des englischen Adels und seiner Könige für Pferderennen. Der Begriff »Thoroughbred« taucht erstmalig 1821 im 2. Band des *General Stud Book* auf, wo genealogisch Buch geführt wird über die Vollblüter in Großbritannien und Irland. In den letzten 200 Jahren hat sich eine weltweite Vollblut- bzw. Rennsport-Industrie entwickelt, und das Vollblut hat sich als die Rasse mit dem größten Einfluß auf alle anderen Rassen der Welt herausgestellt. Vollblüter vererben Größe, bessere Bewegungen und Gebäude sowie Schnelligkeit, Kampfgeist und mentale Ausdauer. Diese Vererbungskraft ist das Ergebnis genetischer Einheitlichkeit durch sorgfältig dokumentierte Selektion.

Geschichte

Die Entstehung des Vollbluts wird allgemein dem Import von drei Pferden aus dem Orient zugeschrieben: Byerley Turk, Darley Arabian und Godolphin Arabian, die als die drei Stammväter der Rasse gelten und Anfang des 18. Jahrhunderts nach England kamen. Das ist eine vereinfachte Darstellung, denn hierbei bleibt der gut aufgebaute Basisbestand an Rennpferden auf den königlichen Gestüten größtenteils unberücksichtigt. Aus diesen Zuchtpferden, die mit importierten Hengsten aus dem Orient gekreuzt wurden, entstand eine Pferderasse, die allen anderen in punkto Schnelligkeit und Ausdauer überlegen ist.

Ein universeller Sport
Pferderennen nach englischem Vorbild sind ein beliebter Sport und ziehen auf der ganzen Welt große Besuchermengen an. Das Bild zeigt ein Pferderennen auf Jamaika.

Heinrich VIII, der erste königliche Förderer des Rennsports (siehe Seiten 332–333), gründete die Royal Paddocks in Hampton Court mit Pferden aus Spanien und Italien, die vom Berber beeinflußt waren (siehe Seiten 66–67). Diese Pferde wurden mit den einheimischen Rennpferden gekreuzt. Den größten Einfluß nahmen dabei die schnellen Galloways aus Nordengland, die Vorfahren der Fell-Ponys (siehe Seiten 170–171), und die »Irish Hobby«, die Vorfahren der Connemaras (siehe Seiten 178–179).

Auch spätere Monarchen zeigten großes Interesse an den »Rennpferde«-Gestüten. Weiteren Auftrieb bekamen Vollblut-Rennen und -Zucht durch die Restauration von Charles II im Jahre 1660. Vor diesem Hintergrund entstand die Rasse Vollblut.

Die Stammväter

Die Pferde aus dem Orient wurden nicht wegen ihrer Schnelligkeit eingesetzt, denn da konnten sie den »plainebredde« englischen Pferden nicht das Wasser reichen. Keiner dieser Hengste war je ein Rennen gelaufen, und auch von den anderen aus dem Orient importierten Pferden hatten höchstens eins oder zwei je eine Rennbahn betreten. Die Züchter, die das Vollblutpferd schufen, setzten Pferde aus dem Orient ein, da sie durch deren Vererbungskraft konsequent auf Typ züchten konnten. Man hat festgestellt, daß 81 % der Vollblutgene von 31 Vorfahren kommen. Die größte Bedeutung haben die drei Stammväter, auf die alle modernen Vollblüter in der männlichen Linie zurückgehen. Byerley Turk, der 1690 an der Schlacht von Boyne teilnahm und später auf einem Gestüt in der Grafschaft Durham seinen Dienst tat, begründete die erste der vier großen Blutlinien. Am Anfang dieser Linie steht Herod (geboren 1758), ein Sohn des Jigg von Byerley, und ihr entspringen Pferde wie Tourbillon und The Tetrarch. Allein Herod's Nachkommen gewannen über 1000 Rennen.

Hinterhand
Hinterhand und Lenden müssen kräftig sein, um die Kraft fürs Galoppieren zu liefern.

Hinterbeine
Die Hinterbeine sind lang und anmutig, die Sprunggelenke müssen gut entwickelt sein für den größtmöglichen Schub.

Darley Arabian wurde 1704 in Aleppo gekauft und dann zum Sitz der Darleys in East Yorkshire gesandt. Er besaß wunderbare Proportionen und war der beeindruckendste Hengst des Trios. Er hatte ein Stockmaß von 1,52 m, womit er größer war als die meisten Vollblüter seiner Zeit. Aus der Paarung mit der Stute Betty Leedes fiel das erste große Rennpferd: Flying Childers. Nach Meinung seines Besitzers war dieses Pferd »das schnellste Pferd, das je in Newmarket gelaufen war, oder wie man allgemein glaubte, das schnellste Pferd, das je auf dieser Welt gezüchtet worden war«. Sein Vollbruder, Bartlett's Childers, ist der Vater von Marske, dem Vater von Eclipse, dem ungeschlagenen König des Turf. Eclipse ist Begründer der zweiten Blutlinie, und ein paar der bedeutendsten Linien des 20. Jahrhunderts gehen auf ihn zurück.

Godolphin Arabian kam 1728 nach England, wo er als Probierhengst auf Lord Godolphin's Gestüt Gog Magog tätig war. Er lieferte sich mit dem Hengst Hobgoblin ein Duell um die Stute Roxana, die nach ihm Lath und Cade brachte. Cade ist der Vater des 1748 geborenen Matchem, dem Stammvater der dritten Linie. Stammvater der vierten Linie ist Highflyer, ein Sohn des Herod. Obwohl die männliche Linie vielleicht ausgestorben ist, gab es auch andere bedeutende Hengste: Curwen Bay Barb; Unknown Arabian, Vater der Vollblut-Stammstute Old Bald Peg, auf die Millionen von Rückkreuzungen in den Pedigrees von Pferden aus dem 20. Jahrhundert zurückverfolgt werden können; D'Arcy's Chestnut und White Arabians; Leedes Arabian; Helmsley und Lister Turks; Brownlow's Turk und Alcock's Arabian. (Die beiden letztgenannten waren verantwortlich für die Schimmelfarbe bei einigen Vollblütern.) Nach 1770 wurden keine Araber mehr in der Zucht eingesetzt, da man mit dem einheimischen Zuchtmaterial bessere Erfolge erzielen konnte.

EIN »BLUE-GRASS«-FOHLEN
Dieses bekannte Fohlen und seine Mutter stehen auf dem Gestüt Airdrie in Kentucky, dem »Pferdestaat« der USA und Heimat einer riesigen »Pferde-Industrie«.

SCHULTERN
Die Schultern sind lang und schräg bei ausgeprägtem Widerrist. Diese Kombination bewirkt raumgreifende, flache und kräftesparende Bewegungen.

KOPF
Der Kopf ist edel, wach und trocken, besonders im Kehlbereich. Er geht über in einen langen, anmutig gebogenen Hals, der wiederum symmetrisch in die Schultern übergeht.

KÖRPER
Der Körper ist typischerweise lang in all seinen Proportionen.

VORDERBEINE
Die Vorderbeine sind schlank mit langem, muskulösen Unterarm und großen, flachen Gelenken. Der Röhrbeinumfang beträgt selten weniger als 20 cm.

GRÖSSE
1,57 m

URSPRÜNGE

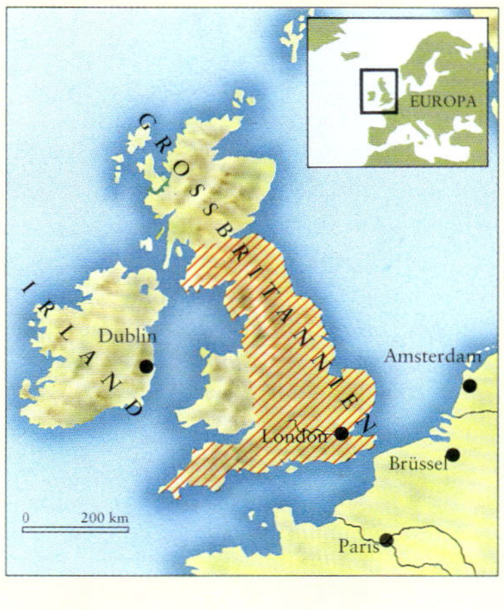

Seit dem 17. bzw. 18. Jahrhundert gibt es Vollblut-Rennpferde in England, von wo aus sie schnell nach Irland gelangten. Die Gegenden, wo heute hauptsächlich Vollblüter gezüchtet werden, sind die Rennsport-Zentren von Newmarket in Suffolk, Lambourn in Berkshire und Malton in Yorkshire, aber überall in Großbritannien gibt es Vollblüter. Seit Beginn des 20. Jahrhunderts wird praktisch auf der ganzen Welt Vollblutzucht betrieben, und sie hat sich zu einer multinationalen Industrie entwickelt. Pferderennen nach den von England aufgestellten Regeln werden in den meisten Ländern der Welt durchgeführt.

SHALES HORSE

DER ROADSTER-TYP
Der alte Norfolk-Roadster-Typ trabte unter dem Sattel. Der hier abgebildete, in Wales gezogene Roadster ist ein typischer Vertreter des Typs, der eine Rolle bei der Entwicklung des Welsh Cob spielte.

DAS SHALES HORSE findet man weder in Nachschlagewerken über Pferderassen und -schläge, noch ist es als Rasse in seiner Heimat Großbritannien anerkannt. Aufgrund der Abstammungsnachweise und der eindeutigen Herkunft hat es eigentlich ein größeres Recht, als Rasse anerkannt zu werden als viele andere. Manch ein Warmblüter und einige amerikanische Pferde verdienen bei weitem nicht so sehr die Anerkennung. Das abgebildete Pferd beispielsweise, Finmere Grey Shales, geht über einige der größten Namen in der Geschichte des Pferdes zurück auf Darley Arabian, der 1704 nach Großbritannien kam und als einer der drei Stammväter des Englischen Vollbluts gilt (siehe Seiten 118–119).

URSPRÜNGE

Das Shales Horse ist der direkte Nachfahr bzw. das moderne Equivalent des Norfolk Trotters oder Roadsters. Im 19. Jahrhundert war der Norfolk Roadster der ganze Stolz Englands, und dank seiner Vererbungskraft übte er einen großen Einfluß auf die Rassen Europas und Amerikas aus. Er war das festigende Element in der Entstehung der meisten Warmblutrassen (siehe Seite 122–123) und vieler Kaltblutrassen Europas. Er steht auch am Anfang der Entstehung des American Standardbred Trabrennpferdes (siehe Seiten 338–339).

DER NORFOLK ROADSTER

Der Stammvater des American Standardbred war der Vollbluthengst Messenger aus dem 18. Jahrhundert. Messenger stammte ab von Blaze, dessen Sohn Original Shales Stammvater der Dynastie des Norfolk Roadsters wurde und für das moderne Shales Horse sowie für den modernen Hackney mit seiner hohen Knieaktion (siehe Seiten 378–379) verantwortlich ist.

Der Roadster (Traber) hat dieselben orientalischen Ahnen wie der Vollblüter (Galopper), und im 17. und 18. Jahrhundert verlief die Entwicklung von Roadster und Vollblüter eine ganze Zeitlang parallel. Die Unterschiede in der weiteren Entwicklung dieser Rassen ergeben sich durch die gesellschaftlichen Strukturen, aus denen sie entsprangen. Der Vollblüter war praktisch das Ergebnis der Interessen des Landadels an Galopprennen und Jagden. Der Traber war jedoch ein Gebrauchspferd, das größtenteils in bäuerlichen Kreisen gezüchtet wurde, um den Bedarf an Pferden zu decken, die sowohl unter dem Sattel als auch im Geschirr gehen konnten. Für diesen Zweck war der Trab die ideale Gangart. Bis ins 19. Jahrhundert wurden die imposanten Roadster meist geritten.

In typisch englischer Rennsporttradition waren die Besitzer stolz auf die Leistung ih-

URSPRÜNGE

Der Norfolk Roadster oder Trotter, von dem das Shales Horse abstammt, war in East Anglia im Osten Englands zu Hause, wozu die Grafschaften Norfolk, Suffolk, Huntingdonshire und Bedfordshire gehören. In dieser Gegend gab es eine Rennsport-Tradition, die von kleinen Gutsbesitzern und Kaufleuten unterstützt wurde. Sie entwickelten eine Art »Gebrauchstraber«, der gut unter dem Sattel und im Geschirr ging, und testeten ihre Pferde, indem sie sie gegeneinander laufen ließen. Besonders in Norfolk wurden die großartigen Traber aus der Shales-Familie bewundert.

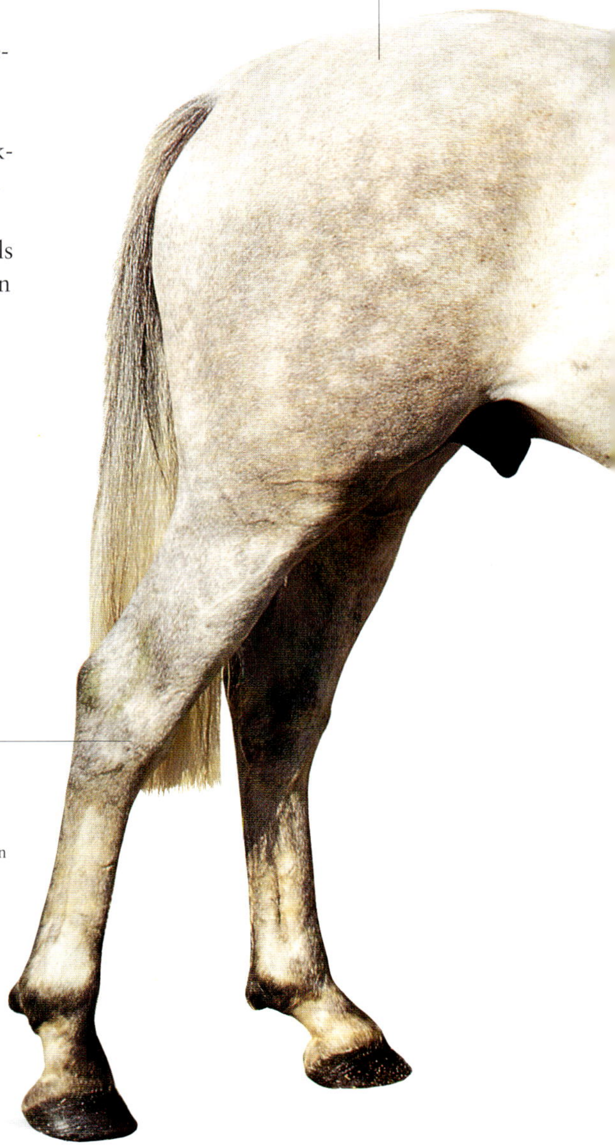

HINTERHAND
Die abfallende Hinterhand zeigt genügend Länge von der Hüfte zum Sprunggelenk. Die Unterschenkel sind gut bemuskelt.

GLIEDMASSEN
Die Sprunggelenke sind groß und klar. Die Gelenke sind flach und gut geformt. Die Schienbeine sind kurz und von bemerkenswerter Knochenstruktur.

rer Pferde und liebten es, Wettbewerbe zu veranstalten, die zu einigen außergewöhnlichen Rekorden führten (siehe Seiten 378–379). So bemerkenswert uns die Pferde heute erscheinen, so alltäglich waren sie damals für die Männer, denen es wenig ausmachte, 100 km oder mehr an einem Tag zu reiten. Diese frühen Roadster konnten einen schweren Mann bei einem Tempo von 25–27 km/h über eine gewisse Strecke und bei nicht gerade idealen Bodenverhältnissen tragen. Erst als die Straßen besser geworden waren, konzentrierte man sich mehr auf das Fahren, und viele Jahre lang glänzte der Roadster in beiden Rollen.

Selbst als sich der Hackney, ein ebenfalls vom Norfolk Roadster abstammendes Kutschpferd, etabliert hatte, züchteten einige Züchter wie Lord Ashtouwn in Irland auf seinem Gestüt Woodlawn in Cork bis um 1941 weiter den alten »Reittyp«, während die Familie Monson aus Walpole St. Peter in Cambridgeshire einen Hackney-Stamm besaß, auf dessen Basis sie bis zum 2. Weltkrieg überwiegend Schimmel im Hunter-Typ züchtete. Die Monson-Pferde von diesem Stamm, wie z. B. Monson Cadet und Monson's Walpole Shales, sind stark im Pedigree des auf diesen Seiten abgebildeten Hengstes, Finmere Grey Shales, vertreten.

DAS MODERNE SHALES HORSE

Das moderne Shales Horse wird von der Familie Colquhoun seit 1922 gezüchtet, als die Mutter der jetzigen Züchterin, Elisabeth Colquhoun, einen zweijährigen Hengst von Findon Grey Shales in Devon kaufte. Findon Grey Shales' Züchter war Charles Monson. Zusammen mit Black Shales hatte er mehrere Jahre auf dem Tor Royal Stud im Herzogtum Cornwall gestanden. Der Züchter des jungen Hengstes, der später Royal Shales genannt wurde, war seine Königliche Hoheit, der Prinz von Wales, der spätere Herzog von Windsor. Eine Enkelin von Royal Shales a. d. Katinka, deren väterliche Linie zurückgeht auf den Vollblüter The Tetrarch, hieß Silver. 1950 brachte sie Silver Shales, den Vater von Red Shales und Großvater von Finmere Grey Shales.

Vielseitigkeit war das Hauptmerkmal der Rasse, und Silver Shales ging tatsächlich Jagden, wurde gefahren und war ein Spitzen-Polopony. Shales Horses, d. h. qualitätsvolle »Cobs« um 1,52 m, werden immer noch gemäß der alten Tradition geritten und gefahren. Von ihren Vorfahren haben sie die Ausdauer, und sie sind zäh, außerordentlich gutmütig und liefern in der Zucht beneidenswert gute Turnierpferde. In der heute selten gewordenen Rasse gibt es gelegentlich Rückkreuzungen mit Vollblütern, eine Praxis, die auch bei der Entwicklung des Hackneys bis ins 19. Jahrhundert hinein verfolgt wurde.

HALS
Der mittellange Hals ist anmutig gebogen mit perfekt angesetztem Kopf.

SCHULTERN
Die Schultern sind schräg, und das Pferd hat eine tiefe Brust.

KOPF
Der intelligente, freundliche Kopf ist sehr qualitätsvoll mit großen, gutmütigen Augen und weit geöffneten Nüstern.

GRÖSSE
1,52 m

»TROTTING TRADITION«
Dieses Gemälde von John Frederick Herring zeigt den Roadster »Confidence«, wie er bei einem Tempo von wahrscheinlich gut 19 km/h »dahinschwebt«. Confidence gehört zur großen Tradition englischer Traberpferde, die eine große Rolle bei der Entstehung der bedeutendsten europäischen Rassen spielte.

DÄNISCHES WARMBLUT

DER AUFSTIEG DER WARMBLÜTER

DER WARMBLÜTER des 20. Jahrhunderts ist ein erfolgreiches Turnierpferd. Um den Begriff Warmblut zu verstehen, muß man auch die Bezeichnungen »Heiß-« (= Voll-) und »Kaltblut« verstehen, denn der Warmblüter ist ein Mittelding und kann sowohl »heiß-« wie auch »kaltblütige« Merkmale für sich beanspruchen. Araber (siehe Seiten 64–65) und Englische Vollblüter (siehe Seiten 118–119) sind leichte Reitpferde mit »Wüstenabstammung« und werden als »heißblütig« bezeichnet. In Europa werden sie manchmal wie in Deutschland z.B. als Vollblüter bezeichnet. Sie sind das Produkt einer über lange Zeit aufgebauten und sorgfältig dokumentierten Reinzucht, die niemals Rückkreuzungen erlebt hat. Schwere Zugpferderassen, die vom langsamen, primitiven Waldpferd abstammen und ganz andere Merkmale aufweisen, werden »Kaltblüter« genannt.

GESCHICHTE

Auf dem europäischen Festland ist die Pferdezucht seit dem 11. Jahrhundert traditionell verankert. Sie lag hauptsächlich in den Händen der bäuerlichen Gemeinden, wurde aber stark unterstützt von den großen königlichen und staatlichen Gestüten, die im 18. und 19. Jahrhundert den Höhepunkt ihres Einflusses erreicht hatten. In dieser Zeit wurde auch der Grundstein für die Zucht des Warmblut-Turnierpferdes des 20. Jahrhunderts gelegt.

Vor 200 Jahren produzierten die europäischen Züchter Pferde, die den Bedarf an vielseitigen Pferden für die Landwirtschaft deckten, die aber auch vor die Kutsche gespannt oder gar als Kavalleriemonte dienen konnten. In späteren Jahren wurde auf Grundlage dieser Pferde ein besseres Kavallerie- und Kutschpferd entwickelt, oft durch den Einsatz von Englischen Vollblütern, Norfolk Roadsters (siehe Seiten 120–121) und englischen Halbbluthengsten. Das war die Grundlage des modernen Warmblutpferdes. In den 60er Jahren verlagerte sich der Schwerpunkt vom schweren Arbeitspferd zum leichteren Reitpferd, das als Sport- und Freizeitpartner dient.

TURNIERSIEGER

Fritz Thiedemann, der berühmte deutsche Reiter, und der Holsteiner Meteor sind die einzigen, die bei drei aufeinanderfolgenden Olympiaden zu den Medaillengewinnern gehörten.

DAS MODERNE WARMBLUTPFERD

In den 50er Jahren konnte man das moderne Warmblutpferd einteilen in »Halb-«, »$^3/_4$«- oder sogar »$^7/_8$«-Blüter, je nachdem, wie groß der Vollblutanteil im Pedigree war. Eine angemessenere Definition des modernen Warmblüters wäre, daß es sich um »ein Pferd aus einer Mischung von Rassen mit Betonung des Englischen Vollblüters« handelt.

1975 erklärten die deutschen Warmblut-Zuchtverbände, daß die Züchter »ein elegantes, großliniges, korrektes Pferd mit dynamischen,

GENETISCHE ZUSAMMENSETZUNG

Die Basis des Holländischen Warmbluts war der Friese, der auch Groninger und Gelderländer maßgeblich beeinflußte. Die folgenden Einkreuzungen von Vollblütern gaben dem Pferd mehr Umriß, Schnelligkeit und Mut. Der kurzfristige Einsatz von verwandten Warmblütern wirkte ausgleichend und gab dieser Mischung das klassische Warmblutelement.

FRIESE

GRONINGER

schwungvollen und elastischen Bewegungen« produzieren sollten, »das sich für alle Disziplinen des Reitsports aufgrund seines Temperaments, Charakters und seiner Rittigkeit gut eignet.«

Warmblüter sind fast immer das Produkt eines »offenen« Stutbuchs. In ein »geschlossenes« Stutbuch werden nur die Pferde eingetragen, deren Eltern eingetragen sind. Das flexiblere, offene Stutbuch läßt auch den Einsatz von Outcross-Pferden anderer Rassen zu, wenn es erforderlich erscheint, um ein bestimmtes Merkmal zu erreichen oder zu verstärken. Solche Rückkreuzungen müssen vom Zuchtverband genehmigt werden, und sie können nur mit Pferden durchgeführt werden, die schon in dem oder den entsprechenden Büchern eingetragen sind.

SELEKTION UND LEISTUNGSPRÜFUNG

Das Hauptaugenmerk in der Warmblutzucht liegt auf der äußerst genauen Dokumentation und der Selektion auf der Grundlage von verbindlichen Leistungsprüfungen, wobei großer Wert auf Temperament und Rittigkeit gelegt wird. Beim Hannoveraner z. B. vollzieht sich dieser Selektionsprozeß in vier Stufen:

DAS ENDPRODUKT
Dieses internationale Holländische Warmblutpferd befindet sich gerade auf der Geländestrecke einer Vielseitigkeits-Meisterschaft. Den größten Einfluß auf diese Pferde hatte der Vollblüter.

1. Fohlen werden in Hinsicht auf Gebäude und Grundgangarten beurteilt, wobei die Abstammung sorgfältig geprüft wird.
2. Deckhengste müssen zur Körung vorgestellt werden, wo u. a. ihre Grundgangarten und das Exterieur beurteilt werden.
3. Die Junghengste müssen dann eine Hauptleistungsprüfung in Form eines 100-Tage-Tests mit Abschlußprüfung ablegen. In beiden Prüfungen werden die Hengste im Springen, in der Dressur und auf einer Geländestrecke geprüft.
4. Die Nachzucht der Hengste wird im Turniersport geprüft. Stuten legen eine Stutenleistungsprüfung ab, die Aufschluß gibt über Charakter, Temperament, Rittigkeit und Leistungsvermögen.

Viele der heutigen Warmblutrassen sind hervorragende Spring- und Dressurpferde. In der Vielseitigkeit sind sie weniger erfolgreich; das ist die Domäne der reinen Vollblüter oder hoch im Blut stehender Pferde. Von Zeit zu Zeit bringt dieses Zuchtsystem eine Linie hervor, deren Vertreter in der einen oder anderen Reitsportdisziplin Hervorragendes leisten, aber das Durchschnittspferd soll die Bedürfnisse der »normalen« Reiter erfüllen. Zu den großen Warmblutrassen zählen Hannoveraner, Holsteiner, Trakehner, Oldenburger, Holländisches, Dänisches und Schwedisches Warmblut sowie der Selle Français.

GELDERLÄNDER

ENGL. VOLLBLUT

GRONINGER & GELDERLÄNDER

DIE NIEDERLANDE sind weder ein großes Land, noch besonders geeignet zur Pferdezucht, aber sie haben einen großen Beitrag zur Pferdezucht in Europa geleistet. Seit Jahrhunderten haben sich die Züchter als geschickt und marktorientiert erwiesen. Sie züchteten Pferde wie den Groninger und den Gelderländer für den Eigenbedarf, sie sind aber auch in der Lage, ihre Pferde an den Bedarf der Nachbarmärkte anzupassen. So ist es ihnen gelungen, diese beiden alten Rassen als Grundstock für die Zucht des Holländischen Warmbluts zu nutzen (siehe Seiten 126–127).

GELDERLÄNDER

DER GRONINGER

Der Groninger wird in der Region Groningen im Norden der Niederlande gezüchtet. Wenn er auch kaum im Ausland gefragt war, so war er doch genau das, was die einheimische Bevölkerung brauchte. Der alte Typ basierte hauptsächlich auf seinen berühmten Nachbarn, den Friesen (siehe Seiten 48–49) und den kraftvollen, ruhigen Oldenburgern (siehe Seiten 306–307). Zu Anfang des 19. Jahrhunderts war ein schweres Arbeitspferd für verschiedene Arbeiten in der Landwirtschaft entstanden, das auch als sicheres, sehr starkes, aber nicht gerade auffälliges Kutschpferd eingesetzt werden konnte. Der alte Groninger-Typ war bekannt für seine starke Hinterhand und Knochenstärke, aber seine Trabaktion war begrenzt. Die meisten hatten eine steile Schulter und einen langen Rücken und neigten zu fleischigen, runden Gelenken. Die Zuchtstuten hatten viel Substanz und Rumpftiefe, und wenn sie mit guten Hengsten gekreuzt wurden, konnten sie gute, einfache Pferde von beträchtlicher Größe und Stärke bringen. Diese Pferde waren außerdem ruhig, gefügig und sehr arbeitswillig. Nach 1945 bestand ein sehr großer Bedarf an gehfreudigen, vielseitigen Pferden, und die Züchter produzierten ein geschlosseneres Pferd mit besserer Schulter und freieren Bewegungen. Der alte Typ, etwas schwerer als der Gelderländer und mit besonders kräftiger Hinterhand ausgestattet, existiert heute praktisch nicht mehr, und die ganze Rasse ist stark zurückgegangen.

DER GELDERLÄNDER

Vor hundert Jahren begannen die bäuerlichen Züchter in der Provinz Gelderland, zwischen Appeldoorn und Arnheim, mit der Entwicklung

EIN EINDRUCKSVOLLES GESPANN
Der Gelderländer Fuchs ist ein eindrucksvolles Kutsch- und Zugpferd mit hoher Knieaktion, das immer erfolgreicher im Fahrsport geht. Man sagt dem Gelderländer ein freundliches Wesen nach, aber er ist nicht ohne Temperament und besitzt großes Stehvermögen.

GRÖSSE DES GELDERLÄNDERS
1,68 m

GRONINGER

Der Groninger ist schwerer als der Gelderländer und bekannt für seine starke Hinterhand. Der moderne Groninger verfügt über einen flüssigeren Bewegungsablauf als seine Vorfahren und ist geschlossener.

des Gelderländers auf der Grundlage der einfachen, bodenständigen Stuten.

Zuchtziel war ein Kutschpferd mit Ausstrahlung und guter Knieaktion, das für leichte Arbeiten in der Landwirtschaft, aber auch als schwereres Reitpferd eingesetzt werden konnte. Wie die meisten Züchter in Europa legte man viel Wert auf ein ruhiges Temperament. Hengste vieler verschiedener Rassen wurden eingesetzt: Cleveland Bays, Roadster und Halbblüter aus Großbritannien; Araber aus Ägypten; Anglo-Araber, Nonius und Furioso-Halbblüter aus Ungarn; Oldenburger; Ostpreußen aus Polen und ein paar Orlow-Traber und Orlow-Rastopchin-Traber aus Rußland. Die besten dieser ungleichen Nachkommen wurden miteinander gepaart, um einen einheitlichen Typ zu bekommen. Später wurden weitere Oldenburger und Ostfriesen eingeführt, und im Jahre 1900 wurde sogar ein Hackney eingesetzt, um der Rasse mehr Ausstrahlung zu verleihen. Seither wird auch immer wieder mal ein Anglo-Normanne benutzt.

Der moderne Gelderländer ist ein beeindruckendes Kutschpferd mit erhabenen, taktreinen Bewegungen (dank guter Schulterlage) und hoch getragenem Schweif bei wesentlich verbesserter Kruppe. Es handelt sich um ein kraftvolles Pferd mit kurzen, sehr kräftigen Gliedmaßen ohne Fesselbehang. Das Pferd ist relativ gewöhnlich mit einem eher klugen als eleganten Kopf und geradem oder leicht konvexem Profil. Während der Groninger meist braun oder schwarzbraun ist, ist der Gelderländer meist Fuchs (und selten Schimmel) mit weißen Abzeichen an Beinen und Kopf. Er ist ca. 1,68 m groß. Die Pferde gehen erfolgreich im Fahrsport. Gelderländer-Gespanne erregen Aufmerksamkeit auf internationalen Turnieren. Gelegentlich werden sie auch als Gewichtsträger im Reitsport eingesetzt, und es gibt auch ein paar zuverlässige, wenn auch nicht besonders schnelle Springpferde.

URSPRÜNGE

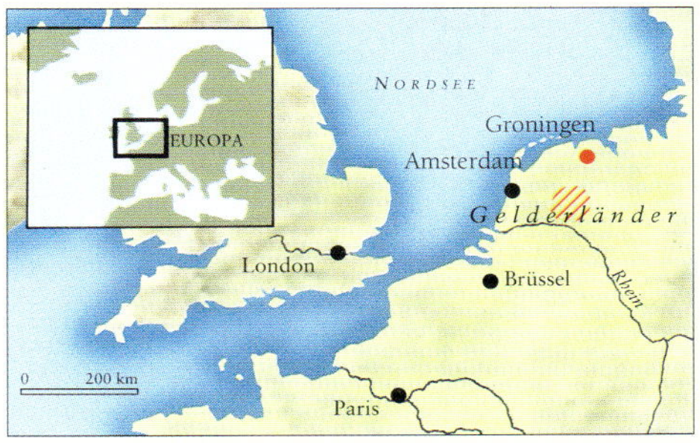

Der Gelderländer stammt aus der niederländischen Provinz Gelderland. Er wurde als leichtes Arbeitspferd für die Landwirtschaft auf den mittelschweren Böden gezüchtet. Er ist das Produkt einer komplexen Mischung verschiedenster Blutlinien, vom Araber bis zum Oldenburger. Der Groninger kommt aus der nördlichen Provinz Groningen, die an die Nordsee und im Osten an die Ems grenzt. Ursprünglich wurde er als schweres Arbeitspferd gezüchtet und basierte im wesentlichen auf Verdrängungskreuzungen mit seinen Nachbarn, den Friesen und Oldenburgern.

HINTERHAND
Die Kruppe ist gerade, und im Verhältnis zum Rahmen ist der Rücken relativ lang.

HINTERHAND
Die Hinterhand ist eher breit und sehr kräftig. Das Pferd besitzt eine gute Rumpftiefe. Der Rücken ist lang und die Gelenke eher rund.

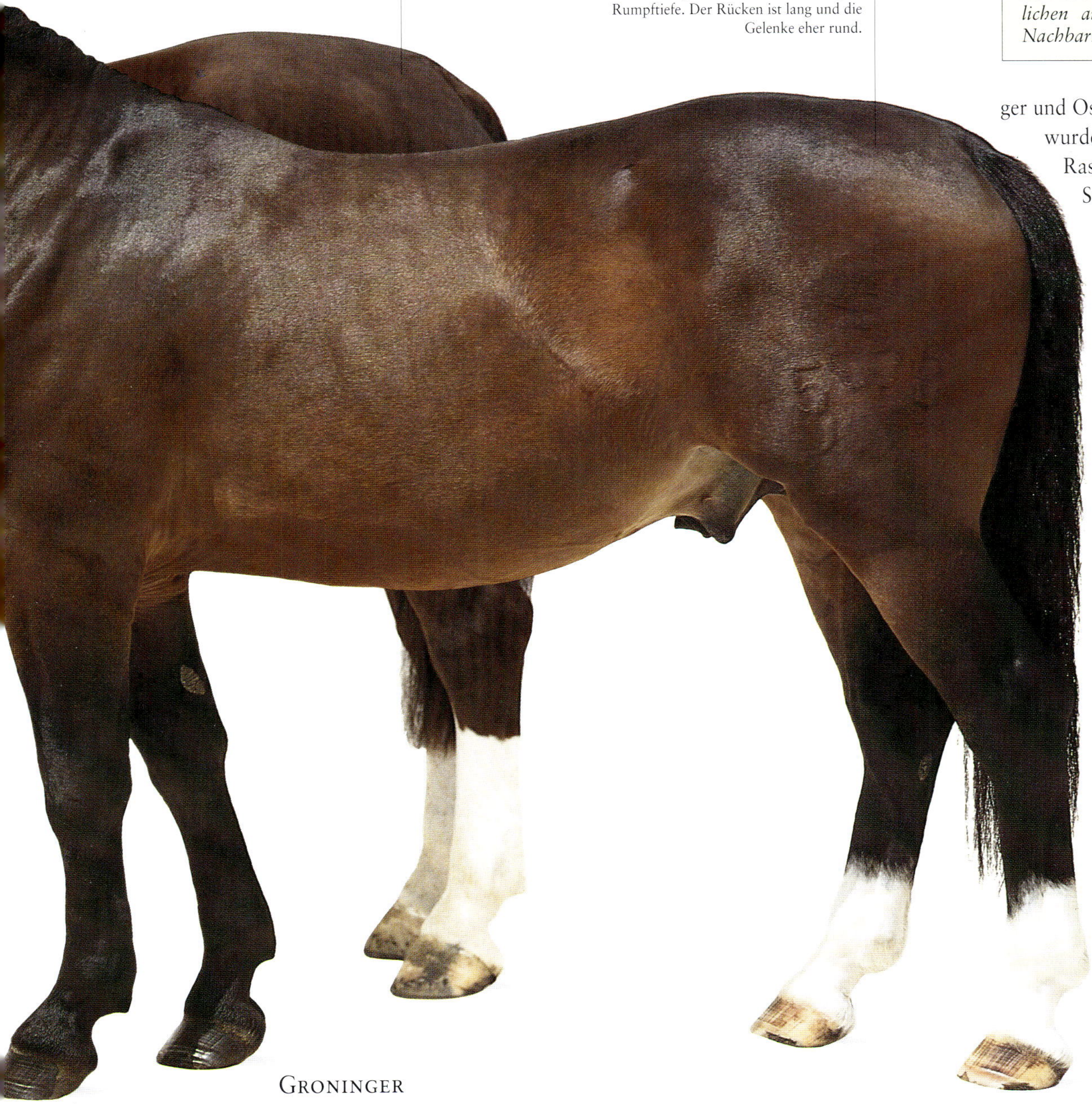

GRONINGER

GRÖSSE DES GRONINGERS
1,63 m

Holländisches Warmblut

Das Holländische Warmblut ist eine Art Senkrechtstarter in der Geschichte der europäischen Sportpferde. Die in vergleichsweise kurzer Zeit entstandene Rasse genießt internationale Wertschätzung. Das Holländische Warmblut ist ein gutes Beispiel dafür, wie ein zwar vorhandener, aber größtenteils ungenutzter Pferdebestand durch selektive Zucht an neue Erfordernisse angepaßt und verbessert werden kann. Der Erfolg dieser Rasse kann auch als Beispiel dafür angesehen werden, was man mit geschickter Werbung und Marketing erreichen kann.

Zuchtziel Perfektion

Das Holländische Warmblut ist das Produkt zweier bodenständiger Rassen, dem Gelderländer und dem Groninger (siehe Seiten 124–125). Der eine hatte eine besonders gute Vorhand und der andere hatte eine kraftvolle Hinterhand und ging gut unter dem Sattel. Die holländischen Züchter setzten diese beiden Teile zusammen. Diese Nachkommen wurden mit Hilfe des Vollblüters (siehe Seiten 118–119) veredelt. Durch das Vollblut bekamen die Pferde schrägere Schultern, und somit wurde die Aktion der Gänge flacher, länger und raumgreifender. Auch der kurze, dicke Hals der bodenständigen holländischen Rassen wurde verbessert. Der für ein Fahrpferd typische lange Rücken verschwand, die Kruppe sieht anders aus, und das ganze Pferd wirkt geschlossener. Außerdem hat das Vollblut das holländische Pferd in punkto Vermögen und Schnelligkeit verbessert und ihm mehr Stehvermögen und Mut gegeben. Danach kehrte man zu verwandten Warmblutrassen zurück und kreuzte Oldenburger (siehe Seiten 306–307), Trakehner (siehe Seiten 138–139) und Hannoveraner (siehe Seiten 142–143) ein. Damit ließen sich kleine Details im Gebäude und besonders eventuelle Temperamentsprobleme ausgleichen, die das ursprünglich ruhige Warmblut durch den hitzigen Vollblüter bekommen haben könnte.

Merkmale

Das Ergebnis ist ein Pferd im Sportlertyp mit gutem Reitpfer-

Hals
Der Hals ist schlank und mittellang. Obwohl er nicht so lang ist wie beim Vollblüter, paßt er aber in Relation gut zur Schulter.

Widerrist
Der Widerrist ist gut ausgebildet und geht fließend in den Hals über.

Kopf
Der Kopf ist häufig einfach und zeigt die Gelderländer Abstammung, aber die Ganaschen sind nicht so fleischig.

Unterarm
Der Unterarm ist gut bemuskelt, und die Schulter ist schräg genug.

Fahrsport
Durch seine Kutschpferd-Abstammung ist das vielseitige, willige Holländische Warmblut gut geeignet als Fahrpferd und geht erfolgreich auf internationalen Fahrturnieren, ähnlich wie der Gelderländer, das traditionelle Fahrpferd der Niederlande.

Grösse
1,63 m

degebäude und guten, geraden Bewegungen, guten Beinen und Hufen. Gute Hufe sind nicht unbedingt ein herausragendes Kriterium bei anderen Warmblutrassen. Das Holländische Warmblut ist durchschnittlich 1,63 m groß. Meist sind es Schwarzbraune oder Braune. Das Temperament ist ausgeglichen, und nur selten gibt es Verhaltensprobleme.

Das Holländische Warmblut ist ein Springtalent, und mehrere Weltklasse-Springpferde, wie z. B. Milton, ein Sohn des berühmten Springhengstes Marius, sind entweder Holländer oder Holländer-Kreuzungen. Das Holländische Warmblut macht auch im Dressurviereck eine gute Figur. Die englische Reiterin Jennie Loriston-Clarke hat die Rasse als Dressurpferd bekannt gemacht. Auf einer Weltmeisterschaft gewann sie auf ihrem Hengst Dutch Courage, der auch ein gefragter Deckhengst auf ihrem Gestüt in New Forest war, eine Bronzemedaille. Wie viele Warmblüter ist auch das Holländische Warmblut nicht besonders als Vielseitigkeitspferd geeignet, aber dieses Manko kann durch Rückkreuzungen mit Vollblütern behoben werden.

GUTE GÄNGE

Das Holländische Warmblut ist ein gutes Dressurpferd. Es hat gute Gänge, eine gerade Aktion und ein ausgeglichenes Temperament mit guten Nerven.

DIE SELEKTION

Die Pferdezucht in den Niederlanden, wo Pferde als landwirtschaftliche Nutztiere gelten und ihre Besitzer dementsprechende Vorteile haben, wird streng vom staatlich geförderten Zuchtverband »Warmbloed Paardenstamboek Nederland« kontrolliert. Dieser Verband verfolgt eine strenge Selektionspolitik, die auf einer Beurteilung des Exterieurs und einer Leistungsprüfung basiert. Die Hengste, die sich allesamt in Privatbesitz befinden, werden erst zur Zucht zugelassen, wenn sie eine umfangreiche Leistungsprüfung abgelegt haben. Zu dieser Prüfung gehören Springen, Geländeprüfung und gelegentlich eine Zugprüfung (die Holländer züchten noch ein weiteres Fahrpferd neben dem Gelderländer). Besonderer Wert wird auf den Bericht über das Temperament des Hengstes gelegt. Es gibt mehr als 14 000 Zuchtstuten, die jedes Jahr gedeckt werden können. Auch sie legen eine Leistungsprüfung ab, wobei dem Gebäude, den Bewegungen und dem Temperament besondere Aufmerksamkeit geschenkt werden. Schließlich wird der Zuchtwert von Hengsten und Stuten anhand der Erfolge ihrer Nachzucht bestimmt – ein besonderes Merkmal europäischer Warmblüter, das weltweit zunehmend an Anerkennung gewinnt.

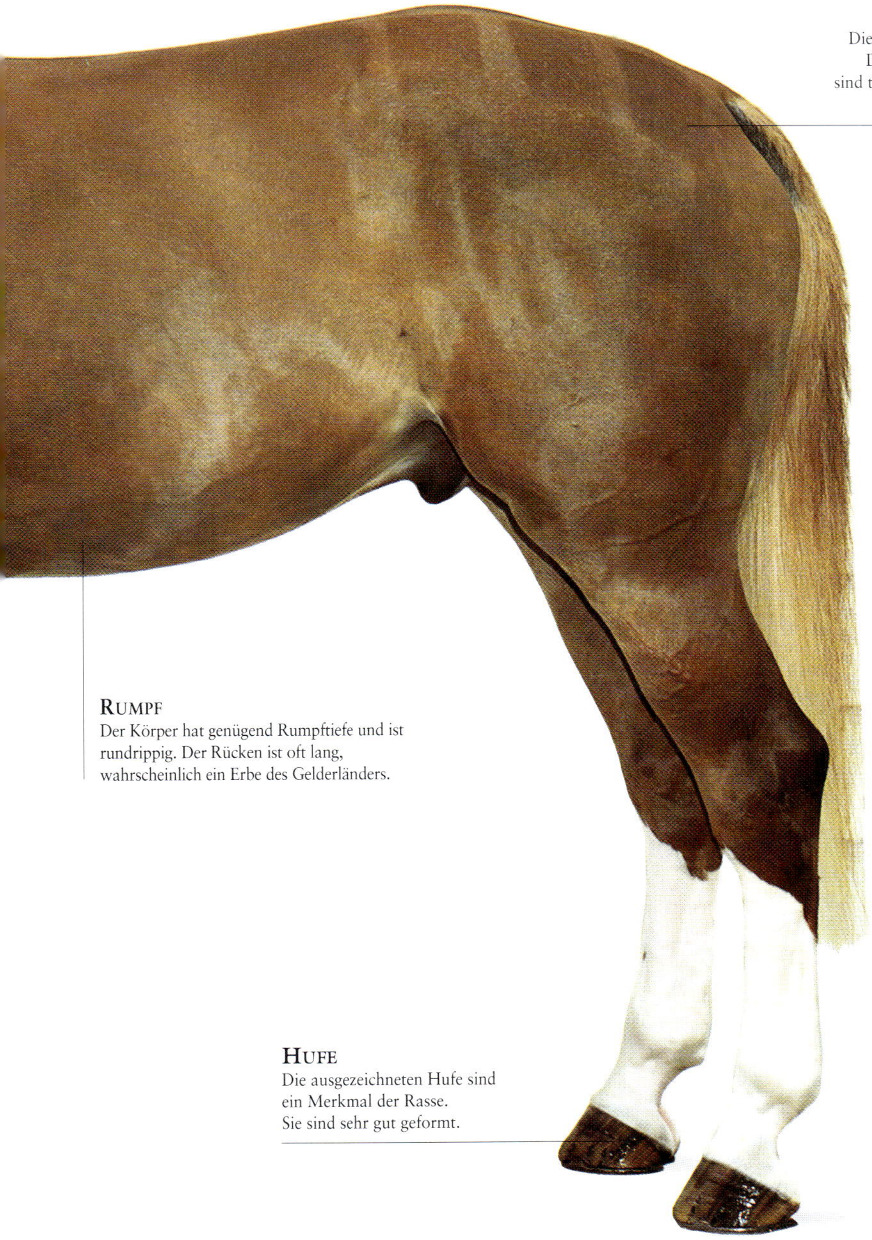

HINTERHAND
Die Hinterhand ist stark bemuskelt. Die gut geformten Sprunggelenke sind tief angesetzt, wodurch das Pferd über mehr Schubkraft verfügt.

RUMPF
Der Körper hat genügend Rumpftiefe und ist rundrippig. Der Rücken ist oft lang, wahrscheinlich ein Erbe des Gelderländers.

HUFE
Die ausgezeichneten Hufe sind ein Merkmal der Rasse. Sie sind sehr gut geformt.

URSPRÜNGE

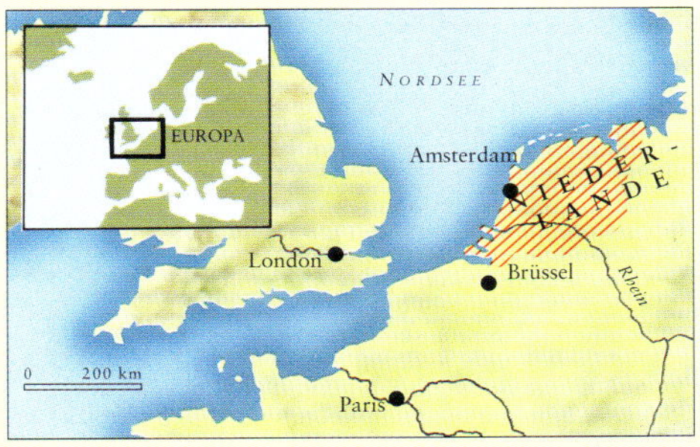

Das Holländische Warmblut ist ein Produkt der Niederlande, um den Bedarf des Landes an Turnierpferden zu decken. Es wird in verschiedenen Landesteilen gezüchtet, aber seine Wiege stand in der nördlichen Provinz Groningen und in Gelderland, der Provinz zwischen Apeldoorn und Arnheim. Die Rasse wird in der Warmblutzucht des Auslands oft für Verdrängungskreuzungen eingesetzt, in ihrer Heimat aber rein gezüchtet.

Le Lion d'Angers

Westeuropäische Gestüte

In den meisten Ländern Europas gibt es Staatsgestüte, wo die Pferdezucht staatlich gefördert wird. In kaum einem anderen Land werden so viele verschiedene Rassen gezüchtet wie in Frankreich – von den schweren Kaltblütern über Araber (siehe Seiten 64–65) und Französische Traber (siehe Seiten 132 bis 133) bis zu der wachsenden Zahl erfolgreicher Sportpferde. Spanien züchtet intensiv seinen berühmten Andalusier (siehe Seiten 106 bis 107) und kreuzt ihn mit Vollblütern (siehe Seiten 118–119) und Arabern, um Pferde für alle Disziplinen des Reitsports zu produzieren. Das bekannteste Gestüt Österreichs ist Piber, die Heimat der Lipizzaner der Spanischen Reitschule (siehe Seiten 102 bis 103 und 110–111). Die Schweiz (hier ist Einsiedeln beheimatet, das 1064 gegründete und somit älteste Gestüt der Welt) hat beneidenswert erfolgreiche Turnierpferde hervorgebracht, obwohl sie nicht zu den großen Pferdezuchtländern zählt.

Frankreich

Frankreich besitzt ein durchorganisiertes Netz von mehr als 20 Staatsgestüten. Sie züchten Pferde für den Bedarf des Staates und unterstützen den privaten Züchter in großem Maße. Das Gestüt in Le Lion d'Angers im Poitou ist ein typisches Beispiel dafür. Hier stehen die für die Zucht von Sportpferden unerläßlichen Vollblüter, Araber und Anglo-Araber (siehe Seiten 78 bis 79), die eine wichtige Rolle in der staatlichen Zuchtpolitik spielen, Französische Traber (siehe Seiten 132–133) und die erfolgreichen Selle Français (siehe Seiten 130–131). Die meisten Staatsgestüte besitzen zudem Ponyhengste, vor allem Connemaras (siehe Seiten 178–179) und Französische Reitponys (Poney Français de Selle, siehe Seiten 382–383). Auf einigen Staatsgestüten gibt es auch Mérens-Pferde (siehe Seiten 46–47).

Die älteste Einrichtung dieser Art ist Le Pin, das 1715 als Königliches Gestüt gegründet wurde. Hier stehen Traber, Vollblüter, Araber, Anglo-Araber, Selle Français und einige Percherons (siehe Seiten 94–95) für den züchterischen Bedarf in den Départements Orne, Calvados, Eure und Seine-Maritime. Wie die anderen französischen Staatsgestüte auch, so ist Le Pin architektonisch besonders beeindruckend.

Ohne Unterbrechung seit 1872 besteht das großartige Gestüt Pompadour, aber die Geschichte dieses Anwesens geht fast 1000 Jahre zurück auf Guy de Latour, der hier 1026 das erste Schloß baute. 1745 erwarb Ludwig XV das Anwesen für seine Mätresse, Madame Lenormand d'Estoiles, die er zur Marquise de Pompadour machte. Pompadour ist das einzige französi-

Das Staatsgestüt

Das Staatsgestüt in Pau im Südwesten Frankreichs und das nahegelegene Gestüt in Tarbes waren die ersten, die sich auf die Araberzucht konzentrierten. Später wurden dann auch Anglo-Araber gezüchtet.

POMPADOUR

Pompadour besteht seit 1872 und ist architektonisch ebenso beeindruckend wie die anderen großen Gestüte Frankreichs. Der französische Anglo-Araber hat hier seine Ursprünge. Heute stehen hier mehr als 25 Anglo-Araber-Hengste.

sche Gestüt, das sowohl eine Anglo-Araber-Stutenherde als auch eine Hengststation unterhält.

Hier entstand auch der französische Anglo-Araber. Heute sind mehr als 25 Anglo-Araber-Hengste sowie einige Araber, Vollblüter, Traber und ein paar Kaltblüter auf dem Gestüt stationiert. Auch auf dem Gestüt Tarbes in Südfrankreich haben Anglo-Araber-Hengste sehr guter Qualität die Vorherrschaft.

SPANIEN

Spanien erfreut sich einer langen Pferdesporttradition und ist bekannt für seine Araber und natürlich die landeseigene Rasse, den Andalusier. Zu den bedeutendsten Einrichtungen des Landes gehören das Militärgestüt in Jerez de la Frontera und das Hengstdepot in Cordoba. Jerez de la

STUTEN UND FOHLEN IN PIBER

Die Lipizzanerhengste der Spanischen Reitschule werden in Piber gezüchtet. Sie verbringen den Sommer auf den Almen und kommen in die Reitschule, wenn sie drei Jahre alt sind.

Frontera hat sich besonders verdient gemacht um die Festigung des andalusischen Typs, nachdem der Andalusier jahrelang mit vielen anderen Rassen gekreuzt worden war. Auf Jerez findet man Andalusier-Hengste und -Stuten, Araber, Anglo-Araber und Vollblüter. Obwohl man in Spanien nun auch mit der Zucht von Sportpferden beginnt, wird sich für Andalusier und Anglo-Araber nichts ändern.

Das Hengstdepot in Cordoba ist bekannt für seine prachtvollen Bauten und seine traditionelle Verbindung mit dem Araber. Erstaunlicherweise standen hier bis in die 80er Jahre 37 Kaltblüter, hauptsächlich Bretonen, und mehr als 20 Eselshengste für die Maultierzucht.

ÖSTERREICH

Nach dem endgültigen Zusammenbruch des österreichisch-ungarischen Kaiserreichs im Jahre 1918 und den Ereignissen des Zweiten Weltkriegs zählte Österreich nicht mehr zu den bedeutenden Pferdezuchtländern. Es gibt aber noch die einzigartige Einrichtung des Bundeshauptgestüts Piber, das über seine Lipizzanerzucht berühmt ist. Eine Virusepedemie führte 1983 zum Verlust von 40 Pferden und einem Rückgang von 8 % bei den erwarteten Fohlengeburten. Piber besitzt heute eine vergrößerte Stutenherde von etwa 100. 1993 wurden 56 Fohlen geboren. Durch ein neues Veterinär-Zentrum stieg die Trächtigkeitsrate von 27 auf 82 %. Ausgewählte dreijährige Hengste gehen zur Spanischen Reitschule nach Wien, während die Stuten als Reitpferd, größtenteils aber als Fahrpferd, ausgebildet werden.

SCHWEIZ

Die größten Pferdezuchtzentren der Schweiz sind Einsiedeln und Avenches. In dem ehemaligen Kloster wird der Einsiedler (siehe Seiten 134 bis 135) seit mindestens 1064 gezüchtet. Auf dem Hauptgestüt Avenches wurde die Rasse des Freiberger Pferdes aus Kaltblutstämmen entwickelt. Auf beiden Gestüten stehen importierte Hengste, besonders Normannen und Anglo-Normannen. Seit 1890 stellt Avenches Hengste für die Einsiedlerstuten zur Verfügung. Neben den Anglo-Normannen stehen in Avenches Warmbluthengste, wie z. B. Hannoveraner und Schwedische Warmblüter.

DAS SCHWEIZER HAUPTGESTÜT

Schweizer Warmblüter, Hannoveraner, Vollblüter, Schweden und Selle Français stehen in diesem Stallblock auf dem Schweizer Hauptgestüt Avenches, das ein sorgfältig durchdachtes Zuchtprogramm verfolgt.

SELLE FRANÇAIS

VON DER STÄNDIG WACHSENDEN ZAHL der europäischen Warmblüter oder »Halbblüter« ist das »*Cheval de Selle Français*« (= Franz. Reitpferd) eines der perfektesten und genauso vielseitig wie die anderen auch. Wie alle Warmblüter ist er das Ergebnis einer Mischung verschiedener Rassen und Schläge, aber er hat einen besonders großen Anteil an schnellem Traberblut in den Adern. Zu Beginn der Zucht wurden viele Norfolk Roadster (siehe Seiten 120–121) eingesetzt, die besten Traber aller Zeiten. Die Bezeichnung *Cheval de Selle Français* wurde im Dezember 1958 für die »Halbblut«-Turnierpferde Frankreichs eingeführt. Bis dahin wurden alle französischen Reitpferde, außer Vollblütern, Arabern und Anglo-Arabern, einfach nur *„demi-sangs«*, d. h. Halbblüter, genannt.

EIN AUSGEZEICHNETES SPRINGPFERD
Selle Français gehören zu den besten Springpferden und sind daher oft in der französischen Olympia-Mannschaft zu finden.

ENTSTEHUNG UND ENTWICKLUNG DER RASSE

Die Entwicklung des modernen Selle Français begann Anfang des 19. Jahrhunderts in den Pferdezuchtgebieten der Normandie, wo die bodenständigen und ziemlich gewöhnlichen normannischen Stuten mit importierten Englischen Vollblütern (siehe Seiten 118–119), englischen Halbblütern und einigen recht bedeutenden Norfolk-Roadster-Hengsten gekreuzt wurden. Zu jener Zeit führten die englischen Halbbluthengste viel Norfolk-Roadster-Blut.

Dank ihres züchterischen Geschicks gelang es den normannischen Züchtern bald, unterscheidbare Typen für die Erfordernisse jener Zeit zu züchten. Sie schufen zwei Kreuzungsrassen: Erstens den Anglo-Normannen, der in zwei unterschiedliche Schläge unterteilt werden kann – eine Art Cob für Zugarbeiten, im Reitpferdtyp stehend – und Zweitens ein schnelles Wagenpferd, denn es gab ein großes Interesse an Trabrennen. Mit der Zeit spaltete sich das Fahrpferd vom Hauptstamm ab, und es entwickelte sich der Französische Traber (siehe Seiten 132–133). Der Prototyp für den Selle Français war das flotte anglo-normannische Reitpferd, das fast ebensoviel Norfolk-Roadster-Blut führte wie Vollblut. Das Selle-Français-Stutbuch ist eigentlich die Fortführung des alten anglo-normannischen Stutbuchs.

Obwohl die Bestände bodenständischer normannischer Stuten durch die zwei Weltkriege arg zurückgegangen waren, gelang es den Züchtern dennoch, einige der besten Blutlinien zu erhalten. Sie konnten auch auf die Vollblüter der Staatsgestüte zurückgreifen, um den neu entstandenen Bedarf an guten Reitpferden decken zu können, die Schnelligkeit, Ausdauer und Springvermögen besaßen.

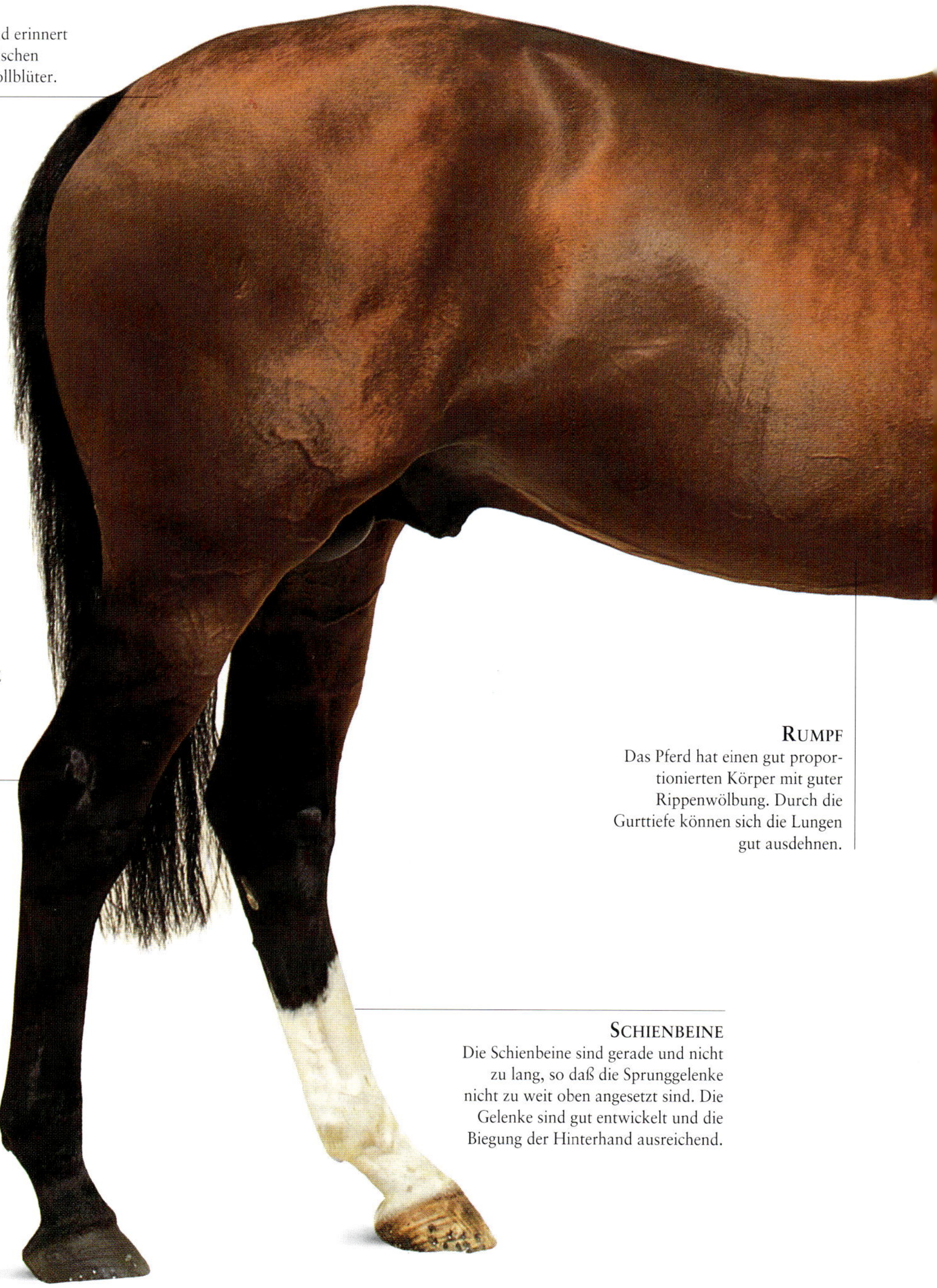

Namhafte Vollbluthengste wie Orange Peel, Lord Frey und Ivanhoe haben den modernen Selle Français maßgeblich beeinflußt. Nach dem Zweiten Weltkrieg waren es hauptsächlich die Hengste Ultimate und Furioso. Der Name Furioso taucht in den besten Halbblutlinien Zentraleuropas auf (siehe Seiten 154–155). Furioso wurde kurz nach dem Zweiten Weltkrieg in Großbritannien gekauft – zu einem für heutige Verhältnisse lächerlich geringen Preis. Er war als Rennpferd nicht besonders in Erscheinung getreten, aber er war ein außergewöhnliches Pferd, was Gebäude, Gleichgewicht und Bewegungen betraf. Seine Zuchtkarriere als Deckhengst in Le Pin in der Normandie war brillant und dauerte bis in die 70er Jahre. 10 Jahre nacheinander war er der erfolgreichste Deckhengst, und unter seinen Nachkommen befinden sich Weltklasse-Springpferde. Der Selle Français wird hauptsächlich im Springsport eingesetzt, obwohl es auch einen leichteren Typ mit hohem Vollblutanteil gibt, der speziell für Rennen gezüchtet wird und die alte Bezeichnung AQPSA trägt (= *autre que pur-sang Anglais,* d. h. andere Pferde als Vollblüter). Manche dieser Pferde gehen auch im Turniersport, d. h. in Jagdrennen, die auch heute noch eine Rolle im französischen Reitsport spielen.

SCHULTERN
Die Schultern sind stark, aber nicht schräg genug für großes Galoppiervermögen.

RÖHRBEIN
Der Röhrbeinumfang liegt selten unter 20 cm. Das Karpalgelenk war früher oft zu klein, aber dieser Fehler wurde korrigiert.

MERKMALE

Die meisten Selle Français sind Füchse und um 1,63 m groß. Bis in die 80er Jahre war die Rasse offiziell in fünf Typen unterteilt. Es gab drei Typen für Reiter mittleren Gewichts – klein (1,60 m), mittelgroß (bis 1,65 m) und groß (über 1,65 m) – und zwei Gewichtsträger – klein (bis 1,63 m) und groß (über 1,63 m). Heutzutage wird die Rasse in das leichtere Rennpferd und das Springpferd unterteilt, obwohl der Unterschied nicht so eindeutig ist.

33 % des Bestandes an Selle Français stammen von Vollbluthengsten ab, 20 % von Anglo-Arabern, 45 % von Selle-Français-Hengsten und 2 % von Französischen Trabern. Andere anerkannte Kreuzungen sind: Vollblut/Franz. Traber; Araber oder Anglo-Araber/Franz. Traber und Vollblut/Anglo-Araber, vorausgesetzt, der Anteil Araberblut beträgt nicht mehr als 25 %.

Ein hervorragender Selle Français ist der außergewöhnliche Springhengst Galoubet. Er ist ein Sohn des Selle-Français-Hengstes Almé aus der Traberstute Viti. Almé, ein Enkel des Orange Peel, stand hoch im Blut, führte aber auch Anglo-Araber-Blut, und in Viti's Pedigree finden sich viele Spitzen-Traber.

GRÖSSE
über 1,63 m

URSPRÜNGE

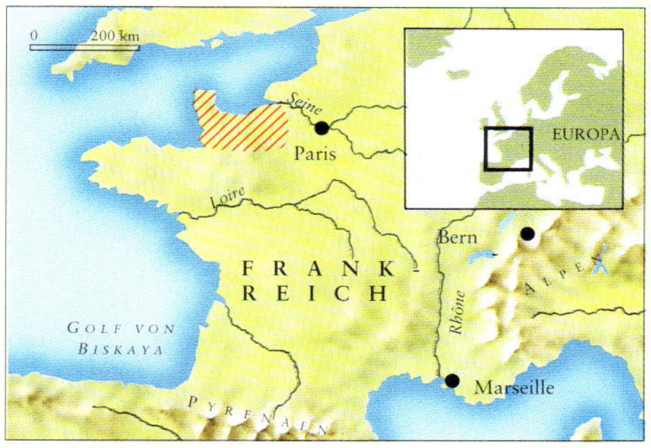

Der vielseitige Selle Français steht auf den meisten französischen Staatsgestüten, aber die Rasse kommt ursprünglich aus den traditionellen Zuchtgebieten in der Normandie, besonders vom großen Gestüt Le Pin im Merlerault. Der Prototyp des Selle Français war der flotte Anglo-Normanne, eine Art Spezialität von Haras Le Pin. Das Stutbuch des Selle Français ist eigentlich die Fortführung des alten anglo-normannischen Stutbuchs.

DER RENNTYP
Der Selle Français wird als vielseitiges Sportpferd gezüchtet, aber ein leichterer Typ mit hohem Blutanteil wird speziell für die Rennen für »Nicht-Vollblüter« gezüchtet. Dieser Typ wird erfolgreich in Hindernisrennen eingesetzt.

Französischer Traber

Die Tradition des Trabersports und die Beliebtheit der Sulky-Rennen sind fest verankert in den USA, Europa und den Ländern der ehemaligen UdSSR. Abgesehen von den USA ist die Popularität dieses Sports aber nirgendwo so groß wie in Frankreich. Innerhalb von gut 100 Jahren haben sich ein hervorragender Traber und ein mächtiger Industriezweig entwickelt. Der Französische Traber ist ein Produkt der Normandie, wo die Pferdezucht seit dem frühen 12. Jahrhundert traditionell verankert ist und beinahe schon als vererbbare Fähigkeit betrachtet werden kann.

Im Gleichgewicht

Die kraftvollen, gängigen Französischen Traber bestreiten ihre Rennen im Trab mit diagonaler Fußfolge. Die langen, raumgreifenden Bewegungen sind äußerst ausgeglichen, und das Pferd geht vorbildlich im Gleichgewicht.

Zucht

Nachdem Napoleon Bonaparte 1815 die Schlacht von Waterloo verloren hatte und die kontinentale Handelsblockade verhängt worden war, begannen die marktorientierten normannischen Züchter, ihre eigenen gewöhnlichen, aber zähen und vielseitigen Pferde als Grundstock für die Zucht von Militärpferden zu nutzen, die sowohl unter dem Sattel als auch für leichte Zugarbeiten eingesetzt werden konnten. Mehr und mehr wurden spezielle Pferde beider Typen gezüchtet. Mit Unterstützung der Verwaltung der Staatsgestüte wurden Englische Vollblüter (siehe Seiten 118–119) und für die Entstehung des Trabers wichtige englische Halbblüter oder Hunter-Hengste importiert, die zu jener Zeit in Frankreich unbekannt waren. Auch der unvergleichliche Norfolk Roadster (siehe Seiten 120–121), der größte Traber unter dem Sattel und im Sulky in ganz Europa, wurde eingeführt.

Ursprünge

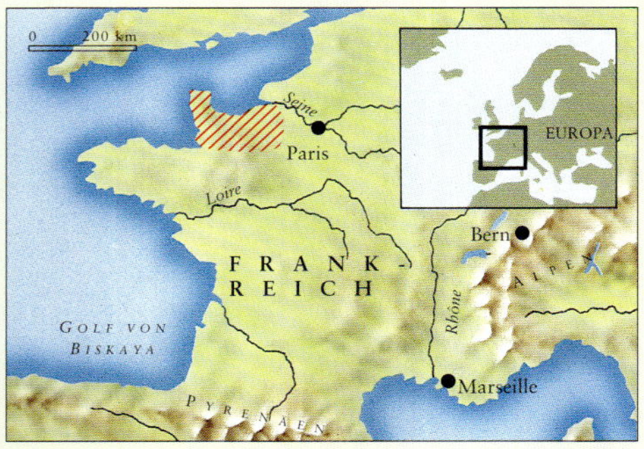

Der Französische Traber ist ein weiteres Produkt der Normandie, des traditionellen Pferdezuchtgebiets in Frankreich. Die Rasse genoß das milde Klima, die lange Wachstumsphase und den guten Boden dieser Gegend, aber die Zucht wird hauptsächlich durch den rund um den Trabrennsport entstandenen Wirtschaftszweig angeregt, gefördert und unterstützt. Die wichtigsten Zuchtstätten sind die Staatsgestüte Le Pin und Saint Lô.

Prägenden Einfluß von den ersten Importen hatte der Halbblüter Young Rattler (geboren 1811), ein Sohn des Vollblüters Young Rattler aus einer Stute mit Norfolk-Roadster-Blut. Er wird oft der französische Messenger genannt, da sein Einfluß auf den Französischen Traber ähnlich dem des Hengstes Messenger war, dem Stammvater des American Standardbred (siehe Seiten 338–339). Young Rattler, die anderen Halbbluthengste und der Roadster-Hengst Norfolk Phenomenon verbesserten die bodenständigen Stuten in bezug auf Exterieur, Gangwerk und Vermögen und legten damit den Grundstein für die folgenden Einkreuzungen von Englischen Vollblütern.

30 Jahre nach Young Rattler prägten Vollblüter wie Heir of Linne und Sir Quid Pigtail die Zucht. Zu guter Letzt entstanden fünf wichtige Blutlinien: Conquerant und Normand, beide von Young Rattler; Lavater, Sohn eines Norfolk-Hengstes; und die beiden Halbblüter Phaeton und Fuchsia. Von Fuchsia, geboren 1883, stammen 400 Traber ab, und über 100 seiner Söhne wurden Väter von Siegern. Um dem Traber mehr Schnelligkeit zu geben, wurden als nächstes Standardbreds eingekreuzt, aber das hatte keine Auswirkungen auf den einzigartigen Charakter des Französischen Trabers, der ein konventioneller Traber mit diagonaler Fußfolge ist, während der Standardbred ein Paßgänger ist.

Grösse
1,68 m

Um die Qualitäten dieser Rasse zu bewahren, die heute Weltklasse-Traber im Sulky schlagen kann, wurde das Stutbuch 1937 für Pferde, die nicht französischer Abstammung waren, geschlossen. Kürzlich jedoch wurde es teilweise wieder geöffnet, um ein paar Kreuzungen (Franz. Traber/Standardbred) aufzunehmen.

TRABRENNEN

Das erste Trabrennen für Reitpferde fand auf den Champs de Mars in Paris im Jahre 1806 statt. Heute sind 10 % aller Trabrennen für Traber unter dem Sattel. Für diese Rennen wird ein kräftig gebautes Pferd gezüchtet, das auch ein relativ großes Gewicht tragen kann, gut ausbalanciert ist und einen sehr geraden Bewegungsablauf hat. Diese Merkmale waren von unschätzbarem Wert bei der Entwicklung des Französischen Trabers. In Frankreich ist das bedeutendste Trabrennen unter dem Sattel der Prix de Cornulier. Wie das Pendant vor dem Sulky, der Prix d'Amérique, findet auch dieses Rennen auf der führenden Rennbahn, dem Hippodrom von Vincennes, statt. Der Sieger bekommt 700 000 FF (etwa 230 000 DM). Ganz selten gelingt es einem Pferd, beide Rennen zu gewinnen, und bis heute haben nur vier Pferde diesen außergewöhnlichen Doppelsieg geschafft.

WIDERRIST
Der Widerrist ist ausgeprägt, aber noch abgerundet und ziemlich flach im oberen Bereich – charakteristisch für Traber.

KOPF
Der Kopf ist einfach, aber nicht zu gewöhnlich und gut am Hals angesetzt.

SCHULTER
Die sehr starken Traberschultern sind schräg genug, um den weitausgreifenden Renntrab zu ermöglichen.

GLIEDMASSEN
Die Beine sind ausgezeichnet mit großen, flachen Karpalgelenken, kräftigen Hufen und guter Röhre.

MERKMALE

Früher war der Französische Traber häufig grobknochig, mit steiler Schulter und recht derb. Obwohl es sich immer noch um ein kraftvolles Pferd handelt mit der für Traberrassen typischen abfallenden Kruppe, ist der moderne Traber wesentlich eleganter und ähnelt mehr einem Vollblüter mit guter Schulterlage für eine lange, weitausgreifende Aktion der Vorhand.

Die Größe liegt bei durchschnittlich 1,68 m, wobei die Pferde um so besser zu reiten sind, je größer sie sind. Am häufigsten sind Füchse, Braune und Schwarzbraune vertreten. Das Zuchtziel ist seit jeher ein hartes Pferd mit großem Stehvermögen. Es gibt Rennen über relativ lange Distanzen, z. B. in Vincennes, wo es teilweise bergab geht und auf den letzten 914 m eine große Steigung folgt.

VERWANDTE ZUGPFERDE
Dieser französische Viererzug besteht aus Pferden anglo-normannischer Abstammung. Anglo-Normannen spielten eine große Rolle bei der Entstehung des Trabers, aber die Aktion der Vorhand ist viel höher! Das natürliche Gleichgewicht der Rasse ist offensichtlich.

EINSIEDLER & FREIBERGER

OBWOHL DIE SCHWEIZ im 19. Jahrhundert Pferde nach Frankreich, Deutschland und sogar England exportierte, und die Schweizer Armee praktisch bis zum heutigen Tage über Kavallerie und Saumtruppen verfügt, hat sich die Schweiz trotzdem hauptsächlich auf Pferdeimporte gestützt. Dennoch läßt sich die Pferdezucht in der Schweiz fast 1000 Jahre zurückverfolgen zum Benediktiner-Kloster Einsiedeln, wo schon im Jahre 964 Pferde gezüchtet wurden. Heute liegt der Schwerpunkt auf dem Staatsgestüt in Avenches und der Zucht des modernen Einsiedlers, auch Schweizer Warmblut genannt.

DER EINSIEDLER

Die Rasse des Einsiedlers wurde etwa im Jahre 1000 auf der Basis der bodenständigen Schwyer begründet, und 1655 wurde das erste Stutbuch geöffnet. Nach einigen unglücklichen Einkreuzungen von spanischen, italienischen, türkischen und Friesenhengsten stellte Pater Isidor Moser 1784 ein zweites, umfangreicheres Register zusammen. Im 19. Jahrhundert wurde die Rasse durch anglo-normannische Stuten und den 1865 importierten Yorkshire-Coach-Horse-Hengst Bracken verbessert. Später ging man zu einer Mischung aus Holsteiner/Normannen-Kreuzung über. Gegen Ende der 60er Jahre wurden schwedische und irische Stuten nach Avenches importiert, wo die Rasse inzwischen gezüchtet wurde. Die eingesetzten Hengste waren ebenso verschieden, u. a. waren es Anglo-Normannen, Holsteiner und Schweden sowie einige einheimische Hengste.

URSPRÜNGE

Der alte Schlag des Einsiedlers entstand im 10. Jahrhundert. Die Rasse basiert auf den bodenständigen Pferden, und mit der Zucht wurde im Benediktiner-Kloster von Einsiedeln im Osten von Luzern begonnen. Wie das Schweizer Warmblutpferd wird er heute auf dem Staatsgestüt Avenches gezüchtet, wo auch der Freiberger gezüchtet wird. Der Freiberger oder Franches-Montagnes ist ein Gebirgspferd aus dem Jura an der französischen Grenze. Er hat die Merkmale des Gebirgspferdes behalten, das als Arbeitspferd auf den höher gelegenen, kleinen Berghöfen eingesetzt wurde.

SCHWEIZER KAVALLERIEPFERDE

Bis zum heutigen Tage gibt es in der Schweizer Armee berittene Truppen und Transporteinheiten. Die Einsiedler-Pferde sind die idealen Kavalleriepferde.

Zu den wichtigsten Blutlinien zählen die der Anglo-Normannen Ivoire (geb. 1957), Que d'Espair (geb. 1960) und Orinate de Messil (geb. 1958). Auch der Schwedische Warmblüter Aladin (geb. 1964) war sehr einflußreich, ebenso die beiden Holsteiner Astral (geb. 1957) und Chevalier (geb. 1956).

Der Einsiedler ist ein großes, ruhiges, gut gebautes Pferd von etwa 1,68 m Größe, das für alle Sparten der Reiterei geeignet ist. Die Selektions- und Leistungsprüfungsverfahren sind streng.

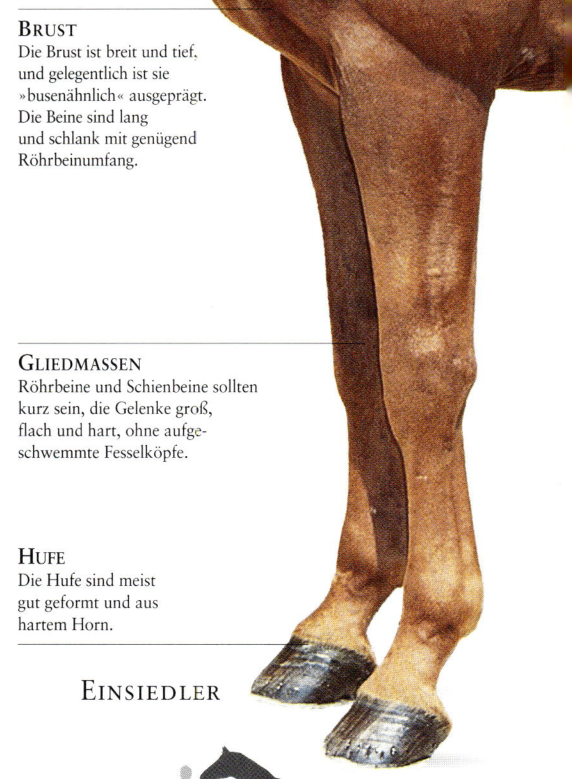

KOPF
Der feine Kopf verrät den Vollblut-Anteil. Das Exterieur ist das eines vielseitigen Reitpferdes.

KOPF
Der Kopf ist klein, hübsch und sogar ponyähnlich, obwohl der Freiberger ansonsten eher schwer ist. Der kurze Hals ist schön gebogen.

BRUST
Die Brust ist breit und tief, und gelegentlich ist sie »busenähnlich« ausgeprägt. Die Beine sind lang und schlank mit genügend Röhrbeinumfang.

GLIEDMASSEN
Röhrbeine und Schienbeine sollten kurz sein, die Gelenke groß, flach und hart, ohne aufgeschwemmte Fesselköpfe.

HUFE
Die Hufe sind meist gut geformt und aus hartem Horn.

EINSIEDLER

GRÖSSE DES EINSIEDLERS
1,68 m

Die Hengste werden sorgfältig ausgewählt und im Alter von $3^1/_2$ Jahren leistungsgeprüft und dann noch einmal mit 5 Jahren. Zu den Prüfungen gehören Springen, Dressur, Geländestrecke und Fahren. Das Exterieur ist wichtig, und die Pferde werden nur ausgewählt, wenn die Eltern leistungsgeprüft sind. Stuten werden im Alter von drei Jahren leistungsgeprüft und können nur eingetragen werden, wenn die Eltern eingetragene Halbblüter sind.

Avenches ist weiterhin tolerant bei der Auswahl der Hengste, und wie beim modernen Einsiedler stellt Avenches Vollblüter, Hannoveraner, Schwedische Warmblüter, Selle Français und gelegentlich auch Trakehner auf. Aufgrund dieser Zuchtpolitik geht die Zahl der Importe zurück.

FAHRPFERDE
Die beliebten Freiberger gehören zum Pferdebestand des Staatsgestüts in Avenches. Von der Armee werden sie als Saumpferde eingesetzt, aber es sind auch sehr gute, flotte Fahrpferde.

KRUPPE
Die Kruppe ist sehr kräftig, stark bemuskelt und sehr breit. Die Unterschenkel sind ebenfalls gut entwickelt.

FREIBERGER

DER FREIBERGER

Der Freiberger (oder *Franches-Montagnes)* ist eine Gebirgsrasse aus dem Jura im Westen der Schweiz. Die Pferde haben flotte Gänge und sind von Natur aus trittsicher, ruhig und gutmütig. Für Generationen waren sie die Hauptstütze der Saumtruppen der Armee und waren ebenso ideal geeignet für die kleinen Berghöfe. Die Pferde sind um 1,52 m groß, kräftig gebaut mit guten Beinen und Hufen.

Wie der Einsiedler ist der Freiberger stark vom Normannen geprägt. Viele Freiberger gehen auf einen Hengst zurück: Vaillant, geb. 1891. Vaillant war ein Urenkel des Leo I, einem englischen Halbblut-Hunter mit Norfolk-Roadster-Blutanschluß, der 1865 importiert worden war. Poulette, Vaillant's Großmutter väterlicher- und mütterlicherseits, hatte eine Vollblut-/Anglo-Normannen-Abstammung. Imprevu, ein 1889 importierter Anglo-Normanne, begründete über seinen Urenkel Chasseur eine zweite wichtige Linie. Weitere Kreuzungen mit französischen, englischen und belgischen Pferden hatten keinen bleibenden Einfluß, und erst nach dem 2. Weltkrieg gab es eine neue Blutlinie: Urus, ein weiterer Hengst normannischer Herkunft. Seither werden Rückkreuzungen sorgfältig überwacht. Normalerweise werden Anglo-Normannen eingesetzt, aber auch Araberhengste sind schon aufgestellt worden.

BRANDZEICHEN
Wie in Europa üblich, werden die Pferde auf dem Staatsgestüt in Avenches gebrannt, und zwar mit dem Gestütssymbol, dem Schweizer Kreuz.

GRÖSSE DES FREIBERGERS
1,52 m

TRAKEHNER

MITTELEUROPÄISCHE GESTÜTE

OBWOHL FRANKREICH eine größere Rassenvielfalt besitzt, geht die große Macht im »nicht-vollblutzüchtenden« Europa von Deutschland und seinem hochentwickelten Gestütswesen aus. Dieses Zuchtsystem geht zurück auf die Ritter des Deutschritterordens, die im 13. Jahrhundert Ostpreußen kolonisierten. Mit dem bodenständigen Schweikenpferd als Grundlage züchteten sie dem Bedarf der damaligen Zeit gerechte Militärpferde. 500 Jahre später, im Jahre 1732, gründete Friedrich Wilhelm I von Preußen das »Königliche Trakehner Stutamt«, und die Zucht des gefeierten Trakehner Pferdes begann. In den 50er und 60er Jahren änderten die deutschen Gestüte ihre Zuchtpolitik und konzentrierten sich auf die Zucht eines »vielseitigen Hochleistungspferdes mit gutem Charakter und Temperament«. Trotz des Verlusts von Trakehnen nach dem 2. Weltkrieg haben deutsche Warmblutzüchter heute den größten Einfluß in der Zucht von Leistungspferden.

DIE GROSSEN WARMBLUTRASSEN

Der Trakehner (siehe Seiten 138–139), der immer noch als das edle Pferd unter den Warmblütern gilt, ist auf vielen Gestüten zu finden. Er spielt immer noch eine große Rolle bei der Zucht qualitätsvoller Reitpferde. Die führenden deutschen Warmblutrassen sind jedoch, abgesehen vom Trakehner, der Hannoveraner (siehe Seiten 142–143), der Holsteiner (siehe Seiten 140–141) und der Oldenburger (siehe Seiten 306–307), die mittlerweile alle viel Vollblut (siehe Seiten 118–119) führen.

DEUTSCHE GESTÜTE

Das Landgestüt Celle, das 1735 von Georg II, König von England und Kurfürst von Hannover, gegründet wurde, ist Zentrum der Zucht des Hannoveraners, der ursprünglich auf dem alten Holsteiner-Typ basierte und fortlaufend mit englischen Pferden gekreuzt wurde. Schon 1770 wurden Pferde aus England für die Zucht von Remonten importiert. Diese Praxis wurde noch ausgedehnt zu Beginn der Vollblutzucht. 1790 wurde in Celle die Abstammung der Nachzucht der Celler Hengste aufgeschrieben sowie Stuten registriert. So wurde der Grundstein für die unabhängige Zucht des hannoverschen Pferdes gelegt. Heute ist es daher möglich, Abstammungen über 150 Jahre bis zu den Stammstuten zurückzuverfolgen. Um 1800 standen 100 Hengste in Celle, die jedes Jahr auf 50 Deckstationen verteilt wurden.

1925 wurde Celle durch ein weiteres Landgestüt in Osnabrück-Eversburg vergrößert. Zu jener Zeit kam eine große Zahl von Trakehnern nach Celle, und von Beginn an spielten sie eine wichtige Rolle bei der Entstehung des Hannoveraners.

LANDGESTÜT CELLE

Das Foto zeigt einen Teil des Landgestüts Celle, das 1735 von Georg II, dem König von England und Kurfürsten von Hannover, gegründet wurde. Heute beherbergt Celle über 200 Hengste.

LEISTUNGSPRÜFUNGEN

Die Junghengste in Celle werden regelmäßig von einem Experten-Team auf Exterieur, Temperament und allgemeine Eignung hin überprüft. Alle Celler Hengste werden einer umfangreichen Leistungsprüfung unterzogen, bevor sie in die Zucht gehen.

WÜRTTEMBERGER
Diese Württemberger wachsen auf Gestüt Marbach auf. Ihr Stammvater ist der Trakehner Julmond.

MARBACH
Das 1573 gegründete Marbach ist das älteste der Staatsgestüte Deutschlands. Es ist bekannt für das Württemberger Warmblut und seine weltberühmten Araber.

In Celle stehen heute über 200 Hengste, darunter auch einige Trakehner und Vollblüter. Das schöne Gestüt in Warendorf und das Gestüt in Marbach sind von ähnlicher Bedetuung für die jeweilige Landespferdezucht. Warendorf wurde 1826 gegründet, und es wurden auch Trakehner Hengste eingesetzt. 1839 wurde Warendorf Westfälisches Landgestüt. Der moderne Westfale wurde ursprünglich auf der Grundlage hannoverscher Blutlinien gezüchtet. Die Pferde werden mit dem stilisierten »W« des Westfälischen Pferdestammbuchs gebrannt. In Württemberg wurde 1573 das Gestüt Marbach von Ludwig von Württemberg gegründet. Es ist das älteste der deutschen Staatsgestüte und bekannt für das Württemberger Warmblut, dessen Stammvater der Trakehner Julmond war, der 1960 nach Marbach gekommen war. Wie Trakehnen, das eine Araberherde besessen hatte, ist auch Marbach berühmt für seine Araber. Zwei Marbacher Hengste, Jasir und Hadban Enzahi (der dort von 1955 bis 1975 stand), hatten bleibenden Einfluß auf die Rasse. Ihnen folgte ein weiterer Hengst aus Ägypten: der Rappe Gharib.

Nach 1945 wurde die Zahl der deutschen Staatsgestüte reduziert. Wickrath im Rheinland und Traventhal in Holstein existieren nicht mehr. Warendorf übernahm Wickrath, und in Holstein übernahm der Holsteiner Verband mit Sitz in Elmshorn die Verantwortung für die Hengsthaltung. In Oldenburg liegt die Hengsthaltung in prviater Hand, wird aber durch die allgemeine Zuchtpolitik praktisch staatlich überwacht.

FLYINGE

Ein Gestüt von großer Bedeutung im internationalen Turniersport ist Flyinge in der schwedischen Provinz Skane, die im 17. Jahrhundert noch zu Dänemark gehörte. 1658 wurde Flyinge von Karl X von Schweden gegründet, obwohl es dort schon seit dem 12. Jahrhundert Pferdezucht in großem Rahmen gab. Das Gestüt konzentriert sich auf die Zucht des Schwedischen Warmbluts (siehe Seiten 148–149), das auf schwedischen, hannoverschen und Trakehner Stutenlinien basiert. Vor dem Zweiten Weltkrieg wurden hannoversche Hengste eingesetzt, aber auch der Vollblüter hatte prägenden Einfluß, hauptsächlich durch den Hengst Hempelmann. Nach 1945 kamen vermehrt Trakehner Hengste zum Einsatz, u. a. der bedeutende Heristal, ein Nachkomme des berühmten englischen Rennpferdes Hyperion. Auch heute noch stehen Vollblüter auf Flyinge, wie auch einige Gotland-Ponys (siehe Seiten 190–191) und Vertreter der skandinavischen Kaltblutrassen.

DAS STAATSGESTÜT FLYINGE
Das Schwedische Warmblut auf dem Staatsgestüt Flyinge wird sowohl unter dem Sattel wie im Geschirr ausgebildet und leistungsgeprüft. Flyinge wurde 1658 von Karl X von Schweden gegründet.

FREDERIKSBORG

Das Königlich Dänische Gestüt von Frederiksborg, ein prächtiges Beispiel barocker Architektur, wurde 1532 gegründet. Sein Produkt, das fuchsfarbene Frederiksborger Pferd (siehe Seiten 112–113), galt als das überragende Reitpferd seiner Zeit in Europa. Nach dem Bankrott des Landes im Jahre 1813 waren Einschnitte unvermeidlich. Dennoch wurden Versuche unternommen, das Gestüt zu erhalten. 1840 wurde Frederiksborg zum Zentrum der Vollblutzucht. Leider war dieses Experiment erfolglos. 1871 wurde das dänische Staatsgestüt Frederiksborg geschlossen und schrittweise abgerissen.

Trakehner

Der Trakehner kommt dem Ideal des modernen, vielseitigen Sport- oder Reitpferdes am nächsten. Vielleicht aufgrund der Härte seiner Vorfahren und des wohldosierten Einsatzes von Araberblut zu bestimmten Zeiten scheint es dem Trakehner besser als den meisten anderen Warmblütern gelungen zu sein, die besten Merkmale des Vollblüters zu übernehmen und dennoch seinen eigenen Charakter zu behalten. Er ist zur Veredelung vieler Sportpferderassen eingesetzt worden.

Hals
Der feine Kopf hat das gerade Profil des Vollbluts. Der Hals ist lang und elegant.

Schulter
Die Schulter ist sehr schräg, der Widerrist gut ausgeprägt. In allen Gängen zeigt das Pferd viel Schulterfreiheit.

Ursprünge

Die Anfänge der Trakehner-Zucht im ehemaligen Ostpreußen liegen im 13. Jahrhundert. Zu jener Zeit wurde die Provinz vom Deutschritterorden kolonisiert. Es wurden Gestüte gegründet, und das bodenständige Schweiken-Pony diente als Grundlage der Zucht. Der häufig in der Landwirtschaft eingesetzte Schweike war ein Nachfahre des Konik (siehe Seiten 192–193), der wiederum vom Tarpan (siehe Seiten 20–21) abstammt, von dem er seine natürliche Vitalität, Härte und Ausdauer geerbt hat. Im Jahre 1732, 500 Jahre nach der Kolonisierung des Gebietes, gründete Friedrich Wilhelm I von Preußen, der Vater von Friedrich dem Großen, das Königliche Trakehner Stutamt auf den trockengelegten Sumpfgebieten zwischen Gumbinnen und Stallupönen im Osten seines Königreichs. Das Gestüt wurde für Preußen zur Hauptquelle für Hengste und erwarb den Ruf, elegante Kutschpferde zu züchten, die sowohl schnell als auch ausdauernd waren.

Um 1787 hatte sich der Schwerpunkt auf die Zucht von Remonten und Offizierspferden verlagert, und schon zu jener Zeit wurde ein ausführliches Prüfungssystem und eine detaillierte Dokumentation der Abstammungen eingeführt. Diese strikte Befolgung der Regeln einer genotypischen Zucht, unterstützt von einer Reihe von Leistungsprüfungen, sollte zum Kennzeichen der Warmblutzucht auf dem gesamten europäischen Festland werden. In seiner Blütezeit im 19. Jahrhundert gehörten 13 760 ha zum Gestüt in Trakehnen. Es beherbergte Stutenherden, die nach Farben getrennt wurden: Füchse, Braune/Schwarzbraune, gemischte und Rappen, eine sehr häufige Farbe dieser Rasse.

Das Nobelpferd
Trakehner weisen bemerkenswerte Turniererfolge auf. Sie gelten als die »nobelste« der Warmblutrassen.

Grösse
1,63–1,68 m

Einflüsse

Im 19. Jahrhundert wurden Englische Vollblüter (siehe Seiten 118–119) und herausragende Araber (siehe Seiten 64–65) eingesetzt, um die Rasse noch weiter zu veredeln. Über die Jahre wurde das Vollblut vorherrschend – 1913 z. B. hatten 84,3 % aller Trakehnerstuten einen Vollbluthengst zum Vater. Im Ersten Weltkrieg waren viele Trakehner im Einsatz, und sie galten als das ideale Kriegspferd. Der Anteil Araberblut war von jeher ein ausgleichendes Element für irgendwelche durch das Vollblut hervorgerufene Gebäudemängel oder Temperamentsprobleme. Bis 1936 gab es eine Araberstutenherde, und zwischen 1956 und 1958 wurden die Anglo-Araber Burnus und Marsuk auf den Gestüten Rantzau und Birkhausen eingesetzt. Den größten Einfluß auf den Trakehner übte der Englische Vollblüter Perfectionist aus, ein Sohn des Persimmon. Der 1893 geborene Persimmon war ein Sohn des St. Simon a. d. Perdita II von Hampton a. d. Hermione. Züchter und Besitzer war der Prinz von Wales, der spätere König Edward VII (1901–1910). 1896 gewann Persimmon das Epsom Derby und das St. Leger. Sein Einfluß in der St.-Simon-Linie war ebenfalls groß. Das Blut seines Sohnes Perfectionist xx und dessen besten Sohnes, Tempelhüter, findet sich in fast jedem modernen Trakehner. Tempelhüter starb 1932 und hinterließ 54 gekörte Söhne und 60 Zuchtstuten in Trakehnen. Die Perfectionist/Tempelhüter-Linie und die auf Tempelhüter-Töchtern aufgebaute Dingo-Linie bilden die Basis für den modernen Trakehner.

TRAKEHNERZUCHT
Obwohl sich die Trakehnerzucht auf Westdeutschland konzentriert, werden Trakehner in vielen europäischen Ländern von Polen bis Großbritannien gezüchtet.

Sport

Die Größe des Trakehners liegt zwischen 1,63 und 1,68 m. Er hat beachtliche Turniererfolge zu verzeichnen. Bei den Olympischen Spielen von 1936 in Berlin dominierten die Trakehner die deutschen Mannschaften, die jede Medaille gewannen. Nach dem Zweiten Weltkrieg setzten sie ihren Siegeszug auf internationalen Turnieren fort.

SCHWEIF
Der Schweif ist hoch angesetzt und wird in der Bewegung recht hoch getragen.

RUMPF
Der Körper ist mittellang, kräftig und rundrippig mit einer schönen, runden Kruppe. Bei diesem Exemplar ist der arabische Einschlag in der gesamten Linienführung erkennbar.

GLIEDMASSEN
Die Beine sind hart mit guten Gelenken und kurzen Röhrbeinen. Der Röhrbeinumfang ist gut. Die Hufe sind ausgezeichnet und gesund.

Ursprünge

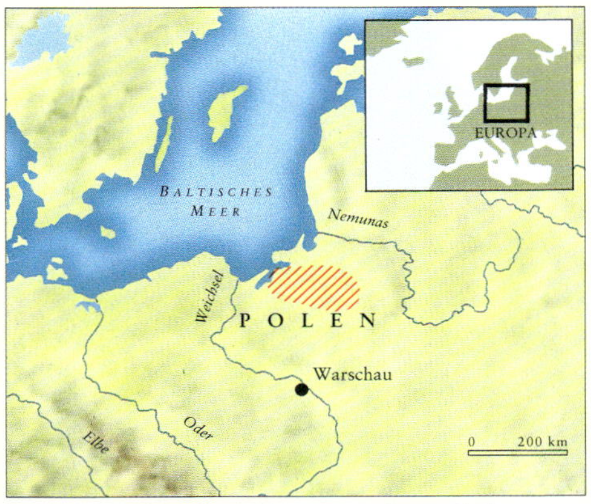

Der vom Schweiken abstammende Trakehner entstand im 13. Jahrhundert in der alten Provinz Ostpreußen in der Gegend zwischen Gumbinnen und Stallupönen. (Diese Gegend gehört heute zu Litauen.) Hier in den früheren Sumpfgebieten gründete Friedrich Wilhelm I von Preußen 1732 das Königliche Trakehner Stutamt. Seit 1945 wird die Trakehnerzucht in Westdeutschland fortgeführt, wohin die Pferde auf der Flucht gelangt waren.

HOLSTEINER

DER HOLSTEINER ist die älteste deutsche Warmblutrasse. Seinen Namen hat der Holsteiner vom Elmshorner Distrikt in Holstein, der Gegend, aus der er ursprünglich stammt. Das Zentrum der Zucht befindet sich auch heute noch hier. Die Holsteiner Zucht basiert auf den Pferden, die früher in den Sumpfgebieten an der Elbe oder ihren Nebenflüssen lebten. Schon im Jahre 1300 wurden sie im Gestüt des Klosters von Uetersen in der Haseldorfer Marsch eingesetzt. Dieses Gestüt widmete sich der Zucht von Militärpferden und Turnierpferden, d. h. Pferden für Ritterturniere. Während des Mittelalters wurde die Zucht dieser Pferde von den dänischen Königen und den Herzögen von Schleswig-Holstein stark gefördert.

HERVORRAGENDE FAHRPFERDE
Ein Holsteiner-Viererzug (eines amerikanischen Besitzers) nimmt an den Weltmeisterschaften in Stockholm teil. Der traditionelle Holsteiner ist ein starkes, durch selektive Zucht und Verdrängungskreuzungen perfektioniertes Fahrpferd.

URSPRÜNGE

Wie bei so vielen anderen deutschen Warmblutrassen auch, erfuhren die bodenständigen Pferde erst einmal umfangreiche Einkreuzungen spanischen, orientalischen und neapolitanischen Bluts. Vom 16. bis 18. Jahrhundert herrschte große Nachfrage nach Holsteiner Pferden in Dänemark, Spanien, Italien, Frankreich und anderen europäischen Ländern, und ihr Einfluß auf andere deutsche Warmblutrassen wuchs ständig. Holsteiner wurden als Veredler von Westfalen und Mecklenburgern eingesetzt und in Celle und Dillenburg aufgestellt, den Zuchtzentren des berühmten Hannoveraners (siehe Seiten 142–143). Im Jahre 1680 begann man mit dem Holsteiner Hengst Mignon auf dem Königlichen Gestüt der Herzöge von Holstein in Esserom die Zucht der berühmten crèmefarbenen Pferde, die der Stolz der Kurfürsten von Hannover waren und bis 1920 immer einen Teil des Pferdebestandes in den Königlichen Marställen in London (siehe Seiten 300–301) bildeten. Zu jener Zeit wurde der Holsteiner als hartes, zuverlässiges Wagen- und Kutschpferd geschätzt, dessen hohe, auffällige Knieaktion, ein Erbe seiner spanischen Vorfahren, seinen Einsatz auf dem Feld oder als schweres Reitpferd nicht ausschlossen.

URSPRÜNGE

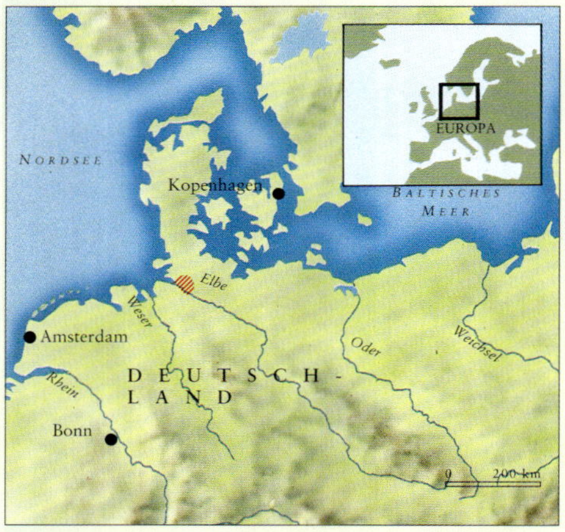

Das Hauptzuchtgebiet des Holsteiners, der ältesten deutschen Warmblutrasse, ist immer noch Elmshorn in Schleswig-Holstein, der Gegend, von der er seinen Namen erhalten hat. Die Rasse basiert auf den bodenständigen Pferden, die in den Marschgebieten der Elbe und ihren Nebenflüssen lebten. Da jedoch die Zuchtpolitik auf ein Spitzensportpferd abzielt, werden Holsteiner in großer Zahl exportiert und in vielen Ländern gezüchtet.

ZUCHT

Der Holsteiner ist schon immer sehr fügsam gewesen, eine Eigenschaft, die durch sehr sorgfältige Zuchtauswahl noch gefördert wurde. Im Jahre 1680 handelte es sich jedoch weder um ein besonders elegantes Pferd, noch war es sehr schnell. Die Gebäudemängel wurden im frühen 19. Jahrhundert durch den Einsatz von Englischen Vollblütern (siehe Seiten 118–119) ausgemerzt. Langsam verschwand die grobe Ramsnase, die Aktion wurde flacher, und die Galoppade wurde verbessert.

GRÖSSE
1,63–1,73 m

Von größerer Bedeutung war die Einführung der Yorkshire-Coach-Horse-Hengste. Diese schnelle Rasse entstand aus dem Cleveland Bay (siehe Seiten 304–305) durch Paarung von Cleveland-Stuten mit Halbblut-Cleveland-Hengsten. Ihrem Einsatz ist das ausgeglichene Temperament und die typische hohe und weite Aktion des Holsteiners zu verdanken, die zum relativ schweren Rahmen des Pferdes passen. Das Ergebnis war ein hartes, nicht unelegantes Wagenpferd, das auch als Zugpferd in der Artillerie und als schweres Reitpferd eingesetzt werden konnte, wodurch es als Kavallerieremonte sehr gefragt war. Die Rasse entstand hauptsächlich auf dem Gestüt Traventhal, das 1867 von den Preußen in Schleswig-Holstein gegründet worden war. Dieses Gestüt existiert nicht mehr, und die Verantwortung für die Zucht liegt nun beim Verband der Züchter des Holsteiner Pferdes in Elmshorn. Die Pferde werden, wie es bei allen europäischen Warmblutrassen üblich ist, leistungsgeprüft (siehe Seiten 122–123).

JÜNGSTE ENTWICKLUNGEN

Nach dem Zweiten Weltkrieg änderte sich die Nachfrage auf dem Pferdemarkt drastisch. Die deutschen Züchter reagierten richtig und erkannten die Notwendigkeit, ein leistungsfähiges Turnierpferd zu züchten. Daher griff man auf den veredelnden Vollblüter zurück, und der Holsteiner Verband setzte mehr Vollblüter ein als irgendein anderer Verband. In relativ kurzer Zeit wurde aus dem Holsteiner ein vielseitiges Reitpferd von 1,63 bis 1,73 m Größe. Er wurde nicht nur für eine spezielle Disziplin gezüchtet, sondern er war für jede Reitsportdisziplin geeignet. Der moderne Holsteiner ist leichter als früher und ähnelt einem qualitätsvollen Hunter mit gutem Röhrbein und viel Substanz. Er besitzt Umriß, hat Mut und kann galoppieren und springen. Er ist wirklich ein Allround-Turnierpferd, und von allen deutschen Warmblütern ist er wahrscheinlich am besten für den Vielseitigkeitssport geeignet. Als Erinnerung an seine Vergangenheit besitzt er immer noch eine gewisse Knieaktion, aber das ist erlaubt. Die Bewegungen sind lang und frei, dabei besonders taktrein und elastisch.

Eines der besten Springpferde der Welt war Fritz Thiedemann's Meteor. Thiedemann hat immer Holsteiner bevorzugt. Andere berühmte Holsteiner sind Granat (Dressur-Weltmeister) und die guten internationalen Vielseitigkeitspferde Albrant, Madrigal und Ladalco.

KÖRPER
Durch den Einsatz von Vollblütern verschwand viel vom schweren Rahmen des Holsteiner Typs, manchmal ging dabei allerdings auch der Typ verloren. Dem abgebildeten Pferd mangelt es an Gurtentiefe, aber das ist kein genereller Schwachpunkt der Rasse.

KOPF
Dieser Kopf hier ist eher ein unscheinbarer Vollblutkopf, aber auf jeden Fall ist die früher übliche Ramsnase verschwunden.

SCHULTERN
Die schräge Schulterlage macht die Aktion der Vorhand flacher und länger, d. h. einem Reitpferd entsprechend. Der Widerrist ist deutlich ausgeprägt.

SPRINGPFERDE
Durch den Einsatz von Vollblut entstand ein leichterer Typ. Der moderne Holsteiner zählt zu den besten Springpferden der Welt.

HANNOVERANER

DER HANNOVERANER ist leicht zu erkennen an seinem Brandzeichen, einem stilisierten H. Er ist die am zahlreichsten vertretene und am besten bekannte Warmblutrasse Europas. Der Grundstein für die Zucht wurde 1735 in Celle von Georg II, Kurfürst von Hannover und König von England (1727–1760) »zum Wohle unserer Untertanen« gelegt. Heute werden jedes Jahr über 8000 Stuten von den Hengsten des Landgestüts Celle gedeckt.

DAS LANDGESTÜT CELLE

Selbst vor der Gründung des Celler Landgestüts hatte der Hannoveraner viel königliche Förderung erhalten. Ein Hannoveraner-Schimmel ziert das Wappen des Kurfürsten Ernst-Augustus (1629–1698), und die berühmten hannoverschen »Crèmefüchse« des Königs mit ihren kaffeefarbenen Mähnen und Schweifen wurden auf Betreiben von Kurfürstin Sophia auf der königlichen Residenz in Herrenhausen gezüchtet. In Großbritannien wurden diese kleinen Kutschpferde bei königlichen Prozessionen unter der Herrschaft von George I bis George V eingesetzt (siehe Seiten 302–303).

Als George, der Kurfürst von Hannover, 1714 König George I von England wurde, wurden die Vollblüter jener Zeit eingesetzt, um die oft unattraktiven Pferde zu veredeln. Die ersten Hengste in Celle waren jedoch 14 Holsteiner Rappen (siehe Seiten 140–141). In den folgenden 30 Jahren übte diese Rasse den größten Einfluß auf die Pferde im Landgestüt aus. Später wurden vermehrt Vollblüter (siehe Seiten 118–119) eingesetzt, wodurch die Pferde leichter wurden und mehr Raumgriff bekamen. Die Pferde konnten sowohl als Kutschpferd als auch unter dem Sattel eingesetzt werden, waren aber noch stark genug für allgemeine Arbeiten in der Landwirtschaft. In Celle wurden von Beginn alle Pferde registriert, und gegen Ende des 18. Jahrhunderts besaß man detaillierte Abstammungsnachweise. Während der napoleonischen Kriege wurde Celle »geräumt«, und als es 1816 wieder eingerichtet wurde, waren nur 30 von den ehemals hier stationierten 100 Hengsten da. Der Hengstbestand wurde vervollständigt mit mehr importierten Englischen Vollblütern und Pferden aus Mecklenburg, von der Station, wohin die Celler Hengste während der Kriegsjahre evakuiert worden waren. (Interessanterweise wurden nur Englische Vollblüter zur Veredelung der euro-

URSPRÜNGE

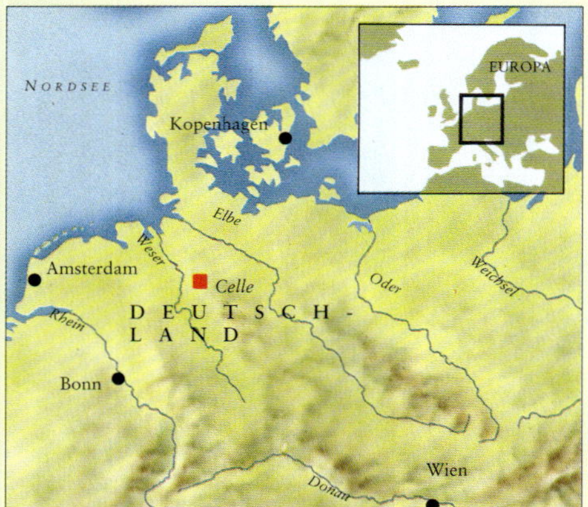

Die Heimat des Hannoveraners ist das Kurfürstentum Hannover in Deutschland. Das Landgestüt Celle befindet sich in Niedersachsen. Hannoveraner werden in großer Zahl in Nord- und Südamerika sowie Australien gezüchtet. Der Hannoveraner ist die bekannteste der deutschen Warmblutrassen.

KOPF
Der Kopf ist verhältnismäßig trocken und nicht zu groß.

HALS
Der Hals ist lang und elegant, wenn man vom natürlichen Hengsthals dieses Pferdes absieht. Er geht über in eine lange, schräge Schulter mit ausgeprägtem Widerrist.

GLIEDMASSEN
Die Beine sind kurz, mit kurzen Röhrbeinen und genügend Röhrbeinumfang. Die Gelenke sind groß und ausgeprägt. Der Unterarm ist gut bemuskelt.

GRÖSSE
1,60–1,68 m

ERSCHEINUNG
Erscheinung und korrektes Exterieur des Hannoveraners machen ihn zu einem idealen Dressurpferd. Darüber hinaus sind seine Gänge elastisch und besonders korrekt.

päischen Warmblüter eingesetzt.) Außer Frankreich und später Italien hat kein anderes europäisches Land je einen so großen Vollblutbestand wie Großbritannien, Irland und die USA gehabt.

VERSCHIEDENE EINFLÜSSE

Gegen Mitte des 19. Jahrhunderts hat der zunehmende Einfluß des Vollbluts (35 %) ein Pferd hervorgebracht, das zu leicht für den Einsatz in der Landwirtschaft war. Daraufhin wurde versucht, durch Einsatz einheimischer Linien einen schwereren Typ zu erzeugen.

Bis zum Ersten Weltkrieg beherbergte Celle 350 Hengste, und diese Zahl erhöhte sich bis 1924 auf 500. Um alle Hengste unterbringen zu können, wurde ein weiteres Landgestüt eingerichtet. Die 100 in Osnabrück-Eversberg aufgestellten Hengste gaben der Zucht des hannoverschen Pferdes in diesem Gebiet großen Auftrieb. 1961 wurde Osnabrück-Eversberg aufgelöst.

Zwischen den Weltkriegen gab es große Fluktuationen im Bestand der Deckhengste, und es gab je nach Gegend auch große Unterschiede im Typ. Nach dem Zweiten Weltkrieg kamen eine Reihe Trakehner (siehe Seiten 138–139) von Ostpreußen nach Celle und wurden als Landbeschäler aufgestellt. In den 60er Jahren wurden große Anstrengungen unternommen, um die hannoverschen Zuchtziele an die Nachfrage anzupassen und ein qualitätsvolles Reit- und Sportpferd zu züchten. Ein Großteil des Erfolgs dieses Umzüchtungsprozesses ist dem Einsatz von Trakehner und Vollbluthengsten zu verdanken, die auch heute noch in Celle zu finden sind. Sie wirken als Veredler, machten den derben Hannoveraner leichter und gaben ihm mehr Vermögen und freiere Bewegungen.

MERKMALE

Der moderne Hannoveraner ist zwischen 1,60 und 1,68 m groß und hat ein gutes Exterieur. Die Aktion ist besonders korrekt, athletisch und elastisch; es gibt keine Anzeichen mehr für die hohe Knieaktion, die das alte hannoversche Wagenpferd kennzeichnete. Dem Hannoveraner wird ein besonders ausgeglichenes Temperament nachgesagt. Er ist wesentlich edler als seine Vorfahren dank der fortgesetzten Rückkreuzungen auf den Vollblüter (siehe Seiten 118–119). Hannoveraner sind international gefragt als gute Dressurpferde und Springpferde mit außergewöhnlichem Springtalent.

RÜCKEN
Der Rücken ist von mittlerer Länge mit besonders breiten und kräftigen Nieren.

HINTERHAND
Der Schweif ist gut angesetzt und wird schön getragen. Die Hinterhand ist gut bemuskelt, und die Kruppe ist flach.

HUFE
Der moderne Hannoveraner hat harte, gut geformte Hufe. Die alte Schwachstelle schlechter Hufe ist fast vollständig durch sorgfältige Selektion und Prüfung weggezüchtet worden.

EIN WESTFALE
Der Westfale basierte ursprünglich auf hannoverschen Blutlinien, obwohl es Abweichungen im Typ gibt. Dieses Pferd z. B. ist gröber als gewöhnlich, und obwohl es sich um ein gutes Reitpferd für normale Ansprüche handelt, ist es vom Typ her doch eher ein Wagenpferd. Westfälische Hengste hannoverscher Abstammung werden im Gestüt Warendorf eingesetzt.

BELGISCHES & BAYERISCHES WARMBLUT

DAS BELGISCHE WARMBLUT zählt zu den jüngeren Mitgliedern in der Familie der Warmblutrassen. Diese Rasse ist zweckorientiert gezüchtet worden für den Dressur- und Springsport, und in diesen Disziplinen haben die Pferde auch schon Großes geleistet. Eine der weniger bekannten Sportpferderassen Deutschlands, das Bayerische Warmblut, basiert auf dem Rottaler, einer der ältesten Rassen Europas, und läßt sich bis ins 11. Jahrhundert zurückverfolgen.

BELGISCHES WARMBLUT
Belgische Warmblüter werden zu einem nicht zu unterschätzenden Faktor im internationalen Springsport. Auch auf dem Dressurviereck sind sie nicht mehr zu übersehen.

DAS BELGISCHE WARMBLUT

In Belgien ist die Zucht großer, starker und schwerer Arbeitspferde für die Landwirtschaft, wie z. B. dem Brabanter (siehe Seiten 272–273) traditionell verankert. Der Schwerpunkt hat sich inzwischen verlagert auf den Turniersport, und viele belgische Züchter konzentrieren sich nun auf das Warmblut-Reitpferd und produzieren über 4500 Fohlen im Jahr. Pferde dieser Rasse haben gute Leistungen im internationalen Turniersport erbracht und sind in ganz Europa gefragt. Die Geschichte der Rasse beginnt in den 50er Jahren, als man das leichtere belgische Arbeitspferd mit weniger Fesselbehang mit dem Gelderländer (siehe Seiten 124–125) kreuzte, um ein schweres Reitpferd zu produzieren. Dieses Kreuzungsprodukt auf der Grundlage des Kaltbluts war relativ erfolgreich. Es handelte sich um durchschnittliche Pferde mit viel Substanz; sie waren stark und zuverlässig, aber weder besonders talentiert noch mit viel Bewegung ausgestattet.

BELGISCHES WARMBLUT

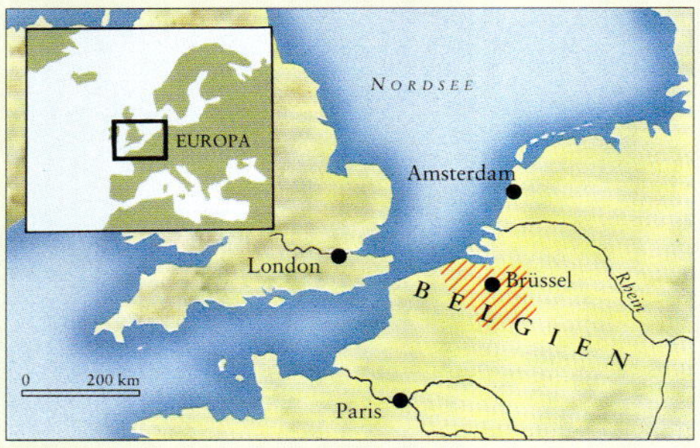

Beim Belgischen Warmblut handelt es sich um eine relativ junge Rasse, die in ganz Belgien, besonders aber im traditionellen Pferdezuchtgebiet Brabant, gezüchtet wird. Jedes Jahr werden schätzungsweise 4000 bis 5000 Fohlen geboren. Die Züchter setzen verstärkt die Pferde ihrer Nachbarn aus den Niederlanden, Frankreich und Deutschland zu Verdrängungskreuzungen ein, und zwar Gelderländer, Anglo-Araber und Holsteiner.

KRUPPE
Die Hinterhand ist breit und kräftig mit stark bemuskelten Unterschenkeln. Die Lenden sind ebenfalls breit. Das ganze Pferd ist sehr geschlossen.

BELGISCHES WARMBLUT

KOPF
Der Kopf ähnelt dem des verwandten Selle Français. Der kräftige Hals paßt zum gut gebauten Körper.

HALS
Der lange, anmutige Hals und der feine, trockene Kopf erinnern stark an den Vollblüter.

GLIEDMASSEN
Die langen, schlanken Beine haben mittelgroße Gelenke. Die Hufe gelten als sehr gesund und nicht krankheitsanfällig.

BAYERISCHES WARMBLUT

BAYERISCHES WARMBLUT

Das Bayerische Warmblut basiert auf dem Rottaler, einer Rasse aus dem fruchtbaren Rottal in Bayern, und auf den Pferden, die im 16. Jahrhundert auf den Klostergestüten im Osten der Region Zweibrücken gezüchtet wurden. Diese Rasse ist ein gutes Beispiel dafür, wie Züchter sich ein Zuchtziel setzen und es methodisch verfolgen. Die Entwicklung der Rasse geschah in wohlüberlegten Schritten.

Diese Gelderländer-Kreuzungen wurden 10 Jahre später eingestellt, nachdem man eine solide züchterische Basis für Veredlungen hatte. Stattdessen wurden Holsteiner (siehe Seiten 140–141) und die sportlicheren Selle Français (siehe Seiten 130–131) eingekreuzt, die beide bekannt sind für ihre geraden, taktreinen Gänge. Aber es wurde immer deutlicher, daß das Vollblut (siehe Seiten 118–119) unerläßlich ist, will man Qualität, Raumgriff und Freiheit der Bewegungen verbessern. Auch Anglo-Araber (siehe Seiten 78–79) und eine Kreuzung mit Holländischem Warmblut (siehe Seiten 126–127), beides gesunde Pferde mit ausgeglichenem Temperament, wurden eingeführt. Das Ergebnis war ein starkes Pferd von ca. 1,68 m Größe mit geraden Bewegungen, guten Beinen und gesunden Hufen. Dank ihres ruhigen Charakters werden sie gut mit dem Turnierstreß fertig. Alle »normalen« Fellfarben sind vertreten.

DAS BAYERISCHE WARMBLUT

Der Ahnherr des Bayerischen Warmbluts, der alte Rottaler Fuchs, stammt aus dem fruchtbaren Rottal, einer Gegend, die früher für ihre ausgezeichneten Pferde bekannt war. Zur Zeit der Kreuzzüge im 11. Jahrhundert (siehe Seiten 68 bis 69) wurde der Rottaler als ein dem Friesen (siehe Seiten 48–49) vergleichbares Kriegspferd gepriesen. Im 16. Jahrhundert wurden die Pferde systematisch auf den Klostergestüten von Hornbach und Worschweiler in Zweibrücken gezüchtet. Im 18. Jahrhundert wurden die Pferde mit aus England importierten Halbbluthengsten, Cleveland Bays (siehe Seiten 304–305) und ein paar Cob Normands (siehe Seiten 268–269) veredelt. Gegen Ende des 19. Jahrhunderts wurden Oldenburger eingekreuzt, um den Pferden mehr Substanz zu geben. Das war der Grundstock für die Zucht des modernen Turnierpferdes.

Durch den späteren Einsatz von Vollblut wurde aus dem schweren Rottaler ein leichteres, aber immer noch kräftig gebautes Pferd mit einer Größe um 1,63 m. Das moderne Bayerische Warmblut (die Bezeichnung »Rottaler« gibt es seit den 60er Jahren nicht mehr) ist ein attraktives Pferd in der traditionellen Rottaler Fuchsfarbe. Das Pferd verfügt über viel Rumpftiefe und hat kurze, kräftige Beine mit gut proportioniertem Röhrbein. Wie gewöhnlich legt man viel Wert auf den Charakter, und die Pferde werden leistungsgeprüft.

Das Bayerische Warmblut ist gut geeignet für Dressur und Springen auf internationalem Niveau, aber wie bei vielen anderen Warmblütern auch ist Galoppiervermögen nicht seine Stärke, und folglich sind die Pferde weniger geeignet als Vielseitigkeitspferde.

GRÖSSE DES BELGISCHEN WARMBLUT
1,68 m

GRÖSSE DES BAYERISCHEN WARMBLUT
1,63 m

Rheinländer & Württemberger

Rheinländer und Württemberger sind zwei weitere Vertreter des halben Dutzends warmblütiger Sportpferderassen in Deutschland. Der Rheinländer, eine der jüngeren Rassen, entstand in den 70er Jahren, während der Württemberger zu den ältesten Rassen zählt. Seit Beginn des 19. Jahrhunderts wird er auf Gestüt Marbach gezüchtet.

Der Rheinländer

Die beste deutsche Kaltblutrasse war das alte rheinisch-deutsche Kaltblutpferd, das hauptsächlich auf dem Brabanter aus Belgien (siehe Seiten 272–273) basierte. Dieser Kaltblüter war einst ein beliebtes Arbeitspferd im Rheinland, Westfalen und Sachsen, aber mit zunehmender Technisierung der Landwirtschaft wurden die Pferde arbeitslos, und heute ist die Rasse in

Durchschnittspferd

Der Rheinländer ist ein vielseitiges Gebrauchspferd, das bestens für den Durchschnittsreiter und die wachsende Zahl der Freizeitreiter geeignet ist.

Deutschland kaum noch bekannt. Aber das Rheinische Stutbuch ist nie geschlossen worden, und die Züchter mit dem leichteren Schlag der alten Rasse gingen dazu über, das warmblütige Reitpferd, das heute Rheinländer genannt wird, zu züchten.

In den 70er Jahren gab es Programme zur Zucht eines typvollen Reitpferdes für den wachsenden Freizeitmarkt. Warmblutstuten, die von Vollblut- (siehe Seiten 118–119), Trakehner- (siehe Seiten 138–139) oder Hannoveranerhengsten (siehe Seiten 142 bis 143) abstammten und deren Mütter den alten rheinischen Blutlinien entstammten, wurden gepaart mit hannoverschen oder westfälischen Hengsten. Aus dieser Mischung wurden halbblütige Hengste ausgewählt, auf deren Grundlage dann der moderne Rheinländer entstand.

Das Ergebnis ist ein relativ unauffälliges, aber nicht unattraktives Reitpferd von ca. 1,68 m Größe. Füchse sind häufig vertreten. Dieses Pferd erfüllt die Erwartungen des Vereins- oder Freizeitreiters. Den ersten Pferden mangelte es an Knochenstärke, aber dieser Fehler ist heute ausgemerzt. Die Züchter konzentrierten sich auf die Verbesserung des Exterieurs und auf gerade, schwungvolle Bewegungen, für die die deutschen Rassen besonders bekannt sind. Wie immer wird auf ein ausgeglichenes Temperament besonders Wert gelegt. Vielleicht besitzt der Rheinländer noch nicht die Klasse der bekannteren Hannoveraner oder Holsteiner, aber er ist nichtsdestotrotz ein gutes, genügsames Reitpferd.

Der Württemberger

Das Gestüt Marbach, eine der größten europäischen Zuchtstätten, wurde 1573 gegründet. Schon früh in seiner Geschichte erwarb es sich den Ruf, gute Gebrauchspferde zu produzieren, die sowohl unter dem Sattel gehen als auch für leichte Arbeiten im Geschirr geeignet waren. Diese Pferde entstanden durch Verschmelzung der verschiedenen Rassen des Gestüts, angefangen von spanischen und orientalischen Pferden bis hin zu Kaltblutpferden. Der als eine der klassischen deutschen Warmblutrassen geltende Württemberger entstand im 17. Jahrhundert, als bodenständige Stuten verschiedenster Abstammung mit Arabern (siehe Seiten 64–65) gekreuzt wurden. Spanische und Berberstuten und auch Friesenhengste wurden im 17. Jahrhundert eingekreuzt.

Rheinländer

Grösse des Rheinländers
1,68 m

SPORTLICH

Der moderne Württemberger steht ganz im Sportpferdetyp, was ihn zu einem erfolgreichen Springpferd auf internationalem Niveau macht.

Ohne seinen arabischen Charakter zu verlieren, wurde dem frühen Württemberger anglonormannisches Blut zugeführt durch Faust, einen Hengst im Cob-Typ. Den größten Einfluß auf den heutigen Württemberger hatte jedoch der Trakehner Julmond, der 1960 nach Marbach kam und zum Stammvater der Rasse wurde. Der moderne Württemberger ist nicht mehr so stämmig, sondern ein gut proportioniertes Reitpferd. Er ist hart und langlebig, hat ein ruhiges Temperament und ist genügsam. Die schwungvollen, energischen Gänge lassen den arabischen Einfluß erkennen. Der Württemberger ist ein mittelgroßes Pferd mit viel Knochenstärke bei einer Größe von 1,63 m und mehr.

URSPRÜNGE

Der moderne Rheinländer basiert auf den alten Rassen aus dem Rheinland, Westfalen und Sachsen, und seine Zucht konzentriert sich auch auf die Regionen in Deutschland. Die Entwicklung des Württembergers begann vor etwa 300 Jahren auf Gestüt Marbach in Württemberg, einem der ältesten Staatsgestüte Deutschlands. Marbach wurde 1552 gegründet, als ausgewählte Marbacher Araber, für die das Gestüt auch heute noch bekannt ist, mit bodenständigen Stuten unterschiedlicher Abstammung gepaart wurden.

HINTERHAND

Gut proportionierte Hinterhand mit breiten, muskulösen Lenden. Die Linie vom Hüftgelenk zum Fersenhöcker ist schön lang.

GRÖSSE DES WÜRTTEMBERGERS

1,63 m

GLIEDMASSEN

Gute Beine mit ausgeprägten, korrekten Sprunggelenken und flachen Gelenken machen die Bewegungen schwungvoll.

WÜRTTEMBERGER

DÄNISCHES & SCHWEDISCHES WARMBLUT

DÄNEMARK UND SCHWEDEN produzierten unverwechselbare, hocherfolgreiche Turnierpferde, die sowohl im Gebäude wie auch in der Gesamterscheinung beeindrucken. Sie sind vom Vollblut (siehe Seiten 118–119) geprägt und haben Ähnlichkeit mit den besten englischen und irischen Mittelgewichtshuntern (siehe Seiten 372–373). Beide Länder besitzen eine lange reiterliche Tradition, und Schweden ist hauptsächlich die Einführung der Reitsportdisziplinen bei den Olympischen Spielen zu verdanken.

GRÖSSE DES DÄNISCHEN WARMBLUTS
1,68 m

DAS DÄNISCHE WARMBLUT

Im 14. Jahrhundert stützte sich die dänische Pferdezucht auf Gestüte in Holstein, bis 1864 ein dänisches Herzogtum. Jahrelang war es Zuchtpolitik, die schweren norddeutschen Stuten mit spanischen Hengsten zu kreuzen, um Pferde wie den Frederiksborger und den Holsteiner (siehe Seiten 112–113 und 140–141) zu produzieren.

URSPRÜNGE

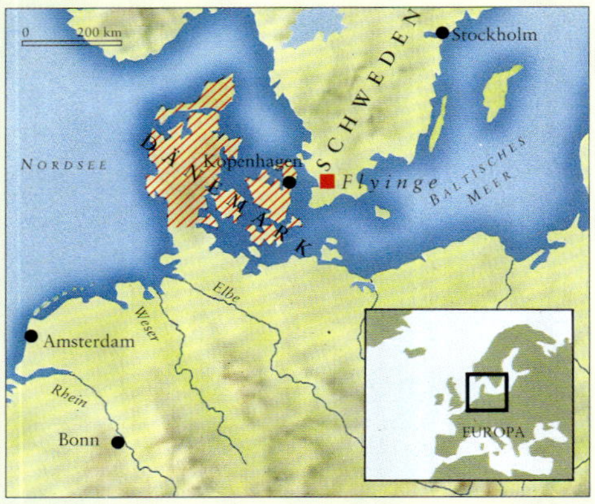

Die Anfänge der Pferdezucht in Dänemark hingen größtenteils von den Klostergestüten in Holstein ab, viel später vom Königlichen Gestüt Frederiksborg. Die Entstehung der Rasse ist größtenteils dem leichten Zugang zu den Rassen der Nachbarländer zu verdanken. Zu den Vorfahren des Schwedischen Warmbluts gehören auch importierte Pferde. Es wurde auf den Gestüten Stromsholm und Flyinge gezogen. Flyinge ist heute Hengstdepot, von wo aus Hengste auf ausgewählte Deckstationen gesandt werden.

Obwohl Dänemark wie auch die Niederlande talentierte Reiter hatten, gab es bis vor kurzem keine eigene Reitpferderasse. Schon 1918 gab es eine Reiterliche Vereinigung (FN) in Dänemark, aber erst in den 60er Jahren wurde das Stutbuch für das Dänische Sportpferd geöffnet, das seither als Dänisches Warmblut bekannt ist.

Grundlage für die neue Rasse waren die alten Frederiksborger, die mit Vollblütern gekreuzt wurden, um ein gängiges Reitpferd zu produzieren. Obwohl es noch etwas vom Zugpferdecharakter des massigen Frederiksborger besitzt, war es leichter und relativ elegant. Diese Halbblutstuten wurden anglo-normannischen Hengsten (hauptsächlich Selle Français – siehe Seiten 130–131) und Vollblütern (siehe Seiten 138–139) sowie Wielkopolski-Pferden (siehe Seiten 152–153), einem engen Verwandten des Trakehners, zugeführt. Der Selle Français gab den Pferden ein drahtiges, athletisches Aussehen und verbessertes Exterieur. Trakehner und Wielkopolski trugen zur Festigung des Typs bei und verbesserten Stehvermögen, Eignung und Temperament. Wie immer war der Vollblüter der Veredler, der der Rasse überragende Bewegungen und mehr Qualität, Schnelligkeit und Mut gab.

Diese Mischung ergab ein gesundes, ansprechendes Pferd im Vollbluttyp, aber mit Substanz, Stärke und guten Beinen. Bei einer Größe von 1,68 m ist das Dänische Warmblut ein interessantes und manchmal brillantes Dressurpferd, manchmal auch ein gutes Vielseitigkeitspferd. Es ist ungewöhnlich für eine europäische Warmblutrasse, daß kein hannoversches Blut vertreten ist, aber das hat wohl auch zu dem einzigartigen Charakter geführt.

GLIEDMASSEN
Die Beine sind sehr kräftig mit stark bemuskeltem Unterarm, guten, klaren Gelenken, kurzen Röhrbeinen und gutem Röhrbeinumfang.

HUFE
Besonderes Augenmerk gilt der Qualität, der Form und der Widerstandsfähigkeit der Hufe. Selten gibt es Fehlleistungen oder Hufkrankheiten.

DÄNISCHES WARMBLUT

DAS SCHWEDISCHE WARMBLUT

Das Schwedische Warmblut stammt von Pferden ab, die im 17. Jahrhundert importiert worden waren, und es war ursprünglich ein überdurchschnittliches Kavalleriepferd. Es wurde gezüchtet auf den Gestüten Stromsholm (gegründet 1621) und Flyinge, dem 1658 im südschwedischen Skane gegründeten Königlichen Gestüt (siehe Seiten 136–137), das früher zu Dänemark gehört hatte. Das Landgestüt Stromsholm gibt es nicht mehr, aber Hengste von Flyinge werden auf Deckstationen in ganz Schweden versandt. Die ersten Importe aus Dänemark, England, Frankreich, Deutschland, Ungarn, Rußland, Spanien und der Türkei waren äußerst unterschiedlich. Das Ergebnis waren Pferde mit derart zusammengewürfelter Abstammung, daß es gar keinen einheitlichen Typ geben konnte. Dennoch brachten diese Pferde und besonders die spanischen und friesischen Importpferde sowie die Pferde orientalischer Abstammung gängige, starke Pferde, wenn sie mit den kleinen, zähen, einheimischen Stuten gekreuzt wurden. Im 19. und 20. Jahrhundert wurden Araber (siehe Seiten 64–65), Vollblüter, Hannoveraner (siehe Seiten 142–143) und besonders wichtig, Trakehner dem Grundbestand zugeführt, um große, starke Pferde zu produzieren, die zunehmend einheitlicher im Typ wurden. Flyinge bemühte sich, nur beste Vollblüter einzusetzen, eine Methode, die auf dem europäischen Festland manchmal zum Nachteil der Nachzucht vernachlässigt wird.

Das moderne Schwedische Warmblut ist ein gutes Beispiel für ein Pferd mit Reitpferde-Exterieur und leichtfüßigen, geraden Gängen. Es ist umgänglich, gesund, ansehnlich und sehr vielseitig. Die besten Schwedischen Warmblüter sind gut bekannt als Dressurpferde internationalen Formats, aber es gibt auch Spring- und Vielseitigkeitspferde. Sie sind auch sehr gute Fahrpferde und werden in großer Zahl in alle europäischen Länder und die USA exportiert. Die Pferde werden leistungsgeprüft und müssen strenge Auflagen erfüllen, bevor sie zur Zucht zugelassen werden.

In dem für die Entwicklung der Rasse besonders wichtigen Jahrzehnt von 1920 bis 1930 übten die hannoverschen Hengste Schwabliso, Tribun und Hamlet und der Vollblüter Hampelmann ihren Einfluß aus. Nach 1945 prägten die Trakehner Heristal, Heinfried, Anno und Polarstern die Rasse. Heristal, ein Nachkomme des großen englischen Rennpferdes Hyperion, hinterließ 15 Hengstsöhne und 44 ins Stutbuch eingetragene Stuten.

GESTÜT FLYINGE
Die Zucht des Schwedischen Warmbluts ist konzentriert auf das Gestüt Flyinge in der Provinz Skane. Flyinge wurde 1658 gegründet.

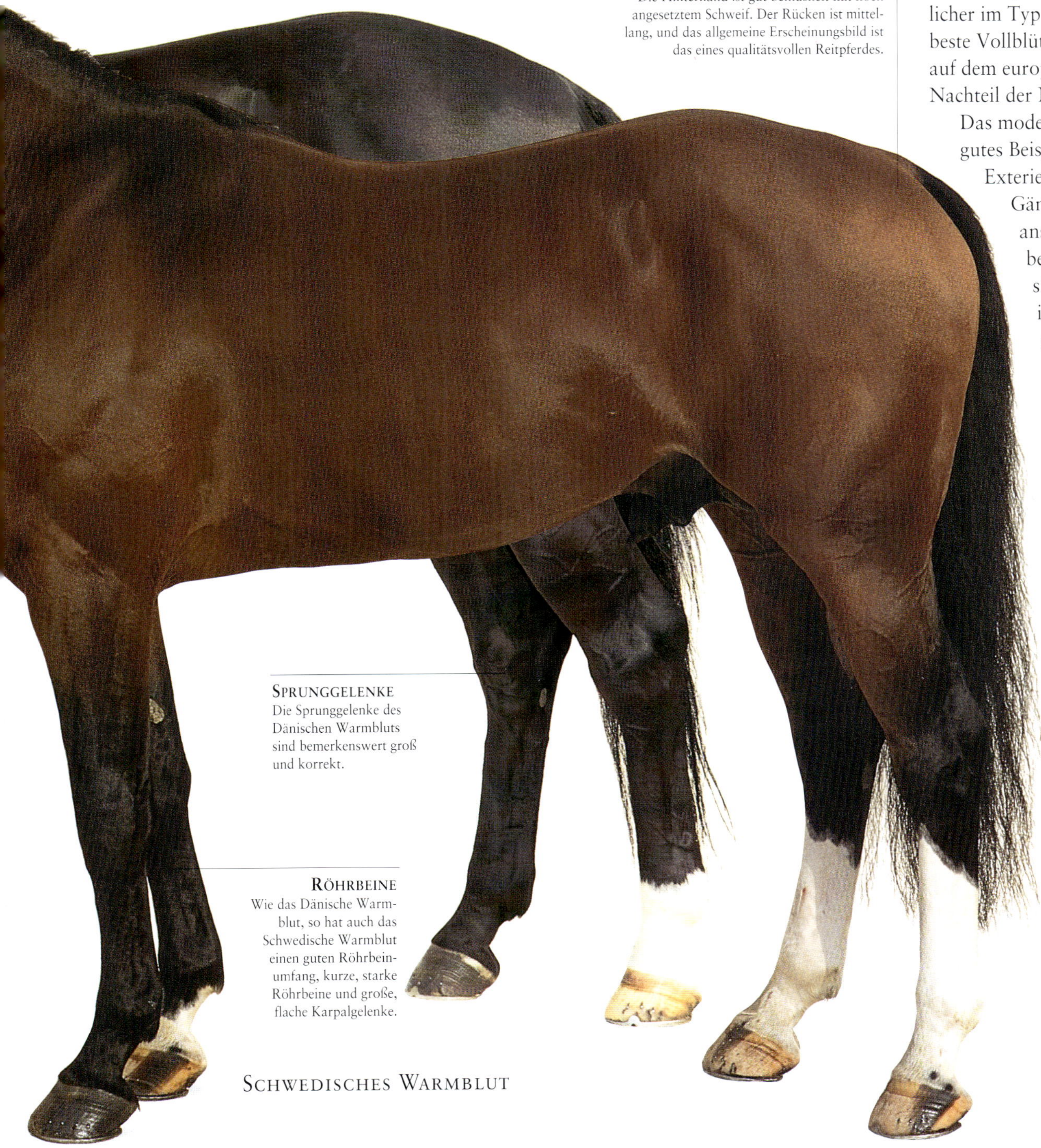

HINTERHAND
Die Hinterhand ist gut bemuskelt mit hoch angesetztem Schweif. Der Rücken ist mittellang, und das allgemeine Erscheinungsbild ist das eines qualitätsvollen Reitpferdes.

SPRUNGGELENKE
Die Sprunggelenke des Dänischen Warmbluts sind bemerkenswert groß und korrekt.

RÖHRBEINE
Wie das Dänische Warmblut, so hat auch das Schwedische Warmblut einen guten Röhrbeinumfang, kurze, starke Röhrbeine und große, flache Karpalgelenke.

SCHWEDISCHES WARMBLUT

GRÖSSE DES SCHWEDISCHEN WARMBLUTS
1,68 m

TAFEL AUF MEZÖHEGYES

OSTEUROPÄISCHE GESTÜTE

DIE GESTÜTE Osteuropas spiegeln eine Tradition der Pferdezucht wider, die vor 4000 Jahren mit den Reitervölkern der asiatischen Steppen begann. Die Magyaren Ungarns sind die direkten Nachfahren jener Völker, die von der Auswanderung aus ihrer Heimat im Ural bis zur endgültigen Niederlassung im kaukasischen Bassin mit dem Asiatischen Wildpferd (siehe Seiten 18 bis 19), dem Tarpan (siehe Seiten 20–21) und schließlich dem Araber (siehe Seiten 64–65) in Kontakt gekommen waren. Ihr Traditionsreichtum breitete sich aus bis nach Böhmen und der Slowakei, während Polen im Norden mit seiner engen Verbindung zum Tarpan das größte Pferdezuchtland Europas wurde. Es ist den Polen und Ungarn zu verdanken, daß die leichtfüßigen, temperamentvollen Araber zum größten Einflußfaktor in den Gestüten und auch in der Zuchtpolitik Osteuropas wurden.

UNGARN

Nach der Schlacht von Mohács im Jahre 1526 stand Ungarn 150 Jahre lang unter türkischer Herrschaft. Dadurch wurde der ungarische Pferdebestand stark geprägt von türkischen Pferden orientalischer Abstammung. Dennoch wurden seitdem bemerkenswerte Rassen auf der Grundlage von Anglo-Normannen und Vollblütern (siehe Seiten 118–119) hauptsächlich auf Mezöhegyes im Südosten der ungarischen Ebene entwickelt. Das erste ungarische Gestüt wurde im 9. Jahrhundert von einem Stammesführer namens Arpád auf einer Donauinsel gegründet. Arpád's Urenkel, der den christlichen Glauben angenommen hatte, war Stephan I, König von Ungarn (997–1038). Mezöhegyes ist das älteste und eines der bedeutendsten Staatsgestüte Ungarns. Es war 1785 von Joseph II (1741–1790) auf Betreiben von Joseph Csekoniks gegründet worden, der bald darauf Bábolna errichtete. Schon 1793 standen dort mehr als 1000 Stuten. Bábolna ist berühmt für die Entwicklung der Rassen Nonius, Furioso (siehe Seiten 154–155) und Gidran-Araber (siehe Seiten 76–77), der ungarischen Version des Anglo-Arabers. Heute konzentriert man sich auf die Zucht von Sportpferden, wobei man sich auf Leistungsprüfungen stützt und Vollblüter und einige bewährte deutsche Sportpferdelinien einsetzt.

Bábolna, das 700 Jahre alte Anwesen Babunapußta, wurde 1789 von der Familie Szapary an den Staat verkauft. Bábolna wurde mehr oder weniger als Dépendance für Mezöhegyes erworben. 1816 wurde beschlossen, dort Araber zu züchten, und mehrere Pferde mit viel Araberblut und einige Vollblutaraber kamen auf das Gestüt.

Der Hengst Shagya (siehe Seiten 76–77), der Begründer von Bábolna's Shagya-Linie, wurde

UNGARNS ÄLTESTES GESTÜT

Mezöhegyes, das älteste der großen Gestüte des 18. Jahrhunderts, ist berühmt für die Entwicklung der Rassen Nonius, Gidran und Furioso.

WUNDERBARES BÁBOLNA

Das 1789 erworbene Bábolna ist eines der schönsten und berühmtesten Gestüte der Welt. Die vielgerühmten Shagya-Araber steigern die Perfektion dieser ruheausstrahlenden Anlage.

1833 in Syrien gekauft. Weitere syrische Pferde wurden 1850 importiert.

Als Bábolna 1869 dem ungarischen Landwirtschaftsministerium unterstellt wurde, wurde ein Leistungsprüfungssystem eingeführt. Das Gestüt erlebte seine Blütezeit zwischen den beiden Weltkriegen, als es dort mehr Araber der Spitzenklasse gab, als sonstwo auf der Welt. Nach 1945 wurde beinahe der gesamte Pferdebestand zerstört, aber Bábolna hat immer noch eine vorrangige Stellung in der Araberzucht. Die anderen ungarischen Staatsgestüte befinden sich in Sümeg, einer Hengststation, und Szilvasvarad, wo Lipizzaner mit den alten klassischen Linien gezüchtet werden.

DIE EHEMALIGE TSCHECHOSLOWAKEI

Topolcianky ist auf dem wunderbaren Schloß Topolcianky im Kreis Nitra in der ehemaligen Tschechoslowakei, dem heutigen Slowakien, beheimatet. Das Gestüt wurde 1921 gegründet, und seither wurden dort verschiedene Rassen gezüchtet, wie z.B. Huzulen (siehe Seiten 192 bis 193), Araber, Nonius (siehe Seiten 154–155), Lipizzaner und »englische Halbblüter« basierend auf der Furioso-Linie. Wie überall in Europa konzentriert man sich heute auch hier auf die Zucht von Sportpferden.

Kladrub wurde 1597 von Kaiser Rudolph II gegründet. Es ist eines der ältesten Gestüte der Welt. Seine Blütezeit lag in der Zeit von Karl VI in der 2. Hälfte des 18. Jahrhunderts, als mehr als 1000 Pferde auf dem Gestüt standen. Durch den Einsatz von Lipizzanern entstand die weiße Herde moderner Kladruber, die aus dem alten Typ des schweren Kladruber-Kutschpferdes, früher als »*Equus bohemicus*« gekannt, entwickelt wurde. Eine Rappherde gibt es auf der Pferdezucht-Forschungsstation in Slatinany. Auf beiden Gestüten werden englische Halbblüter gezüchtet.

POLEN

Janow Podlaski wurde 1817 gegründet. Dieses größte Gestüt Polens ist der würdige Nachfolger der weltberühmten Privatgestüte, die die Entwicklung des Pferdes in ganz Europa zwischen dem 17. und 19. Jahrhundert enorm beeinflußten.

1914 beschlagnahmten die Russen den gesamten Pferdebestand auf Janow Podlaski. 1919 wurde ein Neuanfang gemacht, und es wurde ein Programm aufgestellt zur Zucht von Vollblutarabern, Halbblutarabern auf der Stutengrundlage der österreichisch-ungarischen Gestüte in Radautz und Anglo-Arabern, dem Produkt aus der Kreuzung von Englischen Vollblütern mit den Halbblutstuten. Diese Pferde waren in ganz Europa berühmt und sehr begehrt. 1939 zerstörten die Deutschen beinahe das Gestüt, aber in den 50er Jahren gab es wieder Halbblutaraber auf Janow Podlaski, und in den 60er Jahren kamen wieder Vollblutaraber. Heute werden Vollblutaraber und Anglo-Araber gezüchtet. Anglo-Araber werden auch in Walevice gezüchtet.

Das auf alte Trakehner-Blutlinien (siehe Seiten 138–139) spezialisierte Gestüt Liski wurde 1947 im damaligen Ostpreußen gegründet.

ARABER-ZENTRUM
Die auf Janow Podlaski gezogenen Araber zählen zu den besten in der Welt. Trotz der wechselvollen Geschichte Polens (sowohl Russen als auch Deutsche versuchten, das Gestüt zu zerstören), ist das Gestüt ein Zentrum der Araberzucht geblieben.

GESTÜT KLADRUB
Diese Kladruber Schimmel werden auf dem tschechoslowakischen Gestüt Kladrub seit seiner Gründung im Jahre 1597 durch Kaiser Rudolph II gezüchtet. Die Pferde wurden für den Marstall in Wien gezüchtet. Im 18. Jahrhundert standen dort 1000 Pferde.

WIELKOPOLSKI

DAS WIELKOPOLSKI-PFERD, eine der bedeutendsten Warmblutrassen Polens, ist ein gesundes Sportpferd und ebenso wie sein naher Verwandter, der Trakehner (siehe Seiten 138–139), ist es ein Warmblüter mit besten Anlagen als Vielseitigkeitspferd. Dennoch fehlt ihm die Anerkennung, die es eigentlich verdient hätte. Das mag daran liegen, daß die polnischen Züchter nicht mit den Verkaufs- und Marketingmethoden der Züchter in Mittel- und Westeuropa mithalten können. Was ihre Zuchtprodukte und ihr züchterisches Geschick angeht, so sind die Polen den Züchtern im übrigen Europa ebenbürtig, wenn nicht sogar überlegen.

EIN GÄNGIGES PFERD
Das kräftige Wielkopolski-Pferd ist ein sehr gängiges und ausbalanciertes Pferd mit guten Bewegungen und angenehmem, freundlichen Wesen.

DAS ARABISCHE VERMÄCHTNIS

Wie die Ungarn besitzen auch die Polen eine Pferdezuchttradition wie sonst keine andere Nation in Europa. Ebenso wie die Ungarn favorisierten sie den Araber oder Pferde im arabischen Typ für ihre berühmte leichte Kavallerie, und mit angeborenem züchterischen Instinkt setzen sie Araber als Veredler ihrer bodenständigen Pferde ein. Die meisten polnischen Pferde sind auf irgendeine Weise vom Araber (siehe Seiten 64–65) geprägt. Man kann sogar fast sagen, daß es in Polen zur guten Sitte gehört, Araber oder Pferde dieses Typs zu züchten. Der Wielkopolski bildet keine Ausnahme, und wenn es sich auch nicht um einen Araber handelt, so ist es in Polen unvermeidlich, daß er deutlich vom Araber geprägt ist und dessen gesunde Konstitution besitzt.

Die vom polnischen Adel gegründeten Araber-Gestüte waren in ganz Europa berühmt für ihre besonderen Pferde erlesener Qualität (siehe Seiten 150–151). Prinz Sanguszko war 1803 der erste, der Pferde importierte, indem er eine Gesandtschaft in den Orient schickte, um dort Pferde für sein Gestüt in Slawuta zu erwerben. Sein Nachfolger, Graf Potocki, gründete später das berühmte Gestüt Antoniny. Potocki, ein ausgezeichneter Pferdekenner und begnadeter Züchter, schuf bemerkenswerte Araber-Linien, aber auch Tigerschecken und bunte Pferde, die alle von ihrer Erscheinung her dem Araber ähnelten und dessen typische Gänge besaßen.

URSPRÜNGE

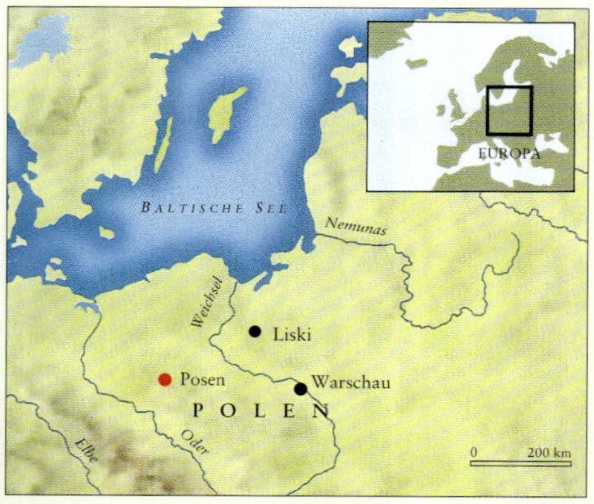

Das polnische Wielkopolski-Pferd wird hauptsächlich in Mittel- und Westpolen gezüchtet und stammt ab von der Kombination zweier älterer polnischer Rassen, den Warmblütern aus Posen und Masuren. Das Posener Pferd wurde ursprünglich in der Region von Posen als Arbeitspferd für die Landwirtschaft gezüchtet. Das Masurische Pferd wurde hauptsächlich auf Gestüt Liski mit seinen Hengststationen auf Starograd, Kwidzyn und Gniezo gezüchtet.

HINTERGRÜNDE

Der Wielkopolski stammt ab von den Warmblutpferden aus Posen und Masuren, die arabisch geprägt waren und heute offiziell ausgestorben sind. Das Posener Pferd, ein Pferd mit zwei Ein-

GLIEDMASSEN
Guter Röhrbeinumfang, kurze Röhrbeine und wohlgeformte Hufe sind charakteristisch für die Rasse.

GRÖSSE
1,68 m

satzschwerpunkten, wurde auf den Gestüten Posadowo, Racot und Gogolewo gezüchtet und war im 19. Jahrhundert gut etabliert.

Es war ein mittelschweres bis schweres Pferd auf der Basis des harten Konik-Ponys (siehe Seiten 192–193), das vom Tarpan (siehe Seiten 20 bis 21) abstammte. Das Pferd führte Araber- und Vollblut (siehe Seiten 118–119) sowie Hannoveraner- (siehe Seiten 142–143) und ostpreußisches Trakehnerblut. Es wurde bei der Bearbeitung der mittelguten Böden in der Gegend als landwirtschaftliches Arbeitspferd eingesetzt, aber es war auch ein gutes Reitpferd.

Das Masurische Pferd wurde in der Region Masuren gezüchtet, hauptsächlich auf Gestüt Liski, einem ehemaligen großen Remontendepot, und auf den Staatsgestüten. Hengststationen gab es auf Starogad, Kwidzyn und Gniezno. Der Masure war in jeder Beziehung ein Trakehner Pferd, mit allem was dazugehört, d.h. auch dem Araber- und dem Vollblutanteil. Nach dem Zweiten Weltkrieg bestand die Rasse aus umherirrenden Tieren, die anhand des Elchschaufelbrandes als Trakehner identifiziert und von den polnischen Behörden eingesammelt wurden.

DAS WIELKOPOLSKI-PFERD

Das Wielkopolski-Pferd war eine Kombination aus diesen beiden Rassen. Rückkreuzungen wurden mit Vollblütern, Arabern und Anglo-Arabern (siehe Seiten 78–79) vorgenommen, bis ein einheitlicher Typ erreicht war. Es ist ein großes, qualitätsvolles Pferd, das hauptsächlich in Mittel- und Westpolen gezogen wird. Das hübsche, wohlproportionierte Pferd geht ganz im natürlichen Gleichgewicht und ist für seine guten Gänge bekannt. Es hat einen langen, flüssigen Schritt; der Trab ist gerade und flach; der Galopp ist sehr raumgreifend, was bei Warmblütern nicht immer der Fall ist. Es hat eine Größe von etwa 1,68 m, und es kommen alle Grundfarben vor.

Das Wielkopolski geht im Geschirr und unter dem Sattel und ist genügsam und anspruchslos. Der schwerere Typ ist sehr gängig, stark und umgänglich. Diese Pferde können jede Arbeit in der Landwirtschaft verrichten, wo zwar noch Pferdekraft eingesetzt wird, aber kein Kaltblüter erforderlich ist. Heutzutage liegt die Betonung auf einem leichteren Sportlertyp von Pferd, das den Anforderungen in den modernen Turniersportdisziplinen genügt, ohne das umgängliche Wesen oder die gesunde, körperliche Verfassung zu vernachlässigen.

Aufgrund des hohen Vollblutanteils ist der Wielkopolski ein ausgezeichnetes Springpferd mit der Schnelligkeit, dem mentalen Stehvermögen und Mut für den Vielseitigkeitssport. Nach wie vor ist er gut geeignet als leichtes Arbeitspferd.

INTERNATIONALE DRESSUR
In der internationalen Dressurszene verleiht der Wielkopolski seinen Auftritten Glanz und zieht die Aufmerksamkeit auf sich.

Nonius & Furioso

Grösse des Nonius
1,60–1,68 m

Nonius und Furioso wurden zuerst in Ungarn im 19. Jahrhundert gezüchtet, einem Land, dessen Pferdezuchttradition über 1000 Jahre zurückverfolgt werden kann bis zu den Siedlungen der Magyaren-Reiter im karpatischen Becken. Die Magyaren sind die Nachfahren der Reitervölker der asiatischen Steppen. Seit jener Zeit war Ungarn das führende Pferdezuchtland in Europa und lieferte gute, harte Pferde, die als Remonten bei der Kavallerie sehr gefragt waren. Im 16. Jahrhundert wurde arabisches Blut (siehe Seiten 64–65) eingeführt, wodurch die heimischen Pferde verbessert und veredelt wurden, was man noch heute gut sehen kann.

Mezöhegyes und Bábolna

Die großen Gestüte in Mezöhegyes und Bábolna befanden sich im Besitz der österreichisch-ungarischen Kaiser und wurden 1785 bzw. 1789 von Kaiser Joseph II gegründet. Die nachfolgenden Herrscher und Regierungen förderten die Pferdezucht, so daß Ungarn gegen Ende des 19. Jahrhunderts über 2 Mio. Pferde besaß und einige der bedeutendsten Gestüte der Welt. In Spitzenzeiten standen auf Mezöhegyes über 12 000 Pferde. Dieses Gestüt wurde zum Zentrum der Zucht von Nonius und Furioso, während Bábolna für seine Shagya-Araber (siehe Seiten 76–77) berühmt ist.

Ursprünge

Die Rassen Nonius und Furioso haben beide ihren Ursprung auf Gestüt Mezöhegyes, dem ungarischen Staatsgestüt im Südosten der ungarischen Ebene. Seit 1961 konzentriert sich die Nonius-Zucht in Ungarn jedoch auf Hortobagy. Der Nonius wird auch in Topolcianky in der Slowakei gezüchtet. Der Furioso wird auf dem alten Gestüt Apajpuszta in Ungarn, zwischen Donau und Tiszu, gezogen, aber auch in Mitteleuropa.

Der Nonius

Nonius Senior, der Stammvater der Rasse, wurde 1810 in der Normandie geboren und von der ungarischen Kavallerie nach der Niederlage Napoleons in Leipzig 1813 erbeutet. Nonius Senior soll ein Sohn des englischen Halbblüters Orion (der wahrscheinlich Norfolk Roadster-Blut führte) und einer Normannen-Stute sein. Nonius war 1,66 m groß und offensichtlich nicht gerade schön. Man sagt, er hatte einen großen Kopf mit kleinen

Sportpferd

Das ungarische Warmblutpferd wurde auf Mezöhegyes größtenteils als Turnierpferd entwickelt. Nonius und Furioso waren der Grundstock, danach wurden Vollblüter eingekreuzt.

Kopf
Der Kopf ist feiner als der des Nonius und ähnelt eher dem eines Vollblüters, abgesehen von den großen Ohren.

Gliedmassen
Kurze Beine und offensichtliche Kraft sind die typischen Merkmale des alten Nonius-Typs.

Nonius

Augen und langen Ohren, kurzem Hals, langem Rücken, engem Becken und tief angesetztem Schweif. Er war aber ein sehr guter Vererber, und seine Nachkommen übertrafen ihn bei weitem, was das Gebäude angeht.

Zuerst wurde Nonius mit allen möglichen Stuten gekreuzt: Araber-, Lipizzaner- (siehe Seiten 110–111), englischen Halbblut-, spanischen und Normannen-Stuten. Er hinterließ 15 außergewöhnliche Hengste, darunter den vererbungsstarken Nonius IX. In den 60er Jahren des 19. Jahrhunderts wurden mehr Vollblüter eingesetzt, um die verbliebenen Gebäudemängel auszumerzen. Die Rasse wurde in zwei Typen unterteilt, wobei der größere Typ als Kutschpferd oder leichtes Arbeitspferd in der Landwirtschaft Verwendung fand. Die größtenteils braunen Pferde waren zäh, gesund und stark mit raumgreifenden Bewegungen und ausgeglichenem Temperament. Dieser Typ war zwischen 1,60 und 1,68 m groß. Nach der Paarung mit Vollbluthengsten brachten die Noniusstuten vielseitige Reitpferde mit Springvermögen und mehr Adel und Aufmachung als der reine Nonius. Der kleine Typ, der mehr Araberblut führt, macht als Reitpferd und im Geschirr eine gute Figur. Der Nonius ist langlebig, aber spätreif, d.h. er ist mit frühestens 6 Jahren ausgewachsen.

DER FURIOSO

Der Furioso oder die Rasse Furioso-North Star entstand auf Mezöhegyes auf der Basis von Noniusstuten. Furioso und North Star waren englische Vollbluthengste, die 1841 bzw. 1844 nach Mezöhegyes kamen. Furioso hinterließ nicht weniger als 95 Söhne, die auf vielen kaiserlichen Gestüten eingesetzt wurden. North Star war ein Enkel des Touchstone, der 1834 das St. Leger und 1836 sowie 1837 den Ascot Gold Cup gewann. Seine Mutter war eine Enkelin von Waxy, dem Derbysieger von 1793, der wiederum ein Enkel von Eclipse war und hauptsächlich dazu beitrug, dessen Blut fortbestehen zu lassen. North Star führte Norfolk Roadster-Blut, das aber nicht zum Tragen kam. Wie Waxy war er Vater vieler Sieger in Traberrennen. Später wurde mehr Vollblut eingesetzt. Bis 1885 wurden die Furioso- und North Star-Linien getrennt gezüchtet, dann begann man, sie untereinander zu kreuzen. Seither hat die Furioso-Linie die Vorherrschaft übernommen.

Der Furioso ist heute ein erstklassiges Reitpferd mit einer Größe von etwa 1,63 m und vielen Vollblut-Merkmalen. Er ist gesund, zäh und intelligent, und er geht gut im Geschirr. Er ist auch ein gutes Turnierpferd. Von Österreich bis Polen wird der Furioso gezüchtet.

TYPISCHE ZUCHTPFERDE

Dies ist eine typische Furioso-Stute von gutem, vielseitigen Reitpferdetyp und Fohlen bei Fuß auf dem Staatsgestüt von Apajpuszta. Die Rasse wird in ganz Europa als zuverlässiges, ruhiges Reitpferd geschätzt.

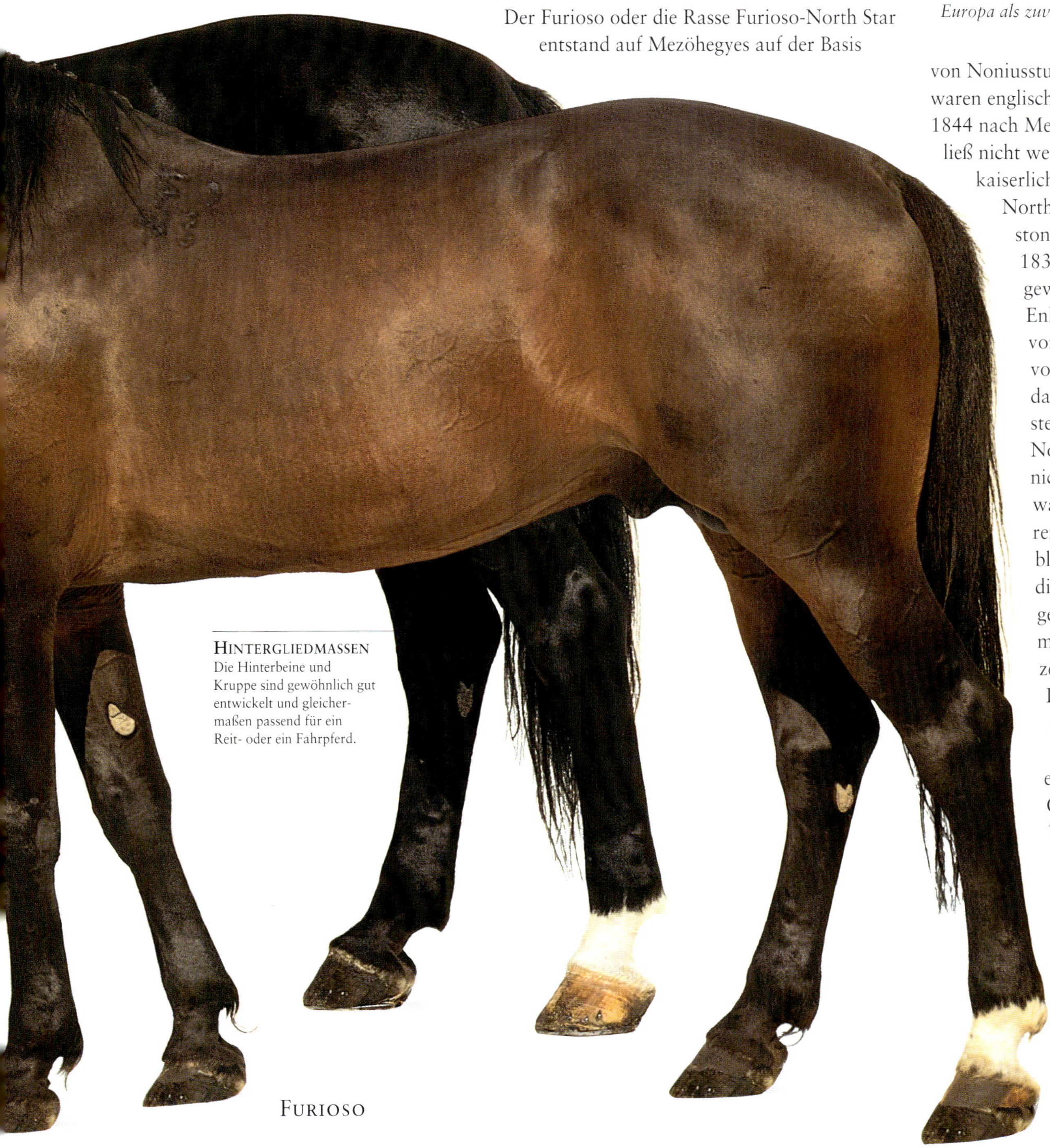

HINTERGLIEDMASSEN
Die Hinterbeine und Kruppe sind gewöhnlich gut entwickelt und gleichermaßen passend für ein Reit- oder ein Fahrpferd.

FURIOSO

GRÖSSE DES FURIOSO
1,63 m

TSCHECHISCHES WARMBLUT

DAS TSCHECHISCHE WARMBLUT, das auch heute noch so genannt wird, wird hauptsächlich als modernes Sportpferd gezüchtet. Manchmal wird es auch als »Tschechisches Halbblut« bezeichnet, aber es handelt sich dabei eigentlich um eine bunte, aber wohlüberlegte Mischung aller mitteleuropäischen Rassen. Eins haben alle diese Pferde gemein, und es ist auch das oberste Zuchtziel: Rittigkeit. Das Pferd ist für den Durchschnittsreiter gedacht und soll sehr umgänglich sein.

HALS
Der Hals ist schlank und anmutig gebogen. Der Widerrist ist breit und flach. Der Kopf ist qualitätsvoll.

GRÖSSE
1,63–1,68 m

VERSCHIEDENE EINFLÜSSE

Wesentlicher Bestandteil des Tschechischen Warmblutpferdes sind die Pferde von den Gestüten in Slowakien und der Tschechischen Republik, wie z.B. Topolcianky (siehe Seiten 150 bis 151), sowie von den großen Gestüten im benachbarten Ungarn. Nonius und Furioso (siehe Seiten 154–155), der Gidran (siehe Seiten 76–77) und englische »Halbblüter«, sie alle führt das Tschechische Warmblut in seinem Blut zusammen mit dem einflußreichen Shagya-Araber, dem Stolz des Gestüts Bàbolna in Ungarn.

Der Nonius führt normannisches Blut und wurde zu früheren Zeiten auch vom Norfolk Roadster (siehe Seiten 120–121) beeinflußt. Die Rasse wurde laufend durch Vollblüter (siehe Seiten 118–119) veredelt, um ein leichtes Kutschpferd und später dann ein Reitpferd zu produzieren. Der auf dem ungarischen Gestüt Mezöhegyes entwickelte Furioso basiert auf zwei englischen Vollblütern, die mit schwereren Nonius-Stuten gepaart wurden. Den ebenfalls aus Mezöhegyes stammenden Gidran kann man als ungarischen Anglo-Araber ansehen, während der prächtige Shagya aus Bàbolna, das Ergebnis einer planmäßigen Linienzucht über 200 Jahre, in fast jeder Beziehung ein Araber ist, abgesehen davon, daß er selten weniger als 1,52 m mißt und mehr Röhrbein und Fundament hat als die modernen Schau-Araber. Es kann kaum eine buntere Mischung von Blutlinien geben, obwohl sie doch alle mehr oder weniger miteinander verwandt sind, wahrscheinlich mit Ausnahme der gelegentlichen Hannoveraner-Einkreuzungen. Die sogenannten Ungarischen Warmblüter haben keinen solch gemischten Hintergrund, denn bei ihnen handelt es sich in jedem Fall um Nonius.

MERKMALE

Das Tschechische Warmblut entstand aus diesem Schmelztiegel verschiedener Blutströme. Auf-

KLADRUB
Der tschechische Kladruber wird auf dem Staatsgestüt Kladrub nahe der deutschen Grenze im Westen der Tschechischen Republik gezüchtet. Die Rasse wurde im frühen 18. Jahrhundert entwickelt als imposantes Kutschpferd für die kaiserlichen Karossen.

grund seiner uneinheitlichen Vorfahren gibt es auch keinen einheitlichen Typ, und es ist auch unwahrscheinlich, daß es in naher Zukunft einen geben wird. In den meisten Fällen jedoch gibt es sichtbare Exterieurmerkmale aufgrund einiger vererbungsstarker Pferde im Hintergrund. Zum Beispiel gibt es eindeutig einen arabischen Einschlag, wie man an der geraden Kruppe, dem flachen, breiten Widerrist und der Schulterlage sehen kann. Die Bewegungen wiederum ähneln mehr denen eines leichten Kutschpferdes (ein weiterer prägender Bestandteil der Rasse) als den schwebenden Gängen des Arabers. Insgesamt sind die Pferde meist von kräftiger Statur bei einem annehmbaren, durchschnittlichen Reitpferdeexterieur.

Sie galten als ideale Kavallerieremonten, und genau zu diesem Zweck sind die meisten von ihnen ursprünglich auch gezüchtet worden. Übertragen vom militärischen auf den zivilen Zweck, so ist das Tschechische Warmblut ein attraktives, zuverlässiges und rittiges Pferd für den Durchschnittsreiter. Es besitzt kein besonderes Springtalent, und was seine Eignung als Vielseitigkeitspferd angeht, so reicht es auch dort nur für den »Hausgebrauch«. Aber es ist ein gehorsames Dressurpferd mit zufriedenstellenden Gängen. Gewöhnlich ist es zwischen 1,63 und 1,68 m groß. Was die Farbe angeht, so sind alle Grundfarben vertreten.

RITTIGKEIT
Zu den obersten Zuchtzielen des Tschechischen Warmbluts gehören »Rittigkeit« und ein ausgeglichenes Temperament. Durch ihre Abstammung sind die Pferde meist kräftig gebaut.

EIN INTERESSANTES BEISPIEL

Das auf den Fotos gezeigte Pferd ist ein ausgezeichneter und interessanter Vertreter der tschechischen Warmblutzucht. Sein Vater war ein guter Nonius-Halbblut-Hengst, ganz im Kutschpferdetyp stehend. Die Mutter muß ähnlich gewesen sein, aber leider ist über sie überhaupt nichts festgehalten worden. Interessanterweise war der Großvater aus einer Stute von einem Hannoveraner-Hengst (siehe Seiten 142–143), was vielleicht den unerwarteten Effekt einer Rückkreuzung hatte. Ihre Mutter wiederum stammte aus einer starken North Star-Furioso-Linie mit Anschluß an Gidran-Blut. Mütterlicherseits gibt es Nonius-Linien, aber über den Muttervater gibt es auch Anschluß an Gidran-Blut. Die weibliche Linie besteht fast ausschließlich aus Shagya-Arabern.

HINTERHAND
Die Kruppe ist gerade, was besonders in der Bewegung sichtbar ist. Die kräftig entwickelte Hinterhand zeugt nicht von ausgeprägtem Galoppiervermögen.

UNTERSCHENKEL
Die Unterschenkel sind stark bemuskelt, passen aber zur Gesamterscheinung eines stämmigen Pferdes.

RUMPF
Der Rumpf ist ebenfalls stark entwickelt; der breite Rücken ist relativ lang. In Relation zur Beinlänge verfügt das Pferd über viel Rumpftiefe.

GLIEDMASSEN
Die Beine sind kurz und kräftig mit tief angesetzten Sprunggelenken. Die Gelenke sind mittelgroß und eher rund.

HUFE
Die Hufe sind gut geformt, erscheinen aber etwas klein in Relation zum kräftig entwickelten Körper.

URSPRÜNGE

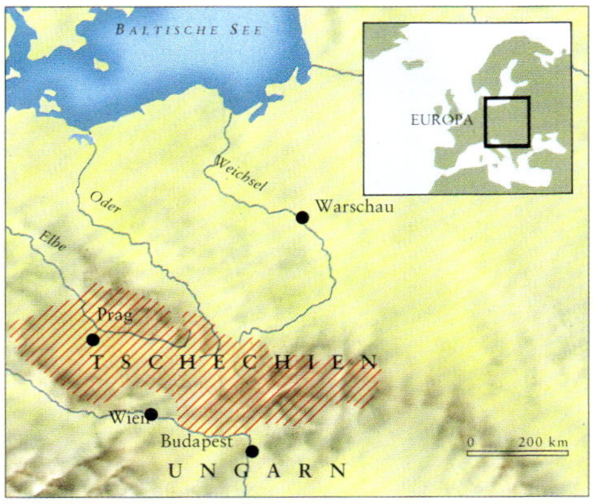

Das Tschechische Warmblut ist noch eine relativ junge Rasse im internationalen Pferdesport, obwohl das staatliche Gestüt Topolcianky im Distrikt von Nitra seit seiner Gründung im Jahre 1921 dort Warmblüter züchtet. Die Zucht konzentriert sich immer noch hauptsächlich auf Topolcianky und Umgebung und in begrenztem Umfang auch auf das Staatsgestüt Novy Tekov, wo sich die Noniusherde befindet.

MAULTIER-REITER

ORIENTALISCHE GESTÜTE

ÖSTLICH DES SUEZ-KANALS gibt es keine Gestüte, die vergleichbar wären mit den alten Zuchtstätten Europas, von denen viele in der Glanzzeit des österreichisch-ungarischen Kaiserreichs im 18. und 19. Jahrhundert gegründet wurden. Dennoch gibt es im ganzen Mittleren Osten bedeutende Araber-Gestüte, und heute werden in den Vereinten Arabischen Emiraten laufend neue Gestüte in zum Teil wunderbarer Umgebung errichtet. Im Osten gibt es die großen Zucht- und Ausbildungszentren der indischen und pakistanischen Armee, die den immer noch großen Bedarf der Armee an Pferden und Maultieren decken. Im Bundesstaat Gujerat gibt es eine Hengststation, um die Zucht der bodenständigen Kathiawaris (siehe Seiten 160–161) zu fördern. In Rajasthan gibt es noch einige Gestüte, auf denen das Marwari-Pferd (siehe Seiten 162–163) gezüchtet wird.

DAS KÖNIGLICH JORDANISCHE GESTÜT

Das bedeutendste unter den orientalischen Gestüten ist das Königlich Jordanische Gestüt König Husseins in Amman. Gegründet wurde es von König Hussein's Großvater Abdullah, der vor der Besteigung des Haschemiten-Throns mit Lawrence von Arabien im Ersten Weltkrieg gegen die Türken kämpfte.

Das Gestüt erlangte internationale Bedeutung, als 1960 Santiago Lopez Oberstallmeister wurde und sich zusammen mit seiner Frau Ursula an die Wiederbelebung der Blutlinien machte. Bis 1967 verbrachten die etwa 100 Araber den Winter in Shuna nahe dem Toten Meer und kehrten nach alter Sitte im Sommer nach Hummar kurz vor Amman zurück. Durch den Krieg mit Israel im Jahre 1967 wurde der Wechsel von Sommer- und Winterquartier beendet, und in einer recht riskanten Operation holte Lopez die Pferde zurück nach Amman, als die Feindlichkeiten begannen. Seitdem befindet sich das Gestüt in von Ursula Lopez entworfenen Gebäuden. Sie haben einen spanischen Touch, und es gibt einige Besonderheiten, für die das Gestüt bekannt ist. Da sind z.B. die wunderschönen, handbemalten Kacheln an dem Wassertrog an der Haupttränkestelle.

Das Gestüt stützt sich auf sieben Stammstuten und sieben Stammväter, wobei 6 der Stuten aus dem Gestüt von König Abdullah stammen und eine vom Stamm der Aduan-Beduinen. Die beiden erfolgreichsten Hengste waren der von der ägyptischen Landwirtschafts-Organisation gezogene Selman und Ushaahe, der in Spanien vom Herzog von Veragua gezogen wurde. Das Königlich Jordanische Gestüt ist auch dafür bekannt, daß es einige der schönsten Sammlungen orientalischen Sattelzeugs beherbergt.

BABUGARH UND SAHARANPUR

Auf dem nordindischen Armeegestüt von Babugarh und dem Remontendepot und -ausbildungsstall in Saharanpur, der 1979 sein zweihundertjähriges Bestehen feierte,

SAHARANPUR

Im indischen Remontendepot bzw. Ausbildungsstall in Saharanpur werden gute Halbblut-Kavalleriepferde und Maultiere gezüchtet. Der nordindische Ausbildungsstall feierte 1979 sein zweihundertjähriges Bestehen.

DAS KÖNIGLICHE GESTÜT

König Hussein's Königlich Jordanisches Gestüt in Amman wurde von seinem Großvater König Abdullah gegründet. Das Gestüt konzentriert sich auf sorgfältig ausgewählte Blutlinien von Wüstenarabern. Aufgrund des Krieges mit Israel im Jahre 1967 wurde das Gestüt größtenteils umgebaut.

EIN FRANZÖSISCHER HENGST AUF BABUGARH
Dieser in Frankreich geborene Vollblut-Hengst gehört dem indischen Armeegestüt in Babugarh. Auf dem Gestüt stehen auch Bretonenstuten und ein paar polnische Stuten für die Maultierzucht.

werden Kavalleriepferde (d.h. Halbblutpferde mit Vollblutvater) und Maultiere für die Artillerie und sonstige Einsätze gezüchtet.

Babugarh beherbergt einige gute Vollbluthengste aus Frankreich und England (siehe Seiten 118–119), Bretonen für die Maultier-Zucht (siehe Seiten 266–267) und eine Reihe polnischer Stuten, größtenteils vom alten Masuren- oder Malapolski-Typ (siehe Seiten 152–153).

Saharanpur, die größte der indischen Militär-Einrichtungen, ist hauptsächlich ein Ausbildungszentrum, aber auch dort wird mit ähnlichen Stuten aus Polen sowie Bretonen, argentinischen und australischen Pferden gezüchtet. Die Hengste sind wiederum Englische Vollblüter, obwohl auch einmal Anglo-Araber eingesetzt worden sind. Für die Maultierzucht wurden Haflinger (siehe Seiten 52–53) importiert, aber sie kommen wohl nicht mit dem Klima zurecht. Saharanpur züchtet auch erfolgreich Turnierpferde und Polo-Ponys. Die imposante Anlage ist auf 810 ha zuhause, und es gibt eine eigene Milchviehherde, Baumschulen und einen landwirtschaftlichen Betrieb sowie die erforderlichen Trainingseinrichtungen. Überraschenderweise macht die Armee wenig Gebrauch von den angeblich bodenständigen Pferderassen des Subkontinents, dem Kathiawari und dem Marwari. Der Marwari ist in den Gebieten von Jadhpur und Jaipur zu finden und wird heutzutage oft mit Vollblütern gekreuzt, um ein größeres, rahmigeres Pferd zu züchten. Der Kathiawari wird auf der Halbinsel Kathiawar gezüchtet und häufig von der berittenen Polizei eingesetzt. Das staatlich geführte Hengstdepot Junagadh in Gujarat stellt den Züchtern die Hengste zur Verfügung.

VOLLBLUTZUCHT

Überall dort, wo es Pferderennen gibt, werden auch Vollblüter gezüchtet, und Indien bildet da keine Ausnahme. Es gibt zahlreiche Privatgestüte in der Nähe der Rennbahnen. Das Gestüt von Major B.P. Singh, einem der führenden indischen Besitzer, liegt in den südlichen Außenbezirken von Delhi. Es beherbergt 100 Pferde, hat zwei gute Deckhengste aufgestellt und führt einen vollständigen Zucht- und Rennbetrieb durch.

RENNPFERDEGESTÜT
Bei diesem Pferd handelt es sich um Farajullah, einem Vollblüter vom Guru Hari Gestüt des Major B.P. Singh in Delhi. Auf dem Gestüt stehen etwa 100 Pferde. Die selbstgezogenen Pferde gehen mit großem Erfolg in den Rennen Indiens an den Start.

KATHIAWARI-HENGST
Dieser Kathiawari-Hengst aus dem Besitz der königlichen Familie Wankaner aus Gujarat steht für die Stuten der Gegend zur Verfügung.

KATHIAWARI

DAS KATHIAWARI-PFERD wird hauptsächlich auf der vom Golf von Katsch sowie vom Golf von Kambay eingerahmten Halbinsel Kathiawar an Indien's Nordwest-Küste gezüchtet. Dieses Pferd ist auch in ganz Maharashtra, Gujarat und im Süden von Rajasthan zu finden. Der Kathiawari und der Marwari (siehe Seiten 162–163), sein Nachbar aus dem Norden Rajasthans, sowie die Bergponys aus dem Osten gelten als die bodenständigen Rassen Indiens.

POLIZEIPFERDE

Die berittene Polizei von Gujarat setzt für den Streifendienst und Patrouillen in den Städten nur Kathiawaris ein. Die anspruchslosen Pferde sind auch in der Anschaffung nicht teuer.

URSPRÜNGE UND GESCHICHTE

Die Ursprünge der Rasse sind unbekannt, aber schon vor der Zeit der Moguln (1536–1857) gab es in den Provinzen entlang der Westküste bis nach Maharashtra große Pferdebestände von eher uneinheitlichem Typ. Diese Pferde stammten ab von Rassen wie dem Kabuli oder Baluchi aus dem Norden, die mit den Steppen- und Wüstenpferden aus dem Westen oder Nordwesten verwandt waren. Sie haben oft nach innen gedrehte Ohren (Säbelohren) und einen »trockenen« Kopf wie der Kathiawari, und manche gehen auch Paß. Zu Zeiten der Moguln und später unter den englischen Raj wurden Araber (siehe Seiten 64–65) vom Golf von Arabien und vom Kap in Südafrika importiert. Diese wurden mit den bodenständigen Pferden »orientalischer Abstammung« gekreuzt und spielten somit eine tragende Rolle bei der Entstehung der Rasse des Kathiawari.

Die Pferde wurden traditionell von den Prinzenfamilien selektiv gezüchtet, wobei jede ihren eigenen, nach einer Gründerstute benannten Stamm pflegte. Heute noch gibt es 28 anerkannte Stämme dieser Rasse. In den herrschaftlichen Haushalten wurden die Pferde fast wie Schoßhunde und nicht wie Gebrauchstiere gehalten, und sie galten als intelligent, sanftmütig und liebevoll.

OHREN
Die Ohren sind so stark nach innen gebogen, daß sich die Spitzen berühren, und können um 360° gedreht werden.

SCHULTERN
Die Schultern sind stark und schräg bei gut ausgeprägtem Widerrist. Der Hals läuft sehr schmal zum Kopfansatz zu.

GLIEDMASSEN
Die Beine sind hart und sehnig, obwohl der Röhrbeinumfang eher gering ist.

GRÖSSE
1,52 m

WÜSTENPFERD

Der Kathiawari wird in ganz Gujarat, Maharashtra und Süd-Rajasthan gezüchtet. Jedes Jahr veranstaltet der Verband der Züchter des Kathiawari-Pferdes eine Zuchtschau auf der Halbinsel. Die Pferde sind anspruchslos, hart, wendig und schnell und sehr widerstandsfähig.

Weniger bevorzugt lebende Tiere haben jedoch manchmal auch ein eher unberechenbares Temperament.

In ihrer Heimat wird die Rasse immer noch hochgeachtet. Anfang des 19. Jahrhunderts galt das »Original Kattywar«-Pferd als das beste aller Kavalleriepferde und wurde von der Mahratta- und der englischen Kavallerie eingesetzt. Heute findet es in ganz Indien Verwendung als Polizeipferd. Der Verband der Züchter des Kathiawari-Pferdes führt ein Zuchtregister und veranstaltet jährliche Zuchtschauen. In Junagadh unterhält die Regierung von Gujarat eine Hengststation und eine kleine Stutenherde. Die ausgewählten Hengste stehen jedem für eine geringe Decktaxe zur Verfügung.

HINTERHAND
Die Kruppe ist kurz und sehr abfallend. Der Schweif ist tief angesetzt, und die Sprunggelenke stehen nach hinten über.

SPRUNGGELENKE
Die Sprunggelenke sind normal belastbar, aber es gibt häufig kuhhessige Pferde.

HUFE
Gelegentlich sind die Hufe eng oder sogar Zwangshufe, aber sie sind hart und widerstandsfähig, und nur selten kommt es einmal zu einer Lahmheit beim Kathiawari.

RASSEMERKMALE

Von der allgemeinen Erscheinung her ähnelt der Kathiawari einem Araber. Die Rasse ist unverkennbar, und zu ihren besonderen Merkmalen gehören die äußerst beweglichen Ohren, die so stark nach innen gebogen sind, daß sich die Spitzen berühren. Das Pferd kann seine Ohren problemlos um 360° drehen. Die Säbelohren sind ein vielgepriesenes Merkmal, und in der Vergangenheit haben sich die Züchter häufig so auf dieses Merkmal konzentriert, daß wesentlichere Punkte vernachlässigt wurden.

Ein gutes Kathiawari-Pferd ist sehr augenfällig, besonders diejenigen unter 1,52 m. Größere Tiere sind häufiger derb und weniger typvoll. Die Pferde sind wohlproportioniert. Nach europäischen Maßstäben ist das Fundament leicht, aber die Pferde sind äußerst gesund auf den Beinen. Wie alle Pferde mit Wüstenabstammung ist der Kathiawari hitzeunempfindlich und so genügsam, daß er mit wenig Wasser und Futter auskommt. Weniger gut gezogene Pferde zeigen die typischen Degenerationserscheinungen von Tieren, die in heißen, trockenen Gegenden mit nährstoffarmen Böden leben. Sie haben häufig eine abfallende Kruppe und eine schwache, schlecht entwickelte Hinterhand. Alle Fellfarben sind vertreten, mit Ausnahme von Rappen. Am interessantesten ist der Falbe, oft sogar mit ausgeprägtem Aalstrich und »Zebrastreifen« an den Beinen. Da es sich dabei um eine primitive Fellfärbung handelt, kann man leicht auf eine Verbindung zum Tarpan (siehe Seiten 20–21) schließen.

Die Rasse hat die angeborene Fähigkeit, »revaal« zu gehen, wobei es sich um einen schnellen, sehr bequemen Paßgang handelt. Das wiederum läßt auf eine Verbindung zu den Paßgängern aus den Gegenden nahe der Grenze im Nordwesten Pakistans schließen, wie Turkistan, Afghanistan und den Wüstenregionen im Norden des Irans.

Zahlreiche Bücher sind in der Landessprache über das Kathiawari-Pferd und seine Merkmale geschrieben worden. Man kann sie jedoch fast alle als etwas wirklichkeitsfremd bezeichnen. Wie die arabischen Stämme z.B., so sehen auch die Inder eine große Bedeutung in Haarwirbeln und Abzeichen. Das Hindu-Buch aus dem 14. Jahrhundert, das Asva Sastra, behandelt dieses Thema sehr ausführlich und warnt vor dem Kauf von Pferden, die irgendwelche der 117 unheilvollen Zeichen aufweisen, wozu widersinnigerweise »Hörner am Kopf, blaue Zähne, getupfte Hoden . . .« sowie einige Wirbelanordnungen gehören. Die ländlichen Züchter halten Haarmuster allerdings immer noch für sehr wichtig.

TENT PEGGING

Beim »Tent-Pegging« reiten die Polizei-Mannschaften immer Kathiawaris. Der Kathiawari galoppiert gerade und schnell die »pathi« entlang, so daß sein Reiter die größten Chancen hat, den Zeltpflock sauber zu treffen.

URSPRÜNGE

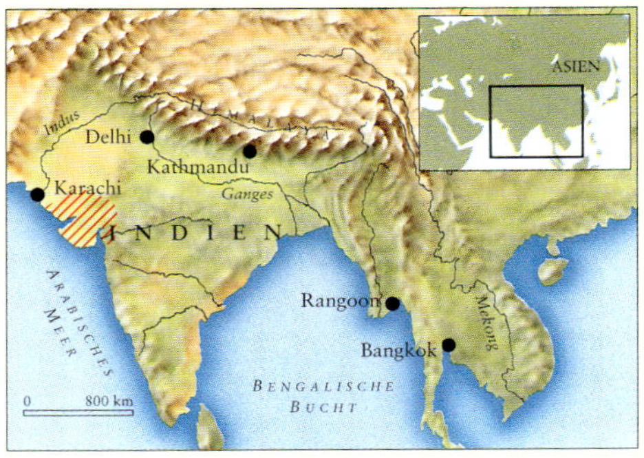

Die trockene, oft dürre Halbinsel Kathiawar an der indischen Westküste ist seit Jahrhunderten für ihre Pferde bekannt. Die Halbinsel liegt zwischen dem Golf von Katsch und dem Golf von Kambay und gehört zum Staat Gujarat. Das heiße Klima und die »trockene« Umgebung haben ein Pferd im Wüstentyp geschaffen. Zwischen dem 17. und 19. Jahrhundert wurde der Kathiawari außerdem von den Importpferden vom Golf von Arabien beeinflußt.

MARWARI

MEHRERE JAHRHUNDERTE konzentrierte sich die Pferdezucht im Nordwesten Indiens auf den Staat Marwar (Jodhpur). Die traditionellen Herrscher von Marwar, die Rathoren, verkörperten das Ideal eines Rajput-Kriegers, und die Marwari-Pferde genossen einen ebenso guten Ruf wie ihre Reiter. Unter dem Mogul-Herrscher Akbar (1542–1605) bildeten die Rajputs der Region eine kaiserliche Kavallerie von mehr als 50 000 Säbeln *(Ek Lakh Talwaran Rathoras)*. Gut 300 Jahre später im Jahre 1917 während des 1. Weltkriegs führten die von Sir Pratap Singh befehligten Ulanen von Jodhpur mit ihren bewaffneten Brüdern aus Haiderabad und Mysore General Allenby's siegreichen Vormarsch auf Haifa an.

BUNT
Die Farbpalette des Marwari-Pferdes geht über braun, schwarzbraun und Fuchs bis zum Schecken. Gelegentlich gibt es sogar Palominos bei dieser Rasse.

URSPRÜNGE

Die Ursprünge des Marwari-Pferdes liegen wahrscheinlich im Nordwesten Indiens an der Grenze zu Afghanistan: in Usbekistan, Kasachstan und hauptsächlich Turkmenistan. Wenn ihre Ahnen aus diesen Gegenden kamen, kann es durchaus eine Verbindung zum Mongolischen Pferd (siehe Seiten 196–197) sowie zu den im arabischen Typ stehenden Pferdestämmen geben, die im Norden des Irans und auf den Steppen nördlich des Schwarzen und des Kaspischen Meeres vorkommen. Das Marwari-Pferd hat eine große Ähnlichkeit mit den Pferden aus Turkmenistan (siehe Seiten 74–75) und den angrenzenden Gebieten, obwohl keine dieser Rassen die unverkennbaren, nach innen gebogenen Ohren des Marwari hat. Als die Moguln Anfang des 16. Jahrhunderts Nordindien eroberten, brachten sie Pferde vom turkmenischen Typ mit ins heutige Rajasthan, und es ist sehr wahrscheinlich, daß mit ihnen die Pferdebestände der Rajput aufgestockt wurden. Es muß auch eine Verbindung zum Kathiawari-Pferd (siehe Seiten 160 bis 161) aus Gujarat geben, dem Nachbarn der Marwari. Von daher kann folglich auch der arabische Einfluß größer sein, obwohl das Marwari-Pferd seinen eigenen, unverkennbaren Charakter hat.

KOPF
Der Kopf ist unverkennbar durch die Ohren, manchmal aber ein bißchen schwer.

WÜSTENPFERDE
Ein gutes Marwari-Pferd hat ein gutes Gebäude und ist langbeinig, drahtig und muskulös. Das Fell ist dünn und seidig, und wie das Kathiawari erkennt man das Marwari-Pferd an den nach innen gebogenen Ohren.

GLIEDMASSEN
Die Beine sind hart und klar, und die Pferde neigen nicht zu Lahmheiten oder Erkrankungen des Bewegungsapparats. Die Hufe sind außerordentlich hart und widerstandsfähig.

GESCHICHTE

Die Entstehung der Rasse des Marwari wurde von den Rathoren, den traditionellen Herrschern

von Marwar, gefördert, indem sie ihren Untertanen die besten Hengste zur Verfügung stellten und schon im 12. Jahrhundert eine selektive Zuchtpolitik betrieben.

Jahrhundertelang, d.h. vor und nach der Gründung des Mogulreichs im Jahre 1526, standen die indischen Prinzen fast ständig im Krieg mit ihren Nachbarn. 1193 verloren die Rathoren ihr Königreich Kanauj. Um sich wieder zu versammeln, zogen sie sich erst einmal in die entlegensten und unwirtlichsten Gegenden Indiens zurück – die Große Indische Wüste und die Wüste Thar. Ihre Existenz hing von den Pferden ab und ebenso wie der Ausgestoßene Ismael, der Vorfahre der arabischen Beduinenstämme (siehe Seiten 64–65), begannen sie Pferde zu züchten, die in der Wüste überleben, wenn nicht sogar gut gedeihen konnten. Das Endprodukt war ein Pferd, das extremer Hitze und Kälte trotzte. Es war außerdem gesund, unglaublich hart und ausdauernd, konnte bei kargem Futter seine Arbeitsleistung vollbringen und weite Strecken in großer Schnelligkeit zurücklegen.

KATHIAWARI-PFERD

Kathiawari und Marwari sind miteinander verwandt. Das Kathiawari-Pferd ähnelt dem Marwari in vieler Hinsicht, obwohl es wahrscheinlich ein bißchen kleiner ist. Das Kathiawari-Pferd auf diesem Foto zeigt den arabischen Einschlag.

In dieser Zeit entstanden die Legenden über die Ausdauer und die Heldentaten der Pferde. Es gibt Geschichten von Pferden, die die Wüste durchqueren, während des Kampfs auf die *howdahs* der Kriegselefanten springen und im Augenblick der Gefahr riesige Sprünge machen, um das Leben ihres Reiters zu retten. Was auch immer davon stimmen mag, so hatte das alte Marwari-Pferd sicherlich bemerkenswerte Qualitäten. Sein außergewöhnlicher Mut und seine Treue sind der Stolz älterer Rajput-Reiter. Man sagt, daß ein richtiges Marwari-Pferd, wie schwer es im Kampf auch verwundet worden sein mag, niemals aufgibt oder gar fällt, bevor es seinen Reiter in Sicherheit getragen hat. Sollte der Reiter verwundet werden oder stürzen, so bleibt sein Pferd bei ihm und bewacht ihn, indem es nach jedem, der sich ihm nähern will, beißt, tritt und schlägt.

In den 30er Jahren war die Rasse jedoch zahlenmäßig stark zurückgegangen, und das reinrassige Marwari-Pferd wurde nur durch Intervention von Maharadscha Umaid Singhji gerettet. Auch heute steht die Reinrassigkeit wieder auf dem Spiel, aber Umaid Singhji's Enkel, der Maharadscha Gaj Singh II, unternimmt alles, um die Rasse zu erhalten.

Jedes Jahr findet eine Marwar Pferde- und Rinder-Ausstellung statt, und es gibt eine aktive Vereinigung der Züchter des Marwari-Pferdes, deren Präsident Raja Bhupat Singh aus Umaid Nagar ist, ein Marwari-Experte und energischer Interessensvertreter der Rasse.

RUMPF
Der Körper ist stark und drahtig mit muskulösen Lenden und genügend Rumpftiefe.

HINTERGLIEDMASSEN
Beim guten Marwari sind Sprunggelenke und Hinterbeine gut geformt; Pferde aus den ländlichen Gegenden stehen jedoch gelegentlich kuhhessig.

GRÖSSE
1,50 m

MERKMALE

Die besten Exemplare des modernen Marwari-Pferdes sind um 1,50 m groß und sehr elegant. Die Pferde sind stark und drahtig, gut bemuskelt, langbeinig und haben harte Hufe, die selbst in den steinigsten Gegenden keinen Beschlag brauchen. Das Marwari-Pferd zeigt oft einen natürlichen, »revaal« genannten Paßgang, ein Merkmal vieler asiatischer Pferde. Wie bei allen Wüstenpferden ist das Fell sehr fein und seidig. An Fellfarben vertreten sind Braune, Schwarzbraune, Füchse über Palominos bis zu Piebald- und Skewbald-Schecken.

Ebenso wie beim Kathiawari mißt man der Anordnung von Haarwirbeln am Pferdekörper große Bedeutung bei. Es gibt auch eine Methode, die richtigen Proportionen eines Marwari-Pferdes festzustellen, und zwar mit Hilfe der Fingerbreite, die genau 5 Körnern Gerste entspricht. Z.B. kann die Länge des Gesichts, also vom Genick zur Oberlippe, zwischen 28 und 40 Finger betragen. Die Entfernung vom Genick bis zur Schweifrübe soll viermal so lang sein wie das Gesicht.

URSPRÜNGE

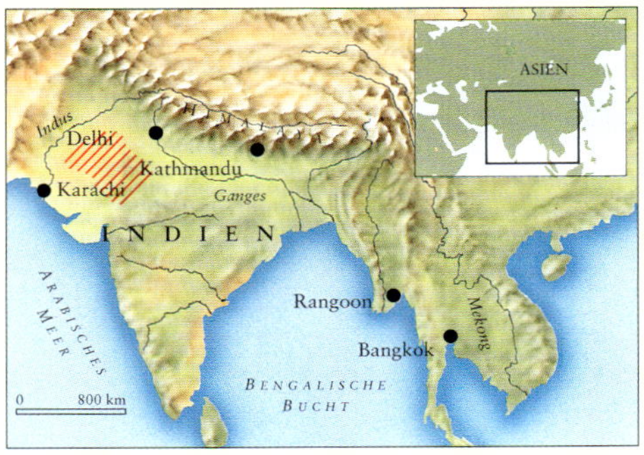

Die Ursprünge des Marwari-Pferdes liegen wahrscheinlich in der Umgegend von Afghanistan, aber bis kurz vor dem Mittelalter war die Heimat der Rasse in Rajasthan, und zwar besonders im Staat Marwar. Die Herrscher dieses Staates, die Familie des Prinzen von Rathor, praktizierten schon im 12. Jahrhundert eine selektive Zucht. Die Wüstenbedingungen und Klimaverhältnisse haben ein Pferd hervorgebracht, das Hitze und Trockenheit trotzt.

INDISCHER HALBBLÜTER

DIE ZUCHT VON HALBBLÜTERN, indem Vollblüter mit einer anderen Rasse gekreuzt werden, ist weit verbreitet auf dem Subkontinent. In Indien werden Halbblüter hauptsächlich von den Armeegestüten gezüchtet, die die Kavallerie mit Remonten versorgen müssen, manchmal auch die berittene Polizei. Auch auf Privatgestüten werden Halbblüter gezüchtet, und viele dieser Pferde werden auf den verschiedenen Pferdemärkten verkauft, die in Nord- und Westindien stattfinden. Manch ein in Indien gezogenes Pferd ist schon erfolgreich ins Ausland verkauft worden, z.B. in die Vereinigten Arabischen Emirate und andere Länder am Golf von Arabien.

OFFENHALTUNG
Polo-Ponys, von denen viele im guten Halbblut-Typ stehen, werden während der Polosaison in offenen Unterständen in Delhi gehalten. Die Polosaison findet im Winter statt, wenn die bedeutenden Turniere ausgetragen werden.

AUSLÄNDISCHER EINFLUSS

Während des 19. Jahrhunderts setzte die indische Kavallerie hauptsächlich Pferde arabischen Typs ein. Später ging man über auf den australischen Waler (siehe Seiten 290–291), der allgemein als das edelste Kavalleriepferd der Welt gilt. Heute sieht man nur noch wenig oder gar nichts mehr von Arabern, obwohl in den Jahren nach dem Ersten Weltkrieg auf den großen indischen Rennbahnen Rennen für Araber abgehalten wurden, besonders im Westen Indiens in Bombay, Puna und Bangalore. Ebenso sind die Importe australischer Pferde seit langem eingestellt. Da Indien außer dem Kathiawari (siehe Seiten 160–161) und seinem Nachbarn, dem Marwari (siehe Seiten 162–163), keine bodenständigen Pferderassen besitzt, verfolgt man eine Zuchtpolitik, die auf Importpferden aufbaut, hauptsächlich auf dem Englischen Vollblut (siehe Seiten 118–119).

Vollblüter können sich besser an das indische Klima gewöhnen als zum Beispiel Warmblüter, und wenn sie mit sorgfältig ausgewählten Stuten gekreuzt werden, bekommt man Armeepferde, die gut in dem Land zurechtkommen. Da gab es z.B. den aus England importierten Hengst Thomas Jefferson, der viele Jahre erfolgreich in Babugarh und Saharanpur (siehe Seiten 158–159) eingesetzt wurde. Nach der Teilung des Subkontinents in die Indische Union und Pakistan im Jahre 1947 behielt Indien acht englische und vier französische Vollblüter, und diese Pferde bildeten den Grundstock für die weitere Zucht.

Die Zuchtpolitik der Armee wurde weiter entwickelt, um Maul-

URSPRÜNGE

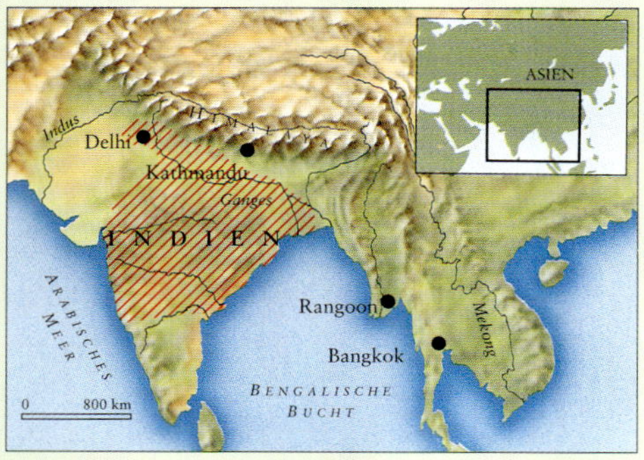

Der Indische Halbblüter wird in ganz Indien gezüchtet. Die besten Pferde kommen vom Remontendepot in Saharanpur und von den Armeegestüten, wie z.B. Babugarh. Der Halbblüter ist das Kreuzungsprodukt von Vollbluthengsten und einheimischen Stuten oder auf den Armeegestüten mit z.B. aus Polen und Australien importierten Stuten. Vollblüter gibt es auf den Rennbahnen in Bombay, Bangalore, Madras, Kalkutta und Delhi.

HINTERHAND
Die Hinterhand ist nicht gerade die beste, aber man sollte eine englische Redewendung beherzigen, die besagt, daß man »Schwächen ein bißchen übersehen, Stärken aber besonders hervorheben sollte«.

GRÖSSE
1,57 m

tiere, Kavalleriepferde und qualitätsvolle Sportpferde zu produzieren. Einige elegante polnische Stuten im masurischen (siehe Seiten 152–153) und Malapolski-Typ stehend wurden eingesetzt. Dabei handelte es sich um gute Reitpferde mit typisch polnischen Merkmalen, guter Schulterlage und Fundament. Die meisten von ihnen führten einen Großteil Vollblut und Araberblut.

Auch Stuten aus Argentinien spielten eine Rolle sowie die gängigen Bretonen aus Frankreich (siehe Seiten 266–267), die zur Maultierzucht eingesetzt wurden. Einmal wurden Bretonen auf Saharanpur auch mit dem alten Araber Mystère gepaart, der eine ausgezeichnete Zuchtkarriere gemacht hatte, um einige große, schwere Zugpferde zu züchten. Haflinger (siehe Seiten 52 bis 53) werden zur Maultierproduktion eingesetzt, aber im allgemeinen gewöhnen sie sich nicht so gut an das Klima.

DER MODERNE HALBBLÜTER

Indien ist nicht das ideale Land zur Pferdezucht und -aufzucht, und es besteht immer die Gefahr, daß die Pferde aufgrund der harten Klimabedingungen, nährstoffarmer Böden, Futterknappheit etc. degenerieren. Trotzdem ist der moderne Indische Halbblüter ein stark verbessertes Pferd, und obwohl kleine Abweichungen im Typ auftreten können, gibt es doch einige hervorragende Vertreter dieser Rasse. Beim Halbblüter handelt es sich von Natur aus um mittelgroße, harte, drahtige Tiere. Sie besitzen genügend Knochenstärke, und Beinen und Hufen kann auch eine ständige Beanspruchung auf hartem Boden nichts anhaben. Sie sind hart und ausdauernd.

Die hohe Qualität der von den Armeegestüten gezogenen Pferde resultiert zweifellos aus einem Zuchtmanagement von ebensolcher Qualität. Auf Saharanpur werden die jungen Pferde in einer Art Offenstall gehalten und haben ständig freien Zugang zu den Paddocks. Sie werden wohlüberlegt und gut gefüttert und nicht vor ihrem 4. Lebensjahr eingeritten. Die Ausbildungszeit beträgt 9 Monate, wobei die Fortschritte monatlich überprüft werden.

Die indische Armee verfügt immer noch über eine beträchtliche Anzahl berittener Einheiten sowie Transportkompanien mit Packtieren. Auch die Polizei fördert weiterhin berittene Polizeieinheiten in den Klein- und Großstädten und entfernt gelegenen ländlichen Gebieten. Das sind die Einsatzgebiete der auf den Armeegestüten gezüchteten Pferde, aber ein Teil der Pferde geht auch an Privatpersonen in den Reitklubs der großen Städte. Da Indien und seine Reitsportler vermehrt am Turniersport im In- und Ausland teilnehmen, werden ausgezeichnete Halb- und Dreiviertelblüter für die verschiedenen Reitsportdisziplinen gezüchtet.

HALBBLÜTER DER ARMEE
Hierbei handelt es sich um exzellente Halbblüter von bestem Typ, die von Gestüten der Armee stammen. Sie sind durchschnittlich 1,57 m groß.

OBERLINIE
Die Hinterhand fällt ab, aber Rücken und Widerrist sind relativ gut.

KOPF
Der Kopf ist ganz annehmbar. Im Gegensatz zum Kathiawari sind die Ohren hier nur andeutungsweise nach innen gebogen.

VORHAND
Die Beine sind schlank. Der Hals ist gut geformt, obwohl die Schulter steil ist und das Pferd zu wenig Brusttiefe hat.

AUS LÄNDLICHER ZUCHT
Dies ist ein gewöhnliches Pony, das auf dem Lande gezüchtet wurde und wie man es überall in Indien finden kann. Sein Exterieur läßt viel zu wünschen übrig, aber diese Ponys können hart arbeiten bei wenig Futter.

TEIL 6

DER EINFLUSS DES PONYS

IN GANZ EUROPA, Skandinavien und Asien gibt es bodenständige Ponyrassen, und die bekannteren und durchgezüchteteren werden in die Länder exportiert, die keine eigenen Ponyrassen haben. Mehr noch als die Pferderassen (vielleicht mit Ausnahme des Arabers) ist das Pony das Produkt seiner (früheren) Umwelt, obwohl es ständig durch den Menschen veredelt wurde. Abgesehen von Größe und Proportionen besitzt das Pony einen besonderen Charakter und verfügt über körperliche Kräfte wie keine Pferderasse. Im 20. Jahrhundert spielt das Pony für den Kinderreitsport oder den Fahrsport eine bedeutende Rolle.

Ausschnitt aus dem Gemälde *»The Frisky Pony«*
von Sir Alfred J. Munnings

HIGHLAND-PONY

DIE NEUN ENGLISCHEN PONYRASSEN

DIE NEUN EINHEIMISCHEN Ponyrassen Großbritanniens werden oft die »Mountain und Moorland Ponys« genannt, da sie ursprünglich in den unwirtlichen, dünn besiedelten Moorlandschaften bzw. den bergigen Gegenden Großbritanniens beheimatet waren. Heutzutage gibt es kaum noch richtig wild lebende Herden, aber viele Ponys werden von ihren Besitzern immer noch unter denselben Bedingungen gehalten, die ihre Rasse geprägt haben. Alle neun Rassen werden auch auf Gestüten in Großbritannien wie überall in der Welt gezüchtet. Die Rassen, die bis zum heutigen Tage überlebt haben, sind Exmoor, Dartmoor, New Forest, Welsh, Fell, Dales, Highland, Shetland und Connemara (siehe Seiten 170–183). Sie repräsentieren eine einzigartige Pferdegruppe, wobei jede Rasse ihren eigenen Charakter und ihr Aussehen behalten hat. Ihnen gemein ist Stärke, Härte und angeborene Cleverness, was auf die Lebens- bzw. Umweltbedingungen zurückzuführen ist.

DIE ERSTEN VORFAHREN

Es läßt sich nicht genau sagen, wer die Ahnen dieser Ponys waren, aber man kann eine Art Entwicklungsmuster feststellen. Die allerersten Pferdetypen – das Asiatische Wildpferd, der Tarpan und das Waldpferd – sowie die wahrscheinlichen Untertypen, Ponys vom Typ 1 und 2 und Pferde vom Typ 3 und 4 (siehe Seiten 22–23) waren entstanden, lange bevor sich in der Eiszeit die Britischen Inseln vom europäischen Festland trennten. Die letzte Landbrücke, die Großbritannien mit den Scilly Inseln verband, brach in der Altsteinzeit etwa 15 000 vor Christus zusammen. Ab diesem Zeitpunkt war es etwa 14 000 Jahre lang nicht möglich, daß an den englischen Rassen irgend etwas geändert oder neues Blut hinzugefügt wurde. Ein solcher Zeitraum reicht aus, um einen festen Charakter zu entwickeln. Man kann wahrscheinlich davon ausgehen, daß nach dieser Landteilung die Pferdepopulation aus Typ 1 bzw. Typ 1 gekreuzt mit Typ 4 und einigen schwereren Exemplaren vom Typ 2 bzw. Kreuzungen von Typ 1 und 2 bestand. Es ist unwahrscheinlich, daß es Pferde vom Typ 3 oder 4 gab, also Pferde, denen Hitze nichts ausmacht und die nicht an Kälte gewöhnt sind.

DALES-PONY

Heute wird diese trittsichere Rasse idealerweise für Pony-Trekking in unwegsamem Gelände eingesetzt. Im 19. Jahrhundert trugen Dales-Ponys Blei von den Minen in den Moorgebieten in die Hafenstädte an der Mündung des Tyne. Auch in den Kohlebergwerken und als Packpferde fanden sie Verwendung.

IMPORTIERTE PFERDE

Erst als man in der Bronzezeit (etwa 1000 vor Christus) Schiffe baute, die groß und stark genug waren, um Rinder und Pferde zu transportieren, tauchten andere Pferde in Großbritannien auf. Es läßt sich beispielsweise belegen, daß Pferde von Skandinavien nach Großbritannien gebracht wurden, und es gilt als ziemlich sicher, daß das Shetland von dort kommt. Die geringe Größe des Shetland wurde geprägt von der Härte und der Isolation seines Lebensraums, was auch die Möglichkeit von Einkreuzungen ausschloß. Dales-, Fell- und Highland-Ponys hingegen haben alle profitiert von den Einkreuzungen der Pferde, die die skandinavischen Plünderer sowohl während des Bronzezeitalters als auch danach mitbrachten. Zu Zeiten der Römer wurden Friesen (siehe Seiten 48–49) von den Friesländern importiert, den Hilfstruppen, die als Flanken der Legionen eingesetzt wurden. Dales- und Fell-Pony wurden mit Sicherheit von diesen Friesen beeinflußt. Prof. J. Cossar Ewart stellte fest, daß es in der römischen Siedlung in Trimontium (heute Newstead bei Melrose in Roxburgshire), die im Jahre 73 zum ersten Mal besiedelt wurde, etwa 1000 Pferde gab. Man fand dort die Reste von hauptsächlich 6 verschiedenen Pferdetypen: ein dem Tarpan ähnelndes Pferd, das Ewart als das Keltische Pony bezeichnete; zwei dem Exmoor-Pony ähnliche Typen, wovon eins orientalisch geprägt war und das andere mehr dem schweren Waldpferd ähnelte; ein dem Shetland ähnlicher Typ; ein größerer Typ wie ein Araber; und einige größere, schwere Pferde mit groben Köpfen, wahrscheinlich vom Waldpferd abstammend. Das war der Schmelztiegel, in dem in weniger als 2000 Jahren die Mountain- und Moorland-Ponys entstanden. Nach dem Weggang der Römer gab es die nächsten bedeutenderen Einkreuzungen mit orientalischem Blut erst wieder um das 13. Jahrhundert. Die Phönizier verkauften orientalische Pferde auf ihren Handelsrouten im Abendland.

FELL-PONY

Das schnelle Fell-Pony ist das moderne Gegenstück zum ausgestorbenen schottischen Galloway. Diese Fell-Ponystute führt ein gut entwickeltes Fohlen mit bemerkenswert guten Beinen. Es hat die typische breite Stirn.

DARTMOOR-PONY

Die Aktion des Dartmoor-Ponys ist bezeichnend für das fehlende Anheben des Vorderfußwurzelgelenks. Daher verfügt diese Rasse über lange, flache und kräftesparende Bewegungen – die typischen Gänge eines Reit- oder Geländepferdes.

CONNEMARA

Die ursprüngliche Heimat des Connemara-Ponys an der Westküste Irlands hat ihm seine außergewöhnliche Härte verliehen. Das Connemara ist ein exzellentes Reitpony und kann ausgezeichnet springen.

AUSGESTORBENE PONYRASSEN

In der Vergangenheit gab es mehr englische Ponyrassen als die neun, die wir heute kennen. Dazu gehörten die Lincolnshire Fen-Ponys – robuste, unattraktive Tiere, die an die nasse, unwirtliche Umgebung der Fenlands gewohnt waren; das ausdauernde Goonhilly aus Cornwall; das schnelle Irish Hobby; und das schottische Galloway, das Reittier der schottischen Grenzpolizei. Diese Ponyrasse starb aus, weil es in einer sich ändernden Gesellschaft keinen Bedarf mehr gab oder weil sie von moderneren Rassen absorbiert wurde. Der Bestand an Fen-Ponys ging sehr schnell zurück, nachdem holländische Ingenieure die Fens im 17. Jahrhundert trockengelegt hatten, während das Galloway hundert Jahre später in der Rasse des Fell-Ponys aufging. Im 17. Jahrhundert gab es einmal den Lincolnshire Trotter, der vor der Kutsche ging. Zur selben Zeit gab es auch das Devonshire Pack Horse.

ZUCHT UND STUTBÜCHER

Schon bevor die Römer Großbritannien besetzten, waren selektive Zucht und Verdrängungskreuzungen eine anerkannte Methode, um den Bestand zu verbessern oder den Typ zu festigen. Zweifellos wurden Großbritannien's Ponys vor der Einführung von Stutbüchern den Umständen bzw. dem herrschenden Bedarf entsprechend »veredelt«, »verbessert« oder »modernisiert«. Nur die in abgeschiedeneren Gegenden lebenden Exmoor- und Shetland-Ponys mögen hier die Ausnahme bilden.

Heute führen die Zuchtverbände Stutbücher und stellen sicher, daß nur reinrassige Tiere eingetragen werden. Diese Verbände sind jedoch noch nicht einmal 100 Jahre alt, und manche, wie z.B. Connemara, Highland, Fell, Dartmoor und Exmoor, existieren nicht viel länger als 60 bis 70 Jahre.

Übrig bleiben neun Rassen, die über Jahrhunderte »veredelt« worden sind, aber dennoch ihre besonderen Qualitäten bewahrten, die durch Umwelteinflüsse und die lange geographische Isolierung vom europäischen Festland herrühren. Die Umweltbedingungen beeinflussen Größe und andere Merkmale einer jeden Rasse, ja sogar die Gänge. Außerdem führt die Knappheit an in der Natur vorkommendem Futter zu einem besonders effizienten Stoffwechsel. Durch die Abgeschiedenheit bleiben Härte, Vererbungskraft und die starke körperliche Konstitution der primitiven Vorfahren erhalten. Diese natürliche Kraft ist bei jüngeren Rassen, die vom Menschen zu einem bestimmten Zweck entwickelt wurden, bei weitem nicht so ausgeprägt.

AUKTION VON NEW FOREST-PONYS

Seit 1941 werden in Beaulieu Road New Forest-Ponys versteigert. Früher fanden die Auktionen in Martinstown Fair in Dorset und danach in Ringwood, Lyndhurst und Brockenhurst statt.

WELSH COB

Im 19. Jahrhundert gingen die Welsh Cobs ebenso häufig unter dem Sattel wie im Geschirr. Dieses im Jahre 1887 entstandene Gemälde von Edward Tolley zeigt einen hervorragenden Vertreter der Rasse.

FELL- & DALES-PONY

DIESE BEIDEN RASSEN stammen aus den Penninen im Norden Englands. Das Fell-Pony kommt von den nördlichen und westlichen Ausläufern der Penninen sowie aus den Moorgebieten von Westmorland und Cumberland. Direkt aus der Nachbarschaft stammt das verwandte Dales-Pony, und zwar aus dem Osten dieser Gegend wie North Yorkshire, Northumberland und Durham. Beide Rassen haben im Prinzip denselben Stamm, entwickelten sich aber unterschiedlich aufgrund der verschiedenen Einsatzgebiete, wobei das Fell-Pony der kleinere, leichtere Typ ist.

DAS PONY DER SCHAFHIRTEN

Dales-Ponys können für alle möglichen Arbeiten auf einer Farm eingesetzt werden. Sie können vor der Egge oder im Geschirr gehen oder von den Schafhirten geritten werden.

GRÜNDERRASSEN

Es besteht kein Zweifel, daß der schwarze Friese (siehe Seiten 48–49), ein Kaltblut und Nachfahr der primitiven Waldpferde Europas, zu den Ahnen der beiden Rassen gehört. Den größten Einfluß jedoch hatten die starken, schnellen Galloways, was besonders beim modernen Fell-Pony ganz offensichtlich ist.

Das Galloway war das Reittier der Grenzpolizei und später auch der schottischen Viehhändler, die ihr Vieh über die Grenze nach Eng-

GALLOWAY-PONYS

Das moderne Fell-Pony stammt teilweise von den schnellen Galloways aus dem 19. Jahrhundert ab und sieht seinen Vorfahren wahrscheinlich sehr ähnlich.

land brachten. Es wurde in der Gegend zwischen Nithsdale und Mull of Galloway gezüchtet, und obwohl es seit dem 19. Jahrhundert ausgestorben ist, sind die außergewöhnlichen Qualitäten, die es den englischen Rassen vermachte, noch heute unübersehbar. Das Galloway war etwa 1,32 bis 1,42 m groß, hart und trittsicher, sehr ausdauernd und sehr schnell. Es gehört wahrscheinlich zu den heimischen Pferden, die mit den orientalischen Hengsten des 17. und 18. Jahrhunderts zur Entstehung des Englischen Vollbluts (siehe Seiten 118–119) beitrugen.

Der berühmteste Gründerhengst der Fell-Ponys war Lingcropper aus dem 18. Jahrhundert, der aller Wahrscheinlichkeit nach

GRÖSSE DES FELL-PONYS
bis zu 1,42 m

WIDERRIST
Der Widerrist ist nicht besonders fein, aber die Schultern liegen gut zurück und sind schräg, was weiche Gänge mit nicht zu hoher Knieaktion bedeutet. Der Körper hat genügend Rumpftiefe, ist rundrippig und wohlproportioniert.

HINTERHAND
Kruppe und Unterschenkel sind stark bemuskelt.

SPRUNGGELENKE
Die Sprunggelenke sind tief angesetzt und werden kraftvoll angebeugt, wenn das Pony sich bewegt. Fell-Ponys stehen nie kuhhessig oder säbelbeinig.

HUFE
Die gut geformten Hufe sind rund und aus hartem, blauen Horn. Ein weiteres Kennzeichen ist der feine Kötenbehang.

FELL-PONY

ein Galloway war. Er wurde während des Aufstands der Jakobiter im Jahre 1745 in Stainmore in Westmorland aufgegriffen, wie er – gesattelt! – Heidekraut fraß (cropping the ling).

Das Fell-Pony

In seiner Heimat wird das Fell-Pony auch oft Brough Hill Pony genannt, weil man es immer in Zusammenhang mit der Brough Hill Fair bringt. Wie sein Nachbar, das Dales-Pony, wurde es traditionell als Packpferd eingesetzt. Darüber hinaus ist das Fell-Pony seit jeher ein ausgezeichneter Traber und ging früher sowohl unter dem Sattel wie im Geschirr. Heutzutage ist es ein gefragtes Reit- und Fahrpony und wird außerdem gern eingekreuzt, um Ponys für den Reitsport zu züchten. Über die Wilson-Ponys (siehe Seiten 378–379) hat es auch zur Entstehung der modernen Hackney-Ponys beigetragen. Das Fell-Pony wird bis max. 1,42 m groß. Es gibt Rappen, Schwarzbraune und Braune, vorzugsweise ohne Abzeichen, abgesehen von einem gelegentlichen Stern. Schimmel sind erlaubt, kommen aber selten vor.

Das Dales-Pony

Das Dales-Pony aus den Upper Dales im Norden Englands ist größer und schwerer als das Fell-Pony. Es wurde in den Bleiminen in Allendale und Alston eingesetzt, wo es unter Tage arbeitete und das Bleierz zu den Seehäfen am Tyne brachte. Die Ponys wurden auch in Kohleminen, auf Farmen und als Packtiere eingesetzt. Sie sind im Verhältnis zu ihrer Größe sehr stark und können große Lasten tragen. Das Durchschnittsgewicht, das sie früher zu tragen hatten, waren 100 kg. Das alte Dales-Pony war ein enormer Traber sowohl unter dem Sattel als im Geschirr und konnte 1,6 km in 3 Minuten zurücklegen, während es eine beträchtliche Last trug. Um den Trab noch weiter zu verbessern, wurden Welsh Cobs eingekreuzt (siehe Seiten 182–183), ganz besonders wurde der mit enormem Trab ausgestattete Hengst Comet im 19. Jahrhundert eingesetzt. Dales-Ponys wurden aber auch mit Clydesdales (siehe Seiten 284–285) gekreuzt, aber das war nicht von Erfolg gekrönt. Dennoch kann man davon ausgehen, daß die Rasse um 1917 zwei Drittel Clydesdales-Blut führte.

Das moderne Dales-Pony verfügt über viel Knochenstärke und gute Beine mit harten, dunklen Hufen. Es ist ein ausgezeichnetes Kutschpony, wird aber auch zum Reiten eingesetzt, besonders zum Trekking. Zu den Hauptmerkmalen der Rasse gehören Mut und Ausdauer bei gutem Temperament.

Kopf
Der Kopf ist relativ klein und sehr edel. Die Stirn ist breit, und der Kopf läuft zum Maul hin schmal zu.

Schultern
Die Schultern sind schwerer als beim Fell-Pony, liegen weit zurück und sind sehr tief.

Kopf
Obwohl größer als der des Fell-Ponys, ist der Kopf hübsch mit breiter Stirn und kleinen Ohren.

Rumpf
Gute Gurtentiefe und rundrippig. Das Dales-Pony hat einen kurzen Rücken und sehr kräftige, breite Lenden. Insgesamt ist es sehr geschlossen.

Gliedmaßen
Die Röhrbeine sind kurz und flach mit einem Umfang von mindestens 20 cm. Das Pony hat einen vollen, feinseidigen Behang. Die Hufe sind ausgezeichnet.

Dales-Pony

Größe des Dales-Ponys
1,47 m

Ursprünge

Fell- und Dales-Ponys werden heutzutage in den verschiedensten Gegenden Großbritanniens gezüchtet, aber die traditionellen Zuchtgebiete liegen im Norden Englands. Die Heimat des Fell-Ponys liegt in den Nordausläufern der Penninen und den Hochmooren Cumbrias im Westen. Das genetisch verwandte Dales-Pony kommt aus dem Osten der Penninen – Durham, Northumberland und North Yorkshire. Die steile, felsige Landschaft mit dem rauhen Klima hat das Pony trittsicher und hart gemacht. Es ist ein hervorragender Futterverwerter.

DARTMOOR- & EXMOOR-PONY

DIE WILDEN MOORLANDSCHAFTEN im Südwesten Englands sind die Heimat von zwei sehr unterschiedlichen Ponyrassen. Das hübsche Dartmoor-Pony hat im Lauf seiner Zuchtgeschichte zahlreiche Einkreuzungen erlebt. Sein Lebensraum war einfach zugänglich sowohl auf dem Land- wie auf dem Seeweg. Viele verschiedene Rassen kamen ins Land und prägten die bodenständigen Ponys. Im Gegensatz dazu ist das Exmoor-Pony, das älteste der englischen Berg- und Moor-Ponys, seit frühgeschichtlichen Zeiten eine Reinzucht, da die Abgeschiedenheit seines Lebensraums es geradezu »immun« gegenüber dem Einfluß fremden Bluts machte.

ELEGANZ

Dartmoor-Stute mit Fohlen. Das Dartmoor gilt als eines der elegantesten Reitponys der Welt. Außerdem kann es sehr gut springen.

DAS DARTMOOR-PONY

Bis Ende des 19. Jahrhunderts wurde viel fremdes Blut in das Dartmoor-Pony eingekreuzt. Das Pony jener Zeit war vielleicht nicht besonders attraktiv, aber von Experten wurden sein Springvermögen und die gute Schulterlage gepriesen. Auf dem Höhepunkt der industriellen Revolution wurden Shetlandhengste (siehe Seiten 176–177) zu den freilaufenden Ponys auf dem Heidemoor gebracht, um Grubenponys zu züchten. Das Resultat war, daß das Dartmoor im guten Reitpony-Typ fast ganz verschwand. Nach diesem Experiment wurde die Rasse doch noch gerettet durch die Einkreuzung von Welsh Mountain-Ponys (siehe Seiten 182–183), einem Fell-Pony (siehe Seiten 170–171) und dem Poloponyhengst Lord Polo.

Den größten Einfluß auf die Entwicklung des Dartmoor-Ponys hatte The Leat, ein Sohn des Arabers Dwarka (geb. 1922) aus der Zucht von Sylvia Calmady-Hamlyn, die 32 Jahre lang ehrenamtliche Sekretärin der Dartmoor-Pony Society war. The Leat's Tochter, Juliet IV, brachte nach dem Welsh Mountain-Hengst Dinarth Spark den Hengst Jude, den berühmtesten Dartmoor-Hengst aller Zeiten.

KOPF

Die Stirn ist breit. Die vorstehenden Augen liegen weit auseinander. Andere Merkmale sind das Mehlmaul und die weit geöffneten Nüstern. Die Ohren sind kurz.

KOPF

Der kleine, edle Kopf hat einen guten Halsansatz und Ganaschenfreiheit. Die Ohren sind klein und aufmerksam.

GLIEDMASSEN

Die Röhrbeine sind kurz mit ausreichender Knochenstärke, flachen Gelenken und korrekter Winkelung.

DARTMOOR-PONY

GRÖSSE DES DARTMOOR-PONYS
1,27 m

URSPRÜNGE

Dartmoor- und Exmoor-Ponys kommen aus den zahlreichen Moorlandschaften Südwest-Englands. Das Exmoor-Pony lebt und wird immer noch dort gezüchtet, wenn auch der Bestand zurückgegangen ist. Nur selten werden die Ponys außerhalb ihres natürlichen Lebensraums gezüchtet. Es gibt immer noch Ponys in Dartmoor, aber die meisten sind eher verkümmert. Das beliebte Dartmoor wird in großer Zahl auf Gestüten in Großbritannien und auf dem europäischen Festland gezüchtet.

Während des Zweiten Weltkrieges wurden die Moore als militärisches Übungsgelände genutzt, und das Dartmoor-Pony befand sich wieder einmal kurz vor dem Aussterben. In der Zeit von 1941 bis 1943 wurden nur zwei Hengste und 12 Stuten zur Eintragung vorgestellt. Wie durch ein Wunder wurde das Dartmoor-Pony erneut durch den Einsatz einiger verschworener Züchter gerettet. In den 20er Jahren gab es drei verschiedene Herden auf den Mooren, aber heutzutage werden die meisten Ponys auf privaten Gestüten gezüchtet.

Die abwechslungsreiche Geschichte und die Mischung verschiedenster Blutlinien haben das Dartmoor zu einem der elegantesten Reitponys der Welt gemacht. Neben dem Welsh-Pony dominierte es in den Reitpony-Prüfungen auf den Turnieren und hat die Entstehung des englischen Riding-Ponys (siehe Seiten 382–383) ganz entscheidend beeinflußt. Es ist in ganz Europa sehr beliebt, und in Belgien gibt es sogar spezielle Rennen. Wie seine Vorfahren springt es gut, aber nun mit mehr Vermögen. Es kann erfolgreich mit Vollblütern oder Arabern gekreuzt werden. Wird ein solches Produkt wiederum mit einem Vollblüter gepaart, so bekommt man ein Vielseitigkeitspferd oder einen Hunter der Spitzenklasse. Das moderne Dartmoor-Pony darf nicht größer als 1,27 m sein. Alle Farben sind erlaubt, mit Ausnahme von Schecken, aber Braune, Rappen und Schwarzbraune werden bevorzugt. Aufgrund der guten Schulter hebt es sich deutlich von den anderen Ponyrassen ab, was die Gänge anbetrifft. Es hat eine lange, flache und kräftesparende Aktion – typisch für einen Hack oder ein Reitpferd, wie im Zuchtstandard zu lesen steht.

DAS EXMOOR-PONY

Hauptsächlicher Vorfahr des Exmoor-Ponys ist wahrscheinlich das Pony vom Typ 1 (siehe Seiten 22–23). Wie dieses Urpony hat das Exmoor eine besondere Kieferform und Ansätze eines siebten Molars, was man sonst bei keinem anderen Pferd findet. Andere typische Merkmale sind die einzigartigen »Krötenaugen« (mit besonders schweren Lidern), der »Eisschweif« (mit kurzen, fächerförmig ausgebreiteten Haaren am Schweifansatz) und das praktische doppellagige Fell.

EXMOOR-PONYS
Das starke, selbständige Exmoor-Pony kommt gut mit den Schwierigkeiten und Gefahren seiner rauhen Heimat zurecht.

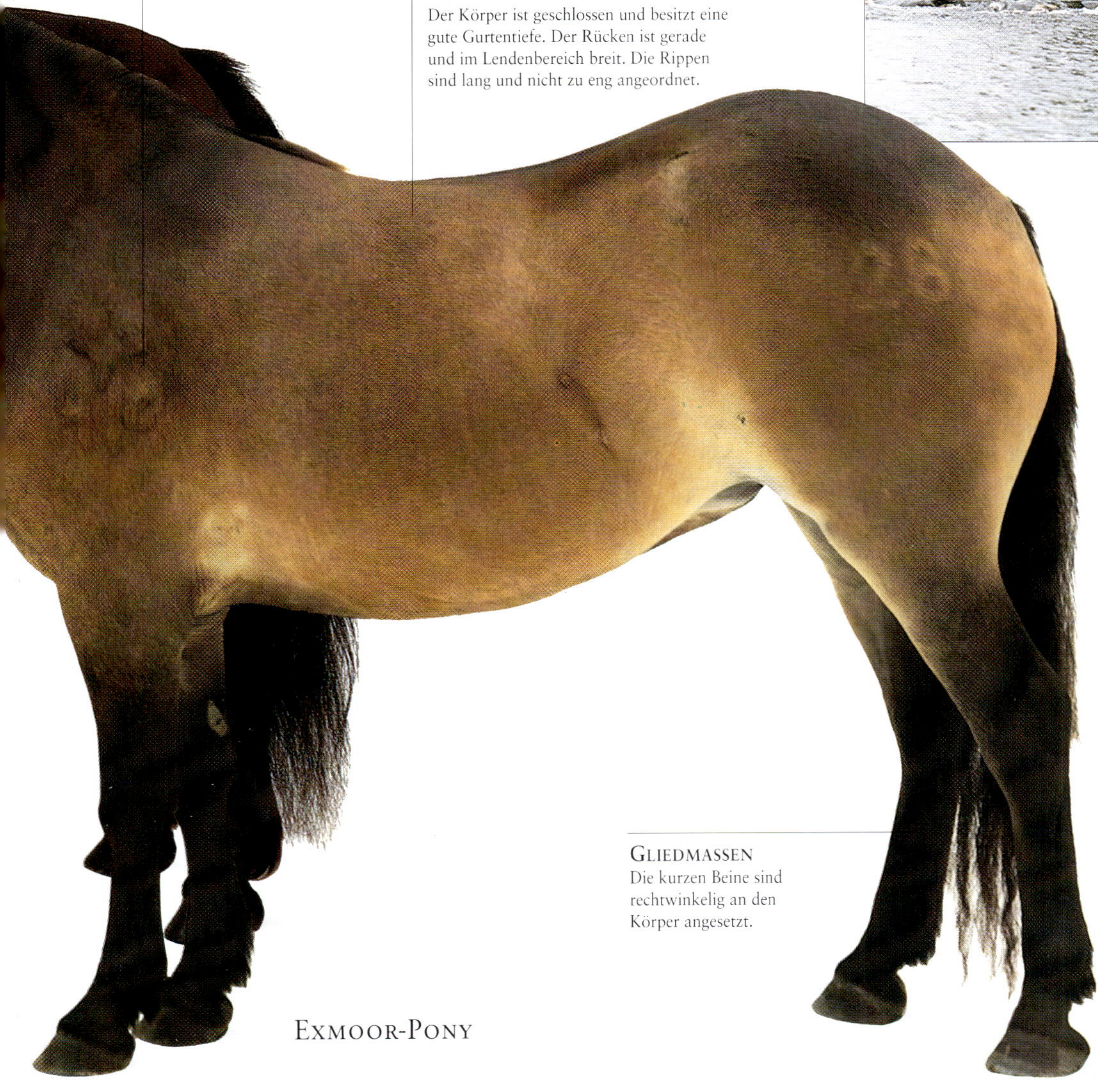

SCHULTERN
Die Schultern liegen zurück, und die Schulterblätter liegen am Widerrist eng zusammen.

RUMPF
Der Körper ist geschlossen und besitzt eine gute Gurtentiefe. Der Rücken ist gerade und im Lendenbereich breit. Die Rippen sind lang und nicht zu eng angeordnet.

GLIEDMASSEN
Die kurzen Beine sind rechtwinkelig an den Körper angesetzt.

EXMOOR-PONY

In der Bronzezeit zog das Exmoor-Pony den Streitwagen. Danach diente es als Reitpony. Es kann von einem erwachsenen Mann auf einer Jagd geritten werden. Zwischen den Weltkriegen war es ein Kinderreitpony, und wenn es als solches auch nicht mehr so beliebt ist, so ist es bei entsprechender Ausbildung doch ein großartiges, hartes Pony für ein ambitioniertes Kind oder einen kleineren Erwachsenen. Es ist einfach, Paßgespanne zusammenzustellen, und die Ponys haben große Ausdauer.

Es gibt immer noch Herden in Exmoor. Züchter und Exmoor Pony Society wachen mit Argusaugen über die Reinheit der Rasse. Nur wenige Ponys werden außerhalb der Moore gezüchtet, und sie neigen dazu, an Typ zu verlieren, wenn sie nicht in ihrer natürlichen Umgebung leben. Es gibt Braune, Schwarzbraune oder Falben mit schwarzen Punkten, Mehlmaul und mehlfarbenen Ringen um die Augen und an der Innenseite der Flanken. Weiße Abzeichen kommen nicht vor. Hengste und Wallache sollen 1,30 m und Stuten 1,27 m groß sein.

GRÖSSE DES EXMOOR-PONYS
1,27–1,30 m

NEW-FOREST-PONY

KEINE DER EINHEIMISCHEN ENGLISCHEN PONYRASSEN hat einen so uneinheitlichen genetischen Hintergrund wie das New-Forest-Pony, aber keine der anderen Rassen hat auch eine so leicht zugängliche Heimat. Vor der normannischen Eroberung im Jahre 1066 war Winchester im Westen Englands die Hauptstadt, und jeder, der in diese Richtung reiste, kam automatisch durch den New Forest im Südwesten von Hampshire. So ergaben sich viele Gelegenheiten für die freilebenden Ponys, sich mit Hauspferden zu paaren, d.h. entweder mit Tieren, die die Wälder passierten oder dort gehalten wurden. Nichtsdestotrotz hat dieser Lebensraum aber ein ganz typisches Pony geschaffen.

IM NEW FOREST
Diese Stute und ihr Fohlen leben in ihrer natürlichen Umgebung. Dem New-Forest-Pony fehlt es immer noch an einheitlichem Typ, und es gibt erhebliche Größenunterschiede.

GESCHICHTE

Wir wissen vom »Forest Law«, den Waldgesetzen, die König Knut (dänischer König von England, 1016–1035) 1016 in Winchester verkünden ließ, daß es zu jener Zeit Ponys in den Waldgebieten gab. Nach der Eroberung durch die Normannen erklärte William Rufus (1087–1100) den New Forest zum königlichen Jagdgebiet, und fortan wurde dort Rotwild gehegt. Er festigte auch die »Rights of Common Pasture« (Weidelandnutzungsrechte) derjenigen, die die Waldgebiete nutzten.

Nachweisbar wurde im Jahre 1208 zum ersten Mal versucht, die Ponys zu veredeln, indem man 18 Welsh-Stuten einsetzte. Den größten Einfluß von außen übte jedoch der Vollbluthengst Marske aus, obwohl die Langzeitauswirkungen seines Aufenthalts nicht unumstritten sind. Marske kam 1765 in den New Forest, nachdem die Gestüte SKH dem Herzog von Cumberland aufgelöst worden waren. Wie alle Vollblüter jener Zeit wird er kaum größer als 1,47 m gewesen sein. Er hatte zwar keinen Erfolg auf der Rennbahn gehabt, aber er war der Vater von Eclipse, dem größten Rennpferd aller Zeiten.

KOPF
Der Kopf ist oft ein »Pferdekopf«.

Diesen Ruf erwarb Eclipse schon in seiner ersten Rennsaison im Jahre 1769, und Marske wurde unverzüglich aus der Versenkung geholt und auf einem Gestüt in Yorkshire aufgestellt. Vielleicht hat man im New Forest in den folgenden Jahren eine Art von selektiver Zucht betrieben, aber im 19. Jahrhundert war der Bestand so degeneriert, daß es notwendig war, neue Schritte zu unternehmen. 1852 kam der Araberhengst Zorah als Leihgabe von Königin Victoria in den New Forest, aber in vier Jahren deckte er lediglich 112 Stuten. Durch die Inzucht

STRASSENSICHER
Ein New-Forest-Pony hat keine Angst vor dem Straßenverkehr. Manche halten sich an den Straßenrändern auf, weil sie hoffen, von Touristen gefüttert zu werden – ein Verhalten, das nicht gefördert werden sollte.

GRÖSSE
1,22–1,47 m

innerhalb der Herden nahm der Verfall der Rasse seinen Lauf.

Ein Hengstprämierungssystem wurde eingeführt, und 1889 kamen zwei weitere Leihhengste von Königin Victoria in den New Forest: der Araber Abeyan und der Berber Yirrassan. Ihr Einfluß war größer, besonders durch einen Sohn des Abeyan aus einer Welsh-Stute.

Verbesserung des Bestands

Dank der Intervention von Lord Arthur Cecil und Lord Lucas kam es nicht zum erneuten Zusammenbruch der Zucht. Um dem New Forest die fehlende Substanz, Knochenstärke und Härte zu geben, kreuzte Cecil viele einheimische Ponys ein, z.B. von der Insel Rum (Black Galloways) sowie Highlands (siehe Seiten 176–177), Dales-, Fell-, Dartmoor-, Exmoor- und Welsh-Ponys (siehe Seiten 170–173 und 182–183). Lucas setzte das Blut des berühmten Welsh-Hengstes Starlight über seine Picket-Ponys ein sowie Dartmoor-, Exmoor- und Fell-Ponys. Er setzte

FUTTERSUCHE

Der New Forest ist gekennzeichnet von Wasser, Marsch und Moor. Die Landschaft bietet ausreichend, wenn nicht gar reiche Auswahl an harten Gräsern sowie Brombeergestrüpp und Stechginster.

sogar ein Basuto-Pony (siehe Seite 206 bis 207) ein, das er aus Südafrika mitgebracht hatte, aber es hatte keinen sichtbaren Einfluß.

Moderne Stammväter

Die »graue Eminenz« der Rasse war das Polo-Pony Field Marshall. Er wurde im New Forest in den Jahren 1918 und 1919 eingesetzt und erscheint besonders häufig in den Papieren der berühmten Brookside-Ponys. Nach dem Zweiten Weltkrieg kristallisierte sich eine Gruppe von 5 Hengsten heraus, die als die Stmmväter der modernen Zucht anerkannt sind. Die Namen dieser Hengste finden sich in den Papieren der besten New-Forest-Ponys unserer Tage: Danny Denny, mit Blutanschluß an Dyoll Starlight; Goodenough, aus einer Stute im Welsh-Typ, die von Field Marshall sein soll, Brooming Slipon, ein Fuchs von Telegraph Rocketer a.d. Judy XV; Brookside David, ein Nachkomme des Field Marshall; und Knightwood Spitfire, von Brookside Spitfire a.d. Weirs Topsy, die von dem schwarzen Highland-Pony Clansman abstammt, von dem man sagt, daß alle Farb-Linien bei den New-Forest-Ponys auf ihn zurückgehen.

HINTERHAND
Kruppe und Hinterhand sind symmetrisch, und der Schweif ist hoch angesetzt.

GLIEDMASSEN
Die Beine sind schlank, aber stark. Die Aktion der Gänge ist lang, flach und frei.

Merkmale

Trotz der fehlenden Einheitlichkeit der Rasse lassen sich einige Merkmale der New-Forest-Ponys feststellen, z.B. haben sie oft einen typischen Pferdekopf. Es gibt immer noch keine einheitliche Größe. Ponys, die halbwild in den Wäldern aufwachsen, sind teilweise nur 1,22 bis 1,27 m groß, aber ein auf einem Gestüt aufgewachsenes Pony kann 1,47 m groß werden. Der Einfluß des Lebensraumes ist offenkundig. Während Gebäudemängel bei den halbwild aufgewachsenen Ponys häufig vorkommen, werden sie aber wettgemacht von einer sehr guten Reitpferdeschulter. Das New-Forest-Pony ist im allgemeinen sehr trittsicher. Es zeigt mehr Raumgriff als andere bodenständige Ponyrassen und ist bekannt für seinen weichen Galopp, ein Merkmal, das durch das waldige Terrain gefördert wird und bei keiner anderen englischen Rasse auch nur annähernd so deutlich ist. Der Zuchtverband, der 1960 ein eigenes Stutbuch einrichtete, ist die »New Forest Breeding and Cattle Society«. Zugelassen sind alle Farben, mit Ausnahme von Piebald- und Skewbald-Schecken.

Ursprünge

Das vielseitige und beliebte New-Forest-Pony wird auf Gestüten in ganz Großbritannien und dem europäischen Festland gezüchtet. Seine ursprüngliche Heimat ist der New Forest im Südwesten der Grafschaft Hampshire. Im 11. Jahrhundert war dieses Gebiet Jagdrevier der normannischen Könige. Noch heute leben Ponyherden im Besitz von Commoners (= Bürgern) in den Wäldern, wo sie unausweichlich den Einflüssen des Lebens in der freien Natur unterworfen sind. Leider ist die Futterqualität auch nicht mehr die beste.

Shetland- & Highland-Pony

Hoch im Norden der Britischen Inseln liegt die Heimat von zwei alten Ponyrassen, dem Shetland- und dem Highland-Pony. Man nimmt an, daß das Shetland-Pony seit der Bronzezeit auf den Shetland-Inseln etwa 160 km vor der Nordküste Schottlands lebt. Das Highland-Pony kommt aus dem Norden Schottlands und von den westlichen Inseln. Seine Ursprünge liegen in prähistorischer Zeit, aber im Laufe der Geschichte waren die bodenständigen Ponys vielen Einflüssen ausgesetzt.

Das Shetland-Pony

Mit einer durchschnittlichen Widerristhöhe von 1,02 m ist das Shetland-Pony die kleinste der englischen Ponyrassen. Die Grundfarbe ist schwarz, ebenso häufig gibt es Schwarzbraune und Füchse, aber auch Schimmel und Schecken (Skewbald und Piebald) kommen vor.

Die Ursprünge der Rasse sind nicht bekannt, aber es bestand wohl eine Verbindung zwischen den Ponys vom Tundra-Typ (siehe Seiten 22–23) und den Pferden Skandinaviens. Im 2. und 3. Jahrhundert nach Christus gab es wohl einen orientalischen Einfluß durch die Ponys aus den keltischen Siedlungen. Später dann kamen die Wikinger, die ihre eigenen Ponys mitbrachten. Steinschnitzereien in Bressay und Burra, die wahrscheinlich gegen Ende des 9. Jahrhunderts entstanden, zeigen Männer auf leicht gebauten, lebhaften Ponys, die im Vergleich zu den abgebildeten Menschen kaum größer als 1,02 m gewesen sein können.

Im Verhältnis zu seiner Größe ist das winzige Shetland-Pony eines der stärksten Pferde der Welt. Auf den Inseln wurden die Ponys als Packpferde eingesetzt oder gingen im Geschirr, sie konnten aber auch von einem erwachsenen Mann geritten werden. Sie wurden exportiert als Kinderpony, Kutschpony, Zirkuspony und als Attraktion in öffentlichen oder privaten Parks. Aufgrund des Gesetzes von 1847, das den Einsatz von Frauen und Kindern in den Minen untersagt, gab es einen riesigen Bedarf an Shetland-Ponys für die Arbeit in den Gruben. Für diesen Zweck wurde ein schwereres, groberes Pony neben dem schon existierenden Typ gezüchtet. Heute ist das Pony einheitlich im Typ und hat ausgezeichnete Proportionen.

Das Shetland-Pony ist in die ganze Welt exportiert worden. In den USA, Kanada und Europa gibt es viele Shetland-Ponys, und in vielen Ländern gibt es eigene Stutbücher. In den Niederlanden gibt es wahrscheinlich die meisten Shettys. In Nordamerika hat man die Rasse mit dem Hackney-Pony (siehe Seiten 378 bis 379) gekreuzt, wodurch das schicke Amerikanische Shetland-Pony (siehe Seiten 242–243) entstand. Aus der Kreuzung mit dem Appaloosa (siehe Seiten 224–225) stammt das Pony of the Americas (siehe Seiten 240–241). In Argentinien züchtete man auf der Grundlage des Shetland-Ponys Miniaturponys, die Falabellas.

In der freien Wildbahn
Diese Shetland-Ponys leben in ihrer natürlichen Umgebung. Zu den Fellfarben der auf den Inseln geborenen Ponys gehören Rappe, Fuchs, Schimmel und Schecke.

Kopf
Der feine Kopf läuft schmal zu. Die Stirn ist sehr breit, aber die Linie von den Augen zum Maul ist kurz.

Farbe
Die falbe Fellfarbe ist sehr attraktiv. Falben haben immer schwarze Punkte und einen Aalstrich.

Mähne
Das dicke Mähnen- und Schweifhaar ist ein guter Wetterschutz.

Schultern
Die schrägen Schultern sind sehr stark.

Shetland-Pony

INSEL-PONYS
Die Insel Rum ist bekannt für ihre unverwechselbaren Highland-Ponys. In dieser Gruppe befinden sich auch Falben mit dem typischen schwarzen Langhaar.

DAS HIGHLAND-PONY

Man nimmt an, daß die Ponys, die nach der Eiszeit im Norden Schottlands lebten, vom Pony-Typ 2 (siehe Seiten 22–23) abstammten, der dem Asiatischen Wildpferd ähnelte, und sich möglicherweise mit Pony-Typ 1 paarten, der dem Exmoor-Pony ähnelte. Es ist archäologisch bewiesen, daß während der Bronzezeit Pferde aus Skandinavien und später aus Island importiert wurden. Um 1535 wurden Größe und Qualität der Rasse durch den Einsatz französischer Pferde verbessert, zu denen auch die Vorfahren des Percheron gehört haben können. Spanische Pferde, wie z.B. die vom Clan-Oberhaupt der Clanranalds zur Veredelung der Uist-Ponys importierten, wurden im 17. und 18. Jahrhundert eingesetzt. 1870 kam ein Hackney im Norfolk Roadster-Typ auf die Inseln und prägte besonders die Arran-Ponys, und auch Fell- und Dales-Ponys wurden eingesetzt. Der Einsatz orientalischen Bluts hatte den größten Einfluß. Der Herzog von Atholl, dessen Ponys mit zum Grundstock der Rasse gehörten, setzte im 16. Jahrhundert orientalisches Blut ein. Die Calgary-Linie, die John Monroe-Mackenzie on Mull gründete, basierte auf dem Araber Syrian. Die Macneils of Barra setzten ebenfalls Araber (siehe Seiten 64–65) ein und züchteten kleine, leichte und schnelle Ponys im Araber-Typ.

Auf den kleinen Höfen wurde das Highland-Pony als Zug- und Packpferd eingesetzt und auch geritten. Es war anspruchslos, stark, gesund und trittsicher. In den Bergen wurden die Ponys geritten. Sie trugen Wildbretkörbe oder ein ganzes erlegtes Stück Rotwild, das bis zu 114 kg wiegen kann. Das sagt viel über ihren Charakter, denn kaum ein Pferd trägt ruhig und gelassen ein totes Tier auf seinem Rücken. Das moderne Highland-Pony ist ein ideales Familienpony. Obwohl es nicht schnell ist, so ist es doch springfreudig und sehr zuverlässig. Es ist aufgrund seiner Größe und seines ruhigen Wesens ein gefragtes Trekking-Pony.

Bis vor kurzem gab es zwei Typen, wovon der eine auf den westlichen Inseln gezüchtet wurde und der andere auf dem Festland. Heute ist der Typ einheitlich. Für die Rasse gibt es eine Größenbeschränkung von 1,47 m. Im 19. Jahrhundert waren die Ponys, und besonders die auf den Inseln lebenden, etwa 10 cm kleiner. Die heutige Größe ist vielleicht das Ergebnis der Einkreuzung von Clydesdales (siehe Seiten 284 bis 285), wodurch die Ponys stärker und besser geeignet für die Waldarbeit werden sollten. Zu den Fellfarben gehören Schimmel, Schwarzbraune, Rappen, die »primitiven« Falben mit Aalstrich und oft Zebrastreifen an den Beinen und die auffallenden Dunkel- oder »blutroten« Füchse mit silberfarbener Mähne und Schweif.

HINTERGLIEDMASSEN
Der Schweif ist hoch angesetzt und die Hinterhand ist gut proportioniert.

KRUPPE
Die Kruppe ist gut geformt und geht in breite Lenden und einen kurzen, ziemlich breiten Rücken über.

HIGHLAND-PONY

GRÖSSE DES HIGHLAND-PONYS
bis zu 1,47 m

GRÖSSE DES SHETLAND-PONYS
1,02 m

URSPRÜNGE

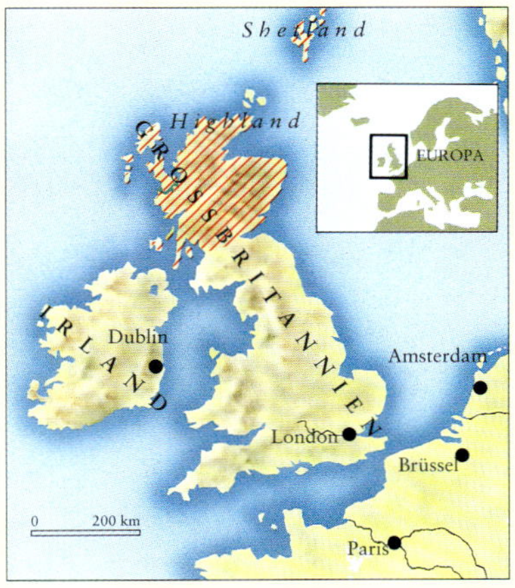

Der ursprüngliche Lebensraum der Shetland-Ponys waren die Shetland Inseln. Heute jedoch gibt es eine große Anzahl in den USA, Kanada und vielen europäischen Ländern, wobei die Niederlande wohl die größte Anzahl an Shetties besitzt. Die geringe Körpergröße beruht auf dem unwirtlichen Lebensraum und dem kargen Futter. Das Highland-Pony ist das vielseitige Pferd des schottischen Hochlands und besonders der westlichen Inseln. Die Ponys werden heute auch viel jenseits der Grenze in England gezüchtet.

Connemara-Pony

Das Connemara-Pony, die einzige bodenständige Rasse Irlands, stammt aus Connemara an der Westküste. Vor der Ankunft keltischer Plünderer und Händler im 5. und 6. Jahrhundert vor Christus hatten die Ponys Ähnlichkeit mit den Ponys, die heutzutage auf den Shetland Inseln, in Norwegen und auf Island leben. Durch die Kelten, die Verbindungen mit anderen keltischen Stämmen auf dem europäischen Festland hatten, u.a. auch den Briganten in Spanien, gab es Einkreuzungen von Pferden orientalischen Bluts. Im 16. Jahrhundert, als Galway ein wichtiges Handelszentrum war, erhöhten die reichen Händler den spanischen Blutanteil, indem sie die besten Pferde Iberiens (siehe Seiten 106–107) importierten.

Natürliche Umgebung
Diese Connemara-Ponys leben wild in ihrer Heimat, den rauhen Moorgebieten und Küstenregionen Galways im Westen Irlands.

Geschichte

Das Connemara-Pony ist seit langem bekannt für die »Leichtigkeit« seiner Gänge, wobei sich Leichtigkeit hier auf den Paßgang bezieht. Dieser Gang unterstreicht die Verbindung zwischen dem Irish Hobby (dem Connemara des 16. und 17. Jahrhunderts) und der paßgehenden spanischen Eselstute, die in ganz Europa hochgeschätzt wurde.

Arabisches Blut (wahrscheinlich eher Berberblut – siehe Seiten 66–67) kam im 19. Jahrhundert durch verschiedene Landbesitzer nach Connemara. Bis zur Jahrhundertwende jedoch war die Qualität der Connemara Ponys durch die Verarmung der ländlichen Gemeinden stark zurückgegangen. Um dieses Problem zu lösen, wurden Welsh Cob-Hengste (siehe Seiten 182 bis 183) nach staatlichen Zuchtregeln eingesetzt. 1897 wurde eine königliche Kommission unter Leitung von Professor J. Cossar Ewart aus Edinburgh eingesetzt, um den Stand der Pferdezucht in Irland zu beurteilen. Diese Kommission stellte die Entwicklung des modernen Connemara-Ponys fest. Die Kommentare der von der Kommission befragten Personen sowie die von Ewart selbst sind es wert, hier aufgeführt zu werden. Letzterer beschrieb den alten falbfarbenen Connemara-Typ als »stark und zäh wie einen Maulesel . . . fruchtbar und kerngesund« und als »fähig, dort zu überleben, wo nur wilde Ponys nicht verhungern müssen.« Samuel Usher Roberts erklärte in seinem Bericht, daß die Connemara-Ponys »ausnahmslos die besten Ponys sind, die ich je gesehen habe . . . eine äußerst harte, zähe Ponyrasse mit einem guten Schuß Berber- oder Araberblut«. Ein führender Experte, Lord Arthur Cecil, hob im Jahre 1900 die gute Reitpferdeschulter und die »bemerkenswerte natürliche Springveranlagung« hervor, auch heute noch die Gütezeichen des Connemara-Ponys. Vollblut, Roadster und Hackney (siehe Seiten 118–121 und 378–379) wurden auf Anraten der Kommission eingekreuzt. Jedoch erst 1923 wurde ein Zuchtverband, die »Connemara Pony

Kruppe
Die Kruppe ist gut proportioniert mit hoch angesetztem Schweif. Die breiten Lenden sind sehr kräftig.

Hinterhand
Ausgeprägte Unterschenkel und gut positionierte Sprunggelenke sorgen für Galoppier- und Springvermögen.

Ursprünge

Das Connemara-Pony ist nach dem Teil Irlands westlich von Loughs Corrib und Mask benannt. Dieses Gebiet grenzt im Süden an die Bucht von Galway und im Westen an den Atlantischen Ozean. Es ist ein wildes, ödes Land mit Mooren, Seen und Bergen. Die Ponys ernähren sich von harten Gräsern und leben unter schwierigen Bedingungen. Es gibt jedoch einige ausgleichende Faktoren, wie z.B. die lange Wachstumsperiode. Der Erdboden ist zwar dünn, aber reich an Phosphaten und Mineralien, die für das Wachstum unerläßlich sind. Dieser Umgebung verdankt das Connemara-Pony seine Härte, Kraft und Ausdauer.

Breeders' Society«, gegründet, und erst 1926 wurde das Stutbuch eingerichtet. Die »English Connemara Pony Society«, der englische Zuchtverband, wurde 1947 gegründet und hat jetzt ein eigenes Stutbuch. Es gibt außerdem Zuchtverbände in den USA, Australien, Schweden, Dänemark, den Niederlanden und Frankreich.

STAMMVÄTER

Entscheidend geprägt wurde die Rasse durch die Hengste Rebel und Golden Gleam, die 1922 bzw. 1932 geboren wurden. Die schillerndste Erscheinung jedoch war der unvergeßliche Schimmelhengst Cannon Ball von Dynamite aus einer einheimischen Stute. Er war ein Enkel des Welsh Cobs Prince Llewellyn. Der 1904 geborene Cannon Ball war der erste Hengst, der 1926 ins Stutbuch aufgenommen wurde. 16 Jahre nacheinander gewann er das Bauernrennen in Oughterard. Es heißt, daß er in der Nacht vor dem Rennen einen halben Sack Hafer bekommen habe – und das sagt alles über seine Verdauung und seine Konstitution. Sein Leben lang ging er im Geschirr, und er war bekannt dafür, nach dem Markt nach Hause zu traben, während sein Besitzer, Harry Toole, im Wagen liegend seinen Rausch ausschlief. Als Cannon Ball gestorben war, wurde erst die traditionelle irische Totenwache gehalten, die sich über die ganze Nacht hinzog, bevor er im Morgengrauen auf seiner Weide begraben wurde.

HALS
Der gebogene Hals ist ungewöhnlich lang für eine Ponyrasse und gibt dem Connemara mehr Umriß.

SCHULTERN
Den ausgezeichneten Reitpferdeschultern verdankt das Connemara-Pony sein bemerkenswertes, natürliches Springvermögen.

VORDERGLIEDMASSEN
Die gut proportionierten Vorderbeine haben harte, flache Gelenke und gute Hufe. Der Röhrbeinumfang liegt zwischen 17,5 und 20 cm.

GRÖSSE
bis zu 1,47 m

SPÄTERE EINFLÜSSE

Später waren es der Hengst Carna Dun (1948–1973) vom Vollblüter Little Heaven, dem Vater von Irlands berühmtem internationalen Springpony Dundrum, und der Irish-Draught-Hengst Mayboy, die die Zucht beeinflußten. Mit Clonkeehan Auratum (1954–1976), einem Sohn des Vollblutarabers Naseel, der zu den Stammvätern des englischen Riding Ponys (siehe Seiten 382–383) gehört, wurde mehr arabisches Blut eingeführt. Im Stutbuch von 1953 gibt es einen weiteren Welsh-Hengst (genannt Dynamite nach Cannon Ball's Vater), einen Irish-Draught-Hengst namens Skibbereen und einen Vollblut-Schimmelhengst namens Winter, einem Sohn des Manna a.d. Snowstorm. Es gab auch einmal weniger erfolgreiche Einkreuzungen von Clydesdales.

RASSEMERKMALE

Aus diesem Schmelztiegel verschiedener Rassen entstand ein exzellentes Turnierpony. Durch Einkreuzung von Arabern und Vollblütern entsteht ein ideales Vielseitigkeitspferd mit der Härte und Gesundheit, die das Connemara-Pony seinen Lebensbedingungen verdankt. Diese Ponys haben ausnahmslos gute Reitpferdequalitäten und stehen im Reitpferdetyp, aber sie eignen sich auch immer noch als Kutschpferd. Sie können auch von Erwachsenen geritten werden, da sie bis zu 1,47 m groß sind. Viele haben einen Röhrbeinumfang von 17,5 bis 20 cm, und die meisten können ausgezeichnet springen. An Fellfarben sind Schimmel, Rappen, Braune, Schwarzbraune und ein dunkler Falbton vertreten, nur gelegentlich gibt es Stichelhaarige und Füchse.

IM GESCHIRR
Connemara-Ponys sind vor der Kutsche genauso mutig und gehfreudig wie unter dem Sattel. Die traditionelle Falbfarbe wird mit ausgesprochener Härte verbunden.

WELSH-PONY, SEKTIONEN A & B

DAS WELSH-MOUNTAIN-PONY wird von vielen Leuten für das schönste der bodenständigen englischen Ponyrassen gehalten. Es wird unter Sektion A im »Welsh Pony and Cob Stud Book« eingetragen. Es darf höchstens 1,22 m groß sein und ist damit die kleinste der vier Klassen. Die Ponys der Sektion A bilden die Grundlage für die anderen drei Sektionen. Sie stammen ursprünglich ab von den prähistorischen Ponys in England. In der Sektion B des Stutbuchs werden die Welsh-Ponys im Reitponytyp eingetragen, die nicht größer als 1,37 m sein dürfen.

HENGSTE

Man sagt dem Welsh-Pony nach, daß es »Feuer im Leib« habe. Hengste können sogar aggressiv werden, wenn sie sich irgendwie bedroht fühlen.

DAS WELSH-MOUNTAIN-PONY

Vor der Einrichtung des Stutbuchs im Jahre 1902, was den Umschwung vom alten Typ auf das »verbesserte« moderne Pony mit festgelegtem Typ mit sich brachte, wurde das Welsh-Mountain-Pony von einer Reihe von Rassen beeinflußt. Das erste Veredlerblut waren die von den Römern eingeführten orientalischen Pferde. Im 18. und 19. Jahrhundert wurden Araber (siehe Seiten 64–65), Vollblüter (siehe Seiten 118–119) und Hackneys im alten Road-

FELLFARBEN

Die Farbpalette der Welsh-Ponys ist groß. Schimmel sind am häufigsten vertreten, aber Palominos, Braune, Füchse und Stichelhaarige sind auch nicht selten.

ster-Typ (siehe Seiten 378–379) zur Veredelung eingesetzt. Besonders im Norden wirkte ein für das 18. Jahrhundert typischer, kleiner Vollblüter namens Merlin (von Darley Arabian), den man in die Ruabon Hills entließ, und später ein Hengst namens Apricot von »Berber-Araber«-Hengst aus einer Welsh-Stute, den man ins Hügelland von Merioneth entließ. Merlin's Einfluß war so groß, daß ein Waliser ein Pony auch heute noch als »Merlin« bezeichnet.

Seit 1902 jedoch ist veredelte, auffällige

GRÖSSE DER SEKTION A
bis zu 1,22 m

KOPF
Der Kopf ist besonders hübsch. Die Augen sind groß und wach, und die kleinen Ohren sind gespitzt.

KRUPPE
Die Kruppe ist lang und elegant mit gutem Schweifansatz. Eine abschüssige Kruppe kommt bei dieser Rasse nicht vor.

RUMPF
Die Rasse soll über viel Rumpftiefe verfügen bei guter Rippenwölbung.

GLIEDMASSEN
Die schlanken, eleganten Beine haben kurze Röhrbeine und flache, gut geformte Gelenke. Das Pony besitzt die für seinen Rahmen angemessene Knochenstärke.

WELSH PONY SEKTION A

Erscheinung des Mountain-Pony nur das Ergebnis sorgfältiger Selektion innerhalb der Rasse, obwohl der Stammvater des modernen Typs, der legendäre Dyoll Starlight, wahrscheinlich über seine Mutter Moonlight Araberblut führte. Von ihrem Besitzer, Howard Meuric Lloyd, wurde sie als »Miniatur-Araber« beschrieben. Sie soll abstammen von Crawshay Bailey Arab, der um 1850 in der Gegend der Brecon Beacons entlassen wurde. Starlight's Vater Glassallt war ein sehr guter Vertreter des alten Typs mit ausgezeichnetem Fundament und sehr kräftigem Lendenbereich. Er war ein Rappe, aber sowohl sein Vater Flower of Wales als auch sein Sohn Starlight waren Schimmel. Aufgrund Starlight's Einfluß auf die Rasse sind Schimmel am häufigsten vertreten.

Das moderne Welsh-Mountain-Pony ist von unverwechselbarer Erscheinung und verfügt über einzigartig energische Gänge, Intelligenz und eine ingezüchtete körperliche Härte, einem Erbe der rauhen Lebensbedingungen, die seinen Charakter prägten. Es ist ein ausgezeichnetes Reitpony, aber auch ein ebenso außergewöhnliches Kutschpony. Es wird in alle Welt exportiert und ist eine der besten Grundlagen für die Pferdezucht, denn es vererbt Knochenstärke, Fundament und Gesundheit. Welsh-Ponys der Sektionen A und B werden häufig in der Zucht des Reitponys (siehe Seiten 382–383) eingesetzt.

DAS WELSH-PONY SEKTION B

Ursprünglich einmal war das Welsh-Pony der Sektion B eine Kreuzung zwischen dem Mountain-Pony und dem kleineren Cob (siehe Seiten 182–183). Das moderne, veredelte Pony der Sektion B mit seinen raumgreifenden Gängen ist ein Turnier- und Schaupony, zu dessen Stammvätern hauptsächlich drei Hengste zählen. Zwei dieser Hengste sind Söhne eines Stempelhengstes der Sektion A: Coed Coch Glyndwr. Der »Vater Abraham« der Sektion B, wie sich der Welsh-Experte Dr. Wynne Davies ausdrückt, war Tan-y-Bwlch Berwyn. Er stammte ab von einem Berberhengst (mit ausgeprägten Araber-Merkmalen) namens Sahara, der 1908 geboren worden war. Seine Mutter war eine Sektion-A-Stute von dem berühmten Bleddfa Shooting Star, einem Sohn von Dyoll Starlight. Der zweite Gründerhengst war Criban Victor, ein im Urtyp stehender Hengst mit viel Fundament und Kaliber. Er stammte ab von Criban Winston, einem Sohn von Coed Coch Glyndwr. Der dritte Hengst ist Solway Master Bronze, ein Sohn des letztgenannten aus der Criban Biddy Bronze. Als Solway Master Bronze 1974 seine Zuchtlaufbahn beendete, hatte er 541 Fohlen gezeugt.

Die Ponys der Sektion A stehen nach wie vor im Welsh-Typ, aber ob das auch für die Sektion B gilt, ist umstritten. Zeitweise wurde die Sektion B zu sehr auf den Reitpony-Typ ausgerichtet. Die besten Exemplare weisen alle Merkmale eines Mountain-Ponys auf und sind talentierte, vielseitige Leistungssportler, sowohl unter dem Sattel wie auch im Geschirr. Man kann Ponys dieser beiden Sektionen miteinander kreuzen, um größere Ponys zu erhalten, die aber die Gesundheit und die Intelligenz besitzen, die typisch für alle Welsh-Ponys sind.

KOPF
Der Kopf entspricht eigentlich dem des Welsh-Mountain-Ponys. Bei diesem Exemplar sieht man an Augen und Profil deutlich den arabischen Einfluß.

SCHULTERN
Die Schultern sind lang und schräg, wodurch das Pony ausgezeichnete Gänge hat. Der Widerrist ist nicht stark ausgeprägt, und der lange, gebogene Hals wird schön getragen.

LINIENFÜHRUNG
Die fließenden Linien sind symmetrisch, und der Körper ist gut proportioniert. Das Pony hat viel Kaliber und steht voll im Ponytyp.

VORDERGLIEDMASSEN
Die Vorderbeine sind vorbildlich mit langem, gut bemuskelten Unterarm, gut entwickelten Karpalgelenken, kurzen Röhrbeinen, perfekter Fesselstellung und guten Hufen.

WELSH-PONY SEKTION B

GRÖSSE DER SEKTION B
bis zu 1,37 m

URSPRÜNGE

Die Welsh-Ponys gehören unausweichlich zum Fürstentum Wales. Seit Jahrhunderten werden sie in dem Hochland von Wales gezüchtet. Ihren einzigartigen Charakter und ihre Gänge, wenn auch heute sehr verbessert, verdanken sie den rauhen Umwelt- und harten Klimabedingungen. Ihre gute Konstitution und die ausgezeichnete Futterverwertung rühren von den spärlichen, harten Gräsern und Moosen her, die die Hauptfuttermittel der Ponys sind. Welsh-Ponys sind so beliebt, daß sie heute in großer Zahl auf der ganzen Welt gezüchtet werden.

WELSH-PONY, SEKTIONEN C & D

ES GIBT ZWEI SEKTIONEN für Cobs im »*Welsh Pony and Cob Society Stud Book*«. Das Welsh-Pony der Sektion C, d.h. ein Welsh-Pony im Cob-Typ, ist das kleinere von beiden und darf nicht größer als 1,37 m sein, während die Sektion D die größeren Cobs umfaßt, wobei es keine Größenbegrenzung gibt. Heute gibt es in der Tat viele Cobs der Sektion D, die 1,52 m groß sind oder sogar noch größer – so will es der Markt.

GESCHICHTE

Beide Cob-Typen entstanden aus Kreuzungen von Welsh-Mountain-Ponys (siehe Seiten 182 bis 183) mit den Pferden, die die Römer ins Land brachten, als sie sich in Wales niederließen, und später mit Spanischen Pferden. Im 12. Jahrhundert schrieb Giraldus Cambrensis, der Archidiakon von Brecon, daß es in Mittel-Wales »die hervorragendsten Gestüte gab, deren Zuchtmaterial von Spanischen Pferden abstammten.« Aus der Paarung dieser Pferde mit Welsh-Mountain-Stuten entstand das

GRÖSSE DER SEKTION C
bis zu 1,37 m

WELSH-PONY, SEKTION C

Powys-Pferd, das ab dem 12. Jahrhundert hauptsächlich als Remonte für die englische Armee diente. Das alte Welsh Cart Horse kann ebenfalls hier seinen Ursprung haben. Die Cobs unserer Tage sind wirklich die größere Ausführung des Mountain-Ponys, obwohl sie doch später entscheidend vom Norfolk Trotter oder Roadster (siehe Seiten 120–121), dem Yorkshire Coach Horse (siehe Seiten 304–305) und der frühen Form des Hackneys im Roadster-Typ geprägt wurden.

STAMMVÄTER

Die vier Hengste, die am häufigsten im Stutbuch des Zuchtverbands auftauchen, sind: Trotting Comet, geboren 1840; True Briton, geboren 1830; Cymro Llwyd, geboren 1850; und Alonzo the Brave, geboren 1866. Trotting Comet war der Sohn einer berühmten Traberstute aus Cardiganshire, und sein Vater war der blinde Rapphengst Flyer. Flyer war von einem Welsh Cart Horse aus einer Norfolk-Traberstute. True Briton war von Ruler, einem Yorkshire Coach Horse, und seine Mutter soll eine Araberstute namens Douse gewesen sein. Cymro Llwyd, dessen Mutter eine Traberstute war, stammte ab von dem Araber Crawshay Bailey, den der Eisenhüttenbesitzer Crawshay Bailey in den Brecon Beacons eingesetzt hatte. Er war ein Palomino oder Falbe und der Ahnherr vieler creme-, falb- oder palominofarbener Cobs. Der berühmteste seiner jüngsten Nachfahren war Llanarth Braint. Alonzo the Brave, der um 1,63 m groß war, stammte aus einer alten Hackney-Linie, die über Shales Original und Norfolk Shales (siehe Seiten 120–121) bis zu Darley Arabian (siehe Seiten 118 bis 119) zurückverfolgt werden konnte.

EIN WELSH-PARTBRED
Das Welsh-Partbred gewinnt zunehmend an Anerkennung als vermögendes Turnierpferd der Spitzenklasse. Am häufigsten werden Cobs mit Vollblütern gekreuzt.

GEBRAUCHS- UND SPORTPFERD

Jahrhundertelang waren Welsh Cobs ein wesentlicher Bestandteil des Lebens in Wales. Sie wurden für landwirtschaftliche Arbeiten eingesetzt und gingen im Geschirr. Ein guter Absatzmarkt wurde die Armee, wo die Cobs Kanonen und andere Ausrüstungsgegenstände zogen und der berittenen Infanterie als Reitpferd dienten. Sie waren auch sehr gefragt bei den Molkereien, Bäckereien und anderen Firmen in den Städten.

Vor der Einführung der Hengstkörungen im Jahre 1918 wurde schon eine Art »Leistungsprüfung« durchgeführt, indem Zuchtpferde in Trabrennen auf Leistung geprüft und dann selektioniert wurden. Eine beliebte Strecke waren die 56 km (bergauf) von Cardiff nach Dowlais, die die besten Pferde in weniger als drei Stunden zurücklegten.

Moderne Welsh Cobs sind mutige Kutschpferde, trittsichere Jagdpferde und Springpferde mit natürlicher Springveranlagung. Sie sind sehr genügsam, umgänglich und sehr gesund. Die Kreuzung mit dem Vollblüter, die Grundlage für das Welsh-Partbred, bringt ein Pferd für den Reit- und den Fahrsport, das in bezug auf Mut, Vielseitigkeit, gesunde Beine und allgemeine körperliche Verfassung vielen anderen Rassen überlegen ist. Cobs der Sektion C sind oft Kreuzungsprodukte von Cobs der Sektion D und Welsh-Mountain-Ponys (Sektion A).

HINTERHAND
Die starke Kruppe und die kraftvolle Biegung der Sprunggelenke führen zur spektakulären Aktion der Cobs.

RUMPF
Die »Mittelhand« des Cobs ist tief, kurz und rundrippig. Der Cob verfügt über eine kraftvolle Rücken- und Lendenpartie.

HUFE
Die Hufe sind immer gut geformt und aus hartem Horn. Der Cob hat ein wenig seidigen Fesselbehang.

WELSH-PONY, SEKTION D

GRÖSSE DER SEKTION D
bis zu 1,52 m

URSPRÜNGE

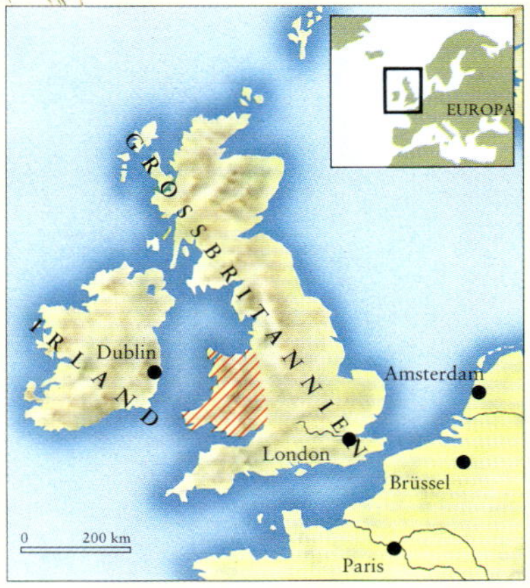

Wie das Welsh-Mountain-Pony und das Welsh-Pony im Reittyp, den Sektionen A und B im Stutbuch, kommen die beiden Cob Sektionen, d.h. C und D, aus Wales und werden von Anglesey im Norden bis Halbinsel Gower im Süden gezüchtet. Das Zentrum der Welsh-Cob-Zucht lag und liegt im Herzen von Wales, in der alten Grafschaft Cardiganshire, dem heutigen Dyfed. Es war auch in dieser Gegend, als im 12. Jahrhundert der Powys Cob entstand. Der Araber Crawshay Bailey, der eine tragende Rolle bei der Entwicklung spielte, wurde in den Brecon Beacons aufgestellt.

POTTIOK

EUROPÄISCHE PONYRASSEN

AUF DEM GANZEN europäischen Festland und in Skandinavien gibt es alte Ponyrassen. Die Mehrheit davon wird immer noch bei Arbeiten in der Landwirtschaft eingesetzt und spielt eine große Rolle im ländlichen Leben, während die Ponys in den Berggegenden als Packpferde Verwendung finden. Es werden aber in zunehmendem Maße Ponys im Reittyp für die Freizeitbeschäftigung junger Leute gezüchtet. Frankreich z.B. entwickelt sein eigenes Reitpony, das Poney Français de Selle (siehe Seiten 382–383), und selbst die kaum bekannte spanische Rasse, das Asturcon, erweist sich als geeignetes Reittier für Kinder. Interessanterweise sind all diese europäischen Ponys geprägt von den beiden primitiven Gründerrassen, dem Asiatischen Wildpferd und offensichtlicher noch vom Tarpan (siehe Seiten 18–21).

DIE VERBINDUNG ZU DEN PRIMITIVPFERDEN

Zu den bekanntesten Nachfahren des Tarpans, der einst in riesigen Herden die Steppen und Wälder bevölkerte, gehören Konik, Huzule, Bosniak (siehe Seiten 192–193) und das schwedische Gotland-Pony (siehe Seiten 190–191). Sie erinnern stark an ihre primitiven Ahnen, besonders was die Fellfarbe und manchmal auch seine Struktur angeht. Beim Huzulen und dem Gotland-Pony ist jedoch auch der arabische Einfluß (siehe Seiten 64–65) offensichtlich, denn beiden Rassen wurde seit Ende des 19. Jahrhunderts reichlich orientalisches Blut zugeführt.

Die beiden bodenständigen Ponyrassen Norwegens, das attraktive Fjordpferd (früher auch oft als Vestlandspferd bezeichnet) und der Nordländer, ein dem berühmten Isländer (siehe Seiten 194–195) ähnliches Pony, stammen ebenfalls von den prähistorischen Urpferden ab, obwohl sie vielfach veredelt wurden. Das Fjordpferd erinnert deutlich an das Asiatische Wildpferd, während der Nordländer auch den Tarpan zu seinen Ahnen zählen kann.

Das Islandpony ist eine einzigartige Ponyrasse, denn seit mehr als 800 Jahren hat es keine Zufuhr fremden Bluts erfahren. Wie auch die Bewohner Islands kam es im 9. Jahrhundert von Norwegen auf die Insel. Später brachten Siedler Ponys im Shetland-Typ (siehe Seiten 176 bis 177) von den westlichen Inseln mit, so daß das moderne Islandpony gemischte Ahnen hat, wobei aber das Asiatische Wildpferd und wahrscheinlich auch der Tarpan vorherrschen. Manche Experten glauben, daß eine Verbindung zum Yakut besteht, obwohl diese Theorie nicht ausreichend belegt ist.

ISLÄNDER
Island-Ponys werden seit mehr als 800 Jahren rein gezüchtet. In dieser Zeit gab es keinerlei Kreuzungen. Im 9. Jahrhundert kamen die Ponys von Norwegen nach Island.

FJORDPFERD
Das in Europa und Skandinavien sehr beliebte norwegische Fjordpferd erinnert sehr an das Asiatische Wildpferd.

Obwohl es nur wenig Ponys in Italien, Spanien und Portugal gibt, sind die iberischen Ponys doch von Bedeutung. Sorraia und Garrano (siehe Seiten 104–105) gehen auf den Tarpan zurück, sind aber eventuell auch vom Asiatischen Wildpferd beeinflußt. Sie stammen ab von den ersten bodenständigen Pferderassen, die in Europa domestiziert wurden. Diese Pferde trugen auch zur Entstehung des Sapnischen Pferdes bei, das später wiederum einen enormen Einfluß auf die Pferde in Europa und Amerika hatte. Der moderne Garrano wurde durch den Araber stark veredelt, und in nicht ganz so großem Maße trifft dies wohl auch auf das Sorraia-Pony zu. Das Asturcon-Pony ist die dritte iberische Ponyrasse. Es kommt aus Nordspanien und wurde von den asturischen Reitern geritten, die zu den Hilfstruppen der römischen Kavallerie gehörten. Wie ihre Reiter, so waren auch diese Ponys Kelten, und sie haben daher große Ähnlichkeit mit Dartmoor- und Exmoor-Ponys (siehe Seiten 172–173). Zu Beginn des 20. Jahrhunderts lebten sie zu Tausenden wild in den Bergen, aber heute gibt es nur noch etwa 200 im Stutbuch eingetragene Ponys. Der erst kürzlich gegründete spanische Pony-Club fördert ihren Einsatz als Reitpony, und es war ein Asturcon-Pony, das die spanischen Meisterschaften für Ponys bis zu 1,37 m gewann.

Der Bardigiano (siehe Seiten 188–189), eine Gebirgsrasse aus dem Norden der Appeninen, ähnelt ebenfalls dem Exmoor-Pony. Dann gibt es noch die griechischen Ponys: Skyros, Pindos und Peneia-Ponys (siehe Seiten 42–43). Sie gehen zurück auf den Pferdetyp 4 (siehe Seiten 22–23) mit dem Tarpan als Urahnen.

NORDLÄNDER
Zu den Ahnen des Nordland-Ponys zählen wahrscheinlich das Asiatische Wildpferd und der Tarpan. Im heimatlichen Norwegen wird es wie das Fjordpferd als »Pferd« bezeichnet.

DEUTSCHLAND, ÖSTERREICH UND FRANKREICH

Deutschland ist berühmt für seine Warmblutpferde, hat aber keine besonderen Ponyrassen. Es gibt den Dülmener, ein Pony gemischter Herkunft, das dem englischen New-Forest-Pony ähnelt, obwohl es keine Verbindung zwischen

DÜLMEN
Seit dem frühen 13. Jahrhundert leben die Dülmener Wildpferde im Merfelder Bruch in Westfalen. Die letzte existierende Herde gehört dem Herzog von Croy.

beiden Rassen gibt. Die Dülmener leben halbwild auf dem Anwesen der Herzöge von Croy im Merfelder Bruch in Westfalen. Sie haben keinerlei praktischen Nutzen und dienen mehr oder weniger als Zierde des Anwesens. Die andere deutsche Ponyrasse war der Senner aus dem Teutoburger Wald. Er genoß den Ruf, außerordentlich hart zu sein, aber dennoch gilt er heute als ausgestorben. Man kann davon ausgehen, daß diese beiden Rassen in den Anfängen an der Entwicklung der hannoverschen Pferde (siehe Seiten 142 bis 143) beteiligt waren.

Weitaus mehr Bedeutung hat der attraktive und vielseitige Haflinger Österreichs (siehe Seiten 52–53). Er stammt wahrscheinlich vom Waldpferd ab (siehe Seiten 14–15), und es gibt sicherlich auch eine Verbindung zum Noriker (siehe Seiten 50–51), obwohl die Stammväter der Rasse Araber sind.

In Frankreich hat die Ponyzucht keine Tradition. Das Camarguepferd muß als Pferd eingestuft werden, und sowohl Landais als auch Pottiock lebten noch bis vor kurzer Zeit halbwild. Beide Rassen werden inzwischen stark veredelt durch den Einsatz von Arabern und Welsh-Ponys der Sektion B (siehe Seiten 180–181).

LANDAIS & POTTIOCK

FRANKREICH BESITZT DREI bodenständige Ponyrassen: das Mérens-Pferd (siehe Seiten 46 bis 47), den Landais und den Pottiock. Der Landais lebt in der dichtbewaldeten Region im Südwesten Frankreichs, dem wahrscheinlich größten Waldgebiet Europas. Einen größeren Schlag dieser Rasse gab es auf der Ebene von Chalosse nahe dem Fluß Adour am Fuße der Pyrenäen. Ein anderer Schlag, der auch Barthais genannt wurde, lebte im Schwemmland an den Ufern des Adour. Die Heimat des Pottiock, dem Pony des Baskenlandes, sind die hochgelegenen Provinzen von Labourd, Basse-Navarre und Soule an der spanischen Grenze. Pottiock und Landais sind uralte Rassen und gehen direkt auf die Urpferde zurück.

LANDAIS-PONYS AUF DEM GESTÜT PAU
Die bis vor kurzem halbwild lebenden Landais-Ponys sind heute auch auf dem Staatsgestüt in Pau zu finden. Das moderne Landais-Pony ist das Ergebnis eines stark verbesserten selektiven Zuchtprogramms.

DER LANDAIS

Das Landais-Pony wurde halbwild gehalten und stammt wahrscheinlich vom prähistorischen Tarpan der Steppe ab, der wahrscheinlich eine Mischung vom Ponytyp 1 aus Nordwest-Europa und dem Prototyp des Arabers, Pferdetyp 4 ist (siehe Seiten 22–23).

Gegen Ende des 19. Jahrhunderts sowie im Jahre 1913, als es etwa 2000 Ponys im Department Les Landes gab, wurde viel Araberblut (siehe Seiten 64–65) eingeführt. Bei einem Restbestand von nicht mehr als 150 Tieren nach dem Zweiten Weltkrieg war die Rasse beinahe ausgestorben. Es gab nur noch so wenig Ponys, daß die Inzucht zu einem großen Problem wurde. Die Züchter lösten dieses Problem, indem sie Welsh-B-Hengste (siehe Seiten 180–181) für Verdrängungskreuzungen einsetzten und auch wieder viel Araberblut einführten.

Der moderne Landais ist zwischen 1,19 und 1,35 m groß. Die einst vorherrschende Schimmelfarbe ist heute selten vertreten; die meisten Ponys sind Braune, Schwarzbraune, Füchse und Rappen. Der Landais ist ein veredeltes Pony. Der hübsche Ponykopf erinnert an den Araber, während es die kleinen, gespitzten Ohren des Welsh-Ponys hat. Der Schweif wird hoch getragen. Mit seinen schlanken Beinen, dem guten Reitponyhals und der schrägen Schulter ist der Landais ein nettes Reitpony. Es ist hart, genügsam, widerstandsfähig gegen Hitze und Kälte, gutmütig und intelligent.

Der zu Beginn der 70er Jahre gegründete französische Ponyclub förderte die Zucht des Landais und seinen Einsatz als Kinderreitpony. Der Landais war auch die züchterische Grundlage, auf der das französische Reitpony, das Poney Français de Selle (siehe Seiten 382–383), entwickelt wurde.

URSPRÜNGE

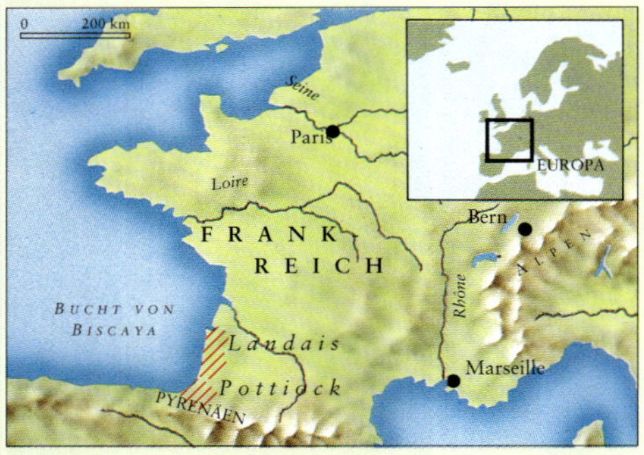

Die beiden eingeborenen Ponyrassen Frankreichs, der Landais und der Pottiock, stammen beide aus dem Süden des Landes. Der Landais lebt in der Region Les Landes sowie in der Ebene von Chalosse. Sein Nachbar, der Pottiock, ist ein Gebirgspony und stammt aus dem Baskenland. Die Hauptzuchtgebiete sind die Provinzen Labourd, Basse-Navarre und Soule. Wie alle Gebirgsrassen besitzt es eine angeborene Trittsicherheit und Wendigkeit in unwegsamem Gelände. Beide Rassen stammen direkt von den prähistorischen Pferden ab und lebten bis vor kurzem noch wild oder halbwild.

KOPF
Der hübsche, attraktive Kopf erinnert an den Araber.

SCHULTERN
Die Schulterlage des modernen Landais ist stark verbessert, und der Widerrist ist ausgeprägter.

RÖHRBEINUMFANG
Der Zuchtstandard schreibt einen Röhrbeinumfang von 17 bis 18 cm vor.

LANDAIS

GRÖSSE DES LANDAIS
1,19–1,35 m

Diese neue Ponyrasse, von der die Züchter hoffen, daß sie mit den englischen Ponys mithalten kann, ist die gut durchdachte Mischung aus bodenständigen und französischen Ponystuten, die mit Araber-, Connemara- (siehe Seiten 178–179), New-Forest- (siehe Seiten 174 bis 175) und Welsh-Hengsten gekreuzt wurden.

DER POTTIOCK

Der Pottiock wird normalerweise als wild oder halbwild lebend beschrieben, obwohl das wahrscheinlich heute nicht mehr der Fall ist, wo offizielle Stellen, wie der Nationale Pottiock-Verband und die *Direction des Haras* (= Direktion der Staatsgestüte), über seine Rasse wachen. Die Ahnen dieses Ponys stehen den prähistorischen Pferden wahrscheinlich noch näher als die des Landais. Auch hier wurden ausgesuchte Araber und Welsh-B-Hengste eingekreuzt.

Der moderne Pottiock kennt drei Typen: Standardpony, Doppelpony und Piebald-Schecke. Erst- und letztgenannte sind zwischen 1,14 und 1,32 m groß, während das Doppelpony eine Größe von 1,30 bis 1,47 m hat. Die Pottiock-Ponys sind weniger veredelt als ihr Nachbar, der Landais. Sie haben ein gerades Profil, das nur in Augenhöhe leicht konkav ist. Beine und Hufe sind gut, aber der Hals ist kurz. Die Schultern sind schräg, und der Rücken ist lang. Die vorherrschende Fellfarbe bei Standard-Pottiock und Doppelpony ist Fuchs, Brauner und Schwarzbrauner. Die Piebald-Schecken sind insofern ungewöhnlich, da ihr Fell nicht nur schwarz und weiß ist (die erlaubte Piebald-Scheckung), sondern auch fuchsfarben, weiß und schwarz oder fuchsfarben und weiß.

Der Schmuggel war eine ganz normale Beschäftigung im Baskenland, so wie das auch in der Heimat des Mérens-Pferdes im Osten der Pyrenäen der Fall war, und bis zum Zweiten Weltkrieg war der Pottiock das Packpony der baskischen Schmuggler. Heute geht der Pottiock einer angeseheneren Beschäftigung nach und dient als Kinderreitpony und geht vor der Kutsche. Wie der Landais diente auch der Pottiock als züchterische Grundlage für das französische Reitpony (Poney Français de Selle, siehe Seiten 382–383).

POTTIOK

GRÖSSE DES POTTIOK
1,14–1,47 m

SCHMUGGLER-PONY

Das kleine Pottiock-Pony hatte eine sinnvolle Aufgabe in der Wirtschaft des Baskenlandes vor dem Zweiten Weltkrieg: Es trug Schmuggelware über die steilen Gebirgspfade der Pyrenäen.

BARDIGIANO

OBWOHL ITALIEN einige der bedeutendsten Vollblüter (siehe Seiten 118–119) hervorgebracht hat, hauptsächlich durch Federico Tesio's Gestüt Dormello am Ufer des Lago Maggiore, und die Vollblutzucht im allgemeinen prägend beeinflußt hat, gibt es keine besonderen einheimischen Rassen. In der Antike besaß Italien keine bodenständigen Pferde- oder Ponyrassen, so daß es Tiere aus Spanien, Persien (Iran) und wahrscheinlich auch aus Noricum, einer römischen Vasallenprovinz gab, die etwa dem heutigen Österreich entsprach. Und dort liegen auch die Wurzeln des Bardigiano, der attraktivsten, aber unbekanntesten Rasse Italiens.

EIN RICHTIGES PONY
Dieser Bardigiano-Hengst vom Gestüt in Crema bei Mailand ist ein richtig gutes Pony. Durch Selektion ist diese attraktive Ponyrasse nicht nur erhalten geblieben, sondern auch verbessert worden. Besonders der Kopf des Bardigiano ist typisch für ein Pony.

EINFLÜSSE

Noricum war die Heimat einer Pferderasse des Altertums, die den Römern als »Abellinum« bekannt war. Diese alte Rasse wird heutzutage vom attraktiven Haflinger aus Tirol in Österreich (siehe Seiten 52–53) und seinem nahen Verwandten, dem Avelignese, vertreten. Der Avelignese wird in den bergigen Gegenden in Nord-, Mittel- und Süditalien gezüchtet, besonders in der Toskana, in Venetien und im Bozener Raum.

Man kann ziemlich sicher davon ausgehen, daß der Bardigiano, dessen Heimat im Norden der Appeninen liegt, eng mit dem Avelignese verwandt ist, aber auch mit dem schwereren italienischen Gebirgspferd. Haflinger und Avelignese haben einen gemeinsamen Vorfahren, den Araberhengst El Bedavi, und gehen zurück auf seinen Urenkel, den auf dem österreichisch-ungarischen Gestüt Radautz gezogenen Halbblut-Araber 133 El Bedavi XXII, und dessen Sohn, den einflußreichen Hengst 249 Folie. Dieser arabische Einfluß ist beim Bardigiano deutlich zu sehen, denn er ist orientalisch geprägt, besonders was den hübschen Kopf, das spitz zulaufende Maul und den angedeuteten Hechtkopf angeht.

Es gibt jedoch noch mehr Ähnlichkeiten mit anderen Rassen, die den Bardigiano besonders interessant machen. Es gibt z.B. Gemeinsamkeiten mit dem obskuren Asturcon-Pony (siehe Seiten 104–105), das in den Berggegenden Nordspaniens lebt – einer Gegend, die grob gesehen dem Lebensraum des Bardigiano gar nicht so unähnlich ist. Außerdem ähnelt es stark der ältesten bodenständigen Ponyrasse Großbritanniens, dem Exmoor-Pony (siehe Seiten 172–173). Somit kann man davon ausgehen, daß alle drei Rassen vom Keltischen Pony abstammen, wobei Asturcon und Bardigiano isolierte Stämme darstellen, die schon vor der Eiszeit (etwa 10 000 vor Christus) existierten und in ihrer Form bis zum heutigen Tage überlebten.

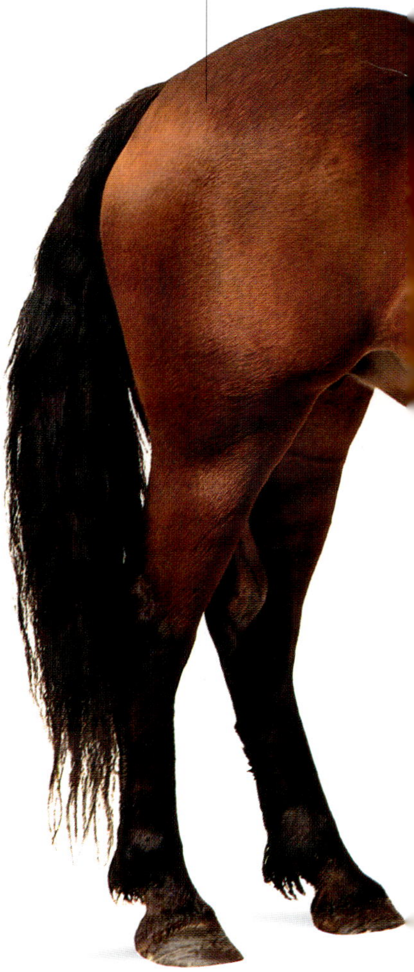

HINTERHAND
Die runde Kruppe ist gut bemuskelt, und der schwere dicke Schweif ist gut angesetzt. Die Unterschenkel sind gut entwickelt. Die Sprunggelenke sind klar.

NATÜRLICHE UMGEBUNG
Diese Gruppe Bardigiano-Ponys lebt in den Bergen auf der Insel Korsika, einer Gegend, die den Appeninen, dem Hauptzuchtgebiet des Bardigiano, nicht unähnlich ist. Die Ponys sind gut entwickelt und befinden sich in ausgezeichnetem Zustand.

MERKMALE

Wie Avelignese und Haflinger, so ist der Bardigiano ein Arbeitspferd fürs Gebirge, denn er ist körperlich bestens für den Einsatz auf steilem, unwegsamen Gelände in großen Höhenlagen geeignet. Es ist hart, anspruchslos, flink und ausgesprochen trittsicher – auch unter schwierigen Bedingungen im Gebirge. Es ist kräftig gebaut, und der Rücken ist lang genug, um einen Packsattel zu tragen. Nach Reitpferdekriterien beurteilt, ist die Schulter steil, folglich aber ideal für leichte Zugarbeiten.

Der Kopf ist besonders interessant, denn es ist ein richtiger Ponykopf. Er ist klein, aber niemals grob. Die Stirn ist schön breit, und die Ohren sind klein, beweglich und immer gespitzt. Die großen Nüstern und die langen Nasengänge, wodurch die Luft erwärmt wird, bevor sie inhaliert wird, sind typisch für die Nachfahren des primitiven Pony-Typs 1 (siehe Seiten 22–23), der unempfindlich gegenüber Kälte und Nässe war. Der Bardigiano wird selten größer als 1,32 m. Das Trio dieser drei miteinander verwandten Gebirgsponys (Haflinger, Avelignese und Bardigiano) gehört zu den interessantesten und wahrscheinlich auch zu den vielseitigsten Ponys der Welt. Im Vergleich zu den anderen beiden, ist der Bardigiano relativ unbekannt außerhalb seines angestammten Zuchtgebiets. Aber er ist seinen Verwandten durchaus ebenbürtig in bezug auf Exterieur und Gangwerk und besitzt besondere Kennzeichen, die ebenso bemerkenswert sind.

EINE URALTE RASSE

Das Bardigiano-Pony hat Ähnlichkeiten mit dem wenig bekannten Asturcon-Pony aus Nordspanien, mehr noch aber mit der ältesten Ponyrasse Großbritanniens, dem Exmoor-Pony. Möglicherweise haben alle drei einen gemeinsamen Ahnen.

KOPF
Der Kopf ist ein typischer Ponykopf mit breiter Stirn und hübschen, kleinen Ohren.

RUMPF
Das kräftig gebaute Pony besitzt genügend Rumpftiefe und eine breite Brust mit viel Platz für die großen Lungen.

SCHULTERN
Der Widerrist ist ziemlich gut ausgeprägt, aber in Hinblick auf Reitpferdequalitäten sind die Schultern zu kurz und steil.

GLIEDMASSEN
Die Beine sind kurz und meist gut bemuskelt, während die Gelenke gut geformt und der Röhrbeinumfang ausreichend ist.

GRÖSSE
bis zu 1,32 m

URSPRÜNGE

Das attraktive Bardigiano-Pony aus Italien stammt wahrscheinlich aus Venetien und dem Bergland der Toskana, dem Zuchtgebiet des Avelignese. Heute gibt es den Bardigiano jedoch hauptsächlich im Hochland im Norden der Appeninen, die zwischen Venetien und der Toskana liegen und somit von beiden Regionen aus gut erreichbar sind. Die Bergwelt und die Arbeit auf unwegsamem, steilen Gelände haben Charakter und körperliche Verfassung dieser Rasse geprägt.

GOTLAND-PONY & FJORDPFERD

INSELPONYS
Es gibt immer noch Gotland-Ponys auf der Insel Gotland, aber sie werden heute in ganz Skandinavien gezüchtet als Reitponys und für Trabrennen.

DAS GOTLAND-PONY, auch Russ genannt, ist in Schweden beheimatet. Es ist die älteste schwedische Rasse und steht immer noch im primitiven Typ. Ursprünglich lebten diese Ponys auf Gotland, einer Insel vor der schwedischen Küste, wo die Rasse wahrscheinlich schon seit der Steinzeit existiert. Das Fjordpferd, manchmal auch Vestlandspferd genannt, stammt aus Norwegen, existiert aber in verschiedenen Typvarianten in ganz Skandinavien und darüber hinaus. Es wird hauptsächlich in Norwegen gezüchtet, wo es seit Beginn des 20. Jahrhunderts einer strengen Zuchtpolitik unterworfen ist.

DAS GOTLAND-PONY

Das Gotland-Pony ähnelt dem Huzulen und dem Konik aus Polen, und man nimmt an, daß es wie diese beiden Rassen ebenfalls vom Tarpan abstammt. Im 19. Jahrhundert und wahrscheinlich auch später noch wurde orientalisches Blut eingekreuzt. Seit einigen Jahren werden die Ponys selektiv gezüchtet. Die Hengste, die den größten Einfluß auf diese Rasse hatten, waren Olle, eine Kreuzung zwischen syrischem Araber und Gotland-Pony, der die Falbfarbe in die Rasse brachte, und der Araber Khedivan, der für die Schimmelfarbe verantwortlich zeichnet. Früher lebten die Ponys halbwild auf der Insel Gotland und in den Wäldern von Löjsta auf dem schwedischen Festland. Heute werden sie in ganz Schweden und Skandinavien und natürlich noch auf Gotland gezüchtet.

Während das Gotland-Pony früher als Arbeitspferd in der Landwirtschaft diente, findet es heute hauptsächlich als Kinderreitpony Verwendung. Es soll hervorragend springen können und in Trabrennen gehen. Schritt und Trab sind schnell, aber sein Galoppiervermögen ist beschränkt.

Die Ponys sind relativ schmal und leicht gebaut, mit abfallender Kruppe und tief angesetztem Schweif. Im allgemeinen ist die Hinterhand schwach, aber die Hufe sind hart und gesund. Die Rasse ist unzweifelhaft hart und ausdauernd. Das Gotland-Pony ist zwischen 1,22 und 1,27 m groß, und es kommen alle möglichen Farben vor, u.a. Schwarzbraune, Falben, Rappen, Füchse, Schimmel und sogar Palominos.

URSPRÜNGE

Die Heimat der uralten Rasse des Gotland-Ponys (oder Russ-Ponys) beschränkte sich früher auf die Insel Gotland in der Ostsee, wo es halbwild lebte, und zwar wahrscheinlich schon seit der Steinzeit. Heute wird es auf dem schwedischen Festland und in ganz Skandinavien gezüchtet. Sein Nachbar, das Fjordpferd, ist ebenfalls in ganz Skandinavien beheimatet, wird aber hauptsächlich in Norwegen gezüchtet, das auch als Ursprungsland dieser Rasse gilt. Der weniger bekannte Nordländer kommt auch aus Norwegen. Gotland-Pony und Nordländer sind außerhalb ihrer Heimat kaum bekannt.

GRÖSSE DES GOTLAND-PONYS
1,22–1,27 m

KÖRPER
Die Kruppe ist stark bemuskelt, und der Körper ist kurz und geschlossen bei guter Rumpftiefe. Falben mit Aalstrich sind typisch für die Rasse.

HALS
Der Hals ist kurz, und der Rücken ist lang. Die Kruppe ist relativ schwach. Das Pony ist leichtrahmig und schmal.

GOTLAND-PONY

DAS FJORDPFERD

Von allen modernen Pferderassen erinnert das Fjordpferd am meisten an das Asiatische Wildpferd (siehe Seiten 18–19). Es besitzt viel von der urtümlichen Lebenskraft seiner Ahnen sowie auch deren einheitliche Farbe. Die Falben haben einen Aalstrich vom Schopf bis zur Schweifspitze und manchmal auch Zebrastreifen an den Beinen. Mähne und Schweif sind meist heller, manchmal sogar fast silberfarben.

Ein besonderes Kennzeichen ist die grobe Stehmähne, die typisch für Primitivpferde ist. Ließe man die Mähne einfach wachsen, wäre sie so lang wie bei allen anderen Pferderassen, aber es ist alte Tradition, sie zu scheren, wobei die schwarzen Haare in der Mitte höher stehen als der Rest. Sie wird wie ein Mähnenkamm vom Genick zum Widerrist geschoren, so daß der Hals noch betont wird.

Pferde mit solchen Stehmähnen sind auf den Runensteinen der Wikinger dargestellt, die man auch heute noch in Norwegen sehen kann. Das Fjordpferd war das Pferd der Wikinger und wurde bei dem beliebten Sport »Pferdekampf« eingesetzt, wo Pferde ihre Kräfte aneinander messen sollten und sich manchmal bis zum Tode bekämpften.

Das Highland-Pony (siehe Seiten 176–177) erinnert sowohl im Gebäude wie auch in der Farbe stark an das Fjordpferd. Das ist zurückzuführen auf die enge Verbindung zwischen Skandinavien und den westlichen Inseln Schottlands. Die ersten Norweger, die die westlichen Inseln betraten, kamen aus Hordaland, der Heimat des Fjordpferdes. 1890 wurden zwei Hengste aus Norwegen auf die Hebriden gebracht, um die dort lebenden Pferde zu veredeln. Ponys mit Silbermähne und -schweif werden oft diesen Hengsten zugeschrieben.

Ein typvolles Fjordpferd unserer Tage ist zwischen 1,32 und 1,42 m groß. Es ist kalibrig und stark bemuskelt mit kurzen Beinen und viel Röhrbein. Der Kopf ist groß mit kleinen Ohren, ein typischer Ponykopf. Trotz der vielen Ähnlichkeiten mit dem Asiatischen Wildpferd gibt es keine Anzeichen des primitiven, konvexen Profils beim modernen Fjordpferd.

In Norwegen wird das Fjordpferd zum Pflügen, als Packpony, im Geschirr und unter dem Sattel eingesetzt. Es ist gesund und hart und kommt auch mit wenig Futter zurecht. Fjordpferde werden erfolgreich im europäischen Fahrsport eingesetzt, und ihre Ausdauer und ihr Mut sind ideale Voraussetzungen für das Distanzreiten.

VIELSEITIG

Fjordpferde werden zu einer ganzen Reihe von Arbeiten in der Landwirtschaft herangezogen, auch zum Heumachen und Pflügen. Auf abgelegenen Berghöfen werden sie oft anstelle eines Treckers eingesetzt. Sie werden aber auch geritten.

BRUST
Die Brust ist breit und tief mit weit auseinanderstehenden Vorderbeinen. Die Schultern sind schwer und stark, der Widerrist ist flach und rund.

GLIEDMASSEN
Die Beine sind kurz mit kurzen Röhrbeinen. Wenig Fesselbehang. Die Hufe sind offen und hart.

FJORDPFERD

GRÖSSE DES FJORDPFERDES
1,32–1,42 m

NORDLÄNDER

Das norwegische Nordland-Pony ist ein beliebtes Reit- und Fahrpony. Die Rasse wurde stark verbessert durch den ausgedehnten Einsatz des Hengstes Rimfakse Ende der 40er Jahre.

HUZULE & KONIK

OBWOHL DIE ENGLISCHEN PONYS in Europa führend sind, gibt es doch auch einen großen Ponybestand vom Mittelmeer bis nach Skandinavien. In vieler Hinsicht sind diese Ponys Bestandteil der Landwirtschaft in großen Teilen Mittel- und Osteuropas. Wie die englischen Ponys sind die Ponys auf dem europäischen Festland im Laufe der natürlichen Evolution und durch den Menschen verbessert worden. Dennoch zeigen einige europäische Rassen enge genetische Verbindungen zu den Primitivpferden der Vorgeschichte. Drei der ältesten, miteinander verwandten Rassen sind der Huzule, Konik und der Bosniak, das bodenständige Gebirgspony aus dem früheren Jugoslawien.

URSPRÜNGE

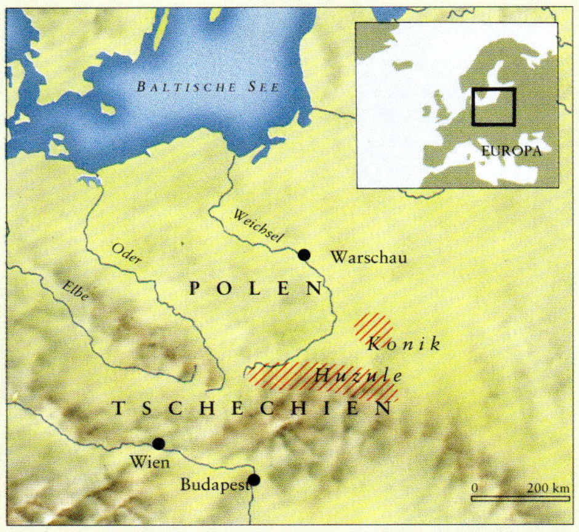

Zu den auf dem Balkan lebenden Ponys gehören der Huzule, der Konik und der Bosniak. Diese Ponys sind weit verbreitet, von der Adria bis ans Schwarze Meer. Der Huzule kommt aus den Karpaten, wird aber in ganz Mitteleuropa gezüchtet. Im 19. Jahrhundert gab es eine selektive Zucht auf dem Gestüt Luczyna, später in Siary bei Gorlice in Polen. Auch der Konik ist eine polnische Rasse. Es gibt eine selektive Zucht in Popielno und auf dem Staatsgestüt von Jezewice. Der Bosniak wird im früheren Jugoslawien gezüchtet und ist die zahlenmäßig am stärksten vertretene Rasse.

DER HUZULE

Der Huzule kommt aus den Karpaten, und man nimmt an, daß er direkt vom primitiven Tarpan (siehe Seiten 20–21) abstammt. Mindestens ein Wissenschaftler glaubt, daß es sich dabei um den Waldtarpan handelte. Wahrscheinlich wurde dem Huzulen auch orientalisches Blut zugeführt. Die Kopfform und die falbe Fellfarbe erinnern an einen anderen primitiven Vorfahren, das Asiatische Wildpferd (siehe Seiten 18–19).

Jahrhundertelang wurde der Huzule als Packpony eingesetzt. Er war bekannt dafür, schwere Lasten über unwegsame Bergpfade, die oft mit Schnee und Eis bedeckt waren, zu tragen. Die meisten Huzulen gehen heutzutage im Geschirr, obwohl sie auch geritten werden können. Auch heute noch kann man auf den hochgelegenen Höfen im Süden Polens nicht auf den Huzulen verzichten.

Der Huzule erscheint kurz und geschlossen, oft überbaut und mit den für Gebirgsrassen typi-

GRÖSSE DES HUZULEN
1,24–1,35 m

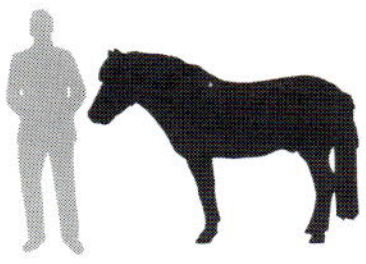

RUMPF
Der Rumpf ist kurz und geschlossen mit steiler Schulter und flachem Widerrist. Die meisten Ponys sind Falben, aber auch Schecken sind häufig.

HUZULEN
Der Huzule ist in den Karpaten beheimatet, wird aber in ganz Mitteleuropa gezüchtet. Man geht davon aus, daß die Rasse direkt vom Tarpan abstammt.

schen Säbelbeinen. Die Ponys sind zwischen 1,24 und 1,35 m groß. Es handelt sich um ein starkes, arbeitsfreudiges Pony von ausgesprochen frommer Natur. Es gibt drei verschiedene Schläge des Huzulen-Ponys, die aber stark gemischt sind.

Der Konik

Das Wort Konik bedeutet »Pony« oder »kleines Pferd«. Die Rasse ist in ganz Polen beheimatet, und in den ländlichen Gebieten ist der Konik ein wichtiger Bestandteil der Landwirtschaft. Er stammt ebenfalls vom Tarpan ab und erinnert in vielem an seine Ahnen. Die »rekonstruierte« Tarpan-Herde, die frei in Popielno läuft, wo eine selektive Konik-Zucht betrieben wird, entstand auf der Basis des Konik-Ponys. Die Rasse wird auf dem Staatsgestüt von Jezewice und von vielen kleinen Bauern gezüchtet. Der Konik wird 1,32 m groß, und viele haben die charakteristische Farbe des Tarpans – mausfalb mit scharzem Aalstrich. Das hübsche Pony ist umgänglich und arbeitsfreudig, auch bei wenig Futter. Es hat die kräftige Konstitution des Tarpans, neigt aber wie der Huzule zu Säbelbeinen.

Ein weiterer Nachfahr des Tarpans

Das Bosnische Pony ähnelt dem Huzulen und soll ebenso vom Tarpan abstammen aus einer Kreuzung mit dem Asiatischen Wildpferd. Auch die Pferde, die von den Alten Griechen in Thessalien (siehe Seiten 40–41) gezüchtet wurden, können zu seinen Vorfahren gehören. Von den Türken eingeführtes orientalisches Blut veredelte die Ponys, aber ein Übermaß an Veredlerblut führte zu einem schwachen Fundament, so daß die Ponys zu leicht waren, um zur Arbeit eingesetzt werden zu können. Daher gingen die Züchter wieder auf die alten Linien im Tarpan-Typ zurück.

Drei Hengste, die in den 40er Jahren wirkten, waren besonders einflußreich. Misco, ein kleines, besonders typvolles Pony, war der einflußreichste von allen. Barut und Agan waren schwerer und erinnerten eher an das Asiatische Wildpferd. Bis zum Ausbruch des Bürgerkriegs im ehemaligen Jugoslawien legte man viel Wert auf die Selektion der Hengste. Alle Hengste legen eine Prüfung ab, in der sie eine 100 kg-Last über eine Strecke von 16 km über unwegsames, bergiges Gelände tragen müssen. Diese Strecke ist schon in nur einer Stunde und 11 Minuten zurückgelegt worden.

Auch das veredelte Pony steht noch im Tarpan-Typ. Es ist 1,32 bis 1,47 m groß. Am häufigsten sind Falben vertreten, aber es gibt auch Rappen, Dunkelbraune und Füchse.

Kopf
Der Kopf paßt zum gesamten Rahmen. Der Hals ist kurz und kräftig.

Schultern
Durch die ziemlich steilen Schultern und den niedrigen Widerrist ist der Konik gut geeignet für die Arbeit im Geschirr.

Rumpf
Der Rumpf ist kräftig, der Rücken ist breit, und das Pony besitzt viel Gurtentiefe.

Schweif
Der veredelte Huzule hat einen hohen Schweifansatz. Das Mähnen- und Schweifhaar ist dick und grob.

Vorhand
Die Vorderbeine sind kräftig und gut angesetzt im Verhältnis zu den Schultern.

Grösse des Konik-Ponys
1,32 m

Das Bosnische Pony
Der Bosniak stammt ebenso wie Huzule und Konik vom Tarpan ab. Er wird häufig als Packpony in den abgelegenen Bergregionen eingesetzt, und ansonsten verrichtet er alle möglichen Arbeiten in der Landwirtschaft.

ISLANDPONY

DAS ISLANDPONY ist das bekannteste Aushängeschild des Landes aus Feuer und Eis, das im rauhen Nordatlantik liegt. Die isländische Bevölkerung hat dem Pferd schon immer großen und liebevollen Respekt gezollt, ja es sogar verehrt. Seit mehr als 1000 Jahren spielt das Pferd eine zentrale Rolle in ihrem Leben und ihrer Folklore. Das zahlenmäßige Verhältnis von Pferden und Menschen ist außerordentlich hoch. Das Islandpony oder -pferd wird zu jeglichen Arbeiten im Land der Gletscher, Flüsse, Lavafelder und Steinwüsten, wo Straßen eher selten sind, herangezogen. Die Bedeutung dieser Rasse als Sportpferd ist ebenso groß, und gut organisierte Wettbewerbe wie Turniere und Rennen finden regelmäßig statt.

ARBEITSPFERD

Das Islandpferd verrichtet alle auf der Insel anfallenden Arbeiten. Es kann ohne zu ermüden einen erwachsenen Mann über lange Strecken tragen.

GESCHICHTE UND LEGENDE

Zwischen 860 und 935 wurde diese vulkanische Insel von den Wikingern besiedelt, die in ihren Langbooten auch ihre Pferde mitbrachten. Bei den ersten Siedlern soll es sich um die beiden Häuptlinge Ingolfur und Leifur gehandelt haben. Ihnen folgten Bewohner der norwegischen Kolonien der westlichen Inseln von Schottland, aus Irland und von der Insel Man. Die züchterische Grundlage des Islandpferdes bildeten die Pferde aus diesen Gegenden. Für den Hippologen ist das Faszinierendste am Islandpferd die außerordentliche genetische Reinheit. Seit mehr als 800 Jahren gab es keine Zufuhr fremden Blutes. Vor etwa 900 Jahren wurde einmal der Versuch unternommen, orientalisches Blut einzukreuzen. Dieser Versuch schlug fehl und führte zu einer langanhaltenden Degeneration des Pferdebestandes. Daher verbot der Althing, das älteste Parlament der Welt, im Jahre 930 per Gesetz den Import von Pferden.

Zu Beginn der Besiedlung wurde das Pferd als Gottheit und Symbol der Fruchtbarkeit angebetet. Ein weißes Pferd wurde bei Opferfesten zeremoniell geschlachtet. Die mittelalterlichen Sagen sind voller Mythen und Heldenlegenden, in denen Pferde eine wichtige Rolle spielen. Viele Episoden, die die blutigen Kämpfe zwischen Hengsten (als Mittel der Selektion und als spannendes Schauspiel) beschreiben, erscheinen in der Literatur und den schriftlichen Berichten über Islands Commonwealth-Zeit (930–1262).

URSPRÜNGE

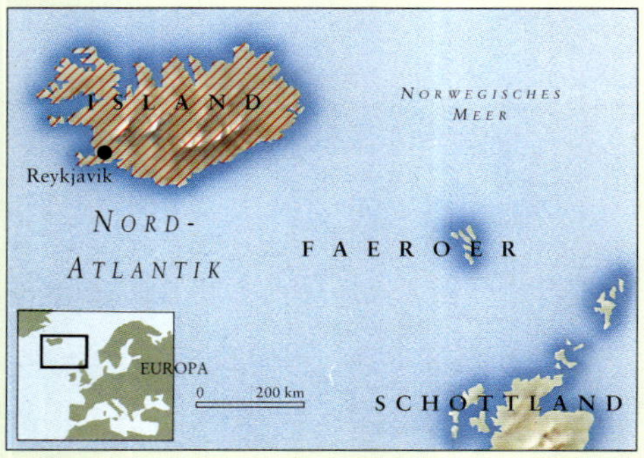

Island liegt mitten im Atlantik, südlich des Nördlichen Polarkreises. Seit über 1000 Jahren wird hier die Zucht des Islandpferdes betrieben, seit mehr als 900 Jahren in Reinzucht. Dieser Faktor, kombiniert mit dem rauhen Klima und dem kargen Futter, haben eine einzigartige Ponyrasse geprägt. Islandpferde werden auch außerhalb Islands gezüchtet, aber ob der Typ erhalten werden kann, ist noch nicht erwiesen.

MÄHNE
Fuchsfarbene Isländer haben entweder weißes oder flachsfarbenes Mähnen- und Schweifhaar.

KOPF
Der Kopf ist einfach und relativ groß im Verhältnis zum Körper, was auf die Abstammung von Primitivpferden schließen läßt. Die Ganaschen sind relativ schwer.

SCHULTERN
Die Schultern sind gerade, was die hohe Aktion z.B. im *Tölt* fördert.

GLIEDMASSEN
Die Beine sind kurz und stark, obwohl die Hinterhand leichter erscheint. Die Röhrbeine sind kurz, die Hufe gesund.

TYPEN

Experten unterscheiden vier Typen beim Islandpferd. Es gibt z.B. die Pferde, die ursprünglich als

AUSSERGEWÖHNLICHE QUALITÄT
Diese beiden Islandpferde sind von außerordentlich guter Qualität. Sie sind von bestem Typ mit ungewöhnlich edlem Kopf.

Pack- und Zugpferd dienten. Sie unterscheiden sich im Gebäude von den Reitpferden, die sorgfältig auf Gangveranlagung gezüchtet werden. Das Islandpferd ist bekannt für seine fünf Gänge. Außerdem gab es Pferde, die einzig und allein als Fleischlieferant dienten! Lange Zeit war Pferdefleisch die Hauptnahrung für die Bewohner Islands, denn es ist zu kalt, als daß Rinder draußen überwintern könnten. Der bekannteste Typ ist der im Südwesten gezüchtete Faxafloi. Hier im Südwesten fällt auch der meiste Niederschlag. Der Faxafloi ähnelt dem Exmoor-Pony (siehe Seiten 172–173), der ältesten englischen Rasse. Es gibt 15 anerkannte Grundfarben und Farbkombinationen beim Isländer, darunter auch Schecken. Einige Gestüte betreiben eine reine Farbzucht. Im Süden der Insel z.B. auf Gestüt Kirkjubaer konzentriert man sich auf eine bestimmte Version des Fuchses, viel roter als ein Palomino und mit fast weißer Mähne und Schweif. Die Farbenvielfalt ist der Stolz der Isländer. Es gibt Füchse, meist mit weißem oder flachsfarbenem Langhaar, Braune, Rappen, Schimmel, verschiedene Schattierungen des Falben, Palominos und Albinos.

Die selektive Zucht begann 1879 im berühmtesten Zuchtgebiet, dem Skagafjördur im Norden Islands. Die Zuchtprogramme basieren hauptsächlich auf der Gangveranlagung, d.h. den fünf Gängen des Islandpferdes. Die fünf charakteristischen Gänge sind der Schritt *(fetgangur)*, die Grundgangart der Packpferde, der Trab *(brokk)*, der schnelle Galopp *(stökk)* und die zwei alten Gangarten Paß *(skeid)* und *Tölt*, der in den USA »rack« heißt. Der Paß ist ein schneller, weicher Gang mit lateraler Fußfolge. Bei Paßrennen gehen die Pferde nach 50 m Galopp in den »*skeid*« über. Der *Tölt* ist ein Rennschritt im Viertakt und wird hauptsächlich geritten, um unwegsames Gelände schnell überqueren zu können. In diesem Gang kann das Pferd stark beschleunigen.

RENNEN UND TURNIERE

Trotz fortschreitender Mechanisierung und Ausbau der Straßen spielen Pferde immer noch eine große Rolle im Leben der Isländer, besonders auf Turnieren und Rennen. Das erste moderne Rennen fand 1874 in Akureyri im Norden Islands statt. Heutzutage werden von April bis Juni in verschiedenen Teilen des Landes an den Wochenenden Rennen veranstaltet. Das größte Rennen findet Pfingstmontag in Reykjavik statt. Flachrennen werden im Galopp über Distanzen von 1500, 800, 400, 350 und 300 m ausgetragen, während Paßrennen über 250 m gehen. Außerdem finden auch einige Jagdrennen statt.

Auf den Turnieren gibt es Prüfungen für Pferde mit vier Gängen (Schritt, Trab, Galopp und Paß) und fünf Gängen, also auch dem Tölt. Die Nationale Vereinigung der Reitvereine, der über 40 Vereine angehören, und der Landwirtschaftsverband Islands organisieren regelmäßig Veranstaltungen mit Prüfungen für alle Typen, Rennen und Prüfungen für Zuchthengste.

MERKMALE

Obwohl das Islandpferd nicht größer als 1,37 m wird und sogar oft nur 1,30 m groß ist, wird es von den Isländern nie als Pony bezeichnet. Trotz seiner geringen Größe ist das Islandpferd enorm bemuskelt. Der Kopf ist schwer, und der Körper kompakt. Die Pferde sind sehr lebhaft und trittsicher. Sie können einen erwachsenen Mann bei hohem Tempo tragen, ohne zu ermüden. Außerdem ist das Islandpferd sehr genügsam und anspruchslos. Die Pferde, die halbwild gehalten werden (und davon gibt es immer noch einige), bekommen selten ein Zufutter zum Gras, aber ab und zu bekommen sie den äußerst nahrhaften Hering aus dem Meer.

SPRUNGGELENKE
Obwohl die tief angesetzten Sprunggelenke nicht groß sind, ist die Hinterhand stark und tritt weit unter.

LANGE, FREIE BEWEGUNGEN
Die Aktion des Schimmels ist frei, lang und sehr energisch, wobei die Hinterhand sichtbar kräftig untertritt.

GRÖSSE
1,30–1,37 m

ZASKARI-PONY, LADAKH

ASIEN & DER ORIENT

ASIEN, DER GRÖSSTE KONTINENT der Welt, reicht vom Nördlichen Polarkreis bis zum Äquator und hat dementsprechend extreme Klima- und Bodenverhältnisse. Es gibt zahlreiche unterschiedliche Ponyrassen, aber eines haben alle Rassen in diesem riesigen Gebiet gemeinsam, und das ist der prägende Einfluß der Mongolei, dem Zentrum der Evolution des Pferdes und der Heimat des Asiatischen Wildpferdes *(Equus caballus przewalskii przewalskii Poljakow)*, dem letzten wildlebenden Primitivpferd (siehe Seiten 18–19). Durch seinen direkten Nachfahren, dem Mongolischen Pony, hat das Asiatische Wildpferd viele der Ponyrassen des Orients beeinflußt. Das charakteristische, ziemlich unattraktive Mongolische Pony nimmt eine Sonderstellung unter den asiatischen Pferderassen ein, denn es hat sie alle prägend beeinflußt. Ihrem genetischen Hintergrund verdankt die Rasse Ausdauer, Stehvermögen und ein weitaus größeres Maß an Härte als die meisten anderen Pferde besitzen, mit Ausnahme des Arabers.

DAS MONOGOLISCHE PONY

Im Verhältnis zur Einwohnerzahl gibt es in der Mongolei immer noch die meisten Pferde in der Welt, aber trotz der gemeinsamen Ahnen gibt es unterschiedliche Typen aufgrund der verschiedenen Klima- und Umweltbedingungen. Südlich der Wüste Gobi gibt es einen kleinen Schlag von etwa 1,24 m, während im westlichen Teil der Mongolei ein größerer Typ gezüchtet wird. In den mittleren Gebieten gibt es Kreuzungen mit Don-Pferden und Trabern (siehe Seiten 80–81 und 342–343). Diese Pferde sind größer und schneller, aber sie besitzen nicht mehr das Stehvermögen, die Zähigkeit und die Fähigkeit, mit wenig Futter unter harten klimatischen Bedingungen zu überleben, wie das beim Mongolischen Pony der Fall ist. Das Pony ist in der Lage, 80 bis 95 km am Tag zurückzulegen, und selbst 190 km über sehr unwegsames Gelände sind nicht ungewöhnlich. Pferderennen gehören zum Leben in der Mongolei, und die Rennen gehen über entsprechende Distanzen, meist zwischen 30 und 65 km.

IN DER STEPPE
Die Pferdeherden in der Mongolei gehören heute ebenso zum Alltag wie früher. In dieser Herde in der Orkhon Steppe ist die traditionelle Falbfarbe am stärksten vertreten.

IN DER WÜSTE GOBI
Die Wüste Gobi war die Heimat von Dschingis Khan und den Mongolen. Diese modernen Hirten überwachen eine Herde von Kamelen, dem Haupttransportmittel in Wüstengebieten. Sie reiten die kleinen, typischen Mongolischen Ponys.

DER EINFLUSS DES MONGOLISCHEN PONYS

Der riesige Bestand an diesen Ponys in Kombination mit der ererbten primitiven Lebenskraft, wodurch es zu einer außergewöhnlichen Vererbungsstärke kommt, haben den großen Einfluß auf andere Rassen ermöglicht. Das Einflußgebiet reicht im Norden bis zum sibirischen Hochland und im Westen bis an den Ural und nach Kasachsthan. Im Westen kommt es außerdem zu einer kritischen gegenseitigen Beeinflussung mit Wüstenpferden aus dem nördlichen Grenzbereich von Iran, Irak und Kurdistan. Die Ponys aus dem Altai-Gebirge in der Mongolei führen mit Sicherheit mongolisches Blut, ebenso wie die Kirgisen und der Kasacher (siehe Seiten 82–83 und 198–199). Weiter nach Osten wächst der Einfluß des Mongolischen Ponys sogar noch, er reicht bis nach Punjab und Radjasthan, und das Mongolische Pony ist an der Entwicklung des Marwari-Pferdes beteiligt (siehe Seiten 162–163). Wahrscheinlich führt auch der Kathiawari (siehe Seiten 160–161) weiter südlich in Gujarat mongolisches Blut, was sich manchmal in Falben mit dunklen Streifen an den Beinen und einem Aalstrich zeigt. Beide Rassen sind jedoch hauptsächlich vom Araber (siehe Seiten 64–65) oder seinen Abkömmlingen geprägt.

Zweifellos besteht auch eine enge Verbindung zum Tibetanischen Pony, das genau wie viele der Ponys im Himalaya-Gebirge die falbe Farbe hat. Das Spiti-Pony (siehe Seiten 200 bis 201), das veredelte Zaskari an der tibetanischen Grenze und die Ponys aus Bhutan zeigen alle unzweifelhaft mongolische Merkmale. Auch wenn sie teilweise degeneriert erscheinen, sind diese kleinen Ponys, so wie ihre Ahnen, unglaublich ausdauernd und hart, und sie können Lasten tragen, die in keinem Verhältnis zu ihrer Größe stehen.

Noch weiter im Osten gibt es die chinesischen Ponys, die eindeutig vom Mongolischen Pony abstammen. Wie die Mongolischen Ponys werden sie oft bei Rennen eingesetzt, und sie sind überraschend schnell. In den letzten Jahren unterhielt China an der nördlichen Grenze zur ehemaligen UdSSR eine Kavallerieeinheit, die mit diesen Ponys beritten ist. Die japanischen Hokkaido-, Kiso- und Kagoshima-Ponys (siehe Seiten 210 bis 211) und das Shan- oder Burma-Pony zählen ebenfalls das Mongolische Pony zu ihren Vorfahren.

Mongole trifft Araber

Die Verbindung geht weiter mit dem Shan- oder Burma-Pony und dem Manipuri aus Assam,

Ein kasachischer Jäger
Dieser kasachische Stammesangehörige unserer Tage übt den Sport seiner Vorfahren aus und jagt mit seinem Adler. An seinem Sattel hängt bereits ein Wüstenfuchs.

das allerdings deutlich vom Araber geprägt ist. Das ist einleuchtend, denn diese Ponys waren die ersten, auf denen die britischen Verwaltungsbeamten und Militärs im 19. Jahrhundert Polo spielten. Das Polospiel hatten sie von den Manipuri übernommen. Mit Sicherheit haben sie versucht, die einheimischen Ponys zu veredeln, und sie hatten Zugriff auf arabische Pferde, die trotz ihres hohen Preises häufig bei den Verwaltungsbeamten und Plantagenbesitzern in Bengalen anzutreffen waren. Bis vor kurzem noch gab es in Indonesien viele Ponys. Die anerkannte Autorität Daphne Machin-Goodall sieht in diesen Ponys Nachfahren des Mongolischen Ponys. Sie sind unbestreitbar ein Beispiel für die Kombination vom »primitiven« Blut des Mongolischen Ponys und dem des Wüstenarabers, denn schon früh hatten die holländischen Ansiedler mit dem Araber verwandte Pferde vom südafrikanischen Kap eingeführt, um die bodenständigen Rassen zu veredeln. Später wurde ein Gestüt in Minankababau im Zentrum Sumatras eingerichtet, wo Araberhengste zur weiteren Veredelung der bodenständigen Ponys aufgestellt waren. Die Sandalwood-Ponys (siehe Seiten 204–205) mit dem typischen Araberkopf und dem feinen, seidigen Fell des Wüstenpferdes scheinen am stärksten vom Araber beeinflußt. Sie sind munter und schnell und laufen oft Rennen. Andere indonesische Rassen ähneln wiederum mehr dem Mongolischen Pony als dem Araber. Sandalwood- und auch Timor-Ponys (siehe Seiten 202 bis 203) wurden früher nach Australien exportiert, da man sich dort notgedrungenerweise auf Importe stützen mußte, um eine eigene Pferdezucht aufbauen zu können.

Das Spiti
Im Himalaya sind harte, trittsichere Ponys wie das Spiti das einzige Transportmittel.

BASCHKIR

DER BASCHKIR ist eine der Steppen- und Gebirgsrassen aus dem nördlichen Eurasien. Eine ähnliche Rasse ist der Kasacher mit seinen Untertypen, dem Adaev, dem Dzhabe und dem Buryat aus Sibirien. Alle diese Pferde überleben, ja gedeihen sogar gut unter extremen klimatischen Bedingungen. Sie leben das ganze Jahr über frei in Herden, so wie sie es schon taten, bevor das Pferd domestiziert wurde. Das Gebiet, indem die ersten Pferde domestiziert wurden, ist wahrscheinlich genau das Gebiet, wo diese Ponys heute leben. Dieses Gebiet reicht von den Steppen am Schwarzen und am Kaspischen Meer im Süden bis hinter den Ural im Norden.

DIE AMERIKANISCHE VERSION
Der amerikanische Baschkir, genannt »Curly«, soll mit dem Steppenbaschkir des Urals verwandt sein. Er hat dasselbe gelockte Fell, aber ansonsten ist die Ähnlichkeit nicht sehr groß.

BASCHKIR-HERDEN

Das Baschkir-Pony oder Baschkirsky entstand in vorgeschichtlicher Zeit in Baschkirien südlich des Urals. Im 19. Jahrhundert wurde man durch seine bemerkenswerten Eigenschaften und die große Rolle, die es in der Wirtschaft des Landes spielte, auf das Pony aufmerksam. 1845 wurden Gestüte eingerichtet, um die Ponys zu verbessern, damit sie in der Landwirtschaft eingesetzt und im Geschirr oder unter dem Sattel gehen konnten sowie um die Produktivität der Herden zu erhöhen, was Milch, Fleisch und andere Produkte angeht, derentwegen der Baschkir seit jeher gehalten wurde.

Trotz des kargen Lebens sind die Baschkir-Stuten berühmt für ihre Milchleistung. Eine durchschnittliche Stute gibt 1500 Liter und mehr in einer sieben bis acht Monate dauernden Laktationsperiode, wobei die besten Stuten eine Milchleistung von bis zu 2700 Litern erreichen. Ein Großteil dieser Milch wird für Molkereiprodukte genutzt, aber ein beträchtlicher Teil wird zur Herstellung von »kummis« verwandt. Kummis ist der feurige »Fusel« der Steppe, dem die Experten aus der ehemaligen Sowjetunion schnell wertvolle diätetische und medizinische Eigenschaften nachsagten.

Der Baschkir kann als Packpony im Gebirge dienen, er geht unter dem Sattel und im Geschirr. Seine Ausdauer ist schon legendär: Eine Baschkir-Troika soll 120 bis 140 km bei Schnee in einem Tag zurücklegen. Außerdem ist die Rasse auch unvorstellbar hart, und die Herden können selbst bei starken Schneestürmen und Wintertemperaturen von minus 30 bis 40 Grad draußen leben.

MERKMALE

Es gibt zwei Typen des Baschkir-Ponys: das Bergpony, das als Reitpony geeignet ist, und das schwerere Steppenpony. Der Baschkir ist 1,32 bis 1,42 m groß und ein kurzbeiniges, stämmiges Pony mit großem Rumpfumfang und beträchtlichem Röhrbein.

EIN »ALLES-LIEFERANT«
Die Baschkir-Herden sind von großer Bedeutung für die Bevölkerung. Sie liefern frisches Fleisch und viele andere Dinge. Die Stuten werden gemolken, wie auf dem Foto gezeigt. Außerdem werden die Ponys als Transportmittel und für landwirtschaftliche Arbeiten eingesetzt.

HINTERHAND
Die besten Vertreter der Rasse sind gut gebaut mit breiter Kruppe, aber sie neigen oft zu einer leicht kuhhessigen Stellung.

GLIEDMASSEN
Die Beine sind meist kurz und stehen gerade unter dem breiten Körper. Im Verhältnis zur Körpergröße ist der Röhrbeinumfang gut.

Es gibt Ponys mit einem Röhrbeinumfang von 20 cm. Der kräftige Hals ist kurz und fleischig, der Kopf wird häufig als »schwer« bezeichnet. Besondere Merkmale der Rasse sind das dicke, lockige Fell und das üppige Wachstum von Mähne und Schweif. Das wollige Unterhaar kann für Decken und Wollstoffe versponnen werden. Aus amerikanischen Quellen heißt es, daß solch ein Stoff auch von Menschen vertragen wird, die normalerweise gegen Pferde allergisch sind, was allerdings bei den Steppenbewohnern wohl selten vorkommen dürfte.

Der amerikanische Baschkir

Dieses universelle Pony mit all seinen außerordentlichen Qualitäten paßt schlecht in die Rolle des »geheimnisvollen« Pferdes, dennoch ist es der Mittelpunkt eines faszinierenden, hippologischen Puzzles (oder vielleicht einer grandiosen Irreführung). Das Geheimnis liegt in der Tatsache, daß es etwa 1100 eingetragene Baschkirs (wahrscheinlich eine veredelte Form des russischen Ponys) im Nordwesten der USA gibt.

Die Amerikaner behaupten, daß die in den USA als »Bashkir Curlies« (= gelockte Baschkirs) bezeichneten Pferde erstmals in den Mustangherden zu Beginn des 18. Jahrhunderts auffielen, und man nimmt an, daß sie mit ihren Besitzern vor mehreren Tausend Jahren über die Landbrücke (die heutige Bering-Straße) auf den amerikanischen Kontinent gelangten. Das ist natürlich durchaus möglich, und auch die eingeborenen Völker Amerikas können so nach Nordamerika gekommen sein. Diese Theorie berücksichtigt jedoch nicht, daß die Landbrücken, die den nordamerikanischen Kontinent mit Europa und Asien verbanden, während der Eiszeit weggespült wurden und daß das Pferd aus bislang unbekannten Gründen vor etwa 8000 bis 10 000 Jahren in Amerika ausstarb. Die ersten Pferde, die wieder amerikanischen Boden betraten, waren die Pferde der spanischen Konquistadoren (siehe Seiten 214–215) im 16. Jahrhundert.

Ursprünge

Der Baschkir oder Baschkirsky kommt aus Baschkirien südlich des Urals nahe der Steppen Kirgisiens und Kasachsthans, wo er seit Menschengedenken lebt. Er ist von Natur aus zäh und unempfindlich gegen Nässe und Kälte. Die Herden leben das ganze Jahr über im Freien, oft im tiefen Schnee und bei Temperaturen von minus 30 bis 40 Grad Celsius. Der Bergtyp des Baschkirs ist leichter und kleiner als der Typ der Steppen.

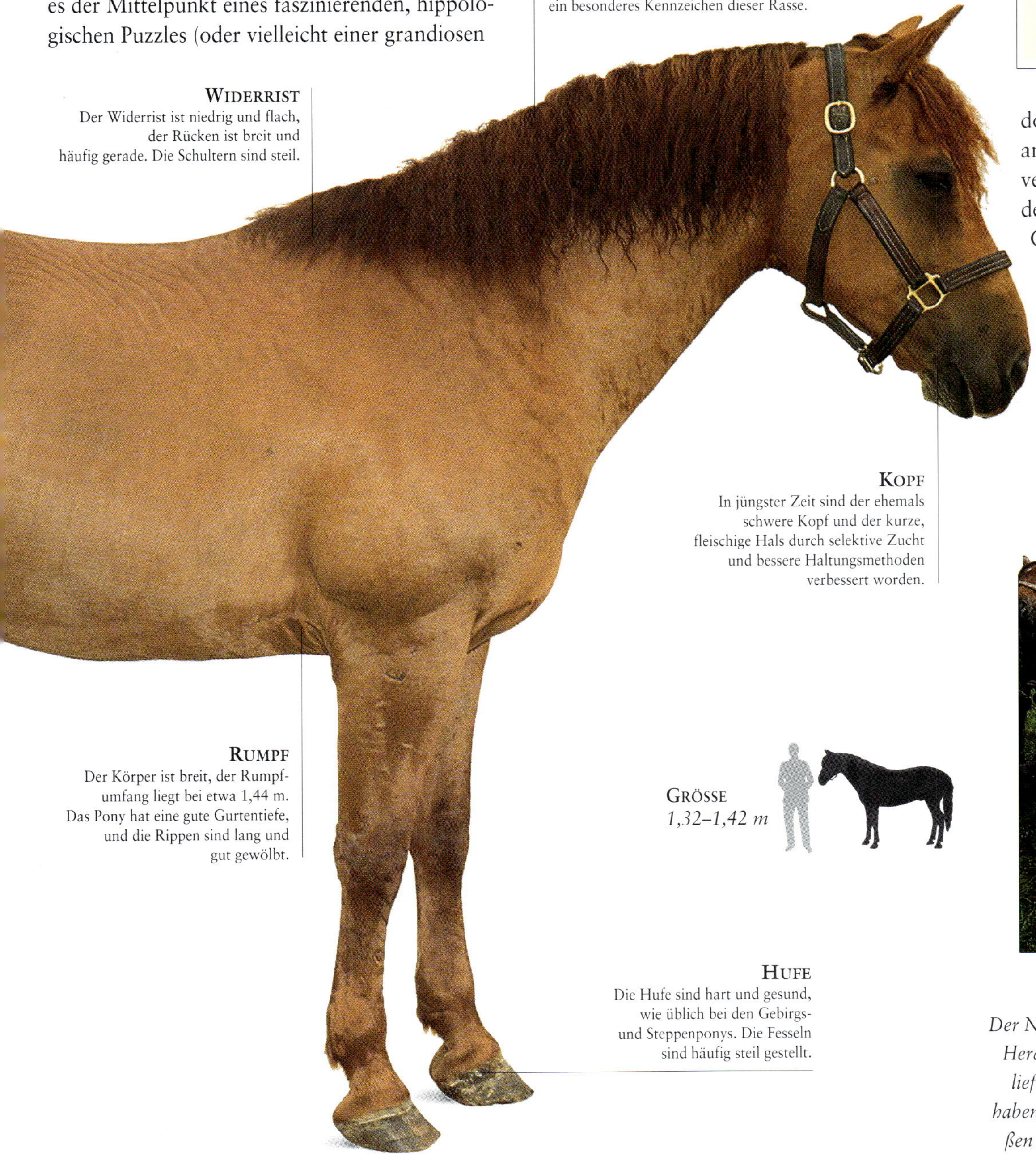

Mähne
Mähne und Schweif sind außergewöhnlich dick. Das dicke, lockige Winterfell ist ein besonderes Kennzeichen dieser Rasse.

Widerrist
Der Widerrist ist niedrig und flach, der Rücken ist breit und häufig gerade. Die Schultern sind steil.

Kopf
In jüngster Zeit sind der ehemals schwere Kopf und der kurze, fleischige Hals durch selektive Zucht und bessere Haltungsmethoden verbessert worden.

Rumpf
Der Körper ist breit, der Rumpfumfang liegt bei etwa 1,44 m. Das Pony hat eine gute Gurtentiefe, und die Rippen sind lang und gut gewölbt.

Größe
1,32–1,42 m

Hufe
Die Hufe sind hart und gesund, wie üblich bei den Gebirgs- und Steppenponys. Die Fesseln sind häufig steil gestellt.

Der Kasacher
Der Nachbar des Baschkirs, der Kasacher, wird auch in großen Herden auf den Steppen gehalten, hauptsächlich als Fleischlieferant. Pferderennen und andere Pferdesportdisziplinen haben Tradition bei den Kasachen und bilden somit einen großen Anreiz, Pferde zu halten und züchterisch zu verbessern.

INDIAN COUNTRY-BRED

THEORETISCH BEDEUTET DIE BEZEICHNUNG »INDIAN COUNTRY-BRED« nicht mehr als »in Indien gezogen«. »Country-Bred« bezeichnet im weiteren Sinne aber auch eine Vielzahl von Tieren unterschiedlicher Abstammung, vom Pferd guten Typs bis zum verzwergten, degenerierten Wesen, das einen hoffnungslos überladenen Wagen in einem der Bazars der Großstädte zieht oder lose in einer Gruppe von Packpferden über die »katcha« (unwegsamen) Pfade an der Großen Hauptstraße geht.

EINFLÜSSE
Kleidung und Gebetsmühle dieses Mannes in Ost-Ladakh sind tibetisch beeinflußt, aber der Sattel seines Spiti-Ponys ist ein mongolisches Modell.

FRÜHGESCHICHTE

Überreste prähistorischer Pferde wurden am Fuße des Siwalik-Gebirges in Nordindien gefunden, und es ist möglich, daß es dort Pferde und Ponys gab, lange bevor sie nach Europa kamen. Welche Bedeutung sie hatten, kann niemand sagen. Es ist jedoch möglich, eine ganze Reihe von Einflußfaktoren zurückzuverfolgen, die eine Rolle bei der Entwicklung des Pferdebestandes auf dem Subkontinent spielten. Jahrhundertelang kamen ständig Pferde aus dem Norden über die Pässe des Hindukusch nach Punjab. Von dort gelangten sie nach Nordindien und Rajasthan und weiter in den Süden. Sie kamen auch über die Handelswege von Kandahar in Afghanistan durch Quetta und überquerten den Indus in Sukkur, von wo aus sie nach Rajasthan und Gujarat gelangten. Eine andere Route war von Baluchistan über Hyderabad und Karachi. Viele dieser Steppenpferde waren orientalischer Abstammung – Perser, Turkmenen und arabische Linien, Shirazi aus Südpersien, Jaf und Tchenarani sowie Kabuli-Ponys aus Afghanistan und die robusten Baluchis mit ihren stahlharten Beinen. Zu Anfang des 19. Jahrhunderts gab es einen regen Handel mit Arabern vom Golf von Arabien in den Hafenstädten Bombay und Veraval in Kathiawar. Der Araber gab dieser Mischung von Rassen ein festigendes Element und führte zu mehr Größe bei den Nachkommen, wenn er mit Ponystuten dieser Blutmischung gepaart wurde.

JÜNGSTE EINFLÜSSE

Aus diesem Zustrom hauptsächlich orientalischer Pferde, von denen einige zumindest einen Spritzer Mongolen-Blut hatten, entstanden die starken Pferde von Punjab, die besonders für Kaliber und Fundament der Stuten bekannt waren; die Kathiawari- und Marwari-Pferde aus Gujarat und Rajasthan (siehe Seiten 160–163); und die Deccanis aus Mittel- und Südindien, derer sich die Kavallerie des Herzogs von Wellington für ihre erfolgreichen Feldzüge im 18. Jahrhundert bediente. Von seinen Feinden wurden diese Pferde ebenso hoch geachtet und ausgiebig eingesetzt.

Die großen Importe von Walers aus Neu-Südwales in Australien (siehe Seiten 290–291) hatten unvermeidbar und oft positiven Einfluß auf das Indische Pony. Nach dem Ersten Weltkrieg wurden Vollblüter (siehe Seiten 118

DIE TONGA
Tongas gibt es in jeder indischen Stadt. Sie werden von geduldigen Ponys gezogen und sind oft total überladen mit Personen oder Waren. Aber sie stellen ein billiges Transportmittel dar.

HINTERHAND
Die Hinterhand erscheint drahtig, obwohl das Pony keine kräftigen Unterschenkel hat. Der Schweif ist tief angesetzt.

HUFE
Die Hufe sind oft steil oder sogar Bockhufe, aber sie sind erstaunlich hart und widerstandsfähig.

GRÖSSE
1,42–1,52 m

URSPRÜNGE

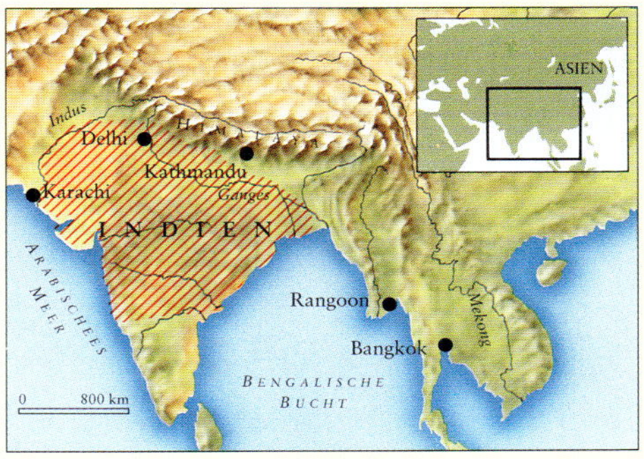

Das Indian Country-Bred hat bunt gemischte Vorfahren und ist auf dem ganzen Subkontinent beheimatet. Im Prinzip ist Indien schlecht geeignet für die Pferdezucht, und viele Country-Breds zeigen deutlich durch Mangel an Größe, Kaliber und Fundament oder Gebäudemängeln, daß die Böden schlecht sind und ihr Futter nicht sehr nahrhaft ist. Dennoch sind die Ponys sehr arbeitswillig, ausdauernd und zäh.

bis 119) eingeführt und spielten bald eine große Rolle in der Zuchtpolitik der Remonteabteilung der Armee. Ausgewählte Punjab-Stuten wurden mit Arabern (siehe Seiten 64–65) gekreuzt, und die weiblichen Nachkommen wurden den Vollbluthengsten zugeführt. Diese Zuchtpolitik wurde bis 1947 betrieben, als sich Indien und Pakistan trennten. In den nördlichen Bergstaaten ist immer noch das harte, vitale Mongolen-Pferd vertreten. In den Bergen von Chitral, Hunza, Nagar, Gilgit und Kaschmir gehen die Menschen nicht zu Fuß. Sie reiten Ponys der einen oder anderen Gebirgsrasse, die aber alle mongolisches Blut führen. Der Mongole hat auch die Rassen aus den Staaten an Indiens nördlicher Grenze beeinflußt, Tibeter (Nanfan), Bhutia, Spiti und weiter im Osten die Burma-Ponys der Shan-Berge und die bemerkenswerten Manipuris, denen es zu verdanken ist, daß in Indien Polo und bald darauf in fast jedem Land auf der Welt Polo gespielt wird.

Die Gebirgsponys werden als Packtiere eingesetzt oder geritten, während in den Staaten an der Nordwest-Küste die Einheimischen regelmäßig, häufig und meist recht gewaltsam Polo spielen. Die Regeln des Hurlingham Clubs in England werden dort nicht anerkannt. All diese Pferde und Ponys, ihre Kreuzungen und deren Nachkommen bilden die wunderbare Vielfalt des Indian Country-Bred. Die Betonung liegt jedoch auf dem Norden des indischen Subkontinents, d.h. besonders auf den Menschen aus dem Nordwesten, denn sie haben kulturelle Verbindungen zu den Stämmen Zentralasiens und des Mittleren Ostens, und ihre Brüder haben sich bis hinter die afghanische Grenze verbreitet.

Anderswo ist eine Pferdesporttradition kaum erkennbar. Der normale indische Dorfbewohner, ebenso wie die Millionen Menschen, die ihre Dörfer verlassen haben, um in die Städte zu gehen, haben wenig oder gar keinen Kontakt mit Pferden. Einmal in seinem Leben, d.h. an seinem Hochzeitstag, besteigt ein Inder, ob Dorf- oder Stadtbewohner, ein Pferd und reitet zum Haus seiner zukünftigen Braut. Das Pferd und derjenige, der es in einer zeremoniellen Prozession reitet, gilt als Inbild von Macht und Erhabenheit. Für eine kurze Zeit nimmt der einfache Dorfbewohner im besten Sonntagsstaat die heroische Rolle ein, die sonst nur den Großen und Adligen vorbehalten ist.

In den größten Teilen Indiens sind die klimatischen Bedingungen ungeeignet für die Pferdezucht. Die meisten Teile des Landes sind subtropisch, und die Hitze und die Feuchtigkeit machen es unmöglich, das Pferd als Zugtier einzusetzen. Für diese Zwecke sind Wasserbüffel und Rinder besser geeignet, denn sie vertragen die Klimabedingungen besser. Durch den Bedarf an Ackerland bleibt nichts mehr übrig für Pferdeweiden. Indische Pferde bekommen das Heu, das gerade verfügbar ist, und sei es von schlechter Qualität, gemähtes Gras von unterschiedlichem Nährwert, die Häcksel, die nach dem Dreschen übrigbleiben und gelegentlich etwas Gerste.

HALS
Der Hals ist lang, und der Widerrist ist gut ausgeprägt.

KOPF
Der Kopf ist meist einfach und ohne irgendwelche besonderen Merkmale.

RUMPF
Das Pony verfügt oft über wenig Rumpftiefe und geringe Rippenwölbung. Die Brust ist häufig schmal.

POLO-PONYS
Polo ist Volkssport in Manipur und wird in jedem Dorf gespielt. Das Manipuri-Pony ist drahtig, wendig und erstaunlich schnell, aber nicht sehr groß, so daß die Reiter mit kürzeren Poloschlägern spielen müssen.

Sumba- & Timor-Pony

Indonesien besteht aus einer Kette von etwa 300 Inseln, wovon Sumatra die größte ist. Auf den meisten Inseln gibt es kleine, im Primitiv-Typ stehende Ponys, wie z.B. das Sumba-Pony und das eng verwandte Sumbawa-Pony. Es gibt jedoch auch Ponys, die vom Araber geprägt sind, der von den holländischen Kolonisten im 17. Jahrhundert eingeführt wurde. Obwohl die Ponys ursprünglich auf die Inseln importiert wurden, besteht wenig Zweifel, daß sie vom Mongolischen Pony abstammen (siehe Seiten 72–73), das sich von den indischen Gebirgsstaaten und dem benachbarten Tibet nach Osten und Süden verbreitete und über Thailand und eventuell China auf die indonesischen Inseln gelangte. Der primitive Einfluß ist am deutlichsten bei den Sumba- und Sumbawa-Ponys zu sehen.

Gewichtsträger
Die außerordentlich zähen Sumbawa-Ponys können Gewichte tragen, die in keinem Verhältnis zu ihrer Körpergröße stehen. Typischerweise sind die indonesischen Ponys Falben.

Sumba und Sumbawa

Sumba- und Sumbawa-Pony sind absolut identisch, stammen aber von verschiedenen Inseln, nach denen sie auch benannt sind. Sie sind in ganz Indonesien beheimatet, hauptsächlich aber auf Sumatra. Es läßt sich nicht sagen, wann die Ponys zuerst nach Indonesien kamen und warum. Ganz zu Anfang kamen sie vielleicht aus Indien oder China, später brachten die Holländer und Portugiesen viele Ponys mit.

Die Ponys sind klein, etwa 1,27 m groß und erinnern stark an ihre primitiven Vorfahren. Der Kopf ist im Verhältnis zum Körper relativ groß. Das Profil ist entweder gerade oder konvex. Die Ponys erinnern stark an die Mongolischen Pferde und ihre Ahnen, das Asiatische Wildpferd und den Tarpan (siehe Seiten 18–21). Die Ähnlichkeit ist besonders groß, da die Ponys meist Falben sind mit einem deutlichen Aalstrich, schwarzem Langhaar und entweder schwarzen Beinen oder Zebrastreifen. Die Ponys ähneln den chinesischen Ponys. Sie haben dieselben Ahnen, aber insgesamt gesehen haben die Sumba-/Sumbawa-Ponys ein besseres Gebäude und sind agiler.

Die Ponys sind außergewöhnlich zäh, und es bleibt ihnen auch nichts anderes übrig in einem Land, wo sie nur wenig gutes Gras finden und kaum richtiges Kraftfutter bekommen.

Die Sumba-Ponys sind ungewöhnlich willig und gefügig, denn direkt von primitiven Vorfahren abstammende Tiere sind häufig aggressiv und heftig.

Grösse des Sumba-Ponys
1,27 m

Farbe
Typischerweise sind die Ponys Falben und haben einen Aalstrich.

Rumpf
Das Gebäude ist nicht fehlerlos, aber das Pony hat einen starken Rücken.

Kopf
Der Kopf ist gewöhnlich und erinnert an das Mongolische Pony. Der Hals ist kurz.

Sumba-Pony

Lanzenwurf
Auf Sumba wird es mit großem Enthusiasmus auf den kleinen, aber erstaunlich schnellen und flinken Sumba-Ponys gespielt: der Lanzenwurf. Traditionell werden die Ponys dabei ohne Gebiß geritten.

Die Ponys werden von erwachsenen Männern geritten, meist ohne Sattel und mit gebißloser Zäumung. Die Zaumzeuge sind identisch mit denen, die Reitervölker in Zentralasien, wie z.B. die Skythen, schon vor 4000 Jahren benutzten. Sie ähneln Bosal und Hackamore, den in Kalifornien, Mexiko und Südamerika gebräuchlichen Zäumungen.

Sumba- und Sumbawa-Ponys werden als Packtiere eingesetzt und können Lasten tragen, die in keinem Verhältnis zu ihrer Größe stehen. Sie sind bemerkenswert schnell und flink, was man bei einem beliebten Reiterspiel, dem Lanzenwurf, beobachten kann, wo zwei gegnerische Seiten aufeinander zureiten und ihre Lanzen werfen. Das Spiel ist beendet, wenn eine Seite keine Reiter mehr hat, die noch von den Lanzen getroffen werden könnten.

Am höchsten gepriesen werden die Sumba-Ponys, die tanzen können. Diese Ponys werden sorgfältig ausgesucht in bezug auf Eleganz und Leichtigkeit ihrer Bewegungen und natürliche Gewandtheit. Mit Glocken an den Beinen tanzen sie zum Rhythmus der tom-toms, und ihr Besitzer dirigiert die Bewegungen und schlägt den Takt, wobei er das Pony lose an einem langen Zügel hält. Meist sitzt ein kleiner Junge vollkommen locker auf dem tanzenden Pony. Die Tradition der tanzenden Pferde ist sehr alt und interessanterweise gibt es sogar in den entlegeneren Gebieten Zentralasiens tanzende Pferde. Solche Vorführungen kann man auch auf der indischen Halbinsel Kathiawar und auf den Pferdejahrmärkten in Rajasthan sehen.

TIMOR-PONY

Die Ponys von Timor sind zäh und vielseitig. Sie gelten als gute Reitponys und werden nach Australien exportiert.

DAS TIMOR-PONY

Auf Timor, einer portugiesischen Kolonie des 16. Jahrhunderts, bevor es im 17. Jahrhundert holländische Kolonie wurde, spielten Pferde eine große Rolle, und die Zahl der Pferde pro Kopf der Einwohner war sehr hoch. Es gab Zeiten, da kamen auf 6 Einwohner ein Pferd, während dieses Verhältnis in Laos 1:110 und in Malaysia 1:200 betrug.

Pferde und möglicherweise auch der Steigbügel wurden von den Indern auf Timor eingeführt. Die Portugiesen und später die Holländer waren verantwortlich für den Einsatz von Pferden als Packtiere, Transportmittel und Reittiere. 1943 berichtete Stuart St. Clair (»Timor: A Key to the Indies«, *National Geographic),* daß Männer, Frauen und Kinder überall ritten. Mit Sicherheit benutzten auch die Viehhirten, die indischen »Cowboys«, die Ponys für ihre Arbeit mit Rindern, und auch ein Lasso, wie im amerikanischen Westen.

Die große Anzahl von Pferden auf Timor ist nicht nur dem Engagement der holländischen und portugiesischen Händler zu verdanken, sondern auch den riesigen Savannen, die gutes Weideland für die Pferde bieten. Trotzdem sind die Ponys klein und messen nur selten mehr als 1,22 m.

1803 wurde das erste Timor-Pony nach Australien, vor dessen Nordküste Timor liegt, exportiert. Seitdem wurden die Timor-Ponys hauptsächlich zur Verbesserung von Ausdauer und Härte bei den australischen Pferden eingesetzt.

GRÖSSE DES TIMOR-PONY
bis zu 1,22 m

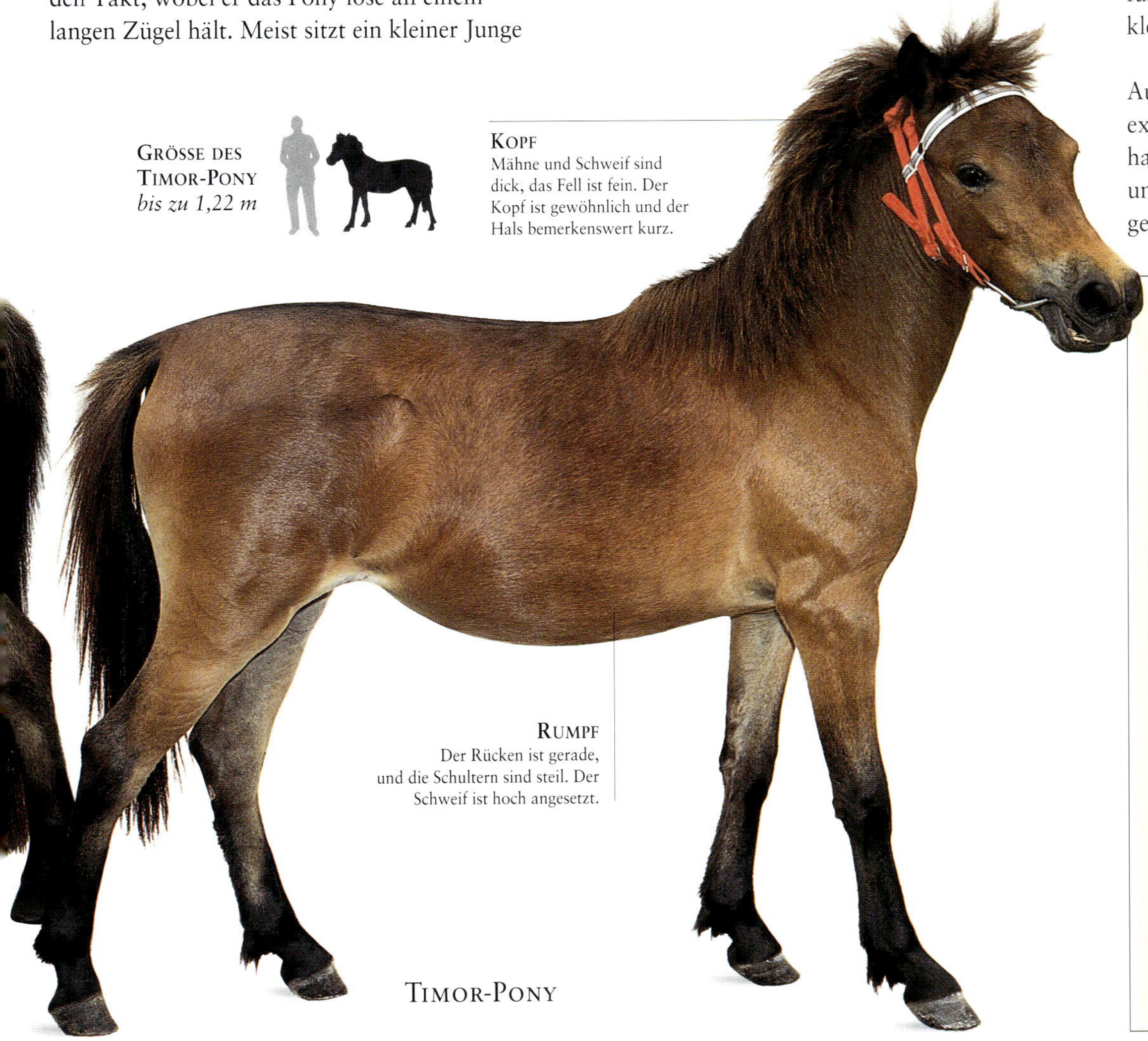

KOPF
Mähne und Schweif sind dick, das Fell ist fein. Der Kopf ist gewöhnlich und der Hals bemerkenswert kurz.

RUMPF
Der Rücken ist gerade, und die Schultern sind steil. Der Schweif ist hoch angesetzt.

TIMOR-PONY

URSPRÜNGE

Die indonesischen Sumba- und Sumbawa-Ponys sind identisch. Sie sind benannt nach den zwischen Java und Timor liegenden Inseln Sumba und Sumbawa, aber sie sind auf dem ganzen Archipel zu finden, besonders auf Sumatra. Das kleine Timor-Pony ist auf der gleichnamigen Insel beheimatet, die von Australien durch die Timor-See getrennt ist. Da das Timor-Pony eine große Rolle in der Wirtschaft der Insel spielt, ist der Bestand groß, aber die großen Savannen bieten den zahlreichen Ponys auch ausreichend Nahrung in Form verschiedener, harter Gräser.

SANDALWOOD & BATAK

DAS SANDALWOOD-PONY wurde ursprünglich auf den Inseln Sumba und Sumbawa gezüchtet, während das Batak-Pony seit der Zeit der holländischen Kolonisten selektiv auf Gestüten auf Sumatra gezüchtet wird. Beide Ponyrassen auf Sumatra sind vom Araber (siehe Seiten 64–65) geprägt, der von den Holländern zur Veredelung der indonesischen Rassen eingeführt wurde. Ausgesuchte Stuten wurden zu den auf den Gestüten auf Sumatra aufgestellten Hengsten geschickt, und diese Nachkommen wurden auf die anderen Inseln verteilt, um dort als Veredler zu wirken. Sandalwood und Batak sind veredelte, qualitätsvolle Ponys, die im Gegensatz zu den anderen indonesischen Ponyrassen wenig vom Mongolischen Pony geprägt sind.

ARABISCHER EINFLUSS
Manch ein Sandalwood ist ein hübsches Pony. Bei diesem Pony ist der arabische Einfluß deutlich an der Kopf- und Schweifhaltung erkennbar, auch wenn der Kopf ziemlich schwer ist.

DAS SANDALWOOD-PONY

Das Sandalwood-Pony ist benannt nach der Holzsorte (= Sandelholz), die zu den Hauptexportgütern von Sumba und Sumbawa zählt. Die Rasse selbst ist ein Wirtschaftsfaktor der Inseln. Zusammen mit dem Holz wurden viele Ponys nach Australien exportiert, wo sie als Reitponys für Kinder dienen. Sandalwood-Ponys wurden auch nach Thailand verkauft, wo sie hochgeachtete Rennponys sind. Auch in Indonesien werden die Ponys hauptsächlich in Rennen eingesetzt, oft über Distanzen von 4 bis 5 km. Die Ponys werden dabei meist ohne Sattel geritten und mit dem traditionellen gebißlosen Zaumzeug (siehe Seiten 196–197). In Malaysia wurde das Sandalwood-Pony mit Vollblütern (siehe Seiten 118–119) gekreuzt, um größere, schnellere Pferde zu bekommen. Einige dieser Kreuzungsprodukte wurden in den Rennen anderer Länder in Südostasien eingesetzt, wie z.B. Thailand und Kambodscha.

Sandalwood- und Batak-Ponys sind stark vom Araber geprägt, und zwar schon zu Zeiten, bevor Indonesien unter holländischer Herrschaft stand. In den ersten drei Jahrhunderten vor Christus wurden die Pferde über Indien nach Südostasien eingeführt. Ein paar Jahrhunderte später waren es jedoch arabische Händler, die hauptsächlich verantwortlich waren für die Einfuhr arabischer Pferde. Die arabischen Händler waren es auch, die die vielseitige Nutzung des Pferdes auf den indonesischen Inseln einführten.

Das moderne Sandalwood-Pony erinnert stark an den Araber. Meist ist der Kopf klein und edel mit großen Augen, das Fell ist besonders weich und seidig. Obwohl das Pony nicht groß ist, verfügt es über viel Rumpftiefe und ausreichend Raum für die Lungen. Die Gliedmaßen und Gelenke sind hart und nie angelaufen oder dick, während die Hufe von Natur aus hart sind und nie beschlagen werden müssen. Die Ponys werden bis zu 1,35 m groß, was sie zu der größten indonesischen Ponyrasse macht. Da es eine bessere Schulter hat als die primitiveren indonesischen Rassen, ist das Sandalwood-Pony sehr schnell und gängig. Es ähnelt den qualitätsvollen Ponys, die auf dem von holländischen Kolonisten gegründeten Gestüt in Padang Mengabes (siehe Seiten 206–207) gezüchtet wurden.

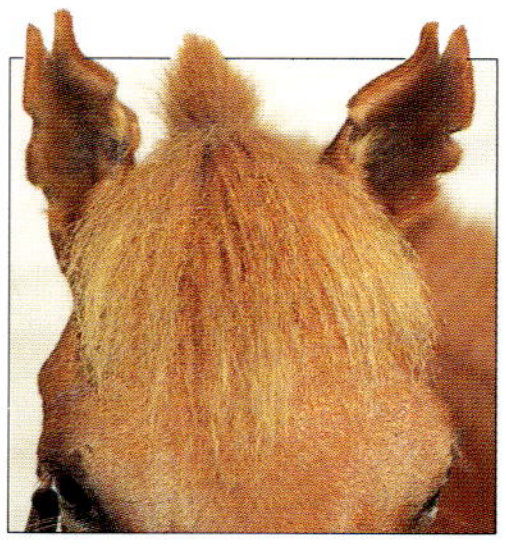

OHRMARKIERUNGEN
Indonesische Ponys haben oft komplizierte Ohrmarkierungen als Erkennungszeichen des Besitzers, so wie man es in der westlichen Welt bei Schafen macht.

GRÖSSE DES SANDALWOOD-PONYS
bis zu 1,35 m

KOPF
Der Kopf ist edel und trocken mit sehr gerader Nasenlinie. Der Hals ist schwach, kurz und unterentwickelt. Im allgemeinen ist das Pony jedoch recht qualitätsvoll.

HUFE
Das Hufhorn ist ungewöhnlich hart und fest, was zu den besonderen Kennzeichen der Rasse gehört.

SANDALWOOD-PONY

DAS BATAK-PONY

Das Batak-Pony stammt aus Sumatra. Die Bewohner dieser Insel sind ebenso abhängig vom Pferd wie die Bewohner von Timor, der östlich von Sumba und vor der australischen Küste liegenden Insel mit dem höchsten Pro-Kopf-Pferdebestand in ganz Südostasien. Einer der größten Experten dieser Region, William Marsden *(The History of Sumatra,* 1966), schreibt, daß die Einwohner von Batak »Pferdefleisch als vorzügliches Fleisch betrachten und ihre Pferde deshalb mit Getreide füttern und ihren Haltungsbedingungen viel Aufmerksamkeit schenken.« Marsden berichtet auch von der Beliebtheit von Pferderennen und der Wettsucht der Bevölkerung. Es gab einmal einen Wetter, der mehr verloren hatte, als er zahlen konnte, und daraufhin als Sklave verkauft werden sollte, wenn sein Gläubiger nicht so großzügig wäre, ihn seine Schulden zahlen zu lassen, indem er ein Pferd für ein öffentliches Fest schlachtet. Ein anderer Experte, der Österreicher Edwin Loeb (*Sumatra: Its History and People,* 1935), beschreibt Pferdeopfer der Toba, einem Stamm der Batak. Loeb sieht in diesen Opfern Ähnlichkeiten mit denen der Hindus und beschreibt sie detailliert. Die Toba haben drei Götter, denen ein Pferd geopfert wird. Jede Sippe hält drei Opferpferde, jeweils eins für jeden Gott. Die Pferde sind »unverwundbar und unverkäuflich« und dürfen grasen und umherlaufen, wo sie möchten. Wenn ein Opferpferd alt geworden ist, wird es geopfert, gegessen und durch ein jüngeres Pferd ersetzt.

Der Batak ist heute ein Arbeitspony und wird viel als Reittier genutzt. Es bildet die Grundlage der indonesischen Pferdezucht und dient als Veredler schwächerer Pferde auf den anderen Inseln. Es ist ein nettes Pony mit arabischem Einschlag und guten Proportionen bei einer Größe von bis zu 1,32 m, obwohl viele Ponys kleiner sind. Das Batak-Pony gilt als freundlich und fromm, aber es ist auch lebhaft und flink. Wie alle indonesischen Ponys ist das Batak-Pony genügsam und umgänglich. Viele Fellfarben sind vertreten beim Sandalwood- und Batak-Pony, aber keine kann als die am häufigsten vorkommende bezeichnet werden.

Das Batak-Pony wurde manchmal auch als Deli-Pony bezeichnet, nach dem Hafen, von dem aus viele Ponys einstmals nach Singapur exportiert wurden. Ein weiterer Ponytyp, wahrscheinlich ein anderer Schlag des Batak-Ponys, wurde im Norden Sumatras gefunden. Es wurde Gayoe genannt und war wesentlich kräftiger gebaut als das Batak-Pony. Weniger vom Araber geprägt, fehlte es ihm auch an der Schnelligkeit und dem lebhaftem Temperament des Batak-Ponys. In seiner ursprünglichen Form wird es wohl kaum noch zahlenmäßig stark vertreten sein, denn die meisten Gayoe gingen in der Rasse des leichteren, gängigeren Batak-Ponys auf.

REITPONYS

Sandalwood-Ponys können durchaus Ähnlichkeit mit ihren mongolischen Vorfahren haben, besonders in der Kopfform und dem Halsansatz. Sie sind bekannt als gute Reitponys.

RUMPF
Dieses Pony hat eine besonders abfallende Kruppe. Der Rücken ist lang und schmal mit schwacher Nierenpartie.

SCHWEIF
Mähnen- und Schweifhaar sind eher fein als grob und manchmal etwas spärlich. Der Schweifansatz ist gut, und in der Bewegung trägt das Pony den Schweif hoch.

GLIEDMASSEN
Die Beine sind schlank, und die Ponys haben wenig Röhrbein. Die Sprunggelenke sind hoch angesetzt, und die Schienbeine sind lang. Die Unterschenkel sind wenig entwickelt.

BATAK-PONY

GRÖSSE DES BATAK-PONYS
bis zu 1,32 m

URSPRÜNGE

Die Pferdepopulation Indonesiens wurde stark beeinflußt von den holländischen Kolonisten, die Tiere sowohl aus Indien wie vom Kap einführten. Das Sandalwood-Pony erlangte große Bedeutung. Es wurde ursprünglich auf den Inseln Sumba und Sumbawa entwickelt und ähnelt den qualitätsvollen Ponys, die die Holländer auf Padang Mengabes im benachbarten Sumatra züchteten. Das Batak-Pony, zu dem ebenfalls eine Verbindung bestehen kann, ist auf Sumatra beheimatet, während der alte Gayoe-Schlag im Norden der Insel gefunden wurde.

Java- & Padang-Pony

Schon 1598 errichteten die Holländer eine Fabrik in Bantam auf der Insel Java, und 1619 direkt in der Nähe im heutigen Jakarta den Hauptsitz der Dutch East India Company. Im 17. Jahrhundert gab es nachweislich Araber und Berber auf der Insel. Sie wurden wahrscheinlich von arabischen Händlern mitgebracht und später von den Holländern. Nicht nur diese Pferde beeinflußten die Entwicklung der auf Java beheimateten Ponys, sondern auch die selektiv gezüchteten Ponys vom Gestüt Padang Mengabes auf der Nachbarinsel Sumatra können das Gebäude der bodenständigen Ponys beeinflußt haben.

Transportmittel
Haupteinsatzgebiet der Java-Ponys sind die javanesischen Taxis, genannt »sados«, in den Städten. Diese Taxis stellen ein äußerst effektives Transport- und Liefersystem dar. Es werden nicht nur Personen befördert, sondern alle möglichen Güter transportiert.

Grösse des Java-Ponys
1,27 m

Das Java-Pony

Den arabischen Einfluß (siehe Seiten 64–65) sieht man dem Java-Pony kaum an, obwohl es Ausdauer und Hitzeverträglichkeit vom Araber geerbt hat. Auch der weniger ansehnliche Berber (siehe Seiten 66–67) spielte eine große Rolle bei der Entwicklung der Rasse, indem er den Wüstencharakter und die unglaubliche Härte dieses Ponys noch verstärkte.

Das Java-Pony ist bei einer Größe von etwa 1,27 m etwas größer und kräftiger als die meisten Ponys der Inseln, abgesehen von Batak- und Sandalwood-Pony (siehe Seiten 204–205). Es ist nicht häßlich, aber es ist nicht ohne Gebäudefehler und meist extrem kuhhessig. Als Ausgleich für diese körperlichen Mängel ist es jedoch sehr willig und ausdauernd. Trotz der tropischen Hitze ziehen die Ponys die schweren »sados« (die Taxis auf Java) scheinbar mühelos, selbst wenn sie mit ganzen Familien und deren Habseligkeiten beladen sind, was nicht gerade selten der Fall ist. Wie das Sandalwood-Pony schwitzt das Java-Pony nur selten oder zeigt andere Anzeichen von Erschöpfung.

Das Java-Pony wird auch geritten, aber im Gegensatz zu anderen Insel-Ponys trägt es meist einen Wollsattel unter einer bestickten Schabracke. Das ist weniger bemerkenswert, aber die Steigbügel sind recht interessant, und zwar nicht, weil sie überhaupt benutzt werden, sondern wegen ihrer Form. Sie sind lediglich ein Knoten im Endstück eines Seils, das genau zwischen die Zehen des Reiters paßt. Diese »Zehen-Steigbügel« kann man heute noch vielerorts in Südostasien sehen. Die Javanesen haben sie mit Sicherheit von ihren engen Nachbarn auf der kleinen Insel Timor übernommen.

Indische Reisende und Händler haben sie wahrscheinlich schon vor der Ankunft der Portu-

Ursprünge

Ponys gibt es überall auf den Inseln Indonesiens, und die meisten haben gemeinsame Vorfahren. Je nach Insel gibt es kleine Unterschiede im Aussehen der Ponys. Das zahlreich vertretene Java-Pony unterscheidet sich ziemlich deutlich von den anderen. Das etwas elegantere Padang-Pony entstand durch Veredelung der einheimischen Ponys auf Sumatra und ist benannt nach dem von den Holländern gegründeten Gestüt in Padang Mengabes. Aufgrund der tropischen Hitze, des meist nur spärlich vorhandenen Grases und der mineralienarmen Böden sind die Ponys leicht gebaut und haben nur wenig Fundament.

Java-Pony

Gliedmassen
Beine und Gelenke sind unterentwickelt und lassen das Pony nicht gerade stark aussehen, dennoch ist es schier unermüdlich.

Röhrbeine
Die Java-Ponys haben ein besseres Exterieur als andere Rassen auf Sumatra, aber sie haben lange Röhrbeine und nur wenig Röhrbeinumfang.

Hufe
Die Hufe sind hart und recht gut geformt, aber die Fesseln machen einen schwachen Eindruck.

giesen im 16. Jahrhundert nach Timor gebracht. Erstaunlicherweise wurde der Zehen-Steigbügel auf den zwischen Java und Timor liegenden Inseln Sumba und Sumbawa nicht allgemein übernommen.

Diese Zehen-Steigbügel haben eine große Bedeutung, denn sie waren womöglich der Prototyp für den größeren Fuß-Steigbügel aus Metall oder Holz.

Exporte von der Insel Java

Die javanesischen Araber und Berber beeinflußten nicht nur die Entwicklung der Pferde und Ponys in Indonesien. 1653 wurden Araber und Berber von der Insel Java nach Südafrika exportiert, wo sie den Grundstock für das Kap-Pferd bildeten. (Von 1770 bis 1790 wurden Vollblüter eingeführt, was zur Entwicklung des Basuto Ponys in Lesotho führte, dessen Entstehung auf etwa 1830 datiert wird.)

Das Kap-Pferd wurde im 19. Jahrhundert in großer Zahl in Indien eingeführt, und es war auch das erste Pferd, das in Australien eingeführt wurde, wo es eine große Rolle bei der Entwicklung der Rasse des australischen Walers (siehe Seiten 290–291) spielte. Die ersten importierten Pferde, d.h. die Nachkommen der Araber und Berber, die ein Jahrhundert zuvor von Java aus ans Kap gesandt worden waren, kamen am 26. Januar 1788 in Sydney Cove an.

DAS PADANG-PONY
Das Padang-Pony, die veredelte Form einheimischer Ponys, zeigt den veredelnden Einfluß des Arabers auf den mongolischen Grundstock.

Das Padang-Pony

Das Padang-Pony von Sumatra ist nicht mehr als ein aus dem Batak entwickelter Typ. Es wurde selektiv von den Holländern auf dem Gestüt Padang Mengabes an der Südküste der Insel gezüchtet und mit Araberblut veredelt. Das leichte Pony hat Qualität und Temperament und gilt als gutes, gängiges Reitpony. Mit Sicherheit wirkte es als Veredler bei einer Reihe von indonesischen Ponys, einschließlich dem Java-Pony. Wie dieses, so ist auch das Padang-Pony stark und zäh, was in keinem Verhältnis zu seiner Größe steht. Es schwitzt kaum, selbst wenn es bei großer Hitze schwer arbeitet.

Die Vorfahren der auf Padang Mengabes gezüchteten Ponys können von einem kaum bekannten Stamm, der Preanger-Linie, stammen, die nichts weiter war als Kreuzungen zwischen bodenständigen Stuten und importierten Araber- oder Berberhengsten. Das wäre jedoch eine gesunde genetische Basis für Verdrängungskreuzungen auf den Araber gewesen.

In einem Land wie Indonesien, das weder das Klima noch die Bodenbedingungen für eine erfolgreiche Pferdezucht hat, gibt es sicherlich nur den Araber und den Berber für Verdrängungskreuzungen zur Verbesserung eines einheimischen Ponys. Außerdem wäre es auch schwierig, ohne Zufuhr fremden Bluts gewisse Degenerationserscheinungen zu vermeiden.

GRÖSSE DES PADANG-PONYS
1,27 m

HINTERHAND
Die Hinterhand ist relativ gut gebaut, und die kurze Kruppe ist nicht wie üblich abgeschlagen.

PADANG-PONY

LESOTHO
Araber und Berber von der Insel Java wurden im 17. Jahrhundert nach Südafrika geschickt, wo sie als Grundstock für das einflußreiche Kap-Pferd dienten. Dieses Pferd wiederum war größtenteils verantwortlich für die Entstehung des australischen Walers, und es war der direkte Vorfahr des Basuto Ponys. Das Foto zeigt ein solches Pony in einem typischen Dorf in Lesotho.

AUSTRALISCHES PONY

DAS ERBE DER WELSH-PONYS
Das Australische Pony geht ebenso gut im Geschirr wie das Welsh-Pony, von dem es auch die Intelligenz und das Temperament erbte.

AUSTRALIEN HAT KEINE bodenständigen Pferderassen, so daß sich die Australier auf importierte Pferde und Ponys stützen mußten, die ihnen bei der Nutzung des riesigen Potentials ihres neuen Landes helfen mußten. Mit jeder Landung neuer Einwanderer kamen auch Pferde und Ponys ins Land, und man erwarb Ponys von den nahen indonesischen Inseln. Um 1920 hatte sich ein australischer Ponytyp entwickelt, und 10 Jahre später wurde die Australian Pony Stud Book Society gegründet. Die Zucht des Australischen Ponys wird stark gefördert durch die vielen Prüfungen auf den großen Turnieren und durch die große Zahl der enthusiastischen Mitglieder des Pony Clubs, der nach denselben Richtlinien wie im Mutterland England geführt wird.

DIE ERSTEN IMPORTE

Die ersten Elemente in der Entwicklung des Australischen Ponys waren die kleinen, äußerst harten Ponys von Timor, der indonesischen Insel vor Australiens Nordküste (siehe Seiten 202 bis 203), die nach 1803 noch häufiger importiert wurden. Es ist wahrscheinlich, daß andere indonesische Ponys, wie z. B. von den Inseln Sumba und Sumbawa einschließlich des etwas edleren Sandalwood-Ponys (siehe Seiten 204–205), ebenfalls importiert wurden. Über das Mongolische Pony gingen diese Pferde zurück auf die Primitivpferde, das Asiatische Wildpferd und den Tarpan (siehe Seiten 18–21), mit laufendem Einsatz von Wüstenpferdeblut durch die Araber und Berber auf der Insel. Auch von Südafrika aus wurden Pferde nach Australien importiert, wobei das erste Pferd 1788 ankam. Diese Importpferde und -ponys waren allesamt an Hitze und Kälte gewohnt und trotzten den Klimaverhältnissen. Diese Pferde bildeten einen züchterischen Grundstock, der in jeder Beziehung geeignet war für die klimatischen Verhältnisse und das Futtervorkommen dieser Gegend. Sie waren daher ideal für Kreuzungen mit importierten Ponys aus der nördlichen Hemisphäre, die nicht von Natur aus an solche Bedingungen gewöhnt waren.

Zu Beginn des 19. Jahrhunderts kamen Araber (siehe Seiten 64–65) aus Indien nach Australien, die meisten von ihnen per Schiff aus Kalkutta, dem geographisch am günstigsten gelegenen Hafen Indiens. Diese Pferde waren ganz offensichtlich ebenso an die tropischen Verhältnisse gewöhnt wie die indonesischen Ponys. Sie waren jedoch größer, hatten bessere Gänge und waren weitaus vielseitiger. Hinzu kommt, daß der Araber äußerst vererbungsstark ist und seine Nachkommen stark prägt, d. h. er veredelt alles, womit er gekreuzt wird.

PONYS AUS GROSSBRITANNIEN

Zur selben Zeit hatten die Australier die bodenständigen Ponyrassen »der alten Heimat« im Auge. Exmoor- und Shetland-Ponys (siehe Seiten 172–173 und 176–177) wurden sowohl importiert wie auch New-Forest-, Highland- und Connemara-Ponys aus Irland (siehe Seiten 178 bis 179). Außerdem erwarb man Hackneys (siehe Seiten 378–379), die zu jener Zeit stark im Roadster-Typ gestanden haben. Den größten Einfluß hatte jedoch das Welsh-Mountain-Pony (siehe Seiten 180–181). Aus diesem Schmelztiegel der Rassen entstand das Australische Pony als eigenständige Rasse, die

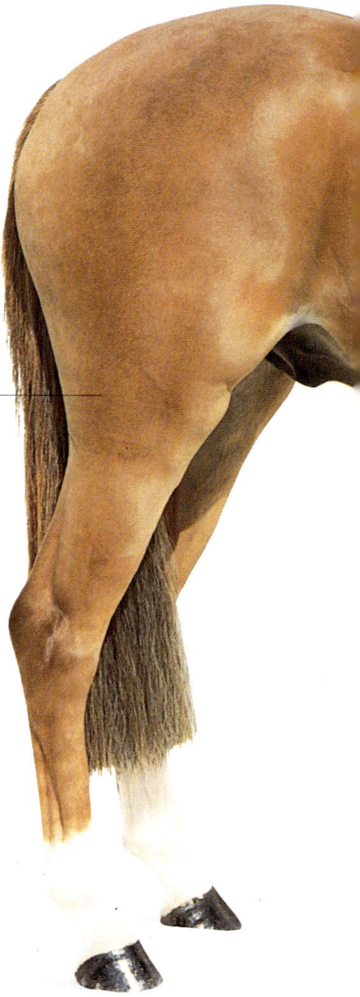

HINTERHAND
Die Hinterhand ist vorbildlich und praktisch identisch mit der des Welsh-Ponys (Sektion B). Der Abstand zwischen Hüfte und Sprunggelenk ist bemerkenswert.

IM ENGLISCHEN TYP
Das Australische Pony ist zwischen 1,22 und 1,42 m groß und hat keinen einheitlichen Typ. Im allgemeinen ähneln die Ponys eher den englischen Ponys, und es gibt einige ausgezeichnete Ponys, die stark an Welsh-B-Ponys erinnern.

GRÖSSE
1,22–1,42 m

hauptsächlich geprägt war von Welsh-Pony und Araber und einem gelegentlichen Schuß Vollblut. Als Stammvater der Rasse gilt der Welsh-Mountain-Hengst Dyoll Greylight, ein Sohn des Dyoll Starlight, dem »schönsten Pony auf der ganzen Welt«, dessen Mutter Moonlight als »Miniatur-Araber« beschrieben wurde. Dyoll Greylight wurde 1911 für die für damalige Zeiten enorme Summe von 1000 Guineas nach Australien verkauft, wo er genauso verehrt wird und als »das schönste Pony der Welt« gilt, wie sein Vater in der Heimat. Dyoll Greylight wurde von Mr. Antony Hordern gekauft, dessen Tochter für den Hengst Coed Coch Bari 21 000 Engl. Pfund bezahlte, als Coed Coch, das größte Welsh-Gestüt, 1978 aufgelöst wurde. Bari geht über seinen Vater Salsbri und seinen Großvater, den weltberühmten Coed Coch Madog, auf Starlight zurück. Es gab noch viele weitere Exporte nach Australien in den 60er und 70er Jahren, aber das Starlight-Blut ist nach wie vor dominant bei diesen Ponys, ebenso wie beim Australischen Pony. In Australien gibt es auch eine große Anzahl an Ponys der einheimischen Ponyrassen Großbritanniens, besonders Welsh-Ponys von bester Qualität, die ihre eigenen Zuchtverbände und Stutbücher haben. Viele Jahre lang war Australien der größte Absatzmarkt für Ponys aus Großbritannien, und eine Zeitlang war es auch ein großer Abnehmer allerbester Clydesdales (siehe Seiten 284–285).

MERKMALE

Die australischen Züchter haben dennoch ein unverwechselbares Show-Pony mit besonderen Merkmalen entwickelt. Die Größe liegt zwischen 1,22 und 1,42 m, und das Pony erinnert mehr an einheimische englische Ponys als an das hoch veredelte Riding Pony (siehe Seiten 382–383). Es hat Kaliber, ein ausgezeichnetes, kurzes Röhrbein und die fantastischen Hufe seiner Vorfahren aus Wales. Durch den Einfluß von Araber und Vollblut besitzt das Pony einzigartige Gänge. Die Vorhand sowie Lage und Schräge der Schultern erinnern an ein viel größeres Pferd, so daß die Gänge für ein Pony sehr weich und raumgreifend sind, was das Pony zum idealen Partner für Kinder und kleinere Erwachsene macht.

URSPRÜNGE

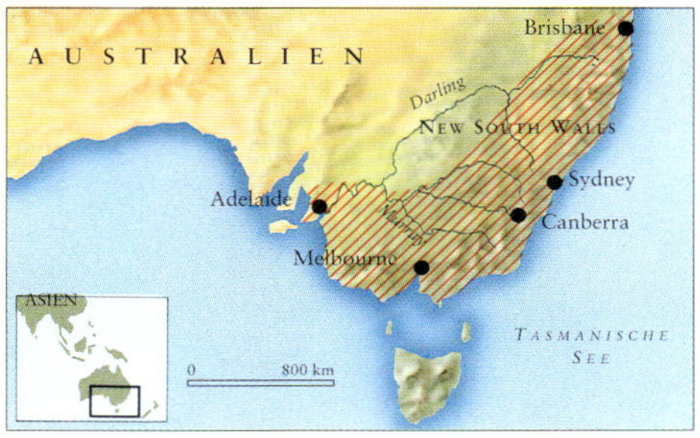

Die ersten Pferde wurden im 18. Jahrhundert nach Australien importiert, aber das Australische Pony wurde fast gänzlich auf der Grundlage der im 19. und 20. Jahrhundert aus Großbritannien importierten englischen Ponyrassen entwickelt. Da in Australien einige der größten Turniere der Welt stattfinden, wird das Australische Pony heute in Victoria, Neu-Südwales, den Küstenregionen von Queensland und im westlichen Teil Australiens gezüchtet.

OBERLINIE
Die fließende Oberlinie, der gut ausgeprägte Widerrist, Rücken und Rumpf sind charakteristisch für ein elegantes Reitpony.

KOPF
Der Kopf hat noch Pony-Merkmale. Er ist hübsch, mit großen Augen und läuft schön schmal zum Maul hin.

SCHULTERN
Schultern und Vorhand sind fast makellos und tragen so zu den raumgreifenden, weichen, geraden und flachen Gängen der Ponys bei.

PONY-CLUBS
Die Mitglieder des australischen Pony-Clubs machen ihre Reiterspiele mit demselben Enthusiasmus wie in Großbritannien.

HOKKAIDO, KISO & KAGOSHIMA

DIE ERSTEN PFERDE kamen wahrscheinlich mit den zentralasiatischen Völkern, die im 3. Jahrhundert von Korea aus nach Japan kamen. In ihren Grabhügeln fand man »haniwa« oder Terrakotta-Figuren, u. a. Figuren von Pferden und Menschen. Kublai Khan, der Enkel Dschingis Khans, versuchte von 1274 bis 1281 ebenfalls von Korea aus nach Japan vorzustoßen. Diese Invasionen wurden von Stürmen zunichte gemacht, aber es ist durchaus möglich, daß sich mongolische und japanische Pferde miteinander paarten.

RASSEN

Hokkaido-, Kiso- und Kagoshima-Pony sind recht gewöhnlich und zahlenmäßig nicht stark vertreten. Alle drei stammen offensichtlich von Ponys aus der Mongolei, China und Korea ab. Wahrscheinlich stammt das früher als Dosanko bekannte Hokkaido-Pony aus Nordost-China. Das Kiso- (aus dem bergigen Kiso-Sanmyaku westlich von Tokio) und das Kagoshima-Pony kommen möglicherweise aus Korea. Bis vor kurzem galt das Kagoshima-Pony noch als Wildpferd, und es bekam den Gattungsnamen »Kyushu«. Die Ponys sind allesamt etwa 1,32 m groß.

URSPRÜNGE

Die japanischen Pferdezuchtgebiete sind größtenteils bergig mit armen Böden und schlechtem Bewuchs. Daher sind die Ponys auch nicht besonders groß. Die beste Gegend für die Pferdezucht ist die im Norden liegende Insel Hokkaido, wo es noch offene Weidegebiete gibt und die Bevölkerungsdichte noch nicht so hoch ist. Das Zuchtgebiet des Kiso-Ponys liegt im bergigen Kiso-Sanmyaku im Zentrum des Landes, westlich von Tokio, während das Kagoshima-Pony auf der südlich gelegenen Insel Kyushu beheimatet ist, wo es bis vor kurzem noch als wildlebend galt.

KISO-PONY
Die Kiso-Ponys leben im bergigen Zentrum von Kiso-Sanmyaku. Eine Zeitlang wurden sie generell in der Landwirtschaft eingesetzt.

RUMPF
Das Pony hat einen niedrigen, flachen Widerrist, steile Schultern, einen kurzen Hals und einen an die mongolischen Vorfahren erinnernden Kopf.

VORHAND
Die Vorhand ist schwer und durch den großen Kopf schlecht ausbalanciert, aber die Beine sind gut entwickelt.

KOPF
Der Kopf ist ziemlich gewöhnlich und ausdruckslos. Er erinnert an das Mongolische Pony.

GLIEDMASSEN
Die Beine sind schlank und elegant, mit etwas feinem Fesselbehang. Die Hufe sind erstaunlich gut geformt.

KISO-PONY

REITSPORT IN JAPAN

Die Japaner sind nie herausragende Reiter gewesen, obwohl Yoshifuru Akiyama, ein in Frankreich ausgebildeter Kavallerist, einen überraschenden Sieg über die Kosaken im Russisch-Japanischen Krieg von 1904 bis 1905 erreichte, und ein japanischer Reiter, Kapitän Nishi, 1932 die olympische Goldmedaille im Springreiten gewann. Nichtsdestotrotz spielen Pferde seit Jahrhunderten eine große Rolle in der Geschichte Japans.

Früher gehörten berittene Krieger zur Aristokratie in Japan. Während des Mittelalters mußten Zivil- und Militärbeamte reiten und sich im Gebrauch von Waffen üben. In Japan gab es ein Äquivalent zum Ideal des Ritters in Europa: das Symbol der Dreieinigkeit von Pferd, Krieger und Blume. Wie Kenrick in seinem Werk »*Horses in Japan*« (1964) schreibt, waren für den Samurai-Ritter die wichtigsten Fertig-

GRÖSSE DES HOKKAIDO-PONYS *1,32 m*

keiten »seine Reitkunst und das Bogenschießen, Fechten und Ju-Jitsu« – die »bujutsu« oder Kriegskunst.

Reisende zivile Würdenträger saßen auf breiten, einem Packsattel ähnlichen Filzsätteln, die mit Umhängen und Decken behängt waren. Diese Reiter saßen im Schneidersitz, oder ihre Beine ruhten rechts und links am Pferdehals. Sie nahmen nur selten die Zügel in die Hand (das war das Privileg des Ritters), so daß die Pferde geführt werden mußten. Die Japaner entwickelten auch Reiterspiele auf der Basis von Spielen aus Zentralasien und China. Jahrhundertelang gab es einen japanischen Zirkus, dessen Hauptattraktion die Kunstreiter waren.

Gegen Ende des 19. Jahrhunderts wurden größere und schnellere Pferde importiert, und der europäische Reitstil wurde populär. Heute haben die meisten Reiter den europäischen Reitstil übernommen und reiten Pferde im Vollblut-Typ. »Yabusame«, ein altes Reiterspiel, wobei der Samurai auf einem galoppierenden Pferd Pfeile auf ein bestimmtes Ziel abschießt, hat als Shinto-Ritual überlebt.

HOKKAIDO-PONY

Die offene Landschaft auf Hokkaido ist gut geeignet für die Pferdezucht. Die Ponys werden auch heute noch in der Landwirtschaft und als Zug- und Packpferde verwendet.

GRÖSSE DES KISO-PONYS
1,32 m

ANDERE EINSATZGEBIETE

Bis in die 30er Jahre wurden Pferde hauptsächlich als Arbeitspferde in der Landwirtschaft, als Zug- und Packpferd oder Transportmittel eingesetzt, während die Kavallerie Pferde ritt, die mit den bodenständigen Ponys oder mit Kreuzungsprodukten gekreuzt waren. Es gibt immer noch Ponys, die in der Landwirtschaft arbeiten, besonders in den gebirgigen Gegenden. Auf Hokkaido gingen die Ponys vor dem Schlitten, und bis vor kurzem arbeiteten auch noch einige in den kleinen Kohleminen.

In früheren Zeiten opferten Japaner in Nachahmung der Chinesen ihren Göttern Pferde, um sie günstig zu stimmen. Nach Kenrick (1964) »war es seit Menschengedenken Brauch, einen Pferdekopf an den Eingang eines Bauernhauses zu hängen. Das Pferd war ein Gott der Landwirtschaft, und sein Kopf wirkte wie ein Amulett.«

KAGOSHIMA-PONY

HOKKAIDO-PONY

HUFE
Alle japanischen Ponys haben harte, gut geformte Hufe, oft aus bläulichem Horn.

GRÖSSE DES KAGOSHIMA-PONYS
1,32 m

KAGOSHIMA-PONYS

Das Kagoshima-Pony ist im Süden der Insel Kyushu beheimatet. Es stammt ab von den Ponys aus der Mongolei, China und Korea, und galt bis vor kurzem als wildlebend.

TEIL 7

AMERIKA

DIE GESCHICHTE DES MODERNEN PFERDES in der Neuen Welt beginnt vor etwas mehr als 400 Jahren, als es mit den spanischen Konquistadoren erneut ins Land kam. In dieser relativ kurzen Zeitspanne (verglichen mit der Evolution des Pferdes) entwickelte sich die Pferdepopulation Amerikas zur größten, vielfältigsten und wahrscheinlich auch buntesten der Welt. Nordamerika beherbergt eine der größten »Vollblut-Industrien«. Es besitzt ebenso alte »amerikanische« Rassen, die man heute durchaus als bodenständig bezeichnen kann und die größtenteils aus den ersten spanischen »Importen« entstanden. Dazu gehört eine Gruppe von Gangpferden, die eine Tradition aufrechterhalten, die einst auch in Europa gepflegt wurde, aber in der Alten Welt inzwischen längst vergessen ist.

»Büffeljagd«, 19. Jahrhundert. Eine Lithographie aus Catlin's nordamerikanischer Sammlung.

DIE KONQUISTADOREN

SPANIER IN PERU

DIE ÄRA der Forschungsreisen des 15. und 16. Jahrhunderts unter Führung der Spanier und Portugiesen hatte ihren Höhepunkt in der Eroberung Amerikas. Unter Prinz Heinrich dem Seefahrer machte sich eine portugiesische Flotte 1458 von der afrikanischen Küste aus auf, mit dem Ziel, neue Handelswege im Osten zu suchen. Mit demselben Ziel umrundete Bartholomäus Diaz 1488 das Kap der Guten Hoffnung, und 1497 gelangte Vasco da Gama nach Indien. Christoph Columbus entdeckte 1492 unerwarteterweise Amerika. Amerika war reif gewesen für seine Entdeckung, Erforschung und unausweichlich auch für die Ausbeutung seiner Menschen. Das Pferd war 8000 Jahre zuvor ausgestorben, aber innerhalb von 400 Jahren gab es über 25 Mio. Pferde in Amerika, ein Drittel der Einwohnerzahl.

CHRISTOPH KOLUMBUS

Christoph Kolumbus unternahm vier Reisen in die Neue Welt. Das erste Mal gelangte er auf die Bahamas und die westindischen Inseln, wo er auf der Insel Hispaniola (dem heutigen Haiti) 30 Pferde zurückließ. In den nächsten 10 Jahren wurden auf den größeren Inseln Gestüte errichtet, und innerhalb von 20 Jahren gab es viele Pferde auf den westindischen Inseln. Später segelte Kolumbus nach Südamerika und in den Golf von Mexiko.

DIE KONQUISTADOREN

Der Forschungswunsch erhielt neuen Auftrieb, als 1492 die Herrschaft der Mauren auf der iberischen Halbinsel beendet war. Zurück blieb ein Kern talentierter, erfahrener Berufssoldaten ohne Beschäftigung. Angestachelt von Erzählungen über sagenhafte Reichtümer und riesige Gewinne, die man in der Neuen Welt machen könnte, kamen diese Söldner und Abenteurer, bekannt als *Konquistadoren* (spanisch für Eroberer), in die Neue Welt und bildeten den harten Kern der spanischen Eroberung von Mexiko und Südamerika im 16. Jahrhundert. Im 17. Jahrhundert besaßen die Spanier Zuchtstätten rund um Santa Fé im Südwesten Amerikas, und von dort aus verbreiteten sich die Pferde nach Norden und Osten.

Im großen und ganzen waren die Konquistadoren widerwärtige Menschen, und die Greueltaten, die sie an den Eingeborenen angeblich im Namen Gottes, aber im allgemeinen aus reiner Habsucht verübten, waren geprägt von einer

INDIANISCHE VERBÜNDETE
Bei mindestens einer Expedition nach Mexiko nahmen die Spanier die Hilfe der Indianer in Anspruch, die ihre berittenen Truppen unterstützten. Der Feder-Kopfschmuck der Azteken bedeutete Tapferkeit im Kampf.

EROBERUNG
Diese etwas zusammenhanglose Kampfszene zeigt die Eroberung Mexikos. Die aztekische Armee wird von Artillerie bombardiert, während Cortés und seine Reiter auf die aztekischen Häuptlinge vorstoßen.

Mißachtung menschlicher Wertmaßstäbe und selbst für damalige Zeiten äußerst brutal. Für die Zerschlagung der beiden großen Zivilisationen Amerikas waren zwei Männer verantwortlich. Hernán Cortés (1485–1547) kam 1519 in Amerika an und zerschlug die Nation der Azteken bei der Eroberung Mexikos. Francisco Pizarro (1475–1541) gelangte 1531 nach Amerika und eroberte das Reich der Inkas in Peru mit unglaublicher Grausamkeit.

Schreckenerregende Pferde

Cortés landete 1519 in Mexiko mit nur 600 spanischen Infanteristen, 250 Indianern und jenen 16 Pferden, die die Spezies Pferd auf dem amerikanischen Festland wieder einführten. Er sagte, »daß wir den Sieg nicht nur Gott, sondern auch unseren Pferden zu verdanken haben«, denn sie verbreiteten Schrecken unter den Eingeborenen, die solche gepanzerten Unwesen natürlich noch nie zuvor gesehen hatten. Wahrscheinlich richtete die spanische Infanterie mit den schrecklichen, kurzen, scharfen Schwertern den meisten Schaden an, aber der psychologische Effekt von nur 12 Rittern, die die Flanken der Indianer angriffen, war sicherlich enorm.

Die 16 Pferde, die Cortés mitbrachte, waren dokumentarisch erfaßt: 11 Hengste, davon zwei Schecken oder Tigerschecken, und 5 Stuten. Sie stammten hauptsächlich aus der bekannten Zucht von Cordoba, der auch Cortés' eigenes Pferd El Morzillo (»der Rappe«) entstammte.

FURCHT VOR PFERDEN
In der »Historia de las Indias« von Diego Duran wird Hernán Cortés etwas freundlicher dargestellt. Von ihm stammt der Ausspruch, daß »wir den Sieg nicht nur Gott, sondern auch unseren Pferden zu verdanken haben«.

TRIBUTZAHLUNGEN
Auf diesem Bild empfängt Hernán Cortés in Begleitung einer schwer bewaffneten Eskorte (und einem seltsamen Zwergpony) eine Kette als Geschenk von den besiegten Indianern. Cortés nutzte oft die Unterstützung durch freundlich gesinnte Stämme als Ergänzung seiner europäischen Streitkräfte und setzte sie zur Bezwingung der Azteken ein.

El Morzillo

1524 ritt Cortés El Morzillo auf seiner Expedition in Honduras. Die Bodenverhältnisse waren äußerst schwierig für die Kavallerie, denn es ging durch Tropenwälder und über unwegsames Gelände. El Morzillo verletzte sich so sehr am Fuß, daß er nicht weitergehen konnte. Cortés überließ das Pferd der Fürsorge freundlicher Indianer, die sich stark vor diesem fremdartigen Tier fürchteten, aber aus Angst vor den weißen Männern ihr Bestes taten. Sie stellten das Pferd in einen Tempel, und girlandenbehängte Dienerinnen servierten ihm eine reiche Auswahl an Früchten und Gerichte mit Hühnchen. El Morzillo, dem weder seine Vergötterung noch sein Futter gefiel, blieb nichts anderes übrig, als zu sterben. Die Indianer befürchteten Vergeltungsmaßnahmen und in ihrer Naivität bauten sie ihm eine Statue, die sie auf einer der zahlreichen Inseln im See aufstellten. Mit der Zeit wurde diese Statue als Tziunchan, der Gott des Donners und des Blitzes, angebetet. Die Statue stand dort bis 1697, als mehr spanische Armeen nach Yukatan kamen und bekehrungswütige Missionare mit sich brachten. Zwei Franziskaner, Pater Orbieta und Pater Fuensalida, entdeckten die Statue des Gottes Tziunchan, und Pater Orbieta ergriff einen Stein und »im Geiste des Herrn und weggetreten vor Zorn« zerschlug er das Idol »zur Ehre Gottes« in Einzelteile. Bis dahin hatten die anderen Pferde von El Morzillo's Rasse längst den Erfolg der spanischen Eroberer gesichert.

DIE SUCHE NACH GOLD
Dieses Bild von Frederic Remington erinnert an Coronado's Expedition im Jahre 1540, als die Spanier durch die Wüsten von Arizona, Neu-Mexiko und Texas zogen auf der Suche nach den legendären (und fiktiven) sieben goldenen Städten.

MUSTANG & GALICENO

SOWOHL DER MUSTANG als auch das Galiceno-Pony stammen von den Spanischen Pferden ab, die die Konquistadoren im 16. Jahrhundert auf den amerikanischen Kontinent brachten. Mustang ist eine Abwandlung des Wortes »mesteña«, was eine Gruppe oder Herde von Pferden bedeutet und womit die wilden oder halbwilden Pferde gemeint waren, die in großer Zahl den amerikanischen Westen bevölkerten. Der aus Nordwest-Spanien stammende Galiceno kam in den 50er Jahren in die USA und wurde 1958 als Rasse offiziell anerkannt.

KLEINPFERDE
Die beliebten Galicenos aus Mexiko gelten als Ponys. Wenn sie auch nicht größer als 1,42 m werden, so haben sie viele Merkmale und die Bewegungen eines kleinen Pferdes.

DER MUSTANG

Die Zahl der Mustangs, d.h. der Nachfahren der von den Konquistadoren (siehe Seiten 214 bis 215) nach Amerika gebrachten Spanischen Pferde, ist stark zurückgegangen, aber auch heute gibt es noch wildlebende Mustangs in ein paar Zufluchtsstätten im amerikanischen Westen. Zu Beginn des 20. Jahrhunderts gab es schätzungsweise 1 Million wilder Pferde. Die Bestände sind jedoch bis 1970 so drastisch dezimiert worden und die Mustangs zu Hundefutter und Fleisch für den menschlichen Bedarf verarbeitet worden, daß der Mustang per Gesetz als vom Aussterben bedrohte Art geschützt wurde. In dem Bemühen, das Erbe des wilden Pferdes zu erhalten, gründeten Enthusiasten eine Reihe von Verbänden zur Erhaltung, Verbesserung und Verkaufsförderung des Mustangs.

Die erste Mustang-Fördergruppe war die von dem Mustang-Züchter Robert Brislawn 1957 gegründete »Spanish Mustang Registry«, deren Ziel die Erhaltung möglichst reiner Stämme des Spanischen Pferdes war, sei es im Berber- oder Andalusier-Typ. In den 60er Jahren wurde der amerikanische Zuchtverband, die »American Mustang Association«, zur Erhaltung und Förderung des Mustangs durch Eintragungen und ein vernünftiges Zuchtprogramm gegründet. Eine dritte Organisation, die »Spanish Barb Breeders' Association«, wurde 1972 gegründet. Sie hat sich zum Ziel gesetzt, das richtige spanische Berber-Pferd alter Zeit wieder aufzubauen, und stellte einen auf dokumentierten Beschreibungen aus der Zeit zwischen dem 15. und 18. Jahrhundert basierenden Zuchtstandard auf und förderte die selektive Zucht dieses Pferdes.

MUSTANG

VORHAND
Die Vorhand ist durch den kurzen Hals und die langen Röhrbeine nicht besonders beeindruckend, aber die Oberlinie ist akzeptabel.

ZUSAMMENTREIBEN
Die moderne Art, in Nevada freilebende Pferde zusammenzutreiben, ist der Hubschrauber, nicht mehr das Cowboy-Pferd.

GRÖSSE DES MUSTANG
ca. 1,42 m

Alle die Verbände bemühen sich, Stämme oder verwandte Stämme von Pferden zu erhalten, die in der Alten Welt schon ausgestorben sind und in der Neuen Welt unter Umweltbedingungen überlebt haben, die zur Prägung ihrer ursprünglichen Art beigetragen haben. Es gibt auch zahlreiche Wohlfahrtsorganisationen, wie z.B. die International Society for the Protection of the Mustang and Burros, die Wild Horse Organized Assistance, die National Mustang Group und die National Wild Horse Association, die sich mit entsprechenden Gesetzen beschäftigen, Forschungsarbeiten durchführen und praktische Arbeit vor Ort leisten.

Es gibt keine allgemein gültige Beschreibung des Mustangs, denn in dem riesigen Gebiet gibt es selbst bei den weniger verfälschten Linien Unterschiede, je nach Auffassung derjenigen, die mit diesen Pferden selektiv züchteten. Dennoch war sich der Mustang-Züchter Robert Brislawn sicher, welchen Typ Pferd er in Wyoming erhalten wollte. Er wollte ein kleines Pferd von etwa 1,42 m Größe mit kurzem Rücken, niedrigem Widerrist, einer abgeschlagenen Kruppe und einem Gewicht um 360 kg. Aufgrund von Skelettfunden glaubte Brislawn, daß das von ihm als »primitiver Berber« (»primitiv« hier im Sinne von zu den ersten Pferden der Neuen Welt gehörend) bezeichnete Pferd wie das arabische Pferd 17 Rippen und 5 Lendenwirbel habe, im Gegensatz zu 18 Rippen und 6 Lendenwirbeln bei anderen Rassen. Die Fellfarben sind stichelhaarig oder *grulla* (Grau- und Blauschimmel bis mausgrau) bis falb und buckskin (dunkler Gelbschimmel). Mähne, Schweif und die unteren Gliedmaßen sind schwarz. Die kleinen Ohren sind schwarz umrandet. Der kleine Kopf ist recht ansprechend.

URSPRÜNGE

Die Mustangs sind die Nachfahren der spanischen Pferde, die nach den spanischen Eroberungen des 16. Jahrhunderts wild in Herden lebten. Sie sind die Wildpferde des amerikanischen Westens. Das Galiceno-Pony kommt aus Mexiko. Es ist benannt nach der spanischen Provinz Galizien, wo es ursprünglich gezüchtet wurde. In den 50er Jahren kam es in die USA, wo es heute ebenso wie in Mexiko als Kinderreitpony gezüchtet wird.

KOPF
Der Kopf ist hübsch mit wachem Ausdruck, ist aber weniger ein typischer Ponykopf.

GALICENO-PONY

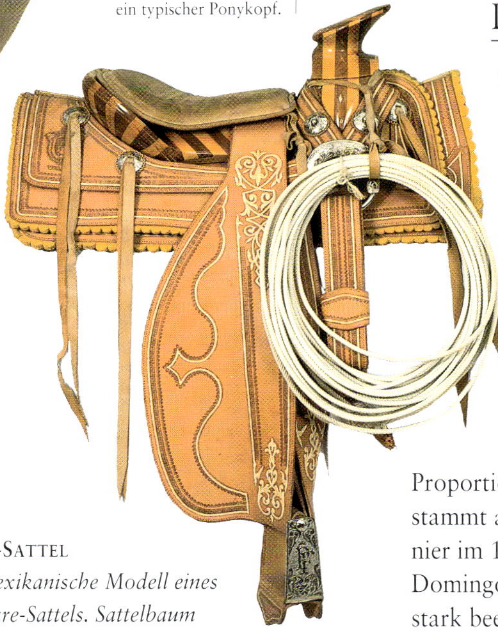

EIN PLEASURE-SATTEL
Dies ist das mexikanische Modell eines leichten Pleasure-Sattels. Sattelbaum und Sattelhorn bestehen aus gestreiftem Holz, und die Lederteile sind kunstvoll verziert. Schnallen, Beschläge und Steigbügel sind punziert.

GRÖSSE DES GALICENO-PONYS
1,42 m

DAS GALICENO-PONY

Das Galiceno-Pony aus Mexiko ist ein weiterer Vertreter des spanischen Erbes. Es hat seinen Namen von der Gegend, wo es ursprünglich herkommt: Galizien, das für die weichen Gänge und den speziellen schnellen »Rennschritt« seiner Pferde berühmt war. Diese natürliche Gangart, die in Europa im 16. Jahrhundert sehr beliebt war, hat der Galiceno. Bei einer Größe von maximal 1,42 m gilt er als Pony, ist aber eigentlich ein kleines Pferd, was Proportionen und Charakter angeht. Die Rasse stammt ab von den ersten Pferden, die die Spanier im 16. Jahrhundert von Hispaniola (Santo Domingo) mitbrachten und die wahrscheinlich stark beeinflußt waren von den harten Garranos und Sorraia-Ponys (siehe Seiten 104–105) der iberischen Halbinsel. Mit Sicherheit haben sie ihre harte Konstitution geerbt. Sie gelten als umgänglich, intelligent und vielseitig einsetzbar. Sie sind von Natur aus schnell, flink und wendig und sehr beliebt als Arbeitsponys auf den Ranches und bei Wettbewerben. Im mexikanischen Alltag wird der Galiceno auch heute noch geritten und geht im Geschirr.

CRIOLLO & PERUANISCHER PASO

SOWOHL DER ARGENTINISCHE CRIOLLO als auch der Peruanische Criollo stammen von den ersten Spanischen Pferden ab. Der erste große Import von Pferden nach Argentinien fand 1535 statt, als Pedro de Mendoza, der Gründer von Buenos Aires, 100 Spanische Pferde nach Rio de la Plata brachte. Fünf Jahre später wurde die Siedlung von eingeborenen Charros geplündert, und die Pferde waren frei. Innerhalb der nächsten 50 Jahre vermehrten sie sich so stark, daß einige Herden über 20 000 Kopf zählten. Zwischen 1531 und 1532 importierte Francisco Pizarro die ersten Pferde nach Peru. Aus diesen Pferden entstand später der Peruanische Paso.

EIN AUSGEZEICHNETER CRIOLLO
Das ist ein sehr guter Criollo mit mexikanischem Sattel und Zaumzeug. Das raffinierte Gebiß kommt traditionell aus Spanien.

DER CRIOLLO

Die Bezeichnung »Criollo« bedeutet wörtlich »von spanischer Abstammung«. Es ist die Gattungsbezeichnung für eine Reihe miteinander verwandter südamerikanischer Pferde, u.a. »Crioulo Braziliero« aus Brasilien und »Llanero«, das harte Cowboypferd aus Venezuela, das abgesehen von regionalen Unterschieden dem argentinischen Criollo, der die gleiche Herkunft hat, nicht unähnlich ist.

Der argentinische Criollo stammt vom frühen Andalusier ab (siehe Seiten 106–107), der hauptsächlich Berberblut führte. Außerdem führt er einen großen Teil an Sorraia-Blut (siehe Seiten 104–105) und wahrscheinlich auch das des Asturcon. Der Criollo ist meist ein Falbe in irgendeiner Schattierung, obwohl es sowohl Rot- und Blaustichelhaarige, Füchse, Skewbald- und Piebald-Schecken gibt als auch die sehr geschätzte »grulla« oder »gateado«-Färbung gibt, d.h. eine braune oder mausgraue Falbschattierung.

Der stämmige Criollo hat eine Größe von 1,42 bis 1,52 m. Der Hals ist kurz und dick, und die Pferde haben oft einen Ramskopf. Während die meisten modernen Criollos normal traben, d.h. mit diagonaler Fußfolge, zeigt eine Reihe von Pferden noch den Paß der spanischen Vorfahren mit lateraler Fußfolge.

Die Rasse gehört zu den härtesten, gesündesten und ausdauerndsten Pferden der Welt und ist in der Lage, große Gewichte über weite Strecken und schwieriges Gelände zu tragen. Harte Klimabedingungen, wenig Futter und ein fast ständig herrschender Wassermangel haben ein Pferd mit unvergleichlich harter Konstitution geschaffen, das unter schier unmöglichen Bedingungen überleben kann. 1918 wurde ein Zuchtverband gegründet, der harte Ausdauerprüfungen als Mittel der Selektion durchführte. Die Strecken waren enorm, z.B. mußten 756 km in 15 Tagen zurückgelegt werden, wobei die Pferde 110 kg tragen mußten und kein Extrafutter bekamen.

Den berühmtesten Ritt unternahm Professor Aimé Tschiffely mit Mancha und Gato, 15 bzw. 16 Jahre alt. Nach dem Start im Jahre 1925 legte Tschiffely die 16 090 km von Buenos Aires nach Washington D.C. in $2^1/_2$ Jahren zurück – durch einige der unwirtlichsten Gegenden der Welt.

Criollos werden häufig von der Armee eingesetzt, sowohl unter dem Sattel als auch als Packpferd. Der Versuch, Pferde aus Europa und den USA einzukreuzen, brachte schnellere, elegantere Pferde, aber sie waren auch nicht so zäh und kamen nicht so gut mit den klimatischen Bedingungen zurecht.

FARBE
Rotstichelhaarig ist eine typische Farbe des Criollos. Das abgebildete Pferd hat viel Weiß am Körper.

HALFTER
Dies ist ein typisch argentinisches Kopfstück aus Rohleder. Mit Hilfe des Nasenstücks regelt der Reiter das Pferd.

DER PERUANISCHE PASO

Der Paso oder Peruanische Paso ist die bekannteste der peruanischen Rassen. Die Rasse ent-

GRÖSSE DES CRIOLLOS
1,42–1,52 m

stand vor über 300 Jahren durch äußerst geschickte und selektive Zucht. Man nimmt an, daß er zu 3/4 Berber- (siehe Seiten 66–67) und 1/4 Andalusierblut führt. Er ist bekannt für seinen natürlichen und einzigartigen Gang. Obwohl diese Gangart dem Rack des American Saddlebred oder dem Running Walk von Tennessee Walking Horse und Missouri Fox Trotter ähnlich ist, handelt es sich um eine besonders energische, runde, bügelnde Aktion der Vorhand unterstützt durch eine schwungvoll übertretende Hinterhand. Die Hinterhand senkt sich, wobei der Rücken gerade und fest ist. Der Paso kann ein Tempo von 18 km/h über lange Zeit auf felsigem Gelände gehen und erreicht eine Spitzengeschwindigkeit von 21 km/h, ohne daß es für den Reiter unbequem wird. Man sagt sogar, daß dieser Gang so weich ist, daß der Reiter ein volles Glas Wasser tragen kann, ohne es zu verschütten. Die Hinterbeine und Fesseln sind sehr lang und die Gelenke außergewöhnlich beweglich, was die Weichheit des Ganges fördert. Wie alle Criollos hat der Paso ausgezeichnete Röhrbeine und Hufe sowie ein großes Herz und Lungen im Verhältnis zu seiner Größe. Er ist im allgemeinen zwischen 1,42 und 1,52 m groß und kommt in allen Farben vor.

Der ursprünglich aus Puerto Rico stammende Paso Fino ist mit dem Peruanischen Paso verwandt. Er hat einen Gang im Viertakt mit drei Variationen: *paso fino*, *paso corto* (mit mehr Raumgriff) und *paso largo*, die schnelle, starke Version.

GRÖSSE DES PERUANISCHEN PASO
1,42–1,52 m

URSPRÜNGE

Der Criollo entstand in Argentinien aus den 100 Spanischen Pferden, die Pedro de Mendoza 1535 nach Rio de la Plata gebracht hatte. Inzwischen ist die Rasse in ganz Südamerika verbreitet. Der Paso ist eine peruanische Rasse, die von den von Francisco Pizarro im Jahre 1531 nach Peru importierten Pferden abstammt.

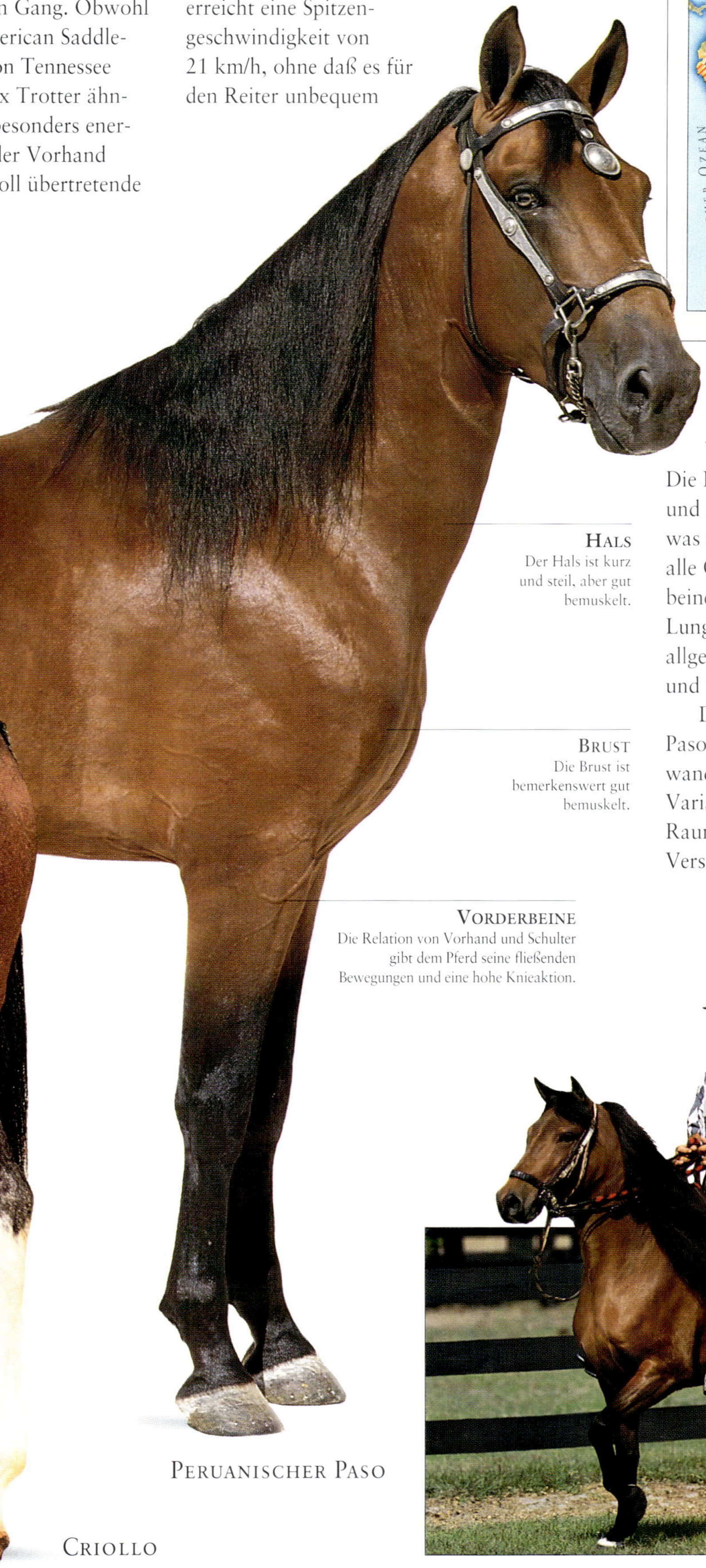

HALS
Der Hals ist kurz und steil, aber gut bemuskelt.

BRUST
Die Brust ist bemerkenswert gut bemuskelt.

VORDERBEINE
Die Relation von Vorhand und Schulter gibt dem Pferd seine fließenden Bewegungen und eine hohe Knieaktion.

PERUANISCHER PASO

CRIOLLO

PASO FINO
Das ist ein in Amerika gezogener Paso Fino, ein direkter Abkömmling des Peruanischen Pasos mit denselben spanischen Vorfahren. Der Paso Fino ist sehr beliebt in den USA.

IN VOLLEM KRIEGSSCHMUCK

DIE INDIANER AMERIKAS

DIE SPANISCHEN KONQUISTADOREN (siehe Seiten 214–215) brachten das Pferd wieder nach Amerika. Schon 1579 gab es wilde Pferdeherden im Norden Mexikos, die sich schnell weiter nach Norden ausbreiteten. Anfang des 17. Jahrhunderts gab es von den Spaniern errichtete Pferdezuchtstätten im Südwesten, und die Spezies Pferd war wieder fest etabliert auf dem Kontinent, auf dem sie ursprünglich entstanden war. Das führte dazu, daß es eine neue Ära von nomadischen Reiterstämmen gab, denn die Indianerstämme der Prärien erwarben Pferde durch Handel und Diebstahl oder indem sie Wildpferde fingen. Im Laufe von 200 Jahren hatte das Pferd das Leben der Indianer vollkommen verändert und aus den Stämmen das letzte »Reitervolk« unserer Erde gemacht.

DIE ERSTEN REITENDEN INDIANER

Die Zeit der Reiterkultur der Prärieindianer wird zwischen 1540 und 1880 angesiedelt, aber für die meisten Stämme begann sie viel später. Mit Sicherheit ritten die Pueblo-Indianer Mexikos schom um 1582, denn sie lebten in einer Gegend, wo Pferde leicht verfügbar waren. Viele der im Norden lebenden Stämme, wie z.B. die mächtigen Schwarzfuß-Indianer besaßen erst ab etwa 1730 Pferde in größerer Zahl, und die Dakota-Indianer waren noch bis 1766 vom Kanu abhängig. Für die Indianerstämme waren die Büffelherden lebenswichtig. Sie lieferten das ganze Jahr über Fleisch und Nebenprodukte, wie die Häute, die zu Kleidung, Decken, Seilen und Dächern für das *»tepi«* oder Indianerzelt verarbeitet wurden. Der Einsatz von Pferden machte die Büffeljagd einfacher und erfolgreicher, als wenn sie zu Fuß durchgeführt würde. Die Pferde verliehen ihren Besitzern mehr Mobilität. Die für den Umzug in ein neues Lager benötigte Zeit war erheblich kürzer, die Frauen waren vom Transport der Besitztümer befreit, und für die Alten und nicht so beweglichen Stammesmitglieder war die Reise weniger beschwerlich.

BÜFFELJAGD

Der Büffel lieferte dem Prärieindianer Fleisch, Kleidung und was er zum Zeltbau brauchte. Ohne Pferde wäre die Jagd kaum möglich gewesen.

INDIANERPFERDE

Um 1874, als das Eindringen der weißen Siedler und die Politik der US-Regierung den Tod des amerikanischen Reitervolks besiegelt hatten, besaßen schätzungsweise 120 000 Prärieindianer 160 000 Pferde. Stämme, wie z.B. die Nez Percé, die berühmten Züchter des Appaloosa (siehe Seiten 224–225), besaßen 12 000 Pferde, und bei den Cayuse und Umatilla kamen 11,7 Pferde auf eine Person. Ein wohlhabender Schwarzfuß-Indianer nannte oft bis zu 40 Pferden sein eigen, und selbst die ärmsten Stammesmitglieder hatten noch 5 oder 6 Pferde. Um angenehm leben zu können, brauchte eine durchschnittliche Familie 12 Pferde für ihre Grundbedürfnisse wie Jagd, Kriegsführung und Weiterziehen mit dem Lager. Die Schwarzfuß-Indianer, über die es viele Berichte von europäischen Beobachtern gibt, kannten 10 verschiedene Pferdetypen. Da war das Büffel- oder Kriegspferd, das Winter-Jagdpferd, ein Pferd für Erkundungs- und sonstige Ausritte, ein Travois-Pferd, ein Packpferd und eins für den Transport der Zeltpfähle, ein Rennpferd, ein Hengst und eine Zuchtstute sowie eine zuverlässige Leitstute für die grasenden Herden. Die Büffel- und Rennpferde erhielten besondere Aufmerksamkeit, und letztere konnten gut mit den Pferden des weißen Mannes mithalten, wenn diese auch meist größer waren. Colonel de Trobriand von der US-Kavallerie schrieb 1867 über das Indianerpony: »Ohne anzuhalten, kann das Indianerpony von Sonnenaufgang bis Sonnenuntergang 96 bis 128 km zurücklegen, während die meisten unserer Pferde nach 48 bis 64 km ermüdet sind.«

AUF RAUBZUG

Wie auf Charles M. Russell's Bild »Stolen Horses« *gezeigt, wurden die für das Leben auf der Prärie so wichtigen Pferde auf jede Art und Weise erworben.*

Aufgrund von Inzucht, eingreifender klimatischer Veränderungen und harter Arbeit büßte das Indianerpony an Größe und Kaliber ein, aber es behielt seine harte Konstitution. Es erhielt außerdem nie Getreide, sondern ernährte sich von dem Angebot harter Gräser auf der Prärie. Im Winter erhielten die Büffel- und Kriegspferde jedoch zusätzlich die innere Rinde der Pappel.

Für den amerikanischen Indianer war das Reiten eine lebenswichtige Fähigkeit, die er mit den einfachsten Mitteln bzw. Ausrüstungsgegenständen durchführte. Ein einfaches Zaumzeug entstand aus einem Stück Seil, das um den Unterkiefer des Ponys gelegt wurde. Abgesehen von den Steigbügeln, war der Sattel eine fast exakte Kopie des Sattels, den schon die frühen Skythen kannten. Kunstvoll angefertigte Sättel mit Holz-Sattelbaum, wie z.B. die berühmten »prairie chicken snare«-Sättel (= etwa Präriehuhnschlinge), wurden von den Frauen und den älteren Stammesmitgliedern benutzt. Die Indianer kannten die selektive Zucht und die Kastration, und die Wallache wurden meist für Rennen und zur Jagd benutzt.

Fast parallel verlief die Entwicklung in Südamerika. Die Ergebnisse sind heute noch in Form der im spanischen Stil errichteten Ranches mit den südamerikanischen Indianern *(Gauchos)* zu sehen. Die Indianer Südamerikas waren jedoch nie ein so hochentwickeltes Reitervolk wie ihre nordamerikanischen Verwandten noch züchteten sie Pferde. Stattdessen überfielen sie lieber eine spanische Siedlung, wenn sie Pferde brauchten.

TRAVOIS

Auf dem Travois wurden Hab und Gut der Indianer transportiert oder die Alten und Kranken. Es handelt sich dabei praktisch um eine Kopie der eurasischen Version.

EIN INDIANER UND SEIN PONY

Frederic Remington malte seine realistische Darstellung eines tapferen Indianers und seines Ponys im Jahre 1888 in Fort Reno im Indianergebiet. Die Indianerponys waren oft von derber Erscheinung, aber sie waren unglaublich hart und erstaunlich schnell und ausdauernd.

GEMEINSAMKEITEN MIT ASIEN

Die Reiterkultur des eingeborenen Amerikaners hatte zweifellos Gemeinsamkeiten mit der der nomadischen Stämme Asiens. Es gibt sogar so viele Gemeinsamkeiten, daß es sich nicht um Zufälle handeln kann und man von einer möglichen Verbindung zwischen den Völkern der Steppen und denen der Prärien ausgehen kann. Der schamanistische Glaube der Völker aus dem Ural-Altai-Raum in Sibirien ist z.B. fast identisch mit dem der amerikanischen Indianer, wobei der Medizinmann das amerikanische Gegenstück zum asiatischen Schamanen oder Priester ist.

Es gab jedoch auch einen großen Unterschied zwischen den beiden nomadischen Reitervölkern der Alten und Neuen Welt. In Eurasien lag der Reichtum der Steppenvölker in Rindern, Schafen und Ziegen sowie in den Pferdeherden. Im Gegensatz dazu waren die Pferdeherden der einzige Reichtum der Prärieindianer, denn sie waren unerläßlich für die Büffeljagd. Der eurasische Nomade war eigentlich ein Hirte, während der eingeborene Amerikaner ein Jäger zu Pferd war, der nie ein so fortschrittliches Sozialsystem erreichte wie die Steppenvölker. Zu keiner Zeit wäre es den

ANGRIFF DER WÖLFE

Wildpferde bilden einen Kreis, um sich vor Angreifern, wie diesen Präriewölfen zu schützen. Sie schlagen heftig aus, um den Feind zu entmutigen. Das Bild »Flying Hoofs« *malte Charles M. Russell.*

Indianerstämmen möglich gewesen, Offensiven in großem Stil durchzuführen oder gar ein eigenes Reich zu errichten, so wie dies die Hunnen und Mongolen getan hatten.

Am Ende hinterließen die Reitervölker dem modernen Amerika kein kulturelles Erbe, bis auf die Tatsache vielleicht, daß die berittenen Prärieindianer die Spanier an einer weiteren Ausdehnung ihres Reiches in den Norden der Neuen Welt hinderten. Geblieben ist nichts als eine große Legende, und die wird bedauerlicherweise meist auch noch falsch dargestellt.

PALOMINO & PINTO

BUNTE PFERDE gibt es auf der ganzen Welt, und bei diesen Tigerschecken, Schecken, Palominos und Albinos handelt es sich um uralte Farben. Es gibt viele bunte Pferde in Nord- und Südamerika, wo sie jeweils von verschiedenen Verbänden betreut werden. Die bunten Pferde Amerikas stammen von den spanischen Importen des 16. Jahrhunderts ab, denn es gab zahlreiche gescheckte und Tigerscheck-Linien beim Spanischen Pferd. Viele dieser Linien gibt es heute nicht mehr, aber bunte Pferde gibt es immer noch auf der ganzen Welt.

DER PALOMINO

Der Palomino mit seinem auffälligen, goldenen Fell und dem weißen Langhaar ist in vielen Ländern zuhause, aber er wird am häufigsten in Nordamerika gezüchtet. Wegen der großen Größenunterschiede und dem wenig einheitlichen Aussehen hat er aber selbst dort keinen Rassestatus. Wie der Pinto ist der Palomino eher ein Farbtyp als eine Rasse. Das goldfarbene Fell ist nicht das Ergebnis eines »Palomino-«Gens, und theoretisch kann diese Farbe in jeder Rasse und jedem Schlag auftreten, wo das Tigerscheck-Gen herausgezüchtet wurde. Demnach wäre es also möglich, wenn auch äußerst unwahrscheinlich, daß es einen Palomino-Vollblüter als Ergebnis von Farbkreuzungen gibt. Die Palomino-Farbe findet man bei vielen Rassen und Typen, hauptsächlich aber beim Quarter Horse (siehe Seiten 228–229).

Die meisten Palominos sind bei der Palomino Horse Association Inc. eingetragen. Die Gesellschaft definiert die idealen Merkmale und Kennzeichen in ihrem Zuchtstandard. Die Größe liegt zwischen 1,45 und 1,63 m, aber es gibt spezielle Anforderungen an die Fellfarbe. Die Hautfarbe ist entweder dunkel- oder goldbraun. Die Fellfarbe darf höchstens drei Nuancen heller oder dunkler als eine frisch geprägte Goldmünze sein und ohne Flecken. Mähne und Schweif sollten weiß sein, mit einem Anteil von höchstens 15 % dunkler Haare. Die Augen müssen dunkel oder haselnußbraun sein. Pferde mit Pinto-, Albino- oder Appaloosa-Vorfahren und rosa, blauen oder Fischaugen erfüllen die Anforderungen nicht. Die weißen Abzeichen am Kopf sind beschränkt auf Blesse, Schnippe und Stern, und an den Beinen darf es keine weißen Haare oberhalb der Karpal- bzw. Sprunggelenke geben. Um ins Stutbuch eingetragen zu werden, müssen Hengste und Stuten einen eingetragenen Elternteil haben und der andere Elternteil muß Quarter Horse, Araber oder Vollblüter (siehe Seiten 118–119) sein. An Kreuzungen, die Palominos hervorbringen, dürfen auch Albinos beteiligt sein, aber die beliebteste Kreuzung, die auch die beste Farbe bringt, ist wohl die Paarung eines Palominos mit einem Fuchs.

Die Herkunft der Bezeichnung Palomino ist unklar. Zumindest eine Spur führt zu dem spanischen Wort »*palo-*

FREIZEITPFERD
Palominos sind äußerst beliebt als »Paradepferde«, aber da man diese Farbe überall finden kann, gibt es kein spezielles Einsatzgebiet. Dieses ausgezeichnete Pferd könnte z.B. in vielen Sparten des Reitsports bestehen.

MÄHNE
Schweif und Mähne sind weiß und dürfen nicht mehr als 15 % dunkle Haare enthalten.

PALOMINO

GRÖSSE DES PALOMINOS
1,45–1,63 m

EIN BUNTES DUO
Diese beiden unterschiedlich gefärbten Paints zeigen interessante und attraktive Fellmuster. Beide haben viel Typ und ein korrektes Exterieur.

milla«, was u.a. »crèmefarbenes Pferd mit weißem Schweif und Mähne« (D.P. Willoughby, *Empire of Equus*) bedeutet. Andere sehen einen Zusammenhang mit einer goldenen Frucht eines ähnlichen Namens oder mit *»paloma«*, dem spanischen Wort für Taube.

DER PINTO

Die Bezeichnung Pinto kommt aus dem Spanischen. *»Pintado«* bedeutet angemalt, die englische Entsprechung »painted« ist in den USA zu der Bezeichnung »paint« geworden. Die Bezeichnung »calico« ist auch eine Zeitlang benutzt worden. In Europa werden Pferde, deren Fell zweifarbig ist, bunt oder andersfarbig genannt. Die Engländer unterscheiden zwischen Schecken mit schwarzen und weißen Flecken, genannt »piebald«, und Schecken mit weißen und andersfarbigen Flecken, genannt »skewbald«. »Bald« ist die englische Bezeichnung für ein weißes Gesicht beim Pferd. In den USA zieht man genauere Definitionen vor (siehe unten).

Es gibt zwei Verbände für bunte Pferde. Bei der Pinto Horse Association of America können Pferde, Ponys und Miniaturpferde eingetragen werden. Man unterscheidet vier Abteilungen: stock type (hauptsächlich Quarter Horses); hunter type (größtenteils Vollblutnachkommen); pleasure type (Pferde mit Araber- oder Morgan-Horse-Blut) und saddle type (Nachkommen von Saddlebreds, Hackneys oder Tennessee Walking Horses). Für Ponys gibt es ähnliche Abteilungen. Die American Paint Horse Association registriert stock-type-Pferde, wenn sie Nachkommen von Vollblütern, Quarter Horses und Paint Horses sind. Die Kriterien für die Eintragung betreffen mehr die Abstammung als die Farbe. Aufgrund der Eintragungsbestimmungen sind die meisten Paints Pintos, aber nicht jeder Pinto ist ein Paint.

Beim Pinto unterscheidet man zwei Typen: Tobiano und Overo. Beim Tobiano ist das Fell weiß mit großen, glatträndrigen Flecken. Die Beine sind meist weiß, und das Weiß kreuzt die Rückenlinie oder den Rumpf. Beim Overo sind auf farbigem Fell ausgefranste, weiße Flecken zu finden, die selten die Rückenlinie kreuzen. Die Sioux- und Crow-Indianer des 19. Jahrhunderts schätzten Pintos wegen ihrer Farbe und ihrer Härte. Die eingetragenen Pintos von heute haben meist ein gutes Gebäude.

FARBE
Dieser gute Tobiano hat außergewöhnlich klar umrissene und attraktive Flecken, und auch Mähne und Schweif sind zweifarbig.

PINTO

GRÖSSE DES PINTOS
Pferde: 1,52–1,63 m
Ponys: bis zu 1,52 m

URSPRÜNGE

Der amerikanische Palomino und der Pinto werden in sämtlichen Staaten des amerikanischen Westens gezüchtet, aber goldfarbene oder gescheckte Fellfarben sind kein Monopol der amerikanischen Rassen, denn es gibt heute bunte Pferde und Ponys in fast allen Pferdezuchtgebieten der Welt. Palominos und Schecken kamen mit den Spaniern im 16. Jahrhundert nach Amerika, und heute findet man die goldene Palominofarbe bei vielen amerikanischen Rassen, speziell beim Quarter Horse. Ebenso kann man Paints hauptsächlich bei Pferden mit Quarter-Horse-Blut finden.

APPALOOSA

DER APPALOOSA ist ein amerikanischer Tigerschecke, der von den Nez Percé-Indianern Mitte des 18. Jahrhunderts auf der Grundlage der von den spanischen Konquistadoren ins Land gebrachten Pferde gezüchtet wurde. Die Nez Percé waren im Nordosten Oregons, im Südwesten Washingtons und im angrenzenden Idaho zuhause. Ihre hauptsächlichen Zuchtgebiete, die sowohl im Sommer wie auch im Winter Schutz boten, waren die Täler der Flüsse Snake, Clearwater und Palouse. Die Bezeichnung »Appaloosa« ist eine Abwandlung des Flußnamens »Palouse«.

AUGEN

Die weiße Sklera des Auges wie auch die helle, gesprenkelte Haut um das Maul sind charakteristisch für die Rasse.

GESCHICHTE

Unter den ersten Pferden, die die spanischen Abenteurer in das Amerika des 16. Jahrhunderts brachten, waren einige mit Tigerscheck-Genen. Durch die Prärieindianer verbreiteten sie sich ebenso wie die anderen Pferde von Mexiko aus nach Norden, wo sie den Grundstock für die Zucht der im Nordosten der USA lebenden Nez-Percé-Indianer bildeten. Die Nez Percé waren die begabtesten Züchter unter den Indianerstämmen. Ab Mitte des 18. Jahrhunderts betrieben sie eine selektive Zucht. Dazu gehörte auch, daß Hengste, die ihren Anforderungen nicht genügten, kastriert wurden. Ungeeigneter Stuten entledigte man sich, indem sie an andere Stämme verkauft wurden.

Obwohl Farbe und Musterung wie bei allen Indianerstämmen wichtige Gesichtspunkte waren, verlangten die Nez Percé vor allem zähe, kräftige Arbeitspferde, die für Krieg und Jagd gleichermaßen geeignet waren. Als Lewis und Clarke sie im Reisebericht ihrer Expedition im Jahre 1806 ausführlich erwähnten, war die Qualität der Pferde der Nez Percé schon weithin bekannt.

Etwa 70 Jahre später wurde die Rasse praktisch ausgelöscht, als die US-Truppen das Land der Stämme besetzten und die Indianer in Reservaten untergebracht wurden. Unter ihrem Anführer, Häuptling Joseph, übten die Nez Percé Vergeltung und zogen sich kämpfend zurück in die bergigste Gegend des ganzen Westens. Schließlich versuchten sie, Zuflucht hinter der kanadischen Grenze zu finden. Nach einem Marsch von etwa 2100 km wurden sie in den Bear Paw Bergen in Montana gestellt und zur Aufgabe gezwungen – kurz vor der Grenze, die sie schon glaubten, überquert zu haben. Ihre Besitztümer wurden ihnen abgenommen und ihre Pferdeherden abgeschlachtet.

DIE WIEDERAUFERSTEHUNG DER RASSE

Im Jahre 1938 wurde die Zucht auf der Basis einiger überlebender Nachkommen der Nez-Percé-Pferde wieder aufgenommen, und man gründete den Appaloosa Horse Club in Moscow/Idaho.

RUMPF

Wie bei den besten »Cow-Ponys« ist der Körper kompakt, rundrippig und tief. Die Gliedmaßen sind ausgesprochen korrekt und stark.

SCHWEIF

Das Mähnen- und Schweifhaar ist gewöhnlich dünn, kurz und fransig, was für die Indianer praktisch war, denn so konnten sich die Pferde nicht in dornigem Gestrüpp verfangen.

HUFE

Die Hufe sind im allgemeinen schwarz-weiß längsgestreift. Derart gemusterte Hufe gelten als elastischer.

SCHABRACKENTIGER

Diese gefleckte »Schabracke« ist eines von fünf anerkannten Farbmustern beim Appaloosa. Die Hufe sollen längsgestreift sein, und auch der Genitalbereich soll gesprenkelt sein.

GRÖSSE

1,47–1,57 m

In weniger als 50 Jahren war das Appaloosa-Zuchtregister mit mehr als 400 000 eingetragenen Pferden das drittgrößte der Welt. In Großbritannien führt die sehr aktive British Appaloosa Horse Society (Mitglied im Appaloosa Horse Club) ein Körverzeichnis, und ihr erklärter Wunsch ist es, in der Zukunft ein Stutbuch zu eröffnen.

Der moderne Appaloosa ist zwischen 1,47 und 1,57 m groß. In den USA wird er von den Viehhütern als Arbeitspferd eingesetzt. Er ist ein beliebtes Freizeitpferd, dient aber auch als Renn-, Spring-, Western- und Distanzpferd. Es gibt keinen einheitlichen Typ, denn besonders in den USA gab es umfangreiche Kreuzungen mit Quarter Horses (siehe Seiten 228–229). Die besten Exemplare sehen aus wie gut gezogene Cow-Ponys – kompakt und mit sehr kräftigen, korrekten Gliedmaßen. Man sagt der Rasse nach, sie sei extrem hart, sehr willig und habe ein angenehmes Temperament.

FELLZEICHNUNG

Es gibt fünf anerkannte Fellzeichnungen dieser Rasse, und zwar: Leopard (Tigerschecke) – am ganzen Körper oder teilweise weiß mit dunklen, ovalen Flecken bedeckt; Snowflake (Schneeflockenschecke) – weiße Tupfen auf dem ganzen Körper, aber hauptsächlich im Hüftbereich; Blanket (Schabrackentiger) – dunkle Grundfarbe mit einer weißen oder getupften »Decke« über den Hüften; Marble (Marmorschecke) – Tupfen auf dem ganzen Körper; und Frost – weiße Tupfen auf dunklem Fell. Abgesehen von der Fellzeichnung hat der Appaloosa noch andere typische Merkmale, die alle von einer Generation an die nächste vererbt werden. Mähnen- und Schweifhaar sind dünn und fransig, was die Pferde davor schützen soll, sich damit in Dornengestrüpp zu verfangen. Das Auge ist wie beim Menschen um die Iris weiß. Die Haut am Maul und an den Genitalien ist stark gesprenkelt. Die Hufe haben senkrechte schwarze und weiße Streifen. Die Hufe sind sehr gesund, sie gelten als elastischer als die anderer Pferde und sollen zur Ausdauer des Appaloosas beitragen.

In den USA gibt es das Pony of the Americas, eine »Rasse«, die aus einer Appaloosa/Shetland-Kreuzung entstand und bei der alle Fellzeichnungen des Appaloosas vertreten sind. Der Colorado-Ranger (siehe Seiten 240–241), ein weiteres geflecktes Pferd Amerikas, basiert auf Araber- und Berber-Stempelhengsten und kann beim Appaloosa Horse Club eingetragen werden. Umgekehrt kann aber nicht jeder Appaloosa bei den Colorado Rangers eingetragen werden.

URSPRÜNGE

Der Appaloosa stammt aus dem Nordwesten Oregons, dem Südosten Washingtons und dem angrenzenden Idaho, dem Land der Nez Percé-Indianer, den passioniertesten Pferdezüchtern unter den Indianerstämmen. Die bevorzugten Zuchtgebiete waren die fruchtbaren, geschützten Täler der Flüsse Clearwater, Snake und Palouse. Die ganzjährig guten Haltungsbedingungen förderten Größe und Wuchs ebenso wie die selektiven Zuchtmethoden.

HALS
Die Halslänge paßt zum Körper. Der Widerrist ist gut ausgeprägt, und die schräge Schulter gibt dem Pferd Schulterfreiheit und lange, fließende Bewegungen.

CAYUSE-INDIANER-PONY
Das Cayuse-Indianer-Pony des amerikanischen Westens wurde vom Stamm der Cayuse aus einer spanischen Mustang-Linie gezüchtet. Es war bekannt für seine Ausdauer und Schnelligkeit, und oft erwies es sich als den Pferden der US-Kavallerie überlegen.

MEXIKANISCHER VAQUERO

DER AMERIKANISCHE COWBOY

DIE SPANISCHEN SIEDLER brachten nicht nur Pferde in die Neue Welt, sondern auch ihre traditionelle Rinderzucht und errichteten die ersten Rinderfarmen in Argentinien und Mexiko. Ursprünglich ging es dabei nicht um die Fleischproduktion, sondern hauptsächlich um Leder. Durch die stark ansteigenden Bevölkerungszahlen in Europa und Nordamerika hatte sich der Schwerpunkt zu Beginn des 19. Jahrhunderts jedoch auf die Massenproduktion von Fleisch verlagert. Daher verbreitete sich die Rinderzucht schnell im Westen der USA. In dieser Größenordnung der Viehzucht werden auch viele Pferde benötigt, meist wilde Mustangs (siehe Seiten 216 bis 217), die fürs Viehtreiben ausgebildet werden mußten. Die Cowboys waren harte, clevere Männer und mußten die Härte und Entbehrungen der langen Viehtrecks durch das rauhe Land ertragen.

DIE LEGENDE DER COWBOYS

Um diese Männer rankt sich die Legende vom amerikanischen Westen. Von einer Handvoll Autoren ins Leben gerufen und in den Western-Filmen Hollywood's fleißig kultiviert, wurde der Westen eines der größten Phänomene des 20. Jahrhunderts. Die Realität war weniger romantisch. Das Leben der Cowboys war äußerst hart und in keinster Weise heldenhaft. Sie mußten nicht nur besondere Fähigkeiten besitzen, sondern auch eine ganze Reihe spezieller Ausrüstungsgegenstände, um mit dem Leben in einem riesigen, leeren Land fertigzuwerden, wo ein Mann zu Fuß kaum Überlebenschancen hatte.

RINDERHÜTEN

Die wichtigste Voraussetzung war das Pferd. Zu Beginn unterschieden sich die Cowboy-Pferde kaum von den Indianer-Ponys und waren nicht größer als etwa 1,42 m. Nach dem Bürgerkrieg (1861–1865) und dem Aufkommen schwererer Rinder gab es größere Pferde, wozu auch das Quarter Horse (siehe Seiten 228–229), das beste aller Cowboy-Pferde zählt. Viele der Pferde waren wilde Mustangs, und die meisten wurden im Hauruckverfahren von professionellen Zureitern (bronc-busters) eingeritten. Die Elite waren die Cutting-Pferde, deren Aufgabe es war, einen bestimmten Stier vom Rest der Herde auszusondern oder zu separieren. Ebenso gepriesen wurden die Roping-Pferde, die sich fest in den Boden stemmten, nachdem sie den Reiter in die beste Position gebracht hatten, um einen Stier mit dem Lasso zu fangen. Die Pferde blieben stehen und hielten das Seil gespannt, selbst wenn der Reiter abgestiegen war. Dann gab es noch das sogenannte »night horse«, das Nachtpferd, das besonders zuverlässig und außergewöhnlich trittsicher war, so daß es gut im Dunkeln arbeiten konnte, wenn es einmal nachts eine Stampede gab.

Der Cowboy (auch *»vaquero«*, »cowpuncher«, »cow-hand« oder »buckaroo« genannt, je nachdem in welchem Teil des Landes er arbeitete) ritt bevorzugt Wallache, da sie als zuverlässiger als Stuten galten. Die bevorzugten Gangarten waren der »lope«, ein langsamer Galopp am hingegebenen Zügel, und der ebenfalls am losen Zügel gerittene »jog«, der Zockeltrab. Der Cowboy ritt mit langen Steigbügeln und trabte nicht leicht. Er legte im jog etwa 8 km in der Stunde zurück, im lope waren es zwischen 9,5 und 13 km/h.

AUSRÜSTUNG

Als die Spanier nach Amerika kamen, brachten sie nicht nur Pferde mit, sondern auch ihre Reitweise und die Ausbildungsmethoden, die auf der iberischen Halbinsel während der 700 Jahre dauernden Herrschaft der Mauren (siehe Seiten 62–63) entwickelt worden waren.

PRAKTISCHE KLEIDUNG

Dieses Foto zeigt den Anführer eines Montana-Trails um 1880. Seine Kleidung und Ausrüstung sind vollkommen zweckorientiert, vom breitkrempigen Stetson bis zu den Sporen mit losen Rädchen. Auch sein Pferd wird er ganz nach praktischen Gesichtspunkten ausgewählt haben.

MODERNE COWBOYS

Auch heute noch werden die Herden der weißgesichtigen Hereford-Rinder in Neu-Mexiko von Pferden und Cowboys umgetrieben.

BEI DER ARBEIT
Dieses von Charles Russell 1904 gemalte Bild zeigt, wie Cowboys einen Stier mit dem Lasso einfangen. Interessant sind auch die sorgfältig gezeichneten Brandzeichen.

DER WESTERN-SATTEL
Im Prinzip war der Western-Sattel die Arbeitsfläche für den Cowboy, wo er seine gesamte Ausrüstung unterbringen mußte. Der Sattel war breit und wog zwischen 18 und 23 kg. Eine schwere, zusammengelegte Decke lag unter dem Sattel. Sie schützte vor Druckstellen, diente dem Cowboy aber auch als Schlafdecke.

SATTELHORN
Das Lasso wird um das Horn gewickelt.

STEIGBÜGEL
Die großen Steigbügel schützen die Füße bei schlechtem Wetter.

Auch Zäume und Sättel, die die Cowboys bei der täglichen Arbeit oder der Ausbildung der Pferde benutzten, waren deutlich spanisch beeinflußt.

Der Westernsattel war je nach Landesteil verschieden, aber alle Sättel waren Weiterentwicklungen des Sattels der Konquistadoren (siehe Seiten 214–215), den die mexikanischen *Vaqueros*, die ersten Cowboys des Westens, übernommen hatten. Das Horn vorne am Sattel diente zur Befestigung des »lariats« (Lasso), wenn der Cowboy damit einen Stier eingefangen hatte. Bevor Anfang des 19. Jahrhunderts das Sattelhorn eingeführt wurde, befestigte man das Ende des Lassos am Pferdeschweif, eine Methode, die erhebliche Nachteile hatte. Zwischen dem texanischen und dem kalifornischen lariat gibt es bestimmte Unterschiede: Das erstgenannte ist ein 9–12 m langes Manilahanfseil, das »riata« oder Lasso genannt wird, während die kalifornische Variante ein 18–20 m langes Seil aus Rohleder ist, das mit einer großen Schlinge geworfen wird.

Die Western-Sättel hatten breite lederne Steigbügel-Riemschilde, die das Reiterbein besser als die schmalen Steigbügelriemen Europas vor dem Naßwerden oder Wundscheuern durch den Pferdeschweiß schützten. Die großen Steigbügel bestanden aus Holz, das mit Rohleder überzogen war, und nicht aus Metall, das bei schlechtem Wetter zu kalt für die Füße des Reiters wäre.

ARBEITSKLEIDUNG

Auch die Kleidung mußte praktisch sein, wenn sie auch manchmal stark mit Silber verziert war. Der breitkrempige Hut, der nach dem größten Hersteller John Batterson Stetson einfach Stetson genannt wurde, schützte den Cowboy vor Sonne, Wind, Regen und Schnee. Er konnte auch zum Wasserschöpfen oder zum Wedeln genommen werden. Ein jüdischer Schneider aus New York namens Levi Strauss erfand die tief auf der Hüfte sitzenden, engen Hosen aus Denim, die auch heute noch einfach »Levis« genannt werden.

Für ihre Stiefel gaben die Cowboys viel Geld aus. Die halbhohen Stiefel wurden aus besonders weichem Leder nach Maß gefertigt und waren oft kunstvoll verziert. Am wichtigsten waren die hohen, nach vorn abgeschrägten Absätze, die der Cowboy in den Boden stemmen konnte, wenn er ein Kalb im Lasso hatte. Auch die Sporen waren oft stark verziert. Sie waren schwer und hatten große, lose Rädchen, die klingelten, wenn der Cowboy ritt und erinnerten die Rinder an seine Gegenwart. Stabile Chaps gehörten zur Schutzkleidung in Texas, wo es viel hartes, spitzes Dornengestrüpp gab. In der offeneren Landschaft Kaliforniens trugen die Cowboys an kalten Wintertagen oft Schaffell-Chaps. Selbst die Baumwoll-Bandanna um den Hals hatte einen praktischen Zweck. Dieses Halstuch diente als Wasserfilter oder als Staubmaske und wenn nötig konnte man es auch als Verband benutzen.

DER VIELSEITIGE STETSON
Der nach seinem Hersteller John Batterson Stetson benannte Hut, der Stetson, erfüllte viele Zwecke und diente sogar zum Wasserschöpfen.

QUARTER HORSE

DAS AMERIKANISCHE QUARTER RUNNING HORSE, das manchmal auch episch der berühmte und gefeierte Colonial Quarter Pather genannt wird, wurde erstmals zu Beginn des 17. Jahrhunderts gezüchtet, und zwar in Virginia und den anderen besiedelten Gebieten an der Ostküste. Dieses unverkennbare Pferd ist die älteste aller amerikanischen Rassen, obwohl das Morgan Horse, das es erst seit dem Ende des 18. Jahrhunderts gibt, die älteste dokumentierte Rasse ist. »The Morgan Horse and Register« erschien erstmals 1894, während der Zuchtverband des Quarter Horse, die American Quarter Horse Association, erst 1940–1941 gegründet wurde.

»RINDERVERSTAND«

Schnelligkeit, Balance und Wendigkeit sowie ein untrügerischer Instinkt für seinen Job machen das Quarter Horse zum besten Cowboy-Pferd der Welt.

URSPRÜNGE

Die ersten Siedler in der Neuen Welt »erbten« die Pferde, die die spanischen Abenteurer (siehe Seiten 214–215) ins Land gebracht hatten. Zu jener Zeit war der Pferdebestand eine Mischung aus spanischen Pferden (Andalusiern würden wir heute sagen, siehe Seiten 106–107), Berbern und Arabern (siehe Seiten 64–65), die sich während der langen islamischen Besetzung (siehe Seiten 62–63) entwickelt hatten. Diese Pferde bildeten einen züchterischen Grundstock mit einem riesigen Potential, und als diese Pferde mit aus England importierten Pferden gekreuzt wurden, wurde der Grundstein gelegt für das einzigartig gebaute American Quarter Horse.

1611 kamen die ersten größeren Importe englischer Pferde in Virginia an. Die 17 Hengste und Stuten gehörten zu den einheimischen »Rennpferden«, auf deren Grundlage später, d.h. nicht vor dem 17. Jahrhundert, das Englische Vollblut gezüchtet werden sollte. Man nimmt an, daß diese Rennpferde auch stark beeinflußt waren von den inzwischen ausgestorbenen Galloways (siehe Seiten 170–171), den schnellen Ponys aus dem Norden Großbritanniens, und den Irish Hobby, einer Ponyrasse, die im 16. und 17. Jahrhundert in Connemara im Westen Irlands (siehe Seiten 178–179) lebte.

Aus dieser Blutmischung entstand das Quarter Horse als kompaktes, massiges Pferd mit einer Größe von etwa 1,52 m und einer massigen und stark bemuskelten Hinterhand. Der amerikanische Experte David P. Willoughby vergleicht das Quarter Horse mit »einem kräftig gebauten Sprinter oder einem Mittelding zwischen einem schlanken Langstreckenläufer und einem stark bemuskelten Kugelstoßer oder Gewichteheber«.

Kopf
Der Kopf ist hübsch, aber kürzer und breiter als der des Vollblüters. Das Maul ist klein.

LASSO

Das Lasso oder Lariat ist ein wesentlicher Bestandteil der Arbeitsausrüstung des Cowboys. Die texanische Version besteht aus Hanf und ist 9 bis 12 m lang.

KARPALGELENKE
Die Karpalgelenke müssen groß, breit und flach sein. Wie auch die anderen Gelenke sollen sie hart und klar sein.

ARBEIT UND RENNEN

Die Pferde hatten viele Einsatzgebiete, einschließlich der Arbeit auf der Farm. Sie arbeiteten mit den Rindern, sie zogen Holz und sonstige Waren, sonntags gingen sie vor der Kutsche, und sie wurden geritten. Es waren anspruchslose Pferde, insbesondere was das Futter angeht.

So vielseitig dieses Pferd auch war, seine meistgelobte (von den rennsportbegeisterten englischen Siedlern entwickelte) Fähigkeit war der Sprint über eine kurze Strecke. Die Pferde gingen Kurzstreckenrennen über eine Viertelmeile auf Strecken durchs Gestrüpp, auf Wegen in den

Plantagen oder sogar auf der Dorfstraße. Daher wurde das Pferd als »Quarter Horse« oder »Quarter Miler« bekannt.

Durch ihre Kraft und den muskulösen Körperbau waren die Pferde ideal für diese Art Rennen. Um 1656 hatten sich die Quarter-Horse-Rennen in Virginia etabliert und waren sehr beliebt, und das Quarter Horse galt als das beste Kurzstreckenrennpferd. Später, als der Englische Vollblüter in Amerika eingeführt worden war, wurden ovale Rennbahnen gebaut und Rennen über größere Distanzen kamen auf, wodurch die Popularität der Kurzstreckenrennen zurückging, und innerhalb kurzer Zeit wurden sie in den Oststaaten nicht mehr veranstaltet. Heute sind Quarter Horse-Rennen erneut ein beliebtes sportliches Ereignis in den USA. Die Zucht des Quarter Horse verlagerte sich damals in den Westen, wo es dank seiner Schnelligkeit, seines Gleichgewichts und Wendigkeit das perfekte Cowboy-Pferd wurde. Es ist so schnell und wendig, daß man von ihm sagte, »es könne im Galopp auf einem Zehncentstück umdrehen und gäbe einem noch neun Cent heraus«.

Die Rasse ist prädestiniert für Trail-Ritte und die traditionellen Western-Turniere (siehe Seiten 368–369). In jüngster Zeit lebte die alte Tradition der Quarter Horse-Rennen wieder auf, und es gibt heute Rennen mit höheren Preisgeldern als im Vollblut-Rennsport. Aus diesem Grund führt das moderne Quarter Horse mehr Vollblut und hat etwas von seiner »bulligen« Erscheinung verloren. Mit Millionen eingetragener Pferde ist das Quarter-Horse-Register der größte Zuchtverband der Welt.

URSPRÜNGE

Das Quarter Horse gilt als die älteste Rasse Nordamerikas. Die Ahnen des modernen Quarter Horse wurden im frühen 17. Jahrhundert in Virginia gezüchtet. Heutzutage wird die Rasse in vielen Ländern gezüchtet, u.a. in Großbritannien, aber abgesehen von den USA gibt es die meisten Quarter Horses in Australien. Obwohl die Wiege dieser Rasse in den Oststaaten der USA stand, waren die Pferde schnell im Westen zuhause.

HINTERHAND
Die schwere, muskulöse Hinterhand, die das Pferd untersetzt und stämmig aussehen läßt, ist ein Merkmal der Rasse. Durch den Einsatz von Vollblütern ist dieses Merkmal jedoch schon zurückgegangen.

RUMPF
Die Unterlinie, d.h. der Bauch, ist länger als der Rücken und soll zur kompakten, stämmigen Gesamterscheinung beitragen.

GLIEDMASSEN
Die Röhrbeine sind kurz. Die Sprunggelenke sind niedrig angesetzt und extrem beweglich.

GRÖSSE
1,52–1,60 m

QUARTER HORSE-FAMILIEN

Es gibt 12 große Quarter Horse-Linien oder Familien, die alle auf die beiden bemerkenswerten Stammväter der Rasse zurückgehen – Janus und Sir Archy. Der 1780 gestorbene englische Importhengst Janus gründete durch seinen gleichnamigen Sohn die große Printer-Linie, die zu den einflußreichsten Linien gehört. Sir Archy, ein Sohn des Diomed, dem ersten Derby-Sieger, spielte auch eine Rolle bei der Entwicklung des American Saddlebred (siehe Seiten 232–233). Auf ihn gehen die Linien von The Shiloh, Old Billy, Steel Dust und Cold Deck zurück, und zwei der besten und einflußreichsten Hengste des 20. Jahrhunderts, Joe Bailey und Peter McCue, sind seine Nachkommen.

QUARTER-HORSE-RENNEN
Heute erfreuen sich Quarter Horse-Rennen steigender Beliebtheit, und die Preisgelder sind oft höher als im Vollblut-Rennsport. Durch den Einsatz als Rennpferd werden vermehrt Vollblüter eingekreuzt.

MORGAN HORSE

DAS MORGAN HORSE ist die erste dokumentierte Rasse Amerikas und geht zurück auf den phänomenalen, vererbungsstarken Hengst Justin Morgan. Er war eines der bemerkenswertesten Pferde in der Geschichte des Pferdes, aber seine Herkunft ist ungeklärt und führte zu Spekulationen unter Fachleuten. Bei der Entstehung des American Saddlebred (siehe Seiten 232–233) und des Standardbred (siehe Seiten 338–339) spielten Morgan Horses eine große Rolle.

JUSTIN MORGAN

Das Märchen des kleinen, dunkelbraunen Pferdes, das 360 kg wog und nur etwa 1,42 m groß war, beginnt im Jahre 1795, als ein verarmter Musiklehrer, Schullehrer oder Kneipenbesitzer (je nach Quelle) namens Justin Morgan einen zweijährigen Hengst als teilweise Rückzahlung einer Schuld erhielt. Es heißt allgemein, der Hengst sei 1793 geboren worden, aber der Morgan Horse Club gibt 1789 an. Man ist sich jedoch einig, daß er in West Springfield in Massachusetts geboren wurde. Der Hengst hieß ursprünglich Figure und wurde erst umbenannt, nachdem sein Besitzer gestorben war. Nach dessen Tod gehörte er mehreren verschiedenen Besitzern. Er starb 1821 im Alter von 32 Jahren.

Figure wurde zuerst an einen gewissen Robert Evans verpachtet, der herausfand, daß der Hengst bei Zugwettbewerben oder Rennen von keinem anderen Pferd in der Gegend zu schlagen war. Von da an arbeitete der Hengst unglaublich hart vor dem Pflug, beim Roden der Wälder und als Zugpferd. Bei seinem letzten Besitzer mußte er einen Miststreuer ziehen. Er gönnte ihm noch nicht einmal den Luxus eines Stalles in den harten Wintern im Nordosten. Justin Morgan nahm sein ganzes Leben lang an schweren Zugwettbewerben teil und ging Rennen unter dem Sattel oder vor dem Wagen – und wurde nie geschlagen!

Folglich war er ein sehr gefragter Deckhengst, und er vererbte sicher seinen besonderen Charakter und seine Erscheinung. Zusammen mit seinen drei berühmtesten Söhnen, Sherman, Woodbury und Bullrush, auf die alle modernen Morgan Horses zurückgehen, schuf Justin Morgan die erste Pferderasse Amerikas.

Heute ist das Morgan Horse mit 1,45 bis 1,57 m größer als sein illustrer Ahnherr und zweifellos edler, aber es zeigt immer noch die typischen Gebäudemerkmale und Körperhaltung.

DIE HERKUNFT DES JUSTIN MORGAN

Die Frage, die nicht mit völliger Sicherheit beantwortet werden kann, betrifft Justin Morgan's eigene Abstammung. Einige Fachleute glauben, seine Mutter sei eine Tochter des importierten Hengstes Wildair gewesen.

Wildair war ein Vollblüter, obwohl diese Bezeichnung zu jener Zeit noch nicht in Ge-

SPORTPFERD
Morgan Horses sind sehr vielseitig. Sie gehen in Reit- und Fahrprüfungen ebenso wie als Kutsch-, Western- oder Freizeitpferd oder als Trail-Pferd. Früher einmal waren sie die erklärten Kavalleriepferde der US-Armee.

KOPF
Der Kopf ist mittelgroß und läuft zum Maul hin schmal zu. Die Nasenlinie ist gewöhnlich gerade. Die gespitzten Ohren stehen weit auseinander.

SCHULTERN
Die Schultern sind schräg, der Widerrist ist gut ausgeprägt. Das Pferd ist stark, aber nicht so schnell. Die Brust ist breit, und die Gänge sind gerade und frei aus der Schulter.

GLIEDMASSEN
Die Beine sind schlank, aber das Röhrbein ist gut. Die Gelenke sind hart und gut geformt, und das Pferd ist für alle Arbeiten geeignet.

HUFE
Bei normaler Hufpflege sind die Hufe rund und mittelgroß. Die Hufe des abgebildeten Pferdes sind lang, um die Aktion der Vorhand zu betonen. Die Fesseln sind nicht zu schräg gestellt.

brauch war. Nearco und Nasrullah, zwei der größten Rennpferde des 20. Jahrhunderts, stammen mütterlicherseits von ihm ab. Wildair gehörte derselben Person wie der Vollblüter True Briton, der oft als Justin Morgan's Vater hingestellt wird. True Briton war ein gutes Rennpferd und ähnelte stärker dem Araber oder Berber als der Vollblüter unserer Tage. Es gibt jedoch keine Beweise, daß True Briton der Vater von Justin Morgan war. In einer anderen Version ist ein Friesenhengst aus der Gegend von Springfield der Vater.

Eine dritte Theorie sieht in einem Welsh Cob den Vater von Justin Morgan. Anthony Dent, ein Experte aus dem 20. Jahrhundert, unterstützt diese Theorie, denn seiner Meinung nach »gibt es nur wenig Zweifel, daß Figure ein Welsh Cob war, entweder mit einem Schuß Araber- oder Vollblut.« Es ist sicherlich richtig, daß es zu jener Zeit (und auch heute noch) ein großes walisisches Siedlungsgebiet in Vermont gab und daß zwischen Morgan Horse und Welsh Cob große Ähnlichkeiten im Exterieur bestehen.

DER EINFLUSS DES MORGAN HORSE

Man sieht Standardbred- und Saddlebred-Pferden an, daß sie vom Morgan Horse ebenso beeinflußt wurden wie das Tennessee Walking Horse (siehe Seiten 236–237). Das Standardbred wurde durch Justin Morgan's Enkel Black Hawk und dessen Sohn Ethan Allen beeinflußt. 1853 brach Ethan Allen den bis dahin gültigen Rekord von 2,5 Minuten/Meile. Er trabte vor dem alten, schweren Sulky die Meile in 2 Minuten und 25,5 Sekunden. George Wilkes, der Begründer einer der großen Linien des Standardbreds, die bis auf Hambletonian zurückgeht, war der Sohn einer Morgan-Stute namens Dolly Spanker. Zwei weitere Stempelhengste, Cabell's Lexington und Coleman's Eureka, hatten ein Morgan Horse zum Vater, so wie viele andere rekordbrechende Standardbreds. Peavine 85, ein Urenkel des Ethan Allen, beeinflußte das Saddlebred in der Entstehungsphase der Rasse. Der 1863 geborene Hengst war sehr fruchtbar und gelangte besonders als Stutenmacher zu Ruhm und Ehre.

Man kann sagen, daß das Morgan Horse einen wichtigen Faktor in der Festigung der amerikanischen Pferderassen darstellte.

TRIBUT
Diese Bronzestatue im Kentucky Horse Park in Lexington ist ein Tribut an die bemerkenswerteste Rasse Amerikas.

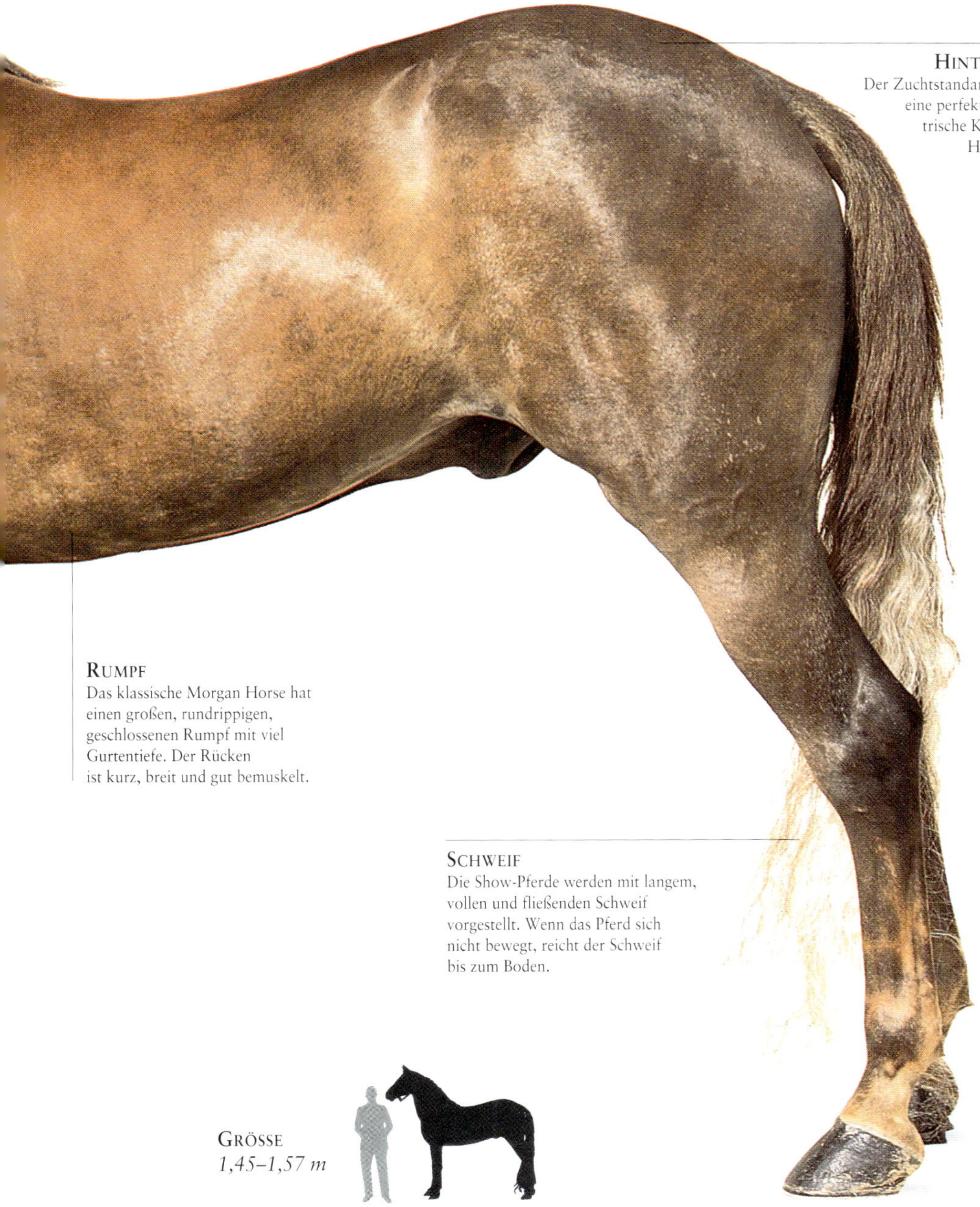

HINTERHAND
Der Zuchtstandard verlangt eine perfekte, symmetrische Kruppe und Hinterbeine.

RUMPF
Das klassische Morgan Horse hat einen großen, rundrippigen, geschlossenen Rumpf mit viel Gurtentiefe. Der Rücken ist kurz, breit und gut bemuskelt.

SCHWEIF
Die Show-Pferde werden mit langem, vollen und fließenden Schweif vorgestellt. Wenn das Pferd sich nicht bewegt, reicht der Schweif bis zum Boden.

GRÖSSE
1,45–1,57 m

URSPRÜNGE

Der Gründerhengst Figure, der später Justin Morgan genannt wurde, soll in West Springfield/ Massachusetts geboren worden sein. Ein Standbild von Amerika's berühmtesten Pferd steht auf der Morgan Horse Farm der Universität von Vermont. Das Morgan Horse hat viele amerikanische Rassen beeinflußt, insbesondere das Standardbred, das Saddlebred und das Tennessee Walking Horse.

American Saddlebred

Durch die Entstehung des Vollblut-Rennsports (siehe Seiten 332 bis 333) im 17. Jahrhundert kamen die Traberpferde und die vielgepriesenen Paßgänger Englands aus der Mode. Viele dieser Pferde fanden ihren Weg nach Amerika und gründeten nach kurzer Zeit »amerikanische« Rassen, die diese Gänge erhielten, verfeinerten und den Bedürfnissen der Siedler anpaßten. Das Standardbred vereinigt in sich zwei dieser frühen amerikanischen Paßgänger-Rassen, nämlich den Canadian Pacer und den Narragansett Pacer.

Alte Passgänger-Rassen

Der Canadian Pacer und der Narragansett Pacer besaßen die weichen, bequemen Gänge ihrer englischen Vorfahren und bildeten die züchterische Grundlage für das American Saddlebred, das Standardbred (siehe Seiten 338–339) und das weniger bekannte Tennessee Walking Horse (siehe Seiten 236–237). Der Canadian Pacer kam aus Frankreich und stammte von den aus Großbritannien im Mittelalter importierten Paßgängern ab. Der Narragansett Pacer aus New England wurde hauptsächlich von den Plantagenbesitzern an der Narragansett Bay auf Rhode Island gezüchtet. Beide Rassen starben aus, letztere hauptsächlich aufgrund ihrer großen Beliebtheit bei den Zuckerrohr-Plantagenbesitzern auf den Westindischen Inseln, wohin die Pferde in so großer Zahl exportiert wurden, daß sie gegen Ende des 18. Jahrhunderts praktisch »ausverkauft« waren.

Das Saddlebred

Wie viele andere amerikanische Rassen auch war das Saddlebred in erster Linie ein praktisches Pferd, wenn auch eins, daß sowohl dem ästhetischen Anspruch wie auch den alltäglichen praktischen Anforderungen der Aristokratie im Süden genügen sollte.

Die Rasse entstand im 19. Jahrhundert in den Südstaaten, hauptsächlich Kentucky, und war anfänglich unter dem Namen Kentucky Saddler bekannt. Der Saddler hatte eine Größe von etwa 1,63 m oder mehr und entstand durch selektive Zucht auf der Grundlage von Canadian und Narragansett Pacer, dem Morgan Horse (siehe Seiten 230–231), das sich zu jener Zeit

Einmalige Knieaktion
Der schwere Beschlag und der hochgetragene Schweif tragen zum künstlichen Aussehen des Pferdes auf den Shows bei, aber die Aktion ist zweifellos hervorragend.

Grösse
1,63 m

schon gut in Vermont etabliert hatte, und dem Vollblut (siehe Seiten 118–119). Das Ergebnis war ein elegantes Gebrauchspferd. Zu Anfang ging es vor dem Pflug, trug einen Mann bequem einen ganzen Tag lang über unwegsames Gelände und diente sonntags als hübsches Kutschpferd für die Fahrt zur Kirche.

EIN VIELSEITIGES PFERD

Das moderne Saddlebred ist am besten bekannt als Show-Pferd unter dem Reiter. Es ist jedoch auch ein gutes Kutschpferd. Es hat viele Gemeinsamkeiten mit dem englischen Hackney (siehe Seiten 378–379), obwohl es einen wesentlich ausgeprägteren Reitpferdewiderrist, einen langen korrekt gebogenen Hals und einen feineren Kopf hat. Die besonders hohe Knieaktion hat es von den alten Paßgängern und Töltern, während es Schnelligkeit, Mut und Schönheit vom Vollblüter geerbt hat. Wenn die Hufe normal geschnitten sind, ist das Saddlebred auch ein beliebtes Freizeit- und Trail-Pferd. Es kann zum Cutting eingesetzt werden, es springt gut, geht Jagden mit der Hundemeute oder dient als Dressurpferd. Obwohl die Pferde von Natur aus ein feuriges Temperament haben, gelten sie als gutmütig und willig.

AUSBILDUNGSHILFEN
Ausbildungshilfen, um die hohe Kopfhaltung zu erzielen, und Scheuklappen werden bei der Ausbildung des American Saddlebred Horse eingesetzt.

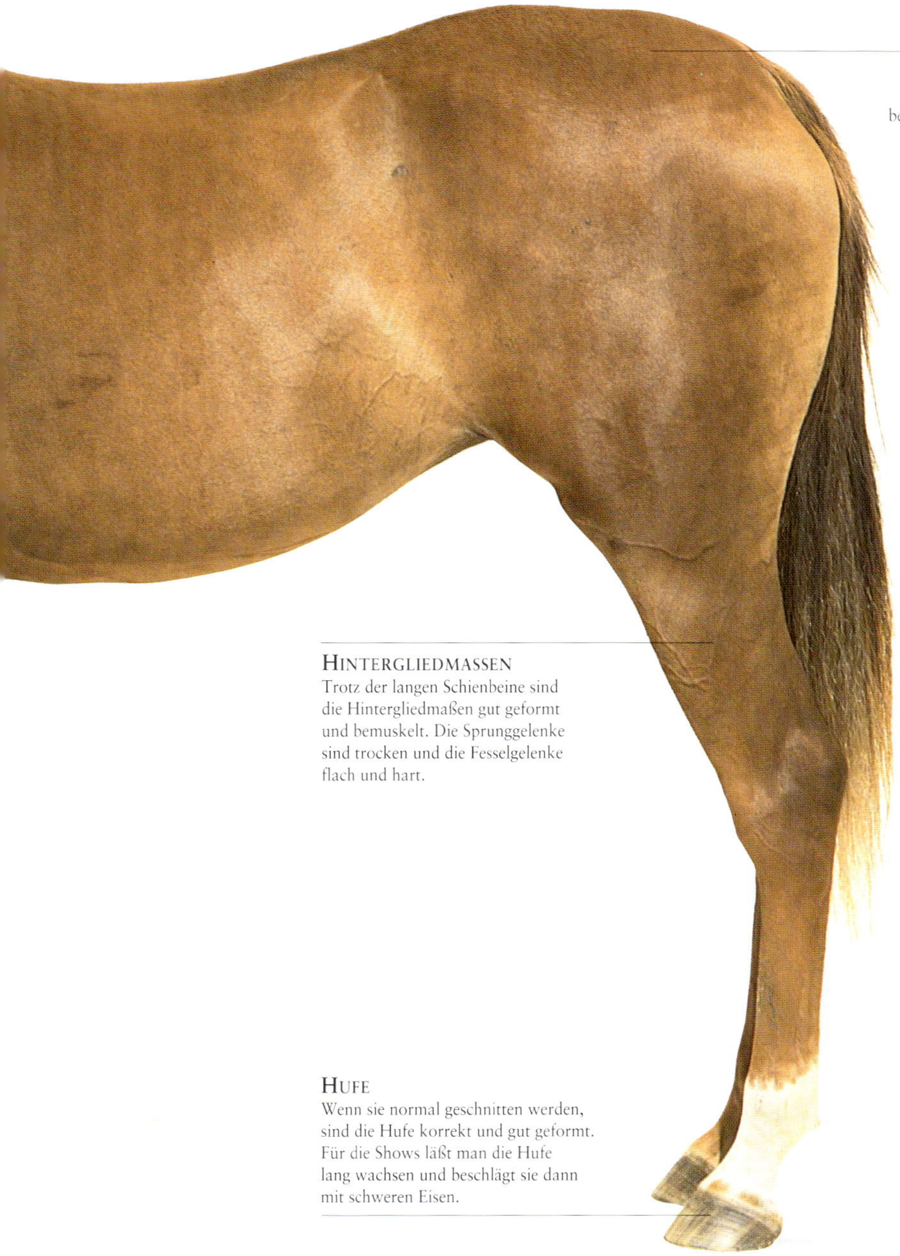

HINTERHAND
Die Hinterhand ist gut bemuskelt, die Kruppe ist fast gerade mit hohem Schweifansatz.

HINTERGLIEDMASSEN
Trotz der langen Schienbeine sind die Hintergliedmaßen gut geformt und bemuskelt. Die Sprunggelenke sind trocken und die Fesselgelenke flach und hart.

HUFE
Wenn sie normal geschnitten werden, sind die Hufe korrekt und gut geformt. Für die Shows läßt man die Hufe lang wachsen und beschlägt sie dann mit schweren Eisen.

DIE SHOWS

Das moderne Saddlebred wird auf der Show sowohl unter dem Sattel als auch im Geschirr vorgestellt. Unter dem Reiter gibt es Klassen für 3- oder 5gängige Pferde. Dreigängige Pferde werden in Schritt, Trab und Galopp gezeigt, wobei jede Gangart langsam und versammelt und mit hoher Aktion geritten wird. Dreigänger werden mit gestutzter Stehmähne und frisiertem Schweif vorgestellt. Der Fünfgänger, die Elite der Saddlebreds, wird mit voller, langer Mähne und Schweif vorgestellt. Neben den drei Grundgangarten beherrscht der Fünfgänger noch zusätzlich den »slow gait«, eine akzentuierte Bewegung im Viertakt, wobei das Bein abfußt, einen Augenblick in der Luft verhält, bevor es wieder aufgesetzt wird, und den »rack«, ebenfalls eine Bewegung im Viertakt, aber in vollem Renntempo und dem Tölt entsprechend.

Die Rasse leidet unter ihrem schlechten Image, denn für viele Pferdefreunde sind der durch einen kleinen chirurgischen Eingriff hochgetragene, abgeknickte Schweif, die langen, schwerbeschlagenen Hufe und der Einsatz von »Ausbildungshilfen« unakzeptabel.

URSPRÜNGE

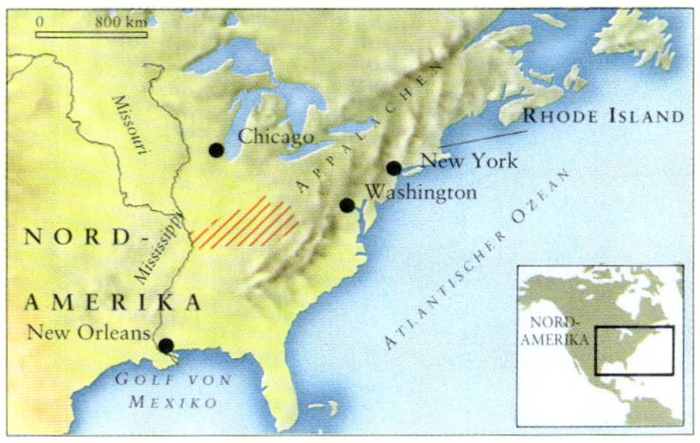

Der Ahnherr des American Saddlebred ist der Narragansett Pacer, der an der Bucht von Narragansett auf Rhode Island in New England gezüchtet wurde. Sein Abkömmling, das Saddlebred, kam aus dem Süden Amerikas und wurde ursprünglich Kentucky Saddler genannt. Das Hauptzuchtgebiet ist auch heute noch Blue Grass Country in der Gegend von Lexington in Kentucky. Die Rasse hat eine enthusiastische Anhängerschaft.

MISSOURI FOX TROTTER

EINE GANZ BESONDERE GANGART
Beim Fox Trot bleibt der Rücken des Pferdes gerade, so daß die Bewegung für den Reiter kaum wahrnehmbar ist.

DER MISSOURI FOX TROTTER, eine der ältesten und wahrscheinlich am wenigsten bekannten Rassen Amerikas, komplettiert das Trio der Gangpferde. Etwa um 1820 wurde mit der Zucht dieser Rasse begonnen, als die Siedler von den Bergen und Plantagen in Kentucky, Tennessee und Virginia über den Mississippi nach Westen zogen, um sich auf dem Ozark-Plateau in Missouri niederzulassen. Natürlich waren es rennsportinteressierte Menschen, und sie brachten ihre Vollblüter sowie Morgan Horses und Araber mit (siehe Seiten 118–119 und 230–231). Die Stuten wurden mit den schnellsten Hengsten gepaart, und es entstanden viele berühmte Linien, die meist nach dem Gründerhengst benannt wurden. Seit 1948 gibt es ein Stutbuch, und innerhalb von 30 Jahren wurden mehr als 15 000 Pferde eingetragen.

KOPF
Der hübsche, trockene Kopf hat gespitzte, gut geformte Ohren und ein schmales Maul.

BRUST
Die Brust ist breit und tief. Die relativ flache Aktion kommt aus der schrägen, starken Schulter. Der Widerrist ist rund.

HUFE
Gute, für unterschiedliches Gelände geeignete Hufe sind ein wichtiges Merkmal des trittsicheren Missouri Fox Trotters.

GRÜNDERLINIEN

Eine der ersten und berühmtesten Linien war die Brimmer-Linie, benannt nach einem Rennpferd, das auf den importierten Vollblüter Jolly Roger zurückgeht. Die Brimmer-Linie wurde von Moses Locke Alsup gepflegt, dessen Familie sich vor dem Bürgerkrieg (1861–1865) auf dem Ozark-Plateau niedergelassen hatte. Auch die Familie Kissee gelangte zu Ruhm durch ihre Pferde. Sie entwickelten die Linien Diamond und Fox, während William Dunn auf der Grundlage guter Morgan-Stuten aus Illinois und Kentucky gepaart mit einem Hengst mit Vollblutanteil die Linie des Old Skip entwickelte, der ein sehr vererbungsstarker Hengst war. Später wurden zwei hervorragende Saddlebred-Hengste eingesetzt (siehe Seiten 232–233), um die Rasse zu verbessern: Chief, der aus einer der Gründerlinien stammte, und der fruchtbare Cotham Dare. Des weiteren wurden auch Tennessee Walker Horses (siehe Seiten 236–237) eingekreuzt.

URSPRÜNGE

Der Missouri Fox Trotter wird traditionell in den Südstaaten Amerikas gezüchtet. Er war gedacht als Reitpferd mit weichen Gängen für weite Strecken unwegsamen Geländes und wurde von den Siedlern aus Kentucky, Tennessee und Virginia gezüchtet, die sich auf dem Ozark-Plateau in Missouri niedergelassen hatten. Auch heute noch ist dieses Pferd gut geeignet für Ritte in dem schwierigen Gelände des Ozark-Plateaus, wo es als das ideale Pferd für Trail-Ritte gilt.

DER FOX TROT

Ursprünglich wurden Pferde, wie die aus Linien Brimmer, Colddeck und Copper Bottom, als Rennpferde und vielseitige Gebrauchspferde gezüchtet. Die Intoleranz der puritanischen Glaubensgemeinschaft verbot jedoch bald diese frivole und sündige Freizeitbeschäftigung. Daher konzentrierte man sich auf einen neuen Typ Pferd, das den speziellen Anforderungen an ein Nutzpferd in dieser Gegend gerecht werden sollte.

Man stellte sich ein starkes, ausdauerndes Pferd mit weichen Gängen vor, das lange Strecken über unwegsames Gelände zurücklegt, ohne daß es selbst oder sein Reiter ermüden.

Um den Typ zu festigen, wurde wohldurchdachte Inzucht unter Einkreuzung von Saddlebreds betrieben. Es entstand ein Pferd mit weichen Bewegungen, das sich durch seinen einzigartigen, rassespezifischen Gang als ideal erwies. Bei diesem Gang, dem sogenannten Fox Trot, handelt es sich um einen abgehackt wirkenden Gang mit großer Trittsicherheit. Genau genommen geht das Pferd vorne einen weit ausgreifenden Schritt, während es mit den Hinterbeinen trabt oder trippelt und dabei über die Spur der Vorderbeine hinwegschleift. Durch diese schleifende Bewegung, die vollkommen gerade sein muß, reduziert sich die Erschütterung in den unteren Gliedmaßen, und die Bewegung im Rücken ist nur noch minimal, so daß er fast gerade bleibt. Somit kann der Reiter fast bewegungslos im Sattel sitzen bleiben und spürt so gut wie nichts von der Bewegung des Pferdes. Es kann lange Strecken (812 km/h und mehr) in dieser Gangart zurücklegen, und auf kurzen Strecken kann es dabei ein Tempo von 16 km/h erreichen. In dieser Gangart nickt das Pferd laufend mit dem Kopf, ähnlich wie das Walking Horse, und der leicht hochgetragene Schweif schlägt im selben Rhythmus auf und ab.

Die anderen Gangarten sind ein sehr raumgreifender Schritt im Viertakt und ein Galopp, der irgendwo zwischen dem flachen, schnellen, am langen Zügel gerittenen »lope« des Cowboy-Ponys und dem langsamen, erhabenen Galopp des Tennessee Walkers oder des Saddlebreds einzuordnen ist. Im Gegensatz zu den beiden anderen Rassen hat der Fox Trotter keine hohe Aktion, und künstliche Hilfsmittel, wie ein falscher Schweif oder sonstige Manipulationen am Schweif, damit er hoch aufgerichtet getragen wird, sind nicht erlaubt. Auch schwere Eisen oder Gewichte an speziellen Hufeisen sind auf den Shows verboten. Wenn ein Pferd wunde Stellen am Kronrand oder den Beinen hat, was auf den Einsatz von Ketten hinweist, wird es sofort disqualifiziert. Auf den Shows wird zu 40 % der Fox Trot bewertet und zu je 20 % Schritt, Galopp und Gebäude. Im Gegensatz zu Saddlebred und Tennessee Walking Horse wird der Missouri Fox Trotter meist mit Westernausrüstung geritten.

FREIZEITPFERD
Der Missouri Fox Trotter, hier mit Western-Ausrüstung, ist ein ideales Freizeitreitpferd. Er ist bequem zu sitzen und sehr trittsicher.

GRÖSSE
1,42–1,63 m

MERKMALE

Der Fox Trotter ist zwischen 1,42 und 1,63 m groß. Die vorherrschende Farbe ist Fuchs in allen Schattierungen meist mit weißen Abzeichen, obwohl alle Farben akzeptiert werden. Der Rücken des Fox Trotters muß lang genug sein, damit das Pferd diesen speziellen Gang, den Fox Trot, gehen kann. Ansonsten handelt es sich aber um ein sehr geschlossenes, gut gebautes Pferd, obwohl es ziemlich gewöhnlich aussieht. Auf allen Turnieren in Ozark gibt es spezielle Prüfungen für die Rasse, aber für die meisten Besitzer, ob Erwachsene oder Kinder, ist der Fox Trotter mit seinen weichen Gängen und der beruhigenden Trittsicherheit ein äußerst zuverlässiges und ideales Trail-Pferd, das genügsam in der Haltung ist.

TENNESSEE WALKING HORSE

FELLFARBEN
Die Rasse kennt auch Schecken, obwohl am häufigsten Füchse und Rappen vorkommen.

DAS TENNESSEE WALKING HORSE, auch Tennessee Walker genannt, spielt eine große Rolle in der einzigartigen amerikanischen Tradition der Gangpferde. Die Rasse entstand parallel zum American Saddlebred (siehe Seiten 232–233). Der Zuchtverband (Tennessee Walking Horse Breeders' Association) wurde 1935 in Lewisburg in Tennessee gegründet, und 1947 wurde die Rasse vom US-Landwirtschaftsministerium offiziell anerkannt. Die Begeisterung für diese bemerkenswerte Rasse ist so groß, daß auf der jährlich stattfindenden Walking Horse Show in Shelbyville/Tennessee mehr Pferde gemeldet werden als auf irgendeiner anderen Pferde-Show in Amerika.

GESCHICHTE

Der Tennessee Walker entstand Mitte des 19. Jahrhunderts im Staat Tennessee, nachdem die Pioniere die Appalachen überquert hatten, um Vorposten in Kentucky, Tennessee und Missouri einzurichten. Der reichste unter den ersten Siedlern begann mit der Zucht eines typvollen Pferdes, das sowohl dem Lebensstil angemessen als auch praktisches Gebrauchspferd war.

Zuchtziel der Siedler war ein Pferd mit Ausdauer und Stehvermögen, das seinen Besitzer viele Stunden lang tragen konnte, während er die Arbeiten auf seinem Land beaufsichtigte. Obwohl das Pferd nicht besonders schnell sein mußte, sollte es doch lange Strecken in angemessenem Tempo zurücklegen können. Zu Beginn wurden diese Pferde »Southern Plantation Walking Horse«, »Tennessee Pacer« oder weniger förmlich »Walker« oder »Turn-Row« genannt. Den letztgenannten Namen gab man ihnen, weil sie in der Lage waren, zwischen den Reihen (= row) in den Pflanzungen umzudrehen, ohne dabei junge Pflanzen zu beschädigen.

Wie alle Gangpferde Amerikas stammt das Walking Horse vom Narragansett Pacer ab (siehe Seite 232). Eingekreuzt wurden Vollblüter (siehe Seiten 118–119), Standardbreds (siehe Seiten 338–339), Morgan Horses (siehe Seiten 230–231) und Saddlebreds (siehe Seiten 232–233). Der Standardbred-Hengst Black Allan und sein Sohn Roan Allan gelten als die Stammväter der Rasse. Black Allan, ein Sohn des Allendorf aus einer Morgan-Stute namens Maggie Marshall stammte aus einer Linie von Standardbred-Trabern (nicht Paßgängern). Vor dem Sulky war er ein Versager, weil er einen merkwürdigen Paß ging. Aber diesen Gang vererbte er treu an seine Nachkommen, und er wurde zu einem vielgepriesenen Merkmal der Rasse. Als er 1903 nach Tennessee kam, wurde er mit den heimischen Tennessee Pacers gekreuzt, woraus der Grundstock für den modernen Walker entstand. Später wurden die Pferde durch den Saddlebred-Hengst Giovanni veredelt und bekamen mehr Qualität. Der Hengst kam 1914 aus Kentucky und wurde in Wartrace/Tennessee aufgestellt, der Stadt, die als Wiege des Tennessee Walking Horse gilt.

URSPRÜNGE

Mit dem Eintreffen der ersten Pioniere Mitte des 19. Jahrhunderts entstand das Walking Horse in Tennessee. Seine Entstehung richtete sich nach den Bedürfnissen der Plantagenbesitzer und des Lebensstils dieser Gesellschaftsschicht. Auch heute noch konzentriert sich die Zucht auf diesen Staat, wo die Tennessee Walking Horse Breeders' Association ihren Hauptsitz hat (Lewisburg) und jedes Jahr die große Show stattfindet (Shelbyville).

DER MODERNE TENNESSEE WALKER

Das Tennessee Walking Horse ist großrahmiger als das Saddlebred. Es hat viel Rumpftiefe und ist geschlossen. Der Kopf sieht oft recht gewöhnlich aus. Die Kopfhaltung ist tiefer als beim Saddlebred, und es zeigt auch keine so hohe

HINTERGLIEDMASSEN
Die Hinterbeine sind kräftig, und unter dem Reiter tritt das Pferd in einer langen, gleitenden Bewegung weit unter.

Aktion. Die Pferde sind zwischen 1,52 und 1,63 m groß. Vorherrschende Farben sind Rappen und alle Varianten des Fuchses, manchmal mit auffälligen weißen Abzeichen.

Heute ist das Tennessee Walking Horse hauptsächlich ein Show- und Freizeitpferd. Es genießt außerdem den Ruf, ein besonders vertrauenerweckendes Pferd für den Anfänger oder ängstlichen Reiter zu sein. Die Pluspunkte der Rasse wurden von der Tennessee Walking Horse Breeders' Association, die 1935 in Lewisburg/ Tennessee gegründet wurde, werbewirksam in einem Slogan zusammengefaßt: »Ride one today and you'll own one tomorrow.« (= Reite heute eins, und Dir wird morgen eins gehören). Zwei Dinge haben den Tennessee Walker so beliebt gemacht: Zum ersten sein freundliches Wesen und zweitens sein berühmter »running walk«, ein wunderbar weicher, gleitender Gang, der vollkommen erschütterungsfrei und daher ganz erholsam und entspannend ist. Dadurch verlieren besonders ängstliche und nervöse Reiter ihre Angst und bekommen Vertrauen.

SPEZIFISCHE GÄNGE

Das Tennessee Walking Horse hat drei Gänge: einen normalen, flachen Schritt, den »running walk«, seine charakteristische Gangart, und den rollenden »Schaukelpferd«-Galopp, einen weichen versammelten Galopp, wobei der Kopf im Rhythmus nickt. Beide Schrittarten sind eine Bewegung im Viertakt, wobei der Kopf immer nickt und die Hinterhufe raumgreifend vor die Spur der Vorderhufe gesetzt werden. Im Zuchtstandard werden sie als reine Bewegung im Viertakt beschrieben, wobei die Hufe regelmäßig nacheinander im 1–2–3–4-Rhythmus auffußen, d.h. vorne links, hinten rechts, vorne rechts und hinten links. Es heißt, diese Gänge seien angeboren, und es ist sicher unmöglich, sie einem Pferd einer anderen Rasse erfolgreich beizubringen.

Im Rennschritt, dem running walk, können die Pferde bei einem Durchschnittstempo von 9–14 km/h große Strecken zurücklegen, über kurze Strecken kann das Tempo dabei sogar 24 km/h erreichen. Die Schnelligkeit ist aber nicht das wichtigste Kriterium, und der Zuchtverband sagt ausdrücklich, daß »im Rennschritt das Tempo nicht über der korrekten Ausführung des Gangs stehen darf«. Bei diesem Gang fußt der Vorderfuß kurz vor dem gegenüberliegenden Hinterfuß auf, wobei er 15 bis 38 cm über die Spur des Vorderhufs tritt. Das Ergebnis ist ein besonders weicher, gleitender Gang, der untermalt wird von mitschwingenden Ohren, dem typischen Kopfnicken und bei hohem Tempo . . . dem Geräusch klappernder Zähne!

KOPF
Der Kopf ist relativ groß, gewöhnlich und unauffällig. In der Bewegung nickt das Pferd rhythmisch mit dem Kopf.

GLIEDMASSEN
Die Beine sind meist trocken und hart. Die Hufe werden lang gelassen und mit Eisen beschlagen, die die hohe Aktion fördern.

GRÖSSE
1,52–1,63 m

ERSCHÜTTERUNGSFREIES REITEN
»Reite heute eins, und Dir wird morgen eins gehören.« Der weiche, gleitende Gang des Walkers ist »stoßfrei« und gibt dem Reiter das beruhigende Gefühl von Sicherheit. Der Kopf nickt ständig im Takt zur Bewegung des Körpers.

KENTUCKY HORSE PARK

Amerikas Hommage an das Pferd

SADDLEBRED
Diese lebensgroße Bronzestatue von Supreme Sultan steht im Kentucky Horse Park.

IN DER GEGEND von Lexington, der Hauptstadt von Kentucky, dem Pferdestaat der USA, gibt es die größte Konzentration an Vollblutgestüten in der Welt und viele Gestüte, wo Standardbreds (siehe Seiten 338–339) und Saddlebreds (siehe Seiten 232–233) gezüchtet werden. Der Kentucky Horse Park befindet sich in der Nähe von Lexington auf 405 ha mit Eichen und Platanen bewachsenem, welligen Hügelland mitten im Blue Grass Country. Der 1978 eröffnete Park war im selben Jahr Austragungsort der Vielseitigkeits-Weltmeisterschaften. Die Architektur, die unauffällig alt und neu vereint, ist charakteristisch für die Region. Big Barn, eine weiße Holzscheune, beherbergt 50 Pferde und einen Auktionsring. Weiter gibt es den Stall der Champions (Hall of Champions), wo einige der größten Pferde Amerikas untergebracht sind; das wunderbare Museum, wo die Ausstellungsstücke kunstvoll auf einer spiralförmigen Rampe arrangiert sind; das American Saddle Horse Museum, an dessen Eingang eine lebensgroße Bronzestatue von Supreme Sultan, einem der größten Saddlebreds, steht, der am schmiedeeisernen Eingangstor begraben ist; den Stall mit mehr als 40 verschiedenen Pferde- und Ponyrassen (Breeds Barn) und den Kaltblut-Stall (Draft Barn), wo die schweren Belgier, eine Besonderheit des Parks, stehen. Es gibt eine Rennbahn, eine Vielseitigkeits-Geländestrecke, Polo-Plätze, Reitplätze, eine große Reithalle und Stallungen für Hunderte von Pferden. Hubert Heseltine's Statue von Man o' War beherrscht den Park, der eine einzige Ehrerbietung an das Pferd ist. Dieses berühmte, auch als Big Red bekannte Pferd ist im Park begraben, ebenso wie einer der größten Jockeys Amerikas, Isaac Burns Murphy (1861–1896), der in 1412 Rennen 628 Siege erritt und den Ruf genoß, nie zu wetten, zu spielen oder einen Vertrag zu brechen. Er und Big Red sind die passenden Hüter dieses Tempels für das Pferd.

»DRAFT BARN«
Die belgischen Brabanter stehen im Draft Horse Barn (Kaltblut-Stall). Sie ziehen Wagen mit Besuchern und verrichten allgemeine Zugarbeiten.

MAN O' WAR *(RECHTS)*
Schon zu Lebzeiten war Man o'War oder Big Red eine Legende. In allen seinen 21 Rennen war er Auffavorit und wurde nur einmal als Zweijähriger geschlagen. Als er 1947 starb, kamen über 1000 Menschen zu seiner Beerdigung.

Maultiere
Der Park ist berühmt für seine mächtigen Riesen-Maultiere (aus Belgier-Stuten) in der unverkennbaren Farbe.

COLORADO RANGER HORSE & PONY OF THE AMERICAS

OBWOHL AMERIKANISCHE PFERDE bekannt sind für die vielfältigen Fellfarben, gibt es nur drei Tigerscheck-Rassen: den Appaloosa (siehe Seiten 224–225), das Colorado Ranger Horse und das Pony of the Americas. Der Appaloosa beeinflußte wahrscheinlich den Colorado Ranger und spielte wohl auch eine Rolle bei der Entstehung des Pony of the Americas. Die Farbe allein reicht jedoch nicht aus für die Eintragung ins Colorado Ranger Stud Book, sondern es zählt die Abstammung von den entsprechenden Gründerlinien.

RANGER IN DER WÜSTE
Das Königliche Gestüt in Amman/Jordanien züchtet edle Vollblutaraber, nebenbei aber auch die bunten Ranger.

DAS COLORADO RANGER HORSE

Die Geschichte der Rasse, d.h. der im Freien gehaltenen und gezüchteten Pferde Colorados, begann nicht in den USA, sondern in Konstantinopel, als General S. Grant 1878 dem türkischen Sultan Abdul Hamid einen Besuch abstattete. Als Zeichen seiner Anerkennung schenkte der Sultan Grant zwei Pferde: einen Siglavy-Gidran-Araber names Leopard, der 1873 in der Wüste geboren worden war, und den reinen Berber-Blauschimmel Linden Tree, gefohlt 1874.

Zuerst wurden die beiden von Randolph Huntington in Virginia als Stammväter einer Rasse von leichten Zugpferden eingesetzt, die er Americo-Araber nennen wollte. Als alte Pferde standen sie eine Saison auf der Colby Ranch in Nevada, und ihre Nachkommen aus den einheimischen, teilweise gescheckten oder Tigerscheck-Stuten waren bald die Attraktion bei den Züchtern im Westen, die ihre ansprechende Farbe sowie die große Vielseitigkeit schätzten. A.C. Whipple aus Kit Carson County in Colorado erwarb eine hervorragende Stutenherde von der Colby Ranch, die alle von den Hengsten Leopard oder Linden Tree abstammten. Für diese Herde suchte er sich Tony aus, einen Hengst mit schwarzen Ohren. Tony war zweifach auf Leopard ingezogen, d.h. Leopard war auf beiden Seiten des Pedigrees als Großvater vertreten. Die Whipples führten die Linienzucht mit diesem Hengst und seinen Söhnen in großem Rahmen fort. Dennoch ist die Rasse des Colorado Rangers eigentlich das Werk eines anderen Mannes: Mike Ruby von der großen Lazy J Bar Ranch. Er kaufte Patches, einen Sohn von Tony, und dann den Berber Max (einen Sohn von Waldron Leopard aus der ursprünglichen Linie), die er als Gründerhengste der neuen Rasse einsetzte, die immer mehr ungewöhnliche Fellfarben zeigte. 1934 wurden diese Pferde auf Anregung der Colorado State University Colorado Rangers genannt. Mike Ruby war bis zu seinem Tode im Jahre 1942 Präsident der Colorado Ranger Horse Association.

Die Rangers waren ausgezeichnete Arbeitspferde, hart wie Stahl und äußerst ausdauernd. Sie haben einen edlen Einschlag, ein Erbe des Araber-/Berber-Bluts ihrer Stammväter. Auch einige der Farben können Erbe des Berbers sein, dessen Blut über die von ihm beeinflußten Spanischen Pferde im 16. Jahrhundert nach Amerika kam. Der Ranger ist aber trotzdem ein geschlossenes Pferd mit kräftiger Hinterhand und Glied-

UMRISS
Der Umriß deutet auf ein kraftvolles, athletisches Pferd.

COLORADO RANGER HORSE

GRÖSSE DES COLORADO RANGERS
1,57 m

maßen. Die durchschnittliche Größe liegt bei 1,57 m, und die meisten Pferde sind bunt. Ein Ranger kann sogar als Appaloosa eingetragen werden, aber nicht umgekehrt.

Pony of the Americas

Das Pony of the Americas ist eine offziell anerkannte amerikanische Rasse mit eigenem Stutbuch und Zuchtregister. Wie der Ranger, so ist auch das Pony of the Americas das Ergebnis der züchterischen Maßnahmen eines einzelnen Mannes: Leslie Boomhower aus Mason City in Iowa. Sein Ziel war ein hübsch gezeichnetes Reitpony mit korrektem Exterieur, das von Kindern in allen Disziplinen geritten werden kann, egal ob Western oder Englisch. Außerdem wollte Boomhower ein Pony, das eindeutig amerikanisch war, im Gegensatz zu den üblichen Importen aus Großbritannien. 1956 gründete er den »Pony of the Americas Club«. Der Stammvater der Rasse. Black Hand, wurde 1954 als Sohn eines Shetlandhengstes und einer Appaloosastute geboren. Später gab es Kreuzungen mit Arabern und Quarter Horses. Der Rassestandard verlangt ein Pony, das aussieht wie die Miniaturausgabe einer Quarter Horse/Araber-Kreuzung mit Appaloosa-Färbung und einigen anderen Merkmalen dieser Rasse. Heute ist nicht mehr viel davon zu sehen, daß dieses Pony auch Shetland-Blut führt. In 15 Jahren stieg die Zahl der Eintragungen auf 12 500 – mit zunehmender Tendenz.

Hilfestellung

Das Pony of the Americas ist schick, bunt und total amerikanisch. Es ist das ideale Reitpony – auch für diesen behinderten jungen Reiter.

Heute sind die Ponys zwischen 1,17 und 1,37 m groß. Ein Pony kann erst eingetragen werden, wenn nach eingehender Musterung feststeht, daß es dem Rassestandard entspricht. Dabei wird besonders viel Wert auf ein gutes Fundament, Veredelung und schicke, gerade und ausbalancierte Bewegungen bei gut untertretender Hinterhand gelegt.

Grösse des Ponys of the Americas
1,17–1,37 m

Kopf
Der hübsche, ausdrucksvolle Kopf hat kleine, gespitzte Ohren. Die gesprenkelte Haut am Maul ist ein Merkmal des Appaloosas.

Gliedmassen
Die kurzen, guten Beine (wie auch der übrige Körper) haben Pony-Proportionen.

Hufe
Die gesunden, harten Hufe sind überhaupt nicht anfällig für Krankheiten oder Probleme durch den harten Boden. Das ist wichtig für ein Ranger Horse.

Pony of the Americas

Ursprünge

Das Colorado Ranger Horse ist nach dem Bundesstaat benannt, in dem die Rasse entstand, obwohl ihre Entwicklung eigentlich in Virginia und Nebraska begann. Colorado ist das Zentrum der Zucht, aber der Ranger wird auch anderswo in den USA gezüchtet. Es gab sogar einmal eine kleine Herde auf dem Königlichen Gestüt in Amman/Jordanien. Auch das Pony of the Americas wird in mehreren Staaten gezüchtet, obwohl die Rasse in Iowa von Leslie Boomhower aus Mason City aufgebaut wurde. Die äußerst qualitätsvollen Ponys sind in der ganzen Welt sehr beliebt.

FALABELLA & AMERIKANISCHES SHETLAND-PONY

KLEINE PFERDE SIND GEWÖHNLICH DAS PRODUKT schwieriger Lebensbedingungen, wozu rauhe Klimaverhältnisse und geringe Futtervorkommen beigetragen haben. Mit genetischen Kenntnissen ist es jedoch ebenso möglich, speziell auf Größe zu züchten – entweder Miniatur- oder auch extrem große Pferde. Zu verschiedensten Zeiten in der Geschichte des Pferdes wurden Miniaturpferde als Haustiere und als Rarität gezüchtet. Heute ist der Falabella das bekannteste Miniaturpferd. Aufgrund seiner Proportionen und seiner typischen Merkmale wird der Falabella immer als Pferd bezeichnet und nicht als Pony. Heute werden neben dem Falabella immer mehr Miniaturpferde gezüchtet, besonders in den USA.

ZWERGPFERD
Der wollige Falabella sieht aus wie die kleinere Version eines Shetland-Ponys, dessen Durchschnittsgröße 1,02 m beträgt, aber es hat bessere Gliedmaßen als die meisten Shetland-Ponys. Der Falabella ist nicht größer als 76 cm.

DER FALABELLA

Der Falabella entstand durch die selektive Zuchtpolitik der Familie Falabella, die diese Pferde auf ihrer Ranch Recreo de Roca in der Nähe von Buenos Aires in Argentinien züchtete. Um diese Zwergpferde zu erhalten, kreuzten sie die kleinsten Shetland-Ponys (siehe Seiten 176–177) mit einem sehr kleinen Vollbluthengst (siehe Seiten 118–119). Dann wurden konsequent nur die kleinsten Tiere miteinander gepaart und der Zwergwuchs sogar durch intensive Inzucht gefestigt.

Eines der kleinsten Miniaturpferde, das je gezüchtet wurde, war eine Stute namens Sugar Dumpling aus dem Besitz von Smith McCoy aus Roderfield in West Virginia, USA. Das Pferdchen war nur 51 cm groß und wog gerade einmal 13,5 kg. Zuchtziel ist ein nahezu perfektes Pferd in Miniaturformat, aber Inzucht als Mittel zur Größenreduktion führt oft zu Schwächen im Exterieur. Die besten Falabellas und Miniaturpferde besitzen oft noch die guten Exterieurmerkmale des Shetland-Ponys, aber andererseits sind viele dieser Zwergpferde unproportioniert, haben große, schwere Köpfe, eine schwache Hinterhand und manchmal sogar regelrecht mißgestaltete Untergliedmaßen. Sie gelten jedoch als freundliche und gutmütige Haustiere.
Die Fellfarbe ist unterschiedlich, und interessant gemusterte Tiere sind nicht selten. Die bevorzugte Größe des Falabella liegt bei 76 cm Widerristhöhe.

GRÖSSE DES FALABELLA
76 cm

DAS AMERIKANISCHE SHETLAND-PONY

In den USA gibt es eine große Pony-Population aufgrund der Importe einiger anerkannter europäischen Rassen, insbesondere der sogenannten Mountain und Moorland-Ponys der neun einheimischen Ponyrassen Großbritanniens (siehe Seiten 170–183). Abgesehen von diesen Rassen gibt oder gab es keine Ponys mit vergleichbarem Zuchtstandard, die man als heimisch hätte bezeichnen können. Amerikanische Züchter haben jedoch ein äußerst großes Talent für Anpassungen und soviel Unternehmergeist, daß es innerhalb von etwa

FALABELLA

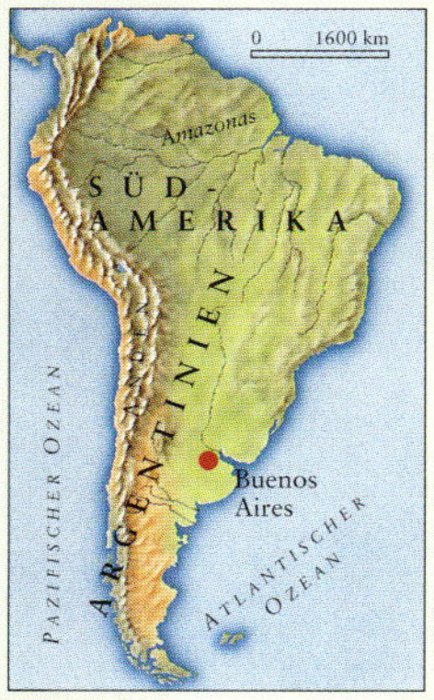

Der Falabella ist immer noch das bekannteste Miniaturpferd, obwohl es weltweit und besonders in den USA viele Typen von Miniaturpferden, meist vom Shetland abstammend, gibt. Der Falabella wurde von der Familie Falabella in der Nähe von Buenos Aires in Argentinien »entwickelt«. Die geringe Größe wurde durch extreme Inzucht erreicht.

50 Jahren nach dem ersten Import schon neue Rassen auf Shetland-Basis gab: das Pony of the Americas (siehe Seiten 240 bis 241) und das sehr beliebte und zahlreich vertretene American Shetland-Pony.

Das ursprüngliche Shetland-Pony wird trotz seiner geringen Größe und der relativ beschränkten Einsatzmöglichkeiten seit mehr als 100 Jahren in die ganze Welt exportiert. Heute gibt es wahrscheinlich mehr Shetlands in den Niederlanden als in Großbritannien. Es ist das beliebteste Pony in den USA, wo es etwa 50 000 gibt. Die ersten 75 Shetlands wurden 1885 von einem Mann namens Eli Elliot importiert, und nur drei Jahre später wurde der American Shetland Pony Club gegründet. Danach gab es immer mehr Tendenzen in Richtung eines verbesserten Ponys. Heute hat das moderne amerikanische Shetland-Pony nur noch wenig gemein mit dem ursprünglichen, harten Inselpony, das unter härtesten Klimabedingungen bei kargem Futter gedeiht.

Die »neue Rasse« ist hauptsächlich ein schickes Fahrpony. Sie entstand durch die Selektion von feiner gebauten Inselponys, die dann mit Hackney-Ponys (siehe Seiten 378–379) gekreuzt wurden. Danach folgten Kreuzungen

AMERIKANISCHES SHETLAND-PONY

Dieses Pony startet in einer »Roadster Class«-Prüfung, wo ein natürlicherer Gang vorgeschrieben ist. In den Harness Classes wird eine hohe Knieaktion verlangt.

mit Arabern (siehe Seiten 64–65) und kleinen Vollblütern, um einen relativ charakteristischen Typ mit orientalischem Ausdruck bei einer dem Hackney ähnelnden Gesamterscheinung zu erhalten. Das Pony hat typische Hackney-Merkmale und ausgezeichnete Gänge mit hoher Knieaktion. Das dichte, wollige Fell ist verschwunden, obwohl Mähne und Schweif immer noch üppig sind. Die Gliedmaßen sind länger und schlanker. Mit durchschnittlich 1,17 m ist das Pony etwa 10 cm größer als das ursprüngliche Pony von den Shetland Inseln.

Es heißt, das Pony habe viel von seiner charakteristischen Härte und Robustheit behalten. Das mag bezweifelt werden, aber die Vielseitigkeit des Ponys ist unbestritten. Es wird in »Harness Classes« vor dem 4rädrigen Buggy vorgestellt und soll so gut wie ein Hackney-Pony gehen. In sogenannten »Roadster Classes« (dem Pendant zu den Fahrprüfungen in Großbritannien), wo andere Kriterien gelten, geht es vor dem zweirädrigen Wagen, und es bestreitet Rennen vor einem leichten Sulky. Es soll auch unter dem Sattel gut gehen, egal ob Englisch oder Western geritten. Der Hunter-Typ geht kleinere Springprüfungen, während andere als reine Show-Ponys dienen – mit langen Zehen, Gewichten an den Eisen und hochgetragenem Schweif. Für englische Verhältnisse sind die Ponys extrem teuer. In den 70er Jahren, als die Nachfrage sehr groß war, lag der Rekordpreis für eine Stute bei 30 000 Dollar und für einen syndikatisierten Deckhengst bei 90 000 Dollar.

SCHWEIF
Die üppige Mähne bzw. der Schweif erinnern an die Shetland-Vorfahren.

WIDERRIST
Der für ein Pony ungewöhnlich ausgeprägte Widerrist begünstigt die schräge Schulterlage.

KOPF
Kopf und Ohren sind lang, und die Nasenlinie ist meist gerade. Es ist kein typischer Ponykopf.

HINTERHAND
Durch die Einkreuzung von Hackney-Ponys, Arabern und kleinen Vollblütern sind die Hintergliedmaßen sehr lang.

GURTENTIEFE
Das Pony hat genügend Gurtentiefe, aber die schlanken Beine sind im Verhältnis zu lang.

GRÖSSE DES AMERIKANISCHEN SHETLAND-PONYS
bis zu 1,16 m

AMERIKANISCHES SHETLAND-PONY

Nach den ersten großen Importen von den schottischen Shetland Inseln im Jahre 1885 konzentrierte sich die Zucht des American Shetland Pony ursprünglich auf den Staat Indiana. 1888 wurde der American Shetland Pony Club gegründet, und seitdem hat sich die Zucht des »neuen« Shetland-Ponys auf die meisten Teile des Landes ausgedehnt. Das amerikanische Pony entstand einzig und allein durch selektive Zucht.

CHINCOTEAGUE

DIE INSELN CHINCOTEAGUE (was in der Landessprache bedeutet: »schönes Land hinter dem Wasser«) und Assateague vor der Küste von Virginia/USA gehören zu den letzten Lebensräumen »wilder« Pferde. Mehr als 200 Ponys, die sogenannten Chincoteague-Ponys, leben auf Assateague, der größeren der beiden Inseln, die inzwischen zum Nationalpark erklärt wurde. Hier leben bedeutende Wildvögel unter der Obhut des Federal Fish and Wildlife Service. Bis zur Sturmkatastrophe von 1933 war Assateague mit dem Festland verbunden, nun ist es durch einen kleinen Streifen Wasser vom Festland und von der Nachbarinsel Chincoteague getrennt.

NATURSCHUTZ
Die Ponys, bei denen heutzutage auch Schecken vorkommen, leben zusammen mit einer Reihe von Seevögeln im Assateague Nationalpark.

ABSTAMMUNG UND MERKMALE

Die Chincoteague-Ponys stammen wahrscheinlich von den Tieren ab, die umherstreunten oder von den Siedlern im 17. Jahrhundert laufen gelassen wurden. Sie gehen daher auf Pferde aus Spanien oder Nordafrika zurück. Die Geschichte, daß ein Schiff aus Nordafrika mit maurischen Pferden mit spanischem oder Berber-Blut auf dem Weg nach Peru im 16. Jahrhundert vor der Küste Schiffbruch erlitt, ist wenig glaubhaft und entbehrt jeglicher Grundlage. Wie all den anderen Schiffwracks, die bei der Entstehung so vieler Rassen behilflich waren, sollte man auch diesem mit Mißtrauen begegnen.

Erst in den 20er Jahren, als das Chincoteague Fire Department (das seltsamerweise für die Verwaltung der Inseln verantwortlich ist) sich für die Bewohner der Insel zu interessieren begann, wurde die Existenz dieser wilden Ponys allgemein bekannt. Zu jener Zeit zeigten die Inselponys bereits deutliche Degenerationsanzeichen. Das Wachstum war gehemmt, und es traten aufgrund der unkontrollierten Inzucht Gebäudemängel und sogar Verwachsungen auf. Die Gliedmaßen waren z. B. verkrüppelt, die Vorderbeine standen ab dem Karpalgelenk nach vorne gebogen, und die Hinterhand war sehr häufig kuhhessig oder säbelbeinig. Besonders die Brust war oft so schmal, daß man unwillkürlich an den Ausdruck aus der Reitersprache denken mußte, daß »beide Beine aus demselben Loch kommen«. Unausweichlich war auch das Röhrbein schlecht, und den Ponys mangelte es sehr an Fundament. Außerdem hatten sie große, derbe Köpfe, die nicht im Verhältnis zum schwachen Körperbau standen. Die Ponys sahen eher so aus wie mickrige Pferde, obwohl sie im Durchschnitt nicht größer als 1,22 m waren. Die typischen Pony-Merkmale, besonders was den Kopf angeht, waren nicht so offensichtlich, und das trifft auch heute noch teilweise zu.

Ein weiterer negativer Faktor für das Wachstum war das karge Futter auf dem sandigen, salzbedeckten Marschland. Andererseits garantierten derartige Lebensbedingungen, daß nur die härtesten, zähesten und anpassungsfähigsten Tiere mit der größten Widerstandskraft gegen die Unbilden des Klimas überlebten.

Seit den 20er Jahren werden erfolgreiche Versuche unternommen, um den Bestand zu verbessern. Es wurden einmal Welsh-Ponys und Shetlands (siehe Seiten 180–181) eingeführt, da beide Rassen zu den Ponys der Insel passen und daher veredelnd wirken können. Weniger einsichtig, aber heute um so bemerkenswerter war der Einsatz von Pintos (siehe Seiten 222–223), besonders, da beide eventuell gemeinsame Ahnen

URSPRÜNGE

Die Chincoteague-Ponys leben auf den kleinen, tiefliegenden und sumpfigen Inseln Chincoteague und Assateague vor der Küste von Virginia, mit dem die letztgenannte Insel bis zur Sturmkatastrophe von 1933 verbunden war. Obwohl das sandige, salzbedeckte Marschland nur spärliches Futter liefert, sind die Ponys hart und äußerst widerstandsfähig gegen extreme Klimabedingungen. Auf den Inseln gibt es mehr als 200 Ponys.

FARBE
Pintos wurden zur Verbesserung der Rasse eingesetzt, wie sich an den Fellfarben erkennen läßt.

VORHAND
Die Vorhand ist schwach, aber gegenüber früher schon verbessert.

GLIEDMASSEN
Die Röhrbeine sind lang, und die meisten Ponys haben wenig Röhrbein und schwach entwickelte Gelenke.

SALZ UND WASSER
Eine Gruppe wilder Ponys grast im salzbedeckten Gestrüpp, das den größten Anteil seiner Nahrung auf der Insel Assateague darstellt.

haben. Die Kreuzung mit dem Pinto hat viele bunte Ponys gebracht, aber auch die anderen Fellfarben sind weiterhin vertreten. Vielleicht hat auch der Pinto dazu beigetragen, daß der Kopf der Ponys immer noch ein »Pferdekopf« ist.

LEBEN AUF DER INSEL

Die Freiwillige Feuerwehr von Chincoteague kümmert sich immer noch um das Wohlergehen der Ponys. Jedes Jahr werden zwei Fangtage veranstaltet, und zwar am letzten Donnerstag und Freitag im Juli. Die Feuerwehrmänner kreisen die Ponys auf Assateague ein und lassen sie auf die gegenüberliegende Insel Chincoteague schwimmen. Dort werden sie in Gatter getrieben und die Jährlinge werden versteigert. Die Verkaufserlöse werden gegen die Kosten zur Erhaltung der Herde aufgerechnet.

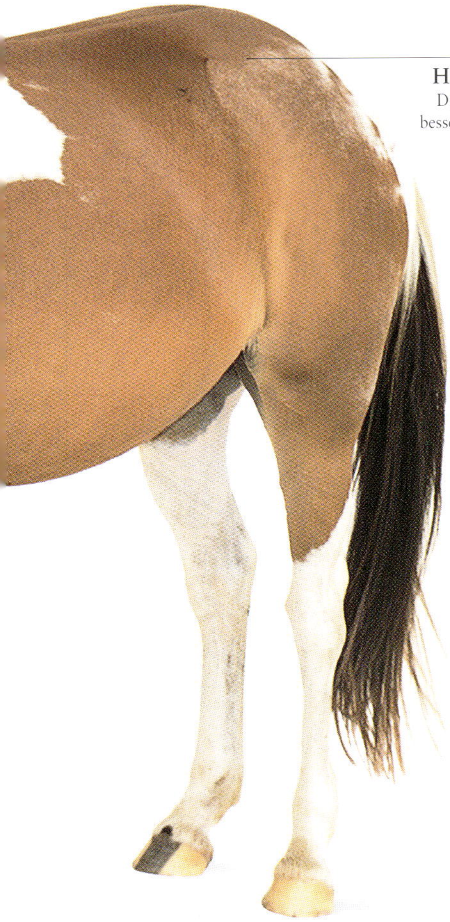

HINTERHAND
Die Kruppe sieht besser aus, aber die Hinterhand ist noch immer schwach entwickelt.

Es gibt jedoch Interessenskonflikte zwischen der Feuerwehr und einer anderen, wohlmeinenden Naturschutzgruppe, dem Federal Fish und Wildlife Service, der 1943 auf die Insel mit dem Ziel kam, die dort lebenden Vögel zu unterstützen und zu schützen. Damit die mit staatlichen Mitteln angelegten Wasserbecken nicht von den Ponys zertrampelt werden, zäunte der FFWS sie ein und begrenzte die Fläche, auf der sich die Ponys bewegen konnten, auf ein kleines, tiefliegendes Sumpfgebiet auf der 3600 ha großen Insel. Dadurch war nicht nur die zur Verfügung stehende Grasfläche reduziert, sondern die Ponys konnten auch nicht mehr ans Meer ausweichen, um dem Angriff der Sommermoskitos zu entgehen. Durch die Einzäunungen konnte eine ganze Anzahl Ponys nicht ins Innere der Insel gelangen, wurde vom Hochwasser eingeschlossen und aufs Meer getrieben, als 1962 unerwartete Stürme vom Atlantik aufkamen.

MISTY VON DER INSEL CHINCOTEAGUE

Nach Erscheinen des Kinderbuch »*Misty of Chincoteague*« von Marguerite Henry im Jahre 1947, wurde eine breitere Öffentlichkeit auf die Rasse aufmerksam. Die Autorin Marguerite Henry hatte ein einige Wochen altes Chincoteague-Fohlen bei der Verkaufsveranstaltung im Jahr zuvor ersteigert. 1961 wurden die Ponys noch bekannter und erhielten einen noch besseren Ruf, als die 20th Century Fox den Film »*Misty*« drehte, basierend auf Marguerite Henry's Buch. Zweifellos war das durch das Buch und später den Film geweckte Interesse verantwortlich für die wachsende Popularität des Ponys und die Verbesserungsmaßnahmen.

GRÖSSE
1,22 m

Heute hat der Chincoteague eine beträchtliche, wenn auch größtenteils kritiklose Anhängerschaft. Er gilt als gutes Kinder-Reitpony, wenn er richtig behandelt wird. Wie auch der Mustang aus dem Westen der USA (siehe Seiten 216–217) ist der Chincoteague ein Beispiel dafür, was man erreichen kann, wenn erst einmal das öffentliche Interesse auf ein Problem gerichtet ist. Die Ponys gelten als einzige einheimische Ponyrasse der USA.

AUF SABLE ISLAND
Ebenso wie die Chincoteague-Ponys gehören die etwa 300 von französischen Pferden abstammenden Ponys auf Sable Island zu den letzten wilden Ponys der Welt. Sable Island ist eigentlich nur eine Sandbank vor Neuschottland in Kanada.

TEIL 8

DAS ARBEITSPFERD

MAN KANN SAGEN, daß jedes Pferd auf irgendeine Art und Weise arbeiten muß, aber es gibt Pferde, die im Freizeitbereich eingesetzt werden, und Pferde, die direkt in Handel, Industrie und Landwirtschaft eingesetzt werden. Bis zum Ende des 19. Jahrhunderts und auch noch zu Beginn des 20. Jahrhunderts hing die Wirtschaft auf der ganzen Welt vollkommen vom Einsatz oder der Nutzung der Pferdekraft ab. Auch heute noch gibt es Gebiete im Osten Europas, wo das Pferd ein wichtiger Bestandteil des ländlichen Lebens ist. Im Osten der einstigen UdSSR stellen die Pferdeherden einen Wirtschaftszweig dar, der sich seit Tausenden von Jahren kaum verändert hat. Man bedenke, daß das Arbeitspferd nur 50 Jahre, bevor der erste Mensch auf dem Mond landete, noch voll im Einsatz war.

»*A Waggon and Travellers on a Country Road in Winter*«
(= Wagen und Reisende auf einer Landstraße im Winter)
von John Frederick Herring jun. (1815–1907)

Yorkshire
Tragtierkolonne 1822

Das Pferd in der Industrie

Die Zeit zwischen 1789 und 1832 bedeutete einen großen Umbruch für die englische Gesellschaft, der sich auf den gesamten internationalen Handelsverkehr auswirkte. Es war die Zeit der Industriellen Revolution. Maschinen übernahmen die Arbeit, die seit Jahrhunderten von Menschenhand verrichtet worden war. Aber das neue Industriezeitalter war fast vollkommen abhängig von der Arbeitskraft Hunderttausender Pferde. Selbst als die Eisenbahn die prachtvolle Ära der Kutschen und Karossen beendete, blieb dem Pferd die Arbeit erhalten. Tatsächlich sorgten die Eisenbahnen, die die aufstrebende Industrie belieferten, dafür, daß immer mehr Pferde benötigt wurden, wodurch wiederum die kommerzielle Zucht der schweren Zugpferde angekurbelt wurde.

Die Eisenbahn

Mehr als ein Jahrhundert lang waren die Eisenbahngesellschaften diejenigen in Großbritannien, die die meisten Pferde besaßen und beschäftigten. Um 1890 hatten die Betreiber der Hauptlinien allein in London bis zu 600 Pferde stehen. Der Pferdebestand in London wurde auf über 300 000 geschätzt. Im Jahre 1928 besaß die London, Midland and Scottish Company (LMS) noch 9681 Pferde, und selbst 10 Jahre später waren es immer noch mehr als 8500.

Die Pferde transportierten Rohstoffe und Waren, Kohle für die Öfen und Lebensmittel für die Stadtbewohner von und zu den Bahnstationen, während immer mehr Menschen mit der Bahn reisten und die Dienste von Fahrzeugen wie Bahnhofsdroschken und Omnibussen in Anspruch nahmen. Kaltblüter wurden auf den Güterbahnhöfen zum Rangieren der rollenden Güter eingesetzt, denn sie arbeiteten effektiver, wirtschaftlicher und billiger als dampfbetriebene Maschinen. Das letzte Rangierpferd war in Newmarket, dem Zentrum des Vollblut-Rennsports, stationiert. Es rangierte die Pferdewagen auf den Nebengleisen (der Pferdetransport mit der Bahn war eher die Regel als die Ausnahme) und wurde erst 1967 aus dem Dienst genommen, nicht ganz ein Jahr bevor die letzte Dampflok von den Schienen verschwand.

Die meisten Eisenbahnpferde arbeiteten im Fuhr- und Lieferdienst. Gespanne mit Shire Horses (siehe Seiten 286–287) übernahmen die schweren Transporte, die leichteren Güter wurden von Pferden im Irish Draught-Typ (siehe Seiten 374–375) transportiert. Für den Expreß-Paketdienst wurden Cobs im Hackney-Typ oder die allgegenwärtigen Welsh Cobs (siehe Seiten 182–183) eingesetzt, die ihre Arbeit in einem flotten Trabtempo von 19 km/h verrichteten. Diese Dienste gab es bis in die 60er Jahre.

Fuhrunternehmen
Dieses Fuhrwerk der South Western Railways gehörte Chaplins, dem größten privaten Fuhrunternehmen in Großbritannien.

Pferdebahnen

Obwohl George Stephenson (1781–1848) 1825 die erste Eisenbahnstrecke in Betrieb nahm, als seine Locomotion I einen Zug mit Personenwaggons die 33 km lange Eisenbahnstrecke von Darlington nach Stockton zog, waren Kutschen im Güter- und Personentransport über kurze und lange Strecken auch danach noch an der Tagesordnung. Die erste von Pferden gezogene Bahn, die Surrey Iron Railway, verband Wandsworth mit Croydon und nahm 1803 ihre Dienste auf. Die Fintona-Linie in Nordirland benutzte Pferdebahnen bis 1957.

Eine der berühmtesten Pferdebahnen verband die oberösterreichische Stadt Linz mit Budweis in Böhmen (der heutigen Tschechischen Republik). Die Bahn transportierte hauptsächlich Salz, das zuvor von Menschen oder Packponys getragen worden war, nach Böhmen, aber auch Reisende. Sie wurde am 21. Juli 1832 von Kaiser Franz I in Betrieb genommen, der mit der Kaiserin in einem mit Eisenrädern bestückten Pracht-Landauer von Urfahr nach St. Magdela fuhr. Die Strecke war insgesamt 200 km lang, und in der besten Zeit beförderte die Linie jährlich 159 000 Passagiere und 100 000 Tonnen Fracht. Die Linie wurde 1872 nach 40 Jahren Betriebszeit geschlossen.

Bergbau und Lastentransport

Die Hauptenergiequelle für die Industrie und die Eisenbahnen war die Kohle. An den Schachtöffnungen arbeiteten Pferde. Sie betrieben die Winde des

Das Rangierpferd
Pferde wurden häufig auf den Güterbahnhöfen zum Rangieren der Güterwaggons eingesetzt. Auf diesem Bild von William Francis Freelove (1846–1920) werden Viehwaggons von einem einzelnen Pferd auf die Nebengleise verschoben. Das letzte dieser Pferde wurde erst 1967 aus dem Dienst genommen.

Lastenaufzugs, bewegten oder betrieben sonstige schwere Maschinen und zogen Kohlewaggons. Seit Beginn des 19. Jahrhunderts arbeiteten und lebten Tausende von Ponys unter Tage. 1994 gingen die letzten Grubenponys von der Ellington Kohlengrube in Northumberland in den Ruhestand.

Bis ins 19. Jahrhundert gab es in Großbritannien auch ein Netz von Saumpfaden. In Europa und anderen gebirgigeren Ländern mit weniger guten Straßen gab es den Transport mit Lastentieren noch bis ins 20. Jahrhundert.

GRUBENPONYS
Tausende Ponys, die ihr gesamtes Arbeitsleben unter Tage verbrachten, arbeiteten bis 1994 im englischen Bergbau. Sie waren ein wichtiger Bestandteil von Hunderten von Bergwerken, die die Industrie mit Kohle versorgten.

HOLZTRANSPORT
Eine große Anzahl von Pferden wurde in der amerikanischen Holzindustrie benötigt. Es bedurfte eines Achtspänners, um die starken Steigungen auf dieser kalifornischen Wald-Eisenbahnstrecke überwinden zu können.

US-INDUSTRIE

Die amerikanische Industrie war ähnlich auf die Pferdekraft angewiesen, und Tausende von Pferden arbeiteten in den Städten. Es gibt keinen schriftlichen Nachweis über Pferdebahnen in den USA, aber in den Holzfäller-Camps wurden Schienenwege gelegt, um die schweren Stämme bewegen zu können. Nur mit Gespannen von 6 oder 8 Pferden konnte das Holz über die starken Steigungen transportiert werden, und mit ziemlicher Sicherheit wurden dazu auch Maultiere eingesetzt. Maultiere waren in den ganzen USA, besonders aber in den Südstaaten sehr beliebt, aber Maultiere zum Lastentransport stellten nie einen Wirtschaftsfaktor dar. Als die amerikanische Wirtschaft im 19. Jahrhundert schnell expandierte, war der extensive Einsatz von Maultieren und einem leichteren Pferdetyp teilweise darauf zurückzuführen, daß Amerika über keine Kaltblutrassen verfügte, obwohl die Holländer gegen Ende des 18. Jahrhunderts Kaltblüter in ihre Kolonie Neu-Amsterdam importierten. Die in der Prärie eingesetzten Maschinen (siehe Seiten 254 bis 255) mußten von 30 oder mehr Pferden gezogen werden.

Die USA und Kanada sind führend in der Welt im Einsatz von Pferden in der pharmazeutischen Industrie, und für diesen Zweck gibt es in beiden Ländern viele Farmen. In Ontario z.B. gibt es mehr als 100 Farmen, wo der Urin tragender Stuten zur Produktion von Östrogen für Anti-Baby-Pillen oder Medikamente zur Linderung von Beschwerden in der Menopause eingesetzt wird.

HART ARBEITENDE ESEL
In der arbeitsintensiven Gesellschaft Indiens übernehmen Esel die Stelle mechanischer Grabgeräte und schwerer Maschinen und transportieren Erdreich und Schutt während der Straßenbauarbeiten. Ansonsten transportieren Eselkolonnen alle möglichen Waren und Güter.

INNERSTÄDTISCHER TRANSPORT

KOHLEWAGEN

AUFGRUND DES SCHNELLEN ANSTIEGS der Stadtbevölkerung im Zuge der industriellen Revolution im 19. Jahrhundert stieg die Zahl der Pferde ebenso stark an, die benötigt wurden, um die alltäglichen Bedürfnisse der Städter zu befriedigen. Dasselbe galt für das europäische Festland, obwohl hier die Verstädterung nicht so schnell voranschritt. Bis zu Beginn des 20. Jahrhunderts gab es auch in den amerikanischen Städten eine riesige Anzahl von Pferden. In Großbritannien und in den USA war es auch nach dem Zweiten Weltkrieg üblich, daß Milch und Backwaren mit dem Pferdewagen geliefert wurden. Heute noch führen die Brauereien in London ihre Lieferungen mit dem von Pferden gezogenen Bierwagen durch. In den 90er Jahren des vorigen Jahrhunderts war der Pferdebestand in Städten wie London so groß, daß es zu ernsthaften Gesundheitsproblemen und Umweltverschmutzung kam. Diese Probleme wurden nur durch die Einführung des Automobils gelöst.

VERSCHIEDENE EINSATZGEBIETE

Post und Handelswaren wurden von Pferden ausgeliefert, und Kutschpferde, sei es im Privatbesitz oder vom Pferdeverleih, stellten den größten Teil des Pferdebestandes in London. Allein London hatte einen Kohleverbrauch von 5 Mio. t im Jahr, die einzig und allein mit dem Pferdewagen angeliefert wurden. In London und in allen anderen großen Städten gab es die »städtischen Pferde«, die Karrenpferde im Besitz der Pfarrämter, die bei der Beseitigung des städtischen Mülls ihren Dienst taten. Pferde arbeiteten für die Feuerwehr, und die »schwarzen Meister« brachten die Toten in reich verzierten Leichenwagen zu ihrer letzten Ruhestätte. Es gab Tausende von kleinen Lieferwagen, die von Eseln oder Pferden gezogen wurden, und eine enorme Anzahl von Kutschen war für die Personenbeförderung nötig. Gegen Ende des vorigen Jahrhunderts z.B. gab es in London 11 300 Pferdetaxis, die die doppelte Anzahl von Pferden brauchten, um effektiv betrieben werden zu können.

Schätzungen zufolge gab es in den amerikanischen Städten um die Jahrhundertwende zwischen drei und fünf Mio. Pferde. 1880 gab es in New York 150 000 bis 175 000 Pferde, und in einer Stadt wie Milwaukee mit einer Einwohnerzahl von 350 000 gab es 12 500 Pferde. Zu dem hohen Verkehrsaufkommen auf den Straßen der Städte kamen noch die ganzen Futterkarren, die jeden Tag die riesigen benötigten Futtermengen in die Städte brachten. Dieses Futter wurde in Mist verwandelt, und dessen Vorhandensein und seine Beseitigung bereiteten den Städten große Probleme, auch gesundheitlicher Art. Die 12 500 Pferde in Milwaukee produzierten täglich 133 t Mist. In Rochester im Staat New York produzierten die 15 000 Pferde jedes Jahr »soviel Mist, daß man auf einer Fläche von 1 Morgen einen 52,5 m hohen Haufen errichten und 16 Billionen Fliegen ausbrüten könnte« (J.A. Tarr, *American Heritage XXII*, 1971). Bei trokkenem Wetter war die Luft erfüllt von »pulverisiertem Pferdemist, den sich die Passanten von Augen und Lippen reiben mußten. Bei nassem Wetter entstanden wahre Jauchegruben aus Mist und Urin auf den Straßen.«

FEUER!
Es gab keinen Aspekt des Lebens im London des 19. Jahrhunderts, in dem das Pferd keine Rolle spielte. Die Londoner Feuerwehr beschäftigte viele Hundert Pferde, meist leichtere Arbeitspferde.

BEERDIGUNGSPFERDE
Der viktorianische Leichenwagen aus dem 19. Jahrhundert wurde von Rappen, zumeist Friesen, gezogen. Die Pferde waren entsprechend mit Federn und Schabracken geschmückt und trugen das reich verzierte »Trauergeschirr«.

Viele Pferde auf den Straßen, besonders die der kleinen Händler und Taxi-Besitzer, waren verbrauchte, ausrangierte Lebewesen, die grausam behandelt wurden und sich oft im wahrsten Sinne des Wortes zu Tode arbeiten mußten. Größtenteils dank der Bemühungen von Richard »Humanity« Martin, dem Gründer der »Society for the Prevention of Cruelty to Animals« (später »Royal Society«), verabschiedete das Parlament 1822 ein Gesetz gegen die schlechte Behandlung von Tieren.

Wenn sie nicht im Geschirr auf der Straße starben, beendeten die meisten Stadt-Pferde ihr Leben in einer der Abdeckereien, und selbst nach dem Tod waren sie noch von Nutzen. Die Pferdeverwertungsgesellschaften wetteiferten um die Tierkörper, die sie methodisch verarbeiteten. Die Knochen wurden zu Dünger gemahlen, nachdem das Fett zur Herstellung von Kerzen und Leder-

EIN HARTES LEBEN
Nur zu oft wurden überforderte Pferde auf den Straßen grausam verprügelt, was aber die Passanten nicht im geringsten kümmerte. Diese Zeichnung erschien 1866 in der amerikanischen Zeitschrift »Harpers Weekly«.

pflegemitteln extrahiert worden war. Aus den anderen Knochen wurden Knöpfe hergestellt, Häute und Hufe wurden zu Leim verarbeitet.

Mähne und Schweif wurden zum Polstern von Möbelstücken oder zur Herstellung von Angelschnüren und Violinbögen verwandt. Aus den Häuten wurden alle möglichen Lederartikel angefertigt. In den USA und Großbritannien diente das Fleisch als Hunde- oder Katzenfutter. Selbst die Eisen wurden abgenommen und wieder verwendet – nichts wurde verschwendet!

OMNIBUSSE UND STRASSENBAHNEN

Etwa 70 Jahre lang bis zum Aufkommen der elektrischen Straßenbahnen (in den 80er Jahren des vorigen Jahrhunderts), der Oberleitungsbusse und kraftstoffbetriebener Fahrzeuge wurde der Personenverkehr von Pferde-Omnibussen und später von den Pferdebahnen auf Schienen durchgeführt. Omnibus-Pferde waren immer Stuten und schon nach vier Jahren war ihr Arbeitsleben beendet, dasselbe galt für die Pferde, die für ganz schwere Zugarbeiten eingesetzt wurden. Straßenbahnpferde waren aufgrund des großen Gewichts und der enormen Beanspruchung beim Anziehen der Bahn auf den verdreckten Schienen schon ein Jahr früher kaputt.

Der erste Omnibus-Dienst wurde schon 1662 von Blaise Pascal in Paris betrieben. Er existierte allerdings nicht lange, und erst 1828 errichtete Stanislaus Baudry ebenfalls in Paris einen regelmäßigen Personenbeförderungsdienst. Seine ersten Omnibusse fuhren in Nantes, und die Endstation lag in der Nähe des Grundstücks eines gewissen Monsieur Omnes, wodurch es zum Namen dieser neuen Art der Personenbeförderung kam.

George Shillibear kopierte diese Idee und errichtete 1829 einen Busdienst zwischen Paddington Green und Bank in London. Shillibear ging bald pleite, aber sein Omnibus-Dienst florierte und jahrelang wurden die Fahrzeuge »Shillibears« genannt. 1839 (10 Jahre, nachdem Shillibear's erster Bus gefahren war) fuhren 62 Busse in London. 1850 gab es schon 1300, und 40 Jahre später waren 2210. Das Unternehmen beschäftigte 11 000 Angestellte und doppelt so viele Pferde. Die Franzosen, die sich um die Einführung von Shillibear's Fahrdiensten bemüht hatten, besaßen Anteile an den Omnibussen, und das größte Busunternehmen in London, die »*Compagnie Générale des Omnibus de Londres*«, hat sich erst 1862 einen englischen Namen gegeben.

KURZLEBIGE STRASSENBAHNPFERDE
Dieses Bild aus dem 19. Jahrhundert zeigt eine von einem Pferd gezogene Straßenbahn in Berlin. Die Arbeit war so hart, daß die Pferde schon vor Ablauf des 4jährigen Arbeitslebens als schwer ziehende Frachtpferde verbraucht waren.

VERKEHRSSTAU
Die Verkehrsstaus am Ludgate Circus in London im Jahre 1850 waren durchaus mit denen des 20. Jahrhunderts vergleichbar, aber es gab keine Ampeln oder Fußgängerüberwege, um einem das Leben einfacher zu machen.

EIN FLUGBOOT

KANALPFERDE

IN DEN MEISTEN LÄNDERN Europas gab es im 18. Jahrhundert ein Netz von Wasserwegen, aber das Verkehrsnetz von Kanälen in Großbritannien, die aufgrund der industriellen Revolution erforderlich waren, ist das umfassendste. Sowohl Frachtgut als auch Personen wurden in den Kanalbooten befördert. Diese Boote wurden von Pferden gezogen, den sogenannten »boaters«, manchmal auch von Maultieren oder sogar Eseln. Trotz des Aufkommens der Eisenbahn zu Beginn des 19. Jahrhunderts gab es die Barkassen während des ganzen Jahrhunderts, ja es gab sogar noch welche in den 50er Jahren unseres Jahrhunderts. Zu keiner Zeit gab es eine bestimmte Rasse oder einen bestimmten Typ des Kanalpferdes. Es handelte sich meist um starke Pferde im leichteren Zugpferdetyp, oft mit irischer Abstammung, oder kleinere Exemplare der schweren Kaltblutrassen, manchmal auch deren Kreuzungsprodukte. Wegen der Brückenhöhe können die Pferde nicht größer als 1,60 m gewesen sein.

DIE KRAFT DER KANALPFERDE

Körperliche Stärke war das Hauptkriterium dieser Pferde, denn sie mußten regelmäßig Lasten zwischen 50 und 60 Tonnen bewältigen. Ein Pferd und drei Mann konnten mit einem Schleppkahn schätzungsweise ebenso viel Fracht befördern, wie 60 Pferde und 10 Mann in Wagen auf der Straße. Das Tempo der Kanalpferde betrug etwa 3,3 km/h, aber frische Gespanne mit Traberpferden, die nur kurze Strecken gingen und dann wieder ausgewechselt wurden, brachten es auf eine Tagesleistung von 80–90 km.

Mitte des 18. Jahrhunderts, d.h. lange, bevor die Eisenbahn aufkam, wurden Lastkähne mit Lasten bis zu 200 t von Gespannen mit 14 Pferden die Themse hochgezogen.

TANDEM

Diese Segelbarkasse (etwa 1784) befindet sich auf einem Teilstück des Duke of Bridgewater-Kanals, der später in den Manchester Slip-Kanal übergeht. Die Barkasse wird von einem Tandem gezogen, wobei das vordere Pferd von einem Postillion geritten wird.

HOCHGESCHWINDIGKEITS-FLUGBOOTE

Gegen Ende des 19. Jahrhunderts war ein äußerst schnelles Beförderungssystem für leichtere Frachten und Personen entwickelt worden, das wesentlich bequemer als die Beförderung auf der Straße war. Diese sogenannten Flugboote, hauptsächlich von der Shropshire Union und der Grand Union, gab es nur auf einigen Kanälen in Großbritannien, und sie beförderten Passagiere oder eiliges Frachtgut von 17–18 t. Es handelte sich dabei um leichte, flache Boote mit bis zu 46 cm Tiefgang, die von zwei Pferden gezogen wurden, einem am Heck und einem am Bug. Auf dem Shropshire-Kanal war es üblich, daß das hintere Pferd von einem Postillion geritten wurde, der auf das vordere Pferd mit Stimme und Peitsche einwirkte. Die Boote wurden in einem gleichmäßigen, langsamen Galopp gezogen, wobei sich der Bug aus dem Wasser hob und die Boote ruhig über das Wasser glitten. Bei der Grand Union ritt der Postillion das Vorderpferd, was sein Einwirken eigentlich begrenzt haben muß. Welche Methode auch immer angewandt wurde, erreichten die Boote Durchschnittsgeschwindigkeiten von 16–19 km/h, wenn die Pferde alle 5–8 km ausgetauscht wurden. Flugboote hatten auf den Flüssen Vorfahrt, und um diese notfalls auch durchsetzen zu können, besaßen sie am Bug scharfe Sensenmesser, die automatisch die Seile jedes Schleppkahns durchtrennten, der sie nicht schnell genug vorbeiließ. Waren die Wasserstraßen gefroren, wurden breite Eisbrecher eingesetzt. Sie wurden meist im Galopp von bis zu 20 Pferden gezogen, während die Männer die Boote stark schaukelten, so daß ein möglichst breiter, eisfreier Kanal geschaffen wurde.

Das Überwinden von Schleusen und der Pferdewechsel verlangten einiges an Können und Erfahrung nicht nur bei den Schleusenwärtern. Die Männer der Flugboote bildeten da keine Ausnahme, und sie arbeiteten so schnell wie die Knechte der Postkutschen, die ein Gespann innerhalb von 50 Sekunden auswechselten.

PFADE, BRÜCKEN UND TUNNEL

Um zu überleben, mußten die Kanalpferde lernen, mit den Schlepppfaden, Brücken und Tunneln fertigzuwerden. An den kleineren Wasserwegen waren die Schlepppfade oft mit tiefem Schlamm bedeckt. Es konnte auch sein, daß sie mit selbstschließenden Toren versehen waren oder Zauntritten an den Grenzzäunen. Diese

konnten bis 90 cm hoch sein, so daß die Pferde springen mußten. Die Kanalpferde waren darin ausgebildet, solche Hindernisse zu überwinden, aber es gab häufig Verletzungen. Wenn der Pfad die Seite wechselte, mußten auch die Pferde auf die andere Seite gelangen, und zwar entweder über eine einfache Buckelbrücke oder eine »Wanderbrücke«, die die Pferde überqueren konnten, ohne abgeschirrt werden zu müssen. Andernfalls mußten die Pferde auf einer Fähre auf die andere Seite gebracht werden, oder sie sprangen in ein fahrendes Boot und sprangen an der anderen Seite wieder heraus. Pferde mußten auch beim Öffnen und Schließen der Schleusentore helfen. Wo Schleusen nicht möglich waren, gab es Tunnel. Manchmal gab es Schlepppfade, wenn nicht, wurden die Pferde über die Tunnelbrücke geführt oder sie mußten sich selbst einen Weg suchen. Der Kahn wurde wie ein Stakkahn durch den Tunnel gefahren, oder die Männer lagen auf Brettern über dem Bug und stießen sich mit den Füßen von den Tunnelwänden ab.

Die Pferde wurden schließlich vom Verbrennungsmotor ersetzt. Die ersten Maschinen waren oft unzuverlässig und nahmen Frachtraum weg, und durch die Geschwindigkeitsbeschränkungen zum Schutz der Ufer waren die Motorbarkassen nicht schneller und die Betriebskosten nicht geringer. Aber eine Maschine kann im Gegensatz zum Pferd die ganze Nacht arbeiten.

EIN SPRINGENDES PFERD

Das Gemälde »The Leaping Horse«, das John Constable im Dedham Vale in Suffolk malte, zeigt, wie den Pferden beigebracht wurde, die Hindernisse auf den Schlepppfaden zu überwinden. Diese Hindernisse waren oft bis zu 90 cm hoch, und die Pferde mußten agil, stark und clever sein.

AUFPASSER

Die langsam gehenden Kanalpferde konnten unterwegs eine kleine Futterration bekommen. Es war ziemlich normal, daß die gutmütigen Pferde von kleinen Kindern versorgt wurden, so wie auf diesem Foto.

EIN SCHLEPPPFERD VON HEUTE

Dieses moderne Kanalpferd arbeitet in Kintbury auf dem Kennet and Avon Kanal im englischen Berkshire und zieht einen Passagierkahn. Durch die Brückenhöhe dürfen die Pferde nicht größer als 1,52 m sein.

DAS PFERD IN DER LANDWIRTSCHAFT

MITTELALTERLICHER OCHSENPFLUG

MEHR ALS 4000 JAHRE lang diente das Pferd dem Menschen hauptsächlich im Krieg. Es gab natürlich verschiedene friedliche Einsatzgebiete für die Pferde, aber in Europa ersetzte das Pferd den Ochsen bei der Bearbeitung des Landes erst im 18. Jahrhundert. Ochsengespanne gab es in Europa noch nach dem Ersten Weltkrieg, während es im Mittleren Osten und Asien undenkbar gewesen wäre, die wertvollen Pferde für niedere Arbeiten einzusetzen. Ochsen, Maultiere und Esel leisteten und leisten heute noch gute Arbeit bei der Bearbeitung des Landes. Traktoren verrichten inzwischen die Arbeit der Pferde. Sie arbeiten zwar schneller, aber sie verschmutzen die Luft, und im Gegensatz zum Pferd kann man mit ihnen weder züchten noch produzieren sie natürliche Abfallprodukte, die man zur Düngung des Bodens nutzen könnte.

RITUELLES PFLÜGEN

Obwohl es in Nordeuropa Felszeichnungen aus dem Bronzezeitalter gibt, die zeigen, wie Pferde vor dem Pflug arbeiten, war das nicht der Normalfall. Es handelte sich dabei vielmehr um ein religiöses Ritual, wo Pferde die erste Furche pflügten und die Arbeit dann von Ochsen weitergeführt wurde. Erst ab dem 8. Jahrhundert waren Geschirr und Hufeisen so weit entwickelt, daß Pferde hätten in der Landwirtschaft arbeiten können. Selbst dann waren die Pferde jener Zeit viel zu klein, um mehr als ein paar kleinere Arbeiten übernehmen zu können. Erst im 11. Jahrhundert gab es größere, stärkere Kriegspferde, die die Grundlage bildeten für die Zucht der modernen Kaltblutrassen, wie z.B. dem Belgier (siehe Seiten 272–273), Shire Horse (siehe Seiten 286–287) und dem Percheron (siehe Seiten 94–95). Bis ins 18. Jahrhundert blieb der Ochse das hauptsächliche Zugtier.

DER ALTE MCCORMICK

Der erste amerikanische Mäher war der »alte McCormick«, der von nur zwei Männern und einem Paßgespann Pferde betrieben wurde.

DAS NEUE SYSTEM

Als im 18. Jahrhundert die Dreifelderwirtschaft eingeführt wurde (Getreide und Knollen wechselten sich ab mit Weideland) und daraus die Erfindungen immer höher entwickelter Landmaschinen resultierten, wurde auch das schwere Kaltblutpferd entwickelt. Die schnellen, flachen Gänge waren besser geeignet für die neue Ausrüstung als der langsame Gang des Ochsen, einem Tier, das große Nachteile in einem System hat, wo möglichst viele ertragreiche Ernten gehalten werden sollen. Der Ochse ist viel langsamer als ein Pferd und ein Wiederkäuer, der immer genügend Zeit bekommen muß, um wiederzukäuen. Aufgrund seiner Langsamkeit muß der Ochse immer Weideland in der Nähe des Ortes haben, wo er arbeiten muß. Dennoch hielten einige führende Landwirte bis ins 18. Jahrhundert hinein Ochsen, da sie billiger in der Unterhaltung waren als Pferde. Am Ende ihres Arbeitslebens wurden sie noch gemästet und mit Gewinn verkauft.

Durch die industrielle Revolution im 19. Jahrhundert und den Bevölkerungsanstieg entstand einer enormer Bedarf an Nahrungsmitteln. Eine größere Vielfalt an Getreide und Rüben wurde

ROMANTISCHE SZENE

Diese von dem Maler George Cole dargestellte idyllische Szene aus dem 19. Jahrhundert ist stark romantisiert, hätte aber dem Stadtbewohner gefallen. In der Realität war die Arbeit sehr hart, und alles wurde überschattet von der ständigen Angst, die Ernte könnte noch vom Regen verdorben werden.

erforderlich, und riesige Mengen Gras und Klee wurden zur Fütterung der Tiere benötigt, von denen die Expansion der Industrie und ebenso der Landwirtschaft abhing. All diese Faktoren und die ständige Weiterentwicklung landwirtschaftlicher Geräte trugen zur Entwicklung des landwirtschaftlichen Arbeitspferdes bei.

VON PFERDEN GEZOGENE LANDMASCHINEN

Zu den wichtigsten Erfindungen auf dem Gebiet der landwirtschaftlichen Geräte zählte die von Pferden gezogene Sämaschine. Sie wurde von Jethro Tull in England entwickelt und war ab 1731 erhältlich. Bemerkenswerte Verbesserungen gab es auch beim Pflug, die im Arbuthnot Schwingpflug gipfelten. Dieser Pflug war der leichteste von allen und drehte seine Pflugscharen besonders sauber und leicht. Er war das Nachfolgemodell des Rotherham Pflugs, und mit diesem von zwei Pferden gezogenen Pflug konnte man eine größere Fläche am Tag bearbeiten, als mit dem alten von 6 Ochsen gezogenen Modell. Mitte des 19. Jahrhunderts war die Blütezeit der Landmaschinenindustrie, und es gab Dreschmaschinen, Kornmühlen, Hebewerke, mehrscharige Pflüge, spezielle Unterbodenpflüge, Mähmaschinen, Schneidewerkzeuge, Garbenbinder und in den USA die riesigen, schweren Mähdrescher, die von 40 und mehr Pferden gezogen wurden. Die Kenntnisse der Amerikaner im Einsatz von Landmaschinen, die von vielen Pferden gezogen werden mußten, waren unübertroffen.

LANDWIRTSCHAFT IN AMERIKA

Die landwirtschaftliche Nutzfläche in Amerika nahm ebenso schnell zu wie die Wirtschaft des Landes wuchs. Gegen Ende des 19. Jahrhunderts war die Anbaufläche für Weizen so groß wie die gesamte bestellte Fläche in Großbritannien und brachte gute Ernten. Als Folge davon stieg auch der Pferdebestand in den USA von 1860 bis 1914 stark an: von 7 auf 25 Millionen. Millionen Morgen Prärieland im Westen wurde mit riesigen Maschinen kultiviert und abgeerntet. Um 1890 erlebte der Mähdrescher seine Glanzzeit. Diese perfektionierte Maschine war 12 m breit, wog 15 Tonnen und wurde von bis 42 Pferden unter Kontrolle von 6 Männern gezogen. Die Maschinen und auch die Art der Anspannung waren so gut, daß ein Mann mit einem Gespann von 36 Pferden eine Reihe von Eggen oder Sämaschinen bedienen konnte. Die schweren, auf der Prärie eingesetzten Pflüge wurden von Achtspännern gezogen und nicht umsonst »Pferdekiller« genannt.

Durch den Trecker wurden um 1940 20 Mio. Pferde arbeitslos, und etwa 32 376 000 ha bislang für den Anbau von Pferdefutter genutztes Land konnte anderweitig genutzt werden. Dieser Vorteil wurde jedoch teilweise aufgehoben durch den gestiegenen Einsatz von Treibstoffen, die eine Luftverschmutzung verursachten, die im Zeitalter des Pferdes nicht aufgetreten war. In unserer umweltbewußten Zeit hat sich das Bewußtsein durchgesetzt, daß Traktoren Nachteile haben, wenn sie auch schneller arbeiten. Abgesehen von der Umweltverschmutzung können sie sich nicht vermehren wie das Pferd, dessen Abfallprodukt zur Düngung des Bodens, auf dem sein Futter wächst, eingesetzt werden kann, ohne daß man auf Kunstdünger zurückgreifen müßte.

Obwohl Kaltblüter in der amerikanischen Landwirtschaft keine Rolle mehr spielen, sorgen die Zuchtverbände dafür, daß diese Pferde nicht gänzlich von der Bildfläche verschwinden. Es gibt noch Clydesdales und Percherons, und im Kentucky Horse Park (siehe Seiten 238–239) arbeiten die beliebten Brabanter, die schweren Kaltblüter aus Belgien.

PFLÜGEN BEI DEN AMISH

Die Amish People (streng christl. Splittergruppe der Mennoniten, Anm. d. Übers.) setzen nur auf Pferdekraft in der Landwirtschaft und beim Transport. Dieser Junge arbeitet mit 5 nebeneinander angespannten Pferden – keine schlechte Leistung!

PFERDEKRAFT

Die riesigen, sehr schweren Mähdrescher auf den Weizenfeldern in Oregon konnten nur mit Gespannen von 30 und mehr Pferden betrieben werden.

DRESCHEN

Hier sieht man eine ungewöhnliche Art, Pferdekraft beim Dreschen zu nutzen – in einem extra angelegten Dreschkreis in der Nähe von San Rafael Mucachies in Venezuela.

MAREMMA & MURGESE

OBWOHL SICH DIE ITALIENISCHE PFERDEZUCHT hauptsächlich auf Vollblüter (siehe Seiten 118–119) und ausgezeichnete Traber konzentriert, werden Reitpferde verschiedenster Blutführung auf Sizilien, Sardinien, im Po-Delta und in der toskanischen Provinz Maremma erfolgreich gezüchtet. Die Pferde von Maremma, auch Maremmanas genannt, sind eng mit der Rinderzucht verbunden. Es wird keine selektive Zucht betrieben, und ihre genaue Herkunft ist durch vielfache Kreuzungen unklar. Der Murgese ist eine ältere Rasse und kommt aus der Murge in der italienischen Region Apulien, das jahrhundertelang für die Zucht qualitätsvoller Pferde berühmt war.

EIN KLOSTER-PFERD

Der Murgese kommt aus der Region Apulien, aber das abgebildete Pferd steht auf einem Gestüt in Norditalien, das früher einmal ein Nonnenkloster war.

HALS

Obwohl der Hals kurz und schwach ist, ist der Maremma ein erstaunlich vielseitiges Pferd.

MAREMMA

DER MAREMMA

Obwohl die Herkunft des Maremma unklar ist, kann man davon ausgehen, daß er von den in der Renaissance sehr geschätzten, neapolitanischen Pferden abstammt. Diese Pferde führten spanisches, Araber- und Berberblut (siehe Seiten 106 bis 107 und 64–67). Im 19. Jahrhundert wurden die bodenständigen Pferde mit aus England importierten Pferden, vornehmlich dem Norfolk Roadster (siehe Seiten 120 bis 121) und Halbbluthengsten, gekreuzt. Es gab mehrere Gestüte in der Provinz Maremma, und obwohl manche Züchter Pferde mit »halbwilden« Vorfahren einsetzten, nutzten sie alle die Kreuzungen mit den englischen Pferden, um ihre oft derben Pferde zu veredeln.

Das Gestüt Grosseto, das den Maremma als schweres Reit- oder leichtes Zugpferd züchtete, entwickelte einen einheitlichen Typ, der als »bäuerlich« beschrieben wird und nicht besonders ansprechend ist. Es handelt sich jedoch um ein solides, ausdauerndes, zuverlässiges und erstaunlich vielseitiges Pferd. Es ist hart, genügsam und bestens geeignet für leichte Arbeiten in der Landwirtschaft. Früher wurde es auch viel von der Kavallerie und der Polizei eingesetzt. Hauptsächlich bekannt ist es aber als Pferd der »butteri«, der italienischen Rinderhirten oder Cowboys, die es wegen seines natür-

URSPRÜNGE

Maremma und Murgese kommen aus gegenüberliegenden Teilen Italiens. Der Maremma wird in der nördlichen Provinz Maremma in der Toskana gezüchtet, und der Murgese kommt aus dem Murge in Apulien im Südosten des Landes. Die trockene Kreidekalktafel des Murge produziert Pferde mit harten Hufen und kräftiger Konstitution. Ursprünglich wurde der Maremma auf dem Gestüt in Grosseto als leichtes Zugpferd gezüchtet, aber durch den Einsatz als Hütepferd der italienischen Rinderhirten, der butteri, hat die Rasse eine Art »Rinderverstand« entwickelt.

GRÖSSE DES MAREMMA

1,60 m

lichen Talents für die Arbeit mit den Rindern schätzen.

Der Maremma ist immer noch recht gewöhnlich in seiner Erscheinung. Seit den 40er Jahren werden bessere Hengste eingesetzt, und der moderne Typ hat ein wesentlich korrekteres Fundament als Pferde des alten Schlags. Die Pferde, die für die Arbeit mit Rindern eingesetzt werden, haben außerordentlich starke Sprunggelenke – eine Grundvoraussetzung für diese Arbeit. Der Maremma ist nicht besonders schnell und hat nicht die beste Schulter, aber durch seine Kraft und das willige, gutmütige Wesen ist er vielseitig einsetzbar. Die Durchschnittsgröße liegt bei 1,60 m, und alle einfarbigen Fellfarben sind vertreten.

DER MURGESE

Der Murgese kommt von der trockenen Kreidekalktafel des Murge. Wie der rauhe Karst in Slowenien, die Heimat des Lipizzaners (siehe Seiten 110–111), bringt diese Landschaft Tiere mit gutem, starken Fundament, harten Hufen und kräftiger Konstitution hervor. Im 15. und 16. Jahrhundert waren die Pferde aus dieser Region sehr beliebt als Kavallerieremonten. Vor etwa 200 Jahren erlosch jedoch das Interesse, und die Rasse starb praktisch aus. Sie wurde in den 20er Jahren wiederbelebt, aber der moderne Murgese ist wahrscheinlich nicht direkt mit der alten Rasse verwandt. Der neue Typ ist eigentlich ein leichtes Zugpferd, ähnlich dem Irish Draught (siehe Seiten 374–375), aber schwächer.

Die Pferde dienen als Arbeitspferde in der Landwirtschaft und können auch geritten werden. Die Stuten bilden den idealen Grundstock für Kreuzungen, denn sie haben viel Rumpftiefe und ein gutes Fundament. Ein gutes Pferd im Reitpferdetyp bekommt man durch Anpaarung von Murgese-Stuten und Voll- oder Halbbluthengsten. Murgese-Stuten werden auch zur Zucht der starken Maultiere eingesetzt, an denen auch heute noch ein großer Bedarf in dieser Gegend besteht.

Der Murgese führt offensichtlich Kaltblut mit einem Schuß orientalischem Blut, aber seine Herkunft ist unbestimmt. Es gibt keinen einheitlichen Typ, was charakteristisch für die leichten Pferde in Italien ist, da ihre Zucht in keinster Weise kontrolliert oder von Zuchtverbänden geregelt wird. Es gibt bestimmte Gebäudemängel, wie z.B. ein flacher, zu stark bemuskelter Widerrist und eine steile Schulter, so daß die Pferde keine Schulterfreiheit besitzen und sich entsprechend bewegen. Trotz dieser körperlichen Beschränkungen ist der Murgese ein aktives, energisches Pferd, das sehr umgänglich, ausgeglichen und anspruchslos in der Haltung ist. Die Größe liegt zwischen 1,52 und 1,63 m, und am häufigsten sind Füchse vertreten.

KOPF
Der Kopf hat ein leicht konvexes Profil, ist aber nicht unattraktiv.

HINTERGLIEDMASSEN
Die Hinterhand scheint schwach bemuskelt zu sein, aber die Sprunggelenke sind stark genug, um das Pferd ausgesprochen wendig zu machen.

GLIEDMASSEN
Die Beine sind trocken und hart, obwohl die Schultern steil und muskelbepackt sind. Die Schienbeine sind lang.

HUFE
Die Hufe sind hart und gut geformt. Die Fesseln sind kurz, aber nicht steil.

MURGESE

GRÖSSE DES MURGESE
1,52–1,63 m

Italienisches Kaltblut

Das Italienische Kaltblut, manchmal auch Italienisches Landwirtschaftspferd genannt, ist das bekannteste Kaltblutpferd Italiens und stellt etwa ein Drittel der in der Zucht aufgestellten Hengste. Es wird in ganz Nord- und Mittelitalien gezüchtet, hauptsächlich aber in der Gegend von Venedig. Trotzdem ist seine Zukunft eher unsicher. Es besteht immer noch ein großer Bedarf an flotten Arbeitspferden, aber die Konkurrenz durch Maschinen ist natürlich groß. Außerdem haben sich einige Züchter unserer Tage mit Blick auf den wachsenden Fleischbedarf darauf spezialisiert, diese Pferde auf ein hohes Schlachtgewicht abzielend zu züchten. Diese Züchter interessiert es natürlich nicht im geringsten, eventuelle Gebäudefehler wegzuzüchten oder irgendetwas zu tun, um den Einsatz der Rasse als Arbeitspferd zu fördern.

Hals
Der kurze, mächtige Hals sowie der hübsche Kopf und der lebendige Ausdruck erinnern an den temperamentvollen, gut gebauten Bretonen.

Entwicklungsgeschichte der Rasse

Im 19. und zu Beginn des 20. Jahrhunderts versuchten die Züchter, ihre bodenständigen Pferde durch den Einsatz des mächtigen Belgiers oder des Brabanters (siehe Seiten 272–273) zu verbessern. Diese Pferde jedoch waren dafür gezüchtet, die schweren Böden ihres Heimatlandes zu bearbeiten. Für die Anforderungen der Italiener, d.h. die leichten, allgemeinen Arbeiten auf einem Hof, waren sie gänzlich ungeeignet. Ihre Nachkommen waren zwar stärker als die bodenständigen Pferde, aber auch sie waren zu schwer und zu langsam für diese Arbeiten.

Um die Sache wieder hinzubiegen, importierten die Italiener den vielseitigen Percheron (siehe Seiten 94–95) und den agileren Boulonnais (siehe Seiten 264–265), der den wohlverdienten Ruf genoß, über einen flotten Trab zu verfügen. Beide Rassen verbesserten den Bestand, die Nachzucht war leichter und hatte bessere Gänge. Allerdings hatten die Pferde immer noch nicht den gewünschten Typ. Die Lösung brachte schließlich der gängige, temperamentvolle Bretone (siehe Seiten 266–267), ein Pferd mit trockenen Beinen, das viel vom schnellen Trab des im 19. Jahrhundert eingekreuzten Norfolk Roadsters (siehe Seiten 120–121) geerbt hatte.

In Anpaarung mit den gewöhnlich wirkenden italienischen Stuten brachte der Bretone den idealen Pferdetyp für die kleinen Höfe. Dieses Pferd war kleiner als die Kreuzungen mit dem Belgier, aber es war stark genug und hatte ein freundliches, fügsames Wesen. Es war zäh und genügsam, vor allen Dingen aber war es schnell, und das ist für den italienischen Bauern

Bergweiden
Eine Gruppe Italienischer Kaltblutstuten grast auf einer Bergweide im süditalienischen Apulien, weit entfernt von dem traditionellen Zuchtgebiet Venetien im Norden. Das Kaltblut ist bekannt für seine harte Konstitution und Genügsamkeit.

Grösse
1,52–1,63 m

auf seinem Wagen genauso wichtig wie für den motorisierten Italiener auf den überfüllten Straßen der Großstädte.

Der schnelle Trab hat dem Pferd seinen italienischen Namen gegeben *»tiro pesante rapido«* (= schnelles, schweres Zugpferd). Die Frühreife der Pferde war ein weiteres Merkmal, das den italienischen Züchtern gefiel, denn heutzutage dienen die Pferde ebenso als Fleischlieferant wie als Arbeitspferd.

MERKMALE

Trotz der Neigung zu Zwangshufen und steiler Fesselung ist das Italienische Kaltblutpferd nicht unattraktiv. Es erinnert in vielem an den Avelignese (siehe Seiten 52–53), der schon aus geographischen Gründen bei der Entstehung der Rasse

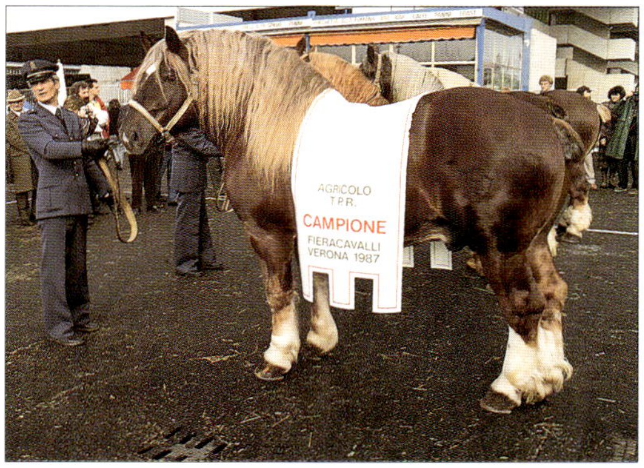

SIEGERHENGST
Das beliebte Italienische Kaltblut wird regelmäßig auf der Fieracavalli, der jährlichen Pferdemesse in Verona im Hauptzuchtgebiet der Kaltblutpferde, ausgestellt. Dieser Siegerhengst in der gefälligen Fuchsfarbe ist ein ausgezeichneter Vertreter seiner Rasse.

eine Rolle gespielt haben muß. Der Avelignese hat dieselben Vorfahren wie der weitaus bekanntere Haflinger, und diese beiden Rassen unterscheiden sich nur geringfügig voneinander. Das Italienische Kaltblut ist natürlich größer (1,52–1,63 m), aber in seiner Erscheinung ähnelt es dem Avelignese ebenso wie in der attraktiven Fellfarbe. Am häufigsten sind die schönen Dunkelfüchse mit dem flachsfarbenen Langhaar, aber es gibt auch Stichelhaarige und Füchse.

Im Gegensatz zum Avelignese oder Bretonen hat das Italienische Kaltblut einen kräftigen Fesselbehang. Es mangelt ihm oft an Röhrbeinstärke, und die Gelenke sind klein und rund – ein Erbe der einheimischen Vorfahren von geringer Qualität. Dennoch hat die Rasse einige gute Gebäudemerkmale des Bretonen geerbt sowie dessen geschlossene Linie. Die Brust ist sehr tief, wobei die Vorderbeine nicht eng stehen. Der Rücken ist kurz und flach, die Lendenpartie ist breit und muskulös. Der Schweif ist hochangesetzt in der starken, abgerundeten Kruppe. Der Kopf ist erstaunlich edel im Vergleich zum mächtigen Körper; er ist lang, läuft zum Maul hin schmal zu und hat einen angenehmen, wachen Ausdruck. Es ist jedoch seine Fähigkeit, in flottem Tempo zu arbeiten, sowie der lange Schritt und der energische Trab, die das Italienische Kaltblut so populär machen.

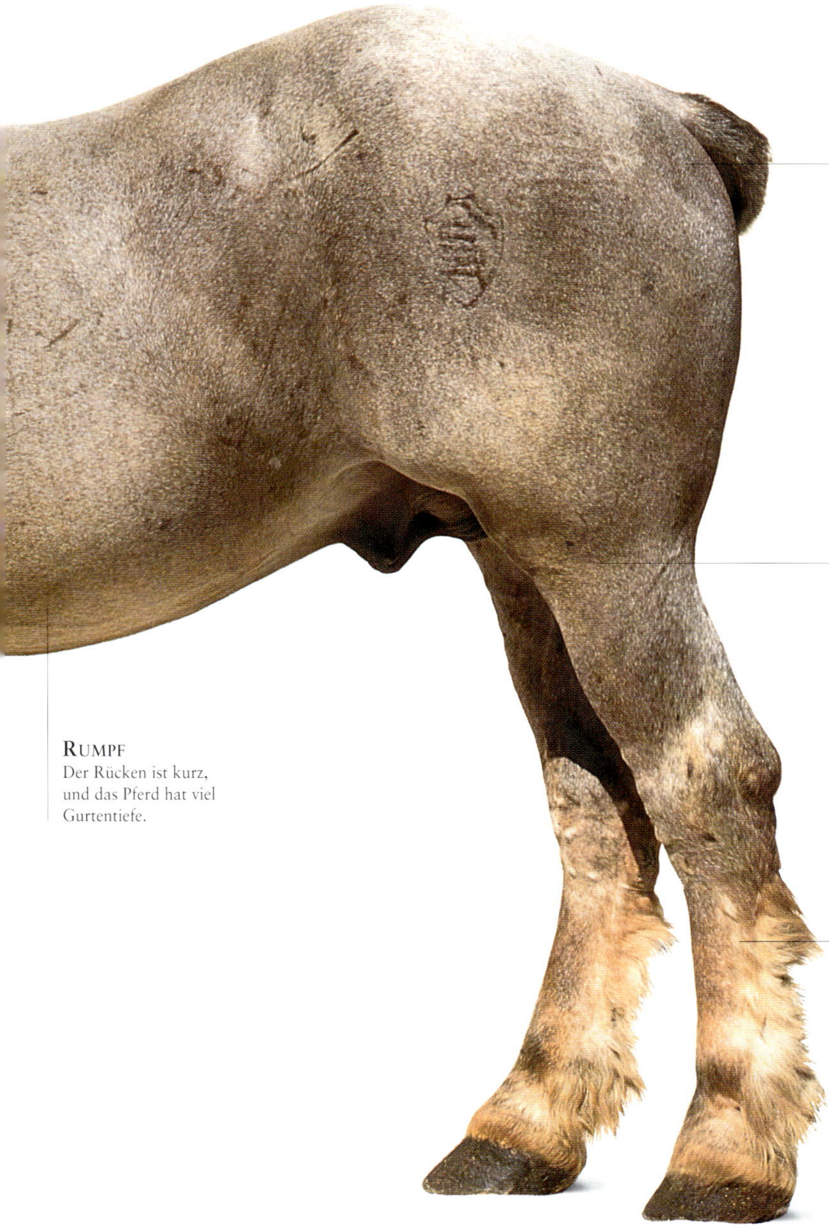

HINTERHAND
Die Hinterhand ist stark und gut gebaut mit einer hohen Kruppe und hochangesetztem Schweif.

HINTERGLIEDMASSEN
Die Hinterbeine sind relativ lang, aber die Unterschenkel sind gut bemuskelt. Die Gelenke sind groß und trocken.

RUMPF
Der Rücken ist kurz, und das Pferd hat viel Gurtentiefe.

UNTERGLIEDMASSEN
Die Pferde haben etwas Behang. Das Röhrbein ist gut, aber die Hufe neigen zum Zwanghuf.

URSPRÜNGE

Das Italienische Kaltblut kommt aus dem Norden des Landes, wird aber auch in Mittelitalien gezüchtet. Das Hauptzuchtgebiet ist die Region Venetien mit den Dolomiten und Alpen im Norden und Slowenien im Osten. Gewisse Ähnlichkeiten mit dem nächsten Nachbarn der Rasse, dem Avelignese, lassen sich nicht leugnen, und dieses Gebirgspferd wird sicherlich eine Rolle bei der Entstehung der Rasse gespielt haben.

Camargue-Pferd

Das Camargue-Pferd lebt im Rhônedelta im Süden Frankreichs, einem rauhen Land, das im Sommer glühend heiß ist, während der Boden in den anderen Jahreszeiten immer mit kaltem Salzwasser bedeckt ist. Der Mistral, der rasende, salzige Wind, läßt die spärlich wachsenden Sträucher, die harten Riedgräser, Schilf und Salzpflanzen, die den Pferden als Nahrung dienen, verkümmern. Die Menschen, die hier leben, sind stolz auf ihr ödes Sumpfland und nennen es »das erhabenste Land, das der Mensch erobert hat«. Die Pferde dieses Landes werden schon seit eh und je schwärmerisch »Pferde des Meeres« genannt. Neben den wilden, schwarzen Kampfstieren sind die Camargue-Pferde das Sinnbild der Camargue.

Salziges Land
Die Camargue, die Heimat der weißen Pferde, ist zum großen Teil sumpfig und mit einer dünnen Schicht von kaltem Salzwasser bedeckt.

Geschichte

Das Camargue-Pferd ist eine alte Rasse und hat sehr wahrscheinlich schon in prähistorischer Zeit in der Camargue gelebt. Dennoch läßt sich wie bei den meisten anderen älteren Rassen nichts Genaues über die ursprüngliche Herkunft sagen. In der Tat ähnelt es stark den Pferden auf den Höhlenmalereien in Lascaux und Niaux, die auf etwa 15 000 vor Christus datiert werden. Was die Proportionen angeht, so ähnelt es auch dem sogenannten Solutré-Pferd, einem prähistorischen Pferd, dessen Überreste im 19. Jahrhundert in Solutré gefunden wurden und auf 50 000 Jahre geschätzt werden.

Kopf
Der Kopf ist oft grob und schwer. Der kurze Hals geht über in einen flachen Widerrist und einen kräftigen Rücken.

Schulter
Die Schulter ist recht steil, wodurch der Trab abgehackt und hart ist, aber im Schritt hat es daher eine besonders hohe Knieaktion.

In vorchristlicher Zeit nahmen die Ostgoten und Wandalen auf asiatischen oder mongolischen Pferden bei ihren Invasionen diesen Weg nach Europa. Später, im 7. und 8. Jahrhundert, gab es einen starken Einfluß des Berbers (siehe Seiten 66–67), der durch die maurischen Eroberer von der iberischen Halbinsel eingeführt wurde. Diese Verbindung läßt sich auch an Sattelzeug und allgemeinen Pferdekenntnissen der Guardians, der französischen Cowboys, erkennen, d.h. es ist alles identisch bis hin zum Korbsteigbügel, der in Spanien und Portugal während der maurischen Besatzung entwickelt wurde. Seither hat die isolierte Lage der Camargue garantiert, daß die Pferdeherden, die »manades«, von äußeren Einflüssen verschont blieben.

Zur Ausrüstung der Guardians bei der Arbeit mit den Rindern gehören ein Seil und ein Dreizack. Das Seil, d.h. ein Lasso aus Pferdehaar von 11 m Länge, wird in den Korrals vom Boden aus eingesetzt, während der Dreizack für ungeregelte oder aggressive Stiere da ist oder um die Kälber zum Brennen umzuwerfen.

Rinderarbeit
Das Camargue-Pferd ist das traditionelle Arbeitspferd der französischen Cowboys, der Guardians, die die schwarzen Rinder im Rhônedelta hüten bzw. mit ihnen arbeiten.

Wahrscheinlich aufgrund der großen Unabhängigkeit der Guardians wurde die Rasse erst 1968 offiziell registriert, als ein Zuchtverband gegründet wurde und jährliche Hengstbesichtigungen unter der Ägide des Staatsgestüts von Nimes organisiert wurden.

Heute sind große Gebiete der Camargue trockengelegt und dienen als landwirtschaftliche Anbauflächen für Reis und Weintrauben. Die Arbeit mit den Rindern oder während der traditionellen Volksfeste die Stiere durch die Dorfstraßen zu treiben, das ist immer noch Aufgabe der Camargue-Pferde. Ein riesiges Gebiet der Camargue – die 6880 ha große Lagune Etang des Vacarès – ist heute ein Naturschutzgebiet. Der Tourismus zeigt neue Wege zur Nutzung der Camargue, und es gibt nichts Besseres, als die Natur vom Pferderücken aus zu betrachten.

MERKMALE

Der Anblick einer Herde weißer Pferde, die durch spritzendes Wasser galoppieren, hat sicherlich etwas Romantisches an sich. Die Pferde sind jedoch eigentlich eher unattraktiv. Der Kopf ist oft grob und schwer, der Hals ist kurz, und die Schultern sind meist steil. Der Gesamteindruck ist der eines »primitiven« Pferdes mit leichter Prägung durch den nordafrikanischen Berber.

Diese Schwächen werden wettgemacht durch Rumpftiefe und einen guten Rücken. Die Kruppe ist abgeschlagen, aber trotzdem kurz und stark. Die Gliedmaßen sind im allgemeinen gut geformt, und obwohl die Hufe breit sind (wegen des sumpfigen Bodens), sind sie so hart und gesund, daß die Pferde so gut wie nie beschlagen werden. Es sind unglaublich harte Pferde mit großer Ausdauer und sehr genügsam. Sie brauchen, oder besser gesagt, sie bekommen nicht mehr Futter als das, was sie im Schilf finden.

Das Camargue-Pferd mißt gewöhnlich um 1,42 m, kann aber auch kleiner sein. Es ist spätreif und erst zwischen fünf und sieben Jahren ausgewachsen. Bekannt für seine Langlebigkeit, erreicht es oft ein Alter von mehr als 25 Jahren. Die weiße Fellfarbe ist wahrscheinlich sein größtes Plus. Seine Gänge sind charakteristisch. Der Schritt ist lang mit hoher Aktion und besonders aktiv. Der Trab jedoch ist so kurz und abgehackt, daß es kaum in dieser Gangart geritten wird. Kanter und Galopp sind wiederum außergewöhnlich frei. Agil, trittsicher und äußerst mutig arbeitet das Camargue-Pferd mit den Stieren, so instinktiv wie ein Schäferhund eine Schafherde kontrolliert.

HINTERZWIESEL
Der hohe Hinterzwiesel ist identisch mit dem auf der iberischen Halbinsel und gibt dem Reiter mehr Sicherheit und Halt.

VORDERZWIESEL
Vorder- und Hinterzwiesel umgeben den Reiter und geben dem Oberschenkel guten Halt.

DER IBERISCHE EINFLUSS
Der Sattel des Guardians mit dem tiefen Sitz und Korbsteigbügeln ist identisch mit dem auf der iberischen Halbinsel gebräuchlichen Sattel.

BRANDZEICHEN
Um sie identifizieren zu können, werden die Camargue-Pferde mit einem »C« auf dem linken Schenkel gebrannt.

GLIEDMASSEN
Die Beine sind kurz und kräftig bei guter Stellung mit soliden, starken Gelenken. Die Rasse verfügt über ein feuriges Temperament und ist besonders gehfreudig.

RUMPF
Die Brust ist tief, der Rücken kräftig und relativ kurz. Die kurze Kruppe hat einen guten Schweifansatz und üppiges Schweifhaar.

HUFE
Die Hufe sind sehr hart und gesund. In seiner Heimat braucht ein Camargue-Pferd kaum beschlagen zu werden.

GRÖSSE
durchschnittlich 1,42 m

URSPRÜNGE

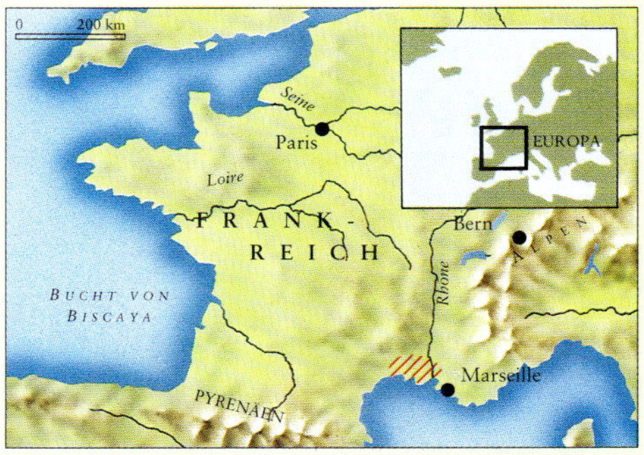

Die Camargue ist eine Landschaft mit flachen Salzsümpfen im Rhônedelta in Südfrankreich. Hier leben die Herden der weißen Camargue-Pferde, die sich von spärlichen, harten Gräsern, Schilf und Salzpflanzen unter extremen klimatischen Bedingungen ernähren. Im Sommer ist es sehr heiß und im Winter sehr kalt. Diese Lebensbedingungen bringen eine außerordentliche Härte sowie Ausdauer hervor.

Ardenner

Die uralte Rasse des Ardenner Kaltblutpferdes gehört sowohl nach Frankreich wie nach Belgien. Wahrscheinlich ist der Ardenner ein nahezu direkter Nachfahr der prähistorischen Pferde, deren Überreste in Solutré gefunden wurden. Auf jeden Fall sind primitve Merkmale wie etwa die Schädelform mit der viereckigen Nase noch heute beim modernen Ardenner vorhanden. Sowohl Julius Cäsar als auch der griechische Historiker Herodot kannten den Ardenner und priesen seine Härte und Ausdauer. Zweifellos bildeten die ursprünglich kleinen Ardenner Zugpferde mit der breiten Brust die Basis für die mächtigen Pferde des Mittelalters.

Der alte Typ

Im 17., 18. und 19. Jahrhundert waren die Ardenner stämmige, temperamentvolle Pferde, die sowohl geritten wurden als auch ausgezeichnete leichte Zugpferde waren. Während der Französischen Revolution (1789) und in der folgenden Zeit des Kaiserreichs erwarben sie den Ruf, das beste Artilleriepferd Europas zu sein. In großen Zahlen zogen sie die französischen Geschütze und transportierten Nahrungsmittel während Napoleon's verheerendem Rußland-Feldzug im Jahre 1812. Man sagt, sie seien die einzigen Pferde, die die Härten des winterlichen Rückzugs von Moskau überstehen und einen Großteil vom Wagenzug des Kaisers heimbringen konnten. Einige dieser harten, leichten Ardenner Militärpferde konnte man bis in die 70er Jahre im Nordosten Frankreichs, in Bassigny und zu beiden Seiten der oberen Marne in der Gegend von Chaumont finden. Andererseits ist dieser alte, leichtere Typ heutzutage nicht mehr stark vertreten.

Der moderne Ardenner

Zu Beginn des 19. Jahrhunderts wurden Araber eingekreuzt, um die Energie und Arbeitsleistung zu erhöhen. Später wurden einige Percheron-, Boulonnais- und Vollbluthengste eingesetzt. Der Einfluß dieser drei Rassen war jedoch nicht dauerhaft, mit Ausnahme vielleicht bei dem verwandten Auxois.

Der Trend zum größeren, schwereren Pferd entstand im 19. Jahrhundert durch sich ändernde Anforderungen in der Landwirtschaft und den Bedarf an stärkeren Pferden für sehr schwere Zugarbeiten. Über die Jahre entwickelten sich drei unterschiedliche Typen oder Schläge des Ardenners: ein kleiner, zwischen 1,52 und 1,63 m großer Typ, der dem alten Typ am ähnlichsten ist; der größere und massigere Ardenner des Nordens, der auch als »Trait du Nord« bekannt ist und durch Kreuzungen mit dem Brabanter (siehe Seiten 272–273) entstand, und starke Auxois. Der beliebte Nord-Ardenner (wie

Hals
Der Hals ist äußerst dick und breit, so wie es sich für ein derart mächtiges Pferd gehört, aber er paßt zu den großen Schultern.

Kopf
Kennzeichen des massigen, geraden Kopfes ist das viereckige Maul, die betonte Augenpartie, eine flache Stirn und erstaunlich kleine, gespitzte Ohren, die weit auseinanderstehen.

Gliedmassen
Die Beine »wie kleine Baumstämme« haben einen helleren Fesselbehang, der aber nicht so dicht ist wie bei manch anderer Kaltblutrasse.

Ursprünge

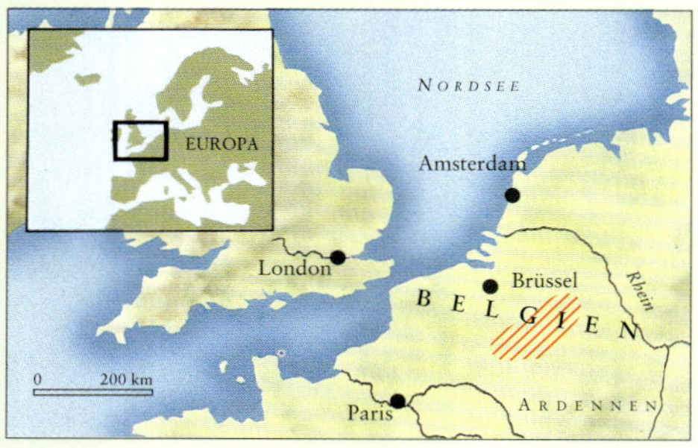

Das traditionelle Zuchtgebiet des schweren Ardenners sind die Ardennen in Frankreich und Belgien. Ein harter, unermüdlicher Typ wurde auf beiden Seiten der Marne in der Gegend von Chaumont gezüchtet, aber er ist heute nicht mehr stark vertreten. Das rauhe Klima und die harten Winter in Lothringen, der Champagne und den Ausläufern der Vogesen, der Heimat der Ardenner, garantieren die harte Konstitution der Rasse.

DER AUXOIS
Der Auxois, die alte Pferderasse des Burgund, existiert seit Jahrhunderten neben dem Ardenner und hat von Kreuzungen mit ihm profitiert.

hier abgebildet) kommt größtenteils aus Lothringen. Der als Trait du Nord (= Zugpferd des Nordens) bekannte Kaltblüter hat einen massiven Knochenbau und ist entsprechend stark bemuskelt. Der starke Auxois aus dem Burgund ist dem Trait du Nord ähnlich, wurde aber stärker durch Einkreuzungen von Percheron und Boulonnais im 19. Jahrhundert geprägt.

Während des 1. Weltkriegs waren Tausende von Ardennern im Einsatz. Die agilen Pferde wurden wieder geschätzt als Zugtiere von Versorgungsgütern, Waffen und Munition. Verluste während beider Weltkriege führten zur Einfuhr holländischer und belgischer Hengste, aber mittlerweile ist es nicht mehr notwendig, fremdes Blut einzuführen, und derartige Einkreuzungen findet man kaum noch. Heute dient der Ardenner der Fleischproduktion und wird als schweres Zugpferd eingesetzt.

MERKMALE

Der moderne Ardenner ist kurzbeiniger als andere Kaltblüter, man hat ihn schon mit einem Trecker verglichen. Er ist großrahmig und hat einen relativ kurzen Rücken mit einer sehr muskulösen Lendenpartie. Der Fesselbehang ist nicht sehr dicht, und die Hufe sind in Relation zum massigen Körper kleiner, als man erwartet hätte. Sie sind gut geformt, kräftig und selten brüchig oder mit flacher Sohle. Der Ardenner hat kleine, gespitzte Ohren, was für Kaltblutrassen ungewöhnlich ist. Dank seiner außergewöhnlich guten Schulterlage ist die Aktion des kleineren Typs räumend, energisch und gerade.

Das Klima in den französischen Ardennen in Lothringen, in der Champagne und den Ausläufern der Vogesen ist rauh, und die Winter sind hart. So entstand mit dem Ardenner eine Rasse, die ausgesprochen hart und widerstandsfähig ist. Die Pferde sind bekannt als besonders willige und fromme Arbeitspferde, mit denen sogar Kinder umgehen können.

Laut Zuchtziel sind die bevorzugten Farben stichelhaarig, Rotschimmel, Eisenschimmel, Dunkelfuchs und Brauner. Dunkelbraune, helle Füchse und Isabellen sind erlaubt, während Rappen, Apfelschimmel sowie alle anderen Farben nicht erlaubt sind.

GRÖSSE
1,60 m und größer

RÜCKEN
Der Rücken dieses großrahmigen Pferdes ist breit und ungewöhnlich kurz.

HINTERHAND
Die Hinterhand ist breit und rund, die Muskeln sind sehr kurz, dick und stark.

FELLFARBE
Stichelhaarige werden bevorzugt. Bei dieser Mischfarbe ist das Langhaar meist hellweiß.

HUFE
Im Verhältnis zum massigen Körper sind die Hufe kleiner als man denkt. Sie sind aber trotzdem sehr hart, und es gibt keine Veranlagung zum Flachhuf.

EINE VERWANDTE RASSE
Der Comtois aus Ostfrankreich ist ein Verwandter des Ardenners. Er liebt leichte Zugarbeiten und wird sowohl in der Forstwirtschaft als auch in den Weinbergen der Region eingesetzt. Wie der leichtere Typ des Ardenners ist er bekannt für seine Schulterfreiheit.

BOULONNAIS

EINFLECHTEN
Traditionell wird der Schweif eines Kaltblutpferdes eingeflochten. Das hat praktische Gründe, denn so kann er sich nicht in den Leinen verfangen, wenn das Pferd im Geschirr geht.

ES GIBT UNTERSCHIEDLICHE MÖGLICHKEITEN, ein Kaltblutpferd zu beschreiben, und zwar von massig, majestätisch, kraftvoll bis hin zu wuchtig. Am schönsten von allen ist aber der Boulonnais, dessen Heimat der Nordwesten Frankreichs ist. Diese Rasse gilt als edelstes Kaltblutpferd Europas. Seine Eleganz und die auffallende Erscheinung verdankt er der wiederholten Einkreuzung von orientalischem Blut. Die ersten dieser Einkreuzungen fanden statt, als die numidische Kavallerie lange Zeit in der Gegend von Boulogne lagerte, bevor sie unter Julius Cäsar nach Großbritannien übersetzte (55–54 vor Christus).

GESCHICHTE

Schon in vorchristlicher Zeit gab es in dieser Gegend verschiedene Kaltblutrassen. Nach der römischen Okkupation wurde erst wieder während der Zeit der Kreuzzüge orientalisches Blut eingekreuzt, hauptsächlich von den fortschrittlichen Züchtern Eustache, Comte de Boulogne, und Robert, Comte de Artois.

Im 14. Jahrhundert war der Boulonnais das Schlachtroß schlechthin. Der zunehmende Einsatz von schweren Plattenpanzerungen machte die Einkreuzung der großen Hengste aus dem Norden erforderlich sowie der zu jener Zeit schweren Pferde aus Mecklenburg (heute nicht mehr zu unterscheiden vom Hannoveraner – siehe Seiten 142 bis 143), um den Pferden mehr Größe und Gewicht zu geben. Während der spanischen Okkupation in Flandern im 16. Jahrhundert gab es großzügige Einkreuzungen der überragenden spanischen Blutlinien, die wiederum Berberblut führten (siehe Seiten 66–67).

Im 17. Jahrhundert wurde die Rasse als Boulonnais bekannt, und zwei verschiedene Schläge traten auf. Der kleinere Typ war zwischen 1,55 und 1,60 m groß und wurde »Fischhändler« (französisch *»maréeur«* oder *»mareyeur«*, was etwa »Pferd der Gezeiten« bedeutet) genannt. Der Fischhändler brachte den Fisch schnellstens von Boulogne nach Paris. Dank seines flotten, energischen Trabs war er dazu bestens geeignet.

Die beiden Weltkriege hatten verheerende Auswirkungen für den Boulonnais, denn die Gegend von Boulogne wurde zweimal innerhalb von 25 Jahren verwüstet. Der Stutenbestand war in alle Winde zerstreut, und die Rasse war beinahe am Ende. Heute sind die Pferde ein Opfer des Fortschritts: Fisch wird mit dem Lkw oder der Bahn transportiert, und es scheint zweifelhaft, ob der schnelle *»Fischhändler«* überhaupt noch existiert, während der größere Schlag überwiegend als Fleischlieferant dient.

URSPRÜNGE

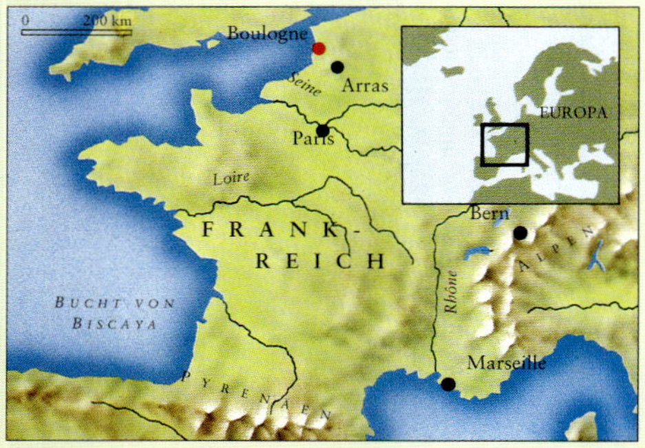

Der majestätische Boulonnais kommt aus dem Nordwesten Frankreichs. Er stammt ursprünglich aus dem Hinterland von Boulogne und Calais, wo schon zu vorchristlicher Zeit Kaltblutpferde gezüchtet wurden. Eines der bekanntesten Zuchtzentren war das Privatgestüt Eterpigny westlich von Arras, das sich jahrhundertelang im Besitz der Barone von Herlincourt befand. Dort gezogene Hengste wurden im ganzen Land aufgestellt.

MERKMALE

Man erkennt den Boulonnais an seinem schönen, ausdrucksvollen Kopf, der oft mehr arabische Merkmale aufweist als der des Percheron (siehe Seiten 94–95), einer ähnlichen Rasse, die ebenfalls orientalisches Blut führt. Die eleganten, fließenden Linien sind ungewöhnlich für ein Kaltblutpferd. Vom Boulonnais wird auch gesagt, er sähe aus »wie polierter Marmor«. Die Rasse hat kaum oder gar keinen Behang und ist nicht so

GLIEDMASSEN
Die Gelenke sind gut entwickelt und klar. Die Pferde haben nur wenig oder gar keinen Kötenbehang. Die Schenkel sind bemerkenswert stark und bemuskelt.

ren, den Norfolk Roadsters, ausgesprochen schwungvoll und energisch. Auch heute noch verfügen die Pferde über eine enorme Härte.

MODERNE BRETONEN

Man kennt heute zwei Typen des Bretonen: den Postier und den Trait Breton. Der letztere ist ein frühreifes Pferd und somit ideal für die Fleischerzeugung. Er ist schwerer, nicht so kompakt und aktiv wie der Postier, aber hart, sehr ausdauernd und stark.

Für beide Typen gibt es ein gemeinsames Stutbuch. Früher gab es einmal zwei Stutbücher, die beide im Jahre 1909 geöffnet wurden, aber 1912 wurden sie zusammengelegt und für jeden Typ eine eigene Abteilung angelegt. 1926 schließlich wurde ein einziges Buch eingeführt. Um eingetragen werden zu können, muß ein Postier von Postiers abstammen und eine Leistungsprüfung im Geschirr ablegen. Diese Leistungsprüfungen werden zum Anlaß genommen für die Veranstaltung von Festtagen, wo auch die regionalen Trachten getragen werden. Seit 1920 ist kein fremdes Blut mehr zugelassen worden, und 1951 wurde das Stutbuch geschlossen.

STIRN
Die Stirn ist breit. Das Pferd hat wache, weit auseinanderstehende Augen.

KOPF
Der viereckige Kopf hat ein gerades Profil mit großen Nüstern. Die tief am Kopf angesetzten Ohren sind klein und sehr beweglich.

HUFE
Die Hufe sind mittelgroß. Die Pferde haben kaum Behang.

URSPRÜNGE

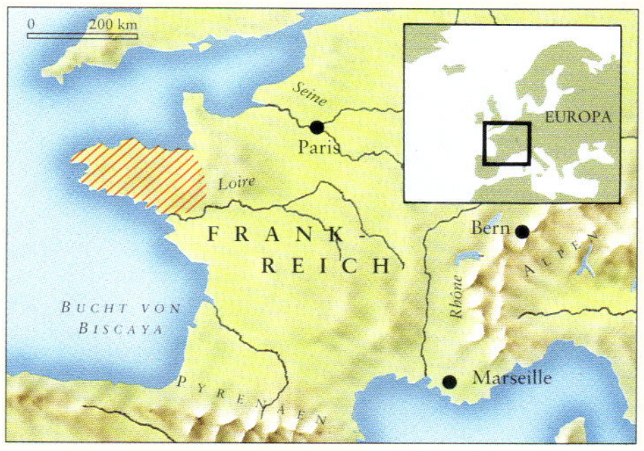

Der Bretone stammt ursprünglich aus der Bretagne im Nordwesten Frankreichs, und man kann ihn durchaus als bodenständige Rasse bezeichnen. Seit dem Mittelalter zählen die bretonischen Pferdezüchter zu den besten in ganz Europa. Den Grundstock dieser Rasse bildete das kleine Pferd aus den Bergen im Westen der Bretagne. Bretonen werden in viele Länder exportiert, wie z.B. nach Japan oder in die Balkanländer.

Der Bretone zählt immer noch zu den beliebtesten Pferden in Frankreich und wird bis nach Japan oder in den Balkan exportiert. Er wird als Arbeitspferd und als idealer Verbesserer von weniger entwickelten Beständen geschätzt. In Großbritannien wird er nicht nur wegen seiner bewährten Qualitäten eingesetzt, sondern er wird auch eingekreuzt, um Cobs für den Reitsport zu züchten.

Die durchschnittliche Größe dieses attraktiven, ziemlich quadratischen Pferdes liegt zwischen 1,52 und 1,63 m. Die dominante Farbe ist der Rotschimmel, aber es gibt auch einige Füchse, Braune und gelegentlich auch Schimmel.

TRABER DER SUPERLATIVE
Dieses Bretonen-Paßgespann auf dem Staatsgestüt Tarbes geht vor einem Break. Die Bretonen des Schlages Postier waren einmal der Stolz der französischen Artillerie und sind heute als hervorragende Traber in schwerer Anspannung beliebt.

COB NORMAND

DER COB NORMAND (= normannischer Cob) stammt von den kleinen, als Bidet bekannten Pferden ab, die in der Bretagne und der Normandie schon vor der Zeit des römischen Kaiserreichs lebten. Diese harten, ausdauernden Pferde kamen mit den Kelten aus Asien. Auf diesem Weg kamen sie durch Rußland und brachten die wertvollen Gene des mongolischen Pferdes mit, aber auch ein wenig vom veredelnden Einfluß des Orientalen. Die Römer, die viel züchterisches Geschick besaßen, kreuzten den Bidet mit den schweren Packstuten, die die Legionen versorgten. Zuchtziel war ein starkes, abgedrehtes Arbeitspferd, der Ahnherr des Cob Normand von heute.

RAHMEN
Die Pferde sind großrahmig und stämmig, aber nicht so massig wie die richtigen Kaltblutrassen. Die Schultern sind stark, und die Pferde haben viel Schulterfreiheit.

GESCHICHTE

Um das 10. Jahrhundert hatte sich die Normandie als eines der besten Pferdezuchtgebiete der Welt etabliert. Die endlosen Weidegebiete und der Kalksteinboden sind die ideale Voraussetzung für die Aufzucht von Pferden. Die normannischen Züchter wurden insbesondere berühmt durch ein Militärpferd, das man heute als Kaltblut bezeichnen würde, obwohl es nicht so schwer war wie die massigen, schweren Pferde aus Flandern.

Durch Einkreuzungen von Arabern und Berbern (siehe Seiten 64–67) war dieses Pferd bis zum 16. oder 17. Jahrhundert leichter geworden. Im 19. Jahrhundert gab es weitere Einkreuzungen von Vollblut, Norfolk Roadster (siehe Seiten 118–121) und Halbblutpferden, den ebenfalls vom Norfolk Roadster beeinflußten englischen Hunter. Dieser Prozeß führte zur Entstehung des Anglo-Normannen, der dann den Selle Français (siehe Seiten 130–131) hervorbrachte.

FRANZÖSISCHE GESTÜTE

Der Cob Normand sowie einige andere französische Rassen verdanken ihr Entstehen zu einem Großteil den großen königlichen Gestüten Frankreichs, die im 18. Jahrhundert eingerichtet wurden, um den immensen Bedarf an Militärpferden decken zu können. Eines der ersten Gestüte war das berühmte und prächtige Gestüt in Le Pin. Ludwig XIV kaufte das Anwesen im Jahre 1665 als Ersatz für das königliche Gestüt in Montfort l'Amaury, aber die Arbeiten dauerten an, und die ersten Hengste konnten erst

SAINT-LÔ
Ein Teil der Hengste im Depot des Staatsgestüts von Saint-Lô sind Cob Normands. Diese starken, lebhaften Pferde sind ideal für kleinere landwirtschaftliche Betriebe. Sie können zu allen auf den kleinen Pachthöfen in der Normandie anfallenden Arbeiten eingesetzt werden.

GRÖSSE
1,60–1,68 m

1728 einziehen. Das Gestüt in Saint-Lô in der Gegend von La Manche in der Normandie, der Heimat des Cob Normand, wurde 1806 auf kaiserlichen Erlaß gegründet, und 1912 beherbergte es nicht weniger als 422 Hengste. 1944 wurde das alte Gestüt vom Feind zerstört, aber rechtzeitig wurden auf einem anderen, angrenzenden Grundstück neue Gebäude errichtet, und 1976 belief sich der Hengstbestand auf 186, darunter 60 Cob Normands. Auch in Le Pin gab es Cobs neben Trabern, Anglo-Normannen, Vollblütern und Percherons.

Zu Beginn des 20. Jahrhunderts unterschied man zwischen zwei Typen: dem Reitpferdetyp, als Remonten für die Kavallerie, und den weniger guten, grober gebauten Cob, der für leichte Zugarbeiten eingesetzt wurde. In Saint-Lô und Le Pin wurde es Brauch, den Schweif zu kupieren. Das war weniger eine modische Angelegenheit, sondern eine rein praktische Maßnahme, da man dachte, daß sich bei einem Kutschpferd die Leinen auf gefährliche Weise unter dem Schweif verfangen könnten, wenn er in seinem natürlichen Zustand gelassen wird. Bald schon wurden diese Pferde als eigenständige Rasse anerkannt. Man nannte sie Cobs nach den englischen Cobs, für die es ebenfalls zwei verschiedene Einsatzgebiete gibt und denen sie so ähnlich sind (siehe Seiten 384–385).

Obwohl es Cob Normands auf den Staatsgestüten, hauptsächlich in Saint-Lô, gibt, wird kein Stutbuch geführt. Die Zucht wird dokumentiert, und in manchen Teilen Frankreichs werden Leistungsprüfungen für die jungen Pferde durchgeführt.

SCHWEIF
Der Schweif ist hoch angesetzt. Das Kupieren des Schweifs ist in Frankreich erlaubt, in Großbritannien z.B. gesetzlich verboten.

GLIEDMASSEN
Die Beine sind kurz mit muskelbepackten Unterschenkeln.

SPRUNGGELENKE
Die wohlgeformten Sprunggelenke sind gut angesetzt. Sowohl Röhr- als auch Schienbeine sind kurz. Die Gelenke sind gut entwickelt, und auch die Röhrbeinstärke ist gut.

HUFE
Die Hufe sind von mittlerer Größe und gesund. An den Fesseln sieht man ein wenig Behang, der aber nicht weiter hoch reicht.

DER MODERNE COB NORMAND

Der Cob Normand ist ein starkes, stämmiges Pferd, das als vielseitiges Nutzpferd für den Einsatz auf kleinen Höfen gezüchtet wurde. Er ist schwerer als seine normannischen Vorfahren, die für das Militär gezüchtet wurden und die man in vielerlei Hinsicht als schwere Reitpferde bezeichnen konnte, die sich auch für leichte Zugarbeiten eigneten. Er ist auch schwerer als sein modernes Pendant in Wales (siehe Seiten 182–183). Dennoch handelt es sich hierbei nicht um einen richtigen Kaltblüter, sondern um ein Warmblut ohne die Masse des schweren Kaltblutpferdes. Die Rasse hat immer noch die schwungvollen, energischen Gänge der Vorfahren, besonders den großartigen Trab, und sie steht im ansprechenden Cob-Typ. Cobs sind sehr beliebt in ihrer Heimat, der Normandie, so wie der Welsh Cob praktisch zum Alltag in der alten walisischen Grafschaft Cardiganshire gehört.

Der Cob Normand hat eine Größe von 1,60 bis 1,68 m; am häufigsten sind Füchse, aber gelegentlich kommen auch Braune und sogar Rotschimmel vor. Die Rasse verdankt ihr Überleben dem Netzwerk der von der französischen Regierung verwalteten Staatsgestüte, die eine konsequente Zuchtpolitik verfolgen, seit der Erlaß des Konzils von Ludwig XIV aus dem Jahre 1665 den Staat an der Pferdezucht beteiligt.

URSPRÜNGE

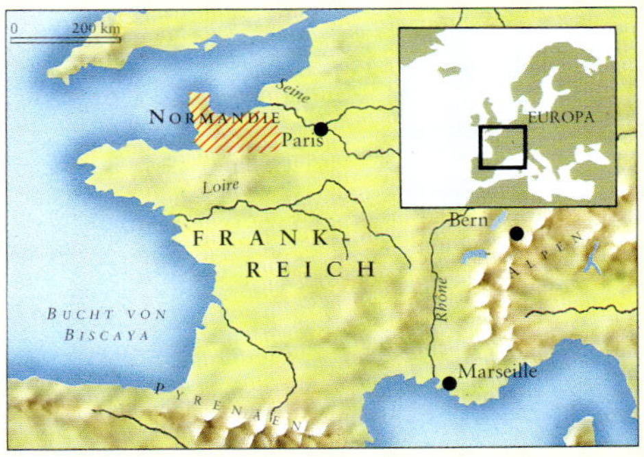

Das Department La Manche gilt als Zuchtzentrum des Cob Normand, so wie die alte Grafschaft Cardiganshire in Wales als Heimat des Welsh Cob gilt. Cob Normands werden hauptsächlich auf den Staatsgestüten Le Pin und St. Lô gehalten. Die Kalksteinböden und guten mineralhaltigen Weiden sind entscheidende Kriterien eines jeden erfolgreichen Pferdezuchtbetriebes, und sie spiegeln sich wider in Größe, Wuchs und Fundament einer Rasse.

Poitevin & Baudet de Poitou

Die südlich der Loire liegende Region Poitou in Frankreich ist aus drei Gründen bekannt. Sie ist die Heimat der Pferderasse Poitevin oder Mulassier, einem Kaltblutpferd mit vielen Gebäudemängeln, das nicht besonders attraktiv aussieht und wenig als Arbeitspferd zu bieten hat. Zum zweiten sind da die riesigen Poitou-Eselhengste oder Baudet de Poitou, die mit den Poitevin-Stuten die größten Maultiere Europas bringen. Und schließlich gibt es die Maultierzucht, die auf diesen beiden basiert. Seit dem 19. Jahrhundert ist dieser Teil Frankreichs für seine Maultierzucht bekannt.

Haarkleid
Die Mähne ist dick und üppig. Im Winter ist der Körper dicht von hartem Haar bedeckt.

Poitevin

Das Poitevin-Pferd

Dieses Pferd stammt hauptsächlich ab von holländischen, dänischen und norwegischen Kaltblutpferden, die im 17. Jahrhundert ins Poitou kamen, um die Sümpfe der Vendée und des Poitou zu kultivieren. Die Stuten wurden dann mit Poitou-Eselhengsten gekreuzt und brachten qualitätsvolle Maultiere.

Poitevin-Stuten haben wenig positive Gebäudemerkmale. Die meisten sind Falben entsprechend ihrer Herkunft, denn sie lassen sich auf das schwere Waldpferd Nordeuropas (siehe Seiten 14–15) zurückführen. Der Rumpf ist groß und lang, der Kopf ist schwer, und die Ohren sind dick und nicht sehr beweglich. Die Schultern sind steil, und die Kruppe ist abgeschlagen. Wie für ein in Sumpfgebieten lebendes Pferd normal, sind die Hufe sehr groß. Mähnen- und Schweifhaar sind dick, grob und zottig. Der üppige Behang ist struppig und besteht aus lauter lockigen Haarbüscheln ab Vorderfußwurzel- bzw. Sprunggelenk. Die Rasse ist sehr stark, aber langsam in den Bewegungen und dementsprechend ruhig und gutmütig.

Baudet de Poitou (Poitou-Esel)

Der Poitou-Esel ist in jeder Hinsicht eine bemerkenswerte Erscheinung. Bei einer Größe von 1,63 m ist er fast so groß wie die Poitevins. Er ist ungewöhnlich hart für einen Esel und wird konsequent auf Größe und körperliche Stärke gezüchtet. Seine Größe, die langen

Ursprünge

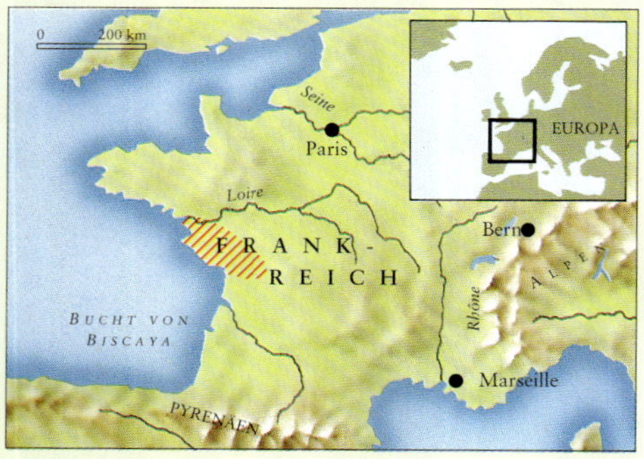

Das »häßliche Entlein« Frankreichs, das Poitevin-Kaltblutpferd, kam im 17. Jahrhundert ins Marais Poitevin (= Moor) und wird auch heute noch in dieser Gegend und in der Provinz Poitou gezüchtet. Ursprünglich wurde er zur Trockenlegung der Sumpfgebiete der Vendée und des Poitou eingesetzt und hat dementsprechend breite Hufe, wie alle Bewohner von Sumpfgebieten. Der Baudet de Poitou ist der hochwüchsige Esel der Ebenen des Poitou. Seit Jahrhunderten wird er in dieser Region mit großer Sorgfalt gezüchtet.

Stute mit Fohlen der Rasse Mulassiere
Obwohl besonders für die Maultierzucht geeignet, werden die Poitevin-Stuten auch mit Poitevin-Hengsten gepaart, um die Rasse zu erhalten. Die überzähligen Pferde können auf dem Fleischmarkt verkauft werden.

Grösse des Poitevin
1,63–1,68 m

Gliedmaßen und sogar die Lage der Schulter begünstigen schnellere und raumgreifendere Gänge als man annehmen könnte. Es gibt ein einziges Stutbuch. Es besteht seit 1885 und hat zwei Sektionen: für die Poitevins und die Poitou-Esel.

DIE MAULTIERE

Die Maultiere sind geschätzt wegen ihrer Vielseitigkeit und außergewöhnlichen Kraft, und schnell waren sie sehr gefragt in Europa und den USA, wo sie eine wichtige Rolle in der Landwirtschaft spielen. Sie sind ideal für Arbeiten in schwierigem Gelände, wo Kaltblüter nicht mehr weiterkommen, und wurden in Ländern wie der Türkei, Griechenland, Südfrankreich, Italien, Spanien und Portugal eingesetzt, ja sie wurden sogar bis nach Japan exportiert.

Zwischen 1900 und 1914 blühte der Markt für die Maultiere aus dem Poitou in den USA, und bis zum Ersten Weltkrieg war auch Deutschland ein großer Abnehmer. Nach dem Kriege waren die Bestände ziemlich erschöpft, aber in den 20er Jahren erholte sich der Handel. Die Zucht erlitt weitere Rückschläge nach dem Zweiten Weltkrieg, aber kürzlich erholte sich der Markt etwas, und es gibt inzwischen wieder genügend Nachfrage.

Maultiere sind sehr stark und haben eine ausgezeichnete Konstitution. Sie sind im allgemeinen kerngesund, besonders was die Atmungsorgane und Beine angeht. Außerdem sind sie arbeitswillig und genügsam in der Haltung, sie kommen gut mit minimalem Futter aus. Nicht selten dienen sie dem Menschen bis zu 25 Jahre lang.

MAULTIERFOHLEN
Das ist eine typische, falbe Poitevin-Stute mit ihrem Maultierfohlen von einem Poitou-Esel. Diese überaus starken Hybriden sind ausgezeichnete Arbeitstiere.

SCHWEIF
Besonders bei den Stuten ist der grobe Schweif tief angesetzt. Die Kruppe ist abfallend.

KOPF
Die Tiere haben einen freundlichen Ausdruck, der durch die riesigen Ohren noch betont wird.

GLIEDMASSEN
Die Beine sind kräftig, und obwohl Rücken und Schulter gewöhnlich steil sind, sind die Gänge flott und sicher.

UNTERARM
Grober Behang umgibt den Unterarm. Die Hufe sind groß und flach.

BAUDET DE POITOU

GRÖSSE DES BAUDET DE POITOU
1,63 m

Brabanter

Der Brabanter oder Belgische Kaltblüter ist eine der einflußreichsten und bekanntesten Kaltblutrassen Europas. Dieses im Mittelalter als Flämisches Pferd bekannte Kaltblut spielte eine große Rolle beim Aufbau der Zuchten von Clydesdale, Shire Horse und Suffolk Punch (siehe Seiten 284–289). Außerdem wurde es vor Jahrhunderten wahrscheinlich eingesetzt, um dem Vorläufer des Irish Draught (siehe Seiten 374–375) mehr Größe zu geben.

Grenzenlose Pferdekraft
Dieses beeindruckende Paßgespann Brabanter macht das Ziehen eines schwer beladenen Bierwagens zum Kinderspiel. Die farbenfroh geschmückten Geschirre verleihen den stilvollen, flotten Pferden noch mehr Ausdruck.

Ursprünge

Der Brabanter ist eine alte europäische Rasse, die eine große Rolle in der Entwicklungsgeschichte des Pferdes spielte. Über den noch älteren Ardenner (siehe Seiten 262–263) ist er wahrscheinlich ein direkter Nachfahr des primitiven Waldpferdes *(Equus sylvaticus),* einer der vier frühen Pferdeformen (siehe Seiten 22–23). Der Ardenner (und daher auch der Brabanter) war schon den Römern bekannt und wurde von Julius Cäsar in seinen »*Kommentaren zum Gallischen Krieg*« als williges, unermüdliches Arbeitspferd gepriesen. Obwohl die Rasse in Belgien praktisch untergegangen ist, hat der Brabanter in den USA eine große Anhängerschaft.

Selektion und Inzucht

Wie auch die anderen Länder auf dem europäischen Festland litt Belgien unter den Folgen der Kriege, die nacheinander über das Land hereinbrachen, durch die aber auch Pferde fremden Bluts ins Land kamen und z.T. dort auch blieben. Die belgischen Züchter widmeten sich jedoch trotz des Drucks, leichtere Kavalleriepferde zu produzieren, weiterhin ihrer eigenen Kaltblutrasse, die 90 % des Pferdebestandes des Landes darstellte. Diese Rasse paßte zu ihren züchterischen Fähigkeiten, dem Klima und dem schweren, fruchtbaren Boden sowie den wirtschaftlichen Voraussetzungen des Landes. Sie widerstanden dem Einsatz ausländischer Blutlinien und praktizierten eine Zuchtpolitik strikter Selektion und Inzucht (wenn nicht vermeidbar), um die außergewöhnlichen Qualitäten der Rasse zu erhalten bzw. zu entwickeln. Dabei haben sie ein einzigartiges Kaltblutpferd entwickelt, das vielseitiger als andere Kaltblutrassen und außergewöhnlich stark ist. Immer häufiger wurden diese rein belgisch gezogenen Pferde nach einem der Zuchtgebiete benannt: Bra-

Größe
1,68–1,73 m

banter. Oft nannte man sie aber auch »*Race de Trait Belge*« (= belgisches Zug- oder Kaltblutpferd). Beide Namen werden seiner Stellung unter den Kaltblutrassen gerechter als die moderne, schlichte Bezeichnung Belgisches Kaltblut.

Wichtige Linien

Um 1870 gab es drei Hauptstämme, obwohl die Unterschiede mehr in den Blutlinien als in besonderen körperlichen Merkmalen lagen. Die erste Linie war die des Orange I, dem Stammvater der mächtigen braunen Pferde der Gros de la Dendre-Linie. Der Hengst Bayard begründete die Linie Gris du Hainaut, in der es Schimmel, Falben und Rotschimmel gab. Besonders der Rotschimmel oder Rotstichelhaarige verrät die »primitive« Herkunft der Rasse. Die dritte Brabanter-Linie wurde von dem Braunen Jean I begründet und wurde hochtrabend Colosses de la Mehaïque genannt. Die Pferde dieser Blutlinie waren bekannt für die außerordentliche Stärke und Härte ihrer Beine.

Berühmte Brabanter

Die Nachfrage nach dem Cheval de Trait Belge stieg gegen Ende des 19. Jahrhunderts enorm an, als die belgischen Pferde internationale Erfolge feierten. Der Hengst Brillant, ein Sohn des Orange I, gewann 1878 die Internationale Meisterschaft in Paris und wiederholte seinen Erfolg in den darauffolgenden Jahren in London, Lille und Hannover. Im Jahre 1900 wurde sein Enkel, Rêve d'Or, Weltmeister, und nach ihm kam der »Super-Champion« Avenir d'Herse.

Merkmale

Der Brabanter ist ein mächtiges, starkes Pferd von etwa 1,68 bis 1,73 m Stockmaß. Es hat einen kurzen Rücken und ist geschlossen. Die Beine sind sehr stark, kurz und hart mit viel Behang. Der Kopf ist relativ klein, viereckig und gewöhnlich, aber mit intelligentem Gesichtsausdruck. Die Gänge sind nicht besonders auffällig oder elegant, aber die Pferde sind bestens für die Arbeit geeignet, für die die Rasse bestimmt ist. Die Pferde haben einen besonders raumgreifenden Schritt. Der Brabanter ist auch bekannt für sein freundliches Wesen.

Brust
Die Brust ist breit, der kurze Hals ist schwer und stark genug für alle anfallenden schweren Zugarbeiten.

Kopf
Der nette Kopf ist klein und edler als bei vielen anderen Kaltblutrassen, aber er paßt in der Relation zum Körper.

Gliedmassen
Die kurzen Beine gelten als äußerst stark und hart. Das gesunde Fundament ist eine Voraussetzung in allen Brabanter Linien.

Holländisches Kaltblutpferd
Das Holländische Kaltblut wurde nach 1918 auf der Grundlage des Brabanters und holländischen Stuten im Zeeland-Typ entwickelt und gelegentlich mit dem belgischen Ardenner gekreuzt. Das mächtige Pferd hat ein ruhiges Wesen, schulterfreie Gänge und ist sehr ausdauernd.

Ursprünge

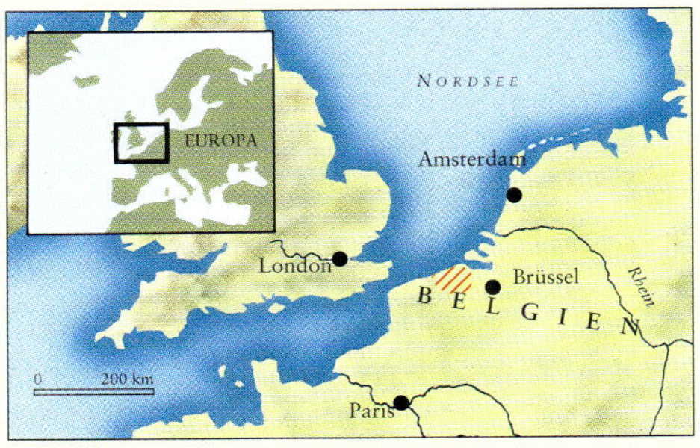

Der Brabanter, auch Belgisches Kaltblutpferd genannt, war schon im Mittelalter als das Flämische Pferd bekannt und hatte prägenden Einfluß auf verschiedene Kaltblutrassen, u.a. Shire Horse, Clydesdale und Suffolk Punch. Das Hauptzuchtgebiet, nach dem die Rasse auch benannt ist, ist Brabant in Belgien, aber die Rasse war einst auch zahlreich vertreten in Flandern, besonders in den Gegenden von Anvers, Hainaut, Limberg, Liège, Namur und sogar in Luxemburg.

JÜTLÄNDER & SCHLESWIGER

DER SCHWERE JÜTLÄNDER ist eine bodenständige Rasse Dänemarks und wird seit Jahrhunderten auf der Halbinsel Jütland gezüchtet. Im 12. Jahrhundert wurde die Rasse zum ersten Mal schriftlich erwähnt. Im Mittelalter diente es den schwer gepanzerten Rittern als Reitpferd, denn es hatte die Kraft und Ausdauer, um mit den Härten und Entbehrungen einer Schlacht fertigzuwerden. Der Jütländer ist der Ahnherr des benachbarten Schleswiger Kaltblutpferdes, das aus der norddeutschen Provinz Schleswig-Holstein kommt.

PFERDEFUHRWERK IN DER STADT
Ein Viererzug Jütländer zieht einen Bierwagen – eine beliebte Attraktion auf Kopenhagen's Straßen. Die Pferde werden nur noch selten in der Landwirtschaft eingesetzt.

DER JÜTLÄNDER

Es gilt als erwiesen, daß die Vorläufer des modernen Jütländers zu Zeiten der Wikinger lebten, d.h. ab dem frühen 9. Jahrhundert. Angelsächsische Bilder zeigen, wie die dänischen Reiter ihre Gefangenen zusammentreiben, und sie reiten Pferde, die dem modernen Jütländer sehr ähnlich sehen. Wahrscheinlich brachten die Wikinger dänische Pferde nach East Anglia in England, die sich mit den bodenständigen Pferden paarten und später zur Entstehung des Suffolk Punch beitrugen (siehe Seiten 288 bis 289). Mit Sicherheit importierten England, Deutschland und Frankreich im Mittelalter Jütländer.

URSPRÜNGE

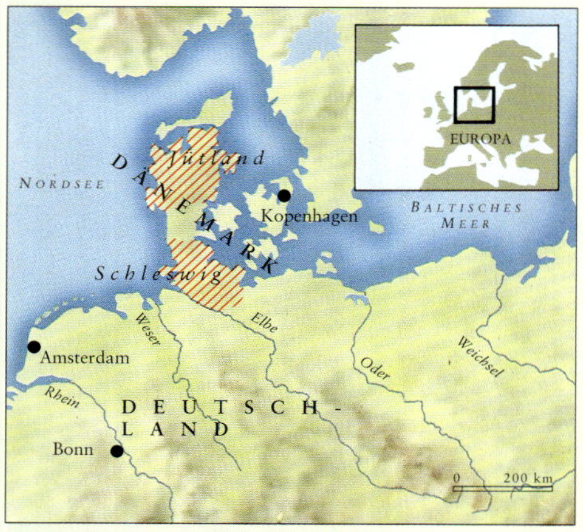

Das dänische Kaltblutpferd ist benannt nach der Halbinsel Jütland, wo es seit dem Mittelalter gezüchtet wird. Zu jener Zeit wurden Jütländer nach England exportiert, wo sie an der Entwicklung des Suffolk Punch beteiligt waren. Auch Deutschland und Frankreich führten Jütländer ein. Als die Handelsbeziehungen zwischen England und Dänemark weiter gediehen waren, wurde der Jütländer durch den Einsatz des Cleveland Bays und besonders des Suffolk Punch verbessert. Der Jütländer bildete auch den Grundstock beim Schleswiger.

Großen Einfluß auf die Entwicklung des modernen Jütländers nahm der Suffolk Punch, und zwar besonders der in den 60er Jahren des vorigen Jahrhunderts importierte Hengst Oppenheimer LXII. Dieser Dunkelfuchs wird manchmal fälschlicherweise als Shire bezeichnet, aber es gilt als ziemlich sicher, daß es sich um einen Suffolk Punch handelte. Er wurde von dem bekannten Hamburger Pferdehändler Oppenheimer importiert, der durchweg mit Suffolk-Punch-Pferden handelte, die er für das Gestüt in Mecklenburg nach Deutschland holte. Der Hengst war sehr erfolgreich in der Zucht und begründete über Oldrup Munkedal, einen seiner zahlreichen Nachkommen, die wichtigste Blutlinie.

Im 18. Jahrhundert wurde der Frederiksborger aus Dänemark (siehe Seiten 112 bis 113), der spanisches Blut führt, in der Zucht des Jütländers eingesetzt, um die Gänge zu verbessern. Im 19. Jahrhundert wurden zum Teil nicht ganz so erfolgreiche Kreuzungen mit Cleveland Bays (siehe 304–305) und deren Abkömmling, dem Yorkshire Coach Horse, durchgeführt. In den 50er Jahren gab es 405 Gestüte in Dänemark, die mit 14 416 Stuten und 2563 Hengsten den Jütländer züchteten, diese Zahlen sind aber seitdem stark gesunken. Nur noch wenige Jütländer werden in der Landwirtschaft eingesetzt, aber sie dienen als Zugpferde in der Stadt und sind ein beliebter Anblick auf Pferdeschauen.

Die Ähnlichkeit zwischen Suffolk Punch, Jütländer und Schleswiger ist offensichtlich. Der Jütländer unserer Tage erinnert stark an den Suffolk Punch, bis auf den Fesselbehang,

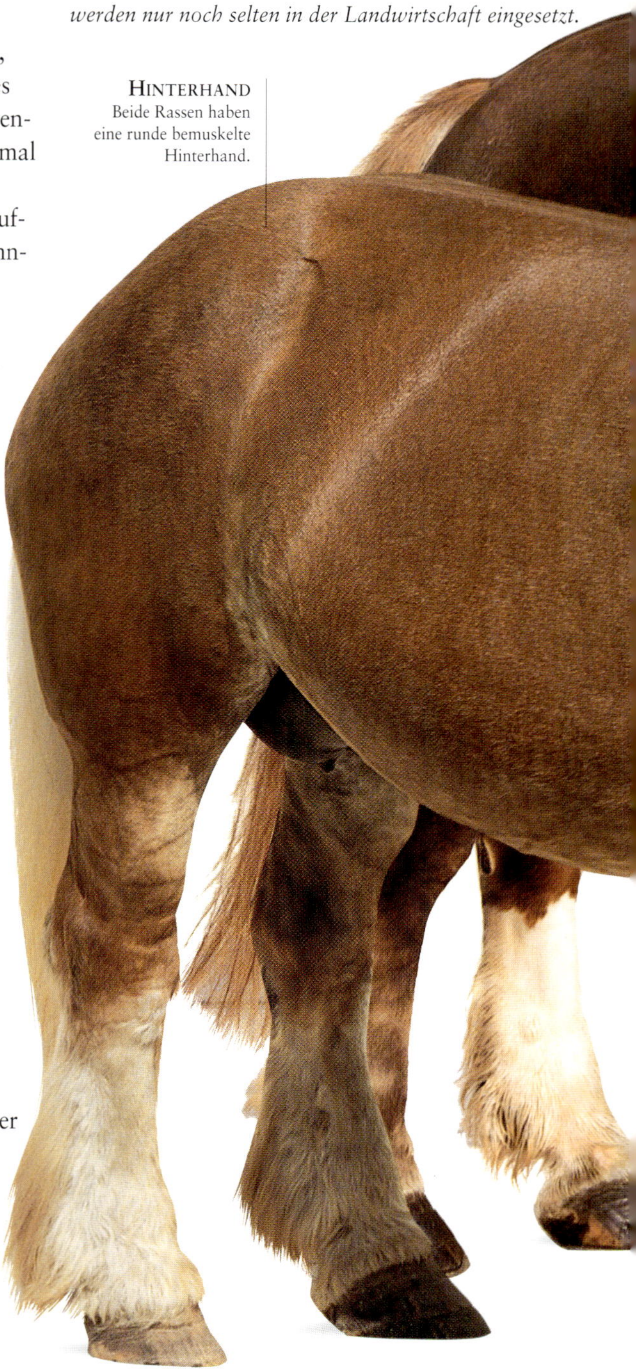

HINTERHAND
Beide Rassen haben eine runde bemuskelte Hinterhand.

GRÖSSE DES JÜTLÄNDERS
1,57–1,63 m

den auch die Jütländer-Züchter verringern oder ganz wegzüchten möchten.

Die Pferde sind gröber als der Suffolk Punch, besonders der Kopf. Aber sie haben den geschlossenen, runden Körper und die abgedrehte Erscheinung der englischen Rasse. Der Jütländer ist ein kräftiges und aktives Arbeitspferd, dabei ausdauernd und arbeitswillig. Die Größe liegt zwischen 1,57 und 1,63 m. Die meisten Pferde sind Dunkelfüchse mit flachsfarbenem Langhaar.

Der Schleswiger

Der Jütländer-Hengst Munkedal ist durch seine ingezogenen Hengstsöhne Prins of Jylland und Høvding der Gründerhengst der Schleswiger Rasse. In der ersten Hälfte des 19. Jahrhunderts wurde zuerst einmal das Yorkshire Coach Horse (siehe Seiten 304–305) und sogar der Englische Vollblüter (siehe Seiten 118–119) zur Verbesserung der leicht groben, bodenständigen Schleswiger eingesetzt. Ab 1860 wurde auf der Munkedal-Linie basierend selektiv gezüchtet. 1888 wurde der Zuchtstandard anerkannt, und drei Jahre später wurde der Verband der Schleswiger Kaltblutzüchter gegründet. Gegen Ende des 19. Jahrhunderts hatte sich der Schleswiger zum mittelgroßen, umgänglichen Pferd mit einer Größe von 1,57 bis 1,63 m entwickelt und war sehr gefragt als Zugpferd für Busse und Straßenbahnen. Anfänglich waren Schleswiger meist Füchse, aber später gab es auch Schimmel und Braune.

Zur Erhaltung der Rasse wurden bis 1938 regelmäßig Jütländer eingekreuzt. Danach wurde strenge Selektionszucht betrieben, um Gebäudemängel wie flache Rippen, ein übermäßig langer Rumpf und weiche, flache Hufe zu beheben. Um diesen Prozeß zu beschleunigen, wurden nach dem Zweiten Weltkrieg zwei Hengste eingesetzt, ein Bretone (siehe Seiten 264 bis 267) und ein Boulonnais, der den größeren Einfluß hatte. Wie beim Jütländer gingen auch beim Schleswiger die Bestände drastisch zurück, als seine traditionellen Aufgaben von Maschinen übernommen wurden.

Ganaschen
Der moderne Jütländer und sein Ableger, der Schleswiger, haben viel mehr Ganaschenfreiheit als ihre Vorfahren, und auch der Kopf ist nicht mehr so schwer.

Gliedmassen
Die kurzen Beine haben viel Behang. Die Hufe sind besser als früher.

Schleswiger

Jütländer

Grösse des Schleswigers
1,57–1,63 m

Wladimirer Kaltblut und Russisches Kaltblut

Vor der Revolution im Jahre 1917 kamen in Rußland auf 100 Einwohner mehr Pferde als in jedem anderen europäischen Land, mit Ausnahme von Island. Die traditionelle Pferdehaltung ähnelte stark der in Zentralasien, so daß es im Gegensatz zu leichten Arbeits-, Zug- und Reitpferden kaum Kaltblutpferde gab. Nach dem Zweiten Weltkrieg konzentrierten sich die staatlichen Zuchtbetriebe auf selektive Zucht, wovon sowohl das Wladimirer Kaltblut wie auch das Russische Kaltblut profitierten.

Kopf
Der Kopf ist groß und ziemlich lang, das Profil ist entweder gerade oder konvex. Der muskulöse Hals ist von mittlerer Länge.

Grösse des Wladimirer Kaltbluts
1,65 m

Wladimirer Kaltblut

Das Wladimirer Kaltblut

Das Wladimirer Kaltblut wurde auf Kolchosen und Staatsgestüten in den Provinzen Iwanow und Wladimir auf der Basis selektiver Zuchtprogramme entwickelt, die Anfang der 20er Jahre auf den Gawrilow-Posadsk Gestüten durchgeführt wurden. Dort wurden die heimischen Stuten mit Clydesdale- und Shire-Hengsten (siehe Seiten 284–287) gekreuzt. Die hauptsächlichen Stammväter waren die 1910 geborenen Clydesdales Lord James und Border Brand und der 1923 geborene Glen Albin. Die Shire-Kreuzungen waren weniger einflußreich, wenn auch nicht unbedeutend, und sie sind weit hinten in den Pedigrees anzutreffen, meist auf der Mutterseite. Es scheint, als wären anfänglich auch Percherons, Suffolk Punches und Cleveland Bays (siehe Seiten 94 bis 95, 288–289 und 304–305) eingekreuzt worden. Mitte der 20er Jahre gab man diese Zuchtpolitik auf, denn mittlerweile gab es schon eine Reihe guter Kreuzungsprodukte. Ausgewählte Kreuzungen wurden dann miteinander gepaart, um Typ und Charakter der Rasse zu festigen. Diese Phase war 1950 abgeschlossen, vier Jahre, nachdem das Wladimirer Kaltblut offiziell als Rasse anerkannt worden war.

Das Wladimirer Kaltblut ist gut gebaut, und meist handelt es sich um Braune. Die Hengste sind um 1,65 m groß. Sie haben eine beträchtliche Rumpftiefe und können einen Rumpfumfang von bis zu 2,07 m haben. Die meisten Wladimirer Kaltblüter haben keinen Behang, manche jedoch haben einen üppigen Fesselbehang und leiden folglich unter Mauke. Wenn die Rasse Schwachstellen haben sollte, dann ist es sicherlich der Rücken, der zwar breit ist, manchmal aber ziemlich schwach. Die Kruppe ist sehr abgeschlagen.

Das gutmütige Wladimirer Kaltblut vereint große Zugkraft mit ausreichender Schnelligkeit. Die Gänge sind frei und energisch, so daß die Pferde bestens dafür geeignet sind, die berühmte Wladimirer *Troika* in der typischen Anspannung zu ziehen. Die Pferde sind frühreif, eine wichtige Eigenschaft, wenn sie ab drei Jahren arbeiten müssen. Die Hengste haben eine sehr hohe Fruchtbarkeitsrate von 75 bis 80 Prozent.

Latvian-Reitpferd
Das Pferd wurde in den späten 70er Jahren entwickelt, um den Bedarf an Sportpferden in Latvia und den benachbarten Ländern decken zu können. Den züchterischen Grundstock lieferten die Latvian-Zugpferde gekreuzt mit Vollblütern, Arabern und Hannoveranern.

DAS RUSSISCHE KALTBLUT

Diese Rasse entstand zur selben Zeit wie das Wladimirer Kaltblut auf den Staatsgestüten Khrenov und Derkul in der Ukraine. Zuerst wurden Ardenner-Hengste (siehe Seiten 262 bis 263) aus Schweden mit Stuten aus der Ukraine gekreuzt und mit einer Reihe anderer Stuten, u.a. dem Belgischen Kaltblüter (siehe Seiten 272–273) und dem Percheron. Orlow-Traber (siehe Seiten 340–341) wurden eingesetzt, um die Pferde aktiver zu machen. Bis in die 20er Jahre war die Rasse als russischer Ardenner bekannt und wurde erst 1952 als Russisches Kaltblut eingetragen. In den 20er Jahren war die Rasse im Niedergang begriffen, aber dann wurde ein Zuchtprogramm aufgestellt, um ein umgängliches Pferd mit guten Gängen für allgemeine Arbeiten in der Landwirtschaft zu produzieren.

Das Russische Kaltblut ist ein ansprechendes Pferd. Es ähnelt einem schweren Cob in großem Rahmen und flotten Gängen. Die Größe liegt zwischen 1,47 bis 1,50 m und hat kurze Beine mit wenig oder gar keinem Behang. Wie beim Wladimirer Kaltblut ist der Rücken nicht der beste, auch die kuhhessige Stellung kommt vor. Der Kopf ist trocken und hübsch, was sich auf die Einkreuzung des Orlow-Trabers zurückführen läßt. Am häufigsten vertreten sind Rotschimmel und Füchse.

Das Russische Kaltblut ist sehr frühreif. Man sagt, im Alter von 18 Monaten habe es bereits 97 % seiner Größe und 75 % seines Gewichts erreicht. Die Pferde haben eine hohe Lebenserwartung und können noch mit über 20 Jahren in der Zucht eingesetzt werden oder in der Landwirtschaft arbeiten. Die Befruchtungsrate der Hengste liegt zwischen 80 und 85 %, d.h. höher als beim Wladimirer Kaltblut.

BRUST
Die Brust ist breit, und die kurzen Beine haben keinen Behang. Die Röhrbeinstärke liegt bei etwa 22 cm.

GLIEDMASSEN
Dem Zuchtziel entsprechend sollen die Pferde keinen Fesselbehang haben, einige haben jedoch einen dichten Behang.

HUFE
Die mittelgroßen Hufe stehen in guter Relation zum restlichen Körper. Die Pferde haben einen minimalen Kötenbehang.

RUSSISCHES KALTBLUT

GRÖSSE DES RUSSISCHEN KALTBLUTS
1,47–1,50 m

URSPRÜNGE

Da es keine bodenständigen Kaltblutrassen in der ehemaligen UdSSR gab, wurden sie auf den Staatsgestüten entwickelt. Das Wladimirer Kaltblut war das Ergebnis der auf dem Gestüt Gavrilo-Posadsk und später auf den Kolchosen in den östlich von Moskau gelegenen Provinzen Iwanow und Wladimir durchgeführten Zuchtprogramme. Das Russische Kaltblut ist ein Produkt der Ukraine und wurde fast zur selben Zeit wie das Wladimirer Kaltblut auf den Staatsgestüten in Khrenow (in der Nähe von Moskau) und Derkul entwickelt.

MURAKÖZER PFERD

DAS GOLDENE ZEITALTER DER PFERDEZUCHT in Ungarn dauerte von 1870 bis zum Ausbruch des Ersten Weltkrieges im Jahre 1914. Während dieser Zeit wurden viele der besten ungarischen Rassen entwickelt, meist durch Einkreuzung von Araberblut (siehe Seiten 64–65). Die Zucht der Kaltblut-Arbeitspferde, die auch heute noch im 20. Jahrhundert in der Landwirtschaft gebraucht werden, wurde nicht vernachlässigt. Ende des 19. Jahrhunderts kam der Noriker (siehe Seiten 50–51) von Österreich über Ungarns westliche Grenze ins Land, und die Noriker-Stuten wurden Araberhengsten zugeführt. Das Resultat war eine neue Rasse, das Muraközer Pferd.

ZUCHT

Das Zuchtprogramm konzentrierte sich auf Muraköz am Flusse Mura in Südungarn. Das von den ungarischen Pferdezüchtern so freizügig eingesetzte Araberblut machte die Nachzucht leichter und gab den Pferden mehr Schulterfreiheit. Es bestand eine große Nachfrage nach guten ungarischen Hengsten, und die Zucht dieser Rasse blühte auf. Mitte der 20er Jahre waren 20 % des ungarischen Pferdebestandes Muraközer. Selbst in den 70er Jahren waren noch 80–85 % der Pferde in Ungarn in der Landwirtschaft eingesetzt, und der harte Kern der schweren Arbeitspferde setzte sich aus Muraközer Pferden zusammen.

LEICHTE ZUGARBEIT
Das flotte, aktive Muraközer-Pferd ist ideal für leichte Zugarbeiten verschiedenster Art in der Landwirtschaft sowie speziell im Ackerbau.

Gegen Ende des Zweiten Weltkrieges war der Muraközer-Bestand stark gesunken, wie es bei so vielen etablierten Rassen der Fall war. Schnell wurde ein Programm zum Einsatz fremden Blutes eingeführt, wodurch sich die Rasse bald erholte, auch zum Vorteil der Landwirtschaft. Von 1947 bis 1949 wurden insgesamt 17 Ardenner-Hengste (die sowieso schon ein prägendes Element in der Rasse darstellten) aus Frankreich und etwa 59 aus Belgien importiert. Durch diese Pferde hatte sich die Rasse bald wieder ganz erholt.

MERKMALE

Unter den schweren Kaltblutrassen Europas bildet das Muraközer Pferd ebenso wie der Boulonnais (siehe Seiten 264–265) oder der Bretone (siehe Seiten 266–267) eine Ausnahme, vielleicht aufgrund seiner vom Araber geprägten Vorfahren.

Die Rasse gilt immer noch als Kaltblut und wird weiterhin als Zugpferd bzw. in der Landwirtschaft eingesetzt, aber die Pferde weisen einen gewissen Adel auf, der vielleicht mit der ungarischen Tradition zusammenhängt, orientalische Veredler zur Verbesserung der Aktion und allgemeinen Aktivität der Gänge einzusetzen.

Es gibt zwei Typen des Muraközer Pferdes: ein schweres Pferd von etwa 1,63 m und ein leichteres, aktiveres, vielseitiges Pferd. Die Pferde sind meist Füchse und haben oft das flachsfarbene Langhaar der frühen Noriker-Vorfahren, aber es gibt auch Braune, Rappen und Schimmel. Der Kopf ist meist einfach mit ehrlichem Ausdruck und besonders großen, freundlichen Augen. Der Muraközer ist ein geschlossenes, sehr kräftiges Pferd mit viel Rumpftiefe. Die Pferde haben nur wenig Kötenbehang. Die Beine sind kurz und stark, obwohl das Röhrbein manchmal etwas schwach erscheint im Verhältnis zum Körpergewicht und zur Arbeit, die die Pferde leisten müssen. Der Schweif ist normalerweise tief angesetzt in der abfallenden Kruppe, aber die Hinterhand ist gut bemuskelt und schön rund. Die Pferde sind frühreif und können schon im Alter von zwei Jahren zur Arbeit eingesetzt werden. Vom Temperament her sind sie ruhig und ausgeglichen, und auch von der körperlichen Verfassung her sind sie verläßlich gut. Ein bemerkenswertes Merkmal der Rasse ist, daß die Pferde besonders gute Futterverwerter sind. Daher sind sie genügsam in der Haltung, was ein wichtiger Faktor ist in einer Landwirtschaft, die nur minimal mechanisiert ist und daher abhängig ist vom Einsatz der Pferdekraft. Ein weiterer Pluspunkt ist, daß die Pferde sehr fleischig sind, was die Rasse für den Fleischmarkt interessant macht.

Muraközer Pferde werden in Polen und in den Ländern des ehemaligen Jugoslawien sowie in Ungarn gezüchtet.

ACKERBAU

Vor der Hacke geht ein typischer Muraközer. Die flotten Pferde sind ideal geeignet für diese Art von Arbeit. Interessanterweise trägt dieses Pferd ein ungarisches Brustblattgeschirr statt eines Kummets.

HINTERHAND
Die Kruppe ist abgeschlagen. Der Einfluß leichterer Vorfahren läßt sich an der Länge der Muskeln erkennen.

UNTERSCHENKEL
Die Unterschenkel sind gut bemuskelt und passen zum gesamten Rahmen.

SPRUNGGELENKE
Die Sprunggelenke sind gut angesetzt und liegen auf einer Linie mit dem Sitzbeinhöcker.

HUFE
Die Hufe sind mittelgroß und passen im Verhältnis zur Gesamterscheinung des Pferdes. Die Fesselstellung ist äußerst korrekt.

RUMPF
Der Rumpf ist weder sehr massig noch extrem breit, aber die Pferde haben eine gute Rumpftiefe.

GRÖSSE
1,63 m

URSPRÜNGE

Das Muraközer Pferd ist eine Ausnahmeerscheinung unter den ungarischen Pferderassen, die normalerweise ganz betont im orientalischen Typ stehen. Es wurde in Muraköz an den Ufern des Flusses Mura in Westungarn als Pferd für Arbeiten in der Landwirtschaft entwickelt. Bis zum Zweiten Weltkrieg waren die Pferde recht gefragt in Ost- und Mitteleuropa und wurden auch in Jugoslawien und Polen gezüchtet. Die Rasse ist anspruchslos und gut geeignet in der Landwirtschaft.

DØLE-PFERD UND DØLE-TRABER

GUTES WEIDELAND
Dem guten Weideland in den Tälern ist das gute Gedeihen dieser Døle-Stute und ihrem Fohlen zu verdanken.

DAS DØLE GUDBRANDSDAL-PFERD, das Arbeitspferd Norwegens, ist eine alte Rasse aus dem großen Tal Gudbrandsdal. Obwohl es nicht so bekannt ist wie das berühmte und weit verbreitete Fjordpferd (siehe Seiten 190–191), ist es zahlenmäßig stärker vertreten, d.h. rund die Hälfte des Pferdebestandes in Norwegen gehören dieser Rasse an. Der Døle-Traber, ein Kreuzungsprodukt des Døle Gudbrandsdal-Pferdes, ist ein leichteres Sportpferd, das im 19. Jahrhundert entwickelt wurde.

DAS DØLE-PFERD

Das Døle-Gudbrandsdal-Pferd wird auf den ergiebigen Fjellweiden Norwegens als starkes, hartes Pferd mit einer Größe von etwa 1,52 m als Arbeitspferd für die Landwirtschaft und als Packpferd gezüchtet. Wie das englische Dales- oder Fell-Pony (siehe Seiten 170–171) hat es ausgezeichnete, harte Hufe und verfügt über einen großartigen Trab, was zur Entwicklung des leichteren Døle-Trabers führte. Dennoch hat die Rasse den Körperbau, wenn auch nicht die Masse eines Kaltblüters. Im Verhältnis zur Größe haben die Pferde eine enorme Zugkraft, was bei ehemaligen Packpferd-Rassen häufig anzutreffen ist.

Vom Aussehen her erinnert das Døle-Pferd stark an die Fell- und Dales-Ponys. Die große Ähnlichkeit ist aber nicht sehr verwunderlich, denn alle drei Rassen haben dieselben prähistorischen Vorfahren. Friesische Händler aus den Niederlanden brachten ihre eigenen, den bodenständigen Pferden nicht unähnlichen Pferde mit nach Norwegen und Großbritannien. Von 800 bis 1066 gab es einen regen Handelsverkehr zwischen dem Westen Norwegens und dem Norden Englands. Wie das Dales-Pony diente auch das Døle-Gudbrandsdal-Pferd als Packpferd. Sie verrichteten den Warentransport auf Norwegens Überland-Handelsroute, die durch das Gudbrandsdal führte und die Region von Oslo mit der Nordseeküste verband.

Im 19. Jahrhundert, als das Interesse an der Rasse seinen Höhepunkt erreicht hatte und der Pferdesport, besonders der Trabrennsport, im Aufbau begriffen waren, gab es zahlreiche Einkreuzungen, um das

URSPRÜNGE

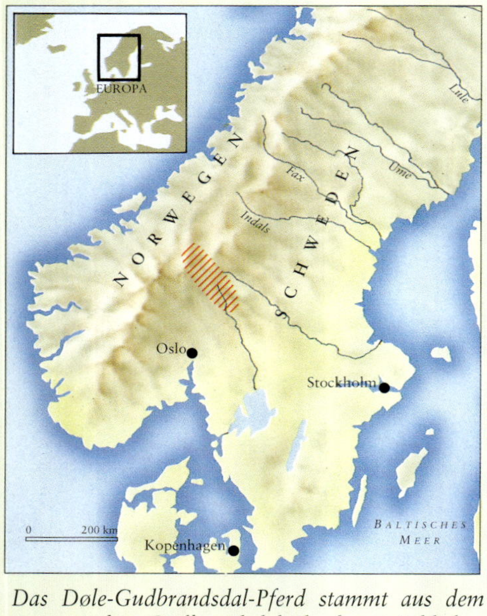

Das Døle-Gudbrandsdal-Pferd stammt aus dem norwegischen Gudbrandsdal, der hauptsächlichen Durchgangsroute durch das Land und verbindet Oslo mit der Nordseeküste. Diese starken, flinken Packpferde wurden in den Bergtälern gezüchtet, wo es gutes Weideland gibt. Die Trabaktion wurde durch das Aufkommen des Trabrennsports im 19. Jahrhundert stark gefördert. Der leichtere Døle-Traber wurde speziell für den in Skandinavien beliebten Trabrennsport entwickelt.

GLIEDMASSEN
Die Beine sind kurz, dick und stark mit dichtem Kötenbehang. Die Hufe sind hart und gut geformt.

DØLE-TRABER

DØLE-GUDBRANDSDAL-PFERD

Trabtempo zu erhöhen. Die bemerkenswerteste und wirkungsvollste Einkreuzung war die des 1834 aus England importierten Vollblüters Odin. Dieser Hengst machte die Pferde leichter und gab ihnen einen raumgreifenderen Trab, ohne daß das kraftvolle Untertreten der Hinterhand verloren gegangen wäre. Odin erscheint im Stammbaum aller modernen Døle-Pferde, und sein Enkel Balder 4 (geboren 1849) folgte seinem Beispiel. Das schwerere, kräftigere Døle-Pferd wurde aber immer noch gebraucht als Arbeitspferd für die Landwirtschaft, besonders da die landwirtschaftlichen Geräte immer schwerer wurden. Hier ist viel dem Einsatz der norwegischen Züchter und besonders einem Hengst names Brimen 825 zu verdanken.

Bis zum Zweiten Weltkrieg war die Rasse sehr gefragt, und während der deutschen Besetzung wurden die Pferde stark beansprucht. Als nach dem Krieg Forst- und Landwirtschaft immer stärker mechanisiert wurden, ging das Interesse an der Rasse immer stärker zurück, bis im Jahre 1962 staatliche Zuchtstätten eingerichtet wurden. Heute wird ein etwas leichterer Schlag des Døle-Gudbrandsdal-Pferdes sowie der Døle-Traber gezüchtet.

DER DØLE-TRABER

Die züchterische Grundlage für den Døle-Traber, einem äußerst zähen, harten Pferd mit großem Trabvermögen und enormer Lungenkapazität, war der leichtere Schlag des Døle Gudbrandsdal-Pferdes. Diese Pferde wurden mit meist aus Schweden importierten Traberhengsten gekreuzt.

In Skandinavien, der UdSSR und Europa werden Sulkyrennen generell im Trab (diagonal gleichzeitiges Ab- und Auffußen der Beine) durchgeführt, und die schwedischen Pferde bilden da keine Ausnahme. Daher laufen auch die Døle-Traber im Trab und zeigen keinen Hang zum Paßgang. Die Züchter bemühen sich um eine ständige Leistungssteigerung, und um ins Stutbuch für Døle-Traber eingetragen werden zu können, werden die Hengste über eine Distanz von 1000 m im Trab getestet, wobei die Höchstzeit von 3 Minuten nicht überschritten werden darf.

Der Døle-Traber erinnert an das Fell-Pony. Die am häufigsten vertretene Fellfarbe bei beiden Rassen sind Rappen und Dunkelbraune, aber es gibt auch braune Døle-Traber.

KOPF
Am Kopf des Trabers erkennt man den Einfluß des Vollblüters. Der Kopf ist lang und trocken und läuft spitz auf das kleine Maul zu.

KOPF
Der Kopf erinnert an ein Pony. Das Profil ist gerade, die Stirn breit und das Maul viereckig.

BAUERNPFERD
Das Døle-Gudbrandsdal-Pferd ist ein geschlossenes, gut gebautes Pferd mit sehr guter, freier Aktion in Schritt und Trab. Es eignet sich besonders gut als Arbeitspferd in der Landwirtschaft des Landes.

RÖHRBEIN
Das Röhrbein ist kurz und stark mit mehr als ausreichendem Umfang. Die Vorderfußwurzelgelenke sind flach und groß.

GRÖSSE DES DØLE-GUDBRANDSDAL-PFERDES
1,52 m

GRÖSSE DES DØLE-TRABERS
1,55 m

Nordschwedisches Arbeitspferd und Finnisches Pferd

Der Schwerpunkt der Pferdezucht in Nordeuropa und Skandinavien liegt hauptsächlich in der Produktion von Arbeitspferden für Land- und Forstwirtschaft, die auch unter schwierigen Bedingungen hart arbeiten können. Sowohl das Nordschwedische als auch das Finnische Pferd gelten als Kaltblut, obwohl sie nach europäischen Maßstäben nicht »schwer« sind. Beide Rassen profitierten vom zunehmenden Interesse am Trabrennsport, und leichtere, beweglichere Pferde mit genügend Härte, Gesundheit und großem Trabvermögen wurden gezüchtet.

Hals
Der Hals ist kurz und dick mit meist schön gewölbtem Mähnenkamm, zum Vorteil des manchmal etwas schweren Kopfes.

Kopf
Der Kopf ist viereckig und ziemlich groß im Verhältnis zum gesamten Rahmen.

Schultern
Die Schultern sind schräg und stark, und die Beine sind kurz.

Das Nordschwedische Pferd

Das Nordschwedische Pferd ist aus dem alten schwedischen Landschlag hervorgegangen und eng verwandt mit dem Døle-Gudbrandsdal-Pferd (siehe Seiten 280–281). Bis zum Ende des 19. Jahrhunderts war das schwedische Pferd eine Mischung aus verschiedenen importierten Rassen. Nach der Gründung eines Zuchtverbandes wurden große Anstrengungen unternommen, um der Rasse ein einheitliches Erscheinungsbild zu geben. Strenge Leistungsprüfungen wurden auf dem Hauptgestüt Wangen eingeführt und eine systematische Reinzucht betrieben. Da das Nordschwedische Pferd intensiv in der Forst- und Landwirtschaft eingesetzt wird, sind die Leistungsprüfungen direkt auf diese speziellen Anforderungen ausgerichtet. Eine Prüfung besteht z.B. daraus, einen Baumstamm über schwieriges Gelände zu ziehen, und weiterer Prüfungsbestandteil ist die Zugkraft gemessen gegen einen Ergometer. Wenn sie voll ausgewachsen sind, wird die Zugkraft der Hengste und Stuten noch einmal geprüft, diesmal vor einem eigens konstruierten Wagen. Die Gliedmaßen der Pferde werden röntgenologisch überprüft.

Die schwerpunktmäßigen Leistungsprüfungen und die selektiven Zuchtprogramme haben ein geschlossenes, sehr bewegliches Pferd mit enormer Zugkraft hervorgebracht. Die Rasse ist bekannt für ihr lebhaftes Temperament, sehr langlebig und gilt als immun gegen die meisten der üblichen Pferdekrankheiten. Kreuzungen mit dem Døle-Pferd bringen ein leichteres Pferd hervor, das durch das hervorragende Trabvermögen sogar für Trabrennen geeignet ist, die sich in Skandinavien großer Beliebtheit erfreuen.

Das Nordschwedische Pferd ist etwa 1,60 m groß. Fellfarbe ist meist eine der Grundfarben. Es handelt sich um ein kleines Pferd mit viel Rumpftiefe, kurzen, starken Beinen und ausreichender Röhrbeinstärke. Die Pferde haben kaum Behang,

Auf einer Schau
Ein Viererzug Nordschwedischer Pferde auf einer Schauveranstaltung. Die Rasse geht zurück auf das alte skandinavische Pferd. Das Nordschwedische Pferd unserer Tage entstand in den ersten Jahrzehnten dieses Jahrhunderts.

Grösse des Nordschwedischen Pferdes
1,60 m

VIELSEITIGKEIT

Das Finnische Pferd ist ein vielseitiges Arbeitspferd für die Landwirtschaft, aber die Pferde des leichteren Schlags sind auch erstaunlich schnelle Trabrennpferde.

Mähne und Schweif sind üppig. Der Rücken ist kräftig, aber die Pferde sind häufig etwas lang im Rücken. Die leichtere Traber-Version, die einzige Kaltblut-Traberrasse der Welt, ist leichter gebaut, hat längere Gliedmaßen und eine abfallende Kruppe.

DAS FINNISCHE PFERD

Es gab zwei Varianten des Finnischen Pferdes: das Finnische Zugpferd und das Finnische Universalpferd. Keine der beiden Varianten hat ein besonders schönes Exterieur, aber sie erfüllen ihren Zweck. Das Zugpferd war ein kräftiges, gewöhnliches Pferd mit flotten, schnellen Gängen. Auch heute werden Pferde dieses Typs in der Forstwirtschaft sowie für allgemeine Arbeiten in der Landwirtschaft gebraucht, denn sie sind gegenüber dem Trecker im Vorteil, da sie wendiger sind und den Boden nicht aufreißen. Im Jahre 1907 wurde ein Stutbuch für beide Varianten geöffnet und Leistungsprüfungen eingeführt. Heute liegt der Schwerpunkt auf dem leichteren Universalpferd. Das moderne Finnische Pferd ist vielseitig einsetzbar. Es kann leichte Zugarbeiten verrichten, kann geritten werden und geht sogar recht erfolgreich Trabrennen. Die Rasse stammt ab vom bodenständigen Waldpony. Es gab Einkreuzungen von Kalt- und Warmblutpferden, wie z.B. dem Oldenburger (siehe Seiten 306–307).

Obwohl es relativ gedrungen erscheint bei einer Größe von etwa 1,57 m, hat das Pferd eine enorme Zugkraft und ist schnell und beweglich. Die schräge Hinterhand, die abgeschlagene Kruppe und der lange Körper geben dem Pferd einen energischen, raumgreifenden Trab, wie er typisch für ein Trabrennpferd ist. Die Beine sind gesund mit wenig oder gar keinem Behang. Obwohl die Pferde geritten werden, erinnern die starken Schultern eher an ein Zugpferd. Die Rasse hat ein ausgeglichenes Wesen, ist langlebig und sehr ausdauernd und bekannt für die ausgezeichnete Konstitution.

URSPRÜNGE

Das sehr ansprechende Nordschwedische Pferd wird in Nordschweden gezüchtet, und eines der größten Gestüte liegt in Wangen. Es wurde hauptsächlich als Arbeitspferd für die Forstwirtschaft entwickelt. Auch das Finnische Pferd wird überwiegend in der Forstwirtschaft eingesetzt. Es wird in ganz Finnland gezüchtet. Wie sein Nachbar, das Nordschwedische Pferd, verdankt es seine harte Konstitution seiner Umwelt. Die stärksten Impulse erhält die Zucht jedoch durch den Trabrennsport.

FELLFARBE
Alle Farben sind erlaubt, mit Ausnahme von Schecken. Füchse mit flachsfarbenem Langhaar werden jedoch bevorzugt.

RUMPF
Der Rumpf ist lang, was unüblich ist für ein Trabrennpferd.

GRÖSSE DES FINNISCHEN PFERDES
1,57 m

CLYDESDALE

DIE RASSE DES CLYDESDALE entstand im Clyde-Tal in Schottland. Obwohl sie erst seit etwa 150 Jahren existiert, ist sie doch die wohl einflußreichste Kaltblutrasse neben dem Percheron (siehe Seiten 94–95). Die Entwicklung der Rasse begann zwischen 1715 und 1720, nachdem der 6. Herzog von Hamilton flämische Pferde zur Verbesserung der heimischen Zugpferde, besonders in punkto Größe importiert hatte. Etwa zur selben Zeit führte auch John Paterson aus Lochlyoch flämische Pferde ein, aber wahrscheinlich aus England. Die Pferde begründeten eine Linie, die mindestens bis zur Mitte des 19. Jahrhunderts als eine der einflußreichsten Linien angesehen werden kann. Desweiteren wurden zweifelsohne auch Shire Horses (siehe Seiten 286–287) eingesetzt.

PERFEKTE PASSER

Dieses wunderschöne Paßgespann (beide über 1,73 m groß und rund eine Tonne schwer) arbeitet in den traditionellen Schmuck-Geschirren der Rasse.

VERBESSERUNG DER RASSE

Zu den bedeutenden Züchtern des 19. Jahrhunderts gehören Lawrence Drew, Haushofmeister des 11. Herzogs von Hamilton in Merryton, und sein Freund David Riddell. Beide hatten sich der Verbesserung der Rasse verschrieben. Sie scherten sich wenig um das Establishment und gründeten 1883 ihren eigenen Zuchtverband, die Select Clydesdale Horse Society, in Opposition zum offiziellen Clydesdale Horse Society Stud Book. Sie widmeten sich der Einfuhr von Shire-Stuten und glaubten fest daran, daß Shires und Clydesdales zwei Schläge ein- und derselben Rasse seien. Riddell war einer der ersten Züchter, die Clydesdales exportierten, womit er eine Tradition aufnahm, die alle folgenden Züchter fortführten.

BERÜHMTE HENGSTE

Sowohl Drew als auch Riddell setzen die bedeutenden Hengste des 19. Jahrhunderts ein: Prince of Wales 673 und Darnley 222. Der Erfolg dieser Hengste wurde durch die Linien manifestiert, die geschaffen wurden, indem immer die beste Tochter des einen Hengstes dem anderen zugeführt wurde. Als Stammvater der Rasse gilt jedoch ein anderer Hengst: Glancer 335. Er war ein Sohn einer Lampit's mare genannten Stute, die 1806 geboren worden war und aus dem Lochlyoch-Stamm stammen soll. Sein Nachkomme Broomfield Champion, der auch in Darnley's Pedigree erscheint, ist der Vater von Clyde (oder Glancer 153), der die Rasse besonders durch seine Hengstsöhne prägte.

MERKMALE

Der Clydesdale ist bekannt für seine Knieaktion. Laut der Clydesdale Horse Society hat die Rasse

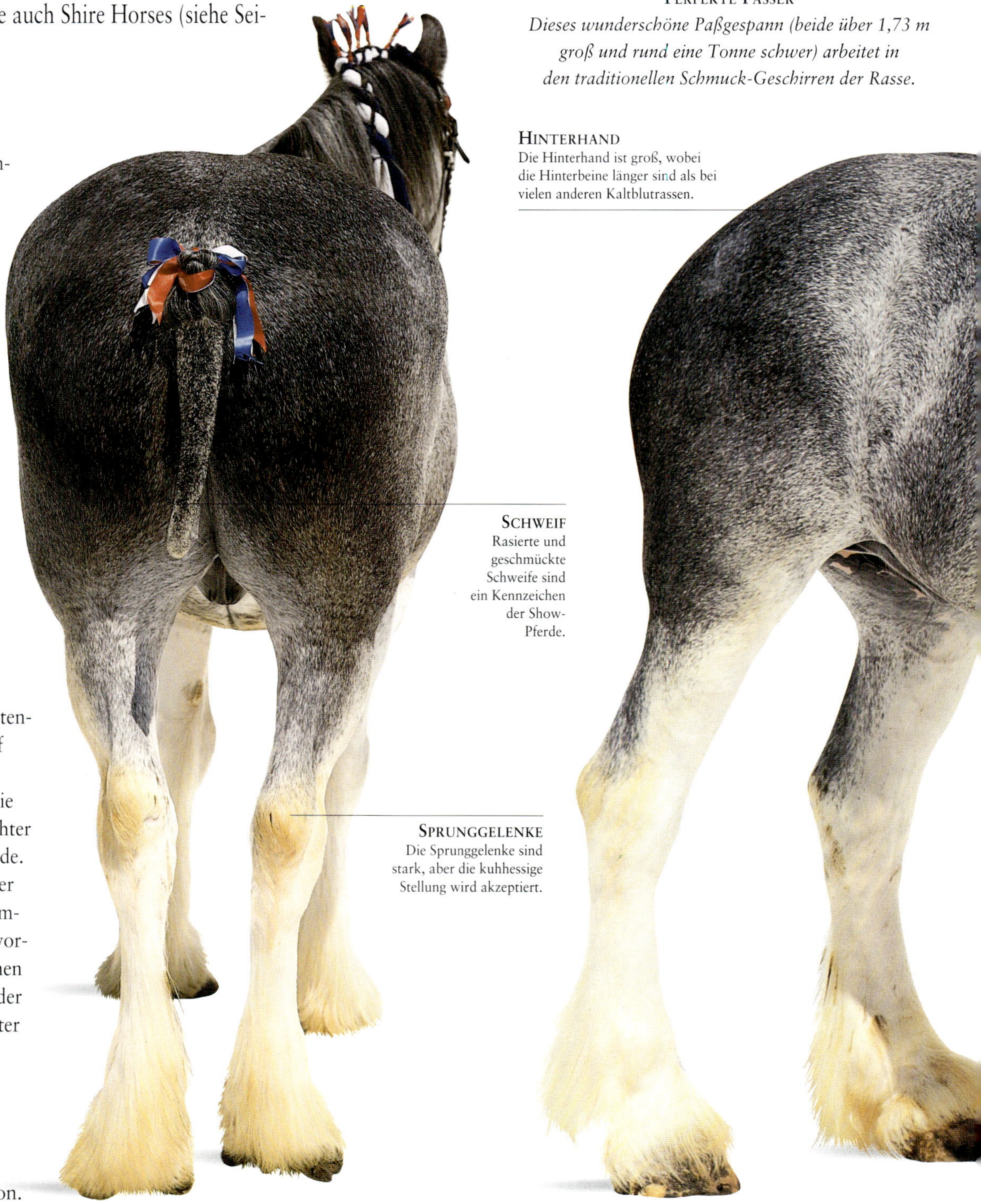

HINTERHAND
Die Hinterhand ist groß, wobei die Hinterbeine länger sind als bei vielen anderen Kaltblutrassen.

SCHWEIF
Rasierte und geschmückte Schweife sind ein Kennzeichen der Show-Pferde.

SPRUNGGELENKE
Die Sprunggelenke sind stark, aber die kuhhessige Stellung wird akzeptiert.

»einen extravaganten Stil, ein auffallendes, temperamentvolles Wesen und eine hohe Knieaktion, wodurch die Pferde eine einzigartig elegante Erscheinung unter den Kaltblutpferden sind.« Interessanter ist noch, daß die Züchter gesteigerten Wert auf »gesunde, widerstandsfähige und harte Hufe und Gliedmaßen« legen. Normalerweise beginnen die Richter bei der Beurteilung eines Pferdes immer mit den Hufen. Dank der großen, ziemlich flachen Hufe mit gut ausgebildetem Strahl sind die Pferde gut geeignet für die Arbeit auf den die Hufe beanspruchenden Straßen der Städte. Sie eignen sich jedoch weniger zum Pflügen, denn die Hufe können eventuell zu groß für die Furche sein.

Der moderne Clydesdale ist leichter als früher und einheitlich in Typ und Erscheinung. Die Durchschnittsgröße liegt bei 1,68 m, obwohl einige Pferde noch größer sind und bis zu einer Tonne wiegen. Die Beine erscheinen oft lang und haben starken, seidigen Behang. Die Gelenke sollen groß, die Sprunggelenke breit und klar, und die Karpalgelenke sollen flach sein. Die kuhhessige Stellung ist ein charakteristisches Merkmal der Rasse und gilt nicht als Fehler; Säbelbeine werden jedoch nicht akzeptiert. Enthusiastische Züchter wünschen sich »enge« Gänge mit direkt unter den Schultern stehenden Vorderbeinen und eng zusammenstehenden Hinterbeinen.

Im Gegensatz zum Shire Horse mit seinem Ramskopf hat der Clydesdale ein gerades Profil, und auch der Hals ist länger. Die Pferde sind meist braun oder dunkelbraun, aber auch Schimmel, Stichelhaarige und Rappen kommen vor. Clydesdales haben auch viel mehr Weiß im Gesicht, an den Beinen und unter dem Bauch als Shire Horses.

WELTWEIT BELIEBT

Clydesdales wurden weltweit exportiert, obwohl das Vorherrschen weißer Abzeichen und der starke Behang, der ekzemähnliche Erscheinungen an den Beinen hervorrufen kann, auf einigen Märkten von Nachteil sind. Die Pferde haben die Prärien in Kanada und Amerika bearbeitet, und man nannte sie »die Rasse, die Australien aufgebaut hat«. Heute werden sie noch in der Forstwirtschaft und in vielen Städten eingesetzt, wo der Glanz der Clydesdales eine »normale Bierlieferung zu einem öffentlichen Ereignis macht«.

KOPF
Das Profil ist meist eher gerade als konvex. Die leuchtenden Augen sind groß, und die Pferde haben eine breite Stirn.

KÖRPER
Der Rumpf ist tief, der Widerrist gut ausgeprägt, aber höher als die Kruppe.

SCHULTERN
Die Schultern sind schräger als beim Shire Horse, und auch der Hals ist proportional gesehen länger.

HUFE
Die Hufe sind etwas flach, aber gesund und widerstandsfähig. Die Pferde haben einen starken, seidigen Behang an den unteren Gliedmaßen.

GRÖSSE
1,68 m

URSPRÜNGE

Die Rasse wurde im frühen 18. Jahrhundert auf der Grundlage flämischer Pferde aufgebaut, die nach Lanarkshire im Clyde Valley in Schottland importiert worden waren. Die Rasse war zweckorientiert für diese Gegend gezüchtet worden, eignet sich jedoch auch hervorragend als Zugpferd für den Einsatz in der Stadt. Seine Umwelt hatte keinen Einfluß auf die weitere Entwicklung. Der Clydesdale gehört zu den erfolgreichsten Kaltblutrassen der Welt und ist in Deutschland, der ehemaligen UdSSR, Japan, Südafrika, Kanada, den USA, Neuseeland und Australien vertreten.

SHIRE HORSE

DAS SHIRE HORSE wird in Großbritannien hauptsächlich in den Fens und den Grafschaften Leicestershire, Staffordshire und Derbyshire gezüchtet. Es stammt ab vom Great Horse (= großes Pferd, Anm. d. Übers.) des Mittelalters, das wiederum von den schweren Pferden abstammte, die die normannischen Eroberer ins Land gebracht hatten. Diese Pferde waren Nachfahren des primitiven, »kaltblütigen« Waldpferdes (siehe Seiten 16–17).

VOM GREAT HORSE ZUM SHIRE HORSE

Den Rüstungen des 16. Jahrhunderts nach zu urteilen, war das Great Horse ein schwerer Cob von etwa 1,57 m Größe und hatte kaum Ähnlichkeit mit dem mächtigen Shire Horse unserer Tage. Das große, schwere Zugpferd gab es in Großbritannien nicht vor Ende des 16. Jahrhunderts, als das Great Horse nicht mehr dazu gebraucht wurde, um schwer gepanzerte Ritter zu tragen, sondern schwere Wagen und Karossen über das Land ziehen mußte. Die Straßen jener

ZUM PFLÜGEN ANGESCHIRRT
Ein Shire-Paßgespann mit reich geschmückten Geschirren pflügt schweren Boden auf einer Veranstaltung in Devonshire.

Zeit waren eigentlich nicht viel mehr als unwegsame Pfade, während der trockenen Sommermonate total zerfurcht und im Winter tief im Schlamm versunken.

Thomas Blundeville (ca. 1561–1602) schreibt über die Importe schwerer Pferde während jener Zeit und erwähnt dabei besonders das Alemannische oder Deutsche Zugpferd, den Friesen (siehe Seiten 48–49) und das Flämische oder Flandrische Pferd. Das Deutsche Pferd nahm keinerlei Einfluß auf die Zucht, im Gegensatz zum Friesen und dem Flandrischen Pferd. Durch den Friesen wurden die Pferde etwas edler und bekamen bessere, freiere Gänge, aber es ist das Flandrische Pferd, reinerbig schwarz wie der Friese, das prägenden Einfluß auf die Entwicklung des Shire Horse hatte. Immer wieder erscheint dieses große, sich gemächlich bewegende, schwere Pferd in der Entwicklungsgeschichte der Rasse. Das Flandrische Pferd wuchs auf Marschböden auf, einer dem Lebensraum des Waldpferdes ähnlichen Landschaft. Das Waldpferd gilt allgemein als der Urahn der Rasse.

In der ersten Hälfte des 17. Jahrhunderts wurden Flandrische Pferde in großer Zahl von den holländischen Unternehmern importiert, als mit der Trockenlegung der Fens begonnen wurde. Als die Arbeiten beendet waren, blieben die Pferde im Land und kamen in die Zucht. Ab dieser Zeit wird das Great Horse nicht mehr erwähnt, sondern das englische Zugpferd wird als English Black bezeichnet. Diesen Namen führte Oliver Cromwell ein, ein anerkannter Landwirt aus dem Cambridgeshire. Wahrscheinlich berief sich der zukünftige Lord Protector auf den Friesen, aber der Name blieb haften und war bald allgemein üblich.

PACKINGTON BLIND HORSE

Als Gründerhengst der Rasse des Shire Horse gilt im allgemeinen Packington Blind Horse, der von 1755 bis 1770 in Packington in der Nähe von Ashby de la Zouche stand. Dieser Rapphengst erscheint im ersten Shire Stud Book auf-

ROMANTISCHE SZENE
Diese Shire-Stute und ihr Fohlen wurden in der typischen glischen Landschaft fotografiert. Shire Horses werden in großem Rahmen in ganz England und Wales gezüchtet.

grund der großen Zahl von Pferden, die von ihm abstammen sollen.

DAS SHIRE STUD BOOK

Ein Zuchtverband für das Shire Horse, die English Cart Horse Society, wurde 1876 gegründet, und das erste Stutbuch erschien zwei Jahre später. 1884 wurde der Name in Shire Horse Society geändert. Zwischen 1901 und 1914 wurden jährlich 5000 Pferde eingetragen, und die Züchter erfreuten sich eines wachsenden Exportmarktes in den USA. Nach dem Zweiten Weltkrieg gab es jedoch nur noch wenig Verwendung für das Shire Horse, sowohl in der Industrie wie in der Landwirtschaft. Die Bestände gingen zurück, obwohl Shire Horses immer noch von den Brauereien eingesetzt wurden. Die Wiederbelebung der Rasse ist hauptsächlich den Brauereien zu verdanken, und wahrscheinlich auch etwas der Veranstaltung »Drive of the Heavy Horses« auf der »Horse of the Year Show« in London. Die alljährlich stattfindende Shire Horse Show in Peterborough hat über 300 gemeldete Pferde und zieht mehr als 15 000 Zuschauer an.

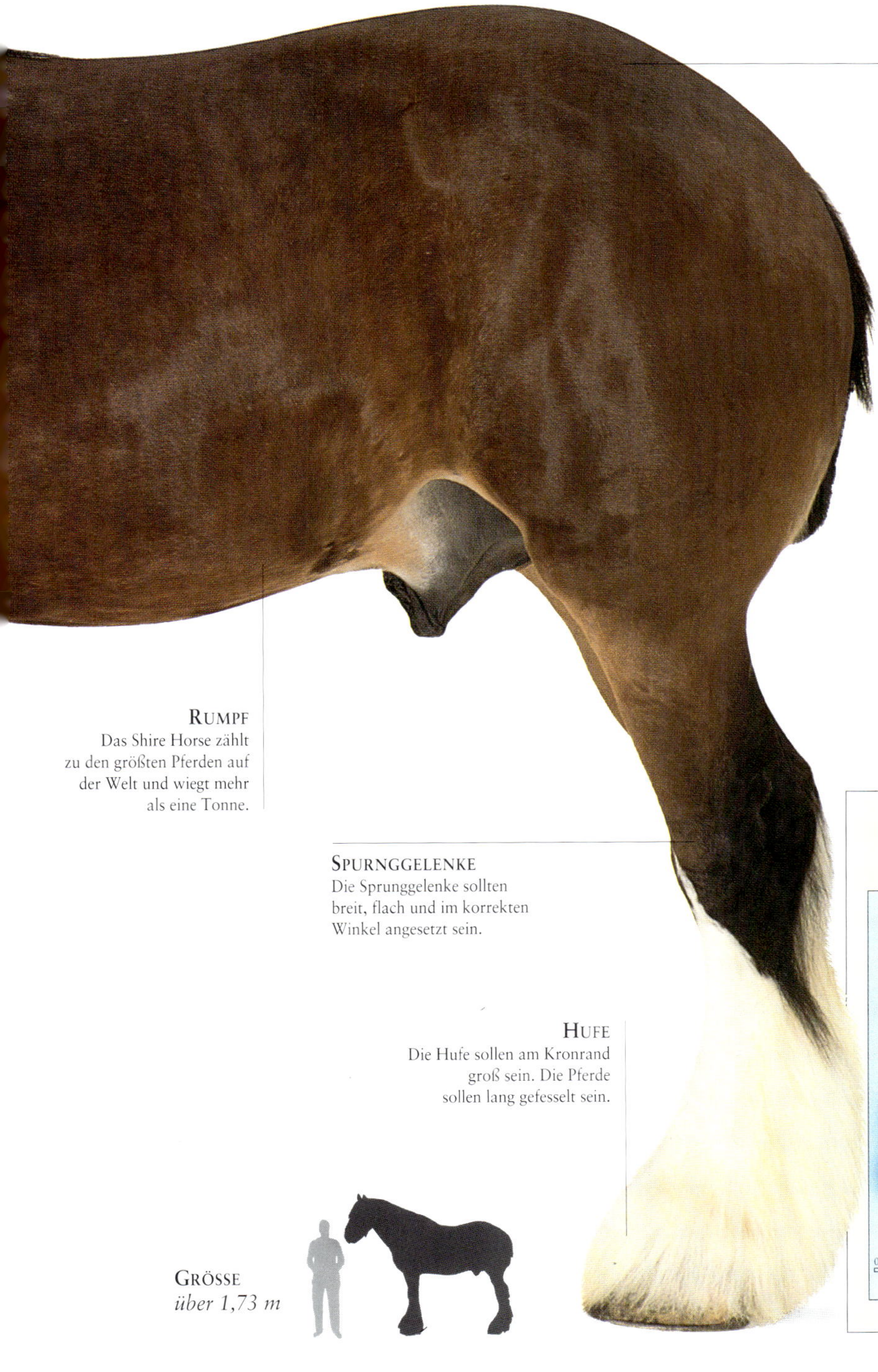

FELLFARBE
Rappen sind am häufigsten vertreten, aber es gibt auch Braune, Schwarzbraune und Schimmel.

RUMPF
Das Shire Horse zählt zu den größten Pferden auf der Welt und wiegt mehr als eine Tonne.

SPRUNGGELENKE
Die Sprunggelenke sollten breit, flach und im korrekten Winkel angesetzt sein.

HUFE
Die Hufe sollen am Kronrand groß sein. Die Pferde sollen lang gefesselt sein.

GRÖSSE
über 1,73 m

DAS MODERNE SHIRE HORSE

Das moderne Shire Horse hat mehr Kaliber als seine Vorfahren und entspricht eher dem Pferdetyp, der in den Midlands gezogen wird, als dem groberen Schlag der Fens. Seine enorme Körperkraft läßt sich aus den aufgestellten Rekorden ersehen, z.B. haben zwei Shire Horses auf der Wembley Exhibition im Jahre 1924 ihre Zugkraft gegen einen Dynamometer (ein Gerät zur Messung mechanischer Kraft) eingesetzt. Die Anzeige ging bis zum Anschlag, was bedeutet, daß die beiden Pferde etwa 50 t gezogen haben. Dieselben Pferde in Tandemanspannung zogen 18,5 t auf rutschigem Granitboden, wobei das Deichselpferd schon anzog, bevor das vordere Pferd überhaupt sein Kummet trug. Rappen mit weißem Behang sind am häufigsten anzutreffen. Man sieht viele Schimmelgespanne, und Braune und Dunkelbraune werden auch akzeptiert.

URSPRÜNGE

Die traditionellen Zuchtgebiete für das große Shire Horse sind die englischen Grafschaften Leicestershire, Staffordshire und Derbyshire sowie die Fens in Lincolnshire. Die Trokkenlegung der Fens in der ersten Hälfte des 17. Jahrhunderts ist von großer Bedeutung für die Entstehung der Rasse, denn die holländischen Unternehmer brachten ihre eigenen mächtigen Pferde mit den großen Hufen mit, da diese die Kraft und das Gewicht für die schwere Arbeit besaßen. Diese Pferde blieben im Land und bildeten die züchterische Grundlage für das Shire Horse.

SUFFOLK PUNCH

DER SUFFOLK PUNCH ist ein nettes, unverwechselbares Pferd. Die älteste der englischen Kaltblutrassen wird in einem Lexikon als »eine englische Pferdesorte mit kurzen Beinen und einem Faßbauch, ein kleiner, dicker Bursche« beschrieben, was wunderbar zutreffend ist. Die Ursprünge der Rasse liegen im Dunkeln, aber William Camden schreibt in »*Britannia*« (veröffentlicht 1586), daß es diese Pferde seit 80 Jahren gibt. Genügsam, anpassungsfähig, frühreif und langlebig – dank dieser Merkmale konnte die Rasse viele europäische und russische Kaltblutrassen beeinflussen. Auch in die USA und nach Pakistan wurden diese Pferde exportiert, wo sie zur Zucht von Armeepferden und Maultieren eingesetzt wurden.

WERBEKAMPAGNE
Dieses Suffolk Punch-Gespann mit einer Dame auf dem Bock zieht während einer Werbekampagne einen Omnibus aus dem 19. Jahrhundert.

DER HENGST »HORSE OF UFFORD«

Jeder Suffolk Punch geht zurück auf einen bestimmten Hengst: Horse of Ufford, geboren 1768, Stutbuch-Nr. 404, Besitzer Thomas Crisp. Ufford stimmt wahrscheinlich nicht, denn die Crisps lebten in Orford. Der Hengst wurde eingesetzt in der Gegend von Woodbridge, Saxmundham und Framlingham, wo sich auch heute noch die Zucht dieser Pferde konzentriert. Er wurde beschrieben als »kurzbeinig, mit langem Rumpf, Hellfuchs, 1,57 m groß und mit einem besseren Kopf als ihn die meisten seiner Zeitgenossen hatten«. In einer Deckanzeige pries Crisp seine Fähigkeit, »gute Pferde für die Kutsche oder die Straße zu machen« – ein Hinweis auf das Traberblut, das in dieser Gegend Großbritanniens traditionell vorhanden war.

Alle Suffolks sind Füchse. Die 1877 gegründete Suffolk Horse Society nennt sieben Schattierungen von einem blassen, fast mehligen bis hin zu einem dunklen, beinahe schon braunen Farbton. Am häufigsten ist die helle, rötliche Fuchsfarbe.

Ausdauer und Zugkraft des Suffolk Punch stehen außer Frage, aber trotz all seiner Kraft und der Körpergröße braucht er weniger Futter als die meisten anderen Rassen. Früher arbeiteten die Pferde in der Landwirtschaft 8 Stunden am Tag, meist von 6.30 Uhr am Morgen bis 14.30 Uhr am Nachmittag, und mußten zweimal gefüttert werden. Der Suffolk Punch brauchte nur einmal Futter.

SCHWEIF
Der lange Schweif wird geflochten und für den Arbeitseinsatz geschickt hochgebunden. Das ist eine alte Tradition und sehr praktisch.

KRUPPE
Die Kruppe ist groß, rund und stark bemuskelt.

HINTERGLIEDMASSEN
Die Hinterbeine dürfen nicht breit stehen, damit das Pferd in einer Furche von 23 cm gehen kann. Die Sprunggelenke sind tief angesetzt und stehen weit genug auseinander, so daß die kuhhessige Stellung nur sehr selten vorkommt.

URSPRÜNGE

Der Suffolk Punch ist quasi ein Bestandteil der englischen Grafschaft in East Anglia, von der er auch seinen Namen hat und wo die Rasse aufgebaut wurde. Da die Pferde keinen Behang haben, sind sie durch ihre aktiven Gänge bestens geeignet für landwirtschaftliche Arbeiten, wozu auch schwere Zugarbeiten zählen. Im 19. Jahrhundert wurden Suffolk Punches nach Europa exportiert, um dort die heimischen Pferderassen zu veredeln. Auch die Exporte nach Pakistan, wo der Suffolk Punch in der Zucht von Armeeremonten und Maultieren eingesetzt wird, gelten als äußerst erfolgreich.

AUFBAU DER ZUCHT

Wenn der Suffolk Punch seine Existenz einem vererbungsstarken Hengst zu verdanken hat, so hat er seine weitere Entwicklung hauptsächlich einem Mann zu verdanken: Herman Biddell, dem ersten Schriftführer der Suffolk Horse Society. Er erstellte das erste Stutbuch »The Suffolk Horse History and Stud Book« während eines Zeitraums von 20 Jahren. Dieses 1880 erschienene Werk ist eine umfassende Zusammenstellung, bestehend aus einer Abhandlung über die Geschichte der Rasse und die landwirtschaftliche Praxis in der Grafschaft, ein Register mit 1230 Hengsten und 1120 Stuten, einer Auflistung der Preisgewinner ab 1840 und einem auch nach heutigem Ermessen ausgezeichneten »Zuchtstandard«.

KOPF
Die Stirn ist extrem breit. Die Ohren sind aufmerksam gespitzt und relativ klein für ein Kaltblutpferd.

SCHLEIFEN
Für Schauen wird die Mähne mit Stroh eingeflochten und mit bunten Schleifen verziert, um den stark ausgeprägten Mähnenkamm zu betonen.

VORHAND
Bemuskelte Unterarme, ein gutes Röhrbein und kaum Behang – das sind die charakteristischen Merkmale der Rasse. Die Zugkraft wird durch die tiefangesetzte Schulter begünstigt.

GURTUMFANG
Der Gurtumfang kann bis zu 2,03 m betragen, das ist mehr als beim Shire Horse oder Clydesdale.

GLIEDMASSEN
Der große Körper sitzt auf kurzen, stämmigen und starken Beinen.

GRÖSSE
1,63–1,70 m

PRÜFUNGEN IN SUFFOLK

Der Suffolk Punch wurde speziell für die Bedürfnisse seiner Heimatgegend entwickelt. Die Pferde sind außerordentlich stark und haben keinen Behang, so daß sie gut auf den schweren Lehmböden ihrer Heimat East Anglia arbeiten konnten. Aufgrund ihrer Kraft waren die Pferde auch in den großen und kleineren Städten sehr gefragt als Zugpferde.

Auf Jahrmärkten in Suffolk wurde die Zugstärke der Pferde getestet, indem sie vor einen umgefallenen Baum gespannt wurden. Selbst wenn das Pferd den Baum nicht von der Stelle bewegen konnte, sich aber so ins Geschirr gelegt hat, daß es praktisch in die Knie ging, galt der Test als bestanden. Diese Zughaltung wurde zum typischen Merkmal der Rasse. Eine andere Prüfung bestand darin, das Pferd rückwärts gehen zu lassen, eine unerläßliche Fähigkeit in der Stadt, aber überflüssig beim Pflügen. Die außergewöhnliche Zugstärke des Suffolk Punch wird sehr begünstigt durch die tiefe Schulter, die seit jeher von den Züchtern gefördert wurde.

MERKMALE

Der moderne Suffolk Punch ist bei einer Größe von 1,63 bis 1,70 m größer als seine Vorfahren. Die Gänge sind charakteristisch: Im Schritt zeigt das Pferd sichtbar Schwung, während der Trab mit nur geringer Knieaktion im Gegensatz zu anderen Kaltblutrassen sehr kadenziert ist. Durch die breite Brust stehen die Vorderbeine relativ weit auseinander, wodurch es gelegentlich zu einer etwas runden, bügelnden Aktion kommt.

BEI DER ARBEIT
Ein Gespann von zusammenpassenden, nebeneinander gehenden Suffolk Punch-Pferden pflügt das Stoppelfeld auf einer Farm in Suffolk. Der fehlende Fesselbehang ist ein Vorteil beim Pflügen von tiefem Boden.

Australisches Stockhorse & Brumby

Die ersten Pferde kamen 1788 vom Kap (Südafrika) nach Australien. Danach gab es ständig Importe, besonders Vollblüter (siehe Seiten 118–119) und Araber (siehe Seiten 64–65). Diese beiden Rassen halfen bei der Entwicklung des Walers, der hauptsächlich in Neusüdwales gezüchtet wurde. Die Nachfahren dieser ersten Pferde sind das Australische Stockhorse, das auf dem Waler basiert, und der Brumby, das wildlebende Pferd des Landesinnern Australiens.

Der Waler

Der Waler wurde ursprünglich als Arbeitspferd für die riesigen Schaffarmen gezüchtet und ging sowohl im Geschirr wie unter dem Sattel. Er galt als ausgezeichnetes Kavalleriepferd, und R.S. Summerhays schrieb 1968 im »Observer's Book of Horses and Ponies«, daß Australien in der Zeit zwischen der Schlacht von Waterloo (1815) und dem Krim-Krieg (1854) wohl das beste Kavalleriepferd der Welt besaß.

Bis in die 30er Jahre setzte die indische Kavallerie viele Waler ein, und während des Ersten Weltkriegs lieferte Australien den Alliierten ca. 120 000 Pferde. Wie die Pferde von General Allenby's berittenem Wüsten-Corps »kamen die Pferde nicht mehr heim.« Die Gedenktafel in Sydney, auf der diese Worte stehen, kennzeichnet praktisch das Ende des Walers, obwohl es den Namen und auch einige Pferde noch bis nach dem Zweiten Weltkrieg gab. Zu jener Zeit war der Waler, der ursprünglich auf der Basis von Arabern, Vollblütern und Anglo-Arabern gezüchtet wurde, »fast ein reiner Anglo-Araber, wobei manchmal der Vollblutanteil überwog« (W.J.B. Murphy in Richard Glyn's »*The World's Finest Horses and Ponies*«, 1971).

Der Waler war eigentlich mehr ein Pferdeschlag als eine Rasse. Obwohl er nicht ausgesprochen schnell war, war er sehr agil und außerordentlich ausdauernd. Er war zwischen 1,52 und 1,63 m groß, hatte ein gutes Röhrbein und konnte 102 kg tragen. Die Pferde waren zäh, hitzeunempfindlich und von harter Konstitution. Die umgänglichen Pferde konnten auch springen: 1940 übersprang ein Waler ein Hindernis von 2,54 m Höhe.

Arbeitspferd

Dieser australische Viehzüchter reitet ein kalibriges, gut gebautes Pferd, dessen hübscher, ausdrucksvoller Kopf Araberblut vermuten läßt.

Das Australische Stockhorse

Der Nachfolger des Walers, das Australische Stockhorse, hat noch keinen festgelegten Typ. Meist erinnern die Pferde an einen guten Hunter, variieren aber stark in der Größe. Eigentlich handelt es sich immer noch um einen Anglo-Araber, der in seiner Erscheinung stark dem Vollblüter ähnelt, aber durch den Einsatz von viel Fremdblut gibt es große Unterschiede im äußeren Erscheinungsbild.

Oberlinie
Die Oberlinie ist die eines guten Allroundpferdes im Vollbluttyp.

Kopf
Der Kopf ist fein geschnitten und intelligent, und bei den besseren Exemplaren ist der Kopf recht qualitätsvoll.

Gebäude
Vom Körperbau her meist schwach und degeneriert, verfügen nur die besten Brumbies über ein gutes Gebäude.

Grösse des Stockhorse
1,52–1,68 m

Australisches Stockhorse

In der Wildnis

Brumbies haben sich im gesamten australischen Buschland verbreitet und sind auch heute noch zahlreich vertreten. Diese Gruppe lebt im Finke George National Park im Nordterritorium Australiens.

Es wurden Ponys, Percherons (siehe Seiten 94 bis 95) und vielleicht noch wichtiger Quarter Horses (siehe Seiten 228–229) eingekreuzt. Quarter Horses wurden 1954 nach Australien eingeführt, und heute gibt es einen eigenen Zuchtverband, die Quarter Horse Association. Das Stockhorse wird von der Australian Stockhorse Society gefördert und vertreten, deren Ziel es ist, einen einheitlichen Rassetypus zu erreichen. Auf diesem Gebiet hat der Verband schon viel geleistet.

Die Pferde werden immer noch auf den großen Farmen als Allroundpferde eingesetzt. Wie beim Waler handelt es sich um ausdauernde, ausgeglichene Pferde mit bemerkenswert guten Beinen und Hufen, gutem Röhrbein und von Natur aus im Gleichgewicht. Diese Rasse ist immer noch zahlenmäßig am stärksten in Australien vertreten, was die Vorliebe der Australier für ein vielseitiges Pferd im Vollbluttyp zeigt.

Ursprünge

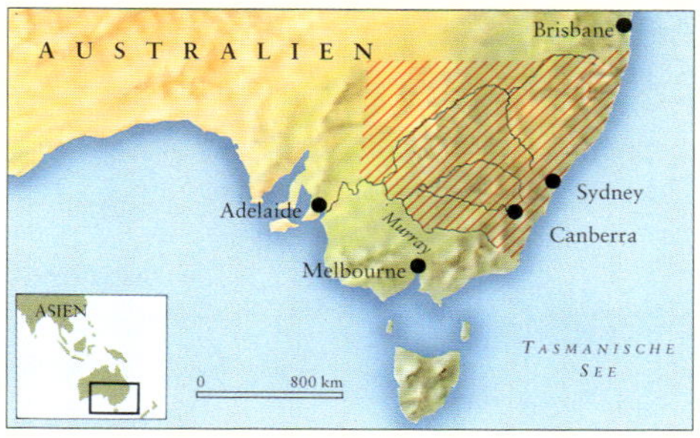

Der Waler, der Vorläufer des Australischen Stockhorse, entstand in Neusüdwales und wurde geprägt von seiner natürlichen Umgebung und dem Zweck, zu dem es gezüchtet worden war. Der Waler lernte, einen Mann und seine Ausrüstung viele Stunden lang über unwegsames Gelände zu tragen, und er gewöhnte sich an ein heißes, trockenes Klima mit begrenzten Wasservorkommen. Auch der Brumby entwickelte sich zu einem zähen und ausdauernden Pferd aufgrund seiner Lebensbedingungen.

Der Brumby

Nach dem großen australischen Goldrausch von 1851 entwichen viele Pferde aus den Goldgräber-Siedlungen und gelangten in den Busch. Diese Pferde wurden als Brumbies bekannt. Obwohl einige von ihnen gefangen und gezähmt wurden, sind sie meist zu wild und ungebärdig, als daß man etwas mit ihnen anfangen könnte. Obwohl die Pferde degenerierten, entwickelten sie einen solchen Überlebenstrieb, daß sie den harten Klimabedingungen und den Viehzüchtern, die sie jagten, trotzen konnten.

In den 60er Jahren hatten sich die Pferde so stark vermehrt, daß sie ein ernstes Problem darstellten und dezimiert werden mußten. Brumbies sind schon vorher gejagt und zu Hundefutter verarbeitet worden, aber diese Aktion war ein regelrechtes Abschlachten. Eine Herde mit etwa 8000 Pferden wurde 1130 km westlich von Brisbane verfolgt, und die Pferde wurden von kleinen Flugzeugen und Jeeps aus erschossen. Auf drei verschiedenen Besitzen wurden etwa 17 000 Pferde getötet. Solche Aktionen riefen öffentlichen Protest hervor und liefern selbst Jahrzehnte noch Stoff für heiße Diskussionen. Das Problem ist allerdings noch nicht gelöst, und eine Lösung ist kaum in Sicht, denn im Gegensatz zu den amerikanischen Mustangs gibt es in Australien keinen Bedarf, Brumbies als Reitpferde zu nutzen. Es gibt praktisch keine Verwendung für den Brumby.

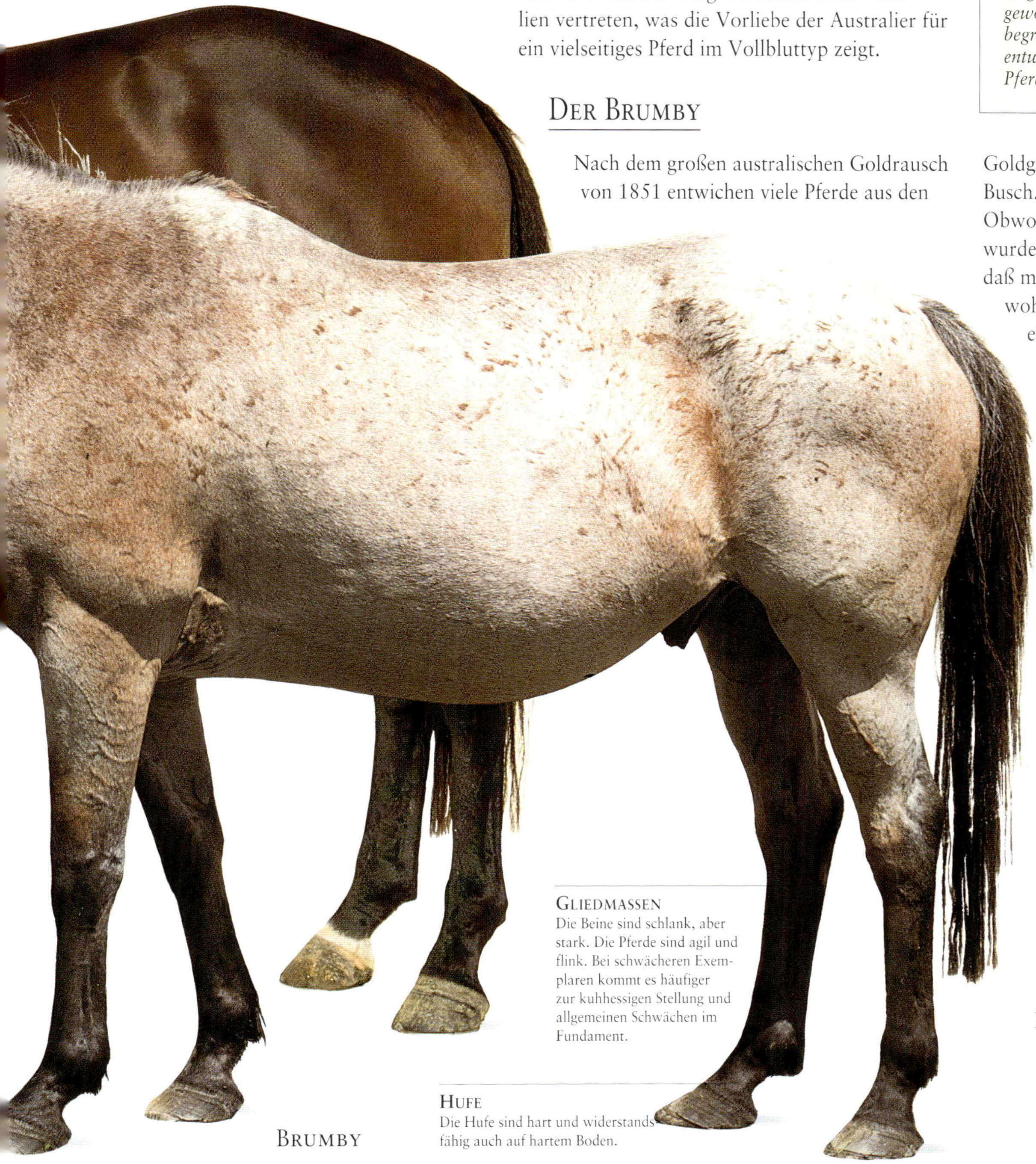

Gliedmassen

Die Beine sind schlank, aber stark. Die Pferde sind agil und flink. Bei schwächeren Exemplaren kommt es häufiger zur kuhhessigen Stellung und allgemeinen Schwächen im Fundament.

Hufe

Die Hufe sind hart und widerstandsfähig auch auf hartem Boden.

Brumby

Grösse des Brumby

1,42–1,52 m

RÖMISCHE STRASSE

KOMMUNIKATIONSWEGE

DIE KOMMUNIKATIONSSYSTEME ermöglichten den Aufbau, die Ausdehnung und manchmal auch die Zerstörung großer Reiche und Zivilisationen auf der Welt. Diese Systeme waren größtenteils vom Pferd abhängig, zumindest seit der Zeit der Geschichtsschreibung. Auf demselben Wege wurden auch einfache Briefe befördert, in denen sich die normale Bevölkerung über Familienangelegenheiten informierte. Eine Art der Kommunikation war selbst bei primitiven Gesellschaften notwendig. Die Schaffung effektiver Kommunikationssysteme wurde um so notwendiger, als sich diese frühen Gesellschaftsformen zu großen Mächten und Zivilisationen entwickelten. Selbst nach Einführung der Eisenbahn im 19. Jahrhundert waren Pferde zum Hinbringen und Abholen der Post von den Ausladestationen wesentlicher Bestandteil des komplexen Postsystems in Europa und den USA.

DIE ERSTEN KOMMUNIKATIONSSYSTEME

Schon etwa 300 Jahre vor Christus hatten die Perser bemerkenswert gut funktionierende Kommunikationssysteme aufgebaut, die sich von Ägypten nach Kleinasien und von Indien bis zu den griechischen Inseln ausdehnten. Die Griechen und Römer kannten ähnliche Systeme, und Rom ließ ein Straßennetz errichten, um auch den letzten Winkel des Reichs erreichen zu können. Dschingis Khan (siehe Seiten 72–73) führte im 12. Jahrhundert ein ähnliches System, das Yam, ein. Mit Hilfe dieses zuverlässigen Kuriersystems war er in der Lage, sein riesiges Reich zu regieren. Man sagte, daß »eine Jungfrau mit einem Topf voller Gold« und dem Siegel des Khans gefahrlos quer durch das Mongolische Reich reisen könnte, wenn sie sich des Yams bediente.

POSTKUTSCHE

Die französischen Postkutschen im frühen 19. Jahrhundert wurden von zwei Pferden gezogen, die von einem Postillion gefahren wurden. Der Postbursche trug die schweren Siebenmeilenstiefel, die so genannt wurden, weil sie nur alle sieben Meilen an den Poststationen den Boden berührten.

SIEBENMEILEN-STIFEL

DER AMERIKANISCHE PONY-EXPRESS

Das war 600 Jahre später sicherlich nicht möglich, als Amerikas legendärer Pony-Expreß die Post zwischen Missouri und San Francisco beförderte. Ganz im Pioniergeist des Wilden Westens rief William H. Russell, der »Napoleon der Prärie«, den Pony-Expreß, »das größte Unternehmen der modernen Zeit«, ins Leben.

Der Dienst wurde im April 1860 aufgenommen, bevor es den Telegraphen gab. Eine Reihe von Reitern beförderte die Post in Etappen durch meist feindliches Indianergebiet. Jeder Reiter legte seine 96 km lange Teilstrecke so schnell zurück, wie seine Pferde es schafften. Die Route ging von St. Joseph/Missouri durch Kansas, Nebraska, Colorado, Wyoming, Utah und Nevada nach Sacramento in Kalifornien. Diese Strecke von 3164 km legten 400 Pferde in 10 Tagen zurück. Zu jener Zeit waren 100 Reiter im Dienst, »junge, magere, drahtige Burschen unter 18 Jahren«, die mit einem Gewehr, zwei Revolvern und einer Bibel ausgerüstet waren. Sie wurden unterstützt von 400 Pferden, 190 Stationen für den Pferdewechsel und weitere 400 Mann Personal. Den schnellsten Ritt gab es im März 1861. »Pony Bob« Haslam brauchte für die 193 km lange Strecke von Smith's Creek nach Fort Churchill in Nevada 8 Stunden und 10 Minuten. Das war eine außergewöhnliche Leistung, denn Haslam, dessen Ablösung getötet worden war, ritt insgesamt 612 km mit einer Schußwunde am Arm und einem durch einen Pfeilschuß gebrochenen Kiefer.

PONY-EXPRESS

Amerikas berühmter, wenn auch kurzlebiger Pony-Expreß wurde 1860 eingerichtet zur Beförderung der Post über die 3164 km lange Strecke von Missouri nach San Francisco.

WELLS FARGO POSTKUTSCHE

Der Wells Fargo Überlanddienst war der Nachfolger des Pony-Expreß. Schwer bewaffnet fuhren die Kutschen durch größtenteils feindliche Indianergebiete.

Der Pony-Expreß wurde nach nur zwei Jahren aufgrund der hohen Verluste beendet, aber ihm war die beste Route quer über den amerikanischen Kontinent zu verdanken. Diese Route nahmen später auch die berühmten Wells Fargo Überland-Postkutschen.

POSTDIENST

Lange bevor es den kurzlebigen Pony-Expreß gab, gab es einen Postdienst zwischen den großen Städten im Osten der USA. Schon 1717 z.B. existierte ein regelmäßiger Postreiterdienst zwischen Boston und New York. Für die 397 km lange Strecke wurden zwei Wochen benötigt, wobei die Reiter aufgrund der schlechten Wegestrecken durchschnittlich nur 27 km am Tage zurücklegten.

50 Jahre später war dieser Postreiterdienst, der inzwischen von Montreal/Kanada bis nach St. Augustine/Florida erweitert worden war, wesentlich besser und zuverlässiger geworden. Der erste regelmäßige Postkutschenverkehr (Boston–New York) wurde am 25. Juni 1777 aufgenommen.

In Europa gab es schon über ein Jahrhundert zuvor ähnliche und ausgedehntere Postdienste. 1784 führte John Palmer den Dienst der Royal Mail in Großbritannien ein, d.h. die Post wurde von Kutschen und berittenen Postboten befördert. Das englische Postsystem war wegweisend in Europa, hauptsächlich aufgrund der ausgezeichneten Straßen und dem Vorhandensein von Vollblutpferden, die die Etappen in einem Tempo von 16 km/h zurücklegen konnten. Auch die Länder auf dem europäischen Festland errichteten bald ähnliche Dienste, wobei man sich noch jahrelang auf die Dienste der Postboten und -kutschen verließ.

Die meist schlecht berittenen Postboten ritten später als Postillion vor den Post-Halbkutschen, mit denen Reisende schneller und teurer zwischen den Post-Gasthäusern, den Inns, verkehren konnten. Um die Unannehmlichkeiten eines mehrstündigen Rittes im Sattel eines gewöhnlichen, hart zu sitzenden Pferdes zu mildern, erfanden die Reiter den Reisetrab, d.h. sie standen bei jedem zweiten Trabtritt aus dem Sattel auf. Diese Methode war bald in ganz Europa beliebt und wurde »englisch traben« genannt.

Gegen Ende des 19. Jahrhunderts waren die Postdienste verbessert und gut durchorganisiert.

Die Eisenbahn hatte die Postkutschen abgelöst, aber die Verteilung von der Bahnstation zu den örtlichen Postämtern blieb weiterhin Aufgabe der Pferdewagen.

Das British Post Office, dessen System in ganz Europa kopiert worden war, setzte andere Unternehmen zur weiteren Beförderung der Post ein, wie z.B. die Londoner Firma McNamara in den 90er Jahren des vorigen Jahrhunderts. 600 Pferde standen am Hauptsitz der Firma in Finsbury, und weitere Pferde standen in den Stallungen der Außenstationen für den Paketkutschendienst nach Süden. Die Postkutschenpferde taten sieben Tage in der Woche ihren Dienst, und neben der regulären Inlandpost holten sie die ausländische Post zu unkalkulierbaren Zeiten in den Häfen ab, denn die Ankunft der zum Teil von weither kommenden Schiffe war nie planmäßig.

JAVANESISCHE POST

Dieser javanesisch anmutende Postbote lieferte die Post um 1905 auf einem offensichtlich Araberblut-führenden Pferd aus. Sein Sattel ist mit ziemlicher Sicherheit mongolischen Ursprungs.

Nachbau der Kutsche von Elizabeth I

Das goldene Zeitalter der Kutsche

Die Zeit zwischen 1750 und 1850 war wahrscheinlich das bedeutendste Jahrhundert in der Geschichte der Kommunikation und des Personentransports. Das englische Beförderungssystem hatte zu jener Zeit seinen Höhepunkt erreicht, bevor es endgültig von der Eisenbahn abgelöst wurde. Glanzvoller Höhepunkt des Fahrens war das letzte Vierteljahrhundert, das in der Geschichte des Fahrens auch als das »goldene Zeitalter« bezeichnet wird. Auch in Amerika setzte fast gleichzeitig mit Großbritannien das Zeitalter der Kutsche ein. Die Hauptrolle spielten die berühmten Concord-Kutschen, die von Abbot Downing Co. in Concord in New Hampshire gebaut wurden. Diese Kutschen fuhren auf den Langstrecken-Routen Amerikas oft mit Geschwindigkeiten von 23 km/h. 1853 wurden sie in Australien eingeführt, wo sie in Neusüdwales und Queensland auf einer Strecke von insgesamt 9655 km ihren Dienst taten.

Die ungarische Kocsi

Die erste Kutsche wurde im späten 15. Jahrhundert in dem ungarischen Dorf Kocsi in Komorn gebaut. Das Wort Kutsche (engl. »coach«, Anm.d.Übers.) oder *kocsi* ist aus dem Namen dieses Dorfes, das berühmt war für seine Wagenbauer, abgeleitet. Die Vorderräder der ungarischen Modelle waren kleiner als die Hinterräder, wodurch der Wendekreis kleiner war. Außerdem lag der Schwerpunkt tiefer, und die Kutschen waren erheblich leichter. Das alles machte die Kutschen manövrierfähiger und sicherer, und sie konnten viel schneller gefahren werden als die äußerst schweren, unhandlichen Reisewagen. Dieses Kutschenmodell wurde unter Elizabeth I (1558–1603) in England eingeführt. Zuerst wurden die Kutschen als »überflüssiger Luxus« verteufelt, ja sogar als Modeerscheinung betrachtet, die Männer »weibisch mache«. Die Kutsche erfreute sich jedoch zunehmender Beliebtheit, besonders nachdem noch zwei weitere ungarische Erfindungen hinzukamen: Der Aufbau der Kutsche wurde in Lederschlaufen gehängt, ähnlich einer Hängematte, und zu guter Letzt kam die Wagenfederung.

Das goldene Zeitalter

Während der Regierung von George II (1683–1760) übernahmen englische Kutschenbauer die führende Rolle der deutschen Wagenbauer, die bis zu jenem Zeitpunkt führend in Europa gewesen waren. Ein neues System der Federung machte die Fahrt nicht nur angenehmer für die Passagiere, sondern die Kutschen konnten schneller gefahren werden und waren sicherer, da die Gefahr des Umkippens erheblich kleiner war. Außerdem war die »bewegliche« Last weniger ermüdend für die Pferde. Die leichten, gut gefederten Kutschen wurden bald weiter verbessert durch Achsgehäuse, was die früher über jeder Fahrt schwebenden Gefahren eines Achsbruchs und sich lösender Räder verringerte. Das war ein Meilenstein in der Entwicklung eines schnellen Beförderungssystems, das als das zuverlässigste und regelmäßigste in der Welt galt. Es war »das Wunder dieses Zeitalters, um das England von ganz Europa beneidet wurde.«

Schwertransport

Diese Postkutsche aus dem Jahre 1820 war für den Transport schwerer Güter gedacht. Die breiten Reifen sollten verhindern, daß das Fahrzeug in weichem Boden einsinkt.

Auch was die Geschirre angeht, gab es Neuerungen. England war berühmt für die hervorragende handwerkliche Verarbeitung des englischen Leders, das leichter, stärker und in jeder Beziehung besser als das auf dem Kontinent war.

Der wichtigste Faktor für den Aufbau eines effizienten Beförderungssystems war die zunehmende Verfügbarkeit von Pferdematerial. Im Jahre 1770 war der Englische Vollblüter 100 Jahre lang selektiv, enthusiastisch und streng nach bestimmten Vorstellungen als Rennpferd gezüchtet worden. Es herrschte eine gewisse

Die »Aussenseiter«

Nur vier Passagiere konnten in der Kutsche sitzen, acht Personen saßen außen auf der Kutsche. Für die Außenseiter war eine Kutschfahrt oft eine höchst unbequeme Angelegenheit.

ROYAL MAIL
Dieses Bild zeigt die Übernahme der Post am Postamt in der Lombard Street in London. In den großen Städten verkehrten die Postkutschen häufig nachts.

Überproduktion, und durch diesen Überfluß an Vollblütern war es möglich, sie nicht nur als Rennpferde einzusetzen, sondern sie auch anzuspannen. Eine große Rolle spielte auch das gute Straßennetz. Im Jahre 1780 war die ehemals 8000 km lange *»via strata«* aus der Zeit der Römer wieder aufgebaut worden. Dank der Arbeiten von Thomas Telford, dem Brücken- und Straßenbauer, und John McAdam, der die gepflasterte Straßenoberfläche perfektionierte (im Englischen »tarmacadam« oder »macadam« genannt in Anlehnung an McAdam, Anm. d. Übers.) gab es mittlerweile 32 000 km guter Straßen – die Ära der Kutsche konnte beginnen.

POSTKUTSCHEN

Der Anreiz für die Entwicklung eines Passagierbeförderungssystems war die Postkutsche, die den oft unzuverlässigen, berittenen Postboten abgelöst hatte und zum größten Teil auch den Postwagen. In der Postkutsche hatten vier Personen relativ bequem Platz, vier »Außenseiter« saßen auf der Kutsche. Der von der Post angestellte Fahrer saß auf dem Postkasten und war mit einer Donnerbüchse bewaffnet und einem Horn, mit dem er die Ankunft der Kutsche an den Zollstellen und den Gasthäusern, den Inns, ankündigte.

PRIVATUNTERNEHMEN

Der Erfolg der Postkutschen veranlaßte private Unternehmer, Beförderungsdienste nach denselben hohen Standards durchzuführen. Sie beförderte 12 Passagiere, vier saßen in der Kutsche und acht waren auf der Kutsche untergebracht. Schon 1825 legte die Wonder Coach die 254 km lange Strecke zwischen London und Shrewsbury in einem Tempo von 16 km/h zurück. Bei jeder Fahrt waren insgesamt 150 Pferde im Einsatz. Das größte dieser privaten Unternehmen gehörte William Chaplin, der Kutschendienste von fünf verschiedenen Londoner Gasthäusern aus betrieb. Er beschäftigte 2000 Männer und 1300 Pferde und eine Wagenburg von 60 Kutschen. Allein in Hounslow, wo der erste Pferdewechsel für die nach Westen fahrenden Kutschen stattfand, waren mehr als 2000 Pferde aufgestallt. Nur »Blutpferde« konnten das geforderte Tempo durchhalten, und bei 16 km/h vor der Kutsche betrug ihre Lebenserwartung nicht mehr als drei Jahre. »Zu Tode gearbeitet« war an der Tagesordnung, aber in diesem Geschäft lagen den Menschen wirtschaftliche Interessen mehr am Herzen.

DIE AMERIKANISCHE CONCORD COACH
In den USA waren die massiv gebauten »Concord«-Postkutschen im Einsatz. Diese sechsspännige Concord fährt in den 80er Jahren des vorigen Jahrhunderts durch ein unwegsames Gebiet in Montana.

URLAUBSREISENDE
Passagier-Kutschen, wie diese, die Pfingsturlauber von Charing Cross nach Greenwich bringt, waren häufig überladen und wurden von zu wenig Pferden gezogen.

Wagonette Break

Fahren als Freizeitbeschäftigung

Das Zeitalter der Kutsche (von 1750 bis 1850) markierte den Höhepunkt einer großen Fahrtradition und löste einen neuen Privatsport aus. Durch die vielen gewerblich genutzten Kutschen erwuchs ein großes Interesse am Fahren als Freizeitbeschäftigung, und es entstanden private Fahrclubs, deren Mitglieder gegeneinander Rennen fuhren und oft große Summen verwetteten. Auch der Prinz von Wales, der spätere Georg IV (1820–1830), nahm oft an solchen Rennen teil und fuhr mindestens einmal mit einem Randem (d.h. mit drei Pferden hintereinander ähnlich wie beim Tandem) von London nach Brighton. Zu den berühmten Fahrclubs gehören der 1856 gegründete »Four-in-Hand-Club« (Vierspänner-Club) und der 1871 gegründete »Coaching Club«, die beide heute noch existieren.

Von Pferden gezogene Fahrzeuge

Durch das große Interesse am Fahren bekamen auch die Entwicklung und der Bau von Kutschen und Wagen für die private Nutzung neuen Auftrieb. Das führte zu einer großen Vielfalt an Kutschen, wobei die meisten aus dem 18. und 19. Jahrhundert stammen. Die meisten lassen sich in eine von vier Kategorien einordnen. Es gibt die Phaetons, Gigs, Dogcarts (eine Variante hiervon ist der Governess Cart) und die größeren Gefährte, wozu die verschiedenen Modelle von Break und Wagonette zählen. Ansonsten gibt es noch die selteneren Fahrzeuge individueller Gestaltung, wie z.B. Curricle und Cabriolet. Brougham-, Landauer- und Victoria-Kutschen wurden immer von einem Kutscher gefahren und kamen daher nicht für die hobbymäßige Ausübung des Fahrens in Betracht.

Die Curricle

Hier sieht man den Prinzen von Wales (später König Georg IV) auf dem Weg nach Brighton. Die Curricle war das einzige zweirädrige Fahrzeug für zwei Pferde.

Fahen im Hyde Park

Die Gemälde, das J. Pollard 1844 malte, zeigt die zu jener Zeit modernen Anspannungen im Hyde-Park in London. Der links gezeigte Vierspänner mit Postillions geht vor einer Barouche.

Phaetons und Gigs

Phaetons sind leichte, vierrädrige Wagen, die es ursprünglich im späten 18. Jahrhundert in einer Vielzahl von Modellen gab und die dafür gedacht waren, vom Besitzer selbst gefahren zu werden. Der Name »Phaeton« wurde 1788 zum ersten Mal benutzt und kommt von »Phaeton«, dem Sohn des griechischen Sonnengottes Helios. Nach der Legende fuhr Phaeton im Sonnenwagen seines Vaters. Die Pferde gingen durch und setzten beinahe die Erde in Brand, bevor sie angehalten wurden. Es gibt etwa 40 verschiedene Modelle des Phaeton, vom hohen Crane-neck-Phaeton über Mail- und Demi-Mail-Phaeton

(dem größten und schwersten Phaeton) bis hin zu solchen Exoten wie dem amerikanischen zweisitzigen Surrey-Phaeton mit Verdeck und dem Siamesischen Phaeton, der zuerst von Mulliners gebaut wurde, dem Kutschenbauer, der später die elegantesten Rolls-Royce-Karosserien baute.

Die Typenvielfalt beim Gig ist fast genauso groß wie beim Phaeton. Der Gig entstand wahrscheinlich aus dem alten ungefederten Sedan Cart. Die ersten Modelle in der verbesserten Form gab es gegen Ende des 18. Jahrhunderts. Der Gig hat zwei Räder und einen nach vorn gerichteten Sitz für zwei Personen. Er wird von einem Pferd gezogen. Bevor es die Eisenbahn gab, waren Gigs die häufigsten Fahrzeuge auf den Straßen. Sie waren beliebt bei Handelsreisenden und den Pendlern der Vorstädte. Viele Gigs, wie z.B. Stanhope- oder Tilbury-Gig, wurden nach ihrem Erbauer benannt. Andere wiederum sind nach ihrer Form benannt, wie z.B. Round-Back und Stick-Back.

DOGCARTS UND BREAKS

Bei den Dogcarts ist die Auswahl sogar noch größer als bei den Phaetons oder Gigs.

BESITZER ALS FAHRER

Hier fährt ein Einspänner-Phaeton zu einem Jagdtreffen. Dieses spezielle Gespann gewann 1872 den ersten Preis für Gangwerk und Aktion der Gänge auf der Islington Horse Show in London.

AMERIKANISCHE ELEGANZ

Der Spider-Phaeton, meist zweispännig gefahren, ist einer der elegantesten Phaetons. Er stammt aus den USA und war sehr beliebt für Fahrten in der Stadt oder in den Parks.

IN WILDER FAHRT
Auf diesem Bild sieht man die temperamentvolle Mrs. Celestine Nichols und ihre Kinder in einem Phaeton im Richmond Park.

Während des gesamten 19. Jahrhunderts wurden Dogcarts in großer Zahl gebaut. Sie waren entweder zwei- oder vierrädrig und meist Jagdwagen mit ausreichend Platz unter den Rücksitzen für die Jagdhunde des Fahrers. Alle möglichen Wagentypen wurden nach dem Grundmodell entwickelt: Cocking Carts (für den Transport von Kampfhähnen), Governess Carts, Ralli Cars und die indischen Tongas für vier Personen (die Rücken an Rücken sitzen).

Um die Jahrhundertwende waren Governess Carts äußerst beliebt und zahlreich vertreten. Sie waren ursprünglich dafür konzipiert worden, daß eine Erzieherin in größtmöglicher Sicherheit mit den Kindern spazieren fahren konnte. Der tonnenförmige Aufbau hatte an der Rückseite eine Tür, die gut verschlossen werden konnte, sobald die Kinder eingestiegen waren. Die Sitze waren an den Längsseiten angebracht, und der Fahrer saß seitlich am Ende der Sitzbank auf der rechten Seite.

Die nach einer griechischen Reederfamilie namens Ralli benannte Ralli-Car gab es gegen Ende des 19. Jahrhunderts. Sie besaß über die Räder hinausgezogene Seitenteile, die als Schutzbleche wirkten, und bot Platz für vier Personen und Gepäck.

Breaks waren offene, vierrädrige Landwagen für Jäger mitsamt Hunden und Gewehren. Meist wurden mindestens 6 Personen damit befördert. Eine Wagonette war ein ähnliches Fahrzeug mit gegenüberliegenden Sitzen und viel Platz für Reisende und Gepäck. Die noch größere Version nannte sich Wagonette-Break und wurde meist eingesetzt, wenn man zum Rennen oder anderen Sportveranstaltungen fuhr oder um Diener und Gepäck zu befördern.

FREIZEIT-FAHREN HEUTE

Heutzutage findet das Freizeit-Fahren hauptsächlich auf dem Turnierplatz statt, obwohl in Privatbesitz befindliche Kutschen von Enthusiasten wie dem 8. Herzog von Beaufort und dem Amerikaner Alfred Vanderbilt bis zum Ersten Weltkrieg die alten Kutschrouten befuhren. Manch eine Kutsche war sogar noch bis zum

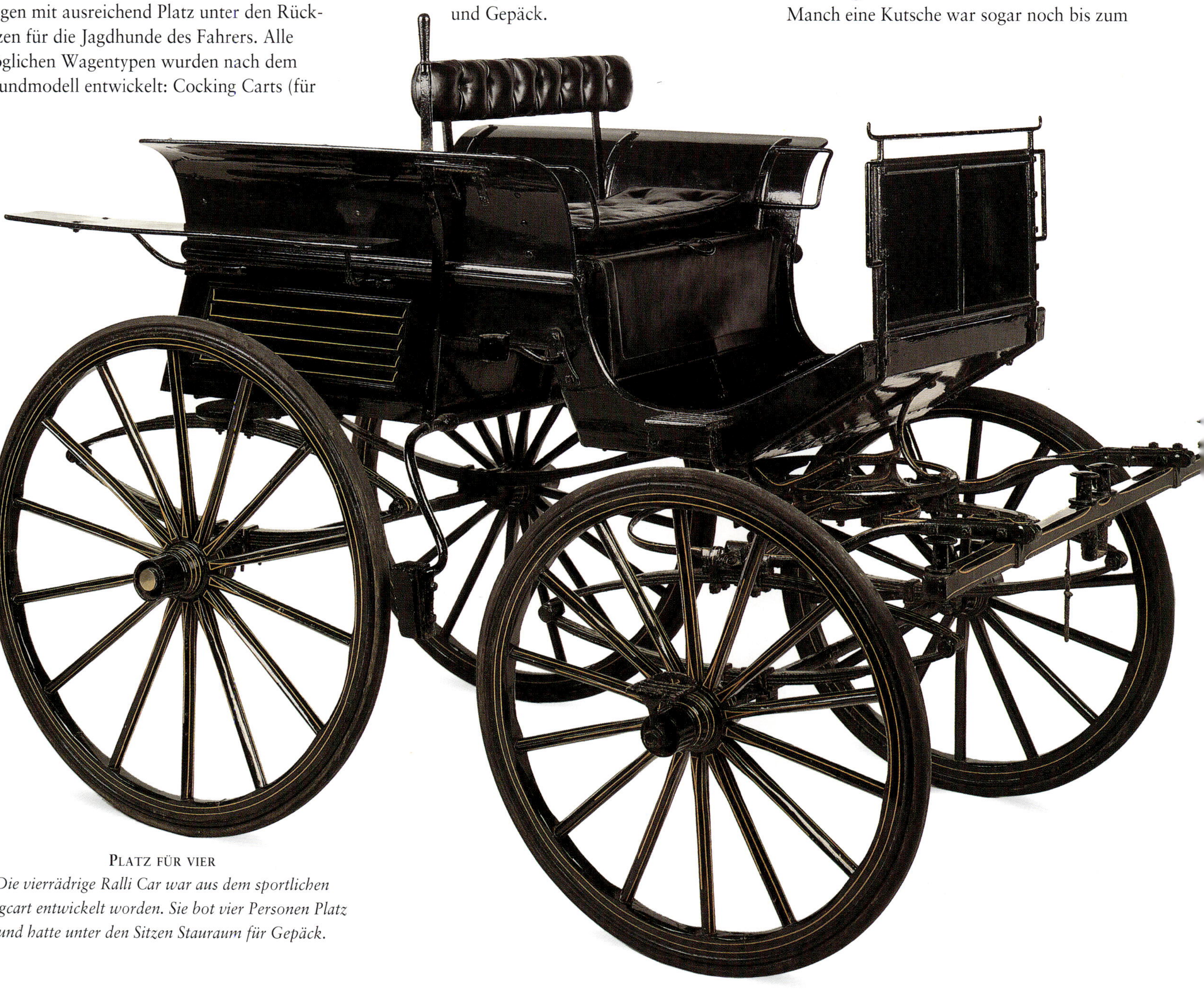

PLATZ FÜR VIER
Die vierrädrige Ralli Car war aus dem sportlichen Dogcart entwickelt worden. Sie bot vier Personen Platz und hatte unter den Sitzen Stauraum für Gepäck.

MAULTIER-GESPANN

Ein wunderbares Gespann mit zueinander passenden Maultieren vor einem offenen Jagd-Break. Sie sind angespannt für die Feria im spanischen Jerez de la Frontera.

Ausbruch des Zweiten Weltkriegs im Jahre 1939 in Betrieb.

Auf dem Turnierplatz gibt es nach dem englischen Modell keine Prüfungen für den Show Buggy. Stattdessen werden die traditionellen Carts und Kutschen eingesetzt, die für den selbstfahrenden, nicht handeltreibenden Besitzer gedacht waren. Sie werden gezogen von verschiedensten Pferden und Ponys als Einspänner, Zweispänner oder Tandem, obwohl man zwischen Pferden im Hackney- (siehe Seiten 378–379) und Pferden im Nicht-Hackney-Typ unterscheidet. Zum privaten Fahrsport werden nicht die Hackney-Klassen gezählt, in denen die Hackneys leichte Turnierwagen mit Drahtspeichenrädern und Gummibereifung ziehen, und die »Light Trade Classes« für gewerbliche Fahrzeuge. Auf manchen Schauen werden die Teilnehmer in der Kolonne auf Tour geschickt, wobei Start und Ziel auf dem Turnierplatz sind. Eine beliebte Prüfung in den Ländern mit Fahrsporttradition ist der »Concours d'Elégance«, wo man selbst dem kleinsten Detail größte Aufmerksamkeit schenkt und ein Gespann ästhetisch perfekter erscheint als das andere.

In Europa gibt es wahrscheinlich in den Niederlanden die größte Vielzahl an Anspannungen, mit Ausnahme von Großbritannien vielleicht. In den Niederlanden sind wahrscheinlich ebenso viele Hackneys zu Hause wie in Großbritannien. Hier ist auch der eindrucksvolle Gelderländer mit seiner hohen Knieaktion (siehe Seiten 124–125) beheimatet, der vor allen möglichen Typen von Gig geht, sowie der schwarze Friese (siehe Seiten 48–49), der vor der traditionellen friesischen Kutsche mit weißen Strängen und Leinen geht. Im restlichen Europa nimmt der weit verbreitete und mit großem Können durchgeführte Fahrsport meist die Rolle einer besonderen Schaunummer auf Hengstparaden oder anderen Veranstaltungen ein. Spanien und Portugal sind berühmt für ihre Fiestas, bei denen prachtvolle Kutschenprozessionen mit edlen Andalusiern und Lusitanos (siehe Seiten 106–107) zu den Hauptattraktionen zählen.

Länder wie die USA, Kanada, Südafrika, Australien und Neuseeland haben eine Reihe von fahrsportlichen Veranstaltungen auf nationaler Ebene. Australien und Südafrika sind spezialisiert auf Mehrspänner als Schaunummern. Auf der Rand Show in Südafrika werden Pferde- und Maultier-Gespanne vorgestellt. In den USA und Kanada gibt es spezielle Schauklassen für Kaltblut-Gespanne. Nordamerika hat mindestens ebenso viele Kutschpferde wie England, und sie werden im traditionellen englischen Stil vorgestellt.

Wenn es auch unwahrscheinlich erscheinen mag, aber selbst auf den nationalen Turnieren in Indien und Pakistan wird gefahren. Diese Gespann-Klassen sind immer gut besetzt, meist mit Kutschen oder Vierspännern der Regimenter – eine von den Briten geerbte Tradition.

HIER PASST ALLES

Dieses Welsh C-Pony geht auf Liverpool-Kandare, die eine Reihe von Einschnallmöglichkeiten für die Leinen bietet, je nach gewünschter Anlehnung.

The Royal Mews

Der königliche Marstall in Großbritanniens Hauptstadt

Falken
Bis zur Zeit Heinrich VIII besaß der englische Hof in London einen Mauserkäfig für die Jagdfalken.

Im Mittelalter war mit »mews« ein Mauserkäfig gemeint, in dem die Falken während der Mauser, d.h. der Zeit des Federwechsels, gehalten wurden. Bis zur Zeit von Heinrich VIII (1509–1547) besaßen die englischen Könige einen solchen Mauserkäfig am Charing Cross in London. Nachdem die königlichen Stallungen (im heutigen Bloomsbury) 1537 durch ein Feuer zerstört worden waren, mußten die Falken umziehen, um Platz für die Pferde des Königs zu machen. Georg III (1760–1820), der 1762 Buckingham House (später Buckingham Palace) gekauft hatte, nutzte die Stallungen und beauftragte 1764 John Nash mit Entwurf und Bau der heutigen Reithalle. 1820 wurde Nash von Georg IV (1820–1830) damit beauftragt, die Stallungen und den Wagenschuppen umzubauen. 1825 wurde daraus The Royal Mews, der königliche Marstall. Heute ist der Marstall ein funktionierendes Unternehmen, wo die Staatskarossen, Kutschen, Pferde und ein Teil des Fuhrparks der Königin sowie Personal untergebracht sind. Die vier großen Staatskarossen, auch bekannt als »gläserne Karossen«, sind die Goldene Staatskarosse, die Irische Staatskarosse, die Glaskutsche und die Queen Alexandra-Kutsche. Es gibt auch eine einzigartige Ausstellung von Sätteln, Zaumzeugen und Geschirren, wozu auch Gegenstände gehören, die der königlichen Familie von ausländischen Monarchen und Regierungsoberhäuptern geschenkt wurden. Zur Zeit stehen etwa 30 Pferde im königlichen Marstall: die Braunen, wovon die meisten Cleveland Bays (siehe Seiten 304–305) sind, und die Windsor-Schimmel, die nur die Kutsche der Königin ziehen. In der Vergangenheit gab es auch Falben, Isabellen (die Cremefarbenen) und Rappen; Füchse wurden nie eingesetzt. Die Windsor-Schimmel, die so genannt werden, weil sie immer in Windsor gestanden hatten, bis sie unter Georg V (1910–1936) nach London umzogen, sind keine eigenständige Rasse. Viele Jahre lang waren die bekanntesten königlichen Pferde die Isabellen oder Cremefarbenen, die Georg I 1714 anschaffte. Georg I importierte auch Hannoveraner. Diese Pferde wurden bis ins 20. Jahrhundert eingesetzt. In jüngster Zeit kaufte die königliche Familie auch Holsteiner und Oldenburger (siehe Seiten 140–141 und 306–307).

Nash's Gateway
Das ist die Toreinfahrt zum königlichen Marstall »The Royal Mews« an der Buckingham Palace Road in London. Georg IV gab den Marstall 1820 in Auftrag, und er wurde nach dem Entwurf von John Nash erbaut.

Die goldene Karosse
Die Goldene Karosse, die bei der Krönung von Elisabeth II im Jahre 1953 eingesetzt wurde, wird von acht Schimmeln mit Reiter gezogen. Sie wiegt vier Tonnen bei einer Länge von 7,3 m und kann nur im Schrittempo fahren. Georg III beauftragte Sir William Chambers mit dem Entwurf, und am 25. November 1762 wurde diese Karosse zum ersten Mal eingesetzt, als der König das Parlament eröffnete. Sie wurde als »prächtigste und teuerste aller je in diesem Königreich gebauten Kutschen« beschrieben. Die Bauzeit betrug zwei Jahre, und die Kutsche kostete 7562 Pfund 4 Schilling und 3 Pence – für damalige Zeiten eine immense Summe. Es ist die prachtvollste der Staatskutschen.

Ein Staatsanlass
Ein Staatsanlaß ist für den Marstall ein Ereignis, bei dem das gesamte Personal zum Einsatz kommt. Bei dem Gespann handelt es sich um Windsor-Schimmel in vollem Prunkgeschirr.

Die vergoldete Karosse
Die Figuren auf der Rückseite tragen die Faszes mit Dreizack (Bündel von Stäben als Symbol offizieller Autorität) des britischen Empire. Die drei Engel auf dem Dach symbolisieren England, Schottland und Irland. Sie stützen die Krone und halten Zepter, Staatsschwert und Fähnrich des Ritterstands jeweils in ihren Händen.

KÖNIGLICHES WAGENPFERD

WIE VIELE ANDERE KÖNIGSHÄUSER in Europa, so besaß auch die englische Königsfamilie seit dem 16. Jahrhundert eine große Zahl an Wagenpferden. Jahrhundertelang wurden Kutschpferde aus anderen europäischen Ländern importiert, besonders aus Deutschland, der ursprünglichen Heimat der Monarchen. Heute ist Großbritannien fast das einzige Land, das bei allen Staatsanlässen von Pferden gezogene Karossen einsetzt, was diese Anlässe äußerst prunkvoll macht.

PFERDE AUS EUROPA

Seit dem 16. Jahrhundert, der Zeit der Tudors, fährt die englische Königsfamilie in Karossen und anderen, von Pferden gezogenen Fahrzeugen. Lupold von Wedel, ein pommerscher Adliger, besuchte 1584 das Königreich und beschreibt, wie Königin Elizabeth I in einer vergoldeten, von »vier dunkelbraunen Pferden in königlicher Anschirrung« gezogenen Kutsche, fährt. Später erwähnt er eine dick gepolsterte Sänfte, »die von zwei cremefarbenen Pferden mit gelben Mähnen und Schweifen getragen wurde«. Dieser Hinweis auf die cremefarbenen Pferde ist erstaunlich, denn es wird allgemein davon ausgegangen, daß Georg I (1660–1727) diese Pferde zuerst in den königlichen Marstall (siehe Seiten 142–143) einführte. Bei den cremefarbenen Pferden von Elizabeth I kann es sich möglicherweise um einen Teil

EINE CLEVELAND-BAY-KREUZUNG
In den 20er Jahren wurden die Hannoveraner-Rappen in den königlichen Stallungen durch Cleveland Bays ersetzt. Heutzutage werden hauptsächlich leichtere Cleveland-Bay-Kreuzungen eingesetzt.

KÖNIGIN VICTORIAS CHAR-À-BANCS
Eine königliche Gesellschaft genießt eine Fahrt in Königin Victorias Char-à-Bancs. Der Wagen wird gezogen von Windsor-Schimmeln mit Postillions in Halbgala-Livrée.

der ungarischen Schimmel gehandelt haben, die 1581 aus Holland eingeführt und deren Mähne und Schweif orange eingefärbt worden waren.

Charles I förderte die Einfuhr von Kutschpferden aus Europa und legte fest, daß sie »nicht kleiner als 1,43 m sein dürfen«. Von Oliver Cromwell, der Charles I hinrichten ließ, wird berichtet, daß er in einen Unfall verwickelt war, als er ziemlich unfachmännisch mit einem Schimmel-Gespann durch den Hyde-Park fuhr. Bei diesen Schimmeln handelte es sich um Oldenburger (siehe Seite 306–307), die ihm Graf Anton Gunther von Oldenburg geschenkt hatte. In jüngster Zeit wurden sowohl Oldenburger als auch Holsteiner (siehe Seiten 140–141) für den königlichen Marstall gekauft.

PFERDE AUS HANNOVER

Georg I brachte die Pferde von seinem riesigen Gestüt in Hannover mit nach England. Insbesondere importierte er die bekannten hannoverschen cremefarbenen Pferde exklusiv für die deutsche Königsfamilie. Diese Pferde zogen die Kutsche des britischen Herrschers bis zur Herrschaft von Georg V. Anläßlich seiner Krönung im Jahre 1910 zogen sie die Goldene Kutsche. Die Pferde wurden auf dem königlichen Gestüt in Hampton Court gezüchtet, aber um 1920 war die Inzucht zu einem großen Problem geworden, da es schwierig geworden war, neue Pferde zu besorgen. Schließlich wurden sie von Windsor-Schimmeln ersetzt. Diese Schimmel standen bis zur Herrschaft von Königin Victoria (1837–1901) immer in Windsor. Sie wurden nach ihrem Heimatstall und nach der königlichen Familie benannt, deren Namen George V von Sachsen-Coburg und Gotha in Windsor umwandelte. Auch heute noch gehen die Schimmel nur vor der Kutsche des Monarchen. Obwohl sie fast identisch sind, gehören sie keiner bestimmten Rasse an.

Bis zu Beginn der 20er Jahre waren die königlichen Wagenpferde hannoversche Rapphengste, die zwar nicht so anmutig wie die cremefarbenen Pferde gewesen sein sollen, dafür aber »dienstbarer aussahen«. In den 20er Jahren wurden sie von braunen Pferden abgelöst, bei denen es sich meist um Cleveland Bays (siehe Seiten 304–305) sowie einige holländische, irische und Oldenburger Pferde handelte. Auch Cleveland-Bay/Vollblut-Kreuzungen werden eingesetzt.

WINDSOR-SCHIMMEL
Dieser königliche Postillion in voller Gala-Livrée kümmert sich um zwei Windsor-Schimmel im königlichen Marstall in London. Das linke Pferd trägt den Sattel des Postillions.

SCHWEIFMETZE
Die Schweifmetze liegt unter der Schweifrübe und wird mit dem Schweifriemen an der Sellette-Unterlage befestigt.

RÜCKENRIEMEN
Rücken- und Schlagriemen gehen vom Schweifriemen aus. Sie halten den Strang und das Hintergeschirr in Position.

TRAGEGURT
Der Tragegurt ist die Schlaufe, durch die der Strang, der Fahrzeug und Kummet verbindet, geführt wird.

GLIEDMASSEN
Beine und Hufe müssen möglichst perfekt sein, damit sie der Beanspruchung durch den harten Boden standhalten können.

GESCHIRRE UND SCHMUCK

Es gibt acht verschiedene Anschirrungen, wovon die opulenteste das rote marokkanische Geschirr ist, das die Windsor-Schimmel tragen, wenn sie vor der Prunkkarosse gehen. Jedes Geschirr wiegt 50 kg und ist reich verziert mit Goldbronze. Die Geschirre wurden 1834 angefertigt als Ersatz für die Geschirre aus dem Jahre 1762. Aus Tradition werden die Mähnen der »Prunkpferde« immer geflochten: die Schimmel mit Bändern in der Königsfarbe purpurrot, die Braunen mit scharlachroten Bändern.

GRÖSSE
ca. 1,70 m

Cleveland Bay

Im Gegensatz zu den heimischen Ponys ist der Cleveland Bay die älteste bodenständige Pferderasse in Großbritannien. Sein Vorfahr, das Chapman-Pferd (oder Vardy, wenn es nördlich des Flusses Tees gezüchtet wurde), war ein braunes Packpferd mit schwarzen Streifen. Es wurde nachweislich im Mittelalter im Bezirk Langbaurgh gezüchtet, einer Region, die dem Nordosten des heutigen Yorkshire und Cleveland entspricht. Unter der Herrschaft von George II (1727–1760) genoß die Rasse königliche Förderung. Das Cleveland Bay Stud Book wurde 1884 eingerichtet. Cleveland Bays stehen auch heute noch in den königlichen Stallungen (siehe Seiten 300–301).

Kutschpferd par excellence
SKH der Herzog von Edinburgh fuhr einen Viererzug mit Cleveland Bay/Vollblut-Kreuzungen aus königlicher Zucht und startete regelmäßig auf internationalen Fahrturnieren als Mitglied der englischen Mannschaft.

Das Chapman-Pferd

Der Chapman war das Pferd der fahrenden Händler jener Zeit (genannt »chapmen«, Anm. d.Übers.). Er spielte auch eine Rolle im Bergbau und transportierte Eisenerz, später auch Kali und Alaun von den Bergwerken ans Meer oder den nächsten, von Schiffen befahrenen Fluß. Die Pferde hatten keinen Behang, was bei den tiefen Lehmböden der Gegend wichtig war. Obwohl der Chapman mit vielleicht maximal 1,42 m viel kleiner war als der heutige Cleveland Bay, war er sehr stark, denn es ist bekannt, daß er ein Gewicht von 100 kg über unwegsames, schwieriges Gelände mit tiefem Boden tragen konnte.

Andere Einflüsse

Zweifellos bildet der Chapman den Grundstock für die Zucht des Cleveland Bays, aber es ist nicht sicher, welche Einkreuzungen wann stattfanden. Cleveland-Züchter verkünden stolz, daß ihre Pferde weder Vollblut noch Kaltblut führen. Es gibt tatsächlich keinen Hinweis, daß Kaltblüter eingekreuzt wurden, und zwei der ersten einflußreichen Hengste, Jalep und Manica, erscheinen zwar im General Stud Book des Englischen Vollbluts (siehe Seiten 118–119), wurden aber eingesetzt, als das Vollblut weder als Rasse anerkannt oder in seiner heutigen Form erkennbar war. Jalep war ein Enkel des Godolphin Arab und entsprach wahrscheinlich am ehesten dem Berber, während Manica ein Sohn des Darley Arabian war.

Man kann jedoch davon ausgehen, daß der Berber (siehe Seiten 66–67) eine bedeutende Rolle in der

Schweif
Schweif- und Mähnenhaar sind dick und üppig. Das Langhaar des Cleveland Bays ist immer schwarz.

Rumpf
Der Rumpf ist groß und rundrippig mit guter Gurtentiefe. Beim ausgewachsenen Pferd ist der Abstand zwischen Widerrist und Ellbogen normalerweise größer als vom Ellbogen bis zum Boden.

Hufe
Die Hufe sind hart und fest und passen in ihrer Größe zum Kaliber und der Größe des Pferdes. Nur äußerst selten gibt es gesundheitliche Probleme.

Ursprünge

Der Cleveland Bay wird im Nordosten Englands im Gebiet von Cleveland und North Riding in Yorkshire gezüchtet. Diese Gegend ist bekannt für ihre schweren Lehmböden. Die Vorfahren dieser äußerst starken Pferde wurden hier im Mittelalter gezüchtet, meist von den großen Klöstern. Im englischen Bürgerkrieg (1642–1649) wurde spanisches Blut eingeführt, und durch den regen Verkehr des 17. Jahrhunderts zwischen den Seehäfen im Nordosten und der nordafrikanischen Küste kam es dazu, daß Englands älteste Pferderasse vom Berber beeinflußt wurde.

Aufbauphase der Rasse spielte. Die Heirat von Katharina von Braganza mit Charles II im Jahre 1661 brachte der englischen Krone die nordafrikanische Hafenstadt Tanger, und als die Hafenanlagen von Unternehmern aus den nordenglischen Seehäfen gebaut wurden, gab es einen ständigen Verkehr zwischen den beiden Ländern. Durch die Beliebtheit des Rennsports in England und die Bedeutung der Züchter aus Yorkshire ist es denkbar, daß Berber-Pferde importiert wurden. In der zweiten Hälfte des 17. Jahrhunderts, d.h. nach dem Ende des Bürgerkriegs, gab es viele Spanische Pferde in Nordost-England. Sie befanden oder hatten sich befunden im Besitz von ehemaligen Generälen und standen für die Zucht zur Verfügung. Am Kopf des Cleveland Bays läßt sich der Einfluß der spanischen Vorfahren noch heute erkennen.

Es gibt jedoch keine Hinweise auf den Einsatz von Fremdblut nach dem 18. Jahrhundert. Zu jener Zeit war der Cleveland Bay im Typ gefestigt, und aufgrund seiner daraus resultierenden Vererbungsstärke wurde er exportiert und zur Verbesserung vieler europäischer Rassen eingesetzt. Bis zur Zeit von George II galt er als das beste und stärkste Kutschpferd in Europa, aber nach der Einführung der Schotterstraßen hielt man die Pferde für zu langsam. Daraufhin wurden Vollblüter eingekreuzt und das Yorkshire Coach Horse entstand, eine Cleveland Bay/Vollblut-Kreuzung, deren Stutbuch erst 1936 geschlossen wurde. Der Cleveland Bay wurde auch auf den Farmen im Nordosten Englands eingesetzt, denn er war das einzige Pferd, das auf dem schweren Lehmboden arbeiten konnte. Es konnte trotz des tiefen Bodens schwere Lasten ziehen, und erwarb sich den Ruf eines Schwergewichts-Hunters, der bei tiefem Boden ein Hindernis fast aus dem Stand überwinden konnte.

WIEDERBELEBUNG DER RASSE

Nach dem Zweiten Weltkrieg ging die Zahl der Pferde stark zurück, 1962 gab es nur noch reingezogene Hengste in Großbritannien. Die Rasse wurde von Ihrer Majestät Königin Elizabeth II gerettet, indem sie den Hengst Mulgrave kaufte, der sonst in die USA gegangen wäre. Er wurde mit großem Erfolg mit reinen und halbblütigen Cleveland-Stuten angepaart. Innerhalb von 15 Jahren gab es wieder 36 reinrassige Hengste in Großbritannien. Auch SKH der Herzog von Edinburgh förderte die Rasse, indem er bis vor kurzem mit Cleveland Bays internationale Fahrturniere bestritt. Aus der Kreuzung von Cleveland Bays und Vollblütern entstehen gute Spring- und Jagdpferde, d.h. Hunter.

KOPF
Der Ramskopf der Pferde erinnert an die Spanischen Pferde, die zu den Vorfahren der Rasse zählen.

FARBE
Ein Cleveland Bay ist immer braun mit schwarzen Streifen an Oberarmen und Oberschenkeln.

GLIEDMASSEN
Die kräftigen Beine haben keinen Behang. Die kurzen Röhrbeine haben einen Umfang von 23 cm. Die Gelenke sind groß und kräftig.

GRÖSSE
1,63–1,68 m

IN DER NATÜRLICHEN UMGEBUNG
Diese erstklassigen Stuten stehen in ihrer Heimat in Cleveland. Im Winter ist das Klima hier besonders rauh, wodurch die Pferde neben der jahrhundertelangen, sorgfältigen Zucht ihre außerordentlich starke Konstitution bekommen haben.

OLDENBURGER

DIE RASSE entstand im 17. Jahrhundert als Kutschpferd, das auch in der Landwirtschaft arbeiten konnte. Über die Jahrhunderte haben die Züchter die Rasse an den Markt angepaßt, indem sie ausgesuchte Blutlinien einkreuzten und ansonsten eine streng selektive Zuchtpolitik betrieben, um einen einheitlichen Typ zu gewährleisten. Der Oldenburger des 17. Jahrhunderts hatte die typische hohe Knieaktion der Kutschpferde. Die Schultern waren steil genug, daß das Kummet bequem saß. In den folgenden 100 Jahren entwickelte er sich jedoch zu einem eleganteren Reit- und Fahrpferd.

KOPF
Manchmal ist das Profil konvex, aber der Kopf ist hübsch und gut angesetzt.

SCHULTERN
Die Schultern sind stark, obwohl sie nicht so lang oder schräg sind wie beim Vollblüter. Der Widerrist ist gut ausgeprägt.

DIE ERSTEN EINFLÜSSE

Der Oldenburger entstand in den Provinzen Oldenburg und Ostfriesland und basierte auf den alten friesischen Pferden aus der Region zwischen der Weser und der niederländischen Grenze (siehe Seiten 48–49). Seine Entwicklung zum Karossier war hauptsächlich Graf Anton Günter von Oldenburg (1603–1667) zu verdanken. Der Graf importierte spanische und neapolitanische Pferde, die Berberblut führten (siehe Seiten 66–67) und zu jener Zeit als die besten und wertvollsten Pferde in Europa galten. Er setzte den Hengst Kranich, der aus besten spanischen Linien stammte und wahrscheinlich dem 1572 auf Kladrub entwickelten tschechoslowakischen Kladruber ähnelte (siehe Seite 156), in großem Rahmen ein.

SPRINGSPORT
Dieses Foto zeigt Henderson Gammon unter dem englischen Reiter John Whitaker. Oldenburger gehen vermehrt im Springsport.

VOM KUTSCHPFERD ZUM KAROSSIER

Während des nächsten Jahrhunderts verwandelte sich das »ramsköpfige« Oldenburger Kutschpferd in den eleganteren Karossier, der auch gut geritten werden konnte. Obwohl diese Pferde qualitätsvoller waren als ihre Vorfahren, besaßen sie dennoch weiterhin die Größe, Rumpftiefe und Frühreife der Rasse (was sehr ungewöhnlich ist für ein so großrahmiges Pferd).

VOLLBLUT

Gegen Ende des 18. Jahrhunderts wurden neben spanischen, neapolitanischen und Berber-Hengsten auch Halbblüter aus England eingeführt. Diese Halbblüter, die von den ersten Vollblutlinien und dem einflußreichen Norfolk Roadster (siehe Seite 120–121) geprägt waren, sollten als Veredler wirken. Danach folgte eine Konsolidierungsphase, und bis ins späte 19. Jahrhundert gab es keinen erwähnenswerten Einsatz von Fremdblut.

Um 1897 wurden Englische Vollblüter (siehe Seiten 118–119) eingesetzt. Zumindest eine der Linien ging zurück auf das ungeschlagene Rennpferd Eclipse, einem Nachfahren des Darley Arabian und Gründerhengst einer der vier anerkannten, großen Hengstlinien.

Cleveland Bay

Ebenso wie vom Vollblüter wurde auch großer Gebrauch von dem vererbungsstarken Cleveland Bay (siehe Seiten 304–305) gemacht. Der spanisches Blut führende und in punkto Ausdauer und Kraft als Kutschpferd unübertroffene Cleveland Bay ist ideal für Kreuzungen mit dem Vollblüter und geht auch gut als Springpferd unter dem Sattel. Auch Hannoveraner wurden eingekreuzt, aber den größten Einfluß hatte der Normanne (der Grundstock für den Selle Français – siehe Seiten 130–131) durch den Hengst Normann 700, der vom alles beherrschenden Norfolk Roadster abstammte, der wiederum das Blut des Darley Arabian führte.

Nach dem Ersten Weltkrieg verlagerte sich der Schwerpunkt wieder auf die Zucht des starken, landwirtschaftlichen Gebrauchspferdes. Der Bedarf an Pferden dieser Art ging nach dem Zweiten Weltkrieg drastisch zurück, und die Züchter züchteten der Nachfrage entsprechend ein vielseitig einsetzbares Reitpferd, das zwar etwas schwer war, aber über gute Gänge und mehr Schulterfreiheit verfügte. Das war der Prototyp für den modernen Oldenburger, der auch heute noch ein großes, imposantes Pferd ist, aber doch edler als seine Vorfahren.

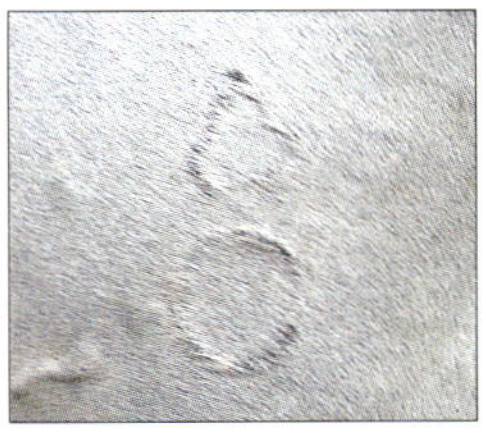

BRANDZEICHEN
Der Oldenburger Brand besteht aus einem »O« mit Herzogskrone. Die Pferde werden auf dem linken Hinterschenkel gebrannt.

HINTERHAND
Seine energischen Gänge verdankt der Oldenburger der starken, breiten Hinterhand.

RUMPF
Rumpf und Brust sind tief und erinnern in ihren Ausmaßen und der Linienführung immer noch an das Kutschpferd. Der Rücken ist relativ lang für ein Springpferd.

GLIEDMASSEN
Kräftige, stämmige Beine werden für solch einen mächtigen Körper benötigt. Die Gelenke sind groß, die Röhrbeine relativ kurz, und der Röhrbeinumfang liegt bei 23 cm.

HUFE
Besondere Beachtung wird den Hufen geschenkt. Ihre Größe muß in Relation zum Körper stehen, sie sollen gesund und an den Trachten offen sein.

Der moderne Oldenburger

In den 50er Jahren, als der Schwerpunkt eindeutig auf der Reitpferdezucht lag, wurde der Normanne Condor eingesetzt, der zu 70 % Vollblut führte. Zur selben Zeit wurde der Vollblüter Lupus xx importiert. Seither wurden hauptsächlich Vollblüter und einige Hannoveraner (siehe Seiten 142–143) eingekreuzt. Dieser wohlüberlegte Einsatz von Fremdblut half, das ausgeglichene Wesen, für das die Pferde bekannt sind, zu erhalten. Ebenso trugen sie dazu bei, die Schulterlage und die Reitpferdegänge zu verbessern.

Der moderne Oldenburger ist zwischen 1,68 und 1,78 m groß und meist braun, schwarzbraun oder Rappe. Der mächtige Körperbau fördert nicht gerade die Schnelligkeit, aber die strenge Selektion, wozu auch die obligatorischen Leistungsprüfungen gehören, hat zu sehr korrekten Gängen geführt. Die Gänge sind gerade, elastisch und taktrein, wenn auch immer noch etwas hoch. Das ist jedoch kein Nachteil für ein Dressur- oder Springpferd. Die Hufe sind gewöhnlich gut, was nicht immer der Fall ist bei den anderen europäischen Warmblutrassen.

GRÖSSE
1,68–1,78 m

Ursprünge

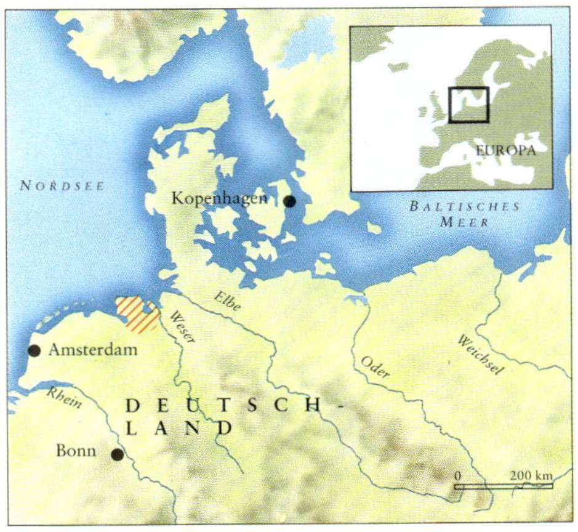

Der Oldenburger basiert auf den alten Friesen aus dem Gebiet zwischen Weser und holländischer Grenze. Die Rasse wurde in den Provinzen Oldenburg und Ostfriesland entwickelt, als das Herzogtum Oldenburg noch dem Grafen Anton Günter von Oldenburg (1603–1667) gehörte. Das Klima ist gemäßigt, hat aber andererseits nichts zu tun mit der Entwicklung der Rasse, die durch den wohlüberlegten Einsatz von Fremdblut geprägt ist.

BERITTENE POLIZEI

Ordnungshüter auf dem Pferderücken

SCHWEDISCHE POLIZISTEN
Die berittene Polizei Schwedens setzt das Schwedische Warmblutpferd ein.

BERITTENE POLIZISTEN gibt es seit dem 18. Jahrhundert, als die Polizei in Europa die Armee in der Rolle als Ordnungshüter der Zivilbevölkerung ablöste. Die erste berittene Polizei-Patrouille ist nachgewiesenermaßen die 1758 eingesetzte Bow Street Horse Patrol in London. Nach den Unruhen der 30er Jahre des vorigen Jahrhunderts wurde die berittene Polizei im Zentrum von London mobilisiert, um für öffentliche Ordnung zu sorgen und den Ablauf von Prozessionen, Zeremonien und großen Menschenansammlungen zu regeln sowie weiterhin Patrouillendienst auf der Straße zu leisten. Das ist auch heute noch ihre Hauptaufgabe. Innerhalb kurzer Zeit gab es in allen größeren Städten Großbritanniens berittene Polizeieinheiten und bald in ganz Europa. Die amerikanischen Städte, allen voran New York, setzen berittene Polizei zur Verkehrskontrolle, bei Massenveranstaltungen und für den Patrouillendienst in öffentlichen Parks ein. Die japanische Polizei erfüllt dieselben Aufgaben im starken Verkehr von Tokio. Die meisten europäischen Städte hatten bis Mitte des 19. Jahrhunderts berittene Polizeieinheiten aufgestellt. Die berittene Einheit der Stadtpolizei von Barcelona z.B. wurde 1856 eingerichtet. Ungewöhnlich für europäische Verhältnisse werden hier Hengste anstelle von Stuten eingesetzt. Die Andalusier-Hengste werden darin geschult, rückwärts auf unruhige Menschenmassen zuzugehen, was eine sehr wirkungsvolle Abschreckung ist. Länder wie Frankreich, Schweden, Deutschland, Belgien, Italien und die Niederlande sind alle stolz auf ihre gut ausgebildeten Reiterstaffeln. Auch in Australien, dem Mittleren Osten, auf Jamaika, den Fiji-Inseln und in Afrika gibt es berittene Polizei. In Lesotho werden zähe, einheimische Ponys auf den langen Patrouillen in der nur spärlich besiedelten Berggegend geritten. Die meisten indischen Städte haben berittene Polizisten, die von größter Wichtigkeit sind während der großen Pilgerungen zu den Badestellen an den Ufern des heiligen Flusses, dem Ganges, wenn es zu Ansammlungen von Zehntausenden von Pilgern kommt. Indien besitzt auch eine einzigartige, beinahe schon paramilitärische Einheit im Grenzsicherheitsdienst, die ihre eigene Akademie in Tekanpur in Gwalior besitzt. Diese Einheiten patrouillieren entlang der Grenze zu Pakistan, was ohne eine ausgebildete berittene Polizeieinheit von beträchtlicher Größe nicht möglich wäre. Es ist ziemlich wahrscheinlich, daß Indien mehr berittene Polizei besitzt und mehr Gebrauch davon macht als alle anderen Länder.

SPANISCHE HENGSTE
Anders als in Europa sonst üblich reiten die Polizisten in Barcelona Hengste. Der Ausbildungsstand dieser Andalusierhengste ist sehr hoch.

Die Mounties
Die Royal Canadian Mounted Police, liebevoll »Mounties« genannt, mit ihren roten Röcken gehört zu den berühmtesten Polizeieinheiten.

Berittener Polizist
Die (meist mit Kathiawaris) berittene Polizei spielt eine große Rolle bei der Kontrolle der ländlichen Gebiete Indiens, hat aber auch Aufgaben in den Groß- und Kleinstädten des Landes.

Patrouille im Kentucky Horse Park
Der 405 ha große Kentucky Horse Park wird effektiv und passenderweise von berittenen Polizisten patrouilliert, die über Funk mit der Polizeistation im Park in Verbindung stehen.

POLIZEIPFERD

ABGESEHEN VON DEN AUSNAHMEN, wie z.B. dem Andalusier in Spanien (siehe Seiten 106 bis 107), gehört das Polizeipferd keiner bestimmten Rasse an, obwohl die Mehrheit der Reiterstaffeln nur Pferde eines bestimmten Typs einsetzt. In London z.B. ist es der hier gezeigte Hunter-Typ, was meist Halb- oder $^{3}/_{4}$-Blüter sind, d.h. Pferde mit 50 oder 75 % Vollblutanteil. Auch im übrigen Großbritannien werden die Pferde nach denselben Gesichtspunkten ausgewählt. Allen Polizeipferden gemein ist das ruhige Wesen kombiniert mit Mut, wodurch sie in der Lage sind, mitten im starken Verkehr zu arbeiten oder gelegentlich auch aufrührerische Menschenmassen zu kontrollieren, die zum Teil extrem gewalttätig sein können.

AUF STREIFE

Berittene Polizisten mit Schutzausrüstung auf Streife in London. Die Pferde sind ausgebildet für die Arbeit bei starkem Verkehr.

LONDONS POLIZEIPFERDE

Halbblüter im Hunter-Typ (siehe Seiten 372 bis 373) gelten als ideale Polizeipferde für eine Stadt wie London, vorausgesetzt sie haben ein ausgeglichenes Temperament. Durch das Vollblut sind sie agil und mutig, während das Zug- oder Kutschpferd dem Pferd Stärke, Größe und Kaliber und eventuell ein ruhigeres Wesen gibt. Die meisten Polizeipferde in London kommen aus Yorkshire und führen daher wahrscheinlich auch Cleveland Bay-Blut (siehe Seiten 304–305). Die Pferde müssen gesund sein und besonders starke Gliedmaßen und Hufe haben, damit ihnen die vielen Stunden auf dem Pflaster nichts anhaben können, und sie müssen mindestens 1,63 m groß sein. Englische Polizeipferde werden im Alter von drei oder vier Jahren, meist roh gekauft. Die Pferde, die in London arbeiten sollen, durchlaufen dann eine etwa 40wöchige Ausbildungszeit bei der Metropolitan Police im Südwesten von London. Diese Ausbildung ist sehr intensiv und umfassend, und die Fortschritte jedes einzelnen Pferdes werden sorgfältig überwacht. Verkehrssicherheit ist eine wesentliche Eigenschaft eines Polizeipferdes, und diesem Punkt wird während der Ausbildung auch besondere Aufmerksamkeit geschenkt. Manchen Pferden, besonders den sensibleren, be-

VISIER
Ein Plastikvisier schützt das Gesicht und die Augen vor Verletzungen, die bei gewalttätigen Ausschreitungen vorkommen können.

KETTE
Die Kette wird mit Karabinerhaken am Halfter befestigt und dient zum Anbinden des Pferdes.

KNIEKAPPEN
Kniekappen und Gamaschen schützen das Pferd im Falle eines Sturzes oder wenn es auf dem Straßenpflaster zu Fall gebracht werden sollte.

SCHUTZAUSRÜSTUNG

Heute müssen berittene Polizisten und ihre Pferde mit Gewalttätigkeiten rechnen, wenn sie bei Demonstrationen und Fußballspielen eingesetzt werden. In diesem Fall sind Reiter und Pferd durch die Schutzausrüstung zumindest teilweise geschützt.

hagt starker Verkehr gar nicht. Sollten sie sich als verkehrsscheu erweisen, werden sie aus der Ausbildung genommen. Große Aufmerksamkeit wird auch darauf gerichtet, daß Pferd und Reiter richtig zusammenpassen, denn sonst kann ihre Partnerschaft nicht funktionieren. In den Situationen, die Polizeipferden und ihren Reitern manchmal bei der Aufrechterhaltung der öffentlichen Ordnung begegnen, müssen sie sich vollständig aufeinander verlassen können.

Alle Pferde der Metropolitan Police erhalten eine Spezialausbildung für den Einsatz bei Demonstrationen und Massenansammlungen in einem eigens zu diesem Zweck errichteten Zentrum. Dort werden die Pferde realitätsgetreu von jungen Polizisten, die in die Rolle von gewalttätigen Demonstranten schlüpfen, angerempelt und mit harmlosen, weichen Gegenständen verprügelt. Die Polizisten schreien und grölen Parolen, schwenken Banner, lassen Rauchbomben hochgehen und verursachen kleinere Explosionen. Die Pferde lernen, währenddessen die Menschenmassen zurückzudrängen und alle größeren Gruppen zu zerstreuen, wenn nötig auch, indem sie in Reih und Glied vorwärtsgehen.

Pferd und Reiter tragen eine Schutzausrüstung bei den entsprechenden Einsätzen, dennoch kann es bei beiden zu Verletzungen kommen. Es kommt leider nur zu häufig vor, daß die Pferde Stichverletzungen, Verbrennungen durch Zigaretten oder schwere Verletzungen durch Wurfgeschosse wie Ziegel oder Steine davontragen.

EINE BLAUE FRONTLINIE
Berittene Polizisten leiten eine friedliche Menschenansammlung vom Victoria Memorial in London die Mall hinunter. Zu den Hauptaufgaben der berittenen Polizei gehört die Konrolle großer Menschenansammlungen, besonders bei Staatsanlässen.

ZAUMZEUG
Das Zaumzeug ähnelt dem des Militärs. Die Pferde gehen auf Universal-Pelham. Das Reithalfter erfüllt zwei Funktionen; es dient auch als Stallhalfter.

VORDERZEUG
Das Vorderzeug ist ein traditioneller Bestandteil der Ausrüstung des Militärpferdes. Es hält den Sattel in Position und verhindert, daß er nach hinten rutscht.

GRÖSSE
1,63 m

DIENSTFREI

Jedes Jahr wird jedes Pferd wieder in das Ausbildungszentrum in London zu einem Auffrischungskursus geschickt. Pferde, die irgendwelche Unsicherheitsfaktoren aufweisen, werden verkauft. Das Arbeitsleben eines Polizeipferdes beträgt im Durchschnitt 14 Jahre. Wenn sie nicht im Dienst sind, kann man die Polizeipferde im Sommer oft auf den großen Turnierplätzen antreffen. Sie machen mit beim Musikreiten oder sonstigen Aktivitäten nach militärischem Muster, und auf manchen Turnieren gibt es sogar spezielle Prüfungen nur für Polizeipferde. Reiterspiele und Schaunummern mit den Gehorsamsprüfungen für Polizeipferde sind sehr beliebt. Es gibt auch zunehmend Dressurprüfungen, die den normalen Prüfungen für »Zivilreiter« entsprechen.

TEIL 9

Das Pferd im Krieg

Die ersten Zivilisationen, wie die der Hethiter, Assyrer, Sumerer, Perser, Griechen und Römer, wurden errichtet und zerstört mit Hilfe einer großen Anzahl von Pferden. In den späteren abendländischen Gesellschaften wurde die ständige Bedrohung durch plündernde Steppenreiter zum Antrieb, eine schlagkräftige Kavallerie zu bilden. Obwohl die umfassende Einführung von Feuerwaffen und Artillerie im 16. Jahrhundert die Bedeutung der Kavallerie geändert haben mag, beherrschten Heerscharen von Pferden auch die nächsten 400 Jahre das wechselhafte Schicksal der westlichen Welt, wo man fast ständig mit bewaffneten Auseinandersetzungen beschäftigt war. Kavallerie und Transporteinheiten überlebten bis ins 20. Jahrhundert und spielten eine große Rolle in beiden Weltkriegen.

The Charge of the Scots Greys at Waterloo, 1815.
Ein Ausschnitt aus *»Scotland Forever«* von Lady Butler (1810–1880).

MAMELUKEN-KRIEGER

DAS PFERD IM KRIEG

SEIT BEGINN DER DOMESTIKATION wurde das Pferd bei der Kriegsführung eingesetzt. Die Wende kam im 16. Jahrhundert mit der Erfindung von Feuerwaffen und Artillerie, aber es dauerte fast 400 Jahre, bevor durch die Vorherrschaft der effektiven Feuerwaffen die Kavallerie als notwendige, unterstützende Aufklärungseinheit akzeptiert wurde. Wahrscheinlich hat die Hierarchie der Kavallerie das jedoch nie vollkommen akzeptiert. Bis zum Ersten Weltkrieg waren immer noch viele wie hypnotisiert von »der Schnelligkeit der Pferde, dem Magnetismus des Angriffs und dem Terror des kalten Stahls«, obwohl es eine ziemlich überholte Form der Kriegsführung war. Zum Ausbruch des Zweiten Weltkrieges gab es tatsächlich noch Kavallerie-Regimenter, und mindestens ein indisches Regiment schärfte seine Schwerter am Tage der Kriegserklärung.

FRÜHERE TAKTIKEN

Die europäische Kavallerie entstand größtenteils nach dem zuerst von Karl Martell und seinen fränkischen Rittern (siehe Seiten 68–69) aufgestellten Modell, die sich ganz auf Gewicht und Stoßkraft des Angriffs von Panzerreitern in dichter Reihe verließen. Das entsprach nicht den Taktiken früherer Armeen, wie z.B. der der Griechen, die weder Steigbügel noch Sattel kannten und ihre Kavallerie dazu benutzten, um die feindlichen Formationen zu verwüsten, indem sie einen Lanzenhagel auf den dicht gedrängt stehenden Feind abwarfen, ohne ihm selbst jedoch zu nahe zu kommen. Die wichtigste Aufgabe der Kavallerie war es jedoch, als Kundschafter der Truppe vorauszureiten.

Die Mongolen aus dem 12. Jahrhundert hatten die Vorteile von Sattel und Steigbügel und waren eigentlich Bogenschützen auf dem Pferderücken. Sie waren Meister darin, anzugreifen und sich blitzschnell zurückzuziehen. Sie haben nie beabsichtigt, die Taktik der »stählernen Wand« der Europäer nachzuahmen, und sie griffen nie an, ohne das Gelände vor sich und die Stellungen des Feindes genau auszukundschaften. Die Europäer brauchten lange Zeit, um diese Lektion zu lernen.

DIE UNGARISCHEN HUSAREN

Die natürlichen Nachfolger der Mongolen waren die Husaren, die »leichten« Reiter der ungarischen Ebenen. Der Name kommt von *»hazar«*, was »20.« bedeutet und sich auf das Korps bezieht, das Matthias Corvinus, der König von Ungarn, im 15. Jahrhundert aufstellte, indem in jedem Dorf jeder 20. Mann zum Militär mußte.

Wie die Mongolen waren die Husaren äußerst beweglich und mußten sich nicht auf langsame Versorgungseinheiten verlassen. Sie waren wahrscheinlich die ersten, die den *Blitzkrieg*-Angriff durchführten (eine Taktik, die im Zweiten Weltkrieg von den Deutschen perfektioniert wurde, indem schnelle, bewaffnete Einheiten die Feindeslinien überschritten). Um den Überraschungseffekt zu nutzen, griffen sie schnell mit verheerenden Auswirkungen an, und sie waren äußerst geschickt und erfahren in der Verfolgung des geschlagenen Feindes. Die lose, offene Formation, die sie bildeten, machte jede Art von Gegenangriff äußerst schwierig. Ihre Taktik wurde bekannt als *»coup d'huzzard«*. Wie ihre Vorfahren ritten die Husaren mit angewinkelten Beinen, kurzen Steigbügeln und mit nach vorn gebeugtem Oberkörper, genau in der Haltung, die Caprilli (siehe Seiten 344–345) gegen Ende des 19. Jahrhunderts lehren sollte. Es war praktisch das Gegenteil von dem Sitz (langes Bein, nach vorne gestemmt), in dem die schwere Kavallerie seit der Schlacht von Poitiers im Jahre 732 ritt.

LEICHTE KAVALLERIE
Die Husaren wurden vom ungarischen König, Matthias Corvinus, im 15. Jahrhundert aufgestellt. Sie ritten mit kurzen Bügeln im Gegensatz zu den langen Bügeln und dem nach vorn gestreckten Bein ihrer Zeitgenossen in Europa.

KANONEN FÜR DEN ENGLISCHEN BÜRGERKRIEG
Die Kapitulation von Leicester an den königlichen Prinz Rupert (der vorderste Reiter) im Jahre 1645 war hauptsächlich auf die Überlegenheit der Artillerie zurückzuführen. Die Kanonen wurden von Pferden auf das Schlachtfeld und in Stellung gebracht.

DIE KAVALLERIE IN WESTEUROPA

Westeuropa folgte nicht exakt dem ungarischen Beispiel. Die Pferde waren nicht immer geeignet oder die Kommandeure nicht flexibel genug. Die Beibehaltung der traditionellen Rolle der Kavallerie war ebenfalls notwendig – Durchbrechen der Feindeslinie, Führung von Infanterie-Formationen und Ausnutzung eines jeden Vorteils, den die leichte Kavallerie erzielt hat. (Die moderne Kriegsführung geht nach demselben Prinzip vor: die schweren Panzer mit ihrer größeren Feuerkraft folgen den schnelleren, leichten Panzerbataillonen). Letztendlich setzte sich jedoch die leichte Kavallerie, wie z.B. die Husaren, in ganz Europa durch, und die Husaren wurden häufig als die Kavallerie-Elite betrachtet. Unausweichlich mußte es zu einer Verschmelzung der beiden Konzepte und der Erkenntnis kommen, daß Elemente von beidem ihren Platz in der Kriegsführung haben.

HERVORRAGENDE KOMMANDEURE

Das 17. und 18. Jahrhundert sah Kommandeure, die die Kavallerie beispielhaft führten. Gustavus Adolphus von Schweden z.B. perfektionierte die Schocktaktik im Dreißigjährigen Krieg (1618 bis 1648). Er hatte seine Truppen immer total unter Kontrolle und ließ sie auf den Feind zutraben, ihre Pistolen abfeuern und dann mit dem Schwert »einfallen«. Im englischen Bürgerkrieg (1642–1649) griffen Prinz Rupert's Truppen in einer Linie an. Obwohl es ihnen nicht an Mut mangelte, waren sie nicht diszipliniert genug, erreichte Vorteile auch zu nutzen, was nicht der Fall war bei den Reitern von Gustavus Adolphus. Auch Oliver Cromwell hatte seine Truppen total in der Hand. Im Gegensatz zu Rupert's Reitern griffen die Rundköpfe nicht im Galopp an, sondern in einem »ruhigen, runden Trab«. Rupert war ein schneidiger Kavallerist, aber Cromwell war der bessere Befehlshaber.

Unter Kommandeuren dieses Kalibers bzw. Männern wie Karl XII von Frankreich, dem Herzog von Marlborough und Friedrich II von Preußen, erreichte die Kavallerie Höhepunkte, die später nur selten übertroffen wurden. Sie besaßen den richtigen »Kavalleriegeist«, der so oft von den Offizieren im 19. Jahrhundert mißverstanden wurde.

DIE SCHLACHT VON MARSTON MOOR, 1648
Cromwell's Rundköpfe durchbrechen die Linie der Royalisten. Ein Teil der Kavallerie des Königs wurde vom Herzog von Newcastle befehligt, einem großartigen Reiter, aber schlechten Soldaten.

LA PIE
Das Lieblings-Schlachtroß des Vicomte von Turenne, dem Generalmajor der französischen Armeen, war unüblicherweise eine Stute. Es war eine Limousin-Stute mit Namen La Pie. Im Jahre 1678 wurde ihr Herr während einer Schlacht mit Österreich getötet, und die reiterlose La Pie führte den Sturm auf die österreichischen Kanonen.

Friedrich II von Preußen gab dem Schlachtfeld eine neue Dimension, indem er die Artillerie mit galoppierenden Pferden zur Unterstützung der Kavallerie einführte. Die leichten, von 6 Pferden gezogenen Kanonen hielten Schritt mit der Kavallerie und konnten dazu eingesetzt werden, jede potentielle Bedrohung der Kavallerie zu versprengen.

UMGANG MIT DER KAVALLERIE

Das 19. Jahrhundert erlebte den Einsatz der Kavallerie in großem Rahmen, trotz der zuneh-

DIE MAMELUKEN
Die Mameluken stammten ursprünglich von Steppentürken aus Zentralasien ab und bildeten eine Elitegruppe von Sklaven, die in den islamischen Ländern als Soldaten eingesetzt wurden. Sie perfektionierten die »furusiyya«, den Umgang mit Waffen auf dem Pferderücken. Es waren die Mameluken, die Napoleon 1798 in Ägypten schlugen.

menden Effektivität kleiner Feuerwaffen und weiter entwickelter Formen der Artillerie. Bei fast jedem Einsatz kam der »Kavalleriegeist« stark zum Tragen, aber die Professionalität der Offiziere war nicht in gleichem Maße vorhanden, wenn auch ihr Mut nie zur Debatte stand. Das Ergebnis waren einige verheerende Einsätze. Außerdem war das Niveau des Umgangs mit dem Pferd in der Kavallerie in Europa oft so schlecht, mit den Worten von Generalmajor Brabazon, der nach dem Burenkrieg (1899–1902) eine Untersuchung durchführte, ausgedrückt: »eine schamlose Verschwendung von Pferdefleisch«.

Napoleon, der von seiner Ausbildung her ein Artillerist war – und zwar ein begnadeter – setzte riesige Kavallerieverbände brillant ein, aber die französischen Soldaten waren selten gute Reiter oder gut im Umgang mit den Pferden. Murat, ein sehr guter Kavallerie-Befehlshaber, manövrierte seine Truppen im Trab, aber er verlor 18 000 Pferde in zwei Monaten auf dem Rußland-Feldzug von 1812 und weitere 30 000 während des Rückzugs von Moskau. Wie General Nansouty, ein Kavallerie-Kommandant, trocken bemerkte: »Die Pferde der Kürassiere waren leider nicht in der Lage, sich von Patriotismus zu ernähren, sondern fielen am Straßenrand um und starben.«

DER MILITÄRISCHE DRILL
Übungen mit dem Schwert und der Umgang mit Waffen wurden auf dem Boden geübt und perfektioniert, bevor man den Kavalleristen zutraute, ein Pferd zu beherrschen, während sie ihr Schwert oder ihre Lanze im Ernstfall als Hieb- oder Stichwaffe benutzen konnten.

DIE SCHLACHT VON WATERLOO

Im Prinzip war es die Schlacht von Waterloo im Jahre 1815, die den letzten großen Einsatz großer Kavallerieeinheiten im konventionellen Stil darstellte. Napoleon standen 16 000 Pferde zur Verfügung, während es bei Wellington ohne die Pferde der preußischen Alliierten 13 000 Pferde waren. Abgesehen von unvermeidlichen Impulsivitäten, die eine kontrollierte Verfolgung des Feindes nach dem Sieg vereitelten, benahm sich die englische Kavallerie vorbildlich. Die schweren Brigaden, die zum optimalen Zeitpunkt eingesetzt wurden, führten ein Infanterie-Korps und eine ganze Kavallerie-Brigade und überrannten viele der Feldgeschütztruppen, deren Kanonen ständig die im Karee formierte englische Infanterie mit Feuer bestrichen hatte. (Die Praxis, die Infanterie im Karee aufzustellen, das einen Rundum-Schutz erforderlich machte, blieb noch bis zum Ende des Jahrhunderts bestehen. Das Karee bestand auf jeder Seite aus drei Reihen. Wenn die erste Reihe ihre Musketen in knieender Haltung abgefeuert hatte, gingen die Soldaten nach hinten, um nachzuladen, und die zweite Reihe rückte vor. Kontrollierte Geschützsalven von disziplinierten Truppen konnten verheerende Auswirkungen haben.) Die Franzosen waren ebenso mutig. Unter Marschall Ney, dem »mutigsten der Mutigen«, griffen sie immer wieder die englischen Karees an und wurden immer wieder zurückgeschlagen, wobei sie regelrechte Mauern aus toten und sterbenden Pferden aufgetürmt vor Wellington's stur ausharrenden Infanteristen zurückließen. Ney selbst wurden 5 Pferde unter dem Sattel »weggeschossen«, und auf beiden Seiten gab es schreckliche Verluste. Der Pferde-Artillerie ist viel vom Sieg zu verdanken, denn ihre Unterstützung der Infanterie war entscheidend. Mercer's Truppeneinheit z.B. konnte im letzten Moment eine verheerende Geschützsalve auf die Franzosen lenken, indem sie zurückgaloppierten in die schützende Sicherheit des Karees, um dann wieder an die Geschütze zurückzukehren und den Feind beim Rückzug zu stören. Trotz des Blutbads in Waterloo blieb die Kavallerie noch lange nach Napoleon's Niederlage durch die vereinten Streitkräfte Europas ein wesentlicher Bestandteil der Kriegsführung.

IM TAL DES TODES

In der Regierungszeit von Königin Victoria (1837–1901) und der Blütezeit des britischen Imperialismus führten die Briten mehr als 80 Feldzüge durch, wobei in allen Fällen die Kavallerie eine tragende, wenn nicht sogar tragische Rolle spielte. Der bekannteste Einsatz der Kavallerie in jener Zeit war wahrscheinlich »Der

VERSORGUNGSEINHEIT
Bis ins 19. Jahrhundert hinein wurden die europäischen Armeen von Versorgungswagen mit Lebensmitteln, Ausrüstungsgegenständen und sogar einigen Ehefrauen »versorgt«, denen es erlaubt war, ihre Männer zu begleiten. Die Frauen unterstützten ihre Männer, und oft kümmerten sie sich um die Verletzten und Sterbenden.

DER MYTHOS DES KRIEGES

Der Angriff der Leichten Brigade fand am 25. Oktober 1854 in Balaclava statt. Er stellte sich als großer militärischer Fehler heraus, wurde aber später von Dichtern und Malern als glorreiche Episode in der Geschichte der englischen Kriegsführung verewigt.

Angriff der Leichten Brigade«, der während des Krim-Kriegs (1854–1856) in Balaclava stattfand und von dem Hofdichter, Alfred Lord Tennyson, verewigt wurde.

Über die Gründe für die Katastrophe ist man sich immer noch nicht einig. »Irgend jemand hat Fehler gemacht«, und zwar mit Sicherheit, aber der Fairneß halber muß man sagen, daß es nicht allein die Schuld der beteiligten, inkompetenten Befehlshaber war – dem unentschlossenen Lord Lucan, Kommandant der Kavallerie-Einheit, und Lord Cardigan, dem arroganten Kommandanten der Leichten Brigade.

Der Befehl, durch das South Valley vorzurücken, um die russischen Geschütze auf den Hügeln anzugreifen, war so unklar wie nur möglich gewesen. Lucan jedoch hatte ihn nun einmal erhalten und gab ihn weiter an Cardigan, der wiederum seiner Brigade, die aus dem 17. Ulanenregiment, dem 11. Husarenregiment, dem 4. Dragonerregiment, dem 13. Leichten Dragonerregiment und dem 8. Husarenregiment bestand, den Befehl gab, vorzurücken.

»Die Brigade rückt vor! Schritt marsch! Trab!« und in perfekter Aufstellung taten die Soldaten genau das und wurden von den Geschützen auf den Hügeln von vorne und von beiden Seiten kurz und klein geschossen. Von den 673 Pferden wurden 470 getötet, 42 waren verwundet und 43 mußten getötet werden. Danach starben viele Pferde an Unterernährung, und innerhalb von zwei Monaten verlor die Kavallerie 1800 Pferde von 2000 Stück.

Das einzige ausgleichende Element in diesem Feldzug war der Angriff der Schweren Brigade, die Balaclava vor einer 10mal stärkeren russischen Streitmacht schützte. Es war eine der erstaunlichsten Waffentaten der englischen Kavallerie überhaupt.

EINE HEILSAME LEKTION

Die britische Kavallerie bekam ihre heilsamste Lektion während des Burenkrieges (1899–1901), als sie schließlich durch die unregelmäßigen Kommandos der Buren, die keinerlei militärische Erfahrung besaßen, gezwungen waren, die Taktiken der flexibleren berittenen Infanterie anzunehmen. Die berittene Infanterie folgt den Praktiken der Kavallerie des Amerikanischen Bürgerkriegs (1861–1865), wo die meisten bis aufs Schlachtfeld geritten waren und dort abstiegen, um als Infanterist zu kämpfen. Es war das Fehlen einer schlagkräftigen berittenen Armee, was größtenteils zur Niederlage der Konföderierten geführt hatte.

Die Verluste englischer Pferde im Burenkrieg waren hauptsächlich auf schlechte Haltung und Pflege zurückzuführen und resultierten in einem Gesamtverlust von 326 000 Pferden von ehemals 494 000 Pferden. Aber die Briten lernten ihre Lektion gut, und 1914 waren sie die führende Kavallerie in Europa.

PRAKTISCHES VERFAHREN

Dieser Rittmeister aus dem Amerikanischen Bürgerkrieg (1861–1865) hat wahrscheinlich als berittener Infanterist gekämpft. Bis 1865 hatte der Norden den Einsatz der Kavallerie als berittene Infanterie perfektioniert, wobei man sich aber auf die Feuerwaffen verließ.

Napoleon Bonaparte

Napoleon & Marengo

Das Pferd, das einen Kaiser trug

Obwohl Kaiser Napoleon I 130 Pferde für seinen persönlichen Einsatz hatte, so ist er doch am engsten verbunden mit dem kleinen, arabischen Schimmelhengst Marengo, der nach der Schlacht von 1800 benannt wurde, in der er seinen Herrn so mutig getragen hatte. Marengo ist wahrscheinlich auf dem berühmten Gestüt El Naseri geboren worden und wurde 1799 nach der Schlacht von Aboukir als Sechsjähriger aus Ägypten importiert. Er war nur 1,45 m groß, aber er war das ideale Reitpferd für Napoleon, der kurze Beine hatte und beleibt war und nach Aussage des Oberstallmeisters, General de Caulaincourt, hart mit den Pferden umging und nicht gerade ein eleganter Reiter war. Man weiß, daß er vor dem Frühstück von Wien nach Semering ritt (80 km), und mehr als einmal galoppierte er die 129 km von Valladolid nach Burgos in fünf Stunden. Marengo scheint eine außergewöhnliche Konstitution besessen zu haben. Er war schnell, geschickt, absolut schußfest und mutig – eine Eigenschaft, die auch sein kaiserlicher Reiter besaß, der durch sein Auftreten in kritischen Situationen immer seine Truppen um sich scharen und inspirieren konnte. Marengo, der während seiner Laufbahn als Schlachtroß acht Mal verwundet wurde, trug den Kaiser in den Schlachten von Austerlitz (1805), Jena (1806), Wagram (1809) und Waterloo (1815). Er gehörte zu den 52 Pferden, die Napoleon's persönliches Gestüt auf dem unglückseligen Rußlandfeldzug von 1812 bildeten, und überlebte den schrecklichen Rückzug aus Moskau. Einmal scheute er vor einem Hasen auf einer eisglatten Straße und setzte dabei den Kaiser ab. Durch die Nachricht von diesem Sturz verschlechterte sich die Stimmung der Truppen, und man sah darin allgemein den Vorboten einer aufziehenden Katastrophe. In Waterloo wurde Marengo erbeutet und von Lord Petre nach England gebracht, wo er von General J.J. Angerstein vom Gardekorps der Grenadiere gekauft wurde. Er wurde (im Alter von 27 Jahren) auf dem Gestüt in New Barnes bei Ely als Deckhengst aufgestellt, aber dieses Experiment war nicht gerade von Erfolg gekrönt. Er starb im Alter von 38 Jahren. Sein Skelett wurde im National Army Museum in Sandhurst aufgestellt. Einen Huf allerdings ließ General Angerstein als Schnupftabakdose machen und schenkte sie den Brigadeoffizieren des Gardekorps.

Schmeichelei

Das hölzerne Porträt von Napoleon und Marengo in der Schlacht von Austerlitz im Jahre 1805 ist sehr schmeichelnd für den Kaiser, aber weniger für das Pferd. Im Kampf war das kleine Pferd genauso mutig wie der Kaiser und das ideale Schlachtroß für seinen charismatischen Herrn.

Die Schlacht von Marengo
Dieses Bild von Louis Lejeune zeigt die Schlacht von Marengo im Jahre 1800, nach der Napoleon seinen geliebten Kampfgenossen, einen Araberhengst, benannte. Das Bild ist ebenso verwirrend wie das Geschehen auf dem Schlachtfeld selbst, aber bei näherer Betrachtung sieht man viele interessante Details.

WELLINGTON & COPENHAGEN

Sie teilten »Glanz und Glorie eines glorreichen Tages«

GEDENKPORTRÄT
Kupferstich der Statue von Wellington und Copenhagen, die gegenüber von der Londoner Börse, der Royal Exchange, steht.

DER HELLFUCHS COPENHAGEN, das Schlachtroß von Arthur Wellesley, dem Herzog von Wellington, bekam zu Lebzeiten die Ehrerbietung, die man heute Pferden wie Arkle, Red Rum und Desert Orchid zollt. Er war gerade 1,52 m groß und ein typischer Vollblüter des frühen 19. Jahrhunderts, stark vom Araber geprägt. Er führte sowohl das Blut des Darley Arabian als auch des Godolphin Arabian (siehe Seiten 118–119). Er war ein Sohn des Meteor (von Eclipse), der Zweiter im Epsom Derby wurde. Seine Mutter war Lady Catherine, das Pferd, das General Grosvenor bei der Besetzung von Kopenhagen ritt. Wellington kaufte ihn 1812 in Spanien von Sir Charles Stewart und ritt ihn während des gesamten iberischen Feldzuges. Er ritt ihn auf Jagden mit Hundemeuten aus England.

Copenhagen gewann die Zuneigung der Truppen, indem er jede Truppeneinheit mit aufgeregtem Wiehern begrüßte, aber seine andere Eigenart, daß er ausschlug, wenn ihm jemand zu nahe kam, versicherte ihm einen Großteil des Respekts, den man auch seinem strengen Herrn zollte. Copenhagen's »glorreicher Tag«, den er mit seinem Herrn feiern durfte, war der 18. Juni 1815, der Tag der Schlacht von Waterloo, als es Wellington endlich gelang, seinen alten Widersacher Napoleon Bonaparte zu schlagen. Am Tage vor der Schlacht ritt Wellington Copenhagen von 10 Uhr morgens bis 8 Uhr abends fast ohne Pause. Am 18. Juni ritt er das Pferd 15 Stunden lang, in denen er die Schlacht vollkommen unter Kontrolle hatte und ständig von einem Aussichtspunkt zum anderen galoppierte, um seine Truppen zu stärken und zu ermutigen. Als Wellington am Ende dieses Tages vom Pferd stieg, war Copenhagen immer noch so energiegeladen, daß er ausschlug und seinen edlen Herrn nur um Bruchteile verfehlte. Copenhagen starb 1836 im Alter von 28 Jahren und wurde mit vollen militärischen Ehren auf Stratfield Saye, dem Landsitz des Herzogs in Hampshire, begraben. Sein Grabstein trug ein Reimpaar des zu seinem Gedenken von R.E. Egerton Warburton verfaßten »Totengedichts«. Der Herzog schrieb für ihn: »Es mag schnellere Pferde geben, mit Sicherheit viel schönere, aber was seine Hinterhand und Ausdauer angeht, kann ihm keines das Wasser reichen.«

Boehm's Statue
Edward Boehm's Statue von Wellington und Copenhagen steht am Hyde Park Corner in London. Die starke arabische Prägung des Pferdes ist deutlich erkennbar, auch der weniger elegante Sitz des Herzogs.

R.I.P.
Copenhagen starb 1836 mit 28 Jahren. Er wurde mit militärischen Ehren begraben auf Stratfield Saye, dem Landsitz, den der Herzog von Wellington von seiner Nation bekommen hatte. Seine Grabinschrift lautet: »God's humbler instrument, though meaner clay, should share the glory of that glorious day.«

Wellington's Infanterie
Der Herzog von Wellington kontrollierte persönlich die Infanterie-Einheiten während der Schlacht von Waterloo (links). R.A. Hillingford, der Maler dieser Szene, wurde erst zehn Jahre nach der Schlacht geboren, und seine Darstellung von Copenhagen, der ein Fuchs war, ist sicherlich nicht korrekt.

DEUTSCHER ULAN,
ERSTER WELTKRIEG

DIE ZWEI WELTKRIEGE

IRONISCHERWEISE GAB ES ZUM ENDE des Zeitalters der Kavallerie einige der größten Errungenschaften in der Geschichte der Kriegsführung. Das klassische Beispiel für einen Kavallerieeinsatz in großem Rahmen war der siegreiche Palästina-Feldzug von General Sir Edmund Allenby gegen die Türken in Palästina im Ersten Weltkrieg (von 1917–1918). Er setzte einen berittenen Wüstenkorps aus Australiern, Neuseeländern, Indern und britischer berittener Miliz ein, die unterstützt wurden von Maschinengewehrschwadronen und einer Brigade der Royal Horse Artillery. Obwohl der Kampf vom Boden aus mit Gewehren und die brillante Handhabung von Maschinengewehren und Artillerie ein wesentliches Merkmal bildeten, hing der Erfolg dieses jahrelangen Feldzugs genauso von Säbel und Lanze, von der Schnelligkeit und der Stärke des Angriffs und dem unbezwingbaren Kavalleriegeist ab.

DER ERSTE WELTKRIEG

Im Ersten Weltkrieg kamen Millionen von Pferden zum Einsatz. Sie wurden in großer Zahl in der konventionellen Kavallerie und im Transportwesen eingesetzt – sie zogen den Nachschub durch den tiefen, schweren Schlamm, transportierten die Geschütze und zogen die Ambulanz. Die Verlustzahlen bei den Pferden an der Westfront, wovon viele durch Krankheit und falsche Behandlung verursacht wurden, waren erschreckend hoch. Allein Großbritannien verlor etwa eine halbe Million Pferde von 1914 bis 1918, hauptsächlich durch das unausweichliche Erfrieren.

Der Kavallerie gelang kein besonderer Durchbruch auf dem europäischen Schlachtfeld, was aber auf den Grabenkrieg und den allgegenwärtigen Schlamm zurückzuführen ist. Nachdem die Stacheldrahtknäuel die desolaten Schlachtfelder in Frankreich und Belgien schmückten, war die Kavallerie gezwungen, abzusteigen und in den Gräben mit Gewehr und Bajonett weiterzukämpfen.

Dennoch waren im ersten Teil dieses Krieges die Führung und die Erfolge der englischen Kavallerie beispielhaft. Während des gesamten Zeitraums und besonders während der feindlichen Auseinandersetzungen wurden die Pferde ausgezeichnet behandelt. Durch den professionellen Umgang blieben die Pferde bis 1918 einsatzfähig, wenn auch mit leichten Einschränkungen. Bei den Deutschen und Franzosen sah es anders aus; sie gingen wesentlich schlechter mit ihren Pferden um und hatten enorme Verluste zu beklagen. Oft waren die berittenen Einheiten auch einfach nicht einsatzfähig.

Die Kavallerie konnte weit weg von dem Schlamm in Europa viel besser eingesetzt werden. Beispielhaft war der Palästina-Feldzug von 1917–1918 unter General Sir Edmund Allenby (dem späteren Feldmarschall Lord Allenby). Allenby war wahrscheinlich von beiden Seiten der fähigste Kommandant im Ersten Weltkrieg. 1910 wurde er zum Generalinspekteur der Kavallerie ernannt und war hauptsächlich verantwortlich für das große Maß an Professionalität in der Kavallerie im Jahre 1914:

Allenby startete die Offensive zum Durchbruch der Gaza-Beersheeba-Linie im Oktober 1917. Die 4. Leichte Kavalleriebrigade Australiens nahm Beersheeba im Galopp und nahm etwa 1000 Türken gefangen und 9 Geschütze, bei nur 32 Toten.

Im September 1918 führte Allenby die entscheidende Schlacht bei Megiddo, indem er die türkischen Linien an der Küste von Arsouf durchbrach und seine Kavallerie auf die Ebene von Sharon entließ. Der Feldzug endete im Oktober 1918 mit dem Fall von Aleppo, der Stadt, die einst von einem der ersten Reitervöl-

KLASSISCHER FELDZUG
Dieses Bild zeigt General Sir Edmund Allenby's 6. Reiter-Brigade, wie sie die Türken bei El-Mughar während des Palästina-Feldzugs in die Flucht schlägt.

TARNUNG DER PFERDE
Die Royal Scots-Schimmel der 5. Kavallerie-Brigade an der belgischen Grenze im August 1914, 13 Tage nachdem Deutschland der Krieg erklärt worden war. Zu einem späteren Zeitpunkt des Feldzugs wurden die Schimmel in Füchse umgefärbt, damit sie nicht so auffielen und die Kavallerie-Einheit nicht so leicht entdeckt wurde. Hier sind die Pferde fürs Färben aufgestellt worden.

ker, den Hethitern, gegründet worden war. Aleppo liegt nur 96 km von Alexandria entfernt, wo Alexander der Große (siehe Seiten 40–41), einer der begnadeten Feldherren der Geschichte, im Jahre 333 vor Christus seinen ersten Sieg über den persischen König Darius feierte.

Nachfolgend geschah ein großer Treuebruch an den Pferden, die der britische Premier, Lloyd George, als »genauso unschlagbar wie die Reiter« beschrieben hatte. 20 000 wurden in Ägypten verkauft und einem Leben voller Vernachlässigungen und Grausamkeiten überlassen. Um dieses entsetzliche Unrecht zumindest zu einem kleinen Teil wiedergutzumachen, gründete Dorothy Brooke, die Ehefrau von Sir Geoffrey Brooke, der die Kavallerie-Brigade 1930 in Ägypten befehligt hatte, das Brooke Hospital für Tiere in Kairo. Es existiert auch heute noch als Denkmal für eine Frau, die es »haßte, sich zu erinnern, aber nicht vergessen konnte.«

SPAHI-KRIEGER
Dieser nordafrikanische Spahi der französischen Armee befindet sich an der Westfront im Ersten Weltkrieg. Sein Berber trägt den traditionellen marokkanischen Sattel, bei dem das Schwert waagerecht unter dem Reiterbein liegt.

DER ZWEITE WELTKRIEG

Kavallerie und Transporteinheiten gab es bis zum Zweiten Weltkrieg. Polen war eines der letzten Länder, die stark vom Pferd abhängig waren, und ging mit 86 000 Pferden in den Krieg. Viel zu viele davon starben unter den deutschen Waffen. 1939 verlor die Pommersche Kavallerie-Brigade 2000 von 3000 Pferden während eines halbstündigen Stuka-Angriffs.

Auch die Deutschen besaßen Tausende von Pferden, besonders an der Ostfront, wenn auch bei weitem nicht so viele wie die Russen. Die Russen besaßen nicht weniger als 30 Kavallerie-Divisionen, die von Artillerie sowie 800 000 Zugpferden, d.h. 1,2 Millionen Pferden unterstützt wurden. Im November 1941 griff die 44. mongolische Kavallerie-Division die 106. Infanterie-Division der Deutschen sowie die unterstützende Artillerie in der Nähe des Dorfes Musino an. Sie griffen mit gezogenen Säbeln Knie-an-Knie-reitend an. Die überraschte deutsche Infanterie eröffnete das Feuer. Innerhalb von Minuten lagen 2000 Pferde und Reiter tot oder sterbend auf dem Schlachtfeld. Es gab keine Verluste auf deutscher Seite.

Fast jeder Kavallerie-Einsatz war beeindrukkend. Die wenigsten waren von Humanität im allgemeinen oder im Krieg im besonderen geprägt.

ARTILLERIE-PFERDE
Während der Invasion Frankreichs im Jahre 1940 wurden die schweren deutschen Geschütze zum Großteil immer noch von Pferden gezogen. Auf diesem Bild ziehen 6 Pferde eine 105 mm-Howitzer über eine Pontonbrücke.

BELGIEN, 1940
Während des Zweiten Weltkriegs setzte die deutsche Armee berittene Truppen und Transportpferde ein. Als die deutschen Panzereinheiten sich 1940 darauf vorbereiteten, durch Frankreich hindurch die Kanalhäfen zu erreichen, waren die Kavallerie-Einheiten in vorderster Front an der Offensive gegen Belgien beteiligt.

KRIEG IN BOSNIEN, 1993

DAS ARMEEPFERD HEUTE

IM LETZTEN JAHRZEHNT des 20. Jahrhunderts gibt es erstaunlicherweise immer noch Einsatzmöglichkeiten für Pferde im blutigen Geschäft des Krieges. Zwischen und neben den hochentwickelten, computerisierten Waffen des Nuklear-Zeitalters, die mit absoluter Genauigkeit Ziele identifizieren und treffen können, erfüllen die anachronistische Kavallerie und der Transport mit Pferden eine wesentliche Aufgabe in den abgeschiedeneren Gebieten der Welt. Nur zu Friedenszeiten hält der Mensch an der Festlichkeit und dem Glanz einer Schlacht durch wunderbar geschmückte berittene Schwadronen fest, deren brillante Uniformen und extravagante Ausrüstungen lebendiger Beweis des Mythos und der Legende der Kavallerietradition sind, selbst wenn sie gar nichts mit der schrecklichen Realität zu tun haben.

KONFLIKTE IN JÜNGSTER ZEIT

1979 besetzte die mächtige, professionelle Armee der UdSSR Afghanistan und wurde dafür von der ganzen Welt verurteilt, denn dies wurde als ein unverzeihlicher Akt der Aggression gegen ein Land betrachtet, das kaum dafür gerüstet war, sich gegen moderne Waffen zu verteidigen. Die russischen Truppen wurden wiederholt angegriffen, oft ausmanövriert und letztendlich von den Mudschahedin Guerillas erniedrigt, deren größter Verbündeter ihre öde, wüste, bergige Heimat war. Die waffentechnische Überlegenheit auf dem Boden, unterstützt durch Deckung aus der Luft, gab den Russen die Kontrolle über das rudimentäre Straßennetz, aber die Berge gehörten wie seit eh und je den Guerillas. Von diesen Stützpunkten in den Bergen aus griffen die Stammesmitglieder immer wieder die russischen Truppen und ihre Kommunikationseinrichtungen an. Sie verwickelten die glücklosen Russen ständig in kleine Gefechte und Angriffe mit Mörsern und Raketen.

Sie waren hauptsächlich dank ihrer Ponys und Pferde dazu in der Lage, denn durch sie besaßen sie eine Beweglichkeit auf schwierigem Gelände, die ihren Feinden vollkommen versagt war und die Möglichkeit, Geschütze, Abschußgeräte und Munition zu transportieren. Die drahtigen, trittsicheren Pferde (im Kabuli- oder turkmenischen Typ stehend) trugen riesige Lasten über die steilen, felsigen Berge, wobei sie sich ihren Weg selbst suchen mußten zwischen Geröllblöcken und jungfräulichen Geröllhalden, denn es existierten keine Pfade. Kleine Gruppen starteten blitzartige Überfälle auf die russischen Stellungen und zogen sich ebenso schnell wieder zurück in die Sicherheit ihrer unzugänglichen Verstecke in den Bergen. Die Pferde waren ebenso hart und widerstandsfähig wie die Männer. Nur äußerst selten wurden sie beschlagen, und sie mußten wie die Menschen mit wenig Nahrung auskommen.

PACKPFERDE

Im Konflikt zwischen Armenien und Aserbaidschan über das Gebiet Nagorny-Karabach (der 1991 begann) zwangen die fehlenden Straßen und motorisierten Transportmittel die Antagonisten, Pferde für den Transport von Versorgungsgütern und Munition in unwegsamem Gelände einzusetzen.

In den Gebirgsregionen von Armenien und Bosnien spielen Pferde auch in jüngster Zeit wieder einmal eine Rolle in der Kriegsführung. Sie zogen Karren mit den Habseligkeiten der in Strömen flüchtenden Menschen. Jede Seite der Kriegsparteien setzt Reit- oder Packpferde ein. Pferde ziehen Maschinengewehre, Mörser, Munition und medizinische Versorgungsgüter über die steilen Bergpfade. Im Guerillakrieg können ein paar Ponys in einem solchen Gelände genauso wirkungsvoll eingesetzt werden bzw. zerstörerisch wirken wie ein Luftangriff. Außerdem sind sie leichter zu verteilen und wesentlich wirtschaftlicher.

AFGHANISTAN

Im Afghanistan-Konflikt (1979–1989) waren die Mudschahedin vollkommen abhängig von ihren Pferden, um in dem schwierigen Gelände mobil zu bleiben und ihre Feinde wirkungsvoll beunruhigen zu können. Die drahtigen, kleinen orientalischen Pferde wurden für ein Leben im Gebirge gezüchtet und sind schnell, sehr agil und trittsicher.

ZEREMONIELLER EINSATZ DER KAVALLERIE

Läßt man einmal die Realität bewaffneter Auseinandersetzungen außer Betracht, so hat man in

ZEREMONIELLE PRACHT

Die Leibgarde des indischen Präsidenten, die schon 200 Jahre besteht, gibt ein prächtiges Bild ab vor der pinkrosa Kulisse von Lutyens' Neu-Delhi. Die Leibgarde spielt eine tragende Rolle bei Staatszeremonien, aber die Reiter sind auch alle ausgebildete Fallschirmspringer.

allen Teilen der Welt das heroische Bild des Krieges in den berittenen Schwadronen erhalten, die heute Staatsanlässen mehr Glanz und Glorie verleihen. Die *Garde Républicaine* ist Teil der *Gendarmerie Nationale* und das einzige noch bestehende Kavallerie-Regiment in der französischen Armee. Sie stammt von der Royal Watch (Königliche Wache) und der Company of Constabulary (aufgestellt im Jahre 1666). Sie wird von einem Oberst befehligt und besteht aus zwei Gruppen von Schwadronen, einer Motorrad-Schwadron, einer Reitertruppe und einer Ausbildungseinheit. Zusammen mit anderen Polizeieinheiten ist sie verantwortlich für die Aufrechterhaltung von Recht und Ordnung, aber sie erfüllt zusätzlich noch zeremonielle Aufgaben, wie z.B. Staatseskorten und Ehrengarde. Bei derartigen Anlässen trägt die Garde die 1873 festgelegte Parade-Uniform: Helme mit Federschmuck, blaue Waffenröcke mit scharlachroten Besätzen und blauen Reithosen. Weiße Reithosen werden nur getragen, wenn der Präsident zugegen ist.

Die farbenprächtig uniformierte Leibgarde des marokkanischen Herrschers ist mit Arabern und Berbern beritten (siehe Seiten 64–67). Indien unterhält noch die 200 Jahre alte Leibgarde des Präsidenten, deren Reiter und Pferde dieselben Quartiere in Rashtrapati Bhavan in Neu-Delhi bewohnen wie zu den Zeiten, als sie noch die persönliche Leibgarde Seiner Exzellenz, des britischen Vizekönigs bildeten. Die Leibwache des Präsidenten wurde erstmalig aufgestellt durch Gouverneur Warren Hastings am 30. September 1773 in Benares und war ursprünglich bekannt als »die Moguln-Truppen des Gouverneurs«. Die Leibgarde besteht aus Jat Sikhs und Punjabi Muselmanen, die alle mindestens 1,85 m groß sein müssen. Sie wird befehligt von einem Oberst und ist mit indischen Pferden beritten (siehe Seiten 164–165), die allesamt Braune ohne weiße Abzeichen sind. Alle Gardisten sind ausgebildete Fallschirmspringer und können mit Panzerwagen umgehen.

IN VOLLER PARADE-UNIFORM

Die französische Garde Républicaine *sieht man hier in der Uniform von 1873. Es handelt sich um das einzige noch bestehende Kavallerie-Regiment in der französischen Armee.*

IN GEÖFFNETER ORDNUNG

Diese farbenprächtig uniformierte Gruppe gehört zur Leibgarde von König Hassan von Marokko. Geritten werden Araber und Berber, und man bevorzugt die geöffnete Ordnung.

Kavalleriepferde

Die Household Cavalry und die King's Troop sind die einzigen berittenen Einheiten, die es heute in der britischen Armee gibt. Die Household Cavalry (Gardetruppe) besteht aus zwei Regimentern der britischen Armee: den Life Guards und den Blues and Royals (den ehemaligen Royal Horse Guards). Diese beiden Regimenter sind speziell verantwortlich für den Schutz des Herrschers – die Reiterschwadronen, die in London stationiert sind, eskortieren ihn oder sie bei Staatsanlässen und erfüllen alltägliche zeremonielle Aufgaben. Die King's Troop, die Royal Horse Artillery, erhielt ihren Namen von Seiner Majestät König Georg VI im Jahre 1947 und ist ebenfalls in London stationiert (St. John's Wood). Diese Truppe führt das ganze Jahr über zeremonielle Aufgaben in der Hauptstadt durch und gibt Vorstellungen auf den Turnieren des Landes.

Kavalleriepferd

Dieses Kavalleriepferd eines Offiziers der Blues and Royals ist gezäumt und gesattelt für einen zeremoniellen Anlaß. Das Schaffell ist schwarz, im Gegensatz zum weißen Schaffell der Life Guards.

Die Household Cavalry

Die Leibgarde unterscheidet sich von den Blues and Royals dadurch, daß sie scharlachrote Waffenröcke und roten Federschmuck tragen. Beide Regimenter sind beritten mit Rappen der Household Cavalry, eine mehr als 300jährige Tradition. Wie die englischen Polizeipferde gehören auch diese Rappen keiner speziellen Rasse an, aber die Regimenter achten darauf, nur einen ganz bestimmten Pferdetyp zu erwerben. Die Pferde werden im Alter von 3 oder 4 Jahren in Yorkshire oder in Irland gekauft und sind allesamt Halbblüter im Hunter-Typ. Sie müssen einen Kavalleristen in voller Parade-Uniform tragen können und sollten nicht wesentlich größer als 1,63 m sein. Nach dem Zweiten Weltkrieg besaßen die Regimenter viele Rappen, die in Deutschland erbeutet worden waren. Viele von ihnen waren einfach laufen gelassen worden, als die deutschen Truppen den Rückzug antraten. Warmblüter und Warmblut-Kreuzungen sind ebenso eingesetzt worden, wenn sie in Größe, Farbe und der Fähigkeit, Gewicht zu tragen, den Anforderungen entsprachen.

Alle Pferde der Household Cavalry durchlaufen die Ausbildung für Armee-Remonten.

Die Pferde müssen sich auch an große Menschenansammlungen, Musikkapellen

Trooping the Colour (= Fahnenparade)

Der kommandierende Offizier salutiert Ihrer Majestät der Königin beim Parademarsch der Life Guards bei der Fahnenparade der Horse Guards in London.

Hintergliedmassen

Eine gute Hinterhand mit starken, muskulösen Unterschenkeln und gut ausgeprägten Gelenken ist ein wichtiges Kriterium bei einem Kavalleriepferd.

Sprunggelenke

Die Sprunggelenke müssen wie bei einem guten Halbblut-Hunter gut geformt sein und ohne Unregelmäßigkeiten oder Erkrankungen, die die normalen Funktionen stören könnten.

Sattel

Der Armeesattel bekommt Halt durch den Sattelgurt sowie einen zusätzlichen Gurt, der über die Sitzfläche des Sattels geht, und das Vorderzeug.

und Touristen gewöhnen, die stehenbleiben, um sie zu bewundern und zu streicheln, wenn sie ihren Dienst tun. Den Pferden wird nie die Mähne geflochten oder geschoren, sie wird stattdessen auf eine Länge verzogen und liegt auf der linken Halsseite.

Während die Schwadronen Rappen reiten, sitzen die Trompeter der Household Cavalry immer auf Schimmeln. Die prächtig geschmückten Paukenpferde sind größer und schwerer als die Rappen, und traditionsgemäß handelt es sich immer um Schecken.

THE KING'S TROOP

Der erste, der Pferdeartillerie als schnelle, bewegliche Einheit, die schnell genug war, um die Kavallerie zu unterstützen und im Gefecht mitzuhalten, einsetzte, war Friedrich der Große von Preußen (1712–1786). Diesem Beispiel folgten schnell die anderen Armeen Europas, einschließlich der britischen, die 1803 ihr Riding Horse Department, das spätere Riding Establishment der Royal Horse Artillery aufstellte.

Die Pferde der King's Troop unterscheiden sich von den Rappen der Household Cavalry. Fast alle Pferde kommen aus Irland, und viele führen Irish Draught-Blut (siehe Seiten 374 bis 375). Die Artillerie-Pferde werden im Alter von 4 oder 5 Jahren gekauft und ein Jahr lang ausgebildet, bevor sie für stark genug gehalten werden, im Galopp ein Geschütz zu ziehen. Geschütze und Protze (= zweirädriger Vorderwagen von Geschützen, Anm. d.Übers.) werden von 6 Pferden gezogen. Die schweren Protze der Geschütze haben keine Bremsen, so daß sie gebremst und angehalten werden von den Stangen- oder Deichselpferden, den beiden Pferden, die direkt vor der Protze gehen. Diese Pferde müssen besonders zuverlässig sein ebenso wie das Vorderpferd auf der linken Seite. Der »Fahrer« dieses Pferdes diktiert Tempo und Richtung des Gespanns. Er muß das zweite Pferd zu seiner rechten kontrollieren, während er sein Pferd mit der linken Hand reitet. Die Pferde der King's Troop sind etwa 1,60 m groß. Im Gegensatz zu den Kavalleriepferden haben sie geschorene Mähnen.

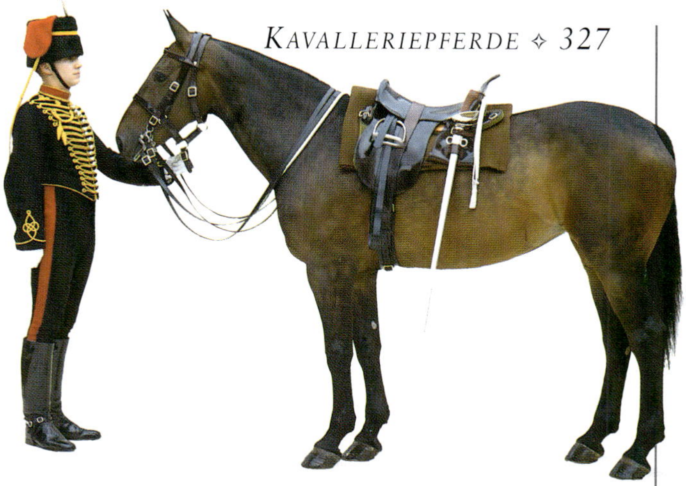

KING'S TROOP, ROYAL HORSE ARTILLERY
Die Artilleriepferde der King's Troop stammen meist von Irish Draughts ab, wie dieser typische Vertreter hier. Im Gegensatz zu den Kavalleriepferden haben die Artilleriepferde immer geschorene Mähnen.

MÄHNE
Die Pferde der Household Cavalry haben immer eine volle Mähne, die auf die Länge von 10 cm (eine Handbreite) verzogen wird.

ANBINDEKETTE
Eine Anbindekette ist am Halfter befestigt, das gleichzeitig als Reithalfter dient.

GLIEDMASSEN
Kavalleriepferde müssen gesunde Beine, Gelenke und Hufe haben, um einen Kavalleristen in Paradeuniform tragen zu können.

REITSTIEFEL
Die schwarzen Reitstiefel sind aus poliertem Leder, statt aus Lackleder. Die Kavalleristen der Blues and Royals tragen blaue Waffenröcke und Helme mit rotem Federschmuck.

GRÖSSE DES KAVALLERIEPFERDES
über 1,63 m

MAULTIER

DAS MAULTIER IST EINES DER NÜTZLICHSTEN ARBEITSTIERE DER WELT und ist im Laufe der Geschichte zu den verschiedensten Zwecken genutzt worden. Wenn es richtig behandelt wird, kann es sehr intelligent sein. Es ist außerdem zäh, anpassungsfähig und praktisch unverwüstlich. Maultiere sind stärker als Pferde und können wesentlich härter arbeiten. Von Natur aus sind sie zwar mutig, aber meist ruhig und sehr unabhängig, was oft als Sturheit ausgelegt wird, obwohl es im Grunde nur ein stark ausgeprägter Selbsterhaltungstrieb ist.

MAULTIERE IN INDIEN
Maultiere als Packtiere sind eine tief verwurzelte Tradition bei der indischen Armee, die Maultiere in großem Rahmen in den bergigen Regionen einsetzt.

GESCHICHTE

Im Altertum wurde das Maultier mehr verehrt als das Pferd. Die Hethiter z.B. gehörten zu den mächtigsten der ersten Reitervölker, und bei ihnen hatte ein Maultier den Wert von 60 Schekel, während sie den Preis für ein Streitwagenpferd auf nur 20 Schekel festsetzten. Die israelischen Könige ritten Maultiere, und bei den Amhara in Äthiopien, die wahrscheinlich von ihren semitischen Vorfahren beeinflußt waren, genoß der Maulesel höchstes Ansehen. Die Kirchen-Prälate des Mittelalters folgten der jüdischen Vorliebe und drückten ihre christliche Demut und ihr Gefallen am bequemen Paßgang aus, indem sie reich geschmückte Maultiere ritten anstelle der stolzen Schlachtrösser der Ritter.

MAULTIERE BEI DER ARBEIT

Der große Wert eines Maultieres lag in seiner Vielseitigkeit. In vielen Teilen der Welt ist ein Maultier praktischer als ein Pferd, denn es ist bequemer zu sitzen und geht trittsicher über Bergpfade, die für ein Pferd zu steil und unwegsam wären. Maultiere gehören immer noch unabdingbar zum Leben in den europäischen Mittelmeerländern, wo sie vor dem Pflug gehen, schwere Lasten als Packtier tragen und vor dem Wagen gehen. Eine Zeitlang wurden Maultiere in großer Zahl zur Arbeit in den Südstaaten der USA eingesetzt, wo sie für jegliche Transporte und in der Landwirtschaft eingesetzt wurden. Maultiere sind schneller als Ochsen, fast genauso stark und viel wirtschaftlicher in der Haltung als Pferde. Außerdem passen sie sich viel schneller an Hitze an und können in heißem Klima viel besser arbeiten als die meisten Pferde. Ein weiterer Vorteil ist, daß sich der für einen bestimmten Zweck geeignete Maultiertyp züchten läßt, indem man geeignete Stuten auswählt und sie mit einer kleinen Anzahl verschiedener

KOPF
Der große Kopf hat ein leicht konvexes Profil und die typischen langen Ohren.

HALS
Der Hals ist relativ kurz, aber sehr kräftig und stark.

GLIEDMASSEN
Die Beine sind kurz und kräftig mit runden Gelenken wie beim Esel.

HUFE
Die Hufe sind eng, steil und mit gerader Wand, niemals schön rund. Sie sind außergewöhnlich hart und nutzen sich nicht schnell ab.

MAULESEL
Ein Maulesel ist das Produkt einer Kreuzung zwischen einem Pferdehengst und einer Eselstute. Maulesel gelten als schlechter als Maultiere, was körperliche Stärke und Arbeitskraft angehen. Wie alle Maulesel hat die hier abgebildete Stute den typischen Körperbau des Esels. Maulesel können jede Farbe haben, sind aber meist grau.

Eselstypen paart. Kreuzt man z.B. den Poitevin-Esel mit einer Poitevin-Stute, bekommt man ein schweres Zug-Maultier (siehe Seiten 270–271), während die Kreuzung mit dem kleineren Malteser und dem Indischen Eselhengst mehr oder weniger leichte Maultiere bringt, je nachdem, mit welchen Stuten sie gepaart werden.

In beiden Weltkriegen waren Maultiere im Transportwesen in großem Rahmen eingesetzt worden, besonders jedoch z.B. in Burma und Italien während des Zweiten Weltkriegs. Viele der Maultiere in den Transport-Kompanien kamen von der indischen Armee, die seit jeher bekannt ist für den Einsatz von Maultieren. Auch heute werden viele Maultiere von der indischen Armee eingesetzt, und bei den Grenzstreitigkeiten nach dem Krieg, besonders in den Gebirgsgegenden von Kaschmir und seinen Nachbargebieten, spielten die Maultier-Transport-Kompanien eine große Rolle. Indien unterhält außerdem seine legendäre Gebirgs-Artillerie, die mit beispielloser Effektivität in unwegsamem Gelände operiert, wo es unmöglich wäre, konventionelle Räder- oder Kettenfahrzeuge einzusetzen. Maultiere tragen zerlegte Geschütze – Fahrgestell, Räder und Achse, Geschützrohr etc. – sowie schwere Munitionskisten über steile, felsige Bergpfade.

MAULTIERE UND -ESEL

Ein Maultier ist das Produkt einer Kreuzung zwischen einem Eselhengst und einem Pferd, während ein Maulesel das Produkt einer Kreuzung zwischen einem Pferd und einer Eselstute ist. Zwischen beiden bestehen Unterschiede, und das Maultier galt schon immer als das bessere Tier. Ein Maultier gleicht seinem Eselvater besonders an den Ohren, Beinen, Hufen und dem Schweif. Es ist schon beschrieben worden als Pferdekörper auf Eselbeinen oder als »vorne Esel und hinten Pferd«. Im Gegensatz dazu erinnert der Maulesel sehr an seinen Pferdevater (Ohren, Beine, Hufe und Schweif) und hat meist einen eselähnlichen Körperbau.

TRITTSICHER AUF BERGPFADEN
Kein anderer Equide ist trittsicherer als das Maultier. Es ist das geeignetste und beliebteste Reittier für die Touristen auf Trail-Ritten durch den Grand Canyon.

Beide sind gekennzeichnet mit einem langen Kopf und Ohren. Die meist tief angesetzten Schweife erinnern eher an den Schweif eines Esels als an den vollen Schweif eines Pferdes. Die Hufe sind hart und haben gerade Wände an den Seiten. Widerrist und Rücken sind flach. Maultiere haben meist eine einheitliche Farbe, obwohl es gelegentlich Schecken geben kann. Maulesel können jede Farbe haben, sind aber meist grau. Die Größe variiert und hängt von der Wahl der Elterntiere ab. Der große Poitevin-Esel und der amerikanische Riesenesel können über 1,63 m groß sein, während die als Packesel eingesetzten Tiere um 1,42 m groß sind. Im Gegensatz zum Maultier besitzen Maulesel weniger Lebenskraft und sind daher weniger wertvolle Arbeitstiere.

Weder Maulesel noch Maultier können sich fortpflanzen. Maulesel sind schwer zu züchten, denn nur jede siebte Eselstute nimmt auf, wenn sie von einem Pferde- oder Ponyhengst gedeckt wird. In Anbetracht der Unfruchtbarkeit des Maultiers wird der englische Politiker John O'Connor Power in H.H. Asquith's »Memories and Reflections« zitiert, der seine politischen Gegner als »Maultiere der Politik« sieht, »die weder auf Vorfahren stolz sein können noch Hoffnung auf Nachkommen haben dürfen.«

HINTERHAND
Die Hinterhand ist sehr stark, die Kruppe manchmal etwas abgeschlagen und der Schweif ist tief angesetzt.

SCHWEIF
Der Schweif von Maultier und -esel gleicht gewöhnlich eher dem eines Esels als dem eines Pferdes.

RUMPF
Die Brust ist breit und ziemlich tief. Widerrist und Rücken sind meist flach, und der Rücken ist ziemlich lang.

HINTERGLIEDMASSEN
Die Hinterbeine des Maultiers, besonders die Sprunggelenke, sind relativ groß für seine Größe, obwohl sie nicht so aussehen.

GRÖSSE
1,42–1,63 m

TEIL 10

DAS SPORTPFERD

DAS PFERD WURDE WAHRSCHEINLICH seit Beginn der Domestikation auch bei Sport und Spiel eingesetzt. Pferderennen, entweder unter dem Reiter oder vor dem Wagen, waren fest verankert in den klassischen Zivilisationen der Griechen und Römer und werden heute noch in der Mongolei in fast unveränderter Form wie vor 3000 Jahren durchgeführt. Viele der modernen Reitsportdisziplinen, wie Springen, Dressur, Vielseitigkeit und Distanzreiten sowie die Geschicklichkeitswettbewerbe, wie z.B. Tent-pegging, haben ihren Ursprung beim Militär.

»Call to Hounds« von George Wright (1860–1942)

VOLLER GALOPP

FLACHRENNEN

DER RENNSPORT wird oft als der »Sport der Könige« bezeichnet, denn seit den ersten Königen aus dem Hause Stuart im 17. Jahrhundert bis zum heutigen Tage ist das englische Königshaus eng mit dem Rennsport verbunden. Durch die Entwicklung des Vollblut-Rennpferdes (siehe Seiten 118–119) im 17. und 18. Jahrhundert in England, kamen auch die organisierten Rennen unserer Tage auf. Großbritannien ist das Land mit der längsten Rennsporttradition, und überall in der Welt wird nach englischem Vorbild verfahren. Das Geld, das in den Wettbüros und auf den Rennbahnen verwettet wird, ist das Lebenselixier des Rennsports. Rennen werden auf der ganzen Welt veranstaltet, aber Großbritannien, die USA, Frankreich und Italien haben nach wie vor den größten Einfluß auf die Vollblutzucht der Welt.

NEWMARKET UND DIE ANFANGSZEIT

Newmarket ist das Zentrum des Rennsports in England. Das ist hauptsächlich James I (1603–1625), Charles I (1625–1649) und Charles II (1660–1685) zu verdanken. Seine amourösen Abenteuer brachten Charles II den Spitznamen »Old Rowley« ein, denn so hieß sein Lieblingspferd, ein Rapphengst. Nach ihm wurde auch das bekannteste Rennen über 1600 m (eine Meile) benannt, die »Rowley Mile« in Newmarket. Charles II führte 1665 ein weiteres berühmtes Rennen ein, das »Newmarket Town Plate Race«, das er selbst zweimal gewann. Dieses Rennen geht über 6,4 km, ist offen für Amateurreiter und wird immer noch alljährlich auf Newmarket's Rundbahn veranstaltet, wobei alle Pferde 76 kg tragen müssen. In Newmarket dreht sich genauso wie in seinem amerikanischen Pendant, in Lexington/Kentucky, alles um die Pferde. Etwa 50 Trainer haben hier ihren Stall, und bis zur Rezession in den 90er Jahren standen mehr als 2500 Pferde in den Trainingsställen. Der Jockey Club ist die für Flachrennen verantwortliche Institution und hat seinen Sitz ebenfalls in Newmarket. Ihm gehören die 16 000 ha Land, die als Newmarket Heath bekannt sind, und weitere 1000 ha, auf denen sich die beiden Rennbahnen befinden. Der Jockey Club war 1752 von einer Gruppe interessierter Adliger und Aristokraten gegründet worden, und 1970 wurde ihm eine Königliche Urkunde verliehen. Ähnliche Gremien gibt es in allen Rennsportländern der Welt.

ECLIPSE

Dieses Bild von Eclipse wurde von dem Maler George Stubbs im 18. Jahrhundert gemalt. Englands berühmtestes Rennpferd wurde nie geschlagen. Er ist Stammvater einer der großen männlichen Linien in der englischen Vollblutzucht und war der Vater von 335 Siegern.

NEWMARKET HEATH

Auf diesem Ölgemälde von John Wootton (1686–1765) sieht man ein Rennen in Newmarket Heath. Es zeigt nicht nur die Fähigkeit des Malers, Massenansammlungen darzustellen, sondern auch die große Popularität dieses Sports.

GROSSBRITANNIEN UND SEINE KLASSISCHEN RENNEN

Im Verhältnis zu seiner Größe hat Großbritannien mehr Rennbahnen und mehr Rennen als jedes andere Land. Insgesamt gibt es 59 Rennbahnen, wovon 25 Hindernisrennen veranstalten (National Hunt genannt), und auf 18 Rennbahnen werden sowohl Flach- als auch Hindernisrennen veranstaltet. 16 Bahnen sind ganz der Flachrennsportsaison von März bis Oktober gewidmet. Die Rennbahnen sind vollkommen unterschiedlich. Es gibt die vornehme, wunder-

DER STOLZ VON KENTUCKY
Die Rennbahn von Churchill Downs in Louisville/Kentucky, wo auch das Kentucky Derby gelaufen wird, hat wie in den USA üblich einen Dirttrack.

bare Rennbahn von Royal Ascot, die 1711 auf Initiative von Königin Anne gebaut wurde, und kleine, familiäre Bahnen, wie z.B. Bangor-on-Dee und Cartmel.

In der ersten Hälfte des 18. Jahrhunderts lag der Schwerpunkt auf Rennen über Distanzen bis zu 6,4 km (4 Meilen). Die Rennen wurden oft mit mehreren Vorläufen und einem Endlauf ausgetragen, was Bände spricht für das Stehvermögen der damaligen Rennpferde. Gegen Ende des 18. Jahrhunderts kamen kürzere, schnellere Rennen auf.

Dieser Trend spiegelt sich auch in den klassischen Rennen der Dreijährigen wider, wozu fünf Rennen zählen. Dieses System wurde von vielen Ländern in ähnlicher Weise übernommen. Das St. Leger (2800 m) wird im September in Doncaster gelaufen. Seit 1695 werden hier Rennen veranstaltet. Mit dem Lincoln Handicap im März eröffnet Doncaster die Rennsaison und mit dem November Handicap beendet es sie. Das nach dem Oberst St. Leger von Park Hill benannte St. Leger wurde 1776 zum ersten Mal gelaufen. Die 2000 Guineas und die 1000 Guineas (ein Rennen für Stuten) werden im April in Newmarket über 1600 m gelaufen und fanden 1809 bzw. 1814 das erste Mal statt. Die beiden letzten klassischen Rennen, das Derby und die Oaks, gehen über 2400 m und finden Anfang Juni in Epsom statt. Seit dem 15. Jahrhundert finden auf den Epsom Downs, 24 km vor den Toren Londons, Rennen statt, das erste Derby im Jahre 1780. Seinen Namen hat es vom 12. Grafen von Derby, und die erste Gewinnerin hieß Diomed. Ihr Besitzer war Sir Charles Bunbury, mit dem der Graf eine Münze geworfen hatte, um zu entscheiden, nach wem das Rennen benannt werden sollte. Die Oaks, ein Stutenrennen, fanden 1779 zum ersten Mal statt. Das Rennen wurde nach der Residenz des Grafen in Epsom benannt. Das erste Rennen wurde passenderweise von Lord Derby's Pferd Bridget gewonnen. Die Dreifache Krone, d.h. der Sieg in den 2000 Guineas, dem Derby und dem St. Leger, ist die höchste Auszeichnung im Rennsport.

RENNSPORT IN FLORIDA
Wenn der Winter die Städte im Norden Amerikas lahmlegt und die Rennbahnen geschlossen sind, dann macht sich die Rennsportgemeinde auf ins warme Florida mit seinen erstklassigen Rennen.

DIE GROSSEN AMERIKANISCHEN RENNEN

Das amerikanische Pendant zu den klassischen Rennen Großbritanniens sind das Kentucky Derby, die Preakness Stakes, die Belmont Stakes und die Coaching Club American Oaks. In Amerika setzt sich die Dreifache Krone aus den drei erstgenannten zusammen. Das Kentucky Derby ist 400 m kürzer als der »Prototyp«, das Epsom Derby. Es wird ausgetragen in Churchill Downs in Louisville/Kentucky. Belmont Stakes und American Oaks werden in Belmont Park gelaufen, ganz in der Nähe der ersten amerikanischen Rennbahn, die der erste Gouverneur von New York, Richard Nicolls, 1664 anlegen ließ. Die Preakness Stakes werden in Pimlico in Baltimore/Maryland gelaufen. Im Gegensatz zu Großbritannien werden die Pferde in den USA auf den Rennbahnen trainiert. Das Geläuf ist ein sogenannter Dirttrack, d.h. Ackerboden vermischt mit Asphalt-Sand. In Großbritannien werden die Pferde außerhalb der Rennbahn trainiert, und das Geläuf besteht aus sorgfältig gepflegtem Rasen.

DER EINFLUSS EUROPAS

Seit dem Ersten Weltkrieg haben Frankreich und Italien den Rennsport maßgeblich mitbestimmt. Die Bedeutung Frankreichs ist hauptsächlich zurückzuführen auf die Gestüte von Marcel Boussac, die so großartige Hengste wie Pharis, Tourbillon und Asterus hervorbrachten. Italien verdankt seine Stellung dem genialen Züchter Federico Tesio, dem Besitzer des Gestüts Dormello, das nachhaltig Einfluß auf den Rennsport nimmt. Donatello II, Nearco und Ribot waren außergewöhnliche Leistungspferde und Beschäler. Ribot wurde zum führenden klassischen Beschäler, nachdem er 1960 in die USA verleast worden war. Der St. Simon-Sohn Ribot wurde 1952 geboren und verließ die Bahn als ungeschlagener Sieger nach 16 Rennen.

DAS ENGLISCHE DERBY
Das berühmteste Rennen der Welt ist das englische Derby, das in Epsom gelaufen wird. Besonderes Kennzeichen der 2400 m langen hufeisenförmigen Bahn ist das starke Gefälle vor Tattenham Corner, wo schon mehr als ein Rennen gewonnen oder verloren wurde. Das Derby wurde erstmals 1780 gelaufen.

Hindernisrennen

Hindernisrennen

Die geistige Heimat des Hindernisrennsports sind Großbritannien und Irland, wo er große Besucherzahlen anzieht. Nirgendwo sonst gibt es ein vergleichbares Geschehen. Die Amerikaner haben ihren Maryland Hunt Cup, der über offenes Gelände und Lattenzäune geht, aber es fehlen die für England typischen Haupttribünen und die Wettverbände. In Frankreich finden die Rennen in kleinem Rahmen über natürliches Gelände statt. In der ehemaligen Tschechoslowakei gibt es das Große Pardubitzer Steeplechase, das durchs Gelände und über gewaltige natürliche Hindernisse führt. In Großbritannien werden die Geschäfte dieser Sportart vom 1863 vom Jockey Club eingerichteten National Hunt Committee geführt. Das erste Rennen dieser Art fand mehr als 100 Jahre zuvor statt, als die Herren O'Callaghan und Blake aufgrund einer Wette ihre Pferde gegeneinander laufen ließen, und zwar über die 7,25 km lange Strecke von der Kirche (Turmspitze) in Buttevant zur Kirche (Turmspitze) in St. Leger, worauf die englische Bezeichnung »steeplechase« für Hindernisrennen zurückzuführen ist.

Hintergrund

Hindernisrennen sind vor dem Hintergrund der Jagdreiterei und der Flachrennen entstanden. Bei den ersten Veranstaltungen gab es neben den Flachrennen auch Rennen für Hunter. In diesen Rennen wurden aber oft auch Flachrennpferde eingesetzt, so daß der Sekretär des Rennvereins von Bedford vier 1,37 m hohe Hindernisse auf die Bahn bauen ließ, um diesen Mißstand zu beheben.

Regelmäßig stattfindende Rennen gibt es erst durch einen ehemaligen Trainer aus St. Albans, Tom Colman, der 1830 das St. Albans Steeplechase einführte. Dieses Rennen fand alljährlich statt, bis 1839 das Grand National in Aintree, Liverpool zum ersten Mal in der bestehenden Form gelaufen wurde.

Ein Wassergraben beim Grossen Pardubitzer Rennen

Das Große Pardubitzer Rennen ist das härteste in Europa und wird über 6,4 km gelaufen. Viele Sprünge sind natürliche Hindernisse gewaltigen Ausmaßes.

Nach dem Abendessen

Das Midnight Steeplechase (= Mitternachts-Hindernisrennen) wurde nach dem Abendessen in Ipswich von dort stationierten Kavallerie-Offizieren geritten. Die Reiter trugen ihr Nachthemd über der Uniform und ihre Nachtmütze.

Das Grand National

Das Grand National von 1839 wird als das erste offizielle Grand National anerkannt, obwohl schon zuvor in den Jahren 1837 und 1838 Nationals stattgefunden hatten. Das Rennen von 1839 wurde von Jem Mason, der als bester Pferdemann Englands galt, auf einem braunen Pferd namens Lottery gewonnen.

Das Grand National ist das berühmteste und schwerste Hindernisrennen der Welt. Es geht über eine Distanz von 7,22 km und 30 große

GRAND NATIONAL

Das größte Hindernisrennen der Welt, das Grand National, findet alljährlich in Aintree in Liverpool statt. Es wird über 7,22 km gelaufen und hat 30 der schwierigsten Hindernisse.

Hindernisse, wobei sich teilweise hinter den Hindernissen große Gräben befinden.

Eines der berühmtesten Hindernisse ist Becher's Brook, der sogar zweimal überwunden werden muß. Seinen Namen hat es von Hauptmann Martin Becher, einem der ersten Teilnehmer, der in diesen Graben fiel. Nach wie vor fordert dieses Hindernis alljährlich seine Opfer, aber es ist geändert worden seit Becher's Zeiten. 1961 wurden maßgebliche Änderungen an den Hindernissen vorgenommen, indem die bislang steil stehenden Bürsten etwas schräger gestellt wurden.

Seit 1839 wird das Grand National jedes Jahr veranstaltet, mit Ausnahme von 1941 bis 1945. 1993 wurde das Rennen aufgrund eines Fehlstarts für ungültig erklärt, obwohl fast die Hälfte des Feldes das Rennen beendete, da die Reiter die Rückrufflagge übersehen hatten. Schottland, Irland und Wales haben ihr eigenes Grand National.

Das großartigste Pferd in Aintree war Red Rum. Er gewann das Grand National 1973, 1974 und 1977. Vor ihm gab es nur 6 Pferde, die das Rennen zweimal gewonnen hatten: Peter Simple (1849, 1853), Abd El Kadr (1850, 1851), The Lamb (1868, 1871), The Colonel (1869, 1870), Manifesto (1897, 1899) und Reynoldstown (1935, 1936).

CHELTENHAM UND DER GOLD CUP

Cheltenham und besonders das Cheltenham National Hunt Festival ist das Mekka des Hindernisrennsports in Großbritannien. Das bedeutendste Rennen ist der Gold Cup über 5200 m, wobei es zum Ende eine Steigung gibt. Das erste Rennen wurde 1924 gelaufen, und der Sieger hieß Red Splash. Seitdem haben sich die besten Hindernispferde der Welt hier in die Siegerlisten eingetragen. Arkle, das Pferd der Herzogin von Westminster, dominierte in diesem Rennen in den Jahren 1964 und 1965, als er Mill House schlug, und dann noch einmal 1966, als er nach einem beinahe fatalen Fehler an dem Hindernis vor der Haupttribüne als unangefochtener Sieger durchs Ziel lief. Den Rekord hält allerdings der einzigartige Golden Miller, der von 1932 bis 1936 fünfmal hintereinander gewann und 1934 einen weiteren Rekord aufstellte, indem er zusätzlich das Grand National gewann. Einen anderen Rekord im Gold Cup gab es 1983, als alle fünf erstplazierten Pferde aus demselben Trainingsstall kamen: Bregawn, Captain John, Wayward Lad, Silver Buck und Ashley House wurden allesamt von Michael Dickinson trainiert.

Während des Cheltenham Festivals werden Champion Chase und das besser bekannte Champion Hurdle veranstaltet. Im Gegensatz zum »Chase«-Rennen sind die Hindernisse beim »Hurdle«-Rennen niedriger und geben nach, wenn die Pferde dagegenkommen. Das Champion Hurdle geht über 3200 m und zählt zu den großen Ereignissen im Rennsport. Seit 1927 gibt es immer wieder einen aufsehenerregenden Rennverlauf.

GELÄNDEJAGDRENNEN

In Großbritannien und Irland gibt es für den Amateurreiter die Geländejagdrennen, die Point-to-Point-Rennen. Sie werden von nahezu allen anerkannten Jagdvereinen von Februar bis Ende April oder sogar Mai veranstaltet. Sie sind Pferden vorbehalten, die schon mit der Meute gejagt haben, und gehen über eine ovale, extra angelegte Strecke, ähnlich den professionellen Hindernisrennen. Das kürzeste Geländejagdrennen geht über 4800 m und hat mindestens 18 Hindernisse. In der Saison finden jedes Wochenende ca. ein Dutzend Geländejagdrennen statt.

GELÄNDEJAGDRENNEN

Point-to-Point-Rennen werden von den anerkannten Jagdgesellschaften in Irland und Großbritannien für Amateurreiter veranstaltet. Jede Saison finden mehr als 100 dieser für männliche und weibliche Reiter offenen Rennen statt und ziehen große Zuschauermengen an.

SULKYRENNEN

TRABRENNEN

SEIT FRÜHESTER ZEIT gibt es Wagenrennen. Das Trainingshandbuch von Kikkulis, dem Oberstallmeister des Hethiter-Königs Sepululiamas, gilt als sicherer Beweis für die fortgeschrittenen Nutzungsformen des Pferdes im Geschirr. Dieses Handbuch stammt aus dem Jahre 1360 vor Christus und gibt genaue Anleitungen für das Training der Streitwagenpferde. Der schwere Kampfwagen und auch die leichtere Version, die in den Zirkussen Roms zum Einsatz kam, können als Vorläufer des modernen Rennsulkys angesehen werden. Der Trabrennsport hat riesige Anhängerschaften in den USA, Europa und Australasien. Die Rennpreise sind vergleichbar mit denen der Flachrennen. In den USA, die als Hochburg des Trabrennsports gelten, ziehen die Rennveranstaltungen über 30 Millionen Besucher an.

TRAB UND PASS

In den USA gibt es fast ausschließlich Paßgänger (die Beinpaare werden gleichzeitig gleichseitig bewegt) vor dem Sulky im Gegensatz zum konventionellen Traber, der die Beinpaare diagonal gleichzeitig bewegt. Man gibt den Paßgängern den Vorrang, da die Pferde in dieser Gangart (unterstützt von Hobbles, die die Vorder- und Hinterbeine oberhalb des Karpal- bzw. Sprunggelenks miteinander verbinden) weniger dazu neigen, anzugaloppieren als im Trab. Das ist ein wichtiger Faktor in einem Land, wo Wetten eine Grundvoraussetzung für den Sport sind. Jedes angaloppierende Pferd verliert an Boden, da es mit ziemlicher Sicherheit nach außen driftet. Bei einem Feld mit einem Durchschnittstempo von 65 km/h hat der »Missetäter« wenig Chancen, das Rennen noch zu gewinnen. In Europa, Skandinavien und Rußland wird allgemein dem Traber der Vorzug gegeben, und in Frankreich gibt es sogar Rennen für Traber vor dem Sulky und unter dem Sattel.

DIE TRABRENNBAHN VON MOSKAU
Trabrennen erfreuen sich großer Beliebtheit in Rußland, und auf dem Hippodrom in Moskau werden regelmäßig Rennen veranstaltet, wobei die meisten für Traber, nicht für Paßgänger ausgeschrieben werden.

RENNEN IN DEN USA

Zu Beginn der 90er Jahre gab es in den USA mehr als 70 große Trabrennbahnen, die alle mehr oder weniger nach demselben Muster angelegt wurden. Die Rennen werden immer im Linkskurs gelaufen, die Bahnen sind oval und haben einen Allwetter-Bodenbelag und eine Flutlichtanlage. Abendliche Rennveranstaltungen, die es zuerst 1940 auf der Roosevelt-Rennbahn auf Long Island in New York gab, sind an der Tagesordnung. Die bedeutendste Rennbahn ist Meadowlands in East Rutherford in New Jersey. Auf der 1976 eröffneten Bahn finden einige der höchstdotierten Sulkyrennen der Welt statt, angeführt von dem mit 2 Mio. Dollar dotierten Paßrennen Woodrow Wilson Pace.

Wie im Galopprennsport gibt es auch hier eine Dreifache Krone, und zwar jeweils für Traber und Paßgänger. Die Dreifache Krone der Traber besteht aus dem Hambletonian in Meadowlands, dem Yonkers Trot des Yonkers Raceway im Staate New York und dem Kentucky Futurity auf Lexington's Red Mile-Rennbahn. Bei den Paßrennen sind es Cane Futurity (Yonkers), Little Brown Jug (Delaware, Ohio) und die Messenger Stakes (Roosevelt).

TECHNISCHE NEUERUNGEN

Der Rennsulky mit Rädern in Fahrradreifengröße und die mobile Startmaschine sind die beiden großen Neuerungen. Die neuen Räder wurden 1892 eingeführt und führten zu erheblich schnelleren Zeiten über eine Meile.

Die Startmaschine wurde Mitte der 70er

HOCHRÄDRIGER SULKY
Dieses Bild der Traberstute Sunol wurde 1891 gemalt, lange bevor der moderne, leichte Sulky mit »Fahrradrädern« eingeführt wurde. Die Stute trägt ein sehr leichtes Geschirr und keine Schutzgamaschen.

PASSRENNEN
Standardbreds, hier in einem Paßrennen auf der Red Mile-Rennbahn in Lexington in Kentucky, tragen Hobbles, um zu verhindern, daß sie die Gangart wechseln. Die meisten Pferde tragen auch einen Nasenriemen mit Lammfell, wodurch die Sicht eingeschränkt ist und sie nicht vor irgendwelchen Schatten scheuen.

Jahre von einem Ingenieur namens Joe King verbessert, indem er Stahl statt des bis dato üblichen Holzes verwandte und die Stangen kürzer und gerader machte. Das Ergebnis war eine deutlich gestiegene Zahl von Rennzeiten von zwei Minuten (über eine Meile): 1974 gab es diese Zeit 685 Mal, 1976 aber schon 1849 Mal.

Die mobile Startmaschine wurde zuerst 1946 auf der Roosevelt Rennbahn eingesetzt. Durch dieses Gatter, d.h. zwei zurückziehbaren Fängen auf einem Fahrzeug, ist ein fairer Start möglich. Das Fahrzeug fährt mit ausgefahrenen Fängen, die über die gesamte Breite der Bahn reichen, vor den Pferden her an die Startlinie. Dann beschleunigt das Fahrzeug, fährt die Fänge ein und schert aus, so daß die Pferde freie Bahn haben.

EUROPA

In Europa sind Trabrennen beliebter als Galopprennen. In Italien werden mehr Traber als Galopper gezüchtet, und in Frankreich sind Trabrennen eine hoch angesiedelte Sportart. Auf dem Hippodrom von Vincennes, der bedeutendsten Rennbahn Frankreichs, werden der *Prix de Cornulier*, das größte französische Trabrennen unter dem Sattel, und der *Prix d'Amerique* (vor dem Sulky) ausgetragen, der das Pendant zum *Prix de l'Arc de Triomphe* ist. Auf der einzigartigen Bahn von Vincennes, wo es nach dem Start bergab und vor dem Ziel bergauf geht, finden jährlich 1000 Rennen statt.

SCHLITTEN-SULKY
In St. Moritz in der Schweiz ist der Rennsulky eigentlich ein leichter Schlitten. Die meisten Rennen sind konventionelle Trabrennen. Obwohl auf dem europäischen Festland Traber zahlreich vertreten sind, bevorzugt man anderswo die Paßrennen.

AUSTRALASIEN

In Australien und Neuseeland sind Trabrennen praktisch ein Volkssport. Aus Neuseeland kam der berühmte Standardbred-Wallach Cardigan Bay, der 1956 auf Gestüt Matura in Southland geboren wurde. Er war ein erfolgreiches Rennpferd sowohl in den USA wie in Australien. In seiner Heimat Neuseeland lief er die Meile (1,6 km) in 1 Minute und 16,3 Sekunden. Er gewann 80 Rennen in Australien, Neuseeland und den USA, stellte zwei Weltrekorde auf und war der erste Standardbred, der 1 Mio. Dollar gewann und auf einer Briefmarke verewigt wurde.

AMERICAN STANDARDBRED

DER AMERIKANISCHE STANDARDBRED ist das beste Trabrennpferd der Welt, und in seiner Heimat ist er genauso wertvoll wie Spitzen-Vollblüter. In den USA stehen Trabrennen in der Beliebtheitsskala an zweiter Stelle nach dem Galopprennsport, während in vielen europäischen Ländern und ganz besonders in Rußland Trabrennen wesentlich populärer sind als Galopprennen. In Italien werden wahrscheinlich sogar mehr Traber als Galopper gezüchtet. Der Name Standardbred wurde 1879 zum ersten Mal verwandt und bezieht sich auf das Standardtempo, das Voraussetzung für die Eintragung ins Zuchtregister war. Der zu erfüllende Standard war 3 Minuten und später 2,5 Minuten für eine Meile (1,6 km) für konventionelle Traber und 2 Minuten 25 Sekunden für Paßrennpferde. Heutzutage sind Zeiten unter 2 Minuten an der Tagesordnung.

WEIDEGANG IN KENTUCKY
Mit die besten Standardbreds der Welt werden auf den Weiden Kentuckys großgezogen. Diese kräftigen, gut gewachsenen Fohlen sind ausgezeichnete Vertreter der schnellsten Traberrasse der Welt.

KOPF
Der Kopf ist einfach, aber nicht unattraktiv. Er ist jedoch schwerer und nicht so edel wie der des Vollblüters.

GLIEDMASSEN
Die Beine haben kräftige Oberarme und sind in jeder Hinsicht steinhart, um dem schnellen Tempo standzuhalten.

HUFE
Gute, vollkommen gesunde Hufe und absolut gerade Gänge sind eine Grundvoraussetzung.

GESCHICHTE

Der Standardbred wurde im späten 18. Jahrhundert auf der Basis eines aus England importierten Vollblüters namens Messenger entwickelt. Seither hat der Standardbred wiederum die meisten europäischen Traberrassen beeinflußt. Messenger war von Mambrino aus einer namenlosen Stute von Turf und kam 1788 in die USA, nachdem er in England erfolgreich Rennen gelaufen war. Wie alle frühen Vollblüter führte er über den Norfolk Roadster (siehe Seiten 120–121) auch Traberblut. Messenger's, dessen Pedigree in Band I des *General Stud Book* (dem Stutbuch für Vollblüter in Großbritannien) erschienen ist, führt das Blut der drei arabischen Stammväter des Vollbluts, besonders aber Godolphin (siehe Seiten 118–119). Messenger stand 20 Jahre in der Zucht in Pennsylvania, New York und New Jersey. Er starb 1808 (in dem Jahr, in dem auch Band I des *General Stud Book* erschien) im Alter von 28 Jahren und wurde auf Long Island begraben.

Messenger ging nie ein Rennen vor dem Sulky, aber sein Vater Mambrino, ein Enkel des Sampson von Blaze, dem Stammvater aller Traber, war Trabrennen gegangen, und sein Besitzer, Lord Grosvenor, hatte einst 1000 Sovereigns darauf gewettet, daß er »in einer Stunde 14 Meilen (24,4 km) traben könne«.

Messenger wurde mit allen möglichen Stuten gepaart, u.a. auch Morgan Horses (siehe Seiten 230–231) sowie Canadian und Narragansett Paßgängern (siehe Seite 232). Die beiden letztgenannten Rassen, die es heute nicht mehr gibt, führten viel Paßgänger-Blut, das zum Teil aus England stammte, zum anderen Teil aber von spanischen Eselstuten herrührte, deren Vorfahren im 16. Jahrhundert mit den spanischen Konquistadoren ins Land gekommen waren (siehe Seiten 214–215). Jene spanischen

URSPRÜNGE

Der American Standardbred stammt ursprünglich aus den Oststaaten der USA. Der Stammvater der Rasse, der Vollblüter Messenger von Mambrino, zählte zu den ersten Vollblütern und war 1788 aus England importiert worden. Er stand 20 Jahre in der Zucht in Pennsylvania, New York und New Jersey und starb 1808 auf Long Island. Standardbreds werden heute in vielen Teilen der USA gezüchtet, auch zur Einkreuzung anderer Traberrassen.

Eselstuten brachten den Paßgang mit (d.h. anstelle des diagonalen Beinpaars wird das gleichseitige Beinpaar gleichzeitig bewegt), der heute in den Sulkyrennen Amerikas vorherrscht (siehe Seiten 336–337), wo auf einen Traber vier Paßgänger kommen. In vielen Ländern Europas gibt es bei weitem mehr Traber.

Zwei andere wichtige Blutlinien, die im Standardbred vertreten sind, sind das Morgan Horse durch den Gründerhengst Figure, dem späteren Justin Morgan, und die weniger bekannten Clays, eine weitere alte Traberlinie, die auf einem 1820 aus Tripoli importierten Berberhengst basiert.

Es war aber der Vollblüter Messenger, dessen Nachkommen im Vergleich zum Morgan Horse flachere Gänge mit mehr Schulterfreiheit und weniger Knieaktion und im Vergleich zum Clay Horse mehr Mut besaßen, der der Rasse durch seinen stark ingezogenen Nachkommen Hambletonian 10 (Rysdyk's Hambletonian) seinen Stempel aufsetzte.

HAMBLETONIAN

Der 1849 geborene Hambletonian zeugte von 1851 bis 1875 nicht weniger als 1335 Nachkommen und wird als Stammvater des modernen Standardbred hoch geachtet. Hambletonian lief nicht ein einziges Rennen, obwohl behauptet wird, er habe 2 Minuten und 48,5 Sekunden für 1,6 km gebraucht.

Obwohl er wie die meisten modernen Standardbreds nicht sehr edel war, war er im Vergleich zum Vollblüter kräftig gebaut. Als ausgewachsenes Pferd besaß er eine Widerristhöhe von 1,55 m, und an der Kruppe war er 1,60 m hoch. Er verfügte daher über eine enorme Schubkraft der Hinterhand. Hambletonian's Mutter, die Stute Charles Kent (es war damals üblich, Pferde einfach nach ihrem Besitzer zu benennen), war ebenso eng ingezogen auf Messenger wie Hambletonian. Sie hatte das Traberblut von ihrem Vater Bellfounder geerbt, der ein direkter Nachkomme des bekannten Norfolk Trotters Old Shales gewesen war. Hambletonian war sehr fruchtbar und hinterließ viele Trabrennpferde und was zumindest ebenso wichtig ist, er hinterließ auch Traber-Hengstsöhne.

Einer seiner herausragenden Hengstsöhne war Dexter, der in den 60er Jahren des vorigen Jahrhunderts die Meile in der Rekordzeit von 2 Minuten und 17,25 Sekunden lief. Er hätte sich vielleicht noch verbessert, wäre er nicht für 25 000 Dollar von Robert Bonner gekauft worden, einem großen Idealisten, der aus moralischen Gründen weder ein Rennen besuchte noch wettete, sondern seine Pferde rein zum Vergnügen einspannte. Das erste Pferd, das die Meile in weniger als 2 Minuten lief, war das Paßrennpferd Star Pointer, der 1897 in Readville/Massachusetts genau 1:59.25 Minuten lief.

Über seine Söhne George Wilkes (geboren 1856), Dictator (geboren 1863), Happy Medium (geboren 1863) und Electioneer (geboren 1868) gehen fast alle Standardbreds auf Hambletonian zurück.

IN AKTION
Standardbreds in einem Rennen auf der berühmten Red Mile-Rennbahn in Lexington, Kentucky. Der Standardbred geht meist Rennpaß anstelle des konventionellen Trabs. Alle Bahnen haben Linkskurs. Die Pferde tragen Hobbles, damit sie die Gangart nicht ändern können.

RUMPF
Der Körper ist lang, aber sehr kräftig mit ausreichender Gurtentiefe. Von der Gesamterscheinung her ein kräftiges Pferd, bei dem die Kruppe meist höher ist als der Widerrist, was eine enorme Schubkraft der Hinterhand bedeutet.

SPRUNGGELENKE
Wie die Hufe, so müssen auch die Sprunggelenke und die Hinterhand im allgemeinen vollkommen korrekt sein.

GRÖSSE
1,60 m

ORLOW-TRABER

SELBST HEUTE WERDEN IN DER EHEMALIGEN UdSSR sehr viele Pferde gezüchtet für Landwirtschaft und Transport. In den entlegenen Provinzen im Osten spielen Pferde in der Wirtschaft immer noch dieselbe Rolle wie zu Zeiten der mongolischen Volksstämme. Es gibt viele Rassen, die auf Gestüten für einen speziellen Einsatz oder die wohlhabende Elite gezüchtet wurden. Der Orlow-Traber, eine der ältesten und bekanntesten russischen Pferderassen, wurde im 18. Jahrhundert als eleganter Karossier und Trabrennpferd entwickelt.

HALS
Der Hals ist hoch an den Schultern angesetzt. Die Pferde haben meist einen Schwanenhals.

WIDERRIST
Der Widerrist ist relativ hoch und geht in einen geraden, ziemlich langen Rücken über.

GLIEDMASSEN
Die gut entwickelten Beine sind gerade angesetzt. Die Pferde sollen ein Röhrbein von 20 cm haben.

DER BEGINN DER ZUCHT

Der Orlow-Traber wurde vom Grafen Alexis Grigoriewitsch Orlow (1737–1808) entwickelt. Er begann mit seiner Zucht nach 1780, als er den arabischen Schimmelhengst Smetanka, den er vom türkischen Sultan gekauft hatte, mit den besten dänischen, holländischen, mecklenburgischen und arabischen Stuten auf seinem Gestüt Orlow in der Nähe von Moskau anpaarte. Im Jahre 1788 verlagerte er seine Aktivitäten auf sein neu errichtetes Gestüt Krenow in der Provinz Woronesch, wo er die Entwicklung der Rasse mit Unterstützung durch seinen erfahrenen Gestütsleiter, V.I. Schischkin, vorantrieb. Es wurde bald offensichtlich, daß sich die besten Ergebnisse erzielen ließen, wenn der Araberhengst mit dänischen und holländischen Stuten gepaart wurde. Diese Kombination brachte den Gründerhengst der Rasse, den 1784 geborenen Schimmelhengst Bars I. Er war ein Enkel des Smetanka und ein Sohn von Polkan I (dessen Mutter eine dänische Stute war), einem der nur fünf Nachkommen, die Smetanka in seiner kurzen Zuchtkarriere lieferte. Bars I entstand aus der Paarung von Polkan mit Hartsdraver, einer großen holländischen Stute mit beträchtlichem Röhrbein und Kaliber sowie großer Schulterfreiheit und energischen Trabbewegungen.

Bars I deckte Stuten der Rassen, deren Blut er selbst führte: Araber, holländische und dänische Stuten sowie einige Araber/Mecklenburger-Kreuzungen. Um den gewünschten Typ zu erhalten, wurde dann massive Inzucht auf Bars I und seine Söhne betrieben. Bis heute gehen alle reinrassigen Orlow-Traber mehr oder weniger auf Bars I zurück.

ELEGANTER TRABER
Der Orlow-Traber ist ein elegantes Pferd mit viel Schulterfreiheit. Er wird immer häufiger zur Verbesserung anderer Rassen eingesetzt.

SPORT UND KREUZUNGSZUCHT

Systematisches Training und Klassen-Rennen, die ab 1834 in Moskau durchgeführt wurden, führten zu weiteren Verbesserungen der Rasse und erhöhten die Schnelligkeit der Pferde, obwohl der Orlow-Traber in dieser Beziehung dem amerikanischen Standardbred (siehe Seiten 338–339) nie das Wasser reichen konnte. Aus diesem Grunde wurde der schnellere Russische Traber (siehe Seiten 342–343) entwickelt, und zwar durch Kreuzung von Standardbreds und Orlow-Trabern. In der Zeit von 1890 bis 1917 wurden insgesamt 156 Standardbred-Hengste und 220 Stuten importiert. Während des Ersten Weltkriegs wurden die Importe beendet, und die Kreuzungsprodukte wurden mit Rückkreuzungen auf den Orlow-Traber gepaart. In den 30er Jahren wurden die Standardbred/Orlow-Kreuzungen vermehrt eingesetzt, und im Jahre 1949 wurde der Russische Traber als eigenständige Rasse anerkannt, obwohl er den etablierten Orlow-Traber in keinster Weise ersetzte.

DER MODERNE ORLOW-TRABER

Was das Gebäude angeht, ist der Orlow-Traber kaum als korrekt zu bezeichnen. Er kann recht gewöhnlich aussehen, aber er ist mit 1,63 m relativ groß und gut proportioniert. Der Kopf ist zwar klein, aber doch ziemlich gewöhnlich und grob. Die weniger guten Exemplare haben zu lange Beine und zu wenig Rumpftiefe. Es gibt oft Sehnenprobleme, ein Erbe der später im Übermaß eingesetzten holländischen Stuten. Je nach Gestüt gibt es Unterschiede im Typ. Die besten und typvollsten Pferde kommen vom Gestüt Krenow. Andere Pferde, wie z.B. vom Gestüt Perm im Ural, sehen gewöhnlicher aus, während der auf Tula und Dubrow gezüchtete Typ eher einem schwereren Zugpferd als einem Rennpferd ähnelt. Sie eignen sich jedoch zur Einkreuzung bei einer Vielzahl von Pferden. Diese Einsatzmöglichkeit hat schon immer eine Rolle in der Zuchtpolitik gespielt.

Der moderne Orlow-Traber als Trabrennpferd wird ständig weiter verbessert. Besondere Aufmerksamkeit wird dabei der Größe, einem eleganten Rahmen bei kräftigem, aber doch leichten Körperbau und starken Sehnen sowie der Leistungssteigerung geschenkt. In den letzten Jahren jedoch wurde der Orlow-Traber in zunehmendem Maße zur Verbesserung anderer Rassen eingesetzt. In der Rolle des Veredlers übte der Orlow-Traber einen prägenden Einfluß auf die Entwicklung von Don-Pferd und Tersker (siehe Seiten 80–81 und 88–89), Russischem Traber (siehe Seiten 342–343) und einigen Kaltblutrassen aus.

Vor der Revolution wurde der Orlow-Traber auf annähernd 3000 Gestüten gezüchtet, und man kann davon ausgehen, daß es heute noch etwa 30 000 reinrassige Pferde in den Ländern der ehemaligen UdSSR gibt.

TROIKA
Diese schwereren Orlow-Traber gehen in der Troika, d.h. drei Pferde gehen nebeneinander, wobei das mittlere Pferd trabt und die beiden Außenpferde galoppieren müssen, um das Tempo halten zu können.

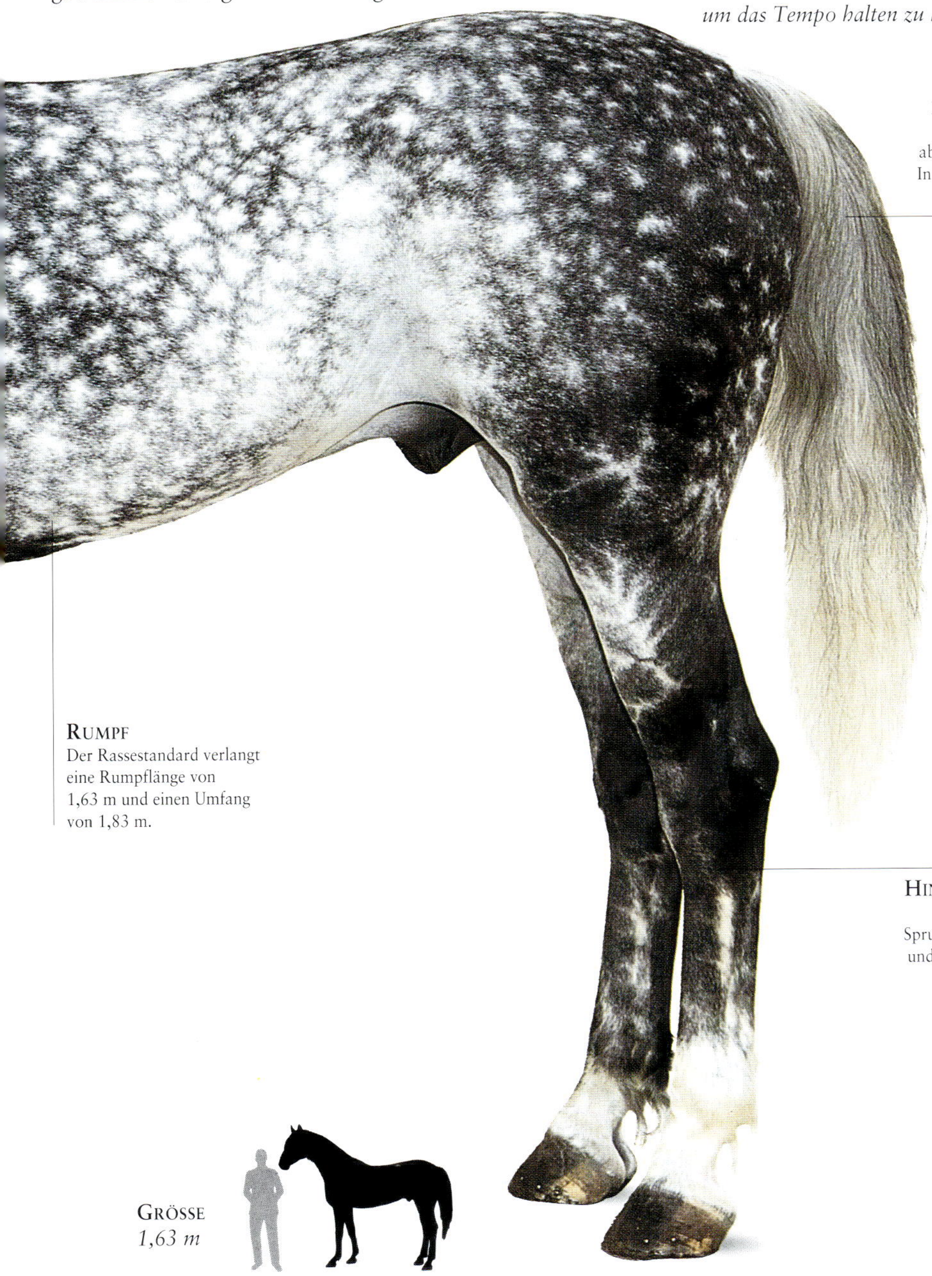

SCHWEIF
Der Schweif ist hochangesetzt in einer kurzen, aber muskulösen Kruppe. In der Bewegung wird der Schweif hoch getragen.

RUMPF
Der Rassestandard verlangt eine Rumpflänge von 1,63 m und einen Umfang von 1,83 m.

HINTERGLIEDMASSEN
Die Hinterbeine und Sprunggelenke sind kräftig, und die Hinterhand besitzt viel Schub.

GRÖSSE
1,63 m

URSPRÜNGE

Die Entwicklung der neuen Rasse des Orlow-Trabers begann 1788, als Graf Alexis Orlow seine züchterischen Unternehmungen auf sein neues Gestüt Krenow in der Provinz Woronesch konzentrierte. Auch heute noch werden die besten Orlow-Traber auf Krenow gezüchtet. Ein etwas gewöhnlicher Typ wird in Perm im Ural gezüchtet, ein schwererer Typ in Tula und Dubrow. Heute gibt es etwa 30 000 Orlow-Traber in Rußland.

RUSSISCHER TRABER

SEIT DAS GESTÜT ORLOW im 18. Jahrhundert den Orlow-Traber (siehe Seiten 340–341) entwickelte, wird die Traberzucht in Rußland mit großem Enthusiasmus betrieben. Seither hat sich der Trabrennsport zur beliebtesten Pferdesportart in der ehemaligen UdSSR entwickelt. Die Rasse des Russischen Trabers ist wesentlich jünger und wurde erst 1949 als eigenständige Rasse anerkannt. Die Pferde sehen gewöhnlicher aus als der Orlow-Traber, aber sie sind gute Leistungspferde und schnell genug, um auf internationalem Niveau mithalten zu können. Der Russische Traber entstand aus Kreuzungen von Orlow-Traber und American Standardbred (siehe Seite 338–339).

DER AMERIKANISCHE EINFLUSS

In der zweite Hälfte des 19. Jahrhunderts hatte sich der American Standardbred als beste aller Traberrassen etabliert. Damit sie auf internationalem Parkett überhaupt Chancen hatten, mußten die russischen Züchter die Leistungen des Orlow-Trabers drastisch verbessern und dabei seine guten Merkmale wenn möglich erhalten.

Die Lösung schien, die besten Orlow-Traber mit aus Amerika importierten Standardbreds zu kreuzen, woraufhin 156 Hengste und 220 Stuten in der Zeit zwischen 1890 und dem Beginn des Ersten Weltkriegs nach Rußland importiert wurden. Darunter befanden sich sehr gute Pferde, wie z.B. General Forrest, der die Meile (1,6 km) in 2:08 Minuten trabte, Bob Douglas, der 2:04 Minuten brauchte und den damaligen Weltrekordhalter Cresceus (2:02 Minuten). Die Nachkommen aus der Paarung von ausgesuchten Orlow-Trabern mit einigen dieser Pferde, wovon nur etwa ein halbes Dutzend erwähnenswerte Nachzucht brachte, waren schneller, aber kleiner und weniger elegant als der Orlow-Traber.

Außerdem eigneten sich diese Pferde nicht zur Veredelung der bodenständigen Landpferde, worin der Orlow-Traber besonders erfolgreich war. Daher wurde ein Programm mit dem Ziel eingeführt, weiterhin auf Schnelligkeit zu züchten, aber auch auf mehr Größe und besseres Gebäude zu achten.

FESTLEGUNG DES TYPS

Der Erste Weltkrieg verhinderte weitere Importe aus Amerika, aber während die bereits importierten Pferde weiter zur Zucht eingesetzt wurden, begann man, die Kreuzungsprodukte miteinander zu paaren, was gelegentlich bedeutete, daß es Rückkreuzungen auf den Orlow-Traber gab.

KOPF
Der recht gewöhnliche Kopf hat ein gerades Profil. Die Stirn ist breit, die Augen liegen weit auseinander. Die Pferde haben wenig Ganaschenfreiheit.

SCHULTERN
Ein leichtes Pferd mit typischen Traberschultern und gut ausgeprägtem Widerrist und entsprechender Gurtentiefe.

GLIEDMASSEN
Die Beine sind bemuskelt, aber nicht makellos. Der Rassestandard verlangt 19,9 cm Röhrbein, aber die Röhrbeine sind extrem lang. Die Pferde sind steil gefesselt.

LEISTUNG
Der Russische Traber ist ein konventioneller Traber. Im Vergleich mit anderen Rassen ist er ein gutes Leistungspferd, wenn auch nicht überragend. Er ist jedoch frühreif, obwohl die besten Zeiten erst erzielt werden, wenn die Pferde 5 oder sogar 6 Jahre alt sind.

1928 war eine Russische Traberstute durchschnittlich 1,55 m groß mit einem Gurtumfang von 1,75 m und einem Röhrbein von 19 cm. Zu Beginn der 30er Jahre waren die Pferde größer und verbessert in bezug auf Rahmen, Körpermaße und Gebäude allgemein. Zum Teil besaßen die Pferde auch wieder etwas von der harten Konstitution des Orlow-Trabers.

Körung
Russische Traber werden nach strengen Vorschriften in bezug auf Typ und Gebäude gekört. Sie müssen die im Rassestandard vorgeschriebenen Anforderungen an Proportionen und Röhrbeinstärke erfüllen. Die Traber werden auf der Bahn leistungsgeprüft.

Die moderne Rasse

Wie bei allen anderen offiziell anerkannten Rassen der ehemaligen UdSSR wurden strenge Rassestandards aufgestellt, wobei viel Wert auf die Körpermaße gelegt wurde. Der moderne Standard verlangt eine Größe von 1,63 m bei Hengsten und 1,60 m bei Stuten. Die Rumpflänge ist auf 1,63 m festgelegt worden, die Gurtentiefe auf 1,84 m bei Hengsten bzw. bei Stuten etwas weniger. Der Röhrbeinumfang sollte bei 19,9 cm liegen.

Zuerst und auch noch ein paar Jahre nach Einführung des Zuchtprogramms hatte man sich auf drei verschiedene Typen konzentriert: schwer, mittel und sportlich. Dadurch haben die Züchter vielleicht das große Ziel, nämlich die Perfektion des Renntrabers, etwas aus den Augen verloren. Der »schwere« Typ hatte die Proportionen eines Kaltblüters. Er hatte einen großen Leib und einen langen Rücken, war kurzbeinig und hatte ein gutes Röhrbein. Die Einkreuzungen der schwereren Arbeitspferde, die vorgenommen worden sein mußten, um ein solches Pferd zu produzieren, haben diesen Pferden eine härtere Konstitution gegeben als dem »sportlichen« Trabertyp, der jahrelang als nicht so widerstandsfähig wie der Orlow-Traber galt. Dieser schwere Traber entspricht in etwa dem europäischen Kutschpferd oder dem Artilleriepferd des 19. Jahrhunderts. Der »mittlere« Typ war leichter. Es handelte sich um aktive, leichte Pferde mit etwas Kaliber für den Einsatz in der Landwirtschaft.

Der »sportliche« Typ, d.h. der moderne Russische Traber, ist leicht gebaut, besitzt aber eine ausgeprägte Muskulatur und ziemlich widerstandsfähige Gliedmaßen ohne Behang. Die Hufe sind gesund und hart, die Röhrbeine sind kurz mit wesentlich besseren Sehnen und Bändern als früher.

Gebäudemängel, wie z.B. Kuhhessigkeit, Säbelbeinigkeit, abgeschlagene Kruppe und ein zu langer Körper, können u.U. die Trabaktion behindern.

Die vorherrschende Farbe ist braun, obwohl es auch Rappen, Füchse und Schimmel gibt. Die Pferde sind frühreif und mit 4 Jahren voll entwickelt. Ihre maximale Geschwindigkeit erreichen sie allerdings erst mit 5 oder 6 Jahren. Die Trabaktion ist flach und fördernd, aber aufgrund des starken Standardbred-Einflusses neigen viele Pferde dazu, Paß zu gehen. Es gibt einige Pferde, die die 1600 m in weniger als 2 Minuten traben, und der Russische Traber ist heute erheblich schneller als der Orlow-Traber.

Die Rasse wird reingezüchtet, und nur in äußerst seltenen Fällen wird einmal fremdes Traberblut eingekreuzt. Ende der 70er und Anfang der 80er Jahre war der Russische Traber derart beliebt und wurde folglich gern exportiert, daß erneut amerikanische Standardbreds eingeführt werden mußten, um die Pferde schneller zu machen. Innerhalb der Traberrassen kann der Russische Traber als ein nützliches Leistungspferd mit guten, aber nicht überragenden Fähigkeiten angesehen werden, das sich aber für den Trabrennsport im eigenen Land gut eignet.

Hufe
Die Hufe sind normalerweise sehr gesund und widerstandsfähig.

Grösse
1,60–1,63 m

Ursprünge

Der Russische Traber wird hauptsächlich in der Gegend von Moskau gezüchtet, wo sich auch Moskaus berühmteste Rennbahn, das Moskauer Hippodrom befindet. Die Rasse entstand durch Kreuzung des Orlow-Trabers, dem traditionellen russischen Trabrennpferd, mit dem importierten amerikanischen Standardbred-Traber. Beide Rassen standen den Züchtern an und in der Nähe der Rennbahn und ausreichend zur Verfügung.

CAPRILLI & DER LEICHTE SITZ

Ein Wendepunkt in der Entwicklung der Reiterei

LEICHTER SITZ
Der Springsport richtet sich immer noch nach den von Caprilli Anfang des 20. Jahrhunderts aufgestellten Regeln.

DIE LEHREN des Kavallerieoffiziers Federico Caprilli (1868–1907) stellen einen Wendepunkt in der Geschichte der Reiterei dar, indem sie eine Ära von der anderen trennen. Zu Recht wird er als der größte Einflußfaktor in der Entwicklung des modernen, aktiven Geländereitens bezeichnet. Als er an den italienischen Kavallerieschulen von Tor di Quinto und Pinerolo unterrichtete, wurde die Reiterei in Europa ganz von der militärischen Praxis nach den klassischen Regeln beherrscht, die jedoch zunehmend irrelevanter wurden auf einem Schlachtfeld, das von der rasanten Entwicklung auf dem Gebiet der Feuerwaffen beherrscht wurde. Caprilli wußte, daß in solch einer Situation der geschlossene Vorstoß der Reiterschwadronen, Steigbügel an Steigbügel in einer Linie reitend, nicht mehr gefragt sei. Seiner Meinung nach beschränkte sich die Rolle der Kavallerie größtenteils auf eine aggressive Aufklärung, durchgeführt von Formationen, die schnell über Land reiten und dabei alle, sich ihnen in den Weg stellenden Hindernisse überwinden. Dafür bildete er Reiter und Pferde aus in einer Landschaft, in der sie vielleicht eines Tages eingesetzt werden würden. Anstelle des beherrschten, versammelten Pferdes verlangte er dessen freie Entfaltung und lehrte die Reiter, sich den natürlichen Bewegungen des Pferdes anzupassen. Sie ritten mit kürzeren Steigbügeln und gingen mit dem Oberkörper vor, so daß das Gewicht so weit wie möglich über dem sich nach vorn verlagernden Schwerpunkt lag und das Pferd in seinem Bewegungsablauf am wenigsten behindern konnte. Die Reiter gingen über jeder Art von Hindernis mit dem Oberkörper vor, selbst wenn sie steile Hügel hinauf- oder hinabritten. Im Grunde eigneten sie sich denselben Sitz an, den schon Generationen von Steppennomaden und orientalischen Reitern gekannt hatten. Das Ergebnis von Caprilli's Lehren war, daß die Italiener fortan führend auf internationalen Springturnieren waren und die Grundlagen seines Systems weltweit von Kavallerieschulen übernommen wurden. Nach seinem Tod haben die Reiter die klassischen Regeln mit denen seines Systems vermischt, aber auf der ganzen Welt wird in Caprilli's Stil über Hindernisse gesprungen.

SEINER ZEIT VORAUS
Dieses Gemälde des holländischen Malers Rembrandt aus dem 17. Jahrhundert zeigt einen Reiter der leichten Kavallerie Polens. Der Reiter sitzt im Entlastungs- oder Vorwärtssitz, den Caprilli 200 Jahre später propagierte.

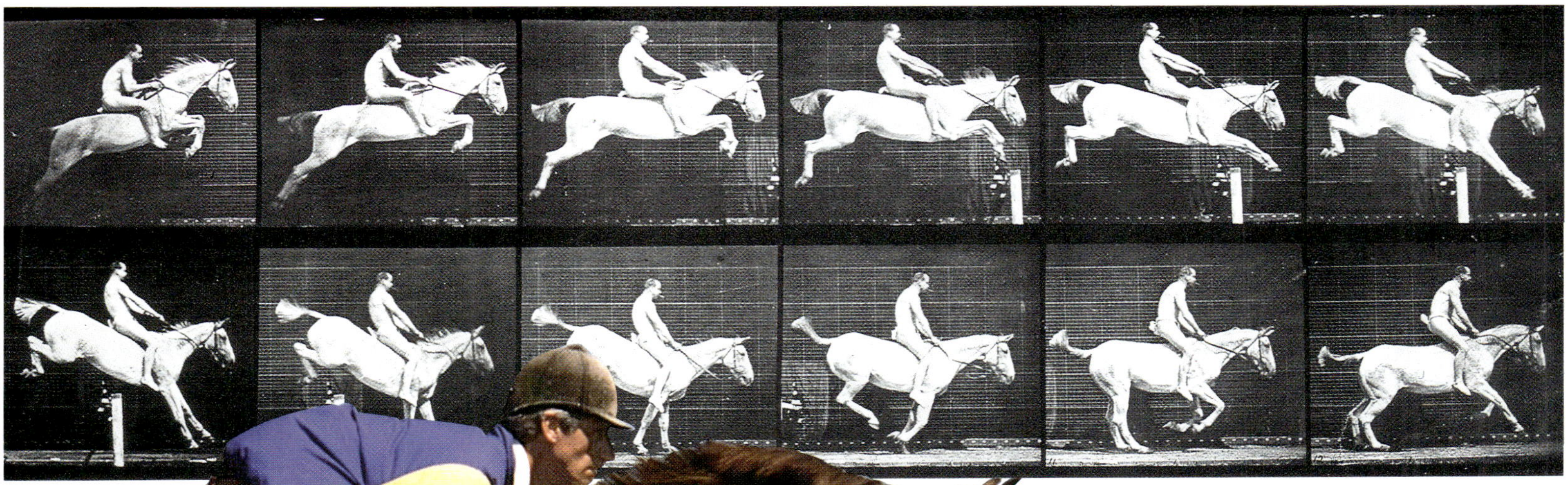

Sitzanalyse

Eadweard Muybridge's Fotoreihe zeigt den Springsitz, wie er gegen Ende des 19. Jahrhunderts praktiziert wurde, bevor Caprilli sein System lehrte. Obwohl der (ohne Sattel reitende) Reiter das Pferd nicht im Maul stört, sitzt er nicht im Gleichgewicht.

»Il Sistema«

Dieser Reiter unserer Tage demonstriert fast perfekt den von Caprilli propagierten Springsitz. Der Reiter verlagert sein Gewicht nach vorn über den Schwerpunkt des Pferdes, seine Hand geht vor in Richtung Pferdemaul, und die Schenkellage gibt ihm einen sicheren Sitz. Kurz gesagt, der Reiter paßt sich dem natürlichen Gleichgewicht und der Bewegung des Pferdes an.

SPRINGREITEN

INDISCHER SOLDAT IM SPRING-PARCOURS

OBWOHL ES ALS EINE der großen Sportarten der Welt mit einer beträchtlichen Zuwachsrate gilt, ist das Springreiten eine relativ junge Pferdesportart. Erst 1865 fand nachweislich die erste Springprüfung als öffentliche Veranstaltung statt. Die Royal Dublin Society veranstaltete auf ihrer jährlichen Schau einen »Hoch- und Weitsprung-Wettbewerb«. 1866 gab es auf der Schau in Paris auch einen »*concours hippique*«, wobei die Teilnehmer aber nicht einen im Stadion aufgebauten Parcours absolvierten, sondern eine Geländestrecke mit natürlichen Hindernissen. Eine Springprüfung wurde auch 1883 auf der ersten National Horse Show in New York veranstaltet. Um die Jahrhundertwende war das Springen eine internationale Disziplin, und auf der Olympiade von 1900 in Paris gab es drei Wettbewerbe für Einzelreiter: ein Zeitspringen, ein Weitspringen und ein Hochspringen. Die beiden ersten Prüfungen wurden von Belgiern gewonnen.

DER INTERNATIONALE SPRINGSPORT

Zu Beginn des 20. Jahrhunderts kam der Springsport in Fahrt. 1902 fand in Turin ein »*Concorso Internazionale Ippico*« für Militärmannschaften statt. Die Italiener richteten sich nach der Lehre von Federico Caprilli (siehe Seiten 344 bis 345) und ritten im leichten Sitz. Sie gewannen den Wettbewerb.

In den USA gab es 1883 die erste National Horse Show in Madison Square Gardens. Die ersten Mannschaftswettbewerbe gab es 1909 in Madison Square Garden, als auch ausländische Militärreiter startberechtigt waren. Großbritannien und die USA teilten sich den Sieg.

1911 nahm zum ersten Mal eine amerikanische Mannschaft an der International Horse Show im Olympia teil. Damals wurden die jährlich von den teilnehmenden Nationen veranstalteten Nationenpreis-Prüfungen zum zweiten Mal ausgetragen und bekamen langsam das Ansehen, das sie auch heute noch genießen. Der Nationenpreis war ursprünglich für Mannschaften aus drei uniformierten Offizieren aus demselben Land gedacht. Der Preis in London war ein goldener Wanderpokal im Wert von 500 Engl. Pfund, der überreicht wurde von König Edward VII.

Die Nation, die in einem Jahr die meisten einzelnen Nationenpreise gewonnen hatte, war der Gesamtsieger. Der erste Sieger hieß Frankreich. Großbritannien war 1921 der Sieger, und die USA kamen erst 1929 an die Reihe.

In der Zeit vor dem Zweiten Weltkrieg waren die Iren die besten Springreiter. Zwischen 1928 und 1939 gewannen sie weltweit 23 Prüfungen. Eine erstklassige russische Mannschaft, der u.a. der spätere Trainer der irischen Mannschaft, Paul Rodzianko, angehörte, hatte den King Edward VII-Pokal in den Jahren 1912, 1913 und 1914 gewonnen. Nach der russischen Revolution von 1917 blieb der Pokal verschwunden und wurde durch Edward Prince of Wales-Pokal ersetzt, der bis heute der britische Nationenpreis-Pokal ist.

EIN DEUTSCHER SPITZENREITER
Hans Günter Winkler aus Deutschland gewann 5 olympische Goldmedaillen in seiner 30jährigen Laufbahn. Hier reitet er seine berühmte Hannoveraner-Stute Halla.

WALL-AUFSPRUNG
Dieses Titelbild einer französischen Zeitschrift aus dem Jahre 1905 zeigt Pferd und Reiter beim Überwinden eines Walls, einem typischen Hindernis in der Landschaft von Pau/Frankreich.

DER NATIONENPREIS HEUTE

Seit seiner Einführung sind weltweit über 900 Nationenpreise veranstaltet worden. Heute ist der jährlich von den teilnehmenden Nationen ausgetragene »Preis der Nationen« eine Mannschaftsprüfung für vier Reiter männlichen oder weiblichen Geschlechts. Er wird nach den Regeln der Internationalen Reiterlichen Vereinigung (FEI) durchgeführt. Der FEI-Präsident überreicht den von der FEI zum ersten Mal 1965 verliehenen Pokal an die Nation, die in der jeweiligen Saison die meisten Nationenpreise gewonnen hat.

DAS REGLEMENT

Zumindest ein Grund für die Beliebtheit des Springsports bei den Zuschauern sind die klaren, eindeutigen Regeln, so daß der Zuschauer nicht so unbeteiligt ist und dem Geschehen im Parcours besser folgen kann. Bis nach dem Zweiten Weltkrieg waren die Regeln allerdings keineswegs einheitlich, obwohl nach der Gründung der FEI im Jahre 1921 international gültige Regeln aufgestellt wurden. In Großbritannien und den USA war es zwischen den Kriegen und in den Nachkriegsjahren Sitte, Latten oder Bänder auf die Hindernisse zu legen. Blieben sie nicht oben, gab es Strafpunkte. Das System war allerdings recht kompliziert, und die benötigte Zeit spielte dabei keine Rolle.

Heute kennen die Turnierbesucher die Regeln fast genauso gut wie die Richter: 4 Punkte für einen Abwurf; 3 Punkte für den ersten Ungehorsam; 6 Punkte für den zweiten Ungehorsam und Ausscheiden beim dritten Ungehorsam. Die digitale Zeitanzeige macht es dem Zuschauer noch einfacher, besonders bei Stechen oder Zeitspringen, wo die Fehler in Sekunden umgerechnet werden. In jedem Land werden die Springprüfungen in verschiedene Klassen eingeteilt, und der Aufbau des Parcours richtet sich nach der Erfahrung der Pferde und der jeweiligen Klasse.

DIE MAUER
Die Mauer im Mächtigkeitsspringen in Aachen ist höher als der Kopf des Pferdes und bereitet diesem Paar aus der Schweiz einige Probleme.

DIE OLYMPISCHEN SPIELE

Obwohl es in der Zeit zwischen den Olympischen Spielen nationale und internationale Turniere und die Weltmeisterschaften gibt, sind die alle 4 Jahre veranstalteten Olympischen Spiele der Höhepunkt im Springsport, wie auch in allen anderen Reitsportdisziplinen. Für die Springreiter gibt es einen Einzelwettbewerb und die Mannschaftswertung im Nationenpreis.

1912 gaben die Reitsportdisziplinen in Stockholm ihr olympisches Debut, als es erstmals Dressur-, Spring- und Vielseitigkeitsprüfungen gab. Schweden gewann die Mannschafts-Goldmedaille und Captain Jean Cariou Einzelgold. Deutschland führt die Liste der Medaillengewinner im olympischen Springsport an: Bis 1992 gewannen die Deutschen 7 Goldmedaillen, eine Silbermedaille und drei Bronzemedaillen mit der Mannschaft. Bei den Einzelmedaillen ist es Hans Günter Winkler, einer der größten Springreiter der Welt, der den Rekord hält. In seiner 30jährigen Laufbahn gewann er 5 olympische Goldmedaillen. Er ritt viele überragende Pferde, das berühmteste unter ihnen war die Hannoveraner-Stute Halla.

PERFEKTER STIL
Mark Todd, der vielleicht beste Vielseitigkeitsreiter der 90er Jahre, ist auch ein hervorragender Springreiter. Sein Pferd auf diesem Foto, Kleenex Double Take, springt sehr vermögend und vertrauensvoll in perfekter Manier mit angezogenen Vorder- und Hinterbeinen.

Sardinisches & Salerner Pferd

Abgesehen von seinen überragenden Vollblütern hat Italien nicht viel zu bieten an Reitpferderassen. In jüngster Zeit ist jedoch viel Gebrauch vom Vollblut zur Verbesserung des Salerner Pferdes gemacht worden. Das Salerner Pferd hat sich zu einem vielversprechenden Turnierpferd entwickelt. Beim unbekannteren Sardinischen Pferd mangelt es an einer systematischen Zucht, aber es ist ein interessantes Kreuzungsprodukt von Berber, Araber und Spanischem Pferd.

Hals
Der schlanke, elegante Hals ist anmutig geformt. Der hübsche, intelligente Kopf ist gut angesetzt.

Grösse des Sardinischen Pferdes
1,57 m

Das Sardinische Pferd

Über mehrere Jahrhunderte importierte Sardinien viele Pferde und gründete die heimische Rasse auf Kreuzungen zwischen Araber und Berber (siehe Seiten 64–67). Ein unverwechselbarer Typ entwickelte sich im 15. Jahrhundert, nachdem Ferdinand von Spanien (1452–1516) in der Nähe von Abbasanta ein Gestüt mit Spanischen Pferden (den heutigen Andalusiern, siehe Seiten 106–107) gegründet hatte. Das Gestüt stellte den ländlichen Züchtern Hengste zur Verfügung, und bald wurden weitere Gestüte in Monte Minerva, Padromannu und Mores eingerichtet. Die dort gezüchteten Pferde erwarben sich den Ruf, widerstandsfähige, ausdauernde Reitpferde mit großem Stehvermögen zu sein. Als Sardinien 1720 von Spanien an Savoyen überging, ging die Pferdezucht zurück und erst im Jahre 1908 wurden Araber importiert, um das Pferdematerial zu verbessern.

Das gute Sardinische Pferd erinnert heute stark an den Orientalen. Was das Gebäude angeht, ist es von mittlerer Reitpferdequalität. Das Sardinische Pferd soll mutig und intelligent sein und viel Springvermögen besitzen. Die vorherrschenden Farben sind braun und schwarzbraun, die Größe liegt bei 1,57 m.

Das Salerner Pferd

Das Salerner Pferd entstand im 18. Jahrhundert in der Region Campania in Italien. Es gehört zu den attraktiven italienischen Warmblutrassen, ist aber heute nicht mehr stark vertreten. Es entstand auf dem Gestüt Persano, das der Bourbonen-König Karl III, König von Neapel und später auch von Spanien, in der ersten Hälfte des 18. Jahrhunderts gegründet hatte. Die auf Persano gezüchteten Pferde, die als Persano-Pferde bekannt waren, basierten auf dem Neapolitanischen Pferd, einer Rasse aus der Gegend von Sorrento und Neapel mit hohem spanischen und Berberblutanteil. Obwohl es im Vergleich zum

Polizeipferde
Durch Einkreuzung von Vollblütern wurden die Salerner Pferde zu guten Kavallerieremonten. Heute dienen sie der berittenen Polizei als Reitpferde. Sie gelten als klug und gut aufgemacht und sind bekannt für ihr überdurchschnittliches Springvermögen.

Sardinisches Pferd

iberischen Pferd eher grob ist, galt es zu seiner Zeit als das beste Reitpferd Italiens und wurde viel gelobt für die hohe, erhabene Aktion seiner Gänge und die außergewöhnliche Härte seiner Extremitäten. Diese Pferde wurden mit den Landpferden in den Tälern von Salerno und Ofanto gepaart. Danach wurden Araber und spanische Importpferde eingesetzt, um ein typvolles, gutes Reitpferd zu produzieren. Nachdem Italien 1860 eine Republik geworden war, wurde das Gestüt geschlossen. Als die Zucht um 1900 wiederbelebt wurde, verschwand der alte Name, und die Pferde wurden zunehmend als Salerner Pferd bezeichnet. Die Zufuhr von Vollblut (siehe Seiten 118–119) verbesserte die Pferde und brachte ein gutes Kavallerie-Pferd. Die Pferde waren größer als vorher, attraktiv, hatten gute Gänge und ein gutes Exterieur – und sie sprangen gut.

Einige bemerkenswerte Pferde wurden auf dem Gestüt Morese, in direkter Nachbarschaft von Gestüt Persano, gezogen. Dazu gehören zwei der bedeutendsten italienischen Springpferde, Merano und Posillipo, die beide von dem italienischen Spitzenspringreiter Raimondo d'Inzeo geritten worden waren. Mit Merano gewann d'Inzeo 1956 die Weltmeisterschaft, nachdem er 1955 Zweiter hinter dem Deutschen Hans Günter Winkler geworden war. D'Inzeo ritt Posillipo, als er 1960 bei den Olympischen Spielen in Rom die Einzel-Goldmedaille gewann.

Das Salerner Pferd führt heute noch mehr Vollblut und ist noch edler. Es hat eine gute Reitpferdeschulter und das Exterieur eines qualitätsvollen Pferdes mit viel Vermögen. Daher verfügt das Pferd über viel Schulterfreiheit und energische Gänge. Alle Grundfarben sind erlaubt, und mit 1,63 m ist es größer als seine Vorfahren.

GRÖSSE DES SALERNER PFERDES
über 1,63 m

KOPF
Der Kopf ist edel und zeigt den spanischen Einfluß.

GLIEDMASSEN
Die korrekten Gliedmaßen haben gut geformte Gelenke.

SALERNER PFERD

URSPRÜNGE

Sardinien hat eine lange Pferdezuchttradition. Verkehrsgünstig vor der nordafrikanischen Küste gelegen, konnten die Sardinier problemlos Berber und Araber importieren, die zusammen mit dem Englischen Vollblut den Grundstock des modernen Salerner Pferdes bildeten, das heutzutage sehr im Anglo-Araber-Typ steht. Das Salerner Pferd wird immer noch in der Region Campania in Italien gezüchtet, wo es im 18. Jahrhundert entstand. Das Gestüt Morese war eine der Hauptzuchtstätten und Geburtsstätte einiger bedeutender Sportpferde.

DR. REINER KLIMKE

DRESSURREITEN

DAS WORT DRESSUR kommt vom französischen Verb *dresser,* das in Zusammenhang mit der Ausbildung (Dressur) des Reit- oder Zugpferdes gebraucht wurde. Heute wird das Wort benutzt für eine Turniersportdisziplin, zu der eine ganze Reihe von Prüfungen gehören, angefangen bei der Klasse E bis hin zur höchsten Schwierigkeitsstufe, dem Grand Prix, der auf internationalen Turnieren und bei den Olympischen Spielen geritten wird. Man kann sagen, die Wurzeln dieser Disziplin liegen in den von dem griechischen General Xenophon in seinem Buch »Peri Hippikes« beschriebenen, fortschrittlichen Ausbildungsmethoden, auf deren Grundlage die Entwicklung der klassischen Reitkunst in der Renaissance (siehe Seiten 96–97) geschah. Die Vorläufer des Turniersports »Dressur« waren die von der Kavallerie um die Jahrhundertwende in Europa durchgeführten Prüfungen zur Feststellung des »am besten ausgebildeten Offizierspferdes«.

DIE OLYMPISCHEN SPIELE

Bei den Olympischen Spielen von 1912 in Stockholm fanden zum ersten Mal Dressurprüfungen statt. Ausgetragen wurde eine Einzelwertung auf L-Niveau, verglichen mit dem heutigen Stand. Es wurden keine Seitengänge verlangt, kein Galoppwechsel und erst recht nicht die höheren Lektionen wie Piaffe und Passage. Zu dieser Dressurprüfung gehörte jedoch das Springen von fünf Hindernissen (ganz in der Tradition der Prüfungen zur Feststellung des »am besten ausgebildeten Offizierspferdes»), was bis nach dem Zweiten Weltkrieg Bestandteil einiger Prüfungen blieb.

Die schwedischen Mannschaften und Einzelreiter gewannen 1912 in Stockholm Dressur, Springen und Vielseitigkeit. Einen solchen Triumph gab es erst 1936 wieder, als Deutschland alle Goldmedaillen gewann. Den deutschen Reitern, unter ihnen Alois Podhajsky und Kurt Hasse, wurde von Captain Edy Goldman, einem der besten Trainer des 20. Jahrhunderts, bescheinigt, daß »niemand vor oder nach ihnen je so perfekt geritten wäre«, denn es war ihnen gelungen, »die natürliche Leichtigkeit von Caprilli's Reitweise (siehe Seiten 344–345) mit den Lehren der klassischen Reitkunst zu vereinen.«

HÖHERE LEKTIONEN

Bei den Olympischen Spielen von 1920 in Antwerpen wurden schon höhere Lektionen verlangt, u.a. Konterwechsel im Trab und im Galopp sowie fliegende Galoppwechsel bis hin zu »à Tempo« (d.h. fliegende Galoppwechsel von Sprung zu Sprung). Des weiteren wurde ein System eingeführt, wonach die schweren Lektionen anders benotet werden als die einfacheren. 1920 wurde die Goldmedaille von den Schweden gewonnen, die bis 1956 die führende Nation in der Dressur blieben. Dann übernahmen die Deutschen mit ihren großartigen Warm-

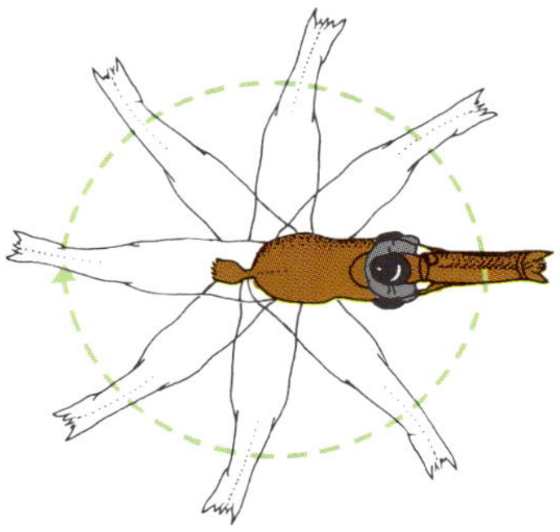

DIE PIROUETTE

Bei der Pirouette dreht sich das Pferd auf dem inneren Hinterfuß (siehe obiges Diagramm). Das links abgebildete Pferd, Chevalier, zeigt eine Pirouette nach rechts. Es handelt sich um ein Holländisches Warmblut.

blütern die Führungsposition. Sie stellten die Weichen, bestimmten den Typ des Dressurpferdes schlechthin und beeinflußten verschiedene Kriterien des Richtverfahrens.

Die Lektionen der klassischen Hohen Schule wie Piaffe und Passage wurden erstmals 1932 auf der Olympiade in Los Angeles geritten, als Frankreich mit seinen Anglo-Arabern und Vollblütern Mannschafts-Gold gewann. In der Einzelwertung führte Xavier Lesage vom Cadre Noir mit seinem fast schon legendären Vollblüter Taine. Dieses Paar zeigte die Leichtigkeit der französischen Reitweise in vollendeter Form.

Bis zum Zweiten Weltkrieg war der militärische Einfluß in den drei Reitsportarten vorherrschend. Mit dem Rückgang der Kavallerie gab es immer mehr Zivilisten im Turniersport, darunter auch viele Frauen.

Obwohl die Prinzipien der klassischen Reitkunst unangetastet blieben, wurde in der Dressurreiterei langsam, aber sicher das Element der Reitkunst verdrängt durch leistungssportliche Aspekte – aus der Reitkunst wurde Reitsport. Trotzdem erfreut sich das Dressurreiten heute großer Beliebtheit. In den 90er Jahren wurde die Dressurreiterei in Großbritannien zu der Sportart mit den größten Zuwachsraten. Die Briten waren in der Dressur bisher kaum in Erscheinung getreten, obwohl das Land eine lange Reitsporttradition besitzt und über exzellente Vielseitigkeitsreiter verfügt. Die USA und Kanada, wo es keinerlei »Dressurtradition« gibt, lernten schneller.

DIE EINTEILUNG IN KLASSEN

Heute veranstaltet beinahe jedes Land Dressurprüfungen. Es gibt für jede Klasse die geeigneten Prüfungsaufgaben, sogar auf dem Niveau der Freizeitreiter in den Pony-Clubs und Reitvereinen.

In den unteren Klassen wird auf einem Viereck von 20 x 40 m geritten, während die vier internationalen Aufgaben auf 20 x 60 m geritten werden. Diese internationalen Aufgaben sind der St. Georg, Intermédiaire I und II und schließlich die schwierigste Aufgabe, der Grand Prix. Auf den großen Turnieren qualifizieren sich die besten 12 Reiter im Grand Prix automatisch für den Grand Prix Special, einer Kurzprüfung mit den schwierigsten Lektionen. Die Kür wird ebenfalls häufig ausgeschrieben. Hier wird mit musikalischer Untermalung geritten, was dem Sport eine interessante Note verleiht und eine Rückkehr zu den klassischen Elementen der Reitkunst bedeutet.

EIN SCHWUNGVOLLER GALOPP
Der Westfale Goldstern, 1993 an 4. Stelle in der Dressur-Weltrangliste für Einzelreiter stehend, zeigt einen schwungvollen Galopp.

STARKER TRAB
Nicole Uphoff und ihr Pferd Rembrandt zeigen eine Trabverstärkung. 1993 führten sie die Weltrangliste der Dressurreiter an.

STRASSEN UND WEGE

VIELSEITIGKEIT

DIE HÄRTESTE und anspruchvollste Disziplin im Reitsport ist zweifellos die Vielseitigkeit. Die Franzosen sagen *»concours complet«* (komplette Prüfung), womit kurz und bündig ausgedrückt ist, daß es sich hierbei um die allumfassende Prüfung von Reiter und Pferd handelt. Früher war diese Sportart auch als »Military« und später als »Kombinierte Ausbildung« bekannt. Sie wurde entwickelt aus den Wettbewerben der Kavallerie, die darauf abzielten, Ausdauer, Schnelligkeit, Stehvermögen und Gehorsam des Pferdes bei Belastung sowie Ausdauer und Können des Reiters zu prüfen. Das waren dieselben Ziele wie sie auch heute noch verfolgt werden in der Vielseitigkeitsprüfung, wozu Dressur, Geländestrecke und Parcoursspringen zählen.

MILITÄRISCHE ÜBUNGEN

Seit dem 19. Jahrhundert veranstalteten die Armeen von Frankreich, Deutschland, Schweden und den USA »Ausdauerritte« als Teil der Kavallerie-Ausbildung. Diese Ritte reichten von 30 km bis zu schwindelerregenden 724 km. Das geforderte Tempo war hoch, aber es wurde nicht gesprungen. Die Betonung lag auf Stehvermögen. Die Franzosen entwickelten eine umfassendere Prüfung, die als »Championnat du Cheval d'Armes« 1902 in der Nähe von Paris zum ersten Mal ausgetragen wurde. Es war mehr oder weniger eine militärische Übung in vier Abschnitten: einer Dressurprüfung, einem Hindernisrennen, einem 30 Meilen-Geländeritt über Straßen und Wege und einer Springprüfung. Diese Übung bildete die Grundlage für die dreitägige Vielseitigkeitsprüfung für Soldaten, wie sie 1912 bei den Olympischen Spielen ausgetragen und von den Schweden gewonnen wurde.

DIE MODERNE VIELSEITIGKEIT

Nach dem Zweiten Weltkrieg nahmen auch Zivilisten an dieser Prüfung teil, und von da an expandierte der Sport. Im Gegensatz zum Springsport (der statistisch gesehen weniger gefährlich ist) sind die meisten Vielseitigkeitsreiter Frauen. Den größten Auftrieb bekam die Vielseitigkeitsreiterei durch die »Badminton Horse Trials«, die seit 1949 alljährlich auf dem Anwesen des Duke of Beaufort in Gloucestershire veranstaltet werden. Badminton wurde schnell zur bedeutendsten Veranstaltung. Das Mekka der Vielseitigkeitsreiterei setzte Maßstäbe und wurde zum Vorbild für andere Vielseitigkeitsprüfungen auf der Welt.

In Großbritannien gibt es mehr Prüfungen als sonstwo auf der Welt. Der Sport ist so populär, daß man die Teilnehmerzahl künstlich so niedrig halten muß, damit nicht die ganze Veranstaltung gesprengt wird. Trotz einer beneidenswerten Rekordzahl an Welt- und Europameistertiteln und einer beeindruckenden Zahl an Einzelmedaillen haben die Briten nur dreimal die Mannschafts-Goldmedaille bei Olympischen Spielen gewonnen: 1956 in Stockholm, 1968 in Mexico City und 1972 in München. Seit Beginn dominieren englische und irische Pferde (siehe Seiten 372–373) in diesem Sport. Wie der verstorbene Colonel Frank Weldon, Olympiasieger und viele Jahre lang Direktor der Badminton Horse Trials, schon sagte: »Alles, was ein normales Pferd kann, kann der Vollblüter besser.« Zwischen den Olympiaden werden Welt- und internationale Meisterschaften abgehalten, wobei die Europa-

RISKANTE RUTSCHPARTIE

Ein Sikh-Offizier rutscht einen steilen Hang hinunter, um dann über einen Wassergraben zu springen. Dieses Paar nimmt an den Indischen Meisterschaften teil, und an diesem schwierigen Hindernis geben Pferd und Reiter ein Bild des gegenseitigen Vertrauens und vollkommenen Gleichgewichts ab

EINTAUCHEN IN DEN SEE

Dieses Pferd ist bei den Badminton Horse Trials zu nah an das Hindernis am See gekommen, hat daraufhin die obere Stange berührt und stürzt nun kopfüber ins Wasser. Glücklicherweise kommt es selten zu Verletzungen, obwohl man mit Stürzen rechnen muß. Die Hindernisse am See ziehen immer die meisten Zuschauer an.

EIN SCHWIERIGES HINDERNIS
Korrektes, mutiges Springen und absolut genaues Anreiten sind unerläßlich zur Überwindung dieses Hindernisses in Stockholm (1989). Der moderne Vielseitigkeitsreiter trägt eine Sicherheitsweste und eine Sturzkappe, um sich vor Verletzungen zu schützen.

meisterschaften zu den bedeutendsten zählen. Vielseitigkeitsprüfungen sind heute hochorganisierte Veranstaltungen. Beim Aufbau der Geländestrecke wird besonderer Wert auf Sicherheit gelegt. Vielseitigkeitspferde werden nach ihren Erfolgen eingestuft. Die Prüfungen sind gestaffelt und reichen von eintägigen Veranstaltungen bis hin zu den Meisterschaften über drei Tage. Große Prüfungen werden meist an vier Tagen ausgetragen, denn bei derart vielen Teilnehmern werden zwei Tage für die Dressur benötigt.

DIE DREI TEILPRÜFUNGEN

Bei Veranstaltungen von ein oder zwei Tagen findet zuerst die Dressurprüfung statt, gefolgt vom Parcoursspringen und zum Schluß die Geländeprüfung. Pferde, die beim Springen ausscheiden, sind automatisch nicht mehr startberechtigt für die Geländeprüfung. Dreitägige Veranstaltungen werden mit der Dressurprüfung eröffnet. Der zweite Tag ist dem Gelände vorbehalten: Die Prüfung beginnt mit der Wegestrecke I, wonach die Rennbahn mit Hindernissen folgt. Dann kommt die Wegestrecke II, und danach geht es auf die Querfeldeinstrecke. Am letzten Tag findet eine Verfassungsprüfung durch den Tierarzt statt. Zum Abschluß folgt die Parcours-Springprüfung. Die drei Teilbereiche einer Vielseitigkeit werden wie folgt bewertet: Dressur Faktor 3, Geländeteil Faktor 12, Springen Faktor 1.

Die Philosophie der Vielseitigkeitsprüfung liegt in ihrem militärischen Ursprung begründet. Die Dressur soll zeigen, daß das Pferd, wenn es in Top-Kondition ist, trotzdem durchlässig und gehorsam genug ist, um die versammelten Lektionen auf einem kleinen Viereck auszuführen. Auf der Querfeldeinstrecke müssen Reiter und Pferd angesichts der festen Hindernisse Mut und Können zeigen. Der abschließende Springparcours soll zeigen, daß das Pferd nach den Anstrengungen des vorangegangenen Tages noch fit genug ist »für weitere Einsätze«.

In Badminton ist der Geländeteil insgesamt 25 km lang und dauert etwa $1^1/_2$ Stunden. Wegestrecke I geht über 6 km, die Rennbahn ist 3 km lang, und die zur Verfügung stehende Zeit sind 4,5 Minuten, was ein Durchschnittstempo von 42 km/h bedeutet. Wegestrecke II geht über 9 km, und nach einer Zwangspause von 10 Minuten gehen die Pferde auf die 7 km lange Querfeldeinstrecke mit 32 Hindernissen. Da es sich bei einigen Hindernissen um Kombinationen handelt, müssen die Pferde wesentlich mehr als 32 Sprünge machen.

DER MUT DES VOLLBLÜTERS
Ein großer Satz und dieses mutige und entschlossene Paar macht einen sauberen Aufsprung auf ein Hindernis bei den Badminton Horse Trials von 1989. Für solche Hindernisse braucht man das wendige, athletische und mutige Vollblutpferd.

Fahren im Park

Fahrsport

Gegen Ende des 19. Jahrhunderts war das Fahren als Turniersport auf dem europäischen Festland weit verbreitet, besonders in Deutschland, der Schweiz, Österreich, Ungarn und einigen osteuropäischen Ländern. Das erste Fahrturnier, bei dem es eine Goldmedaille zu gewinnen gab, fand 1882 in Baden-Baden statt. Sie wurde von Benno von Achenbach gewonnen, der später dann die sog. »Achenbach«-Methode oder auch »englische« Methode («englisch«, da er seine Kenntnisse bei dem englischen Profi Edwin Howlett erworben hatte) perfektionierte. Das erste Hamburger Fahr-Derby fand 1920 statt, und Prüfungen für Vierspänner gibt es auf dem Turnier in Aachen seit mehr als 50 Jahren. Auf Anregung von SKH Prinz Philip, dem damaligen Präsidenten der Internationalen Reiterlichen Vereinigung (FEI), wurde Fahren 1969 international als Turniersport anerkannt und erfreut sich seither wachsender Beliebtheit.

Fahrturniere

Das erste internationale Fahrturnier für Vierspänner fand 1970 in der Schweiz statt. Seither gibt es jedes Jahr eine Europa- oder Weltmeisterschaft sowie internationale Turniere mit etwa 20 teilnehmenden Nationen. Neben den Vierspännerprüfungen gibt es auch welche für Zweispänner, Tandems und Pferd- bzw. Pony-Einspänner.

Eine Fahrprüfung ist ähnlich aufgebaut wie die Vielseitigkeitsprüfung in der Reiterei. Sie besteht aus drei Wettbewerben, A, B und C sowie einem Mini-Wettbewerb, genannt Präsentation, wozu eine Beurteilung des Gespanns eines jeden einzelnen Teilnehmers gehört. Dadurch setzten sich die englischen Konventionen durch, d.h. z.B. der Zylinder. Dieser Kurz-Wettbewerb wurde 1988 von einer Note für den Gesamteindruck während der Teilprüfung A ersetzt.

Der Teilwettbewerb A findet auf einem Viereck von 40 x 100 m statt bzw. 80 x 40 m für Zwei- und Einspänner. Die Bewegungen der Pferde werden beurteilt, wenn sie geradeaus gehen, denn die Länge eines Vierspänners mit Wagen beträgt etwa 10 m. Es gibt auch Noten für Gehorsam, Schwung, Qualität der Gänge, Fahrstil etc.

Marathon

Dieses Gelderländer-Gespann nimmt an einer internationalen Marathonprüfung auf der Royal Windsor Horse Show im englischen Berkshire teil. Immer mehr Gelderländer nehmen erfolgreich an internationalen Fahrturnieren teil.

Marathon

Teilwettbewerb B ist der Marathon. Er ist das Gegenstück zur Geländeprüfung in der Military und hat wahrscheinlich dreimal soviel Gewicht in der Endwertung wie die Dressur. Der Marathon geht über 24–27 km, besteht aus 5 Abschnitten mit den zwei vorgeschriebenen Zwangspausen und die erlaubte Höchstzeit ist 2 Stunden.

In Teil A geht es 10 km über Straßen und Wege bei einem Tempo von 15 km/h. Gewöhnlich wird getrabt, aber jede Gangart ist erlaubt. Teil B geht über 1,2 km und muß im Schritt (Tempo 7 km/h) bewältigt werden. Darauf folgt der erste Halt. Mit Teil C beginnt eine anspruchsvollere Phase. Die Strecke geht über hügeliges, kurvenreiches Gelände und muß in einem Tempo von 18–19 km/h zurückgelegt werden. Galoppieren ist nicht erlaubt, so daß die Pferde einen guten, flotten Trab gehen müssen. In Teil D kommt die zweite Schrittphase, und während des 10minütigen Stopps wird eine tierärztliche Kontrolle durchgeführt. Der letzte Teil, Teil E, geht über 10 km. Das vorgeschriebene Tempo ist 15 km/h, und zur Strecke gehören 8 Hindernisse, die fast alle gegen Ende der Strecke überwunden werden müssen. Zu Anfang sollte es sich bei den Hindernissen um natürliche Hindernisse handeln, wie z.B. Wasserdurchfahrten, aber heutzutage werden sie fast alle künstlich hergestellt. Die Hindernisse werden sorgfältig geplant unter Berücksichtigung solcher Faktoren wie Bodenzustand oder Entfernungen.

Geländeprüfung

Dieses Foto zeigt den englischen Fahrer Alwyn Holder, wie er versucht, auf der Geländestrecke bei den Weltmeisterschaften von 1982 im niederländischen Apeldoorn Zeit zu machen. Großbritannien gewann hier Mannschaftsgold.

Teilprüfung C ist das Hindernisfahren, allgemein als »Kegelfahren« bekannt. Der »Parcours« besteht aus bis zu 20 Hindernissen aus Verkehrskegeln. Fehlerpunkte gibt es bei Berührung eines Kegels, bei Herunterfallen des Balles von der Kegelspitze und bei Überschreiten des meist relativ knappen Zeitlimits. Dieser Wettbewerb prüft Können und Urteilsvermögen des Fahrers und dient der Feststellung des

Leistungsvermögen der Pferde nach dem Marathon des vorangegangenen Tages.

WAGEN UND PFERDE

Die Wagen für den Marathon werden speziell für diesen Sport gebaut, wobei es nicht sehr auf elegantes Aussehen ankommt. Viele haben sogar eine Art Scheibenbremse wie ein Auto.

Die meisten Fahrpferde im Turniersport sind Warmblüter, die von den europäischen Kutschpferderassen abstammen – Holsteiner, Oldenburger etc. Man findet aber ebenso Cleveland Bays und ihre Kreuzungsprodukte, Welsh Cobs und Fell-Ponys sowie Gelderländer aus den Niederlanden und die Lipizzaner der schicken ungarischen Gespanne.

Die Ungarn fahren in ihrer eigenen, traditionellen Anspannung mit Brustblattgeschirren (und Koppelschnallen, die vom Fahrer verschnallt werden können). Die Standard-Anspannung in den meisten westlichen Ländern ist die weniger flexible Anspannung nach Achenbach, wie sie Oberst a.D. Max Pape in seinem Buch »Die Kunst des Fahrens« (erschienen im Jahre 1966) beschreibt.

ZEITFAHRPRÜFUNGEN

Hierbei handelt es sich um kleine Hindernisrennen gegen die Uhr. Sie werden ausgeschrieben für Ponys in zwei Größen-Klassen (bis 1,22 m und 1,22 bis 1,47 m) vor leichten, gummibereiften, vierrädrigen Wagen. Ein Groom begleitet den Fahrer und lehnt sich immer entsprechend hinaus, um dem Gespann mehr Stabilität zu geben. Am besten geeignet für diese oft als Gegenstück zu den Auto-Rallyes bezeichneten Auf-Teufel-komm-raus-Rennen sind schnelle, wendige Ponys, oft mit Welsh-Blut.

ENGE WENDUNGEN

Eine gut eingeschätzte Wendung bringt dieses Gespann sicher durch das anspruchsvolle Hindernis auf der Strecke in Aachen. Die Pferde gehen in dem von vielen Fahrern bevorzugten Brustblattgeschirr.

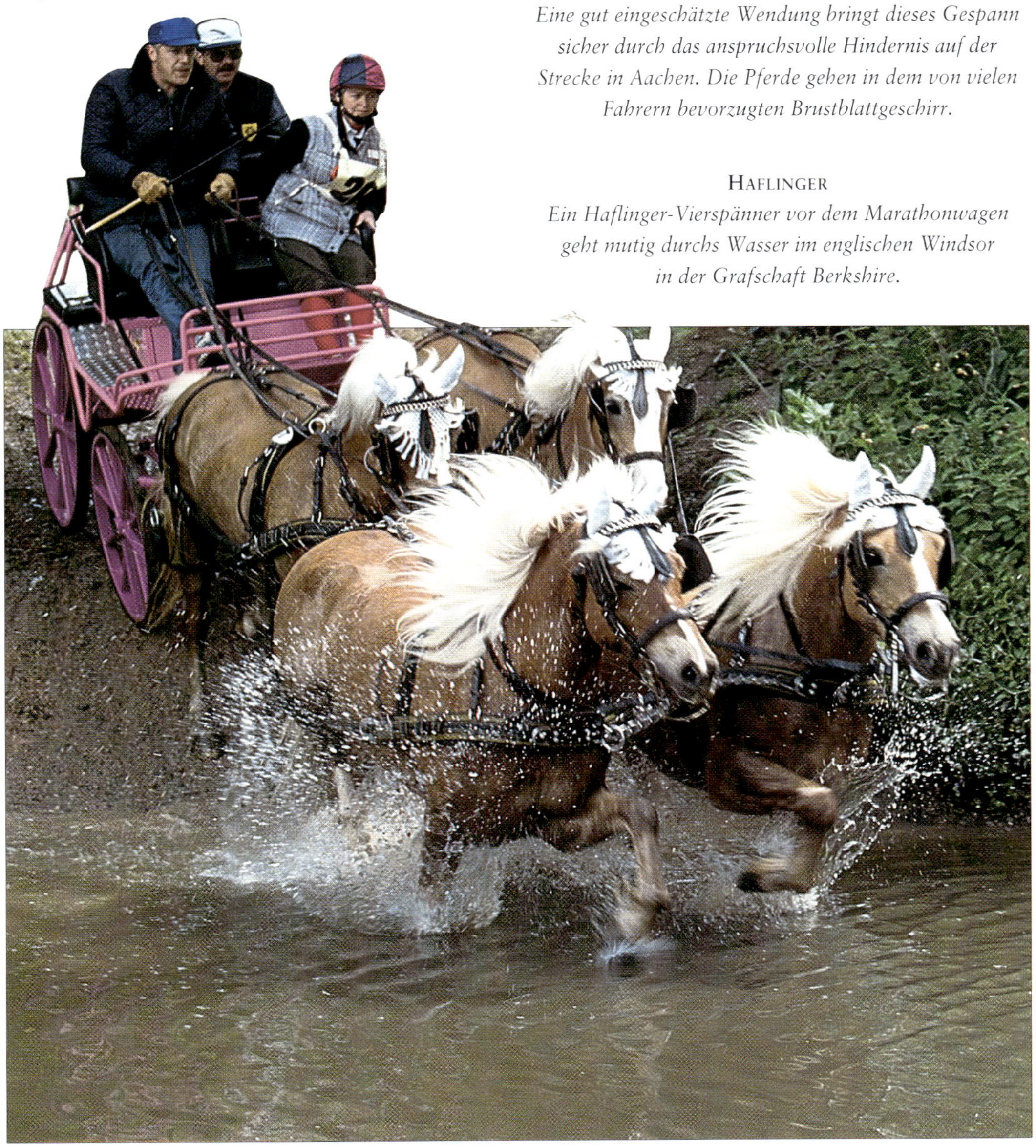

HAFLINGER

Ein Haflinger-Vierspänner vor dem Marathonwagen geht mutig durchs Wasser im englischen Windsor in der Grafschaft Berkshire.

INDISCHE GESPANNE

Verschiedene Gespanne warten auf ihren Start in einer Fahrprüfung auf dem Turnier von Neu-Delhi, Indien. Es besteht eine große Rivalität zwischen den privaten Gespannen der Armee.

DISTANZREITEN

DISTANZREITEN

WIE DIE VIELER ANDERER REITSPORT-DISZIPLINEN liegen auch die Ursprünge des Distanzreitens beim Militär. Um die Jahrhundertwende führte die Kavallerie, besonders in Deutschland und dem österreichisch-ungarischen Kaiserreich, Testritte mit dem Ziel durch, das Leistungsvermögen zu verbessern. Dabei handelte es sich oft um Rennen von unmenschlicher Härte, und nicht selten wurden die Pferde dabei regelrecht zu Tode geritten. Es war die amerikanische Kavallerie, die überwachte Ritte mit der Betonung auf ordnungsgemäßer Behandlung der Pferde durchführte, und auch heute noch sind die USA führend im Distanzsport und veranstalten mehr als 500 Ritte pro Jahr. Es werden Europa- und Weltmeisterschaften nach den Regeln der Internationalen Reiterlichen Vereinigung (FEI) ausgetragen, und es besteht die Möglichkeit, daß das Distanzreiten bald olympische Disziplin wird.

AMERIKANISCHE VERANSTALTUNGEN

Im Jahre 1919 führte die US-Kavallerie Ausdauertests durch, um das Leistungsvermögen von Arabern und Vollblütern als Remonten beurteilen zu können. Die Pferde mußten 480 km in 5 Tagen zurücklegen, d.h. in Tagesetappen von 96 km, wobei sie ein Gewicht zwischen 91 und 111 kg tragen mußten. Einer der ersten zivilen Ritte war der 1936 veranstaltete 100 Meilen-Ritt von Vermont. Er entstand praktisch direkt aus den militärischen Ritten und führte zur Gründung zahlreicher Trail Ride-Verbände.

Der härteste amerikanische Ritt ist der Western States Trail Ride über 100 Meilen, der allerdings viel bekannter ist als Tevis Cup Ride. 1955 organisierte Wendell T. Robie diesen Ritt zum ersten Mal, indem er mit vier anderen Männern in 23 Stunden von Tahoe City in Nevada durch die Sierra Nevada nach Auburn in Kalifornien ritt. Das Gelände ist schwierig. Auf insgesamt 4648 m geht es steil bergab, und über 2896 m geht es bergauf über den schneebedeckten Squaw-Paß zum El Dorado-Canyon, wo die Temperaturen auf 38 Grad Celsius klettern können. Heutzutage werden in Etappen auf der gesamten Strecke tierärztliche Kontrollen durchgeführt und teilnehmen kann nur, wer sich vorher auf anderen Ritten qualifiziert hat. Dieses Verfahren ist mittlerweile von allen Ländern, wo es Distanzritte gibt, übernommen worden. Die Strecke wird meist

AUSDAUERNDE ARABER
Distanzreiten ist die Reitsportdisziplin mit dem größten Zuwachs. Die meisten Reiter bevorzugen den Araber oder Araber-Kreuzungen.

BETREUER
Ein gut eingespieltes Team an Betreuern oder Helfern ist für den ernsthaften Wettkampfreiter auf internationalen Ritten unerläßlich. Dieses Team spielt eine große Rolle für die Leistungsfähigkeit von Reiter und Pferd.

in 11 bis 12 Stunden zurückgelegt, und die Reiter, die innerhalb der Höchstzeit von 24 Stunden ankommen, qualifizieren sich für die begehrte silberne oder goldene Nadel.

Wendell Robie, der den Tevis Ride 1956, 1957 und 1958 gewann, ritt Araber. Sein erster und berühmtester war der Schimmelhengst Bandos von Nasr. Seither gilt der Araber als das beste Distanzpferd.

Das australische Pendant zum Tevis Ride ist der Tom Quilty Endurance Ride, der über dieselbe Entfernung und über ein Gelände geht, das ähnliche Anforderungen an Pferd und Reiter stellt.

DISTANZREITEN IN GROSSBRITANNIEN

Auch in Großbritannien spielt der Araber die Hauptrolle im Distanzsport. Der englische Araber-Zuchtverband führte in den 20er Jahren Ausdauerritte durch, um die Ausdauer dieser Pferderasse zu demonstrieren, besonders im Hinblick darauf, die Pferde zur Produktion von Kavallerieremonten einzusetzen. Die Pferde waren nicht größer als 1,52 m, trugen 82,5 kg und (zumindest im Test der US-Kavallerie) legten die 480 km in 5 Tagen zurück.

Die Arab Horse Society in Großbritannien führt jährlich einen Marathon über 42 km durch. Trotz einer vorgeschriebenen Schrittstrecke handelt es sich hierbei um ein Rennen. Eine weitere Erfindung der Arab Horse Society ist der Ride and Tie, bei dem sich zwei Reiter ein Pferd teilen. Diese Veranstaltung hat ihren Ursprung im Levi Ride and Tie Race in den USA, das 1971 zum ersten Mal veranstaltet wurde. Der erste Reiter reitet eine bestimmte Entfernung, bindet das Pferd an und geht zu Fuß weiter. Der zweite Reiter rennt zum Pferd und reitet weiter. Dieser Reiter überholt dann wiederum seine/n Partner/in, bindet das Pferd an und geht zu Fuß weiter.

TIERÄRZTLICHE KONTROLLE
Bei den vorgeschriebenen Kontrollen durch den Tierarzt müssen die Pferde auf hartem Boden vorgetrabt werden, um zu sehen, ob sie noch gesund auf den Beinen sind.

Die ersten wettkampfmäßigen Langstreckenritte in Großbritannien führten über 160 km und wurden von den Zeitschriften »*Country Life*« und »*Riding*« 1937 und 1938 organisiert. Nach dem Zweiten Weltkrieg sponsorte der »*Sunday Telegraph*« den ersten Golden Horseshoe Ride über das Exmoor in England. Später wurde der Ritt von der Arab Horse Society und der British Horse Society übernommen, und seit 1975 wird er von der Abteilung Distanzreiten der British Horse Society durchgeführt. Der Golden Horseshoe Ride ist ein 160 km-Ritt über zwei Tage. Es ist kein Rennen, Preise gibt es aufgrund von Tempo und Strafpunkten, die an den tierärztlichen Kontrollstellen ermittelt werden. Diese Abteilung hat ein volles Programm, wozu auch internationale Ritte gehören.

1973 wurde in Großbritannien die Endurance Horse and Pony Society gegründet. Die Richtlinien basieren auf dem amerikanischen System. Man kennt verschiedene Veranstaltungstypen. Pleasure Rides gehen bis 40 km, und das geforderte Tempo liegt bei nur 8 km/h. Wettkampfmäßige Trail-Ritte gehen über 32 bis 40 km bei höherem Tempo. Strafpunkte gibt es für Atmung, Puls und Erholungszeiten, die die für diese Veranstaltung festgelegten Werte unter- oder überschreiten. Endurance Rides gehen über 80 bis 160 km. Hierbei handelt es sich um Rennen, die aufgrund der erlangten Werte bei den tierärztlichen Kontrollen entschieden werden.

Die europäischen Landesverbände gehören zur European Long Distance Rides Conference (ELDRC), die einen Ritt um den Europa-Pokal veranstaltet. Dieser Wettbewerb basiert auf einem Punktesystem.

DER GOLDEN HORSESHOE RIDE
Einer der bekanntesten englischen Distanzritte ist der »Golden Horseshoe Ride« (= Gold-Hufeisen-Ritt, Anm.d.Übers.). Der 160 km lange Ritt geht an zwei Tagen über die wilde, offene Landschaft in Exmoor.

TREKKING MACHT SPASS
Urlauber in Amerikas Kentucky Horse Park können gemütlich durch den Park reiten. Es ist ein erholsamer Ritt und hat nichts mit den Härten eines Wettkampf-Distanzritts zu tun. Trekking als Urlaubsbeschäftigung ist in so weit voneinander entfernten Ländern wie Finnland und Indien beliebt.

Rocky Mountain Pony

Wie die meisten amerikanischen Pferde stammt das Rocky Mountain Pony von den ursprünglich aus Spanien importierten Pferden und ihren Nachkommen, den Mustangs (siehe Seiten 216–217). Das charakteristische Pony, das viel vom Charakter der ersten amerikanischen Pferde hat, entstand hauptsächlich durch die Initiative eines einzelnen Mannes, Sam Tuttle aus Stout Springs in Kentucky. Obwohl es nicht als Rasse gilt, ist es doch in der »Rassen-Scheune« im Kentucky Horse Park (siehe Seiten 238–239) vertreten. Seit 1986 gibt es ein Zuchtregister, und innerhalb kürzester Zeit gab es über 200 eingetragene Pferde.

Tölt

Die Rocky Mountain Ponys haben den Tölt von ihren frühen spanischen Vorfahren geerbt. Die Gangart ist den Ponys angeboren und sehr bequem über lange Strecken zu reiten.

Eine Rasse in der Entstehungsphase

Daphne Machin-Goodall (Horses of the World, 1965), eine führende englische Hippologin, gibt die Definition der »Rasse« eines amerikanischen Autoren und Richters mit »eine Anzahl von Tieren, die bestimmte, gemeinsame Merkmale besitzen, wodurch sie sich von anderen ihrer Art unterscheiden und diese Merkmale konsequent an ihre Nachkommen vererben« wieder. Sie fügte noch hinzu: »und diese Merkmale seit mindestens 10 Generationen vererbt haben.« Das führte zu der amerikanischen Entgegnung: »Aber ihr habt mehr Zeit für solche Dinge als wir.»

Selbst wenn man die amerikanische Neigung, alles doppelt so schnell zu machen, berücksichtigt, ist das Rocky Mountain in keiner Hinsicht eine Rasse, sondern in vieler Hinsicht eine Zucht, die noch keinen sonderlich festgelegten Typ besitzt.

Ursprünge

Das Rocky Mountain Pony wurde von Sam Tuttle aus Stout Springs in Kentucky/USA entwickelt. Als Betreiber eines Reitstalls im staatlichen Erholungspark Natural Bridge führte er Touristen auf Trail-Ritten durch das Appalachen-Vorgebirge, wo praktisch die Ursprünge der Rasse liegen. Der unwegsame Boden verlangt harte Hufe und Trittsicherheit, der bequeme Tölt ist ein weiterer Vorzug dieser Rasse.

Die Geschichte der Rasse ist nicht älter als 7 oder 8 Jahre, und diese Zeit reicht wirklich nicht einmal für einen einheitlichen Typ aus. Dennoch stellt dieses Pony eine erfrischende Alternative in der selektiven Zucht dar und verdient Aufmerksamkeit allein schon für die Fortschritte, die in einer derart kurzen Zeit erzielt worden sind.

Hintergrund

Sam Tuttle besaß einen Reitbetrieb im staatlichen Erholungspark Natural Bridge in Kentucky mit der Genehmigung, Touristen auf Trailritten durch das hügelige, zerklüftete Vorland der Appalachen zu führen. Eines der Lieblingspferde seiner Kunden war ein Hengst namens Old Tobe, der bekannt war für sein ruhiges Wesen, seine Trittsicherheit und den bequemen, natürlichen Tölt (d.h. eine langsame Version des Rennpasses der Rennpferde, den er von seinen spanischen Ahnen geerbt hatte). Old Tobe, der bis ins Alter von 37 Jahren aktiv war, erwies sich als äußerst vererbungsstarker Hengst, der seine eigenen hervorragenden Eigenschaften, besonders den Tölt, an seine Nachkommen vererbte. Gelegentlich machte er auch Pferde mit ungewöhnlicher Fellfarbe. Dieser besondere Gang läßt auf eine genetische Verbindung zwischen dem Rocky-Mountain-Pony und dem alten Narragansett Paßgänger (siehe Seiten 232–233) schließen. Der Paßgänger hatte einen großen Einfluß auf die amerikanischen Gangpferderassen und wurde von den Plantagenbesitzern im 19. Jahrhundert sehr gelobt. Alice Morse Earle erinnert sich in »*Stage Coach and Tavern Days*« daran, das letzte Exemplar dieser Pferde gesehen zu haben, eine Stute, die um 1880 starb. Sie beschrieb die Stute als

Hintergliedmassen
Bei der vielen Arbeit müssen die Hinterbeine kräftig und äußerst gesund sein.

»breit im Rücken, kurzbeinig, mit häßlich fuchsrotem Fell und einer seltsam schaukelnden Gangart.»

Alice Earle's Beschreibung des Narragansett ist nicht gerade schmeichelhaft, dennoch spielten diese Pferde zweifellos eine große Rolle bei den Plantagenbesitzern auf Rhode Island vom Beginn des 18. Jahrhundert bis zum Untergang dieser Gesellschaft gegen Ende des folgenden Jahrhunderts. Ihre genaue Herkunft ist unklar, aber sie waren wahrscheinlich entstanden aus Kreuzungen zwischen englischen »töltenden« Pferden, die von den Engländern abgegeben wurden, seit man sich dem Rennsport und der Vollblutzucht verschrieben hatte, und den 200 Jahre zuvor von den Konquistadoren mitgebrachten Spanischen Pferden. Bei den letztgenannten gab es natürlich Linien, wo diese Gänge vorkamen, und auch manches Indianerpony besaß diese Eigenschaft. Die Narragansett Pferde sollen klein gewesen sein, mit Sicherheit nicht größer als das Rocky Mountain Pony. Sie waren bekannt als bequeme, trittsichere Reittiere für unwegsames, felsiges Gelände. Des weiteren galten sie als extrem zäh, ebenfalls ein Kennzeichen des Rocky Mountain Ponys.

Obwohl durch die puritanischen Gesetze die Veranstaltung von Rennen im größten Teil von New England verboten war, wurden auf Rhode Island, wo es mehr Baptisten gab, Paßrennen veranstaltet. Selbst zu jener Zeit sollen Narragansetts die Meile in etwas mehr als zwei Minuten gelaufen sein.

MERKMALE

Gebäude und Aussehen des Ponys deuten auf seine spanische Herkunft, und aufgrund seiner Gänge kann man auch davon ausgehen, daß es eine Verbindung zum Narragansett Pferd gibt. Die Ponys sind etwa 1,42 m groß und entsprechend ihrer Aufgabe gut gebaut. Sie haben ausgezeichnete Hufe. Sie werden allerdings immer nur nach ihrem Tölt beurteilt, in dem sie den Reiter sehr bequem bei einem Tempo von 11 km/h über unwegsames Gelände tragen. Bei gutem Boden können sie über eine kurze Entfernung Geschwindigkeiten von 25 km/h erreichen.

Zur Zeit ist die seltene Fellfarbe keine Voraussetzung für die Eintragung, aber sie ist ein willkommenes Merkmal der Ponys. Das Fell ist schokoladenbraun mit flachsfarbenem Langhaar. Die Farbe erinnert an die gelegentlich beim Highland-Pony vorkommende Farbe (siehe Seiten 176–177). Woher diese Farbe kommt, ist ungeklärt, und es gibt keine Hinweise, daß sie früher bei den Spanischen Pferden in der Zeit der Konquistadoren vorkam. Es ist aber durchaus möglich, daß die von Alice Morse Earle als »häßliches Fuchsrot« beschriebene Farbe des Narragansetts in verfeinerter Form als Schokoladenbraun beim Rocky Mountain Pony wieder auftaucht. Den als sehr hart und widerstandsfähig geltenden Ponys macht der kalte Winter in den Bergen nichts aus.

KOPF
Der edle, intelligente Kopf hat eine große Ganaschenfreiheit und einen wachen Gesichtsausdruck.

BEINE
Die Beine sind schlank, aber bei dem abgebildeten Pferd sind die Röhrbeine zu lang, und es mangelt dem Pony an Röhrbeinstärke. Auch die Fesseln sind recht lang.

GRÖSSE
1,42 m

REITTOURISMUS
Trail-Ritte und Packpferd-Touren sind bei den Besuchern der amerikanischen Nationalparks und von Staaten wie Montana und Wyoming mit ihrer ursprünglichen Landschaft sehr beliebt. Voraussetzung sind aber erfahrene Führer und zuverlässige Pferde.

Weibliche Polo-Spieler

Polo & Buskaschi

Polo ist eines der ältesten und bekanntesten Reiterspiele der Welt. Es kommt aus dem Orient und wurde mit Sicherheit schon vor 2500 Jahren von Männern und Frauen in Persien und seinen Nachbarländern sowie im Alten China gespielt. Von dort gelangte es nach Indien. In Persien hieß das Spiel »*changar*«, was soviel wie Hammer auf persisch bedeutet. Das Wort Polo kommt von »*pulu*«, dem tibetischen Wort für Ball. Es gibt auch andere Spiele, die ein wenig mit dem Polo zu tun haben, wie es in der Kunst aus der Zeit der Moguln im 16. Jahrhundert dargestellt wird. Diese Spiele werden in den wilden Gebieten Asiens, in Afghanistan und in den usbekischen und tadschikischen Gebieten an der ehemaligen russischen Grenze gespielt. Hierbei handelt es sich um elementare Reiterspiele von brutaler Wildheit mit bis zu 100 Mitspielern. Das afghanische Buskaschi gehört zu den wildesten.

Buskaschi

Buskaschi ist das beliebteste Reiterspiel in Afghanistan. Anstelle eines Balles benutzen die afghanischen Reiter den Körper einer geköpften Ziege oder bei besonderen Anlässen auch den eines Kalbs, das bis zu 40 kg wiegen kann. Das Ziel der Reiter *(chapandazan)* des Teams ist es, den Körper *(buz)* aufzuheben, ihn über die ganze Länge des Feldes zu transportieren und ihn dann am gegenüberliegenden Ende des Feldes in einen Kreis zu legen. Das Spiel wird als ein Kampf zwischen zwei Teams von mehr als 40 kräftigen Männern über 30 ausgetragen. Die Regeln sind einfach und existieren nicht in Schriftform.
Die Pferde werden ermuntert zu beißen und zu treten, während die mit ihren schweren Peitschen um sich schlagenden Reiter versuchen, sich einen Weg ins Innere des Kreises zu bahnen. Der Platz ist 0,8 ha groß. Das Spiel muß in einer bestimmten Zeit beendet sein. Wahrscheinlich hat Buskaschi seinen Ursprung in den Kriegsspielen von Dschingis Khan's mongolischen Kriegern, die vor mehr als 700 Jahren von den zentralasiatischen Steppen aus in die Stammesgebiete des Hindukusch vordrangen. Mit Sicherheit trägt es aber den Stempel dieser rücksichtslosen Reitersmänner.

Polo

Britische Soldaten und Zivilisten, die im 19. Jahrhundert in Indien ihren Dienst taten, waren die ersten Bewohner der westlichen Welt, die in Kontakt mit dem Spiel kamen. Eine Handvoll Briten in Manipur, dem kleinen Staat zwischen Assam und Burma, lernte das Spiel von der heimischen Bevölkerung. Überall wurde Polo gespielt, und die Dörfer und Dorfgruppen hatten ihre eigenen Mannschaften. Die Manipuris kopierten und übernahmen das Spiel aus Tibet, wobei sie sowohl das tibetische Wort »*pulu*« für Ball wie auch ihre eigene Bezeichnung »*kán-jãi-bazèè*« benutzten. 1854 richteten die Briten Teeplantagen im Cacher-Tal in Manipur ein, und nur 5 Jahre später (1859) wurde dort der erste europäische Polo-Club von Captain Robert Stewart, dem Superintendenten von Cacher, und Lt. Joseph Sherer von der Bengalischen Armee gegründet. Sherer erlangte später den Rang eines Generalmajors und wurde als »Vater des modernen Polosports« bekannt. Um 1870 wurde in ganz Britisch-Indien auf oftmals sehr kleinen Ponys (siehe Seiten 200–201) Polo gespielt. Die Manipuri-Ponys waren damals wie heute selten größer als 1,27 m.

In Großbritannien wurde Polo zum ersten Mal 1869 von Offizieren des 10. Husarenregiments in Aldershot gespielt und als »Hockey auf dem Pferderücken« bezeichnet. Ein Jahr später

Polo für die Nachwelt
Diese glasierte Keramikfigur eines Polospielers stammt aus einem chinesischen Grab der Tang-Dynastie.

Wildes Buskaschi
Afghanistans wildes Reiterspiel, Buskaschi, ist ein Kampf von bis zu 100 Reitern um den Kadaver einer Ziege. Ähnliche Spiele gibt es in den meisten asiatischen Republiken der ehemaligen UdSSR.

VOLKSSPORT

Die Wiege des modernen Polosports stand im Cachar-Tal in Manipur, Assam, wo Polo ein Volkssport ist. Die Spieler reiten auf den flinken, kleinen Manipur-Ponys, die größtenteils unter 1,27 m groß sind.

spielten die Husaren gegen ihren großen Rivalen, das 9. Ulanen-Regiment, in Hounslow. Jede Mannschaft hatte 8 Spieler auf dem Feld.

Polo wurde schnell Bestandteil des Londoner Veranstaltungskalenders, der »London Season«. Hurlingham wurde zur Hochburg des Sports, und der Hurlingham Club bestimmte die Regeln.

1878 kam das Polospiel durch den Zeitungsmagnaten James Gordon Bennett jr. nach Amerika, wo der 1882 gegründete Meadow Brook Club bald die gleiche Bedeutung erlangte wie Hurlingham in England. 1886 fanden die ersten internationalen Spiele statt, in denen Briten und Amerikaner um den Westchester Cup spielten. Im Jahre 1909 hatten die bestens ausgebildeten und mit argentinischen Ponys berittenen Amerikaner die internationale Vormachtstellung erlangt, indem sie den Cup in England gewannen. Das Polospiel war 1877 von den Briten in Argentinien eingeführt worden, und seit den 30er Jahren sind die Argentinier die führende Polonation der Welt. Sie verfügen über ein großes Potential an Pferden und züchten weltberühmte Polo-Ponys, die von professionellen Reitern trainiert werden, für die das Polospiel zum Lebensinhalt geworden ist.

DIE SPIELREGELN

Polo wird im Galopp gespielt. Ziel ist, einen Weidenholz-Ball von 8 cm Durchmesser mit einem Bambusschläger öfter ins Tor zu schießen als der Gegner. Die Tore sind 3 m hoch und 7,3 m breit. Das Feld ist 275 x 180 m groß und mit niedrigen Brettern eingezäunt. Die durchschnittliche Größe eines Polo-Ponys (man spricht immer von Ponys) liegt heute bei 1,52 bis 1,60 m. Die Briten hatten ursprünglich die Größe auf 1,47 m beschränkt. Diese Beschränkung wurde hauptsächlich auf Drängen der Amerikaner 1916 wieder abgeschafft. 1886 wurde die Zahl der Spieler auf vier pro Seite festgelegt: Nummer 1 und 2 waren im Vorderfeld, Nummer 3 spielte im Mittelfeld, Nummer 4 spielte im Hinterfeld. Die Spieler werden nach dem amerikanischen System gehandicapt, das seit 1909 allgemein anerkannt ist. Die Spieler werden mit –2 bis +10 Toren eingestuft. Ein Spieler mit dem Handicap –2 ist die unterste Einstufung. Bei einem »High Goal-Spiel« liegt das Team-Handicap bei 19 und darüber, bei einem Team-Handicap von 15 bis 18 wird »Medium Goal«-Polo gespielt.

Ein Spiel dauert etwas weniger als eine Stunde und wird in »*chukkas*« von 7,5 Minuten eingeteilt. Ein High Goal-Spiel wird in 5 oder 6 *chukkas* gespielt, einfachere Veranstaltungen haben nur 4 *chukkas*. Nach jedem *chukka* werden die Ponys ausgewechselt, und kein Pony wird mehr als zweimal pro Spiel eingesetzt. Es gibt kein Abseits wie beim Fußball, aber es gibt einen Freischlag für das andere Team, wenn ein Spieler den Weg des anderen kreuzt, ein anderes Pferd absichtlich anrempelt, im Zickzack reitet oder den Schläger nicht korrekt einsetzt. Es ist jedoch erlaubt, seinen Schläger mit dem eines Gegners zu verhaken oder ihm den Ball abzureiten.

HOCKEY AUF DEM PFERDERÜCKEN

Im 19. Jahrhundert gelangte das Polospiel von Indien nach Großbritannien. Es wurde anfangs »Hockey auf dem Pferderücken« genannt und mit viel Enthusiasmus von den in der Umgebung Londons stationierten Offizieren gespielt. Dieses Spiel fand 1872 in Woolwich statt.

DREIECKSZÜGEL
Der Dreieckszügel erhöht ebenfalls die Einwirkung des Reiters, indem er den Kopf nach innen »zieht«.

SCHWEIF
Der Schweif des Polo-Ponys ist immer hochgeflochten, damit sich der Schläger nicht darin verfangen kann.

AUFZIEHTRENSE
Durch die Aufziehtrense trägt das Pferd den Kopf höher, und in Kombination mit dem Martingal erhöht sich die Einwirkung des Reiters.

MARTINGAL
Durch das stehende Polo-Martingal beeinflußt der Reiter genau, wie weit das Pferd den Kopf hochnehmen kann.

BEINE
Alle vier Beine werden bandagiert, sowohl zum Stützen als auch zum Schutz.

POLO-PONY: AUSRÜSTUNG

Dieser indische Spieler reitet ein gutes High-goal-Pony. Die Zäumung auf Aufziehtrense und Dreieckszügel sowie das fast schon obligatorische Martingal ermöglichen dem Reiter größtmögliche Einwirkung auf das Pferd.

POLO-PONY

DAS POLO-PONY gibt es, seit es das Polospiel gibt (siehe Seiten 360–361). Bald war es auch in der westlichen Welt verbreitet. Die Manipuris (siehe Seiten 200–201), auf denen die Briten im 19. Jahrhundert zuerst spielten, waren nicht größer als 1,27 m. Bis zum Jahre 1870 waren die eingesetzten Ponys jedoch schon 1,37 m groß. 1899 führten die Briten dann die Größenbeschränkung auf 1,47 m ein. Diese Regelung wurde 1916 wieder abgeschafft, größtenteils auf Anregung der Amerikaner hin. Seit jenem Tag gab es immer größere Ponys, durchschnittlich zwischen 1,52 und 1,60 m. Das moderne Polo-Pony ist eigentlich ein kleines Pferd, obwohl man generell vom »Pony« spricht.

POLO-PONYS IN DELHI
Polo-Ponys werden zu ihrem Einsatz auf dem Gelände der Leibwache des Präsidenten in Delhi während der Frühjahrssaison geführt.

DIE VERSCHIEDENEN TYPEN DES POLO-PONYS

Genau genommen ist das Polo-Pony keine Rasse, obwohl es im Typ gefestigter ist als manche europäische Rasse. Die Geburtsstätte des Polospiels liegt im Staat Manipur, zwischen Assam und Burma. Dort spielt man immer noch Polo auf kleinen Ponys mongolischen Typs. In jedem Dorf im ganzen Hindukusch-Gebiet und darüber hinaus wird auf vielen Varianten von wendigen Ponys turkmenischer Prägung gespielt – nach Regeln, die nichts zu tun haben mit denen des Hurlingham Clubs in London. In Afrika bedient man sich der Basuto-Ponys (siehe Seiten 206 bis 207), und in den Golfstaaten sind es Araber, auf denen Polo gespielt wird. In der westlichen Welt jedoch und in Indien herrscht das Vollblut vor oder zumindest vollblutähnliche Ponys.

POLO IN GROSSBRITANNIEN UND DEN USA

Die westliche Variante des Polospiels entstand aus provisorischen Anfängen in Aldershot in Großbritannien im Jahre 1869, und es ist nicht überraschend, daß die Briten die Vorreiter in der Entwicklung des Polo-Ponys waren. Sie hatten den Vorteil, ihre eigenen bodenständigen Ponyrassen einsetzen zu können, insbesondere Dartmoor, New Forest und Connemara (siehe Seiten 172–175 und 178–179) sowie eine große Anzahl kleiner Vollbluthengste bester Qualität. Die National Pony Society, die 1893 gegründet wurde, hieß ursprünglich »Polo and Riding Pony Society« und hatte als oberstes Ziel die Förderung ». . . der Zucht und Eintragung von Polo- und Reit-Ponys.«

SCHULTERN
Eine ausgezeichnete Schulter, muskulöse Unterarme, harte Gelenke und allerbeste Hufe – das sind die Anforderungen an ein Polo-Pony.

HUFE
Gesunde Hufe, eine weiche Fesselung und klare Gelenke absorbieren einiges von den Erschütterungen, die es beim Galopp auf hartem Boden gibt.

DAS GALOPP-SPIEL
Dieses Polospiel findet in Delhi statt. Polo ist sehr beliebt bei den Offizieren der indischen Armee, aber es gibt auch eine beachtliche Anzahl von Privatpersonen, die in den großen Clubs Polo spielen.

Das Polospiel wurde 1878 in den USA eingeführt. Das erste Spiel um die Anglo-American Westchester Trophy, der Grand Prix im Polosport, wurde 8 Jahre später ausgetragen. Die Amerikaner züchteten schnell ein spezielles Pony auf der Grundlage von südamerikanischen Pferden, besonders aus Argentinien. Vielleicht um ihre eigenen Interessen zu wahren, führten die marktbeherrschenden Briten 1899 eine Größenbeschränkung auf max. 1,47 m ein. Auf Drängen der Amerikaner hin wurde die Bestimmung 1916 wieder aufgehoben, und seitdem wurde der Schwerpunkt mehr und mehr auf die schnellen argentinischen Ponys verlagert, die in großer Zahl und vergleichsweise preiswert von sehr guten Pferdezüchtern geliefert werden konnten. In Großbritannien wurden weiterhin sehr gute Vollblut-Ponys gezüchtet (und das ist auch heute noch der Fall), aber unter wirtschaftlichen Gesichtspunkten konnten sie nicht mehr mit den argentinischen Ponys konkurrieren, die den lukrativen amerikanischen Markt direkt vor der Haustür hatten.

ARGENTINIEN

Das Polospiel wurde 1877 von der englischen Gemeinschaft in Argentinien eingeführt, und es wurde schnell so populär, daß Argentinien innerhalb von 50 Jahren zur führenden Nation wurde. Einer der Gründe für die argentinische Vorherrschaft lag sicherlich daran, daß Argentinien ein traditionelles Reiterland ist. Die Gauchos der Pampas gehören zu den besten Reitern der Welt, und Argentinien ist außerdem die Heimat ausgezeichneter Ballspieler. Polo gehörte bald schon zu einem bestimmten Lebensstil, und Pferdematerial gab es praktisch im Überfluß.

Argentinien importierte zu Anfang Vollblüter zur Kreuzung mit den einheimischen Criollos (siehe Seiten 218–219), die zu den härtesten und gesündesten Rassen der Welt gehören. Diese Kreuzungsprodukte wurden wiederum mit Vollblütern gepaart, bis ein spezielles, schlankes, drahtiges Pony mit einem durchweg »vollblütigen« Charakter, ausgezeichneten Sprunggelenken und einer außergewöhnlichen Hinterhand herauskam.

Das moderne argentinische Pony ist ca. 1,55 m groß. Es ist in jeder Hinsicht ein Vollblüter, aber mit den starken Gliedmaßen, dem guten Röhrbein und den guten Hufen seiner Criollo-Vorfahren. Es ist Sitte, den Polo-Ponys die Mähne zu scheren, damit sich der Stick nicht darin verfangen kann. Der Schweif wird aus demselben Grund geflochten und hochgebunden. Das argentinische Pony ist sehr geschickt und kann in vollem Tempo wenden und drehen. Es ist ausdauernd und mutig und besitzt so etwas wie ein angeborenes »Ball-Gefühl«, d.h. es folgt dem Ball etwa so wie ein Cowboy-Pony mit den Rindern arbeitet. Obwohl jedes Pony ballscheu werden und versuchen kann, den etwas härteren Aspekten des Spiels aus dem Weg zu gehen, ist es selten, daß ein argentinisches Pony einmal Widerstand dieser Art leistet.

POLO-TRAINING
Die beste Art, seine Schläge zu perfektionieren, ist das »Polo-Holzpferd«, eine einfache, aber effektive Lernhilfe.

HINTERHAND
Eine gute Hinterhand zum Galoppieren, eine breite Lendenpartie und ein kräftiger Rücken. Die Kruppenmuskulatur ist gut entwickelt.

HINTERGLIEDMASSEN
Die ausgezeichneten Hinterbeine sind vom Hüft- bis zum Sprunggelenk hin lang. Die Unterschenkel sind stark bemuskelt. Der ganze Körperbau läßt auf Schnelligkeit schließen.

LINIENFÜHRUNG
Diese Stute hat eine wunderbare Linie mit Gurtentiefe und einem schönen intelligenten Gesicht. Die ganze Linie spricht für ein schnelles, agiles Sportpferd.

SPRUNGGELENKE
Im Verhältnis zu den Proportionen der Beine sind die Sprunggelenke groß.

GRÖSSE
1,52–1,60 m

Ein übermütiger Keiler

Pig-Sticking & Tent-Pegging

Schon vor den Zivilisationen der Griechen, Römer und Perser vor 3000 Jahren jagte der Mensch das Wildschwein vom Pferderücken aus mit dem Speer. Heute noch wird Pig-Sticking oder die Sauhatz auf dem indischen Subkontinent praktiziert, wo britische Offiziere und Zivilisten im 18. Jahrhundert diese Sportart aufnahmen. Die berittenen Offiziere der indischen Armee unserer Zeit führen die Tradition weiter fort, wenn auch auf reduzierter Basis. Pig-Sticking gehört wahrscheinlich zu den ältesten reitsportlichen Betätigungen, und es ist auch eine der gefährlichsten. Es ist eine Kombination der Gefahren, die beim schnellen Reiten über unwegsames Gelände auftreten, mit denen, einem der gefährlichsten Wildtiere gegenüberzutreten und mit ihm zu kämpfen. Grundvoraussetzung ist reiterliches Können und Mut von Reiter und Pferd.

Pig-Sticking in Indien

Ein ausgewachsener Keiler kann eine Widerristhöhe bis zu 1 m haben und bis zu 150 kg wiegen. Er hat messerscharfe Hauer und auf den ersten 800 m ist er so schnell wie ein Vollblüter. Wenn er in die Enge getrieben wird, springt er zur Seite, bricht seitlich aus, macht kehrt, oder hockt sich in dickes Gestrüpp. Schließlich sucht er sich listig den geeigneten Augenblick für einen Angriff und stürzt sich mit dem typischen »wuff-wuff« wütend auf seine Verfolger. Wenn er die Gelegenheit bekommt, wirft er sich auf Pferd und Reiter und schlitzt sie mit seinen Hauern auf. Es gibt viele Fälle, wo Pferde von einem Keiler zu Fall gebracht wurden, und es sind Fälle bekannt, wo wütende Keiler einen Elefanten angegriffen haben.

Die besten Jagdgebiete in Indien waren und sind bis heute die Dschungelgebiete von Kadir und die an den Flußläufen von Ganges und Jumna in Meerut und Muttra. Der Boden ist meist hart und zerklüftet. Es gibt viele *nullahs* (trockene Flußbetten) mit Löchern und anderen Gefahren, die aber alle aufgrund des hohen, wogenden, gelben Grases und harten Büschen nicht zu sehen waren. In diesen Gegenden tragen die Reiter einen 2,1 m langen Bambus-Speer, wohingegen im dichten Dschungel im indischen Bengal kürzere Stichspeere benutzt wurden. Um in einer solchen Gegend zu reiten, muß der Reiter seinem Pferd schon vertrauen können. Er muß am langen Zügel reiten und sich dabei ganz auf die Trittsicherheit des Pferdes verlassen können, während er sich auf den Keiler konzentriert.

Die Pferde für das Pig-Sticking müssen ein gutes Exterieur haben, schnell, zuverlässig, trittsicher und sehr mutig sein. Der australische Waler (siehe Seiten 290–291) war wahrscheinlich am besten geeignet, aber auch unter den indischen Pferden von den Remontezentren der Armee, wie z.B. Saharanpur, gab es viele gute. Um die Mitte des 19. Jahrhunderts bevorzugten die erfolgreichsten »Keiler-Jäger« Araber, aber in späteren Jahren waren sie kaum noch vertreten. Die optimale Größe für ein solches Pferd lag bei 1,57 m. Hog-Hunting wurde in der Nähe von »tent clubs« durchgeführt. Sie hatten festgelegte Grenzen, waren für die Aufrechterhaltung der Jagdregeln verantwortlich und besaßen »*shikaries*« (Jagdhüter),

Jagd auf den Keiler

Dieses Bild eines indischen Künstlers aus dem Jahre 1835 zeigt den Maharana Jawan Singh und seine Gefolgsleute auf der Saujagd. Der Einsatz eines Schwertes anstelle eines Speers war selbst zu jener Zeit ungewöhnlich.

IM VOLLEN GALOPP
Ein Teilnehmer trifft den Hering in vollem Galopp während eines Wettbewerbs auf dem Turnier von Delhi. Der Reiter muß den Hering 15 m weit tragen, um die volle Punktzahl zu bekommen.

die Wildschweine aufzogen und hielten. Tent-Clubs (= Zelt-Klubs) wurden so genannt, weil die Jagdteilnehmer im Dschungel in Zelten kampierten. Das »Blaue Band des Pig-Sticking« war der Kampf um die Kadir-Trophäe, der in Sherpur bei Meerut stattfand. Von 1874 bis 1939 wurde er jährlich ausgetragen. Dieser Wettbewerb fand in mehreren Runden mit 4 bis 5 Reitern statt, unterstützt von mehreren Treibern und bis zu 50 Elefanten, die Zuschauer trugen. Der Sieger oder der »erste Speer« war derjenige, der zuerst Blut am Speer hatte. Einer der besten Schwarzwild-Jäger war der Brigadekommandeur J. Scott-Cockburn (4. Husaren-Regiment), der die Trophäe 1924, 1925 und 1927 gewann.

TENT-PEGGING

Tent-Pegging ist mit dem Pig-Sticking verwandt, aber es ist viel ungefährlicher. Auch heute noch ist es sehr beliebt in der indischen Armee und in Nordindien, Rajasthan und Pakistan, wo zu bestimmten Zeiten Wettbewerbe abgehalten werden. Ein einzelner oder eine Mannschaft von 4 Reitern galoppiert einen präparierten Pfad *(pathi)* entlang, an dessen Ende hölzerne Zeltheringe in einem Winkel von 60° zum Boden aufgestellt sind. Der Reiter muß einen Hering treffen und ihn auf seiner Lanze 15 m weit tragen, um die volle Punktzahl zu bekommen. Weniger Punkte gibt es für einen Treffer oder wenn ein Hering hochgehoben, aber nicht getragen wird. Auch Stil und Tempo werden bewertet. In der Endrunde kann der Hering auf die Seite gelegt werden, so daß nur die 2,5 cm breite Seite zu sehen ist. Die Reiter stoßen oft Schlachtrufe aus (eigentlich Stoßgebete für einen guten Treffer), wenn sie auf den Hering zugaloppieren. Manchmal gehen die Reiter recht spielerisch mit der Lanze um; sie wirbeln sie herum, um einen guten Treffer zu feiern.

Dieser Sport ist militärischen Ursprungs: Wenn die Kavallerie ein feindliches Lager angriff, konnte man wunderbar Chaos stiften, indem man durch die Linien galoppierte und die Heringe aus dem Boden zog, so daß die Zelte einstürzten.

FERTIG FÜR TENT-PEGGING
Das ist die typische »Kleidung« von Pferd und Reiter. Das rote »puggaree«-Martingal (Turban) ist weitverbreitet in Indien. Um sich besser ausbalancieren zu können, muß der Speer am unteren Ende getragen werden.

KOSAKENREITER

REITERSPIELE

IN DER VERGANGENHEIT wurden Spiele auf dem Pferderücken und Wettbewerbe im Umgang mit Waffen wie Schwert, Pistole und Lanze als nützliches Training für Kavalleristen betrachtet und in den meisten berittenen Einheiten der Welt durchgeführt. Bei den asiatischen Völkern spielen Erwachsene mit großer Begeisterung die traditionellen Reiterspiele, die wahrscheinlich ihre Wurzeln in der Reiterkultur der Skythen haben. Offizielle Wettbewerbe aller Unionsstaaten, die auf diesen Spielen basieren, wurden nach den festgelegten Spielregeln in den Jahren vor dem Zusammenbruch der ehemaligen UdSSR gespielt. Im Gegensatz dazu werden in Westeuropa Reiterspiele heutzutage fast ausschließlich von jungen Leuten gespielt. Insbesondere der englische Pony Club hat eine komplexe Wettbewerbsstruktur aufgestellt.

TRADITIONELLE REITERSPIELE

Das brutale Buskaschi (siehe Seiten 364–365) ist vielleicht ein extremes Beispiel dieser altertümlichen Reiterspiele. Es gibt auch viele weniger wilde Spiele, wovon bei den meisten außerordentliches reiterliches Können gefordert ist und die mit großer Begeisterung in ganz Zentralasien, im Iran und in Afghanistan gespielt werden.

Ein farbenprächtiges Spiel, das in verschiedener Form in den ganzen asiatischen Republiken beliebt ist, ist *»khis-koubou«* oder *»kyzkuu«*, ein Spiel, das auf der Brautjagd der nomadischen Reitervölker basiert. In der ursprünglichen Form verfolgen mehrere Männer eine junge Frau und versuchen, von ihr einen Kuß zu bekommen. Sie ist jedoch mit einer kurzen Peitsche bewaffnet und weist die Annäherungen zurück, während sie weiter auf das Ziel, meist ein Pfahl in der Erde (wahrscheinlich eine Art Fruchtbarkeitssymbol), zureitet. Andererseits kann sie natürlich einem besonders bevorzugten Verehrer nachgeben.

Heutzutage wird das Spiel über eine Distanz von 300–400 m gespielt. Wenn der Mann bis zum Ende der Strecke nicht in der Lage gewesen ist, seinen Preis einzufordern, wendet die Frau und jagt ihren ehemaligen Verehrer zurück zum Start, wobei sie die ganze Zeit mit ihrer Peitsche auf ihn einschlägt.

Zum *»dzhigit«* gehören viele akrobatische Übungen, wie z.B. *»tenge-lyu«* (Taschentuch im Galopp vom Boden aufheben). Ein anderes Spiel ist das fröhliche *»papakh-oyuno«* (Hut abreißen), ein beliebter Zeitvertreib in Aserbaidschan, wobei die Mitspieler versuchen, sich gegenseitig den Hut vom Kopf zu reißen. Weiter im Osten in Kasachstan und Kirgisien spielen die Menschen *»oodarysh«* oder *»sais«*, wozu ein Ringen auf dem Pferderücken auf einem rechteckigen Feld gehört.

In Europa sind es die ungarischen *Csikós*-Reiter, die Reiterspiele spielen, die denen der asiatischen Völker ähnlich sind. Sie sind auch ausgezeichnet bei solchen Aktivitäten, wie auf dem Sattel eines galoppierenden Pferdes zu stehen, während zwei andere vornweg galoppieren (= Ungarische Post, Anm.d.Übers.), und anderen Kunststücken.

EUROPÄISCHE GYMKHANAS

Das Wort *»gymkhana«* kommt aus dem Indischen. Gymkhana-Spiele kamen nach Europa und besonders nach England durch die Offiziere, die im 19. Jahrhundert nach Hause zurückkehrten. Gymkhanas sind die Grundlage der vom Pony-Club veranstalteten Reiterspiele. Es gibt unzählige Spiele, die man vom Ponyrücken aus spielen kann. Zu den bekanntesten gehört das Slalom-Rennen, wobei der Reiter in vollem Tempo im Zickzack durch eine Reihe von Pfählen rast; das Sack-

TRAININGSSPIEL

Ein Taschentuch aufzuheben, ist ein Spiel, das auf der ganzen Welt gespielt wird und oft eine Form des Trainings für die Kavalleriepferde darstellt, wie es z.B. bei diesem indischen Reiter der Fall ist.

RINGEN AUF DEM PFERDERÜCKEN

Zu den Reiterspielen in Kasachstan und Kirgisien gehört diese Form des Ringens auf dem Pferderücken, das sich Oodarysh *oder* Sais *nennt. Die Pferde scheinen vom Eifer der Spieler angesteckt zu sein und arbeiten mit.*

REITERKUNSTSTÜCKE
Die Csikós der ungarischen Pußta spezialisieren sich auf die Ungarische Post, wo ein Reiter zwei Pferde »fährt«, während er auf dem Rücken von zwei anderen steht – und das ist so schwierig, wie es aussieht.

REITERSPIELE
Ein Teilnehmer in der Endausscheidung für die Reiterspiel-Meisterschaften des Pony-Clubs auf der Windsor Horse Show in Großbritannien. Diese Veranstaltung wurde 1957 von Seiner Königlichen Hoheit, dem Herzog von Edinburgh, eingerichtet.

rennen, wobei der Reiter sein Pony führt, während er selbst in einem Sack stehend hüpft; Trittsteinlaufen, d.h. der Reiter führt das Pony, während er selbst über eine Reihe von umgedrehten Töpfen läuft; sowie alle Arten von Staffellauf. Es gibt ein Scharfschützen-Rennen, wobei zwei Reiter ein Pony reiten und einer von ihnen abspringen und einen Ball auf eine Comic-Figur oder etwas ähnliches werfen muß. Beim Fahnenrennen muß eine Flagge in einen Eimer gestellt und wieder herausgeholt werden; beim Schwertrennen müssen Ringe von der Spitze eines Holzschwerts abgenommen werden, und dann gibt es noch Rennen, wo sich die Kinder durch Reifen zwängen müssen. Es sind alles fröhliche Angelegenheiten, aber es kommt auf Gleichgewicht, Wendigkeit, Losgelassenheit und fortgeschrittene Reitkenntnisse an. Die dabei eingesetzten Ponys müssen gut ausgebildet sein, denn sie werden die meiste Zeit mit nur einer Hand geritten. Sie müssen schnell und durchlässig sein, aber trotzdem vom Temperament her für solche Spiele geeignet sein, denn es ist meist recht aufregend für Ponys und Reiter.

In Großbritannien führte Seine Königliche Hoheit Prinz Philip 1957 sogar eine Meisterschaft für Reiterspiele ein, die auch heute noch die »Prinz-Philip-Spiele« heißen. Im Sommer finden im ganzen Land Qualifikationsspiele für das große Finale, die Prinz-Philip-Spiele auf der Horse of the Year Show in London statt. An den Spielen können nur Reiter bis zum Alter von 15 Jahren und Ponys mit einem Stockmaß von weniger als 1,47 m teilnehmen.

Zu guter Letzt gibt es noch die »Scheinjagd«, die ganz entsprechend dem Können der teilnehmenden jungen Reiter ausgerichtet werden kann. Es wird eine Strecke mit einer Reihe von Hindernissen geplant, die aber nicht gesprungen werden müssen, besonders von den Anfängern unter den Ponys und Reitern. Der Fuchs ist meist ein erfahrener, erwachsener Reiter; er legt eine Spur aus Sägespänen oder -mehl, die von den Hunden unter Führung des Huntsman aufgenommen wird. Ihnen folgt das Feld, bis der Fuchs an einem vorher bestimmten Punkt gefangen wird. Die Mock Hunt oder Scheinjagd ist eine fröhliche Angelegenheit und erfreut sich sowohl in den Pony Clubs wie auch in den Reitvereinen der Erwachsenen großer Beliebtheit.

PFERDERENNEN IN DER MONGOLEI
Pferderennen gehören unweigerlich zum Alltag in der Mongolei und sind oft der Mittelpunkt religiöser Veranstaltungen. In diesen Rennen werden die Ponys von jungen Mädchen und Männern geritten, statt von den schwereren Erwachsenen. Diese Rennen gehen über eine Strecke von 32 bis 64 km.

BULL RIDING

RODEO

RODEOS ZEIGEN das Können der Cowboys aus der Zeit zu Beginn der Rinderhaltung. Ursprünglich wurden sie als Vergleichswettkampf bei »round-ups« (Zusammentreiben der Herden) abgehalten, aber bald waren sie die Hauptattraktion auf den Jahrmärkten im Westen. Das erste kommerzielle Rodeo (was eigentlich round-up bedeutet) fand 1888 in Arizona statt. Hundert Jahre später wurden in den USA und Kanada über 700 Rodeos nach den Regeln der 1936 gegründeten Professional Rodeo Cowboys' Association veranstaltet. Der Verband hat inzwischen an die 5500 Mitglieder und 3500 »Anwärter«, die erst 2500 Dollar in einem Jahr an Preisgeldern gewinnen müssen, bevor sie Mitglied werden können. Die Hauptveranstaltungen sind die Calgary Stampede und das National Finals Rodeo in Las Vegas, wo es über 2 Millionen Dollar zu gewinnen gibt. Der Titel des »World Champion All-round Cowboy« geht an den Reiter, der die Endausscheidung gewinnt, an der die 15 besten, d.h. meistverdienenden Reiter des Jahres teilnehmen.

DIE KLASSISCHEN RODEO-DISZIPLINEN

Es gibt sechs verschiedene Grunddisziplinen: saddle-bronc riding (Reiten auf einem bockenden Pferd mit Sattel), bareback riding (Reiten auf einem bockenden Pferd ohne Sattel und Zaumzeug), bull riding (Reiten auf einem bokkenden Bullen), steer wrestling (Niederringen eines Stiers), calf roping (Kälberfangen mit dem Lasso) und team roping (Kälberfangen mit dem Lasso zu zweit). Desweiteren finden noch »chuck-waggon racing« (Planwagenrennen), »barrel racing« (Slalomrennen um Tonnen) und »pole bending« (Slalomrennen um Stangen) statt. Das Reiten eines Broncos (ungerittenen Pferdes) mit Sattel, die klassische Rodeodisziplin, ist die schwierigste Prüfung, aber erstaunlicherweise nicht die gefährlichste. Es kommt selten zu Unfällen. Das Pferd wird mit einem Flankengurt gesattelt, der fest im Lendenbereich angezogen wird. Es trägt ein dickes Lederhalfter mit einem geflochtenen Seil, an dem der Reiter sich festhalten kann. Er sitzt in einem geschlossenen Ständer auf und sobald das Tor geöffnet wird, kommt das Pferd wild bockend herausgesprungen. Der Reiter muß 8 Sekunden lang oben bleiben, wobei er nur mit einer Hand reiten darf. Bewertet wird der Stil des Rittes und ob er es schafft, sich synchron mit den Bewegungen des Pferdes zu bewegen.

Das Reiten ohne Sattel ist genauso schwierig wie mit Sattel, aber wesentlich gefährlicher. Das Pferd trägt weder ein Halfter noch eine Trense, und der Reiter kann sich nur an einem Haltegriff am Bauchgurt festhalten. Auch hier ist der Stil der entscheidende Faktor. Der Reiter muß 8 Sekunden auf dem bockenden Pferd sitzen bleiben.

Was der elementaren, gladiatorartigen Natur des Rodeo am nächsten kommt, ist das Reiten auf den schnellen, flinken, horntragenden Brahma-Bullen. Er wird genauso beurteilt wie der Ritt auf dem Bronco, aber für den Bullen braucht man ein paar Männer zu Fuß, die das rasende Tier ablenken, wenn sich Bulle und Reiter getrennt haben.

Das Niederringen eines Stiers ist ein Einzelwettbewerb, aber der Cowboy braucht hier die Hilfe eines »hazers« (= Treiber, Anm. d. Übers.), der ihm den Stier in die richtige Position bringt, damit er sich auf ihn werfen und ihn niederringen kann. Bewertet wird hier die benötigte Zeit, und meist ist der Stier in drei oder vier Sekunden bezwungen.

EIN BOCKENDER BRONCO
Das »saddle-bronc riding« ist die klassische Rodeo-Disziplin. Das Pferd trägt einen engen Flankengurt um die Lenden. Der Cowboy darf sich nur mit einer Hand festhalten.

SCHNELL UND WENDIG

Barrel racing ist sowohl für Männer wie für Frauen offen, wobei die Frauen meist die erfolgreicheren sind. Das Quarter Horse gilt als das beste Pferd für barrel racing.

Auch beim calf roping kommt es auf die Zeit an, in der der Reiter ein Kalb mit dem Lasso fängt und schnell vom Pferd springt, um dem Tier die Beine zu fesseln, während sein Pferd das Lasso auf Spannung hält. Wo es auf eine solche Partnerschaft zwischen Mann und Pferd ankommt, ist das Quarter Horse (siehe Seiten 228–229) unschlagbar in punkto Schnelligkeit, Wendigkeit und Intelligenz. Auch fürs team roping sind Quarter Horses am besten geeignet. Ein Team von zwei Reitern und ihren Pferden arbeitet zusammen, um den Stier bewegungsunfähig zu machen. In der Praxis gibt es auch heute noch team roping, um Rinder zum Brennen oder für irgendwelche Behandlungen zu fangen.

GEGEN DIE ZEIT

Beim calf roping zählt die Zeit. Der Cowboy muß absteigen, sobald er das Kalb gefangen hat, und ihm die Beine fesseln, während sein Pferd das Lasso stramm anstehen läßt.

Ein Reiter und sein Pferd sind der »header«, die anderen beiden sind der »heeler«. Der header stoppt den Stier, indem er ihm das Lasso entweder um den Kopf und ein Horn oder um beide Hörner wirft. Dann dreht er den Stier, so daß sein Partner sein Lasso um die Hinterbeine des Stiers werfen kann. Beide Pferde ziehen das Seil stramm an, und sobald die beiden Pferde einander gegenüberstehen mit dem Stier zwischen sich, wird die Zeit gestoppt.

PLANWAGENRENNEN UND FASSRENNEN

Planwagenrennen und Faßrennen sind die beiden Rennen auf einem Rodeo. Planwagenrennen dienen der Unterhaltung und sind die moderne Version der römischen Streitwagenrennen und ebenso gefährlich. Mit einem Vierspänner in vollem Galopp über eine ovale Rennbahn zu rasen, verlangt viel Können. Im Gegensatz zu den anderen Rodeodisziplinen können am barrel racing (Faßrennen) auch Frauen teilnehmen, und die Cowgirls sind oft die erfolgreicheren. Das Quarter Horse ist dank seiner außergewöhnlichen Wendigkeit und Beschleunigung hierfür am besten geeignet. Die Reiter rasen abwechselnd um drei im Dreieck aufgestellte Tonnen. Die Zeit wird elektronisch gemessen vom Start bis zu dem Moment, wo die Nase des Pferdes die Ziellinie berührt.

WESTERN SHOW

Es gibt etwa ein halbes Dutzend Show-Klassen auf dem Western-Turnier, die alle ein hohes Maß an Pferdeverstand erfordern. Die beliebteste und für den normalen Reiter durchaus erreichbare Klasse ist das »western pleasure«, wo Gänge und Gehorsam des Pferdes gezeigt werden. Der »trail« ist eine anspruchsvollere Prüfung für Geländepferde über einen Hindernisparcours. Der Höhepunkt der Kunst des Westernreitens ist wahrscheinlich das »reining«, das Pendant zur Dressur in der klassischen Reiterei, aber hier werden die Lektionen alle im vollen Galopp ausgeführt.

OHNE SATTEL

Der Cowboy hat nur eine Handschlaufe, um sich in der gefährlichsten aller Rodeo-Disziplinen, dem bareback riding, zu halten.

Jagd in Persien

Jagdreiten

Die Jagd, ob zur Nahrungsbeschaffung oder als Sport, gibt es seit prähistorischen Zeiten. Die Jagd auf Wild mit einer Hundemeute entstand später, war aber im alten Griechenland schon gut bekannt. Der griechische General, Historiker und Landwirt Xenophon (ca. 430–355 vor Christus) schrieb ausführlich über die Zucht und Haltung von Jagdhunden. In Europa ist Frankreich das Land mit der längsten Tradition organisierter Jagden. Im 11. Jahrhundert kamen die Reitjagden nach Großbritannien. Das jagdbare Wild jener Zeit waren Hirsch, Wildschwein und für eine gewisse Zeit der Wolf. Das Jagdreiten mit der Meute wird heute hauptsächlich in Großbritannien und Irland, in Teilen des europäischen Festlandes, den Commonwealth-Ländern und den USA betrieben.

Jagdreiten in Frankreich

In Frankreich werden Reitjagden immer noch in der traditionellen Form mit Glanz und Stil durchgeführt. Es gibt 75 Hundemeuten, die bei der Jagd auf den Hirsch *»équipage«* genannt werden bzw. bei der Jagd auf Schwarzwild *»vautrait«*. Die Jagd in Frankreich ist eine sehr stilvolle, musikalische Angelegenheit. Die verschiedenen Phasen werden ständig durch Signale auf den geschwungenen französischen Jagdhörnern begleitet, genannt *»fanfares de circonstance«*. Die Hunde, meist kräftiger als die schnelleren englischen Foxhounds, stammen aus alten französischen Linien und werden auf Nase (Geruchssinn) und Laut (Bellen) gezüchtet. Zu den großen Hundelinien in Frankreich gehören *Grand Bleu de Gascoyne, Gascon Saintongeais* und *Française Tricolore*. Um sie schneller und ausdauernder zu machen, wurden sie meist mit englischen Foxhounds gekreuzt. Die französische Jagd gilt als eine Kunstform und hat wenig gemein mit dem wilden Davonstürmen und dem Tumult eines Jagdfeldes in England. Obwohl nicht gesprungen wird, ist es ein langer, anstrengender Tag. Eine solche Jagd verlangt große Ausdauer von Pferd und Reiter, der außerdem auch noch die komplizierten Regeln kennen muß.

Jagd ohne Hunde

In diesem Ausschnitt des Inchbrayoch-Steins aus Montrose, Angus, ist ein piktischer Reiter aus dem 9. und 10. Jahrhundert dargestellt, der gerade seine Beute mit dem Speer tötet. Die Pikten jagten nicht mit Hunden.

Dame im Damensattel

Sicheres Reiten im Damensattel

Dieser Damensattel aus dem frühen 19. Jahrhundert hatte noch nicht das ab 1830 obligatorische zweite Horn, das dem linken Schenkel der Reiterin Halt gab und somit das Springen im Damensattel sicherer machte. Durch diesen neuen Sattel fühlten sich viele Reiterinnen ermutigt, auf Jagden zu reiten.

Grossbritannien und Irland

Die Sprache der Jagdreiter basiert auf den französischen Begriffen. Das bekannte »Tallihoh« z.B. kommt vom französischen *»Ty a haillaut«* oder *»Il est hault«* (= er ist weg).

Gegen Ende des 17. Jahrhunderts begann man in England, Fuchsjagden zu veranstalten. Davor wurden meist Hasen und Rotwild gejagt. Der als »schädliches Raubwild« betrachtete Fuchs war schneller und lief im Gegensatz zum Haken schlagenden Hasen geradeaus, und da seine Witterung nicht so stark wie die des Hirschen ist, wurde der Fuchs auch als größere Herausforderung an das Können des Jägers angesehen. Obwohl die Fuchsjagd die am meisten verbreitete Form der Reitjagd ist, gibt es doch auch ein paar Hasenmeuten in Großbritannien und Irland, und im Südwesten Englands gibt es auch heute noch drei Rotwildmeuten. Der Hirsch wird im Spätsommer, Herbst und Frühjahr gejagt, weibliches Rotwild dagegen mitten im Winter. In England sieht man in dieser Form der Jagd die wirksamste und humanste Methode, das Rotwild zu dezimieren. Die Fuchsjagdsaison geht in Großbritannien und Irland von November bis April.

Die rätselhaften Eigenschaften der Witterung, d.h. des Geruchs beschäftigen die Jäger seit Jahrhunderten. Die Witterung wird von den Pfoten des Fuchses und einer Stelle unter der Lunte (Jägersprache für Schwanz) abgegeben und variiert in der Intensität je nach Wetter. An kalten, feuchten Tagen ist die Witterung stärker als an trockenen, sonnigen Tagen.

Auf einer Reitjagd in England, wo es über 200 Meuten gibt, ist das »Feld« (so werden die Reiter genannt, die hinter den Hunden reiten) sehr groß. Das Jagdreiten ist ein Wirtschaftsfaktor, der Züchtern, Schmieden, Sattelbauern

EINE JAGD IM 19. JAHRHUNDERT
Dieses Gemälde von George Goodwin Kilburn aus dem späten 19. Jahrhundert zeigt ein Stelldichein der Cheshire Hunt auf Calverley Hall. Bis in die 20er Jahre ritten die Damen noch im Damensattel.

etc. Arbeit gibt. Die beste Gegend für Reitjagden sind die Midlands – in Leicestershire, Warwickshire, Northamptonshire, Teile von Lincolnshire und die einstmals als Rutlands bekannte Gegend. Die Meuten dieser Shires (Weidelandschaften) heißen Pytchley, Quorn, Fernie, Belvoir und Cottesmore, und die Jagden gehen über massiv eingezäunte Weiden. Sie sind so beliebt, daß auch die höchsten Teilnahmegebühren verlangt werden. Für eine solche Jagd muß man ein sehr gutes Pferd haben. Die meisten Pferde sind fast reine Vollblüter. Sie sind mutig und können hervorragend springen und galoppieren. Es ist Brauch in den Shires, die zweite Hälfte der Jagd auf einem frischen Pferd zu reiten, da selbst ein ausgezeichnetes Pferd keinen ganzen Jagdtag durchsteht. Es gibt aber auch viele Jagden, die man auf ein- und demselben Pferd genießen kann. Solche Jagden (finden nicht in den Shires statt) werden Provinzjagden genannt, obwohl das Feld hier genauso guten Sport erleben kann.

In Großbritannien und Irland werden Fuchsjagden nach den Regeln der Masters of Foxhounds Association geritten. Eine Hundemeute gehört gewöhnlich einem Komitee, das einen Master oder Joint-Masters benennt, die für das Jagdgebiet und den täglichen Ablauf zuständig sind. Das Komitee zahlt dem Master einen jährlichen Betrag (größtenteils aus den Teilnahmegebühren der Reiter im Feld finanziert), damit er für einen guten Jagdverlauf, d.h. guten Sport an einer festgelegten Anzahl von Tagen in der Woche sorgt. Die Master sind verantwortlich für die professionellen Mitarbeiter und bezahlen sie: ein »huntsman« oder ein »kennel-huntsman«, wenn der Master mit der Meute jagt und das Horn trägt; Pikeure, die den »huntsman« unterstützen und die verschiedenen Angestellten in Kennel und Stall. Ein »Field-Master« wird ernannt, wobei es sich oft um den Master oder einen der Joint-Master handelt. Der Field-Master hat die absolute Autorität im Feld. Der Huntsman allein jagt mit den Hunden und kommuniziert mit ihnen, seinen Helfern und dem Feld durch Jagdsignale. Er ist der einzige, der ein Jagdhorn trägt.

ÜBER DIE MAUER
Dieser Steinwall ist ein typisches Hindernis in der heimatlichen Landschaft der Galway »Blazers« in Irland. Der Reiter ist korrekt gekleidet: roter Rock, Zylinder, Stiefel und weiße Reithose.

JAGDHUNDE IN ARIZONA
Die Meute »High Country Hounds of Flagstaff« aus Arizona jagt den Koyoten, nicht selten im Schnee. Den Rotfuchs gibt es nicht.

FUCHSJAGDEN IN DEN USA

In Amerika entwickelte sich das Jagdreiten zuerst in den reichen historisch bedeutenden Staaten Virginia, Maryland und Pennsylvania an der Westküste, wo im 17. Jahrhundert die ersten Siedler an ihrem Sport im englischen Stil festhielten. Gejagt wird meist der graue Kit-Fuchs. Den englischen Rotfuchs gibt es nicht, aber der Kit-Fuchs liefert seinen zahlreichen Anhängern guten Sport, obwohl er sich in seinem Fluchtverhalten vom Rotfuchs unterscheidet.

HUNTER

HUNTER BZW. JAGDPFERDE GIBT ES IN JEDEM LAND, wo es Jagden hinter einer Hundemeute gibt. Der bevorzugte Pferdetyp hängt vom jeweiligen Land und den Bodenverhältnissen ab. Die besten Jagdpferde gibt es in den Ländern mit langer Reitjagd-Tradition, besonders Irland, Großbritannien und in gewissem Maße auch die USA, wo auf den großen Jagden hauptsächlich Vollblüter (siehe Seiten 118–119) gehen. In Anbetracht des besonderen Talents werden aus besonders guten englischen und irischen Huntern später oftmals Vielseitigkeitspferde (siehe Seiten 352–353).

KOPF
Die Kopfform ist unterschiedlich, aber er sollte qualitätsvoll sein und einen aufmerksamen, intelligenten Eindruck machen.

SCHULTERN
Die Schultern sollen stark und schräg sein, mit ausgeprägtem Widerrist, damit das Pferd galoppieren und springen kann.

VORHAND
Die Brust ist breit und tief, der Unterarm ist stark. Die Gelenke sind groß und die Sehnen klar und fest.

NOTWENDIGE EIGENSCHAFTEN

Die Kriterien für einen guten Hunter sind, daß er einen Reiter schnell und sicher über die Jagdstrecke trägt und das ganze während der Jagdsaison (November bis April) vielleicht zweimal

IM SONNIGEN FLORIDA
Jagdreiten ist eine feste Einrichtung in vielen Ländern, u.a. den USA. Die Palm Beach Hunt betreibt den Sport im sonnigen Florida.

in der Woche. Das Pferd muß diese Leistung ohne Anzeichen von Anstrengung oder Erschöpfung und ohne Konditionsverlust vollbringen, denn sonst wäre eine regelmäßige und angenehme Teilnahme an diesem Sport unmöglich. In Europa beginnt eine Jagd gewöhnlich mit dem Stelldichein um 11 Uhr. Der Jagdtag endet in der Dämmerung zwischen 15.30 und 16.00 Uhr, d.h. die Pferde haben dann vier bis fünf Stunden konstant gearbeitet und den größten Teil der Zeit mit Galoppieren und Springen verbracht.

Da Jagdreiten eine Wintersportart ist, kann der Boden naß und schwer und somit anstrengender sein. Ein Pferd, das unter solchen Bedingungen geht, muß stark sein, und zwar physisch und konstitutionell, ausdauernd und schnell. Es muß mutig sein und gut springen können, gesund sein und ein angenehmes Temperament haben.

DIE HUNTER-TYPEN

Die Typen variieren entsprechend den Anforderungen der verschiedenen Jagdgegenden. In den alten Weidegebieten der englischen Shires, den besten Jagdgebieten der Welt, zu denen ein Teil der Midlands (Leicestershire, Rutland, Warwickshire, Northamptonshire und Teile des Lincolnshire) gehört, braucht man ein großes galoppierfreudiges, hoch im Blut stehendes Pferd mit viel Vermögen, das alle Hindernisse der Strecke überwinden kann. (In den Shires ist es Sitte oder zumindest ratsam, ein zweites, frisches Pferd für den Nachmittag zu haben.)

In den Gegenden mit mehr Zäunen, auf Ackerland und in den Hügellandschaften ist ein starkes, kurzbeiniges Pferd mit 50 oder gar 75 % Vollblutanteil geeigneter, das auch über schwierige Sprünge geht. Im allgemeinen kann man sagen, daß Schnelligkeit und Vermögen um so größer sind, je höher der Vollblutanteil ist. Egal, wo die Jagd geritten wird, muß das Pferd ein gutes Exterieur haben und von Natur aus im Gleichgewicht gehen.

Englische und irische Hunter

Die Grundvoraussetzung für einen Hunter ist Mut. Irische und englische Hunter haben diese Eigenschaft vom Vollblut (siehe Seiten 118–119) bekommen, aber er ist auch bei den anderen Pferden, die Vollblut führen, vorhanden. Es ist dieser Mut gepaart mit einer fast angeborenen Geländesicherheit, was die irischen und englischen Pferde als Jagdpferde so von den anderen auf Karossierpferden basierenden Rassen Europas abhebt.

Die irischen Hunter gelten immer noch als die besten Vielseitigkeitspferde der Welt. Sie basieren auf Kreuzungen von Vollblütern und Irish Draughts (siehe Seiten 374–375). Wie das Polo-Pony (siehe Seiten 362–363) und das Quarterhorse scheinen sie eine angeborene Begabung für ihren Job zu haben. Die irischen Hunter gehen als 3- und 4jährige Pferde oft Jagden, und fast immer nur auf einfacher Trense. Sie lernen schnell, die Hindernisse zu meistern und sich in allen möglichen Situationen selbst zu helfen. Das feuchte Klima ist ideal für nahrhaftes Gras. Der mineralstoffreiche Kalkboden gibt den jungen Pferden gute Knochen, und sie entwickeln sich auf natürliche Weise zu großen, wüchsigen Jährlingen und Zweijährigen.

Reitjagden in Frankreich
Reitjagden in Frankreich sind eine traditionelle Angelegenheit mit Stil und Glanz. Gejagt wird der Rothirsch oder Schwarzwild, wobei die Jagden langsamer und viel formeller als in Großbritannien sind.

Es gibt noch andere Kreuzungsmöglichkeiten mit Vollblütern, die einen erstklassigen Hunter liefern. Der Cleveland Bay (siehe Seiten 304 bis 305) z.B. ist selbst schon ein Hunter, und zwar wahrscheinlich der stärkste auf der Welt. Er kann einen Mann mit einem Körpergewicht von 114 kg einen Jagdtag lang tragen. In seiner Heimat springt der Cleveland Bay große Hindernisse, auch wenn sie auf tiefem, schweren Lehmboden stehen. Nach Paarung mit einem Vollblüter wird die Nachzucht schneller und leichter, ohne die Kraft und Knochenstärke des Clydesdale zu verlieren.

Viele gute Schwergewichtshunter sind auf der Basis der englischen Kaltblutrassen entstanden, hauptsächlich Shire und Clydesdale sowie in England gezogene Percherons (siehe Seiten 284 bis 287 und 94–95). Genauso gut und besser als die meisten anderen sind die Kreuzungen und Folgekreuzungen mit den bodenständigen englischen Ponyrassen (siehe Seiten 170–183). Diese Produkte haben ein besonders lebhaftes Wesen und sind ausdauernd, selbständig, intelligent und gesund. Ebenso wie Irish Draught-Kreuzungen sind sie unschlagbar in bezug auf ihr Vermögen. Jede der größeren englischen Ponyrassen kann auf den meisten Jagden zumindest einen leichten Erwachsenen tragen.

In Großbritannien stammen viele Hunter von Vollbluthengsten ab, deren Besitzer nach dem »Premium Stallion Scheme« hohe Prämien erhalten, damit die Hengste der Hunter-Zucht zur Verfügung gestellt werden. Dieses Projekt wird von der »National Light Horse Breeding Society« (Hunters' Improvement Society) verwaltet, die wiederum Subventionen vom Racecourse Betting Levy Board erhält.

Kruppe
Die Hinterhand ist gut bemuskelt, die Lendenpartie ist breit und stark. Der Rücken ist mittellang und nicht zu breit.

Hinterhand
Große Unterschenkel sind unerläßlich. Die Röhrbeine müssen auf einer Linie mit den Sprunggelenken sein, die groß und makellos sein sollen.

Rumpf
Der Körper ist kompakt und rundrippig mit guter Gurtentiefe, so daß sich die Lungen voll ausdehnen können.

Grösse
1,52–1,83 m

IRISH DRAUGHT

DER IRISH DRAUGHT, die züchterische Grundlage des gefeierten irischen Hunters, stammt ab von den schweren Pferden aus Frankreich und Flandern, die nach der anglo-normannischen Invasion von 1172 importiert wurden. Diese starken Stuten wurden dann gekreuzt und mit importierten orientalischen und andalusischen Pferden (siehe Seiten 106–107) veredelt. Daraus wurden schließlich die Arbeitspferde entwickelt, die auf den kleinen irischen Farmen im Geschirr und unter dem Sattel eingesetzt wurden.

DER ALTE TYP

1850 wurde der Irish Draught als kleinwüchsiges Pferd von 1,57 bis 1,60 m Größe mit gutem Röhrbein und Fundament sowie kurzen, kräftigen Beinen ohne Behang beschrieben. Im allgemeinen waren die Schultern ziemlich steil, aber der Hals war stark und der Kopf eher klein als grob. Die Aktion der Gänge war in Anbetracht der Schulterlage gerade und flach, aber nicht auffallend. Die Pferde trabten im Geschirr und galoppierten unter dem Sattel. Sie sollen auch gute Springpferde gewesen sein, was der Liebe der Iren zum Jagdreiten zu verdanken ist, denn sie förderten das natürliche Springvermögen der Pferde über die schwierigsten Hindernisse. Die kalkhaltigen Böden und das feuchte, milde Klima (was eine lange Weidesaison bedeutete) geben den Pferden Knochenstärke, Größe und Wuchs, während das Vollblut (das eingeführt wurde, um den Hunter zu züchten) den Pferden Qualität, Vermögen und größere Schnelligkeit gab, ohne die ererbten Fähigkeiten des Jagdpferdes zu beeinträchtigen.

RÜCKGANG DER BESTÄNDE

Nach der Hungersnot von 1847 ging die Zahl der Irish Draughts zurück. Später wurden große Anstrengungen unternommen, um die Restbestände durch die Einkreuzung von Shire Horses und Clydesdales (siehe Seiten 284–287) zu verbessern. Diese Kreuzungen waren nicht erfolgreich und machten das Pferd grober. Der Clydesdale gilt auch als dafür verantwortlich, daß die Rasse oft

HALS
Der lange, gewölbte Hals und der ausgeprägte Widerrist sind gute Reitpferdemerkmale.

WIDERRIST
Der zurückliegende Widerrist ist charakteristisch und trägt zur schrägen Lage der kräftigen Schultern bei.

GRÖSSE
1,63–1,73 m

DAS GEBORENE JAGDPFERD
Das ist ein solider, reinrassiger Irish Draught-Hunter in seiner Heimat. Diese Pferde besitzen Größe, Substanz und Fundament und können einen schweren Reiter in jedem Gelände tragen. Dank der Art, wie die Iren ihre jungen Pferde ausbilden, ist der Irish Draught ein mutiges, aber vorsichtiges Springpferd mit einer natürlichen Eignung als Jagdpferd.

eingeschnürte Vorderfußwurzelgelenke hatte, ein Fehler, der erst nach langer Zeit ausgemerzt werden konnte. 1897 sprach Thomas Meleady verbittert über die Auswirkungen der »schottischen« Pferde auf die irischen Pferde. Er nannte sie »dickbeinige, schwerfällige Pferde, die schnell ermüden« und meinte auch, daß der Clydesdale die bodenständigen Ponys in den Grafschaften Mayo, Wicklow und Wexford zerstört habe.

AUFWÄRTSTREND

Die Rasse wurde stark verbessert durch die Subventionen für Hengste, die es ab 1904 gab. Im Gegensatz zu England hat Irland seine Pferde immer als Pluspunkt betrachtet und Zucht und Verkauf gefördert. 1917 erschien ein Buch mit dem Titel *»A Book for Horses of the Irish Draught Type«* (= Ein Buch über Pferde im Irish Draught-Typ, Anm. d. Übers.), in dem 375 Stuten und 44 Hengste eingetragen waren. Bis zum Zweiten Weltkrieg herrschte großer Bedarf an Wagenpferden, Armeeremonten, Zugpferden und Halbblut-Huntern. Unvermeidlich brachte der Krieg einen Rückgang der Qualität mit sich, aber die Rasse ist seitdem wieder aufgebaut worden.

VIELSEITIGKEITSPRÜFUNGEN
Das Irish Draught Horse zeigt hervorragende Leistungen auf internationalen Vielseitigkeitsturnieren. Es ist von Natur aus ein talentiertes Gelände- und Springpferd.

DIE IRISH DRAUGHT SOCIETY

Die Irish Draught Society wurde 1976 gegründet. 1979 folgte die Irish Draught Society (GB), die sich schnell zu einem der fortschrittlichsten englischen Zuchtverbände entwickelte. Der Verband hat ein eigenes Körsystem, um zur Eintragung geeignete Nachzucht zu bekommen. Sein Einfluß auf die Hunter-Zucht ist enorm. Wenn auch die Anzahl inländischer Stuten noch nicht groß genug ist, so ist die Auswahl an Spitzenhengsten beträchtlich. In Anpaarung mit Vollblutstuten vererben die Irish Draught-Hengste Knochenstärke, Substanz, Größe und auch ihr Springvermögen. Irish Draughts und ihre Nachkommen sind unkompliziert im Umgang, haben ein ausgeglichenes Temperament, sind selten krank und gedeihen gut bei einfacher, kleiner Futterration im Gegensatz zu anderen Rassen gleicher Größe.

Heute ist das Irish Draught Horse größer als noch vor 100 Jahren. Die durchschnittliche Größe liegt bei 1,63 m, während Hengste oft bis zu 1,73 m erreichen. Die Kruppe und der Schweifansatz sind verbessert worden, und obwohl die Pferde die kräftigen Gliedmaßen und Röhrbeine behalten haben, sind die meisten hervorragende Sportpferdetypen. Viele der in Großbritannien aufgestellten Hengste werden regelmäßig geritten und gesprungen, und sie gehen Jagden.

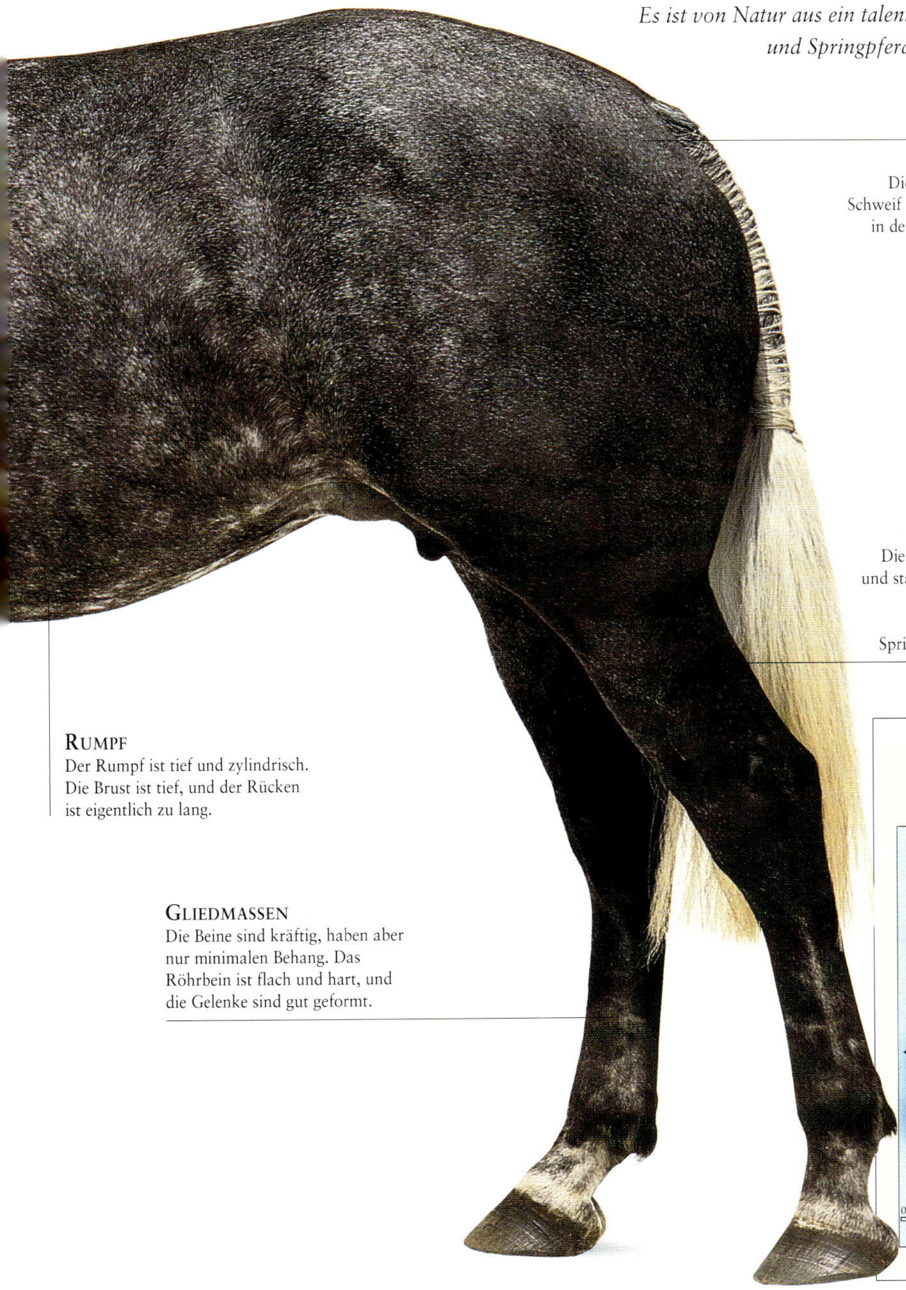

KRUPPE
Die Kruppe ist abfallend. Der Schweif ist tief angesetzt, wird aber in der Bewegung hoch getragen.

HINTERHAND
Die Hinterhand ist sehr kräftig und stark bemuskelt. Die Sprunggelenke sind groß, was auf überdurchschnittliches Springvermögen schließen läßt.

RUMPF
Der Rumpf ist tief und zylindrisch. Die Brust ist tief, und der Rücken ist eigentlich zu lang.

GLIEDMASSEN
Die Beine sind kräftig, haben aber nur minimalen Behang. Das Röhrbein ist flach und hart, und die Gelenke sind gut geformt.

URSPRÜNGE

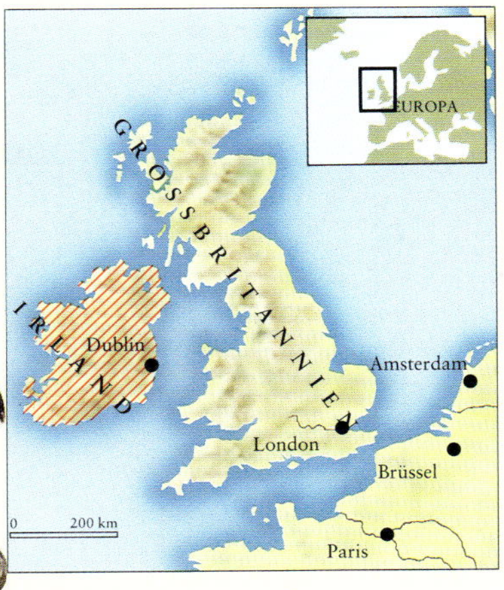

Das Irish Draught kommt aus Irland, aber heute wird es auch in Großbritannien unter der Schirmherrschaft der Irish Draught Horse Society gezüchtet. Das ursprünglich als vielseitiges Arbeitspferd für die Farmen gedachte Pferd bekam sein Fundament, Kaliber und Größe durch die kalkhaltigen Böden und das fette Gras, das dank des milden, feuchten Klimas reichlich wächst. Die jagdbegeisterten Iren förderten das angeborene Springtalent über natürliche Hindernisse. Die Anpaarung mit Vollblütern bringt den irischen Hunter, das wahrscheinlich beste Geländepferd der Welt.

PFERDESCHAUEN

EINE MATERIALPRÜFUNG IN FLORIDA

DIE PFERDESCHAUEN in Europa haben ihre Ursprünge in den mittelalterlichen Jahrmärkten, auf denen Tiere aller Art ausgestellt und zum Verkauf angeboten wurden. Solche Märkte werden noch heute überall auf der Welt abgehalten. Manche haben sich zu Pferdeauktionen weiterentwickelt, wie z.B. viele in Europa, während andere ihr traditionelles Flair behalten haben. Sinn und Zweck der modernen Pferdeschau, wo Pferde zusammengebracht werden und gegeneinander wetteifern, sind Verbesserung der Rasse oder des Typs. Unter wirtschaftlichem Aspekt gesehen, sind diese Veranstaltungen eine Art »Schaufenster« für Züchter und Besitzer, die Pferde kaufen oder verkaufen möchten. Sie dienen auch dazu, Standards für die verschiedenen Rassen und Schläge aufzustellen oder beizubehalten. In den europäischen Ländern wird sehr viel Wert auf die Leistungsprüfung sowie die Beurteilung von Exterieur und Gangwerk gelegt.

SCHAUKLASSEN

Die traditionellen Schauklassen finden in Großbritannien und Irland sowie in den Commonwealth-Ländern, wie Australien, Südafrika und Kanada statt, ja sogar auf den Turnieren in Pakistan und Indien gibt es sie gelegentlich.

Der riesige amerikanische Turnierzirkus unterscheidet sich vollkommen von diesen traditionellen Shows. Es gibt verschiedene Klassen, so daß jeder Reitstil abgedeckt ist – hunt seat, saddle seat und stock seat. Kriterien und Richtverfahren sind sehr unterschiedlich bei den Schauklassen unter dem Sattel, an der Hand jedoch gibt es nur geringe Unterschiede.

BEURTEILUNG EINES HUNTERS

In Großbritannien reiten die Richter die Pferde, bevor sie den Sattel abnehmen lassen, um das Gebäude zu beurteilen. Show-Hunter werden auf dem Turnierplatz nicht gesprungen, während der »Working Hunter« einen Parcours mit rustikaleren Hindernissen absolvieren muß

DAS TRADITIONELLE SYSTEM

In Großbritannien sind die Schauklassen beinahe genauso breit gefächert wie in den USA. In Großbritannien gibt es im Jahr mehr Pferdeschauen als in viel größeren Ländern. Nach dem englischen System, wo es mehr auf die Expertenmeinung und -erfahrung ankommt als auf irgendwelche spezifischen Anforderungen, basiert die Beurteilung der Schauklassen unter dem Sattel wie an der Hand (geführt) auf vier Faktoren: Erscheinung, Gebäude, Rittigkeit und Manier. In Zuchtklassen wird außerdem noch der Rassetyp beurteilt. Unter Erscheinung kann man Persönlichkeit verstehen. Es ist die Eigenschaft eines Pferdes, aufzufallen und die Blicke auf sich zu ziehen. Normalerweise kann das nur ein Pferd mit einem guten Exterieur, so daß man sagen kann, ein gutes Erscheinungsbild resultiert aus einem korrekten Körperbau.

Das Gebäude bezieht sich auf den Körperbau des Pferdes unter Berücksichtigung seiner Nutzung. Danach richtet sich auch die Beurteilung der Gänge.

Bei Prüfungen unter dem Sattel für Show Hunter, Working Hunter, Reitpferde, Hacks und Cobs reitet der Richter oder auch die Richter (nie mehr als zwei Richter) jedes Pferd selbst. Diesem »Ritt« wird großer Wert beigemessen, denn man geht davon aus, wie schön ein Pferd auch immer sein mag, ist es nutzlos, wenn es nicht gut zu reiten ist. In den Führklassen für zukünftige Reitpferde muß der Richter die Rittigkeit aufgrund der Gänge und des Gebäudes beurteilen. Die Manier und das Benehmen des Pferdes sind ein weiteres Kriterium in allen Schauklassen.

DER PFERDEMARKT

Pferdemärkte, wo die Pferde den zukünftigen Käufern vorgeführt werden konnten, waren die Vorläufer unserer heutigen Turniere und Schauen. Manche Märkte gibt es immer noch, und sie werden an den traditionellen Orten, wie z.B. in Southall und Stow-on-the-Wold, abgehalten.

Es gibt Klassen für Kinderponys (unterteilt in 3 Abteilungen, je nach Größe), für Working Hunter Ponys (wiederum nach Größe unterteilt) und für Show Hunter Ponys (die kalibrigere Version der Show Ponys). Es gibt auch Klassen für spezielle Rassen, wozu Zuchtpferde und Nachkommen zählen, und andere Klassen, z.B. für Gespannpferde.

Amerikanische Shows

In Amerika gibt es eine Fülle von Shows für die verschiedensten Rassen, zusätzlich zu den Klassen unter dem Sattel und den vielen »halter classes« für die Pferde, die an der Hand vorgestellt werden. Hunt seat- (oder English seat)-Klassen entsprechen größtenteils den hunter classes in Großbritannien. Der große Unterschied ist, daß die Hunter in den USA im Gegensatz zu Großbritannien nicht vom Richter geritten werden und daß alle Hunter, egal ob Working, Handy oder Junior Hunter, springen müssen und auch nach ihrer Springmanier beurteilt werden.

EINE »HUNTER CLASS« IN AMERIKA
Hier findet gerade der Springteil einer Prüfung für Hunter in Palm Beach/USA statt. Stil und Manier sind wichtige Kriterien bei der Beurteilung. Amerikanische hunter classes sind gewissermaßen eine weiterentwickelte Form der englischen »working hunter classes«.

Obwohl die Working Hunter auch in Großbritannien einen Hindernisparcours springen müssen, besteht die Gesamtnote zu 60 % aus der Beurteilung der Darbietung, und den Rest gibt es für Rittigkeit und Gebäude. Show Hunter müssen ihr Springvermögen nicht unter Beweis stellen. Stattdessen werden sie danach beurteilt, welche wünschenswerten Qualitäten eines Hunters der Richter zu sehen glaubt. Im amerikanischen System kann das zukünftige Springpferd oder gar Vielseitigkeitspferd genügend Erfahrungen sammeln, ähnlich wie der Working Hunter in Großbritannien.

In Amerika werden die stock-seat classes im Western-Stil geritten. Dazu gehören western pleasure, trail (mit einem Hindernisparcours), western riding (wo die Pferde in den drei Gangarten Schritt, Jog und Lope vorgestellt werden) und reining classes (wo die Pferde schwierigere Lektionen in vollem Galopp ausführen müssen).

Saddle-seat-Klassen sind nur den Gangpferden vorbehalten: Saddlebreds, Missouri Fox Trotter und Tennessee Walker (siehe Seiten 232–237).

ZUCHTSCHAU
Pferdeschauen stellen eine Art »Schaufenster« für die Züchter dar und tragen zur Festlegung von Rassestandards bei. Die Pferde werden vorgetrabt, so daß man die Qualität der Gänge beurteilen kann.

Hackney & Hackney-Pony

Vorstellung an der Hand
Dieser Hackney-Hengst wird im korrekten »Vorführgeschirr« an der Hand auf der alljährlichen Schau der Hackney Horse Society in Großbritannien vorgestellt.

Der Hackney und sein Verwandter, das Hackney-Pony, sind zweifellos die eindrucksvollsten Kutschpferde der Welt. Der Hackney hat ein charakteristisches Exterieur, und seine brillante, einzigartige Knieaktion wird im Rassestandard als äußerst mühelos, energisch und extrem hochschnellend beschrieben, wodurch man den Eindruck einer mystischen, affektierten Selbstdarstellung bekommt. Teilweise kann dieser extravagante Bewegungsablauf erlernt und durch gutes Training verfeinert werden, aber größtenteils ist er angeboren und hat seinen Ursprung in der jahrelangen selektiven Zucht und dem Einfluß des Trabers, auf dessen Grundlage der Hackney im 18. Jahrhundert entstand.

Ursprünge

Der Hackney entstand aus den großartigen Traberpferden des 18. und 19. Jahrhunderts, die traditionell in England beheimatet waren und viele Rassen in Europa sowie einige bedeutende in den USA prägten. Die Bezeichnung Hackney jedoch kommt wohl von dem französischen Wort »*haquenée*« (siehe Seiten 380–381), und mit »hackney« (kleiner Anfangsbuchstabe) war seit dem Mittelalter ein Reitpferd gemeint.

Es gab zwei regional unterschiedliche Typen von Traberpferden in Großbritannien, die Trotter oder Roadster genannt wurden: Norfolk und Yorkshire. Sie haben einen gemeinsamen Vorfahren in Original Shales, der 1755 geboren wurde und aus einer »hackney« oder Reitpferdestute von Blaze stammt. Blaze, der als die »Hauptfigur im ersten Kapitel der Schöpfungsgeschichte der großen Traber« gilt, war ein Sohn von Flying Childers, dem ersten großen Rennpferd. Der wiederum war ein Urenkel von Darley Arabian, einem der drei Stammväter des Vollblüters (siehe Seiten 118–119). Über seinen Urenkel Messenger ist Blaze auch an der Entstehung des American Standardbred (siehe Seiten 338–339) beteiligt.

Es waren jedoch Blaze's Sohn Shales, dessen beide Söhne (Driver und Scot Shales) sowie ein weiteres Pferd namens Marshland, der aber Scot Shales auf beiden Seiten im Pedigree führte, die prägenden Einfluß auf den Norfolk Trotter hatten.

Grösse des Hackney-Pferdes
1,42–1,60 m

Sprunggelenke
Die Sprunggelenke müssen tief angesetzt sein, damit sie die brillante Aktion noch unterstützen können.

Hackney-Pferd

Hackney-Pony

Ursprünge

Der moderne Hackney stammt ab von den berühmten Trabern, den Roadsters aus Norfolk, und in geringerem Maß von den Yorkshire Roadsters, die dieselben Vorfahren haben wie die Rasse aus Norfolk. Das Hackney-Pony, das im 19. Jahrhundert in Cumbria entstand, hat offensichtliche Verbindungen mit den Blutlinien des Hackney-Pferdes jener Tage, basiert aber hauptsächlich auf dem Fell-Pony. Sowohl Hackney-Pferde als auch Ponys werden heute weltweit gezüchtet. Die größte Zucht existiert in den Niederlanden.

Ihre Nachkommen produzierten in Anpaarung mit Yorkshire-Stuten die Traberlinie des Nordens.

Heute sind die regionalen Unterschiede längst passé, und die besten Merkmale vereinen sich in der Eleganz des modernen Hackney. Die Hackney Horse Society wurde 1883 in Norwich/England gegründet. Die Zeiten dieser ersten Traberpferde, die in Trabrennen unter dem Sattel gingen, lange bevor sie zwischen die Scheren des Sulky gespannt wurden, sind sehr beeindruckend und erklären die große Courage und das Stehvermögen ihrer Nachkommen in unserer Zeit.

KOPF
Der Kopf hat ein leicht konvexes Profil mit kleinen, hübschen Ohren und einem feinen, qualitätsvollen Maul. Die Augen sind groß und mutig.

SCHULTERN
Die typischen Kutschpferdeschultern sind äußerst stark. Der Widerrist ist niedrig, anders als beim modernen Reitpferd.

GESCHIRR
Sowohl Pferd als auch Pony tragen ein Vorführgeschirr für Hengste mit Longiergurt (an den auch Ausbinder geschnallt werden können), Schweifmetze und Schweifriemen, wodurch der Schweif notgedrungen hochgetragen wird.

HUFE
Man läßt die Hufe etwas länger wachsen als üblich, um die typische Knieaktion noch zu betonen.

GRÖSSE DES HACKNEY-PONYS
bis 1,42 m

Bellfounder, der in direkter Linie auf das Rennpferd Eclipse zurückgeht, trabte 3 km in 6 Minuten und 14 km in 30 Minuten. Seine Mutter Velocity trabte 25 km in einer Stunde. Die Stute Phenomena von Norfolk Phenomenon war nur 1,42 m groß, aber sie legte 27 km im Trab in 53 Minuten zurück. 1832 legte Nonpareil vor dem Wagen 160 km in 9 Stunden 56 Minuten und 57 Sekunden zurück.

DAS HACKNEY-PONY

Das Hackney-Pony, das höchstens 1,42 m groß ist, wird im selben Stutbuch eingetragen wie das Pferd. Sie haben größtenteils dieselben Vorfahren in den großen Linien der Norfolk und Yorkshire Trotters. Dennoch handelt es sich um ein richtiges Pony, nicht einfach nur um ein kleines Pferd. Das moderne Hackney-Pony wird praktisch nur auf Schauen eingesetzt, wo es in punkto Knieaktion seinem großen »Bruder« in nichts nachsteht. Die Rasse wurde hauptsächlich von einem Mann geschaffen: Christopher Wilson aus Cumbria. Um 1880 hatte er einen charakteristischen Typ entwickelt, dessen

IN AKTION
Ein Hackney-Pony geht vor einem konventionellen, gummibereiften Show-Buggy und zeigt wie von seiner Rasse erwartet all die Brillanz seiner auffälligen Gänge.

Grundlage Traberblut und heimische Fell-Ponys (siehe Seiten 170–171) oder gelegentlich Welsh-Ponys waren. Der wichtigste Hackney-Ponyhengst war Wilson's Champion-Ponyhengst Sir George, dessen Vater ein Yorkshire Trotter war und dessen Abstammung sich bis auf das Rennpferd Flying Childers zurückführen läßt. Wilson paarte Sir George's weibliche Nachkommen aus ausgesuchten Stuten mit ihrem Vater, um äußerst elegante Ponys mit brillanter Aktion zu züchten. Die als »Wilson Ponys« bekannten Ponys wurden den Winter über draußen gehalten, wo sie sich selbst versorgen mußten, was die bemerkenswert harte Konstitution garantierte und die Ponys nicht zu groß werden ließ.

Hack

Der Hack ist eigentlich ein englisches Phänomen, obwohl er inzwischen auch in Südafrika und Australien zu sehen ist. Die Bezeichnung »hack« sowie Hackney wurden abgeleitet von dem normannischen bzw. französischen Wort *»haquenée«*, was leichtes Reitpferd bedeutete. Im 19. Jahrhundert gab es zwei verschiedene Typen des Hack in Großbritannien: den »Covert Hack« und den »Park Hack«. Früher brachte der Covert Hack seinen Reiter zum Stelldichein einer Jagd, aber heute ist er längst von motorisierten Fahrzeugen abgelöst worden. Auch die Londoner High Society macht keine Ausritte mehr auf dem Park Hack, so daß er heute nur noch auf dem Turnierplatz zu finden ist, wo er Erinnerungen an ein glanzvolleres Zeitalter wachruft.

Hals
Der Hals ist lang, leicht und elegant. Er geht fließend in den ausgeprägten Widerrist und eine lange, schräge Schulter über.

Kopf
Ein hübscher, qualitätsvoller Kopf, der zum Maul hin schmaler wird, aber ohne konkave Nasenlinie, ist ein wesentliches Merkmal eines Hacks.

Gliedmassen
Die Beine sind lang und wirken elegant. Der Röhrbeinumfang liegt bei 20 cm.

Grösse
1,47–1,60 m

Die Typen im 19. Jahrhundert

Im 19. Jahrhundert wurden Covert und Park Hacks immer beliebter dank der Verfügbarkeit des Vollblüters (siehe Seiten 118–119) in Großbritannien und dank der Vorlieben des englischen Adels in jener Zeit.

Der Covert Hack war ein schickes oder sogar schönes Vollblut-Reitpferd, das seinen Reiter in weichem Galopp zum Stelldichein der Jagden trug. Er wurde meist von den bestens gekleideten Feudalherren zum Stelldichein geritten. Mit einem Covert Hack unter dem Sattel machte man immer eine gute Figur. Die meisten anderen Jagdteilnehmer ließen ihren Hunter vom Groom zum Stelldichein reiten, während sie selbst in einer Kutsche oder eventuell einem schicken Dogcart folgten.

Dieser Hack mußte gute Manieren haben und bequem zu reiten sein. Er war ein schickes, auffälliges Pferd, aber leichter gebaut als der Hunter und ohne dessen Kaliber und Fundament. Seine hauptsächlichen Merkmale waren Eleganz, eine makellose Erscheinung und weiche Gänge. Knochenstärke, Kraft, Ausdauer und erst recht Galoppiervermögen waren von untergeordneter Bedeutung für den Covert Hack, von dem auch gar nicht erwartet wurde, daß er einen ganzen Jagdtag lang seinen Reiter durch die Landschaft trägt.

Den Covert Hack gibt es nicht mehr, weder auf den Jagden noch auf dem Turnierplatz. In den heutigen Schauklassen für Reitpferde findet man am ehesten Pferde, die diesem Typ nahekommen. Dabei handelt es sich um qualitätsvolle Pferde, aber wie der Covert Hack haben auch

Damensattel
Die Prüfungen für »Ladies' Hacks« und »Ladies' Hunters« werden im Damensattel geritten und zählen zu den Hauptattraktionen auf englischen Turnieren. Die Hilfen werden nur mit einem Bein bzw. Schenkel gegeben, auf der anderen Körperseite muß sich die Reiterin ganz auf ihren Reitstock verlassen, so daß ein Pferd unter dem Damensattel ganz besonders gut geritten sein muß und an den Hilfen stehen muß.

sie weder das Kaliber des Hunters noch die außerordentliche Qualität und Brillanz der Pferde in den reinen Hack-Klassen. Der Park Hack jedoch entspricht genau den Pferden, die in den Hack-Klassen gezeigt werden.

Viel feiner gebaut als der Covert Hack, war der Park Hack ein wunderschönes, fast ideal proportioniertes Pferd, das perfekt ausgebildet war. Als es noch Mode war, in London's Hyde Park auszureiten, paradierte der Hack unter seinem gut gekleideten Besitzer (weiblich oder männlich) vor den kritischen Blicken der Spaziergänger. Damit sein Reiter immer eine gute Figur machte, mußte der Hack viel Ausstrahlung besitzen. Er mußte gute Manieren haben, damit sein Reiter ihn ganz lässig mit einer Hand auf Kandare reiten konnte. Der Hack bewegte sich leicht wie eine Feder, aber so gehfreudig und locker, daß es nichts mit der disziplinierten Genauigkeit auf dem Dressurviereck und den kraftvollen Bewegungen der Warmblüter gemein hatte.

DER MODERNE HACK

Heute soll ein Hack dieselben Merkmale besitzen wie die Hacks des 19. Jahrhunderts. Er muß leicht und anmutig sein und ein vorbildliches Exterieur besitzen mit mindestens 20 cm Röhrbeinumfang. Schwache Blüter mit wenig Fundament werden nicht toleriert. Zu große Reitponys und Pferde mit extremem arabischen Einschlag sind ebenfalls unerwünscht. Die meisten Hacks sind Vollblüter, aber es gab schon immer auch ein paar Anglo-Araber (siehe Seiten 78–79).

Die Gänge des Hacks sollen so perfekt wie möglich sein. Sie müssen gerade und raumgreifend sein, d.h. die Hinterhand soll immer übertreten oder zumindest in die Abdrücke der Vorderhufe treten. Der Schritt soll frei und sehr raumgreifend sein. Der Trab ist fließend mit flacher Aktion bei gestrecktem Vorderbein. Knieaktion oder die Neigung zum Bügeln sind nicht erlaubt. Der Galopp ist butterweich, langsam, flüssig und total ausbalanciert.

HINTERHAND
Die Hinterhand ist rund, aber nicht schwer; die Muskeln sind besonders lang.

RUMPF
Körper und Rückenlinie sind so perfekt wie möglich. Das Pferd verfügt über eine gute Rumpftiefe und ist rundrippig.

GUTE MANIEREN
Der Hack ist äußerst elegant mit wunderbar flüssigen Bewegungen und den passenden Manieren. Er kann problemlos nur mit einer Hand geritten werden.

Die Pferde fallen durch ihre brillanten Gänge auf, da man diese sonst selten zu sehen bekommt.

Auf den Turnieren gibt es Klassen für Einzelpferde und Paare. Die Einzelklassen gibt es für kleine Hacks (1,47–1,52 m), große Hacks (1,52–1,60 m) und Ladies' Hacks (1,47–1,60 m), die unter dem Damensattel vorgestellt werden. Die Hacks werden im Schritt, Trab und Kanter, einem langsamen Arbeitsgalopp, gezeigt. Sie müssen nicht schnell galoppiert werden, aber jedes vorgestellte Pferd muß eine Einzelvorstellung geben, die hohe Anforderungen an das reiterliche Können und die Kunst, sich in Szene zu setzen, stellt. Den englischen Richtlinien entsprechend werden die Pferde auch noch vom Richter geritten. Der oder die Richter/in soll einen angenehmen Ritt ohne Probleme haben.

URSPRÜNGE

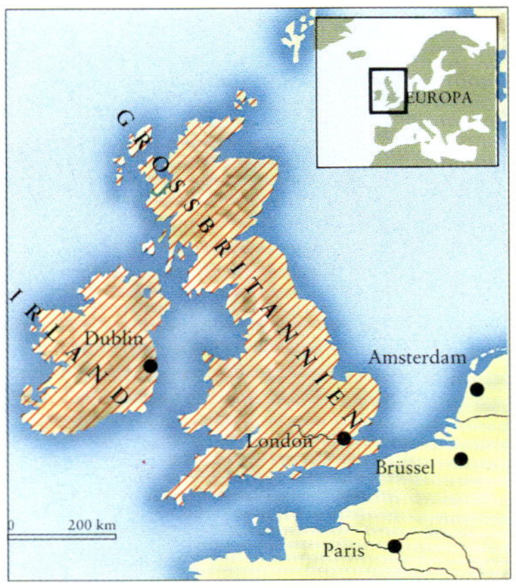

Der Vollblüter wird hauptsächlich als Rennpferd gezüchtet, aber manch einer ist dafür nicht geeignet und endet vielleicht auf dem Turnierplatz in einer Prüfung für Hacks. Der Hack wird nicht speziell gezüchtet, sondern er ist überall in Großbritannien und Irland zu finden, wo es Vollblüter oder Anglo-Araber gibt. Hacks gibt es auch in Australien, wo sie fast immer Vollblut-Eltern haben und wo es Turniere nach englischem Vorbild gibt. Vergleichbare Pferde werden wahrscheinlich überall auf der Welt gezüchtet, wo es Vollblüter gibt.

Riding Pony & Poney Français de Selle

Schauklasse
Schauklassen für Riding Ponys in den drei Größenabteilungen sind beliebter Bestandteil aller großen Turniere in England.

Nach dem Englischen Vollblut ist das englische Riding Pony die herausragendste Leistung selektiver Zucht in der Geschichte des Pferdesports. Was Proportionen und Qualität angeht, ist es vielleicht das perfekteste Pferd in der Welt, besonders wenn es im Größenbereich um 1,37 m liegt. Das Entstehen der vielen Ponyreitclubs in den 70er Jahren in Frankreich, ähnlich wie in Großbritannien, hat die französischen Züchter animiert, ein ähnliches Pony auf der Basis des Landais (siehe Seiten 186–187) zu züchten. Das sogenannte *Poney Français de Selle* etabliert sich zunehmend als eindeutig erkennbarer Typ.

Das Riding Pony

Das Riding Pony, das für Kinder gezogene Pendant zum Vollblut-Hack, wurde von einer Handvoll engagierter, zukunftsorientierter englischer Züchter aus einer Mischung von Arabern, Vollblütern und englischen Ponys (siehe Seiten 64 bis 65, 118–119 und 168–169) entwickelt. In den 40er Jahren wurde man auf dieses Pony aufmerksam, als neue Aufgaben für die kleineren, vollblütigen Polopony-Hengste gesucht wurden. Den Grundstock bildeten hauptsächlich Welsh-, aber auch Dartmoor-Ponys (siehe Seiten 172 bis 173), die wiederum etwas Welsh-Blut führen. Es gab natürlich schon die traditionelle Abteilung für Reitponys im Stutbuch der *Welsh Pony and Cob Society*, die Sektion B. Diese Ponys werden ausdrücklich als im »Reittyp« stehend beschrieben. Der Araber hat auch eine große Rolle gespielt und ist über den Schimmelhengst Naseel verantwortlich für eine der zwei großen Dynastien. Dieser Hengst von Raftan a. d. Naxina wurde von Mrs. Christopher Nicholson aus Kells in der irischen Grafschaft Meath vom Gestüt Hanstead der Lady Yule gekauft. Mrs. Nicholson ließ Gipsy Gold von ihm decken, die Stammstute einer gefeierten Linie wurde. Gipsy Gold stammt vom Vollblut-Polo-Pony Good Luck und aus der Tiger Lily, einer Welsh Mountain-Stute. Ihr bester Nachkomme war die

Kopf
Der Kopf ist äußerst edel, aber es ist ein Ponykopf, nicht der eines Pferdes.

Hufe
Die Hufe sind gut geformt, hart und in gleichmäßiger Größe. Das Pony ist weich gefesselt und hat keinen Behang.

Riding Pony

Grösse des Riding Ponys
1,27–1,47 m

Ursprünge

Es ist nicht möglich, den Entstehungsort des englischen Riding Ponys genau anzugeben, obwohl Mittel-Wales eine Gegend war, deren heimische Ponys prägenden Einfluß in den Gründerjahren der Rasse nahmen. Es gibt auch den starken Stamm des Araberhengstes Naseel, der aus der Grafschaft Meath nordwestlich von Dublin in Irland kommt. Heute gibt es in ganz Großbritannien und Irland Gestüte, die Riding Ponys züchten. Es gibt große Teilnehmerzahlen auf den großen und kleineren Shows in den Zuchtschauklassen für junge Pferde, Zuchtstuten und -hengste.

Stute Pretty Polly, die in den 50er Jahren mehrfach den Champion-Titel auf der Horse of the Year Show in London und den Royal International Horse Shows. Sie bekam 11 Fohlen, von denen 9 selbst Champion wurden, u.a. die herausragenden Pollyanna und Polly's Gem, beide Mütter von Champions. Aus Polly's Gem wurde Gem's Signet von Bwlch Hill Wind gezogen, eines der bemerkenswerten Ponys seit den 60er Jahren, während Pollyanna in die USA ging, wo sie den Amerikanern zeigte, was ein richtiges Reitpony ist und eine Prüfung nach der anderen gewann. Die Paarung von Polly's Gem und Bwlch Hill Wind war ein Zusammenschluß der beiden großen Riding Pony-Linien, denn Bwlch Hill Wind von Bwlch Zephyr war der Enkel des legendären Bwlch Valentino. Valentino, aber auch sein Sohn Bwlch Zephyr und sein Enkel Bwlch Hill Wind spielten eine große Rolle bei der Entwicklung eines einheitlichen Pony-Typs: Proportionen, Bewegungen und Erscheinung eines Vollblüters, aber mit typischen Pony-Merkmalen.

Valentino erbte seine brillanten Gänge und die Qualität von seinem Vater Valentine, einem Polo-Pony. Der in Argentinien eingetragene Valentine gehörte zu der Gruppe kleiner Vollblüter, die großen Einfluß auf die meisten Ponyrassen ausübte. Seine Großmutter väterlicherseits war eine Araberstute. Seine Mutter Bwlch Goldflake war von Meteoric, einem kleinen Vollbluthengst aus der Stute Cigarette, deren Vater Araber und deren Mutter eine Vollblut-/Welsh-Kreuzung war. Goldflake repräsentiert also die drei wichtigen Blutlinien.

Für Riding Ponys gibt es je nach Größe drei verschiedene Abteilungen: 1,27 m, 1,37 m und bis 1,47 m. Es bildete den Grundstock für das Hunter Pony, das auf Turnieren Springprüfungen geht, und für das rahmigere Hunter Show Pony, das fast wie ein Mittelgewichtshunter in Miniatur aussieht.

URSPRÜNGE

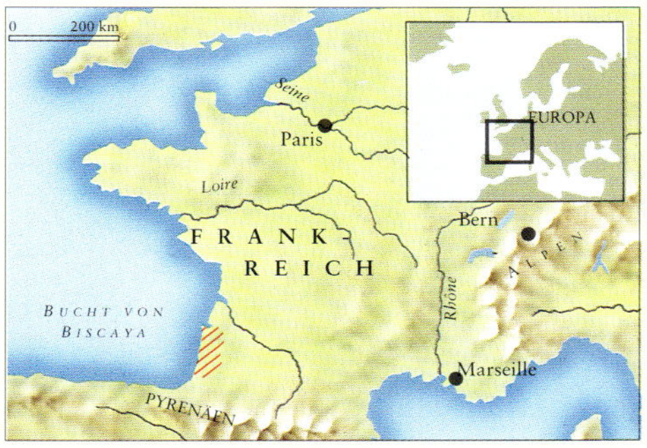

Das französische Pendant zum englischen Riding Pony, das Poney Français de Selle, entstand erst kürzlich. Den Grundstock der Zucht bildete ursprünglich einmal das Landais-Pony, eine bodenständige Ponyrasse aus der Region Landes im Südwesten Frankreichs, einem schmalen Küstenstreifen, der südlich von Bordeaux bis nach Biarritz nahe der spanischen Grenze reicht.

GRÖSSE DES PONEY FRANÇAIS DE SELLE
1,27–1,47 m

HALS
Hals und Schultern sind ziemlich kurz.

HINTERHAND
Die Hinterhand ist sehr gut proportioniert und bemuskelt, aber nicht schwer oder zu rund. Der Schweif ist hochangesetzt.

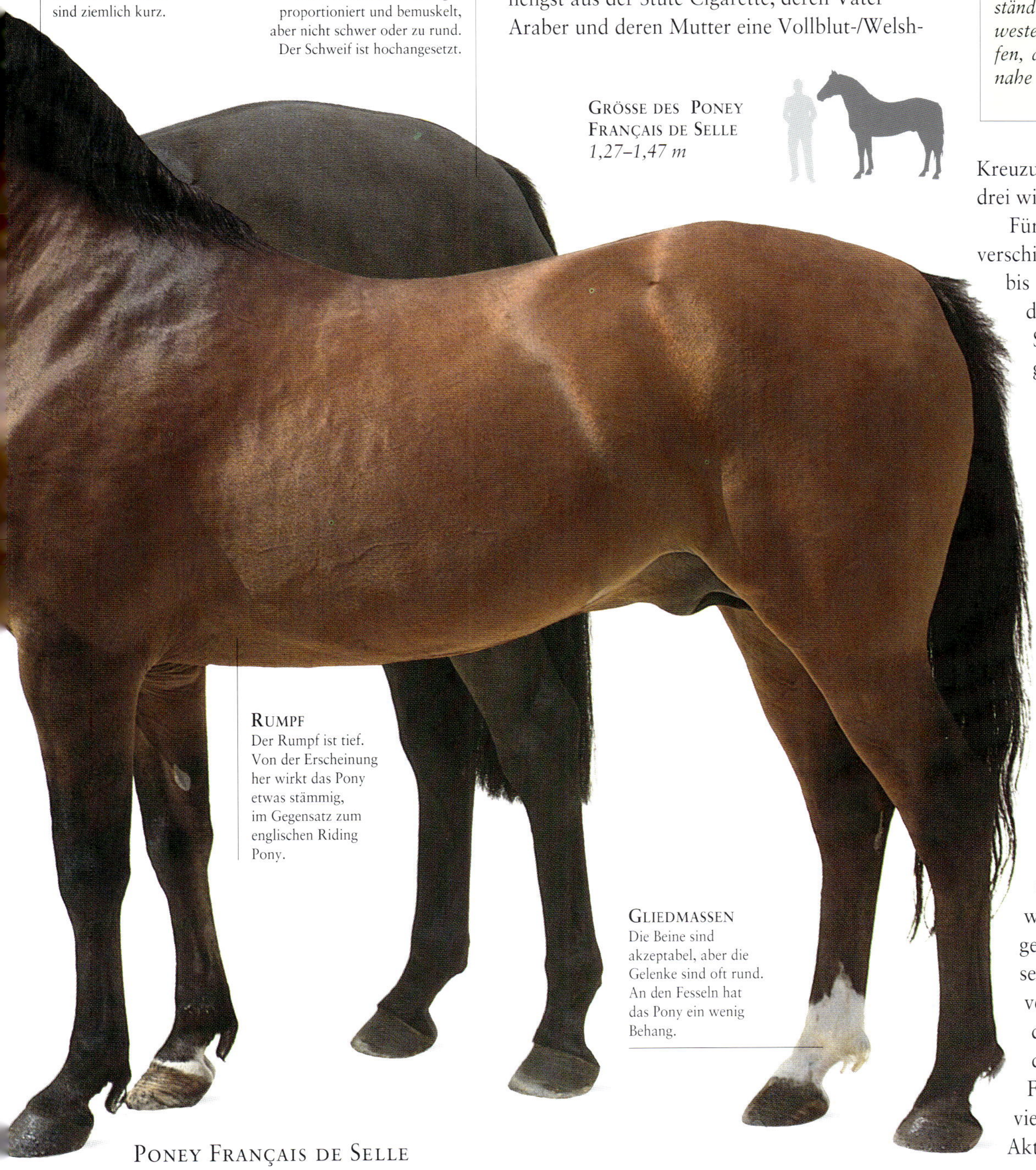

RUMPF
Der Rumpf ist tief. Von der Erscheinung her wirkt das Pony etwas stämmig, im Gegensatz zum englischen Riding Pony.

GLIEDMASSEN
Die Beine sind akzeptabel, aber die Gelenke sind oft rund. An den Fesseln hat das Pony ein wenig Behang.

PONEY FRANÇAIS DE SELLE

PONEY FRANÇAIS DE SELLE (= FRANZ. REITPONY)

Diese noch am Anfang ihrer Entwicklung stehende Ponyrasse hat noch nicht dasselbe Niveau erreicht wie ihr englisches Pendant, aber sie basiert auf einer ähnlichen Mischung. Ziel ist eine Pony-Version des Selle Français (siehe Seiten 130–131), wobei die Landais-Ponys die Ausgangsbasis bildeten. Das Landais-Pony selbst wurde stark mit Welsh-B-Ponys und Arabern gekreuzt. Auch einige Connemara- und New-Forest-Ponys wurden in der Aufbauphase der Rasse eingekreuzt. Vollblüter wurden weniger eingesetzt, denn in Frankreich gibt es keine vergleichbaren Turniere und Schauen, so daß ein Pony auch nicht die Qualität des englischen Reitponys haben muß. In Frankreich gilt das Interesse mehr einem vielseitigen Pony, das für die verschiedenen Aktivitäten der Pony-Clubs geeignet ist.

COB

EIN COB IST EIN SCHWERES, kompaktes Gebrauchspferd, ein Quadratpferd mit kurzen, kräftigen Beinen. Was das Gebäude angeht, so sieht er eher einem Kaltblut ähnlich als einem leichten Reitpferd, etwa dem langbeinigen Vollblut, das den idealen Körperbau für Schnelligkeit besitzt. Welsh Cob und Cob Normand sind anerkannte Rassen, aber für den englischen oder irischen Cob gibt es keinen festgelegten Rassestandard. Trotzdem ist ein Cob eindeutig erkennbar und wird in Großbritannien und Irland sehr geschätzt, nicht nur wegen seiner äußeren Erscheinung und seiner Fähigkeiten, sondern auch wegen seiner Intelligenz und seines Charakters.

ZUCHTGESCHICHTE

Der Cob wird nicht im direkten Sinn gezüchtet, sondern es kann sogar sein, daß er geradezu ein Zufallsprodukt ist. Einige der besten Cobs sind Irish Draught-Kreuzungen (siehe Seiten 374–375). Manchmal gibt es gute Cobs beim Shire Horse, Cleveland Bay oder Welsh Cob (siehe Seiten 286–287, 304–305 und 182–183), obwohl sich die letztgenannten in Reinzucht, in Aussehen und Gangwerk vom bekannten Cob-Typ stark unterscheiden. Vor der Erfindung des Autos hatte jeder Landsitz in England einen schicken Cob, mit dem man einkaufen fuhr oder andere Besorgungen machte, mit dem man kleine Ausritte machte und mit dem die schwereren Familienmitglieder auch eine Jagd mitreiten konnten. Meist war der Cob das fitteste und gesündeste Pferd im Stall, und zwar aufgrund seines Arbeitspensums. So wie der moderne Cob von heute, besonders diejenigen irischer Abstammung, stellte der Cob keine großen Ansprüche an seine Haltung und war ein guter Futterverwerter bei bescheidener Futterration. (Der Irish Draught und seine Kreuzungen kommen mit großen Futterrationen nicht gut zurecht, sondern sie arbeiten gut bei weitaus weniger Futter als z.B. ein Vollblüter benötigen würde.)

GEWICHTSTRÄGER

Der Cob ist ein fröhliches Allroundpferd, das einen schweren Reiter bei verschiedenen Anlässen tragen kann. Seine Größe von selten mehr als 1,52 m macht das Auf- und Absitzen auch für einen älteren Reiter einfacher, und sein »gedrungenes«, stämmiges Aussehen gibt einem oft das beruhigende Gefühl von Sicherheit. Aber ein guter Cob ist überhaupt nicht langweilig. Man kann einen ruhigen, gleichmäßigen Ritt auf

GRÖSSE
1,52 m

HALS
Der dicke, muskulöse Hals ist relativ kurz, paßt aber in den Proportionen zum Kopf und den Schultern.

KOPF
Das ist ein guter Kopf eines »Arbeitspferdes« mit einem erfahrenen Gesichtsausdruck.

SCHULTERN
Die Schultern sind nicht zu schräg oder zu lang, so daß die Pferde eine etwas höhere Aktion haben.

BRUST
Die Brust ist breit, und die Vorderbeine stehen weit genug auseinander.

GLIEDMASSEN
Kurze, kräftige Beine und ein sehr gutes Röhrbein sind die Hauptkriterien eines Reit-Cobs.

LEICHT IN DER HAND
Ein guter Cob ist nie schwer zu reiten, sondern er soll leicht, bequem zu sitzen, gut erzogen und sehr gut ausbalanciert sein.

einem äußerst anständigen Pferd erwarten. Die meisten Cobs sind ausgezeichnete Jagdpferde und springen willig und aufmerksam. Dem Cob wird häufig »Zuverlässigkeit« bescheinigt, d.h., daß er sicher und verläßlich ist oder euphorischer gesehen, wird der Cob auch oft als »Lebensversicherung« bezeichnet. Cobs sind fast immer ziemlich intelligente Pferde mit einem großartigen Charakter und viel Persönlichkeit.

MERKMALE

Das stämmige Aussehen ist unverkennbar, aber es ist wichtig, daß das Gesamtbild symmetrisch ist. Durch seinen Körperbau kann der Cob sich keine Gebäudemängel leisten, wie etwa einen langen Rücken, einen schlecht angesetzten Kopf und Hals oder eine kleine, schmale Kruppe. Solche Fehler hätten große Auswirkungen auf Gleichgewicht und Aktion der Gänge, und der Cob wäre äußerst unangenehm zu sitzen.

Man sagt, der ideale Cob habe den »Kopf eines Dienstmädchens, aber den Hintern des Kochs« – und das ist gar keine schlechte Beschreibung. Der Kopf soll nicht im geringsten grob sein. Der Cob hat sehr bewegliche Ohren, eine breite Stirn und gutmütige Augen. Die Kruppe soll sehr gut bemuskelt sein, breit und sehr kräftig. Der Cob ist daher nicht unbedingt schnell, aber er ist ein Gewichtsträger und verfügt über ein gutes Springvermögen. Passend zum Gesamtbild eines stämmigen Pferdes, ist der Hals kurz und dick, aber nichtsdestotrotz wird er schön getragen. Die Schultern dürfen nicht zu steil sein, da es sonst zu einer übertrieben hohen Knieaktion kommt. Sie sollen also schräg genug sein für flachere, raumgreifendere und bequemere Gänge. Der Trab ist die Gangart, die man gewöhnlich mit dem Cob verbindet, aber er sollte auch in der Lage sein, sich zu strecken und einen anständigen Galopp zeigen.

Bis zum Erlaß des Gesetzes gegen das Kupieren im Jahre 1948 hatte der Cob traditionell eine Stehmähne und einen kupierten Schweif. Mit kupiertem Schweif sah der Cob flott und sportlich aus, aber es war ein grausamer und überflüssiger Brauch. Heute noch hat der Cob die obligatorische Stehmähne, aber der Schweif wird nicht angetastet.

Auf Schauen gibt es drei verschiedene Klassen: »lightweight« (leicht), »heavyweight« (schwer) und »working« (Jagdpferd). Der Working Cob muß auch springen können. Die Größe ist auf maximal 1,55 m festgelegt.

CHARAKTERISTISCHE EIGENSCHAFTEN
Der Cob ist ein Gewichtsträger für jeden Reiter, aber er hat dennoch Springvermögen und eine gute Galoppade. Cobs gelten von Natur aus als klug und charakterstark.

HINTERHAND
Die Kruppe ist breit und stark bemuskelt, sie spricht mehr für Kraft als für Schnelligkeit.

UNTERSCHENKEL
Die Muskulatur ist besonders gut entwickelt und ausgeprägt.

RUMPF
Große Rumpftiefe, kompakt, stämmig, mit relativ kurzem Rücken und breiter, kräftiger Lendenpartie.

URSPRÜNGE

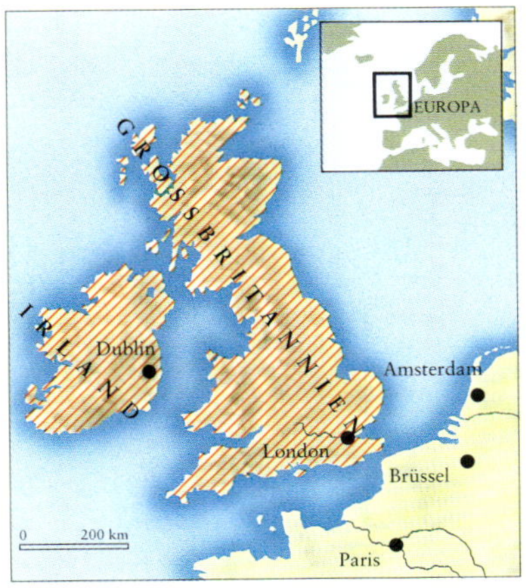

Cobs werden nicht gezielt gezüchtet, aber sie sind häufig in Großbritannien und Irland anzutreffen. Durch seine Erfolge auf den Schauen in diesen Ländern ist der Cob nach wie vor recht beliebt. Einige der besten Cobs kommen aus Irland, wobei es sich meist um Irish Draught-Kreuzungen handelt. Es können jedoch auch reine Irish Draughts sein. Gute Reit-Cobs gibt es im Südwesten Englands, aber auch in Wales und seinen Grenzgebieten. Grundvoraussetzung für die erfolgreiche Zucht von Cobs ist gutes Weideland.

GLOSSAR

Fettgedruckte Worte innerhalb eines Textes haben einen eigenen Eintrag.

A

AALSTRICH Ein fortlaufender Strich aus schwarzem, braunen oder falben Haar vom Genick bis zum Schweif. Der Aalstrich kommt besonders bei Pferden mit »primitiver« Abstammung vor, am meisten jedoch bei Falben.
AKTION Die Bewegung des Skelettrahmens bei der Vorwärtsbewegung.
ALTERSBESTIMMUNG Der Vorgang, das Alter eines Pferdes anhand des Aussehens seiner Zähne zu schätzen.
AM ZÜGEL Ein Pferd geht am Zügel, wenn es mit seiner Stirnlinie ein wenig vor der Senkrechten steht.
AN DER HAND Das Pferd wird vom Boden aus kontrolliert, statt geritten.
AUF DEM GEBISS LIEGEN Ein Pferd liegt auf dem Gebiß, wenn es pullt, gegen die Hand geht und schwer auf der Hand liegt.

B

BEHANG Langes Haar am Unterarm und den Fesseln. Kaltblutpferde haben meist einen dichten Behang.
BELADENE SCHULTERN Übermäßige Bemuskelung der Schultern, die die Schulterfreiheit einschränken.
BLÜTER Ein Vollblutpferd.
BOCKSPRUNG Ein Sprung in die Luft mit gewölbtem Rücken, wonach das Pferd mit gesenktem Kopf und steifen Vorderbeinen landet.
BODEN Ein Begriff, der den Zustand z.B. des Geläufs angibt, d.h. gut, schwer etc.
BOSAL Ein geflochtener Nasenriemen, der beim Westernreiten eingesetzt wird.
BÜGELN Aktion der **Vorhand,** wenn die Zehe in einer kreisenden Bewegung nach außen geworfen wird. Gilt als fehlerhaft.

C

CHAR-A-BANCS Ein hohes, offenes Fahrzeug manchmal mit Verdeck, die nach vorn gerichteten Sitze bieten Platz für mehrere Personen. Der Name bedeutet »Wagen mit Bänken«.
COURBETTE Klassische Lektion der Schule über der Erde. Aus der **Levade** heraus springt das Pferd nach vorn, ohne mit der Vorhand zwischendurch aufzufußen.

E

EINHEIMISCHE PONYS Eine andere Bezeichnung für die als Mountain- und Moorland-Ponys bezeichneten Ponyrasssen Großbritanniens.
EINREITEN Die Grundausbildung oder -erziehung des jungen Pferdes für den jeweiligen Zweck, für den es gedacht ist.
EINSCHIENUNG Wenn zwei oder mehr Knochen zu einem Gelenk zusammenkommen.

F

FALSCHE RIPPEN Die 10 hinteren Rippen.
FASSBEINIG Nach außen gedrehte Sprunggelenke. (Das Gegenteil von **kuhhessig.**)
FEHLENDE RIPPE Ein Gebäudemangel, der auf einen schwachen Lendenbereich zurückzuführen ist. Es besteht ein großer Abstand zwischen der letzten Rippe und der Hüfte. Kommt bei Pferden mit übermäßig langem Rücken vor.
FEINER KOPF Ein feiner Kopf mit sichtbar hervortretenden Muskeln, Venen und Knochen. Von den sehr dünnhäutigen Arabern sagt man, sie haben einen trockenen Kopf.
FIVE GAITED Die amerikanische Bezeichnung für das Saddlebred Horse, das in Schritt, Trab und Galopp vorgestellt wird sowie im »slow gait«, einer stolzen Bewegung im Viertakt, und im »rack«.
FOHLEN Hengst, Wallach oder Stute, bis zu einem Jahr alt.
FUCHS Eine satte, braune Fellfarbe.

G

GANGPFERD Bezeichnung für Pferde, die neben den Grundgangarten noch andere Gangarten beherrschen.
GEBÄUDE Die Art und Weise, wie das Pferd anatomisch konstruiert ist, unter besonderer Berücksichtigung der Proportionen.
GEDROSSELTES KARPALGELENK Der Umfang unterhalb des Karpalgelenks ist erheblich geringer als der über dem Fesselkopf. Hierbei handelt es sich um einen Gebäudemangel, bei dem das Pferd ein kurzes **Röhrbein** und wenig Fundament hat.
GENÜGSAM Ein Pferd, das wirtschaftlich ist, d.h. seine Leistungsfähigkeit bei kleiner Futterration behält.
GESCHIRR Sammelbegriff für die Ausrüstung des Fahrpferdes. Siehe **gesundes Pferd.**
GESTÜT Zuchtstätte für Pferde.
GESUNDES PFERD Ein gesundes Pferd ist ein Pferd, das »vom Exterieur her möglichst perfekt ist, ohne Makel oder Fehler und frei von jeglicher Einschränkung der Bewegungen«.
GEWICHTSTRÄGER Ein Pferd, das in der Lage ist, unter dem Sattel nahezu 100 kg zu tragen.
GURTENTIEFE Die Linie von Widerrist bis Ellbogen. Eine »gute Gurtentiefe oder Rumpftiefe« bedeutet großzügige Abmessungen zwischen den beiden Punkten.
GURTENUMFANG Der Leibesumfang des Pferdes gemessen hinter dem Widerrist um den Leib herum.
GUT ANGESETZTES SPRUNGGELENK Darunter versteht man kurze **Röhrbeine,** was als Merkmal großer Kraft gilt. Lange

Röhrbeine im Gegensatz dazu gelten als mangelhaft im Exterieur.
GUTE VORHAND Die **Vorhand** ist gut, wenn der Sattel hinter einer langen, schrägen Schulter und einem schönen, langen Hals liegt.

H

HACK Ein anerkannter Typ eines leichten Reitpferdes in England.
HALBBLÜTER Kreuzung zwischen einem Vollblüter und einer anderen Rasse.
HARTES PFERD Ein zähes, ausdauerndes Pferd, das nur selten anfällig ist für Krankheiten oder Verletzungen.
HASENHACKE Verdickung der Sehnen oder Bänder unterhalb des Fersenhöckers infolge einer Verstauchung oder Zerrung.
HECHTKOPF Das konkave Kopfprofil wie z.B. beim Araber.
HEISS Wenn sich ein Pferd über Gebühr aufregt, sagt man, es wird »heiß«.
HEISSBLÜTIG Diese Bezeichnung trifft auf Araber, Berber und Vollblüter zu.
HENGST Ein unkastriertes, männliches Pferd.
HILFEN Signale des Reiters oder Fahrers, um dem Pferd seine Wünsche mitzuteilen. Die »natürlichen« Hilfen sind Schenkel, Hände, Gewichtseinwirkung und Stimme. Die »künstlichen« Hilfen sind Peitsche und Sporen.
HINTERHAND Der Körper vom hinteren Ende der Flanken bis zum Schweif und hinunter bis zu den Unterschenkeln.
HINTERPFERD Das Pferd, das am nächsten an dem Fahrzeug angespannt ist und hinter den **Vorderpferden** geht.
HIRSCHHALS Ein Hals mit konkaver Wölbung der Oberlinie und starker Bemuskelung an der Unterseite.
HOCHGESTELLTER SCHWEIF Gebrochene Schweifhaltung, bei der die Muskulatur manipuliert wurde, damit der Schweif unnatürlich hoch getragen wird.
HOHE AKTION Hohe Aktion der Vorderbeine mit starker Beugung der Sprunggelenke, wie z.B. beim Hackney, Hackney-Pony und Saddlebred Horse.
HOHE SCHULE Die klassische Reitkunst. Siehe auch **Schulen über der Erde.**
HYBRID Eine Kreuzung zwischen einem Pferd und einem Esel oder Zebra etc.

I

INZUCHT Eigentlich »Inzest-Zucht«, d.h. die Paarung von Vater/Tochter, Sohn/Mutter oder Bruder/Schwester, mit dem Ziel, ein bestimmtes Merkmal zu betonen oder zu festigen.

J

JIBBAH Die eigentümliche, vorgewölbte Stirn des Arabers.
JOG Langsamer, bequemer Zockeltrab.

K

KALIBER Der Körper in bezug auf seinen Bau (Knochenstärke) und die allgemeine Bemuskelung.
KALTBLUT Alle Zugpferderassen sind Kaltblüter, wie z.B. Shire und Percheron.
KANDARENGEBISS Mundstück mit seitlichen Anzügen und einer Kette in der Kinngrube, das nach dem Prinzip der Hebelwirkung auf den Unterkiefer wirkt.
KAPRIOLE Klassische Lektion der **Schule über der Erde.** Das Pferd springt mit allen vier Beinen in die Luft und schlägt nach hinten aus. Wörtlich übersetzt bedeutet es »Sprung des Ziegenbocks« und kommt aus dem Italienischen von »capra«.
KARPFENRÜCKEN Die konvexe Wölbung der Wirbelsäule zwischen Widerrist und Lenden. Das Gegenteil eines **Senkrückens.**
KASTANIEN Kleine, hornige Vorsprünge an der Innenseite aller vier Beine.
KAVALLERIEREMONTE Ein Pferd, das in einer berittenen Einheit eingesetzt wird.
KEHLRIEMEN Ein Riemen am Kopfstück des Reithalfters.
KINNGRUBE Die Einbuchtung oberhalb der Unterlippe, in der die Kinnkette der **Kandare** liegt. Manchmal auch Kinnkettengrube genannt.
KÖTE Das Hornteilchen an der Rückseite des Fesselgelenks.
KREUZEN Die Vorderbeine werden in der Bewegung nicht gerade, sondern in einem Bogen nach innen geführt, wobei sie sich streichen.
KREUZUNG Die Paarung von Individuen verschiedener Rassen oder Typen.
KUHHESSIG Die Sprunggelenke sind nach innen gestellt, wie bei einer Kuh.
KUMTBÜGEL Metallene Bügel im Kumt, die mit den Strängen verbunden sind.
KUPIEREN Amputation des Schweifs um des Aussehens willen. In Großbritannien und Deutschland verboten.

L

LADEN Die Lücke im Unterkiefer zwischen Molaren und Schneidezähnen, auf der das Gebiß liegt.
LEICHTES PFERD Ein Pferd, im Gegensatz zum Kaltblut oder Pony, das zum Reiten oder Kutschefahren geeignet ist.
LEICHTE KAVALLERIE Die Leichte Kavallerie kann sich schnell bewegen im Gegensatz zur schwer bewaffneten Kavallerie, die sich hauptsächlich auf die Schockwirkung des Angriffs verläßt.
LEVADE Eine klassische Lektion der **Schule über der Erde,** wobei die **Vorhand** bei starker Hankenbiegung vom Boden gehoben wird – ein kontrolliertes, halbes Steigen.
LINIENZUCHT Die Paarung von Pferden mit einem gemeinsamen Vorfahren (vor mehreren Generationen), um bestimmte Merkmale zu betonen.
LOPE Der langsame Galopp des Westernpferdes bei natürlicher Kopfhaltung.

M

MAUKE Hautentzündung an den Beinen in der Fesselbeuge.

Mehlmaul Mehlfarbenes Maul, z.B. beim Exmoor-Pony.
Mitbah Dieser Begriff beschreibt den Winkel, in welchem der Hals des Arabers an den Kopf angesetzt ist. Daraus ergibt sich der gebogene Halsansatz, und der Kopf ist fast rundherum beweglich.

N

Nierenbereich Der Bereich rechts und links der Wirbelsäule hinter dem Sattel.
Nisanisches Pferd Eine hochentwickelte Pferderasse der Antike, die im Nord-Westen des Irans gezüchtet wurde. Auf dem Nisanischen Pferd war die persische Armee aufgebaut.

O

Oberlinie Die Rückenlinie vom Widerrist bis zum Ende der Kruppe.
Ohne Behang Kein Fessel- oder Kötenbehang an den unteren Gliedmaßen, so wie z.B. beim Cleveland Bay und Suffolk Punch.
Orientalische Pferde Bezeichnung für Pferde aus dem Orient, seien es Araber oder Berber, die an der Entstehung des Englischen Vollbluts beteiligt waren.
Outcross Die Paarung nicht verwandter Pferde; die Einfuhr von Fremdblut in eine Rasse.

P

Packpferd Ein Pferd, das für den Transport von Gütern und Lasten mit einem Packsattel eingesetzt wird.
Partbred Nachkommen eines Vollblüters und einer anderen Rasse, d.h. z.B. Welsh Partbred.
Pass Die langsame Form des Rennpasses, der Gangart, wo die Gliedmaßen im Gegensatz zum Trab gleichseitig, gleichzeitig bewegt werden.
Pedigree Details der Abstammung eines Pferdes, die im **Stutbuch** geführt werden.
Piebald-Schecke Englische Bezeichnung für einen Rapp-Schecken, d.h. schwarzes Pferd mit weißen Flecken.
Piephacke Schwellung am Sprunggelenkshöcker, wahrscheinlich hervorgerufen durch einen Tritt o.ä.
Pikeur Der Assistent des »Huntsman« einer Hundemeute.
Postillion Ein Reiter, der im Sattel eines angespannten Pferdes sitzt und es von dort aus lenkt; meist beim Zwei- oder Mehrspänner.
Primitiv Ein Begriff, der im allgemeinen für die Unterarten von Equus caballus, d.h. dem Asiatischen Wildpferd, dem Tarpan, dem Waldpferd und dem Tundrenpferd, verwandt wird.
Primitive Lebenskraft Die stark dominierenden Eigenschaften und die Vererbungsstärke der Ur-Wildpferde.
Probierhengst Ein Ersatzhengst, der dazu eingesetzt wird, herauszufinden, ob die Stute bereit ist zur Paarung mit dem eigentlichen Deckhengst.

Q

Qualität Das veredelnde Element der verschiedenen Rassen und Typen, meist durch den Araber oder Vollblüter eingebracht.

R

Rack Der fünfte Gang des American Saddlebred. Ein schneller Gang im Viertakt, der nichts mit dem Paß zu tun hat.
Ramsnase Das konvexe Profil wie beim Shire und anderen Kaltblutrassen.
Ramskopf Das konvexe Profil des Kopfes, wie z.B. beim Berber. Entspricht der **Ramsnase.**
Rasse Eine Pferdegruppe, die selektiv über einen längeren Zeitraum auf bestimmte Kriterien gezüchtet wird, und deren Abstammungen in einem Stutbuch registriert werden.
Reinrassig Vertreter aller Rassen sind reinrassig, wenn ihr Stammbuch kein Fremdblut zeigt.
Reitpferd Ein Pferd, das sich aufgrund seines Körperbaus und seiner Gänge zum Reiten eignet, im Gegensatz zu den Kaltblut- oder Zugpferden.
Remonte siehe **Kavalleriremonte.**
Rennpferde Vollblutpferde, die für Galopprennen gezüchtet werden.
Roadster Der berühmte Norfolk Roadster, ein Satteltraber und Vorfahr des modernen Hackneys. In den USA ein leichtes Kutschpferd, meist ein Standardbred.
Röhrbein Der Knochen des Vorderbeins zwischen Vorderfußwurzel und Fessel. Der entsprechende Knochen im Hinterbein ist das Schienbein.
Röhrbeinumfang Das Maß rund ums Bein unterhalb des Vorderfußwurzelgelenks.
Rückbiegig Ein Gebäudemangel, bei dem die Unterarme etwas nach hinten gebogen sind.
Rückzüchtung Die Praxis, auf einen bestimmten Vorfahren rückzuzüchten, um bestimmte Merkmale zu erhalten. Danach kann man auf Inzucht zur Typfestigung greifen.
Rumpf Der Körper zwischen Oberarm und Lenden.

S

Säbelbeinig Übermäßig gewinkeltes Hinterbein.
Scheitelbeine Die beiden, die Seitenwände der oberen Schädelkapsel bildenden Schädelknochen beiderseits der Mittellinie des Schädelknochens.
Schienbeine Die hinteren Röhrbeine.
Schlag Ein eindeutig erkennbarer Typ Pferd.

Schmale Kruppe Durch mangelnde Bemuskelung der Kruppe und Schenkel sieht das Pferd von hinten schmal aus.
Schopf Die Mähne zwischen den Ohren, die über die Stirn fällt.
Schulen über der Erde Lektionen der Hohen Schule, bei denen entweder die Vorderbeine oder alle vier Beine die Erde nicht berühren.
Schullektionen Die gymnastizierenden Lektionen, die in der Reitbahn geritten werden, auch Schulfiguren genannt. Siehe auch **Schulen über der Erde.**
Schwere Kavallerie Siehe auch **Leichte Kavallerie.**
Schweifrübe Der Teil des Schweifs, auf dem die Haare wachsen, aber auch die haarlose Unterseite.
Senkrücken Ein ungewöhnlich hohler Rücken zwischen Widerrist und Kruppe. Kommt oft im Alter vor.
Skewbald-Schecke Bezeichnung für einen Schecken mit weißem Fell und unregelmäßigen bunten Flecken, außer schwarzen Flecken.
Spaltkruppe Betonte Bemuskelung der Kruppe, kommt besonders bei Kaltblütern vor.
Stehmähne Die Mähne wurde mit der Schermaschine abgeschoren.
Stellung Das Pferd geht in Stellung, wenn es im Unterkiefer nachgibt und im Genick gestellt ist.
Stempelhengst Von einem vererbungsstarken Hengst sagt man, er stemple seine Nachkommen, indem er ihnen seinen Charakter und seine körperlichen Merkmale vererbt. Siehe **Vererbungsstärke.**
Stutbuch Ein Buch, das ein Zuchtverband führt und in dem die Abstammung aller Pferde, die berechtigt sind, eingetragen zu werden, festgehalten wird.
Stute Ein weibliches Pferd im Alter von 4 Jahren und älter.
Strahl Der gummiartige Teil des Hufes, der als eine Art Stoßdämpfer wirkt.

T

Travois Ein indianischer Pferdeschlitten.
Trocken Beschreibt das nicht fleischige Aussehen des Kopfes eines Wüstenpferdes. Ein trockener Kopf hat kein Fettgewebe, und die Venen sind deutlich zu sehen.
Typ Ein Pferd, das eine bestimmte Aufgabe erfüllt, wie ein Cob, ein Hunter oder ein Hack, aber nicht unbedingt einer speziellen Rasse angehört.

U

Überbaut Wenn die **Hinterhand** wesentlich stärker entwickelt und höher ist, spricht man von überbaut.
Über dem Zügel Ein Pferd, das sich dem Nachgeben durch Festhalten im Genick, Versteifung der Halsmuskulatur und Aufrichtung des Kopfes entzieht.
Unterbiss Eine Deformierung, wobei der Unterkiefer vorspringt.
Unterarm Der obere Teil des Vorderbeins ab dem Knie.
Unterschenkel Der Unterschenkel reicht von oberhalb des Sprunggelenks bis zum Knie.
Untertreten Man spricht vom Untertreten, wenn die Hinterbeine gut unter den Körper gebracht werden.

V

Vererbungsstärke Die Fähigkeit, bestimmte Merkmale von Typ und Charakter konsequent an die Nachkommen vererben zu können.
Vierspänner Ein Gespann von vier Pferden.
Vollzahnig Im Alter von 6 Jahren und mit den bleibenden Zähnen gilt ein Pferd als vollzahnig.
Vorderpferd Eines der beiden vorderen Pferde in einem Vierspänner oder das einzelne Pferd, das vor einem oder mehreren anderen Pferden geht.
Vorhand Dazu gehören Kopf, Hals, Schultern, Widerrist und Vorderbeine.

W

Wagenpferd Ein relativ leichtes, elegantes Pferd für den Fahrsport.
Wallach Ein kastriertes männliches Pferd.
Warmblut Alle Rassen, die nicht eindeutig als Vollblut, Kaltblut oder Pony zu bezeichnen sind, nennt man Warmblut.
Wüstenpferd Der Begriff beschreibt Pferde im Wüstentyp bzw. Pferde, die von Wüstenpferden abstammen. Sie sind hitzeunempfindlich und können mit wenig Wasser auskommen. Siehe auch trocken.

Z

Zebrastreifen Dunkle Streifen an den Unterarmen und gelegentlich auch an den Hinterbeinen. Ein Merkmal »primitiver« Abstammung.
Zeheneng Ein Gebäudemangel, bei dem die Hufe nach innen gedreht sind.
Zuchtstute Eine Stute, die zur Zucht eingesetzt wird.
Zugpferd Ein Kaltblut, das für Zugarbeiten eingesetzt wird.
Zusammengezogen Das Maul wird direkt vor der Brust getragen, um der Einwirkung zu entgehen. Das Pferd geht »hinter dem Zügel«.
Zwangshuf Ein enger, steiler Huf mit kleinem Strahl, auch als Eselshuf bekannt.

INDEX

Die Rassen sind in kursiver Schrift aufgeführt.

A

Abdecker, 250–251
Achal-Tekkiner, 74–75
  und der Karabacher, 83
  Vorfahren, 23, 55
Achenbach, Benno von, 354–355
Adaev Pony, 198
Afghanischer Konflikt, 324
Afghanistan, 360
Alcock's Arabian, 119
Aleppo, 323
Alexander der Große, 35
  Kavallerie-Taktik, 38
  und Bucephalos, 40–41
Allenby, General, 322
Alpen-Kaltblut, 52
Alter-Real, 108–109
  Babieca, 70
  Hispano-Araber, 109
  Polizeipferde, 308
  Zucht, 129
American Saddlebred, 231–233
American Shetland, 242–243
American Standardbred, 120, 338–339
  und der Franz. Traber, 132
  und das Morgan Horse, 231
  und der Russische Traber, 340–343
Amerika, 212–245
Amerikanischer Bürgerkrieg, 317
Amerikanische Indianer, 220–221
Amish, 255
Anatomie, 25
Andalusier, 106–107
Andrade, Dr. Ruy d', 22, 105, 109
Anglo-Araber, 78–79
  und das Australische Stock Horse, 290
  ungarische Linien, 150
Anglo-Don, 80, 86–87
Anglo-Kabardiner, 83
Anglo-Normanne, 130, 133
Antonius, Helmut Otto, 20–21
Appaloosa, 224–225
  und das Colorado Ranger Horse, 240–241
  Vorfahren, 57
Araber, 61, 64–65
  Distanzreiten, 356–357
  Einteilung, 24
  Gidran-Araber, 76–77
  Marengo, 318–319
  Hispano-Araber, 109
  Königliches Jordanisches Gestüt, 158
  polnische Gestüte, 151
  Shagya Araber, 76, 77
  Tersker, 89
  Tigerschecken, 57
  und das Australische Pony, 208–209
  und der Bardigiano, 188
  und die Entwicklung des Vollbluts, 119
  und der Garranos, 105
  und das Highland Pony, 177
  und das Java-Pony, 206
  und das Landais, 186
  und das Manipuri, 197
  und der Muraközer, 278
  und der Orlow-Traber, 340
  und der Percheron, 94, 95
  und das Riding Pony, 382
  und das Sandalwood-Pferd, 204
  und der Trakehner, 139
  und das Tschechoslowakische Warmblut, 157
  und das Wielkopolski, 152
  Vorfahren, 23, 36
arabisches Volk, 62–63
Ardenner, 262–263, 272
Argentinien:
  Criollo, 218
  Falabella, 242
  Polo-Ponys, 361, 363
Arkle, 335
Armenien, 324
Artillerie-Pferde, 262, 315, 316, 327
Ascot, 333
Asiatisches Wildpferd, 15, 18–19, 196
  und europäische Ponys, 184
  und das Fjordpferd, 191
  und der Huzule, 192
  und der Tarpan, 20
  Vorfahren 14, 22, 23
Asien, 196–197
  Evolution des Pferdes, 13
  Reiterspiele, 366
  Wüstenpferde, 60
Assateague, 244–245
Assyrien, 33
Astley, Philip, 100
Asturcon-Pony, 105, 185, 188–189
Aufsatzzügel, 302
Aufziehtrense, 361
Augen, Evolution, 11, 12
Australien, 197, 202–203, 208–209, 290–291, 308–309
Australisches Pony, 208–209
  Australisches Stockhorse, 290–291
  Brumby, 290–291
  Fahren, 294
  Trabrennen, 337
  Waler, 290–291
Australischer Pony-Club, 208–209
Auxois, 262–263
Avelignese, 52–53, 188–189, 259
Avenches, 129, 134–135
Azteken, 214

B

Babieca, 70–71
Bábolna, 76, 150–151, 154
Badminton Vielseitigkeit, 352–353
Baktrisches Pony, 61
Balkan, 192
Baluchi, 160
Bardigiano, 185, 188–189
barrel racing, 369
Barthais, 186
Baschkir, 21, 198–199
Baschkir Curly, 198–199
Baskenland, 187
Basuto Pony, 207, 362
Batak, 204–205
Baucher, François, 100
Baudet de Poitou, 270–271
Bayerisches Warmblut, 144–145
Bayeux-Teppich, 92
Beduinenstämme, 61
Beerdigungspferde, 250
Belgien:
  Ardenner, 262–263
  Belgisches Warmblut, 144–145
  Brabanter (Belgisches Kaltblut), 272–273
Berber, 60–61, 66–67
  Einteilung, 24
  und das Camargue-Pferd, 260
  und der Cleveland Bay, 304–305
  und das Java-Pony, 206
  und der Mustang, 216–217
Berg-Zebra, 17
Bering-Straße, 13
berittene Polizei, 308–309
Bhutan, 20
Bidet, 268
Blues and Royals, 326
Bogenschießen, 34, 35, 211
Boote, 227, 327
Bosnisches Pony, 184, 192–193
Boulonnais, 258, 264–265, 275
Brabanter, 238, 258, 272–273
Brandzeichen, 135, 206, 307
Breaks, 296, 298
Bretagne, 266–267
Bretone, 165, 266–267
  und das Italienische Kaltblut, 258
  und der Schleswiger, 275
Brighton, Reithaus, 98
Brislawn, Robert, 216–217
britische Armee, 326–327
Brooke, Dorothy, 323
Brough Hill Pony, 171
Brownlow's Turk, 119
Brumby, 290–291
Bucephalus, 40–41
Buckingham Palast, 300–301
Budjonny, 80, 86–87
Büffeljagd, 220
bull riding, 368
Burchell's Zebra, 17
Burenkrieg, 317
Buryat-Pferd, 198
Buskaschi, 84, 360, 366
Butler, Lady, 312
Byerley Turk, 57, 118–119
byzantinisches Kaiserreich, 63, 96

C

Caesar, Julius, 45, 264
  und der Ardenner, 262, 272
  und das Mérens-Pferd, 46
calf roping, 369
Calgary Stampede, 368
Calumet Farm, Kentucky, 117
Camargue-Pferd, 67, 185, 260–261
Canadian Pacer, 232
Cannon Ball, 179
Caprilli, Captain Federico, 314, 344, 346
Carts, Tongas, 200
Cavendish, William, 98
Cayuse Indianer Pony, 225
Celle, 136–137, 142–143
Champion Hurdle, Cheltenham, 335
Chapman Pferd, 304
Chaps, 227
Charles I, König von England, 303
Charles II, König von England, 118, 332
Cheltenham Festival, 335
Chernomor, 86–87
China, 54–55, 197
Chincoteague, 244–245
Citation, 117
Clays Pferd, 339
Cleveland Bay, 304–305
  Jagdpferde, 373
  und der Oldenburger, 307
  Königliches Wagenpferd, 300, 302–303
  Polizeipferde, 310
Clydesdale, 171, 284–285, 375
Cob, 384–385
  Cob Normand, 268–269, 384
  Welsh Cob, 169, 182–183, 231, 384
Colorado Ranger Horse, 225, 240–241
Columbus, Christoph, 214
Comtois, 263
Concord-Kutschen, 294–295
Connemara Pony, 67, 168–169, 178–179
Constable, John, 253
Copenhagen, 320–321
Cordoba, 129
Cortés, Hernán, 215
Courbette, 103, 388
Covert Hack, 380
Cowboys:
  amerikanische, 226–227

Camargue, 260–261
Rodeo, 368–369
Criollo, 218, 363
Cromwell, Oliver, 315
Curwen Bay Barb, 119
Cyrus II der Große, König von Persien, 34
Czikos-Reiter, 366–367

D

Dänemark:
Frederiksborger und Knabstrupper, 112–113, 137
Jütländer, 274–275
Dänisches Warmblut, 113, 123, 148
Dakota Indianer, 220
Dales-Pony, 47, 170–171
Ähnlichkeit mit dem Døle Gudbrandsdal, 280
Vorfahren, 49, 168
D'Arcy's Chestnut Arabian, 119
D'Arcy's White Arabian, 119
Darius der Große, 36–37, 40
Darley Arabian, 118–120
Dartmoor Pony, 168–169, 172–173
Darwin, Charles, 10
Deliboz, 83
Deli-Pony, 205
Derby, 333
Deutschland:
Bayerisches Warmblut, 144–145
Dressursport, 350–351
Fahrsport, 354
Gestüte, 136–137
Hannoveraner, 142–143
Holsteiner, 140–141
Kutschen, 294
Ponys, 185
Rheinländer, 146
Schleswiger, 274–275
Springreiten, 347
Trakehner, 138–139
Württemberger, 146–147
Zweiter Weltkrieg, 323
Deutschritterorden, 138
Distanzreiten, 356–357
Kavallerie, 352, 356
Dogcarts, 296, 298
Døle Gudbrandsdal, 280–281
Vorfahren, 49
und der Nordschwede, 282
Døle-Traber, 280–281
Domestikation, 28–31
dominante Gene, 25
Don-Pferd, 80–81, 86
Dschingis Khan, 35, 72–73
Kriegsspiele, 360
Kuriersystem, 292
paßgehende Pferde, 82
Dülmener Pony, 185
Dzhabe-Pony, 198

E

Eclipse, 119, 155, 332
Edinburgh, Herzog von, 304–305
Einsiedeln, 129, 134
Einsiedler, 129, 134–135
Einteilung, 24
Eisenbahn, 248
Eiszeit, 13
El Bedavi, 52–53
El Cid, 69–71
El Morzillo, 215
Elisabeth II, Königin, 305
England, *siehe Großbritannien*
Englischer Bürgerkrieg, 315
Eozän, Zeitalter des, 10–11, 13
Eohippus, 10–11
Epsom, 333
Equus, Evolution, 10–15
Equus caballus, 13
Equus caballus germanicus, 14
Equus caballus gmelini, siehe Tarpan
Equus caballus przewalskii przewalskii Poliakow, siehe Asiatisches Wildpferd
Equus caballus silvaticus, 14
Erster Weltkrieg, 322–323
Esel, 16
Baudet de Poitou, 270
Evolution, 13
Maulesel, 328–329
Maultiere, 328–329
Transport, 249
Europa, Evolution des Pferdes, 13
europäische Ponys, 184–195
Evolution, 10–15, 24–25
Ewart, J. Cossar, 14, 22
Exmoor-Pony, 22, 168–169, 172–173

F

Fahren, 294–295
Fahrsport, 126, 354–355
als Hobby, 296–299
Quadriga, 44, 81
Falabella, 242
Faxafloi, 195
Federung, Kutschen, 294
Fell:
Evolution, 11–12
Farben, 25
Tigerschecken, 56–57
Fellfarbe, Genetik, 25
Fell-Pony, 47, 170–171
Vorfahren, 49, 168–169
Ähnlichkeit mit dem Døle Gudbrandsdal, 280
Fen-Pony, 169
Ferghana, 55–56
Feuerwehr, 250
Fiaschi, Cesare, 96–97
Fillis, James, 100
Finnisches Pferd, 282–283
Fjordpferd, 23, 184–185, 190–191
Flandrisches Pferd, 272, 286
Flachrennen, 332–333
Florida, 333, 372
Flugboote, 252
Flying Childers, 119
Flyinge, 137, 149
Foriuny, Mario, 61
Fossilien, 10
Franconi, Antonio, 100
Frankreich:
Anglo-Araber, 78–79
Ardenner, 262–263
Baudet de Poitou, 270–271
Boulonnais, 264–265
Bretone, 266–267
Camargue-Pferd, 260–261
Cob Normand, 268–269
Dressur, 351
Flachrennen, 333
Französischer Traber, 132–133
Jagdreiten, 370, 373
Kavallerie, 316
Landais, 186–187
Omnibusse, 251
Percheron, 94–95
Poitevin, 270–271
Poney Français de Selle, 382–383
Ponys, 185
Postdienste, 292
Pottiok, 186–187
Selle Français, 130–131
Springreiten, 346
Trabrennen, 336–337
Staatsgestüte, 128–129
Vielseitigkeitssport, 352
zeremonielle Kavallerie, 325
Franks, 68–69, 314
Französische Schule, 98–99
Französischer Traber, 130, 132–133
Frederiksborger, 112–113, 148, 274
Freiberger, 129, 135
Friedrich II, König von Preußen, 315
Friesen, 48–49
Entwicklung des Warmbluts, 122
Fahrsport, 299
und Fell- und Dales-Ponys, 170
und der Groninger, 124
und das Shire Horse, 286
Fuchsjagd, 370–371
Fulani, Volk, 67
Furioso, 154–156
Füße, Evolution, 10–13

G

Galiceno, 216–217
Galloway:
ausgestorben, 169
und Fell- und Dales-Ponys, 170–171
und das Quarter Horse, 228
und das Vollblut, 118
Gänge:
American Saddlebred, 233
Cowboy-Pferde, 226
Islandpferd, 195
Missouri Fox Trotter, 234–235
Paß, 232, 358–359
Peruanischer Paso, 219
revaal (Paß), 82, 339
Tennessee Walking Horse, 237
Garde Républicaine, 325
Gardians, 260–261
Garranos, 104–105, 185
Gauchos, 363
Gayoe, 205
Gebäude, 376
Gebisse:
archäologische Funde, 32
Aufziehtrense, 361
Kandarengebiß, 96–97, 99
Königliches Wagenpferd, 302
Pelham, 311
Geländejagdrennen, 335
Gelderländer, 124–125
und das Belgische Warmblut, 144–145
Fahrsport, 299, 354
und das Holländische Warmblut, 122–123, 126
Genetik, 25
Georg I, König von England, 300, 302–303
Georg III, König von England, 300
Georg IV, König von England, 98, 296, 300
Geschirr:
chinesische Erfindungen, 54
Fahrsport, 355
Königliches Wagenpferd, 302–303
Kutschpferde, 294
geschorene Mähne, 385
Geschützpferde, 327
Gestüte, 115–165
englische, irische und amerikanische, 116–117
mitteleuropäische, 136–137
orientalische, 158–159
osteuropäische, 150–151
westeuropäische, 128
Ghorkar, 17
Gidran-Araber, 76–77, 156
Gigs, 296–297
Gliedmaßen, Evolution, 10–13
Gmelin, S.G., 20
Godolphin Arabian, 118–119
Gold Cup, Cheltenham, 335
Goldene Karosse, Königliche, 300
Goldene Pferde von Samarkand, 55
Golden Horseshoe Ride, 357
Golden Miller, 335
Goldstern, 351
Goonhilly, 169
Gotland-Pferd, 137, 190
Vorfahren, 184
Tigerschecken, 57
Governess Carts, 296, 298
Grand National, 334–335
Great Horse, 286, 374
Grevy-Zebra, 17
Griechenland, 38–43, 314
Grisone, Federico, 96–97
Groninger, 122, 124–126

Großbritannien:
Anglo-Araber, 78
berittene Polizei, 308
Cleveland Bay, 304–305
Clydesdale, 284–285
Cob, 384–385
Dales-Pony, 170–171
Dartmoor Pony, 172–173
Distanzreiten, 357
Erster Weltkrieg, 322–323
Exmoor-Pony, 172–173
Fell-Pony, 170–171
Flachrennen, 332–333
Gestüte, 116–117
Great Horse, 286
Hackney und Hackney-Pony, 378–379
Hack, 380–381
Highland Pony, 176–177
Jagdreiten, 370, 372–373
Industrie, 248–249
Kanalpferde, 252–253
Kavallerie, 315–317
Kavalleriepferd, 326–327
Königliches Wagenpferd, 302–303
Kutschen, 294
Landwirtschaft, 254–255
New Forest Pony, 174–175
Pferdeschau, 376–377
Polizeipferde, 310–311
Polo, 360–363
Pony-Club, 366–367
Ponyrassen, 168–183
Postdienst, 293, 295
Riding Pony, 173, 382–383
Royal Mews, 300–301
Shetland-Pony, 176–177
Shire, 286–287
Springreiten, 346–347
Steeplechasing, 334–335
Suffolk Punch, 288–289
Turnier, 352
Vollblut, 118–119
Welsh Cob, 182–183
Welsh Mountain Pony, 180–181
Welsh Pony, 181
Zugpferde, 250–251
Große Chinesische Mauer, 54, 62
Großes Pardubitzer Rennen, 334
Grubenponys, 248–249
Guérinière, François Robichon de la, 91, 98–99
Gustavus Adolphus, König von Schweden, 315
Gymkhanas, 366–367

H

Hackney, 121, 378–379
Fahren, 299
Vorfahren, 120
Hacks, 380–381
Haflinger, 52–53
Fahrsport, 355
Maultiere, 165
und der Noriker, 50
Vorfahren, 185
Halbblüter, indischer, 164–165
Halfter, argentinisches, 218
Hambletonian, 339
Hamilton Smith, Colonel, 19
Hannoveraner, 142–143
Königliches Wagenpferd, 303
und der Oldenburger, 307
Zucht, 123, 136–137
Haslam, »Pony Bob«, 292–293
Hassan, König von Marokko, 325
Heiliges Römisches Reich, 69
heißblütig, Einteilung, 24
Helmsley Turk, 119
Hemioniden, 13, 16–17
Henry, Marguerite, 245
Herod, 118–119
Herodotus, 262
Herring, J.F. Jnr., 247
Herring, J.F. Snr., 61
Hethiter, 32–33, 328, 336
Highland-Pony, 176–177
und das Fjordpferd, 191
Vorfahren, 22–23, 168
Zuchtverband, 169
Himmlische Pferde, 55, 61
Hindernisrennen, 335
Hippokrene, 13
Hispano-Araber, 109
Hobbles (Fußfesseln), 336–337
Hog-Hunting, 364–365
Hohe Schule, 100, 103, 387
Höhlenmalerei, 28, 46, 56
Hokkaido, 20, 197, 210–211
Holder, Alwyn, 354
Holländisches Kaltblut, 273
Holländisches Warmblut, 122–123, 126–127, 350
Holsteiner, 123, 140–141
Königliche Wagenpferde, 303
und der Hannoveraner, 142
Holzindustrie, 249
Horse of Ufford, 288
Household Cavalry, 326–327
Hufeisen, mittelalterliche, 93
Hüte, Stetson, 227
Hunnen, 35
Hunter, 372–373
Irish Draught Horse, 374
Pferdeschauen, 376–377
Hurlingham Club, 361
Husaren, 314–315
Huzule, 21, 184, 192–193
Hyde Park, London, 296
Hyracotherium, 10

I

iberische Pferde, 104–107
iberische Ponys, 185
Identifikation:
Kaltbrand, 80
Ohrmarken, 204
Ili, Pferde von, 55
Indien:
berittene Polizei, 308–309
Esel, 249
Fahrsport, 355
Gestüte, 158–159
Indian Country-Bred, 200–201
indischer Esel, 329
indischer Halbblüter, 164–165
Kathiawari, 160–161
Marwari, 162–163
Maultiere, 328–329
Pig-Sticking, 364–365
Polo, 360, 362
Tent-Pegging, 161, 365
Vielseitigkeitssport, 352
zeremonielle Kavallerie, 325
Indonesien, 197
Java und Padang, 206–207
Sandalwood und Batak, 204–205
Sumba und Timor, 202–203
und das Australische Pony, 208
Industrie, 248–249
Iomud, 74–75, 88
Irish Hobby:
und das Connemara Pony, 178
und das Quarter Horse, 228
und das Vollblut, 118
Irland:
Cob, 384
Connemara Pony, 178–179
Gestüte, 116–117
Irish Draught Horse, 374–375
Jagdreiten, 370–373
Springreiten, 346
Islandpferd, 22, 184–185, 194–195
Islam, 59, 62–63, 68–69
Italien:
Bardigiano, 188–189
Flachrennen, 333
Italienisches Kaltblut, 258–259
leichter Sitz (Vorwärtssitz), 344–345
Maremmana, 256–257
Murgese, 256–257
Salerner Pferd, 348–349
Sardinisches Pferd, 348–349
Springreiten, 346
Trabrennen, 337

J

Jagdreiten, 370–371
Japan:
berittene Polizei, 308
Hokkaido, Kiso und Kagoshima, 197, 210–211
Java, 206–207, 293
Jerez de la Frontera, 106–107, 129
Jockey Club, 332, 334
Jordanien, 158, 240
Justin Morgan, 230–231
Jütländer, 112, 274–275

K

Kabardiner, 82–83
Kabuli, 160, 324
Kagoshima, 197, 210–211
Kaltblut, 24, 122
Kaltbrand, 80
Kanada, berittene Polizei, 309
Kanalboote, 252–253
Kanalpferde, 252–253
Kandarengebiß, 96–97, 99
Kap-Pferd, 207
Kapriole, 99, 103, 386
Karabacher, 80, 82–83
Karabaier, 84–85, 88
Karl der Große, 68–69
Karl Martel, König der Franken, 63, 68–69, 94, 314
Karpaten, 192
Karst, 110–111
Kasachsthan, 196, 366
Kaspisches Pony, 23, 36–37
Kathiawari, 159, 160–161, 196
Kavallerie:
Altes Griechenland, 38
Ausdauerritte, 352, 356
englische Kavalleriepferde, 326–327
Erster Weltkrieg, 322–323
Franks, 68–69
Geschichte, 314–317
leichter Sitz, 344
Mauren, 68–69
Mongolisches Reich, 72–73
Römisches Reich, 44, 45
Sarmaten, 93
zeremonieller Einsatz, 324–325
Zweiter Weltkrieg, 323
Kelten, 178
Kentucky:
Gestüte, 117
Trabrennen, 338–339
Trail-Reiten, 357
Kentucky Horse Park, 238–239, 309
khis-koubou, 366
Kiang, 17
King's Troop, 326–327
Kirgisien, 83, 366
Kiso, 20, 197, 210–211
Kladruber, 151, 156
Klassische Reiterei, 91–113
Knabstrupper, 57, 112–113
Kniekappen, Polizeipferde, 310
Königliches Wagenpferd, 302–303
Königlich Jordanisches Gestüt, 158, 240
Kohlebergwerke, 248–249
kokpar, 84, 89
Kommunikationssysteme, 292–293
Kondylarthren, 10
Konik, 21, 184, 192–193
Konquistadoren, 214–215
Koran, 63
Kosaken, 80, 86, 366
Köte, 10, 25, 389
Kreuzzüge, 69

Kriegsführung, 312–329
Artillerie, 315–316
Erster Weltkrieg, 322–323
Kavallerie, 314–317
Kavalleriepferde, 326–327
Maultiere, 328–329
moderne Militärpferde, 324–325
Ritter, 92–93
Zweiter Weltkrieg, 323
Krim-Krieg, 317
Kublai Khan, 210
Kulan, 16–17
Kupieren des Schweifs, 266, 385, 387
Kutschen, 299, 300–301
kyzkuu, 366

L

La Broue, Saloman, 98
Landais, 185–187, 383
Landwirtschaft, 254–255
lariat, 227–228
Latvian-Reitpferd, 276
Lasso, 228
Leedes Arabian, 119
Leibgarde, 326
leichte Pferde, 24
Leichter Sitz, 344–345
Lejeune, Louis, 319
Le Lion d'Angers, 128, 264
Le Pin, 268–269
Lesotho, 207, 308
Levade, 103
Lipizza, 110
Lipizzaner, 110–111
Spanische Reitschule, 102–103
Vorfahren, 112
Zucht, 129
Lister Turk, 119
Lokaier, 88–89
London:
berittene Polizei, 308
Kavalleriepferde, 326–327
Polizeipferde, 310–311
Royal Mews, 300–301
Zugpferde, 250–251
Loriston-Clarke, Jenny, 127
Lusitano, 106–107

M

McAdam, John, 295
Magyaren, 154
Mähne, geschorene, 385, 387
Malteser Esel, 329
Mamelucken, 314, 316
Man o'War, 238
Manège, 96, 388
Manipuri, 20, 197, 201, 362
Marathon:
Fahrsport, 354–355
Distanzreiten, 357
Marbach, 137, 146
Maremmana, 256–257
Marengo, 318–319
Marialva, Marquis de, 99, 108
Märkte, 376
Marokko, 325
Marston Moor, Schlacht von (1648), 315
Martingal, 302, 361
Marwari, 159, 162–163, 196
Masurisches Pferd, 152–153
Matthias Corvinus, König von Ungarn, 314
Maulesel, 328–329
Maultiere, 239, 328–329
Fahren, 299
indische Gestüte, 158–159
Pack-Maultiere, 249
Poitevin, 271, 329
Mauren, 63, 68–71, 104–105, 214
Megahippus, 12
Mendel, Gregor, 24–25
Mérens-Pferd, 46–47
Merychippus, 12
Mesohippus, 11–12
Messenger, 338–339
Metropolitan Polizei, 310–311
Mexiko:
indianische Reiter, 220
Konquistadoren, 215
Mustang und Galiceno, 216–217
Mezöhegyes, 76–77, 150, 154–155
Milch, Baschkir, 198
Militärpferde, siehe Kriegsführung
Miniaturpferde, 242
Miohippus, 12
Miozän, Zeitalter, 12
Missouri Fox Trotter, 234–235
Misty of Chincoteague, 245
Mithras, 34
mitteleuropäische Gestüte, 136–137
Mittelmeer, 328
Mittlerer Osten, 60, 158, 308
Moguln, Reich der, 162–163
Mohammed, Prophet, 62–63
Mongolei, 367
Mongolen-Reich, 72–73
Kavallerie, 314
Kommunikationssystem, 34–35, 292
Kriegsspiele, 360
Mongolisches Pony, 196–197
und das Indian Country-Bred, 201
und das Sumba-Pony, 202
Vorfahren, 20
Morgan Horse, 228, 230–231, 339
Moskauer Hippodrom, 336
Mudschaheddin Guerillas, 324
Mulassier, 270
Mumtaz Mahal, 57
Munaghi-Araber, 74
Munnings, Sir Alfred, 167
Muraközer Pferd, 278–279
Murat, Joachim, 316
Murgese, 256–257
Mustang, 67, 216–217, 226
Muybridge, Eadweard, 345
Mythologie, griechische, 39

N

Nagorny-Karabach, 324
Napoleon I, Kaiser:
Marengo, 318–319
und der Ardenner, 262
und der französische Anglo-Araber, 78
Schlacht von Waterloo, 316
Narragansett Pacer, 232, 358–359
Nash, John, 300
Nationalgestüte, GB, Irland, USA, 116–117
Nationenpreis, 346
Neapel, 96–97
Neuseeland, 337
New Forest Pony, 168–169
Newmarket, 332–333
Nez-Percé-Indianer, 220, 224
Niederlande:
Gelderländer, 124–125
Groninger, 124–125
Holl. Kaltblut, 273
Holl. Warmblut, 126–127
Nisanisches Pferd, 34, 55, 61
Nomaden:
eurasische, 221
Indianer, 220–221
Streitwagen, 32–33
Nonius, 154–156
Nordafrika, 60–61
Nordamerika:
Appaloosa, 224–225
Cowboys, 226–227
Evolution des Pferdes, 13
Indianer, 220–221
siehe auch Vereinigte Staaten von Amerika
Nordländer, 184–185, 191
Nordschwedisches Pferd, 282–283
Norfolk Roadster, 120–121
Entwicklung der Warmblutrassen, 122
und der Französische Traber, 132
und das Italienische Kaltblut, 258
und das Selle Français, 130
Noriker, 50–51
und das Muraközer Pferd, 278–279
Vorfahren, 23
Normandie, 130, 132
Normanne, 130, 307
Norwegen:
Døle Gudbrandsdal und Døle-Traber, 280–281
Fjordpferd, 190–191
Nova Kirgise, 83
Nubischer Wildesel, 16

O

Oaks, The, 333
Ochsen, 254
Ohrmarken, 204
Old English Black, 49
Oldenburger:
Cromwell's, 303
und der Groninger, 124
Vorfahren, 48
Oligozän, Zeitalter, 11–12
Olympische Spiele:
Dressur, 350–351
im antiken Griechenland, 39
Springreiten, 346–347
Trakehner, 139
Vielseitigkeit, 352
Omnibusse, 251
Onager, 13, 16, 17, 30
oodarysh, 366
orientalische Gestüte, 158–159
Orlow-Traber, 80, 340–342
Österreich:
Eisenbahn, 248
Lipizzaner, 110–111
Ponys, 185
Staatsgestüte, 128–129
osteuropäische Gestüte, 150–151
Östrogen-Produktion, 249
Overo Pinto, 223

P

Packpferde, 249, 359
Packington Blind Horse, 286–287
Padang, 206–207
Paint, 223
Palästina, 322–323
Palomino, 25, 222–223
Parahippus, 12
Park Hack, 380–381
Parther, 35
Paso, 218–219
Paso Fino, 219
Passage, 103
Paßgang, 232, 358–359
Islandpferd, 195
Kabardiner, 82
revaal, 161, 163
Sulkyrennen, 336–337, 339
Pau, 128, 180
Pazyryk, gefrorene Gräber von, 29, 30, 31
Pegasus, 13
Pelham Gebiß, 311
Peneia, 42–43, 185
Penninen, 47
Percheron, 94–95, 258
Persimmon, 139
persisches Kaiserreich, 34–35, 292, 300
Peruanischer Paso, 218–219
Pferd der Morgenröte, *siehe Eohippus*
Pferdeopfer, 205
Pferdeschauen, 369, 376–377
Pferdetypen, 23
Pflügen, 254–255
Phaetons, 296–297
pharmazeutische Firmen, 249
Philip von Mazedonien, 39–40
Piaffe, 103

Piber, 110–111, 129
Pie, La, 315
Piebald-Schecke, 25, 223, 388
Pig-Sticking, 364–365
Pignatelli, Giovanni Baptista, 98
Pin, Le, 128
Pindos, 42–43, 85
Pinto, 223, 345
Pinzgauer-Noriker, 50–51, 57
Pirouette, 103, 350
Pizarro, Francisco, 215
Planwagen-Rennen, 369
Pleistozän, Zeitalter, 13, 15
Pliohippus, 13
Pluvinel de Baume, Antoine de, 98
Poitevin, 14, 270–271
Poitevin-Maultiere, 271, 329
Poitiers, Schlacht von (732), 67–69, 94, 315
Polen:
  Gestüte, 151
  Huzule, 192
  Konik, 193
  Wielkopolski, 152–153
  Zweiter Weltkrieg, 323
Poliakow, J.S., 18
Polizeipferde, 308–311, 348
Polo, 201, 360–363
Pompadour, 79, 128–129
Poney Français de Selle, 187, 382–383
Poney Landais, 47
Pony-Club, 351, 366–367
Pony-Express, 292–293
Pony of the Americas, 225, 240–241
Ponys, 167–211
  Einteilung, 24
  englische Rassen, 168–183
  europäische, 184–195
  Hunter, 373
  Pony-Typen, 22–23
  Zeitfahrprüfungen, 355
  siehe auch die einzelnen Rassen
Portugal, 107–109
Poseidon, griechischer Gott, 39
Postdienste, 292–293, 295
Postier, 266–267
Potocki, Graf Stanislaus, 57, 152
Pottiok, 47, 184–187
Powys-Pferd, 183
Poznan-Pferd, 152–153
prähistorischer Mensch, 28
Prärie-Indianer, 220–221
Premium Stallion Scheme, 373
Przewalski, Nikolai, 15, 18–19
Przewalski-Pferd, *siehe Asiatisches Wildpferd,* 18–19
Pueblo Indianer, 220
Pyrenäen, 46–47

Q

Quadriga, 44, 81
Quagga, 17
Quarter Horse, 228–229
  Cowboys, 226
  in Australien, 291
  Rodeos, 369

R

Rakush, 56–57
Ralli Car, 298
Rangierpferde, 248
Red Rum, 335
reining, Rodeos, 369
Reiten ohne Sattel, Rodeo, 368–369
Reiterspiele, 366–367
Reitschulen:
  Französische Reitschule, 98–99
  Neapel, 96–97
  Spanische Reitschule, 97, 99, 102–103
Rekonquista, 69–71
Rembrandt, 344
Renaissance, 91, 96–97
Rennen:
  Flachrennen, 332–333
  Geländejagdrennen, 335
  Hindernisrennen, 335
  Rodeos, 369
  Steeplechase, 334–335
  Streitwagen, 39, 44–45, 336
  Sulkyrennen, 336–339
  Trabrennen, 51, 133
  Vollblut, 118
Rentier, Domestikation, 29–30
revaal, Gangart, 161, 163
rezessive Gene, 25
Rheinländer, 146
Rhône-Delta, 260–261
Ribot, 333
Ride and Tie, 357
Riding Pony, 382–383
Rinderzucht, 226–227
Ritter, 68–69, 91–93
Rittertum, 68
Robie, Wendell T., 356–359
Rocky Mountain Pony, 358–359
Rodeo, 368–369
Römisches Reich, 44–45
  Kavallerie, 45
  Pferde in GB, 168
  und der Noriker, 50
  Straßen, 292, 295
Rossier-Pferd, 266
Rottaler-Pferd, 144–145
Rotten Row, 381
Rotwild-Jagd, 370
Royal Canadian Mounted Police, 309
Royal Mews, 300–301
Rum-Pony, 177
Rupert, Prinz, 315
Rußland:
  Afghanistan-Krieg, 324
  Budjonny, 86–87
  Don-Pferd, 80–81
  Krim-Krieg, 317
  Orlow-Traber, 340–341
  Russisches Kaltblut, 276–277
  Russischer Traber, 340–343
  Skythen, 35
  Springreiten, 346
  Tarpan, 15, 20–21
  Trabrennen, 336
  Wladimirer Kaltblut, 276–277
  Zweiter Weltkrieg, 323
Rustam, 56–57

S

Sable Island, 245
saddle-bronc riding, 368
Saddlebred, *siehe American Saddlebred*
Saharanpur, 158–159, 165
Saint-Lô, 268–269
Salerner Pferd, 348–349
Sandalwood, 197, 204
Sardinisches Pferd, 348
Sarmaten, 93
Sättel:
  Damensattel, 370–371, 380
  Gardian, 260–261
  Kavallerie, 326
  mexikanischer Pleasure-Sattel, 217
  Mittelalter, 93
  Western, 227
Schädel, Evolution, 11–12
Schauen, 369, 376–377
Schleswiger, 274–275
Schlitten, 337
Schottland:
  Clydesdale, 284–285
  Galloway, 170–171
  Highland Pony, 176–177
Schwarzfuß-Indianer, 220
Schweden:
  berittene Polizei, 308
  Dressur, 350–351
  Gotland-Pferd, 190
  Nordschwedisches Pferd, 282–283
  Schwedisches Warmblut, 123, 137, 148–149
Schweiken-Pony, 136, 138
Schweiz:
  Einsiedler, 134–135
  Freiberger, 134–135
  Schweizer Warmblut, 134
  Staatsgestüte, 128–129
  Trabrennen, 337
Selle Français, 123, 130–131, 148
Senner, 185
Shagya-Araber, 76–77, 150–151, 156
Shales Horse, 120–121
Shan-Pony, 197
Shetland-Pony, 168–169, 176–177
  American, 242–243
  und das Dartmoor-Pony, 172
Shire Horse, 49, 286–287
Sibirien, 221
Sitz, leichter, 344–345
Skewbald-Schecke, 25, 223, 389
Skyros-Pferd, 43, 185
Skythen, 30–31, 35, 366
Solutré, 28, 262
Sommier, 266
Sorraia, 21, 23, 104–105, 185
Spahi, 323
Spanien:
  berittene Polizei, 308
  Konquistadoren, 214–215
  Rekonquista, 69–71
  Staatsgestüte, 128–129
  und die Cowboys, 26–27
Spanische Reitschule, 97, 99, 102–103, 110
Spanisches Pferd, 185
  Andalusier, 106–107
  Berber, Vorfahren, 60–61
  Lusitano, 107
  Mustang, 216
  Sorraia-Pferd, 104–105
  Tigerschecken, 56–57
  Vorfahren, 21
Speed, J.G., 22
Speer, 38
Spiti, 20, 197, 200
Sporen, 93, 227
Sport, 331–385
  Buskaschi, 84, 360, 366
  Distanzreiten, 356–357
  Fahrsport, 354–355
  Flachrennen, 332–333
  Jagdreiten, 370–371
  Pig-Sticking, 364–365
  Polo, 360–361
  Reiterspiele, 366–367
  Rodeo, 368–369
  Springreiten, 346–347
  Steeplechasing, 334–335
  Tent-Pegging, 161, 365
  Trabrennen, 338–339
  Vielseitigkeitsreiten, 352–353
Springreiten:
  Turniersport, 346–347
  Vielseitigkeitssport, 352–353
Staatskarossen, 300–301
Standardbred, *siehe American Standardbred*
Startmaschine, Trabrennen, 337
Steeplechasing, 334–335
steer wrestling, 368
Steigbügel:
  mittelalterlich, 68
  Western-Sattel, 227
Stetson Hut, 227
Stierkampf, 45, 107
St. Leger, 333
Straßenbahnen, 251
Streitwagen:
  Altes Griechenland, 38–39
  Entwicklung der, 32–33
  Hethiter, 336
  Perser, 34
  Römer, 44–45, 336
Strelitz-Araber, 80, 89
Stutbuch, 24, 389
Südafrika, 207, 317
Südamerika, 214–215
Suffolk Punch, 274, 288–289

Sulkies, 336–337
Sumatra, 197, 204–207
Sumba, 202–203
Sumbawa, 202–203

T

Tacitus, 48
Tamerlan, 73
tanzende Sumba-Ponys, 203
Tarpan, 15, 20–21
Ähnlichkeit mit dem Sorraia, 105
Nachkommen, 22–23
und das Bosnische Pferd, 193
und europäische Ponys, 184
und der Huzule, 192
und der Konik, 193
und der Landais, 186
Taxi, Java, 206
team roping, Rodeos, 369
Telford, Thomas, 295
Tennessee Walking Horse, 231–232, 236–237
Tent-Pegging, 161, 365
Tersker, 88–89
Tevis Cup Ride, 356
Thessalonisches Pferd, 42–43
The Tetrarch, 57
Thiedemann, Fritz, 122, 141
Tibetisches Pony, 197
Tigerschecken, 25, 56–57
Appaloosa, 224–225
Colorado Ranger Horse, 240–241
Pony of the Americas, 240–241
Timor-Pony, 197, 203, 208
Tiro Pesante Rapido, siehe Italienisches Kaltblut
Tobiano Pinto, 223
Todd, Mark, 347
Tonga-Carts, 200
Topolcianky, 151
Traber:
Døle-Traber, 281
Französischer Traber, 132–133
Hackney, 378–379
Norfolk Roadster, 120–121
Noriker, 51
Orlow-Traber, 342–343
Russischer Traber, 340–343
Trabrennen, 336, 338–339
Trail-Ritte, 356–357, 359
Trakehner, 138–139
und das Dänische Warmblut, 148
und der Hannoveraner, 136–137, 143
und das Masurische Pferd, 153
Vorfahren, 21
Zucht, 136
Trekking, 357
Troikas, 343
Tschechische Republik, 151, 334
Tschechoslowakisches Warmblut, 156–157
Tschiffely, Professor Aimé, 218
Trabrennen, 336–339
Tull, Jethro, 255
Tully, Gestüt, Irland, 116
Tundrenpferd, 15
Turenne, Viscount de, 315
Turkmene, 55, 74, 80
Tuttle, Sam, 358
Typen, 24

U

Uccello, Paolo, 93
Ungarn:
Czikos, Reiter, 366–367
Fahrsport, 355
Furioso, 154–155
Gestüte, 150–151
Gidran-Araber, 76–77
Husaren, 314–315
Kutschen, 294
Muraközer, 278–279
Nonius, 154–155
Ungarisches Warmblut, 154
Unknown Arabian, 119
Uphoff, Nicole, 351

V

Vardy-Pferd, 304
Vereinigte Staaten von Amerika:
American Saddlebred, 232–233
American Shetland, 242–243
American Standardbred, 338–339
Baschkir Curly, 198–199
berittene Polizei, 308–309
Bürgerkrieg, 317
Chincoteague, 244–245
Colorado Ranger Horse, 240–241
Distanzreiten, 356–357
Flachrennen, 333
Gestüte, 116–117
Industrie, 249
Jagdreiten, 371
Kentucky Horse Park, 238–239
Kutschen, 294–295
Landwirtschaft, 255
Missouri Fox Trotter, 234–235
Morgan Horse, 230–231
Palomino, 222–223
Pferdeschauen, 376–377
Pinto, 223
Polo, 361, 363
Pony of the Americas, 240–241
Pony Express, 292–293
Quarter Horse, 228–229
Rocky Mountain Pony, 358–359
Rodeo, 368–369
Springreiten, 346–347
Tennessee Walking Horse, 236–237
siehe auch Nordamerika
Trabrennen, 336–337
Zugpferde, 250
Vererbung, 24–25
Vernet, Claude-Joseph, 318
Victoria, Königin von England, 174–175, 302–303
Vielseitigkeitsreiten, 352–353
Visier, Polizeipferde, 310
Vollblut, 118–119
Anglo-Araber, 78–79
Anglo-Kabardiner, 83
arabische Vorfahren, 64
Entwicklung des Warmbluts, 122–123, 126
Flachrennen, 332–333
Gestüte, 116–117
Hacks, 380–381
indische Gestüte, 159
Indisches Halbblut, 164–165
Jagdreiten, 371–373
Polizeipferde, 310
Polo-Ponys, 363
Proportionen, 24
und das American Saddlebred, 338–339
und das Budjonny, 86–87
und das Dänische Warmblut, 148
und das Døle-Gudbrandsdal-Pferd, 281
und der Hannoveraner, 142–143
und das New-Forest-Pony, 174
und der Oldenburger, 306–307
und das Riding Pony, 382
und das Salerner Pferd, 349
und der Selle Français, 130–131
und der Trakehner, 139
Zucht, 25, 118–119
Vorfahren, 61
Voltigierpferde, 100
Vorderzeug, Polizeipferde, 311

W

Waldpferd, 14–15, 22, 122
Waler, 290
Kavalleriepferde, 164
Pig-Sticking, 364
und das Indian Country-Bred, 200–201
Wallace, Alfred Russel, 10
Warmblut, 122–123
Bayerisches, 144–145
Belgisches, 144–145
Dänisches, 148
Deutsches, 136
Einteilung, 24
Fahrsport, 355
Holländisches, 126–127
Holsteiner, 140–141
Schwedisches, 137, 148–149
Tschechisches, 156–157
Ungarisches, 154
Wielkopolski, 152–153
Waterloo, Schlacht von (1815), 316, 320–321
Wellington, Herzog von, 200, 316
und Copenhagen, 320–321
Wells-Fargo-Postkutsche, 293
Welsh Cob (Sektion D), 169, 182–183, 231, 384
Welsh Mountain Pony (Sektion A), 180–181
Tigerschecken, 57
und das Australische Pony, 208–209
und der Welsh Cob, 182–183
Welsh Part-Bred, 183
Welsh Pony (Sektion B), 168, 181, 382
Welsh Pony im Cob-Typ (Sektion C), 182–183
Western-Sattel, 227
westeuropäische Gestüte, 128
Westfale, 143
Westindische Inseln, 214
Wielkopolski, 148, 152–153
Wien, 102
Wikinger, 176, 191, 274
Wildschweine, pig-sticking, 364–365
Windsor-Schimmel, 300–303
Winkler, Hans Günter, 346–347
Wladimirer Kaltblut, 276–277
Wright, George, 331
Wu Ti, Kaiser von China, 55
Württemberger, 137, 146–147

X

Xenophon, 38, 42, 96, 350, 370

Y

Yakut-Pony, 15
Yam, 72, 292
Yorkshire Coach Horse, 141, 305

Z

Zähne, Evolution, 11–13
Zapatero, 109
Zaskari, 196–197
Zaumzeuge:
Königliches Fahrpferd, 302
Polizeipferde, 311
zeremonielle Kavallerie, 324–325
Zebras, 13, 16–17
Zeitfahrprüfung, 355
Zirkusse, 100–101
Zucht, 24–25
englische, irische und US-Gestüte, 116–117
indische Gestüte, 136–137
jordanisches Gestüt, 158
mitteleuropäische Gestüte, 136–137
osteuropäische Gestüte, 150–151
Warmblüter, 122–123
westeuropäische Gestüte, 128–129
Zügel:
Aufsatzzügel, 302
Schlaufzügel, 361
Zugpferde:
Kanalpferde, 252–253
in den Städten, 250–251
Zweiter Weltkrieg, 323

DANKSAGUNG

FÜR EINEN GROSSTEIL DES ORIENTALISCHEN TEILS dieses Buches möchte ich mich bedanken bei: Dr. Digvijay Sinh von der königlichen Familie von Wankaner, einem Experten der heimischen Pferderassen Indiens, Mukundan S. Chettiyappa, der profunde Kenntnisse von Rajasthan und seinen Pferden beseitzt; Lt. Col. U.P.S. Godara, 61. Kavallerie, für seine Hilfe bei den Polo-Fotos; Major B.P. Singh, Besitzer des Guru-Hari-Gestüts in Delhi; Col. O.P. Tehlan, früherer Generalsekretär der indischen FN; und meinen lieben Freunden Col. Girdhari Singh AVSM (a. D.) und Shri Jimmy Bharucha für ihre unschätzbare Hilfe, die ich viele Jahre jederzeit in Anspruch nehmen konnte. Außerdem möchte ich meinem Freund Gurcharan Singh, dem Fahrer des Taxis Nr. 2600, dafür danken, daß er mich unter allen möglichen Umständen immer fröhlich und sicher beförderte. Mit Dank verbunden bin ich auch der unerschütterlichen Mrs. Julie Thomas, die meine Manuskripte mit großer Sorgfalt tippte und ordnete. ELWYN HARTLEY EDWARDS

DORLING KINDERSLEY möchten sich bedanken bei: The Royal Mews, Buckingham Palace, für die Erlaubnis, Pferde und Ausrüstung fotografieren zu dürfen; dem Regiment der Königlichen Kavallerie für die Genehmigung, einen Kavalleristen und einen Rappen der Königlichen Kavallerie fotografieren zu dürfen; bei The King's Troop, Royal Horse Artillery, für die Genehmigung, einen Artilleristen und ein Artillerie-Pferd fotografieren zu dürfen; der berittenen Polizei von Somerset und Avon für die Genehmigung, ein Polizeipferd und eine Polizistin fotografieren zu dürfen; dem Musée Vivant du Cheval in Chantilly in Frankreich für die Erlaubnis, die Pferde fotografieren zu dürfen; dem Schloß Saumur bzw. dem Musée de Cheval in Frankreich für die Erlaubnis, Sattelzeug und Kleidung fotografieren zu dürfen; Radhika Singh von Fotomedia in Indien für die Unterstützung bei den indischen Fotos; Alan Proud und Manu Pal Godara, die in Indien als Modelle zur Verfügung standen; Jo Weeks, Susie Behar, Laura Harper, Nick Turpin und Miranda Tidman für ihre redaktionelle Unterstützung; Alison Donovan und Dingus Hussey für ihre Hilfe beim Entwurf; Juliet Duff für das Recherchieren von Bildmaterial; Janos Marffy für die Landkarten und die Reprovorlagen auf S. 12 (ul); Sean Milne für die Reprovorlagen auf den Seiten 10–15 und 22–23; Deborah Myatt für die Strichzeichnungen auf den Seiten 10–15; Susan Sturrock für das Korrekturlesen; und Hilary Bird für das Inhaltsverzeichnis.

BOB LANGRISH dankt Dr. Mikhail Alexeev für seine Unterstützung in Rußland; Peggy Sue Carroll und allen Angestellten im Kentucky Horse Park; sowie Jan Gyllensten für seine Unterstützung in Skandinavien. KIT HOUGHTON möchte sich bedanken bei Steve Kobza, Agoston Sarlos und Beata Plesko (Ungarn), Dr. Gebhardt und Klaus zum Borge (Deutschland) sowie dem Instituto Ippico di Crema (Italien).

BILDER
Schlüssel: o oben, u unten, l links, r rechts, m Mitte

S. 1 **Tersker** (s. S. 88–89)

S. 2–3 B. Langrish; S. 3 m **Shagya-Araber** (s. S. 76–77)

S. 4 um K. Houghton; S. 5 ml **Fjordpferd** (s. S. 190–191); om Robert Harding Picture Library, ur Akhil Bakhshi

DIE GRANDES ÉCURIES IN CHANTILLY
Die Grandes Écuries (= die großen Ställe) als Nebengebäude des Schlosses von Chantilly wurden 1719 von Louis-Henri de Bourbon, dem 7. Prinz von Condé, dem Architekten Jean Aubert in Auftrag gegeben. Nach der Legende glaubte Louis-Henri an die Seelenwanderung und meinte, daß er nach seinem Tode als Pferd wiedergeboren würde. Daher ließ er sich für sein nächstes Leben eine angemessen prachtvolle Unterkunft bauen. Die Stallungen gelten als die schönsten der Welt. Im 18. Jahrhundert beherbergten sie 240 Pferde und bis zu 500 Hunde. Heute ist dort ein Lehrmuseum untergebracht, das Musée Vivant du Cheval.

S. 6 u Tate Gallery/The Bridgeman Art Library; S. 7 s. S. 342–343, 332–333, 344–345

S. 8–9 Ronald Sheridan/Ancient Art & Architecture Collection

S. 10 ol mit Erlaubnis der Syndikus der Cambridge University Library; ur Imitor; S. 11 ol Imitor

S. 14 or K. Houghton; ul Hutchison Library; S. 15 om Jean-Paul Ferrero/Ardea London; ur V. Nikiforov/Animal Photography

S. 16 ol G.D. Plage/Bruce Coleman Limited; mr Peter Stephenson/Planet Earth Pictures; ul Jerry Young; S. 17 or John Bracegirdle/Planet Earth Pictures; m Anup Shah/Planet Earth Pictures; ur Karl Shone

S. 18–19 **Asiatisches Wildpferd** – Marwell Zoological Park/Jerry Young; S. 18 or P. Morris/Ardea London; S. 19 om Terry Whittaker/Frank Lane Picture Agency; mr Kenneth W. Fink/Ardea London

S. 20 ol A. Harrington/Planet Earth Pictures; mr Mary Evans Picture Library; S. 21 ol **Huzule** (s. S. 192–193); or **Konik** (s. S. 192–193); um Jean-Paul Ferrero/Ardea London

S. 22 ur B. Langrish; ul K. Houghton; S. 23 ul B Langrish; ur B. Langrish

S. 24 ol Science Photo Library; ul **Ardenner** (s. S. 262–263); um **Englisches Vollblut** (s. S. 118–119); ur **Welsh Sektion A** (s. S. 180–181); S. 25 or **Trakehner** (s. S. 138–139)

S. 26–27 Chicago Press, USA/The Bridgeman Art Library, London

S. 28 ol Dover Books; ul Mary Evans Picture Library; ur Robert Harding Picture Library; S. 29 o Dr. Eckart Pott/ Bruce Coleman Limited; ul Paul Harris/Select; ur The Hermitage Museum, St. Petersburg/C.M. Dixon

S. 30 ml The Hermitage Museum, St. Petersburg; mr Schimmel Collection, New York/Werner Forman Archive; S. 31 or Ancient Art & Architecture; u British Museum/E.T. Archive; ml The Hermitage Museum, St. Petersburg/C.M. Dixon

S. 32 ol C.M. Dixon; ml British Museum, London/Michael Holford; mr Château de Saumur – Musée de Cheval, Frankreich/K. Houghton; ur British Museum, London/Michael Holford; S. 33 om Hassia/Sonia Halliday Photographs; ml Werner Forman Archiv/British Museum, London; ur British Museum, London/Michael Holford

S. 34 ol Ancient Art & Architecture; mr British Museum/C.M. Dixon; um British Museum, London/The Bridgeman Art Library; S. 35 m British Museum, London/Robert Harding Picture Library; ur Hermitage Museum, St. Petersburg/C.M. Dixon

S. 36–37 **Kaspisches Pony** – *Hopstone Jamshyd,* Mrs. J. Quinny, Easton Hill, Redditch, Worcs., Großbritannien/B. Langrish; S. 36 or British Museum, London/The Bridgeman Art Library; ul B. Langrish; S. 37 ur Sally Anne Thompson/ Animal Photography

S. 38 ol Mary Evans Picture Library; ul Ronald Sheridan/ Ancient Art & Architecture Collection; um Louvre Paris: Giraudon/The Bridgeman Art Library; S. 39 or Ronald Sheridan/Ancient Art & Architecture Collection; m National Archaeological Museum, Athen/C.M. Dixon; ul British Museum, London/ Michael Holford

S. 40 ol British Museum, London/Michael Holford; u National Archaeological Museum, Neapel/E.T. Archive; S. 41 or Ronald Sheridan/Ancient Art & Architecture Collection; m Ronald Sheridan/Ancient Art & Architecture Collection

S. 42–43 **Pindos-Pony** – *Marco;* **Skyros-Pony** – *Pearl,* beide im Besitz von Penny Turner, Griechenland/B. Langrish; S. 42 ul K. Houghton; or B. Langrish; S. 43 ur R. Willbie/ Animal Photography

S. 44–45 The British Museum, London; S. 44 ol Ronald Sheridan/Ancient Art & Architecture Collection; ul British Museum, London/The Bridgeman Art Library; S. 45 ol Nacional Archaeological Museum, Rom/C.M. Dixon; or Nacional Archaeological Museum, Rom/C.M. Dixon; ur Gloucester City Museum, England/C.M. Dixon

S. 46–47 **Merens-Pony** – *Visier d'Olmes,* Haras National de Tarbes, Frankreich/B. Langrish; S. 46 ul B. Langrish; S. 47 ol Agence Nature/NHPA

S. 48–49 **Friese** – *Peter,* Kelli Murphey, Sanger, Texas, USA/B. Langrish; S. 48 ul Sally Anne Thompson/Animal Photography; S. 49 om K. Houghton

S. 50–51 **Noriker** – *Dinolino,* Josef Waldherr, Wackersberg, Deutschland/B. Langrish; S. 50 ul Sally Anne Thompson/ Animal Photography; S. 51 ol Sally Anne Thompson/Animal Photography; ur **Schwarzwälder Fuchs** – *Riejel,* Gestüt Marbach, Deutschland/K. Houghton

S. 52–53 **Haflinger** – *Moritz,* Heiner Eppinger, Deutschland/K. Houghton; **Avelignese** – *Refe,* Centro Regionale Incremento Ippico, Crema, Italien/K. Houghton; S. 52 or R. Willbie/Animal Photography

S. 54 ol Werner Forman Archive; u Edimedia; S. 55 ol E.T. Archive; r Werner Forman Archive/Idemitsu Museum of Arts, Tokio
S. 56 ol B. Langrish; m Ronald Sheridan/Ancient Art & Architecture Collection; ul Chicago Press, USA/The Bridgeman Art Library; ur Freer Gallery, Smithsonian Institute, Washington DC, USA/The Bridgeman Art Library; S. 57 or British Museum, London/Michael Holford; ml Mary Evans Picture Library; ur Christie's, London/The Bridgeman Art Library

S. 58–59 Private Collection/The Bridgeman Art Library

S. 60 ol Mary Evans Picture Library; u M.P.L. Fogden/Bruce Coleman Limited; S. 61 ol Prado, Madrid/The Bridgeman Art Library; mr Christie's Images; um Christie's, London/ The Bridgeman Art Library

S. 62 ol Biblioteca Nacional, Madrid/Werner Forman Archive; or Biblioteca Nacional, Madrid/Werner Forman Archive; ml Topkapi Museum, Istanbul/E.T. Archive; ur Private Collection/The Bridgeman Art Library; S. 63 ol Christie's Images; ur Mary Evans Picture Library

S. 64–65 **Araber** – *Cavu The Prophet,* Don and Jo Ann Holson, Cavu Arabians, Sanger, Texas, USA/B. Langrish; S. 64 or Sally Anne Thompson/Animal Photography; ml B. Langrish; S. 65 om E.H. Edwards

S. 66–67 **Barber** – *Ouassal,* Haras National de Compiègne, Frankreich/B. Langrish; S. 66 ul P. Hagdorn/ZEFA; ol Robert Harding Picture Library; S. 67 ur Michael Fogden/Bruce Coleman Limited

S. 68 ol Explorer; ul E.T. Archive; ur Château de Saumur – Musée de Cheval, Frankreich/K. Houghton; S. 69 ol Bibliothèque Nationale, Paris/E.T. Archive; or Edimedia; um Bibliothèque de la Sorbonne, Paris/The Bridgeman Art Library

S. 70 ol Ronald Sheridan/Ancient Art & Architecture Collection; m Ronald Sheridan/Ancient Art & Architecture Collection; S. 71 m Ronald Sheridan/Ancient Art & Architecture Collection; or Mary Evans Picture Library

S. 72 ol Mit freundlicher Genehmigung des Board of Trustees of the Victoria & Albert Museum, London/The Bridgeman Art Library; m Peter Newark's Military Pictures; ul Ancient Art & Architecture Collection; S. 73 The Mansell Collection

S. 74–75 **Achal-Tekkiner** – *Sopoly,* Pearl of Switzerland Trade Association, Moskau, Rußland/B. Langrish; S. 74 m Sally Anne Thompson/Animal Photography; S. 75 om V.M. Nikiforov/ Animal Photography; ur B. Langrish

S. 76–77 **Shagya-Araber** – *Kemir V,* Bábolna State Gestüt, Ungarn/K. Houghton; **Gidran-Araber** – *Frèdi,* Sagar Uttjelep, Ungarn/K. Houghton; S. 76 or Konrad Wothe/ Oxford Scientific Films S. 77 ml K. Houghton

S. 78–79 **Anglo-Araber** – *Mimosa du Maury,* Haras National de Tarbes, Frankreich/B. Langrish; S. 78 or K. Houghton; S. 79 ur K. Houghton

S. 80–81 **Don-Pferd** – *Bakhchevod,* Pyatigorsk Hippodrome, Russische Federation/B. Langrish; S. 80 ul **Ukrainisches Pferd** – *Park,* Bronnitsy Riding School, Russische Federation/B. Langrish; S. 81 om Sally Anne Thompson/ Animal Photography

S. 82–83 **Kabardiner** – *Dagmar,* Karachay Gestüt Farm, Cherkessk, Russische Federation; **Karabacher** – Moskau Hippodrome, Rußland; S. 82 or B. Langrish; S. 83 ur The Hutchison Library

S. 84–85 **Karabaier** – *Klad,* Bronnitsy Riding School, Russische Federation/B. Langrish; S. 84 ul Sally Anne Thompson/Animal Photography; or Sally Anne Thompson/ Animal Photography

S. 86–87 **Budjonny** – *Reactive,* Pearl of Switzerland Trade Association, Moskau, Rußland/B. Langrish; S. 86 ul B. Langrish; S. 87 or B. Langrish

S. 88–89 **Lokaier** – *Volna,* Landwirtschaftl. Akademie Moskau, Rußland/B. Langrish; **Tersker** – *Bastion,* Gestüt Stavropol, Russische Federation/B. Langrish; S. 88 um Sally Anne Thompson/Animal Photography

S. 92 ol Château de Saumur – Musée de Cheval, Frankreich/ K. Houghton; ul Musée de Bayeux, Frankreich/Michael Holford; mr University Library, Heidelberg/E.T. Archive; S. 93 o Galleria degli Uffizi, Florenz/The Bridgeman Art Library; ul Château de Saumur – Musée de Cheval, Frankreich/K. Houghton; um Château de Saumur – Musée de

MURAKÖZI

Cheval, Frankreich/K. Houghton; mr Château de Saumur – Musée de Cheval, Frankreich/K. Houghton

S. 94–95 **Percheron** – *Aimable,* Haras National du Lion d'Angers, Frankreich/K. Houghton; S. 94 ul K. Houghton; S. 95 ol **Percheron-Rappe** – *Charlie,* Kentucky Horse Park, USA/B. Langrish; ur K. Houghton

S. 96 ol Peter Newark's Historical Pictures; m British Museum, London/Michael Holford; ul Mary Evans Picture Library; ur Château de Saumur – Musée de Cheval, Frankreich/K. Houghton; S. 97 r Palazzo Ducale, Mantua/The Bridgeman Art Library

S. 98 ol Mary Evans Picture Library; m Stapleton Collection/ The Bridgeman Art Library; ur The Mansell Collection; S. 99 ol Château de Saumur – Musée de Cheval, Frankreich/ K. Houghton; om Château de Saumur – Musée de Cheval, Frankreich/K. Houghton; ur Jean-Luc Petit/Frank Spooner Pictures

S. 100 ol Dover Book of Animals; um Mary Evans Picture Library; S. 101 lr Theatre Museum, London/E.T. Archive; m Theatre Museum, London/E.T. Archive

S. 102 ol B. Langrish; Mary Evans Picture Library; ur Elisabeth Weiland; S. 103 om Erich Lessing/Magnum Photos; ml Wilton House, Wiltshire/The Bridgeman Art Library; ur Elisabeth Weiland

S. 104–105 **Sorraia-Pony** – *Giro,* Portugiesisches National Gestüt, Alter do Chão, Portugal/B. Langrish; S. 104 or K. Houghton; S. 105 om K. Houghton; ur B. Langrish

S. 106–107 **Andalusier** – *Morito,* Kelli Murphey, Sanger, Texas, USA/B. Langrish; **Lusitano** – *Glorioso,* Y. Bienaimé, Musée Vivant du Cheval, Chantilly, Frankreich/K. Houghton; S. 106 or K. Houghton; S. 107 ur K. Houghton

S. 108–109 **Altér-Real** – *Casto,* Portugiesisches National Gestüt, Portugal/B. Langrish; S. 108 ul B. Langrish; S. 109 ur **Hispano-Araber** – *Ultima,* Mr. & Mrs. Davies, Alphington, Großbritannien/B. Langrish

S. 110–111 **Lipizzaner** – *Siglavy Szella,* John Goddard Fenwick & Lyn Morgan, Ausdan Gestüt, Dyfed, Großbritannien/B. Langrish; S. 110 or R. Willbie/Animal Photography; S. 111 ur Elisabeth Weiland

S. 112–113 **Frederiksborger** – *Lotus Glerup,* Lone & May Zielinski, Solrod, Dänemark/B. Langrish; **Knabstrupper** – *Foniks,* Poul Elmerkjaer, Jyderup, Dänemark/B. Langrish; S. 112 ml Sally Anne Thompson/Animal Photography; or R. Willbie/Animal Photography; S: 113 or Sally Anne Thompson/Animal Photography

S. 114–115 E.T. Archive

S. 116 ol K. Houghton; u K. Houghton; S. 117 or Hiroji Kubota/Magnum Photos; ml K. Houghton; ur Steenmanns/ZEFA

S. 118–119 **Englisches Vollblut**– *Ardent Lodger,* Mr. & Mrs. P. Duffy, Pencefn Gestüt, Clwyd, Großbritannien/ B. Langrish; S. 118 ml B. Langrish; or B. Langrish; S. 119 or K. Houghton

S. 120–121 **Shales Horse** – *Finmere Grey Shales,* Elizabeth Colquhoun, Little Tingewick House, Buckingham, Bucks., Großbritannien/B. Langrish; S. 120 von *The Horses of the British Empire,* Walter Southwood & Co. Ltd., 1907; S. 121 ur Christie's Images

S. 122 ol **Dänisches Warmblut** (s. S. 148–149); m Popperfoto; ul **Friese** (s. S. 48–49); ur **Groninger** (s. S. 124–125); S. 123 om K. Houghton; ul **Gelderländer** (s. S. 124–125); ur **Englisches Vollblut** (s. S. 118–119)

S. 124–125 **Gelderländer** – *Fantast,* Vaux Breweries, Großbritannien/B. Langrish; **Groninger** – *Loeks,* Jacob Melissen, Pesse, Niederlande/B. Langrish; S. 124 ul K. Houghton; S. 125 ur B. Langrish

S. 126–127 **Holländisches Warmblut** – *Tokyo Joe,* Lorna Tew, Cirencester, Glos., Großbritannien/B. Langrish; S. 126 ul K. Houghton; S. 127 om B. Langrish

S. 128 ol K.Houghton; ur B. Langrish; S. 129 om Jean-Paul Ferrero/Ardea London; um Sally Anne Thompson/Animal Photography; ur B. Langrish

S. 130–131 **Selle Français** – *Soir d'Avril,* Haras National du Lion d'Angers, Frankreich/K. Houghton; S. 130 or K. Houghton; S. 131 **Selle Français Renntyp** – *Useful,* Haras National du Lion d'Angers, Frankreich/ K. Houghton

S. 132–133 **Französischer Traber** – *Haut de Bellouet,* Mr. Moïse Monthéan, Frankreich/K. Houghton; S. 132 or Sunset (G. Lacz)/NHPA; S. 133 ur K. Houghton

S. 134–135 **Einsiedler** – *Monte Carlo,* Schweizer National Gestüt, Avenches, Schweiz/B. Langrish; **Freiberger** – *Judäea,* Schweizer National Gestüt, Avenches, Schweiz/B. Langrish; S. 134 m K. Houghton; S. 135 om B. Langrish; mr B. Langrish

S. 136 ol B. Langrish; mr K. Houghton; u Sally Anne Thompson/Animal Photography; S. 137 ol K. Houghton; or K. Houghton; um B. Langrish

S. 138–139 **Trakehner** – *Suchard,* Dr. U. Mittermayer, Aachen, Deutschland/K. Houghton; S. 138 ul B. Langrish; S. 139 om B. Langrish

S. 140–141 **Holsteiner** – *Cosima,* Heiner Eppinger, Münsingen, Deutschland/K. Houghton; S. 140 or K. Houghton; S. 141 ur K. Houghton

S. 142–143 **Hannoveraner** – *Demonstrator,* Broadstone Gestüt, Oxon., Großbritannien/B. Langrish; S. 143 ur **Westfale** – Sian Thomas BHSI, Snowdonia Equestrian Centre, Großbritannien/B. Langrish

S. 144–145 **Belgisches Warmblut** – *Trudo Darco,* Paesen Martinus, Peer, Belgien/B. Langrish; **Bayerisches Warmblut** – *Samurai,* Heiner Eppinger, Münsingen, Deutschland/ K. Houghton; S. 144 or B. Langrish

S. 146–147 **Rheinländer** – *Hasdrubal,* Marlis Decker, Aachen, Deutschland/K. Houghton; **Württemberger** – *Andlus,* Heiner Eppinger, Deutschland/K. Houghton; S. 146 ml K. Houghton; S. 147 om B. Langrish

S. 148–149 **Dänisches Warmblut** – *Broadstone Landmark,* Broadstone Gestüt, Oxon, Großbritannien/B. Langrish; **Schwedisches Warmblut** – *Asterix 694,* Interbreed AB, Flyinge, Schweden/B. Langrish; S. 148 m K. Houghton; S. 149 om B. Langrish

S. 150 ol, ml, ur, K. Houghton; S. 151 or Sally Anne Thompson/Animal Photography; u Sally Anne Thompson/ Animal Photography

S. 152–153 **Wielkopolski** – *Mikado,* Manor Park Gestüt, Surrey, Großbritannien/B. Langrish; S. 152 or B. Langrish; S. 153 mr Elisabeth Weiland

S. 154–155 **Nonius** – *Nónius IX-165,* Mezöhegyes Staatsgestüt, Ungarn/K. Houghton; **Furioso** – *Furioso IX-3*

(Rinaldo), Mezőhegyes Staatsgestüt, Ungarn/K. Houghton; S. 154 um B. Langrish; S. 155 or K. Houghton

S. 156–157 **Tschechisches Warmblut** – *Mikeš,* Mrs. J. Wolfenden, Pen-y-Bont, Gwynedd, Großbritannien/ B. Langrish; S. 156 ul K. Houghton; S. 157 om B. Langrish

S. 158 ol, mr E.H. Edwards; u J. Collier; S. 159 ol E.H. Edwards; ul J.H.C. Wilson/Robert Harding Picture Library; ul Akhil Bakhshi

S. 160–161 **Kathiawari** – Berittene Polizei von Neu Delhi, Indien/Akhil Bakhshi; S. 160 ul Akhil Bakhshi; S. 161 ol J.M. Labat, Y. Arthus Bertrand/Ardea London

S. 162–163 **Marwari** – Capt. Sandeep Dewan, 61. Kavallerie, Ahmednagar, Indien/Akhil Bakhshi; S. 162 or Fotomedia; ul M. Ranjit/FLPA; S. 163 Subhash Bhargava/ Fotomedia; or Akhil Bakhshi

S. 164–165 **Indischer Halbblüter** – Col. Girdhari Singh AVSM, Neu Delhi, Indien/Akhil Bakhshi; S. 164 or Akhil Bakhshi; S. 165 or, um, Akhil Bakhshi

S. 166–67 Sir Alfred Munnings Art Museum/Christie's Images

S. 168 ol **Highland-Pony** (s. S. 176–177); m K. Houghton; ul Only Horses Picture Agency; ur Jean-Paul Ferrero/Ardea London; S. 169 ol B. Langrish; mr B. Langrish; ur Christie's Images

S: 170–171 **Fell-Pony** – *Heltondale Daisy III,* K.A. & S.B.M. Feakins, Llancloudy, Hereford, Großbritannien/B. Langrish; **Dales-Pony** – *Whitworth Prince,* B. & C. Gobey, Swayfield, Lincs., Großbritannien/B. Langrish; S. 170 or K. Houghton; ul B. Langrish

S. 172–173 **Dartmoor-Pony** – *Blythe Jessica,* Miss M. Houlden, Munstone, Herefordshire, Großbritannien/B. Langrish; **Exmoor-Pony** – *Blackthorn Piccottee,* Mrs. Carter, Wilton, Wilts., Großbritannien/B. Langrish; S. 172 or B. Langrish; S. 173 mr K. Houghton

S. 174–175 **New Forest-Pony** – *Knightwood Dragonfly,* Mrs. P.A. Harvey Richards, Bromshaw, Hants., Großbritannien/B. Langrish; S. 174 or Only Horses Picture Agency; ul Jean-Paul Ferrero/Ardea London; S. 175 om Richard Coomber/Planet Earth Pictures

S. 176–177 **Shetland-Pony** – *Hose Element,* J.A. & J.R. Stevenson, Hose Shetland Pony Gestüt, Melton Mowbray, Leics., Großbritannien/B. Langrish; **Highland-Pony** – *Monarch of Dykes,* Gräfin von Swinton, Dykes Hill House, Ripon, Yorks., Großbritannien/B. Langrish; S. 176 ml K. Houghton; S. 177 ol Michael Jenner/Robert Harding Picture Library

S. 178–179 **Connemara-Pony** – *Garryhack Tooreen,* Mrs. Beckett, Shipton Connemara Pony Gestüt, Cheltenham, Glos., Großbritannien/B. Langrish; S. 178 or B. Langrish; S. 179 ur K. Houghton

S. 180–181 **Welsh-Pony, Sektion A** – *Blackhill Sparkle,* D. & R. Powell, Craswall, Hereford, Großbritannien/ B. Langrish; **Welsh-Pony, Sektion B** – *Elmead Lockets,* Mr. & Mrs. L. Bigley, Escley, Hereford, Großbritannien/ B. Langrish; S. 180 ml, or B. Langrish

S. 182–183 **Welsh-Pony, Sektion C** – *Wernderris,* Mrs. S. Crump, Kentchurch, Hereford, Großbritannien/B. Langrish; **Welsh-Pony, Sektion D** – *Llanarth Sally,* Mr. & Mrs. L. Bigley, Escley, Hereford, Großbritannien/B. Langrish; S. 183 or **Welsh-Partbred** – *Carolina's Pussycat,* Mr. & Mrs. L. Bigley, Escley, Hereford, Großbritannien/B. Langrish

S. 184 ol **Pottiock** (s. S. 186–187); u Only Horses Picture Agency; S. 185 ol R. Willbie/Animal Photography; or Hans Reinhard (Okapia)/Oxford Scientific Films; ul B. Langrish

S. 186–187 **Landais** – *Tresor des Pins,* Haras de Pau, Frankreich/B. Langrish; **Pottiock** – *Ortzi,* Y. Bienaimé, Musée Vivant du Cheval, Chantilly, Frankreich/K. Houghton; S. 186 or B. Langrish; S. 187 ur Jean-Paul Ferrero/Ardea London

EIN BERITTENER POLIZIST, KENTUCKY HORSE PARK

S. 188–189 **Bardigiano** – *Orchidea,* S. Adamo Tombini, Perego, Italien/K. Houghton; S. 188 ul S. Savoli/K&B News Foto; or B. Langrish; S. 189 or S. Savoli/K&B News Foto

S. 190–191 **Gotland-Pony** – *Ripadals Benni 398,* Carina Andersson, Anderslöv, Schweden/B. Langrish; **Fjordpferd** – *Windy Poplar Andrea,* Ted & Yvette Swendson, Calgary, Alberta, Kanada/B. Langrish; S. 190 or Elisabeth Weiland; S. 191 om Paolo Koch/Robert Harding Picture Library; ur Elisabeth Weiland

S. 192–193 **Huzule** – *Lubas,* Janusz Utrata, Warschau, Polen/B. Langrish; **Konik** – *Hewal,* CWKS »Legia«, Warschau, Polen/B. Langrish; S. 192 ul Sally Anne Thompson/Animal Photography; S. 193 ur Hans D. Dossenbach/Ardea London

S. 194–195 **Islandpony** – *Little Elska,* Glenn & Heather Greenfield, Blackie, Alberta, Kanada/B. Langrish; S. 194 or R. Willbie/Animal Photography; S. 195 om Only Horses Picture Agency

S. 196 ol Sanjay K. Saxena/Fotomedia; mr Paul Harris/ Select; ul Brian Moser/Hutchison Library; S. 197 om Sarah Errington/Hutchison Library; u Elisabeth Weiland; ur B. Langrish

S. 198–199 **Baschkir** – *Mel's Lucky Boy,* Mr. D. Stewart, Lexington, Kentucky, USA/B. Langrish; S. 198 ul V. Nikiforov/Animal Photography; or B. Langrish; S. 199 ur Sarah Errington/Hutchison Library

S. 200–201 **Indian Country-Bred** – Sainik Riding School, Rohtak, Haryana, Indien/Akhil Bakhshi; S. 200 or Joanna van Gruisen/Fotomedia; ul Akhil Bakhshi; S. 201 um Aditya Aria/Fotomedia

S. 202–203 **Sumba-Pony** – *Mitzi,* Tung Kurniawan, Sumatra, Indonesien/B. Langrish; **Timor-Pony** – Meriam Bellina, Pelita Jaya Stable, Jakarta, Indonesien/ B. Langrish; S. 202 or B. Langrish; ul Michael Mackintyre/Hutchison Library; S. 203 om B. Langrish

S. 204–205 **Sandalwood** – *Arthur,* Oetari Soehardjono, Pamulang Equestrian Centre, Indonesien/B. Langrish; **Batak** – *Dora,* Tung Kurniawan, Sumatra, Indonesien/B. Langrish; S. 204 or B. Langrish; S. 205 m, ml B. Langrish

S. 206–207 **Java-Pony** – *Dewi Mar,* Oetari Soehardjono, Pamulang Equestrian Centre, Indonesien/B. Langrish; **Padang-Pony** – *Semangat,* Tung Kurniawan, Sumatra, Indonesien/B. Langrish; S. 206 or B. Langrish; S. 207 om B. Langrish; ur Spectrum Colour Library

S. 208–209 **Australisches Pony** – *Malibu Park Command Performance,* K. & L. Sinclair, Tynony North, Victoria, Australien/B. Langrish; S. 208 Sally Anne Thompson/ Animal Photography; ul B. Langrish; S. 209 ur B. Langrish

S. 210–211 **Hokkaido** – *Ayme,* Japanese Racing Association, Tokio, Japan/B. Langrish; **Kiso** – *Syuzan,* Japanese Racing Association, Tokio, Japan/B. Langrish; **Kagoshima** – *Tokara,* Japanese Racing Association, Tokio, Japan/B. Langrish; S. 210 or Orion Press; S. 211 om Orion Press; ur Orion Press

S. 212–213 Michael Holford

S. 214 ol Mary Evans Picture Library; m E.T. Archive; ul Biblioteca Nacional, Madrid/The Bridgeman Art Library; S. 215 or Private Collection/E.T. Archive; ml Peter Newark's American Pictures; ul Peter Newark's Western Americana

S. 216–217 **Mustang** – *Mestava,* Rowland H. Cheney, Stockton, Kalifornien, USA/B. Langrish; **Galiceno** – *Java Gold,* Billy Jack Giles, Godley, Texas, USA/B. Langrish; S. 216 or B. Langrish; ul David E. Rowley/Planet Earth Pictures; S. 217 m K. Houghton

S. 218–219 **Criollo** – *Azuleca,* Claire Tomlinson, Westonbirt, Glos., Großbritannien/B. Langrish; **Paso** – *Gavulan de Campanero,* Snr. Juan E. Villanueva, Association of Horses and Paso Finos, Puerto Rico 00709/ B. Langrish; S. 218 or B. Langrish; S. 219 ur B. Langrish

S. 220 ol Peter Newark's Western Americana; or The Mansell Collection; ul Peter Newark's Western Americana; S. 221 or Peter Newark's Western Americana; um Peter Newark's Western Americana; ur Peter Newark's Western Americana

S. 222–223 **Palomino** – *Golden Wildfire,* Monica Comm, Calgary, Alberta, Kanada/B. Langrish; **Pinto (Paint)** – *Ruffit,* Annette Gadberry, Z-Arabians, Argyle, Texas, USA/ B. Langrish; S. 222 ul B. Langrish; S. 223 or B. Langrish

S. 224–225 **Appaloosa** – *Shines Sunburst,* Terri L. Crabtree, Bowling Green, Kentucky, USA/B. Langrish; S. 224 or B. Langrish; ul Jean-Paul Ferrero/Ardea London; S. 225 um **Cayuse-Indianer-Pony** – *Teton,* Wild Horse Research, Porterville, Kalifornien, USA/B. Langrish

S. 226 ol Peter Newark's Western Americana; ul Adam Woolfitt/Robert Harding Picture Library; mr Peter Newark's Western Americana; S. 227 ml Geoff Brightling; or Peter Newark's Western Americana; ur Peter Newark's Western Americana

S. 228–229 **Quarter Horse** – *Royal Zippe,* Riding for the Handicapped, Lexington, Kentucky, USA/B. Langrish; S. 228 or Sally Anne Thompson/Animal Photography; m Geoff Brightling; S. 229 ur B. Langrish

S. 230–231 **Morgan Horse** – *Shaker's Supreme,* Fred & Bonnie Neuville, Georgetown, Kentucky, USA/B. Langrish; S. 230 ul B. Langrish; S. 231 or B. Langrish

S. 232–233 **American Saddlebred** – *Forever Simbara,* Steve White, Grandeur Arabians, Citra, Florida, USA/B. Langrish; S. 232 ul K. Houghton; S. 233 om B. Langrish

S. 234–235 **Missouri Fox Trotter** – *Velvet,* Paul Fornaciari, San Pasqual, Pasadena, Texas, USA/B. Langrish; S. 234 or B. Langrish; S. 235 or B. Langrish

S. 236–237 **Tennessee Walking Horse** – *Generator's Volunteer,* TWHBEA, Lewisburg, Tennessee, USA/ B. Langrish; S. 236 or B. Langrish; S. 237 ur K. Houghton

S. 238 ol »Supreme Sultan« Skulptur von Patricia Crane/ B. Langrish; ul B. Langrish; S. 239 ol, m B. Langrish

S. 240–241 **Colorado Ranger Horse** – *Magic McCue,* Barbara Bradford, Quincy, Florida, USA/B. Langrish; **Pony of the Americas** – *Chiefton,* Kentucky Horse Park, USA/B. Langrish; S. 240 or J. Collier; S. 241 m B. Langrish

S. 242–243 **Falabella** – *Barley Sugar,* Lady Fisher, Heathfield, East Sussex, Großbritannien/B. Langrish; **Amerikanisches Shetland-Pony** – *M.A.M. Snooty's Mr. Spats,* McCabe, Greenville, Ohio, USA/B. Langrish; S. 242 ul B. Langrish; S. 243 om B. Langrish

S. 244–245 **Chincoteague** – *Chi Chi,* Steve White, Grandeur Arabians, Citra, Florida, USA/B. Langrish; S. 244 or John E. Swedberg/Ardea London; S. 245 ol, ur B. Langrish

S: 246–247 Christie's Images

S. 248 ol Mary Evans Picture Library; m The Hulton-Deutsch Collection; ur Private Collection/The Bridgeman Art Library; S. 249 or Mary Evans Picture Library; ul Mary Evans Picture Library; Akhil Bakhshi

S. 250 m Jerry Young; ul Peter Newark's Historical Pictures; S. 251 ol Peter Newark's Western Americana; or Photo: AKG Berlin; u mit freundlicher Erlaubnis des Board of Trustees of the Victoria & Albert Museum, London/The Bridgeman Art Library

S. 252 m The Hulton-Deutsch Collection; ul The Mansell Collection; S. 253 o The Royal Academy of Art, London/The Bridgeman Art Library; ur Robert Francis/ Robert Harding Picture Library

S. 254 m The Mansell Collection; ul Christie's Images; S. 255 ol Sally Anne Thompson/Animal Photography; ml The Bettmann Archive Inc./The Hulton-Deutsch Collection; ur Richard Coomber/Planet Earth Pictures

S. 256–257 **Maremma** – *Trottola,* Barbara Suter, Spirano, Italien/K. Houghton; **Murgese** – *Urialo,* Centro Regionale Incremento Ippico, Crema, Italien/K. Houghton; S. 256 K. Houghton

S. 258–259 **Italienisches Kaltblut** – *Nobile,* Centro Regionale Incremento Ippico, Crema, Italien/K. Houghton; S. 258 ul A. Sigismondi/K&B News Foto; S. 259 om S. Cellai/K&B News Foto

S. 260–261 **Camargue-Pferd** – *Vent Terau,* M. Contreras, Les Saintes Maries de la Mer, Frankreich/K. Houghton; S. 260 ul Sally Anne Thompson/Animal Photography; or Silvestris/ FLPA; S. 261 om Château de Saumur – Musée de Cheval/K. Houghton

S. 262–263 **Ardenner** – *Trojan,* Charlie Pinney, Honiton, Devon, Großbritannien/K. Houghton; S. 263 ol K. Houghton; ur **Comtois** – *Attila,* Haras de Pau, Frankreich/B. Langrish

S. 264–265 **Boulonnais** – *Bienvenu,* Y. Bienaimé, Musée Vivant du Cheval, Chantilly, Frankreich/K. Houghton; S. 264 or K. Houghton; S. 265 ur K. Houghton

S. 266–267 **Bretone** – *Saturnin,* Haras National de Tarbes, Frankreich/B. Langrish; S. 266 or K. Houghton; S. 267 ur B. Langrish

S. 268–269 **Cob Normand** – *Atilmo,* Haras National du Lion d'Angers, Frankreich/K. Houghton; S. 268 ul K. Houghton

S. 270–271 **Poitevin** – *Vitrisse,* Haras National de La Roche sur Yon, Frankreich/K. Houghton; **Baudet de Poitou** – *Ceylan,* Y. Bienaimé, Musée Vivant du Cheval, Chantilly, Frankreich/K. Houghton; S. 270 um K. Houghton; S. 271 om K. Houghton

S. 272–273 **Brabanter (Belgisches Kaltblut)** – *Roy,* Kentucky Horse Park, USA/B. Langrish; S. 272 or Elisabeth Weiland; S. 273 **Dänisches Kaltblut** – *Marquis van der Lindenhoeve,* Albert ter Wal, Dwingeloo, Niederlande/ B. Langrish

S. 274–275 **Jütländer** – *Ditte,* Jørgen Neilsen, Mørkøv, Dänemark/B. Langrish; **Schleswiger** – *Nora,* Klaus zum Berge, Fallingbostel, Deutschland/K. Houghton; S. 274 or Sally Anne Thompson/Animal Photography

S. 276–277 **Wladimirer Kaltblut** – *Vostorg,* Central Moscow Hippodrome, Rußland/B. Langrish; **Russisches Kaltblut** – *Bespechny,* Moscow Agricultural Academy, Rußland/B. Langrish; S. 276 ul **Latvian-Reitpferd** – *Volts,* Kaliningrad Gestüt, Russische Federation/B. Langrish

S. 278–279 **Muraközer Pferd** – *Baba,* Kobza István, Lajosmizse, Ungarn/K. Houghton; S. 278 ml K. Houghton; S. 279 om K. Houghton

S. 280–281 **Døle Gudbrandsdaler** – *Vollaugblesen,* National Team for Dølehest, Norwegen/B. Langrish; **Døle-Traber** – *Teighlands Teira,* Karl Gerhardsen Mysen, Norwegen/B. Langrish; S. 280 B. Langrish; S. 281 ur B. Langrish

S. 282–283 **Nordschwedisches Arbeitspferd** – *Ysterman,* Ingvar Andersson, Lövestad, Schweden/B. Langrish; **Finnisches Pferd** – *Oikka,* Equine Research Station, Ypäjä, Finnland/B. Langrish; S. 282 ul K. Houghton; S. 283 Sally Anne Thompson/Animal Photography

S. 284–285 **Clydesdale** – *Blue Print,* Mervyn & Pauline Ramage, Mount Farm Clydesdale Horses, Tyne & Wear, Großbritannien/B. Langrish; S. 284 or John Daniels/Ardea London; l B. Langrish

S. 286–287 **Shire-Horse** – *Duke,* Jim Lockwood, Courage Shire Horse Centre, Berks., Großbritannien/B. Langrish; S. 286 ml Robert Harding Picture Library; S. 287 om Only Horses Picture Agency

S. 288–289 **Suffolk Punch** – *Laurel Keepsake II,* P. Adams und Söhne, Großbritannien/B. Langrish; S. 288 or K. Houghton; S. 289 ur K. Houghton

S. 290–291 **Australian Stock Horse** – *Howes Boomer,* Michael Howes, Yarragon, Victoria, Australien/ B. Langrish; **Brumby** – *Pone,* Ron & Anna Baker, Tonimbuk, Victoria, Australien/B. Langrish; S. 290 ol Jean-Paul Ferrero/Ardea London; ul B. Langrish

S. 292 ol Jason Wood Photographs; m Mary Evans Picture Library; mr Château de Saumur – Musée de Cheval/K. Houghton; ul Mary Evans Picture Library; S. 293 ol The Mansell Collection; ur Mary Evans Picture Library

S. 294 ol Jerry Young; mr E.T. Archive; ul The Mansell Collection; S. 295 ol Guildhall Library, London/E.T. Archive; ul The Hulton-Deutsch Collection; ur Peter Newark's Western Americana

S. 296 ol Jerry Young; om Mary Evans Picture Library; u E.T. Archive; S. 297 or Peter Newark's Historical Pictures; um Jerry Young; S. 298 ol Christie's Images; u Jerry Young; S. 299 ol Spectrum Colour Library; ur K. Houghton

S. 300–301 K. Houghton; S. 300 ol Dover Books; ul K. Houghton; u K. Houghton; S. 301 ol, or K. Houghton

S. 302–303 **Königliches Wagenpferd (Windsor-Schimmel)** – *St. Patrick,* IKH Königin Elisabeth II/K. Houghton; S. 302 ul **Cleveland Bay/Vollblut-Kreuzung** – *Luke,* IKH Königin Elisabeth II/K. Houghton; ur K. Houghton; S. 303 or K. Houghton

S. 304–305 **Cleveland Bay** – *Clarence,* IKH Königin Elisabeth II/B. Langrish; S. 304 or B. Langrish; S. 305 ur K. Houghton

ABBILDUNG EINES PERSISCHEN SILBERTELLERS AUS DEM 6. JAHRHUNDERT

S. 306–307 **Oldenburger** – *Vivaldi,* Dr. U. Mittermayer, Aachen, Deutschland/K. Houghton; S. 306 ul B. Langrish; S. 307 K. Houghton

S. 308 ol K. Houghton; um K. Houghton; S. 309 ol J.M. Labat/Ardea London; or B. Langrish; u Trooper Allen Dobson auf *Sprocket Man*/B. Langrish

S. 310–311 **Polizeipferd** – Berittene Polizei von Somerset und Avon, Bristol/B. Langrish; S. 310 or, ul B. Langrish; S. 311 or Only Horses Picture Agency

S. 312–313 Peter Newark's Military Pictures

S. 314 ol British Library, London/The Bridgeman Art Library; ur Dover Books; S. 315 ol Ancient Art & Architecture Collection; or Pushkin Museum, Moskau/ Giraudon; m Cheltenham Art Gallery & Museums, Glos./The Bridgeman Art Library

S. 316 ol Bonhams, London/The Bridgeman Art Library; mr The Hulton-Deutsch Collection; ur Cavalry Museum, Pinerolo/E.T. Archive; S. 317 om Peter Newark's Military Pictures; ur Peter Newark's Military Pictures

S. 318–319 Château de Versailles, Frankreich/Giraudon/ The Bridgeman Art Library; S. 318 ol Ronald Sheridan/ Ancient Art & Architecture Collection; om Château de Versailles, Frankreich/Giraudon/The Bridgeman Art Library

S. 320 ol Mary Evans Picture Library; u Christie's, London/ The Bridgeman Art Library; S. 321 m C.M. Dixon; or Jeremy Whitaker

S. 322 ol Peter Newark's Military Pictures; mr E.T. Archive; ul Peter Newark's Military Pictures; S. 323 or Peter Newark's Military Pictures; ul E.T. Archive; mr Peter Newark's Military Pictures

S. 324 ol Popperfoto; mr Julian Gearing/Camera Press, London; ul Laurent Sazy/Frank Spooner Pictures; S. 325 or Amit Pasricha/PBG/Fotomedia; ml Raymond Piat, Gamma/ Frank Spooner Pictures; ur Gamma/Frank Spooner Pictures

S. 326–327 **Blues & Royals Trooper** – *Ormond,* mit Paul Goldsmith, The Household Cavalry Mounted Regiment, Hyde Park Barracks, London/K. Houghton; S. 326 or **Blues & Royals Trooper** – *Lancer,* The Household Cavalry Mounted Regiment, Hyde Park Barracks, London/ K. Houghton; S. 326 ul Only Horses Picture Agency; S. 327 **Kavalleriepferd der King's Troop, Royal Horse Artillery** – *Nibble,* mit Gunner Atkinson, St. John's Wood, London/K. Houghton

S. 328–329 **Riesen-Maultier** – Kentucky Horse Park, USA/B. Langrish; S. 328 or Robert Harding Picture Library; m Karl Shone; S. 329 or R. Willbie/Animal Photography

S. 330–331 Fine Art Photographic Library

S. 332 m Jockey Club, Newmarket/E.T. Archive; u Oscar & Peter Johnson Ltd./The Bridgeman Art Library; S. 333 ol B. Langrish; m B. Langrish; ur Colorsport

S. 334 mr K. Houghton; ul The Mansell Collection; S. 335 ol Bob Martin/Allsport; ul B. Langrish

S. 336 m B. Langrish; ur Peter Newark's American Pictures; S. 337 o B. Langrish; um K. Houghton

S. 338–339 **American Standardbred** – *Castleton Seek,* Kentucky Equine Institute, Kentucky Horse Park, USA/ B. Langrish; S. 338 or B. Langrish; S. 339 or B. Langrish

S. 340–341 **Orlow-Traber** – *Kopeysk,* Central Moscow Hippodrome, Rußland/B. Langrish; S. 340 ul B. Langrish; S. 341 om Elisabeth Weiland

S. 342–343 **Russischer Traber** – *Meridian,* Cubansky Gestüt, Russische Federation/B. Langrish; S. 342 ul B. Langrish; S. 343 om B. Langrish

S. 344–345 B. Langrish; S. 344 ol Elisabeth Weiland; ul Frick Collection, New York/The Bridgeman Art Library; S. 345 o Stapleton Collection/The Bridgeman Art Library

S. 346 ol Akhil Bakhshi; mr Mary Evans Picture Library; ul Popperfoto; S. 347 or B. Langrish; ul B. Langrish

S. 348–49 **Salerner** – *Jeraz,* Sig. Giorgio Caponitti, Grosseto, Italien/K. Houghton; **Sardinisches Pferd** – *Nemo II,* Centro Regionale Incremento Ippico, Crema, Italien/K. Houghton; S. 348 ul K. Houghton

S. 350 ol David Miller; ul David Miller; S. 351 or B. Langrish; u B. Langrish

S. 352 ol David Miller; um Only Horses Picture Agency; mr E. H. Edwards; S. 353 or B. Langrish; ul B. Langrish

S. 354 m Adam Woolfitt/Robert Harding Picture Library; um B. Langrish; S. 355 or B. Langrish; ul David Miller; ur E.H. Edwards

S. 356 ol K. Houghton; mr B. Langrish; ul B. Langrish; S. 357 om David Miller; ul, ur B. Langrish

S. 358–359 **Rocky Mountain Pony** – *Chilli Danzor,* Rea Swan, Lexington, Kentucky, USA/B. Langrish; S. 358 or B. Langrish; S. 359 ur Michael K. Nichols/Magnum Photos

S. 360 ol B. Manu/Fotomedia; ul Robert Cundy/Robert Harding Picture Library; mr Werner Forman Archive; S. 361 ol Aditya Aria/Fotomedia; ul The Hulton-Deutsch Collection

S. 362–363 **Polo-Pony** – *Ballarina,* William Lucas, London; S. 362 or Akhil Bakhshi/Fotomedia; ul Akhil Bakhshi; S. 363 or Akhil Bakhshi

S. 364 u Victoria & Albert Museum, London/C.M. Dixon; S. 365 l, or Akhil Bakhshi

S. 366 ul Sarah Errington/Hutchison Library; ur Jyoti Bannerjee/Fotomedia; S. 367 ol Only Horses Picture Agency; or Mike Roberts/Only Horses Picture Agency; ur Elisabeth Weiland/Robert Harding Picture Library

EIN INDISCHER JOCKEY

S. 368–369 J.P. Lenfant, Agence Vandystadt/Allsport; um H. Armstrong/ZEFA; S. 369 ol D. Corner/B & C Alexander; or Mike Powell/Allsport; u Brylak-Liaison, Gamma/Frank Spooner Pictures

S. 370 ol Peter Newark's Historical Pictures; ul Musée Vivant du Cheval, Chantilly, Frankreich/K. Houghton; mr C.M. Dixon; S. 371 ul B. Langrish; or Christie's Images; mr B. Langrish

S. 372–373 **Hunter** – Robert Oliver, Upleadon, Newent, Glos., Großbritannien/B. Langrish; S. 372 or B. Langrish; S. 373 ml B. Langrish

S. 374–375 **Irish Draught** – *Miss Mill,* Mr. R.J. Lampard, Bilstone, Warks., Großbritannien/B. Langrish; S. 374 ul K. Houghton; S. 375 om K. Houghton

S. 376 ol B. Langrish; m K. Houghton; ur Christie's Images; S. 377 ul K. Houghton; or B. Langrish

S. 378–379 **Hackney** – *Hurstwood Consort,* Mr. & Mrs. Hayden, Hurstwood Gestüt, Großbritannien/B. Langrish; **Hackney-Pony** – Mr. & Mrs. C. Hayden/B. Langrish; S. 378 or K. Houghton; S. 379 mr R. Willbie/Animal Photography

S. 380–381 **Hack** – *Radiant Hills,* Robert Oliver, Upleadon, Newent, Glos., Großbritannien/B. Langrish; S. 380 ul K. Houghton; S. 381 or B. Langrish

S. 382–383 **Riding Pony** – *Blue Mink II,* im Besitz von Mr. & Mrs. D. Curtis, produziert von Mrs. Dorian Williams, Winslow, Bucks., Großbritannien/B. Langrish; **Pony Français de Selle** – *Ramses Desanghoues,* Haras National du Lion d'Angers, Frankreich/K. Houghton; S. 382 or B. Langrish

S. 384–385 **Cob** – *Portman,* Robert Oliver, Upleadon, Newent, Glos., Großbritannien/B. Langrish; S. 384 ul B. Langrish; S. 385 om B. Langrish

S. 396 ul Musée Vivant du Cheval, Chantilly, Frankreich/ K. Houghton; S. 397 om **Muraközer-Pferd** (s. S. 278–279)

S. 398 om B. Langrish; S. 399 um Château de Saumur – Musée de Cheval/K. Houghton

S. 400 om Akhil Bakhshi